언약도의
역사와 유산

에드윈 니스벳 무어 지음
오 수 영 옮김

Our Covenant Heritage

기독교문서선교회

기독교문서선교회(Christian Literature Center: 약칭 CLC)는 1941년 영국 콜체스터에서 켄 아담스에 의해 시작되었으며 국제 본부는 미국의 필라델피아에 있습니다.

국제 CLC는 59개 나라에서 180개의 본부를 두고, 약 650여 명의 선교사들이 이동도서차량 40대를 이용하여 문서 보급에 힘쓰고 있으며 이메일 주문을 통해 130여 국으로 책을 공급하고 있습니다.

한국 CLC는 청교도적 복음주의 신학과 신앙서적을 출판하는 문서선교 기관으로서, 한 영혼이라도 구원되길 소망하면서 주님이 오시는 그날까지 최선을 다할 것입니다.

Our Covenant Heritage:

The Covenanters' Struggle for Unity in Truth as Revealed in the Memoir of James Nisbet and Sermons of John Nevay

Written by
Edwin Nisbet Moore

Translated by
Soo Young Oh

Copyright © 2000 by Edwin Nisbet Moore
Originally published in English under the title
Our Covenant Heritage: The Covenanters' Struggle for Unity in Truth as Revealed in the Memoir of James Nisbet and Sermons of John Nevay
by Christian Focus Publications Ltd.
Translated and used by the permission of
Christian Focus Publications Ltd., Geanies House
Fearn, Tain, Ross-shire IV20 1TW
Scotland, UK

All rights reserved

Korean Edition
Copyright © 2018 by Christian Literature Center
Seoul, Korea

발행사

박 영 호 박사
기독교문서선교회 대표/언약신학원 원장

교회 역사 가운데 오랜 시간이 흘러도 여전히 신앙의 거장으로 기억되고 거론되는 사람이 많이 있다. 스코틀랜드 언약도는 신학적으로 성경적이면서 웨스트민스터 신앙고백에 나타난 언약사상을 신앙과 행위의 원리로 받아들이는 빛나는 역사를 가지고 있다. 언약사상은 초대 교회 순교자의 피의 전통과 재세례파, 언약도 그리고 청교도에게 이어졌다.

언약(covenant)은 성경의 중심 주제인 생명과 죽음의 약정이다. 언약은 하나님이 주권적으로 시행하고 예수 그리스도의 피로 맺는 약정이다. 언약이라는 말은 성경에 약 300회 이상 나온다. 이 말은 견고한 결속(solemn band), 유대(bond)나 상호 간의 자발적인 협약, 동의(agreement)를 가리킨다. 언약사상은 개신교 운동을 증진하고 단결시키는 데 강한 영향력을 행사하였다.

우리는 박해 속에서 성경 말씀으로 인간의 영혼을 일깨웠던 17세기 스코틀랜드 언약도(Covenanter)의 역사와 유산을 기억해야 한다.

1560년 존 낙스(1514-1572)가 종교개혁 때 주장한 원칙은 하나님의 말씀이 언약 백성에게 절대 권위를 가진다는 것이었다. 존 낙스의 영향을 받고 칼빈주의 개혁신학의 전통을 지켜온 장로교회 성도들이 언약도의 험난한 길을 걸어갔다. 앤드류 멜빌(Andrew Melville)과 사무엘 루더포드(Samuel Rutherford)는 언약도를 순수한 스코틀랜드 장로교인을 가리키는 말로 사용했다. 언약도는 언약을 지키시는 하나님과 스코틀랜드 국민 사이에 특별한 언약 관계가 획득되었다는 대중적인 견해를 낳았다.

언약도는 이미 하나님 나라가 시작되었고 아직 오지 않은 재림을 기다리면서 예수 그리스도의 가치가 어떤 명예, 권력, 가족, 물질, 안정, 목회보다 더 귀중함을 실제 삶 속에서 보여 주면서 사역하였다. 그들은 철저하게 복음 중심적인 삶과 복음 안에서 예수 그리스도의 영광과 아름다움을 맛보면서 살았다. 그들의 삶은 거짓 없이 비추는 영적 거울과 같이 투명하였고, 성경 진리에 기초하여 크리스천다운 신앙과 경건의 삶을 살았다.

언약도는 거룩하고 순수한 사람이며 부드러우면서도 주 예수 그리스도와 연관된 사안에 대해서는 절대 타협할 수 없다는 단호한 입장을 천명하였다. 특히 그들은 세상 권력에 타협하지 않고 진리를 위해 투쟁하면서 올곧게 믿음으로 살았고, 환난을 통해 거룩해지며 고통 속에서 눈물로 기도했던 사람들이다. 언약도는 예수 그리스도와 성경의 권위를 확고히 붙잡으면서 순수한 교회의 영적 독립을 외치다가 순교하였다. 그들은 스코틀랜드 장로교회의 위대한 영적 거인이요, 스코틀랜드 부흥의 주역이었다. 언약도의 신앙과 삶은 장차 하나님 나라 확장에 귀한 밑거름이 되었다.

언약도가 살았던 시대(1643-1723)는 왕이나 국가 권력이 스스로 교회의 머리임을 자처하면서 교회를 간섭하던 시대였다. 그러나 언약도는 "교회의 머리는 예수 그리스도"라는 "그리스도의 왕권과 언약을 위해서"(Christ's Crown and Covenant), 즉 "그리스도의 영광과 그분의 말씀을 위해서"(For the Glory of Christ and His Word)라는 신앙을 지키기 위해서 싸웠다. 언약도는 성경의 최고 권위, 교회의 영적 독립의 진리를 굳게 붙들면서 교회에 대한 국가의 부당한 간섭에 반대하였다.

더 나아가 그들은 국가와 교회를 손에 쥐고 세속 권력을 마음껏 휘두르는 국가 권력의 세력 앞에서 담대하게 싸웠다. 당시 국왕을 교회의 머리로 인정하기를 거부한 자에게는 매서운 핍박과 고통이 주어지고 추방당하는 경우도 있었다. 그러나 언약도는 피로 값 주고 사신 주님의 몸 된 교회를 지키기 위해 자신의 생명을 아끼지 않았으며 마지막에는 자신의 몸을 순교의 제물로 내던졌다.

언약도는 성도를 헌신적으로 사랑하고 아꼈던 목회자들이다. 그들은 민족 공동체의 양떼를 빼앗으려는 국교 수호자, 감독주의자와 로마가톨릭의 횡포에 맞서 당당하게 싸웠다. 그리고 국왕과 감독주의자의 억압과 권력 남용의 종교 정책을 정면으로 비판하면서 국가에 예속될 수 없는 교회의 영적 독립성을 분명히 천명하였다. 또한, 그들은 국가의 교회 간섭을 반대하고 장로교 제도의 승리와 양심의 자유를 위해 싸웠다. 언약도는 개혁교회를 지키기 위해 투쟁하는 삶을 살았다.

언약도는 장로교 교회 정치 형태와 그리스도를 믿는 믿음에 의한 하나님과 하나님의 백성 사이의 언약 관계는 하나님의 말씀에 기초한다고 믿었다. 언약도는 존 낙스 이후 미흡한 스코틀랜드의 종교개혁과 순수한 교회 회복을 위해 몸부림치면서 모든 생명을 불태웠다. 그래서 언약도를 가리켜 "진리를 잃어가는 시대를 향한 살아있는 진리의 사람들"이라고 불렀다.

> 필자가 에딘버러에 있는 언약도 수용소였던 지붕 없는 감옥을 방문한 적이 있다. 이 감옥은 이미 하나님과 언약도의 거룩한 혼인 언약이 거행되었던 프라이어스 교회 앞마당이다. 스코틀랜드 날씨는 너무도 험악하여 매일 낮과 밤으로 비바람이 사납게 불고 눈보라가 몰아치는데, 언약도들은 그곳에서 많은 고초를 겪었다. 지붕 없는 감옥에 갇혀 있던 140명의 언약도가 비 맞아서 죽고, 헐벗고 춥고 얼어서 죽고, 굶주려 죽었다. 특별히 이 감옥은 그들을 감금할 만한 울타리가 없기에 마음만 먹으면 얼마든지 탈출할 수 있었다. 그러나 그들은 그곳을 나서는 순간 하나님과의 언약신앙을 저버리는 것으로 생각하였다. 그들은 배고픔과 가혹한 추위에 쓰러져 가면서도 신앙의 순수성을 붙잡았으며 끝까지 언약신앙을 지켰다. 그러므로 지붕 없는 감옥은 언약도의 흔들리지 않은 믿음과 탁월한 영성을 말해 주는 곳이다. 필자는 이곳에 있는 기념비 앞에서 눈물을 흘렸다.

금번에 오랫동안 기다리던 『언약도의 역사와 유산』(*Our Covenant of Heritage*)을 오수영 박사의 탁월한 번역으로 기독교문서선교회(CLC)에서 출간된 것을 감사하게 생각하며 독자 여러분에게 강력히 추천한다.

추천사 1

나용화 박사
전 개신대학원대학교 총장/현 RTS 석좌교수

『언약도의 역사와 유산』(*Our Covenant Heritage: The Covenanters' Struggle for Unity in Truth as Revealed in the Memoir of James Nisbet and Sermons of John Nevay*)은 스코틀랜드 종교개혁 역사에서 순수한 개혁주의 신앙을 견지하고자 했던 언약도의 신앙과 신학을 다루고 있다. 마틴 루터의 종교개혁 500주년을 지나면서 종교개혁의 정신을 피로써 증명했던 스코틀랜드 언약도(Covenanters)의 신앙과 신학은 성경적 신앙의 순수성에 대한 반성을 자극하기에 충분하다. 특히 학술적이고 딱딱한 문체가 아닌 구체적이고 실제적인 내용을 담고 쉽게 쓰여 있어 신학도는 물론 일반 성도까지 쉽게 읽을 수 있다는 장점을 갖고 있다.

본서 전반부는 성경적인 개혁주의 신앙의 순수성을 지키기 위한 언약도의 신앙 운동이 감동적인 필치로 기록되어 있다. 점차 감동이 사라져 가는 현대 교회와 교인에게 신앙 회복을 위한 영적인 감수성을 자극한다. 신앙의 순수성을 지키기 위해 피 흘리기까지 싸웠던 언약도의 모습은 초대 교회 순교자의 피의 전통을 잇는다고 보기에 조금도 부족함이 없다. 신앙이 과학 문명의 편리함에 익숙해지고 물질 중심적으로 변질되기 쉬운 이때에, 이러한 언약도의 모습은 현대 교인을 종교개혁 시대의 거룩한 영성으로 향하게 해 준다.

본서의 또 하나의 장점은 생명력이 넘치는 언약도의 신앙이 얼마나 철저히 개혁주의 신학에 충실했는지를 잘 보여 주고 있다는 점이다. 자칫 신앙적 열정이 넘치면 신학적 무게나 중요성이 옅어지기 쉬운데, 본서에서는 그들이 그토록 생명 바쳐 지키고자 했던 신앙의 내용이 다름 아닌 개혁주의 신학의 진리였음을 여실하게 보여 주고 있다.

그들의 신학은 스코틀랜드 신앙고백서와 웨스트민스터 신앙고백 등 정통적 신앙고백에 충실했다. 그래서 언약도 사람들은 단순히 형식적인 논쟁적 교리 주창자가 아니라 자신의 삶으로 그 진리성을 실천한 사람으로서 신앙과 신학이 적절하게 결합된 건실한 신앙을 가졌음이 본서에서 잘 드러나고 있다.

특히 언약도 신앙의 본질로서 본서를 관통하는 진리 안에서의 일치라는 주제 아래서, 이들이 순수성을 견지하면서도 편협한 분파주의적 성향으로 흐르지 않고, 큰 틀 안에서 상호 간의 차이를 포용하면서 끝까지 일치를 향하여 분투하는 모습은 진한 감동을 준다. 이는 종교개혁 500년을 넘어서는 한국 교회를 향하여 진리 안에서 상호 간의 차이를 넘어 연합하라는 큰 외침이 될 것이다.

스코틀랜드에서 일어났던 언약도의 종교개혁 정신이 우리 한국 교회와 성도에게 소개되어, 다시금 성도를 일깨우고 한국 교회를 종교개혁의 본래 정신으로 돌아가게 하는 데 일조한다면 그보다 바람직한 일이 없을 것이다. 바로 본서가 그런 정신에 충분한 내용을 담고 있다고 믿기에 일독을 권하는 바이다.

번역자인 오수영 박사는 기독교 철학과 변증학 분야에 탁월한 식견을 가지고 있어서 저자의 의도를 충분하게 살려 냈다. 이에 번역자의 수고를 치하하고 싶다.

추천사 2

최 덕 성 박사
브니엘신학교 총장/고신대학교 고려신학대학원 교수

마틴 루터가 촉발시킨 종교개혁이 500년을 넘어서고 있다. 종교개혁은 교회 개혁을 넘어 유럽의 문화에 큰 영향을 미쳤다. 또한 온 인류에게 막강한 영향을 미친 세계사적 사건이기도 하다. 교회의 변혁은 사회를 변화시켰다. 종교개혁 운동의 의의는 아무리 강조해도 지나침이 없다.

한국 교회는 자타가 공인하듯 지난 수십 년간 물량적인 면에서 눈부신 성장을 거듭해 왔다. 그러나 교파 분열, 무분별한 교회 일치 운동, 영적 혼란으로 말미암아 시대를 치유해야 할 교회의 대 사회적 역할에 결핍이 심하다. 종교개혁의 '개혁' 정신은 한국 교회의 개혁에 즈음하여 다시 조명되고 새 시대 흐름에 맞추어 현실감 있게 적용될 필요가 있다.

개혁교회는 '개혁하는' 교회다. 개혁교회답게 정체성을 잃지 않고 아름다운 종교개혁의 유산을 다시 조명하는 것이야말로 한국 교회를 새롭게 할 수 있는 첩경이다.

스코틀랜드 교회 개혁은 16세기 종교개혁의 일환이었다. 이 사건의 중심에는 언약도가 있었다. 본서 『언약도의 역사와 유산』은 언약도 신앙의 발자취를 감동적으로 그려 내고, 한국 교회의 개혁에 필요한 주요 힌트를 제공한다. 본서는 스코틀랜드 교회 개혁의 중심에 선 존 낙스와 그리스도 중심, 성경 중심의 신앙과 교회관을 지켜 내려고 피 흘린 언약도의 순수한 신앙과 그것을 뒷받침한 개혁 신앙의 정신을 생동감 있게 설명한다.

언약도는 교회 수장권 문제로 치열한 투쟁을 했다. 이 신앙 투쟁은 스코틀랜드 장로교회의 정신이 얼마만큼 성경 중심적 원리에 토대를 두었는가를 단적으로 보여 준다. 그래서 교회의 머리는 오직 그리스도뿐이라고 믿었다. 언약도는 잉글랜드의 왕을 교회 수장으로 삼는 수장령에 반대했고, 이로 말미암아 촉발된 온갖 위협과 핍박에 굴복하지 않고 자신의 생명을 바쳐 진리를 수호했다.

스코틀랜드 기독인은 개혁 신앙과 장로교 체제를 선언한 **국가 언약**(*National Covenant*)과 **엄숙 동맹**(*Solemn League and Covenant*)에 충실했다. 이를 금하는 정치권력의 박해는 처절했지만 언약도는 순교의 피로 자신들이 믿는 진리를 확증했다.

언약도는 생명을 바쳐 지킨 순수한 진리를 견지하면서도 교회의 개혁과 일치를 위하여 현실 제도 교회 안으로 들어왔다. 이들은 변화된 현실 속에서 교회가 성경 중심적인 개혁 신앙을 견지하게 만들고자 했다. 곧 '진리 안에서 일치'를 추구했다. 근본적 진리에서 일치한다면 사소한 견해 차이는 용납한다는 원리로 교회의 일치를 모색했다. 이것은 언약도가 후세에 남긴 빛나는 유산이다. 이들은 진리 안에서 하나 되고, 다양성을 인정하여 하나님의 뜻을 구현하는 모습을 보여 주었다. 이는 작은 의견 차이에도 서로 반목하고 비판하는 한국 교회가 교훈으로 삼아야 할 중요한 메시지다.

저자는 스코틀랜드 장로교회가 미국 장로교 형성에 미친 영향과 그 이후의 변화를 설명하면서 초기의 언약도 신앙이 쇠퇴하고 있는 현실을 날카롭게 지적한다. 성경 중심적 개혁 신학을 견지한 언약도의 정신을 회복하는 것이 분열하는 교회, 쇠퇴하는 교회의 갱신에 얼마나 중요한가를 설명한다.

저자는 모든 참된 기독교인을 진정한 의미에서 언약도라고 한다. 인상적인 지적이다. 성경 중심의 순수한 개혁 신앙 회복을 희망하는 목회자, 신학도, 일반 성도의 일독을 권하는 바다.

아름답고 귀중한 종교개혁의 유산이 이번에 오수영 박사의 수고로운 번역을 통하여 우리에게 가까이 다가올 수 있게 된 점을 매우 기쁘게 생각하며, 적지 않은 분량의 어려운 번역 작업을 해낸 오 박사의 수고를 높이 치하하는 바다.

추천사 3

D. 제임스 케네디(D. James Kennedy) 박사
코럴리지장로교회 담임목사

『언약도의 역사와 유산』은 일차적 원천 자료 연구로 주목할 만한 심오한 저작이다. 본서는 신학적으로나 교리적으로나 역사적으로나 성경적으로도 자신들의 교회의 기원에 관하여 관심을 가진 장로교파 사람들을 위하여, 그리고 교회 역사 지식에 관한 깨우침과 논증을 추구하는 모든 종파의 기독교인을 위하여 흥미롭고 뜻 깊으며 많은 교훈을 담고 있다.

스코틀랜드 장로교회의 부흥과 쇠퇴를 담고 있는 이 이야기는 장로교회와 잉글랜드 국교회 간의 차이에서 비롯된 박해가 끝난 후에도 장로교 선조가 기록하고 보존한 것을 저자가 직접 활용한 것이기에 내용이 풍부하다고 할 수 있다. 저자는 이 파란만장했던 영국 제도(諸島)의 교회 분쟁 기간 중에 선포된 설교를 매우 극적인 방식으로 활용하여 역사를 인격화하였다.

본서는 저자가 참된 기독교인으로 여기는 '언약도'에게 자기 신앙의 근본 교리를 마음속으로 재확인하고 스스로 보여 준 헌신과 품었던 확신이 갖고 있는 의미를 새롭게 할 만한 훌륭한 저술이 될 것이다.

사랑하는 형제께서 대단한 과업을 이루었고 그 학문적 업적은 찬사를 받을 만하다.

저자 서문

에드윈 니스벳 무어
미국 은혜장로교회 장로

    1066년 노르만 정복과 더불어 교회와 국가 모두의 우두머리가 되고자 하는 잉글랜드 왕들이 등장했다. 이런 왕 중에 한 명이 윌리엄 2세(1056-1100)였다. 윌리엄은 특별히 교회의 재원을 소모하면서 잉글랜드 외에 스코틀랜드도 지배하는 데 성공했다.

    어느 날 윌리엄 2세가 새로 차지한 스코틀랜드 숲 속에서 사냥하던 중, 멧돼지 한 마리가 그에게 정면으로 달려들었다. 한 사람을 제외하고 모든 사람이 피하였는데, 이 한 사람은 공격하는 멧돼지를 죽이고 왕의 생명을 구했다. 이 일을 칭찬하여 왕은 그에게 용감한 전사라는 작위를 수여했다.

    왕은 그의 투구에 있던 (당시 "니스빗"[ness-bit]으로 불리던) 독특한 코싸개를 보고는 그를 니스벳(Nisbet) 경으로 불렀다. 외국의 왕들에게 지배받는 가운데 수 세기가 지나면서, 이 사람의 후손의 좌우명은 "나는 그것을 기다린다"(I Byde It)가 되었다.

    개신교 종교개혁이 이 나라에 급속히 확산될 때, 이 사람의 후손 중 일부는 그들의 새로운 왕인 주 예수 그리스도로 인해 큰 위험에 처하게 되었다. 반면 그의 후손 대부분도 지상의 왕과 재산 때문에 위험에 처했다. 이 실화의 주인공이 니스벳 가문 사람들이긴 하지만, 본서는 니스벳 가문에 관한 책은 아니다. 이것은 어떤 기독교 국가의 부흥과 쇠퇴에 관한 것이다. 성경적 진리를 추구하고 하나님을 신뢰할 때 부흥이 일어났고 교회의 일치를 무시하고 사람을 의지할 때 종 말을 재촉했다. 니스벳 가문 사람들은 위대한 드라마의 배우였고, 이들이 사랑한 나라인 스코틀랜드 저지대는 위대한 드라마의 무대였던 것이다.

본서에 묘사된 참된 드라마는 17세기 후반 스코틀랜드에서 일어났다. 당시 잉글랜드 왕들은 21년간의 공포 정치를 통해 교회에 대한 지배권에 도전했던 장로교 신앙을 말살하려 했다. 박해를 받은 사람들을 언약도라고 부르는데, 이는 이들이 스코틀랜드에서 개혁 종교를 지지하고, 잉글랜드와 아일랜드의 종교개혁을 촉진시키겠다는 언약을 맹세했기 때문이었다. 이 박해 기간 동안 수많은 사람이 왕을 교회의 머리(성경이 그리스도에게만 예정한 직위)로 인정하느니 차라리 박해받는 편을 선택했다. 많은 사람이 최후의 찬송가를 부르고 최후의 성경 구절을 말하며 처형을 기다렸다. 그들의 참된 기독교 증언은 하나님 말씀에 대해 이렇게 구름같이 허다한 증인의 삶을 살펴보려는 사람 누구에게나 영원히 영향을 끼치고 있다.

이들 스코틀랜드의 순교자들은 장로교 신앙과 성공회 신앙의 차이를 지켜내려고 자신들의 생명을 포기했다. 이런 순교자 중 하나가 하드힐의 존 니스벳(John Nisbet of Hardhill, 1627-1685)인데, 그는 성공회 부목사가 자기 아이들에게 세례를 베푸는 것을 거부한 것 때문에 곤란을 겪는다. 니스벳이 사랑하는 장로교 목사가 추방당하고 그 강단을 이 성공회 목사가 빼앗았던 것이다. 이를 비롯한 여러 문제 때문에 니스벳은 이 땅에서 모든 재산을 빼앗겼고, 아내와 어린 딸도 죽게 되었으며, 결국 자신도 처형당했다.

지금 세례 때문에 죽는 사람이 어디 있는가?

이러한 역설이 너무 깊이 내 마음에서 떠나지 않고 떠올라, 이들의 마음을 움직였던 것이 무엇인지 이해해 보려고 찾을 수 있는 모든 자료를 읽었다.

무엇이 그렇게 강렬한 신앙을 고취했던 것일까?

그들이 들었던 설교는 누가 한 것이며 메시지는 무엇이었을까?

어째서 존 니스벳의 고향 반경 25마일(40km) 이내에만 자신들의 생명을 기꺼이 포기하려던 사람이 그렇게 많이 거주했던 것일까?

어째서 현대 교회는 하나의 기독교 국가 내에서 **진리를 보유한 하나로 연합된 교회**라는 이들의 이상을 무시해 왔던 것일까?

종교의 역사와 근본적인 것에 대해 더 잘 알게 되었을 때에야 나는 비로소 이것을 이해하기 시작했다. 존 니스벳의 눈으로 역사를 보기 시작했을 때, 종교에 관해 갖고 있던 나의 많은 선입견, 장로교 및 심지어 종교적 자유의 "영광스러운 아메리칸 드림"이라 불리는 것에 대해 도전하지 않을 수 없었다. 그것은 존 낙스(John Knox, 1514-1572)의 장로교와 현대 장로교가 근본적으로 다르다는 것을 어쩔 수 없이 인정하게 만든다.

존 니스벳의 아들 제임스(1667-1728)는 살아남아, 박해 기간뿐만 아니라 박해가 끝난 후에도 기독교인이 내려야 했던 어려운 결정을 연대기 순으로 기록한 자신의 회고록을 남겼다. 우리는 페이지를 넘기면서 그리스도께서 그의 형상으로 제임스를 새롭게 하시는 성화의 과정을 명확하게 보게 된다.

회고록의 거의 끝에 가까워지면서 제임스는 페이지마다 기도와 찬양을 쏟아낸다. 회고록에서 제임스는 한 친구에게 편지를 써 보내면서 거기서 "누가 언약도인가?"라고 묻고 스스로 답한다. 제임스는 그들을 무엇보다 먼저 하나님의 언약을 추구하는 데 헌신된 사람으로 묘사한다. 그들의 참된 언약은 은혜의 언약으로 성경의 핵심 주제를 이룬다. 종교개혁을 촉진시키겠다는 그들의 언약 맹세(covenant pledge)는 단지 하나님의 은혜 언약에 헌신한 사람이라면 당연히 이치에 맞게 여기는 행동일 뿐이었다.

제임스는 박해가 끝난 후 사람이 고안한 어떤 고상한 언약도 더 이상 추구하지 않는 교회에 합류하든가, 아니면 비록 불완전하기는 하지만 그리스도인이 참된 교회에 합류하기를 요구하는 하나님의 은혜 언약에 충실하든가, 둘 중에 하나를 선택하지 않을 수 없었다. 우리는 제임스의 투쟁에서 교회 내의 일치와 진리를 추구할 필요성이 있음을 배우게 된다.

이러한 투쟁 기간 동안 그리스도의 성도는 자신을 둘러싼 세상과 크게 대비되며 도드라졌다. 이러한 언약도의 강렬한 신앙과 현대 기독교인의 미지근한 믿음 사이에 강하고 뚜렷한 대조를 확인하였기 때문에, 나는 언약도의 역사와 신앙 방법을 연구하지 않을 수 없었다. 어떤 민족이 성경에 나타난 가장 작은 진리를 위해서도 자신의 생명을 기꺼이 내어놓으려 했다는 생각은 현대인의 정신에 낯설다. "자기를 보존하려면 비굴함을 무릅쓰고 진리를 보존해야 한다"(*Self Preservation* must stoop to *Truth Preservation*)는 언약도가 선호하는 구절에 주의를 기울이는 것이 당연하다.

아마도 현대 교회가 잃어 버린 가장 큰 진리가 있다면, 그것은 진리와 일치 모두의 필요성일 것이다. 그들의 문화와 우리의 문화에 대한 단순한 비교만으로도 몇 가지 놀라운 결과가 드러난다. 그들의 기독교 문화와는 대조적으로 우리 현대 기독교 문화는 하나의 기독교 국가라는 개념을 거부하는데, 시민은 그 안에서 구성원이 하나의 교리를 공유하는 유일한 교회에 소속되며, 모든 십계명 조항에 순종하고자 하여 그릇된 종교와 열정적으로 싸운다. 우리에게는 이러한 복도 없을 뿐 아니라 이에 대한 갈망도 사라졌다.

종잡을 수 없이 복잡한 현대의 교파와 거짓 종교에 대한 관용의 근거를 성경에서 찾을 수 있을까?

오늘날 교회 공동체는 스코틀랜드에서도 언약도를 "과격파"로 보며, 교회와 국가 간의 구별을 모호하게 했다고 여긴다. 진리를 떠나 더 나아갈 수 있는 것은 아무것도 없다. 본서를 읽으면서 국가로 하여금 스스로의 기준을 따라 옳고 그름을 규정하도록 하고, 시민의 마음과 정신과 양심을 통제하게 하는 끔찍한 철학에서 세상을 지켜내기 위해 이들이 어떻게 자신의 생명을 포기했는지를 알게 되면, 이들이 애국자요 성도였다는 사실을 알게 될 것이다. 이들은 오로지 교회와 국가가 하나님이 베푸신 특별한 규칙과 일치하는지만 물었는데, 이 규칙 없이는 어떠한 영적 세속적 평화도 있을 수 없었다.

일부는 이 과정에서 오류를 범한 것인가?

그렇다. 본서는 비록 다양한 교파가 저지르는 진리에서의 이탈을 비판하지만, 가장 신랄한 비판은 주류 장로교파 내부에서 이루어지는 진리 이탈에 대한 것이다.

본서는 자신의 종교적 유산과 의무를 이해하려는 현대 장로교회의 어느 장로가 탐구한 것을 기록하고 있다. 그것은 세 개의 주요 부분으로 이루어진다.

그 첫 부분은 스코틀랜드 장로교회의 부흥과 쇠퇴 및 존 니스벳 가족이 그들의 집에서 추방에 이르기까지 겪은 사건을 살펴본다.

중간 부분은 역사와 제임스 니스벳의 눈을 통하여 극심한 핍박 기간 중 스코틀랜드 장로교회 남은 자들의 투쟁과 증언을 살펴본다.

마지막 부분은 현대 교회가 언약도에게서 배울 수 있는 것이 무엇인지를 고

찰한다. 독자를 돕기 위해 본서에 상당히 많이 사용한 인용문은 필요한 경우 현대적 표현으로 바꾸었다(수정된 철자, 대문자 사용, 구두점).

하나님께 감사드리며 본서를 완성할 수 있도록 격려해 준 친구 짐 모스(Jim Moss) 목사와 그의 부인 도트(Dot) 여사에게 감사드린다. 낸시 파커(Nancy Parker)를 비롯한 여러 친구의 편집 지원이 없었더라면 본서는 가능하지 않았을 것이다. 또한 하나님이 주신 아내에게 감사한다.

역자 서문

오 수 영 박사
RTS 객원교수

지금 우리가 사는 시대는 4차 산업혁명 시대로 들어섰다. 로봇과 인공 지능의 결합으로 대변되는 4차 산업혁명이 인류의 삶에 미칠 영향은 예측이 불가할 정도로 광범위한 것으로 알려지고 있다. 급속한 시대 변화 속에 기독교회가 있고 오늘의 한국 교회가 있다.

이러한 시대 변화의 흐름 속에서 한국 교회는 시대 변화에 답할 준비가 되어 있을까?

어쩌면 유사한 상황에 직면했던 종교개혁기의 종교개혁자들과 비슷한 면이 없지 않은 것 같다. 중세가 마감되고 과학의 발전과 인본주의가 발흥하던 시기에 종교개혁가들은 중세의 제도화되고 인위적으로 고착화되었던 권위를 벗어버리고 오직 믿음으로 의로워진다는 믿음의 진리를 선포함으로써, 그 시대 교회의 물음에 답했다.

오늘 우리 교회는 다시금 이 시대의 세기적인 변화에 대한 대답을 요구받고 있다. 지난해는 마침 마틴 루터의 종교개혁 500주년이 되는 해였다. 종교개혁 정신은 당대의 문제에 대한 대답이었다. 현재의 한국 교회 현실과 미래에 대한 방향을 종교개혁 정신에서 찾아보려는 것은 매우 뜻 깊은 일일 것이다.

본서는 스코틀랜드 종교개혁의 중심에 서 있던 언약도의 개혁주의적 신앙과 신학을 감동적으로 그리고 있다. 그 당시 언약도의 정신에 충실했던 증인의 회고록과 설교집을 중심으로 전반부는 스코틀랜드를 중심으로 일어났던 처절했던 종교개혁의 역사와 그 역사의 한복판에 섰던 언약도의 신앙과 그들이 남긴 유산을 다루고, 후반부는 그들의 신학을 다룬다.

언약도 신앙의 뿌리와 그들이 성경 중심적 신앙의 순수성을 생명을 바쳐서라도 지켜내고자 했던 헌신적이고 진실한 신앙을 전반부에서 감동적인 필치로 그리고 있다. 전반부의 내용은 스위스에서 스코틀랜드로 돌아온 존 낙스부터 본격적으로 시작된 스코틀랜드 종교개혁의 역사와 이후 웨스트민스터 신앙고백이 나오기까지의 과정, 그리고 왕정복고 이후 펼쳐진 개혁주의 신앙에 대한 지속적이고 심대하며 처절한 박해에 대한 서술을 세밀하게 그린 것이다.

언약도는 박해 앞에서 일말의 타협이나 물러섬이 없이 신앙의 순수성을 위해 기꺼이 자신들의 피를 뿌림으로써 그들의 신앙의 순수성과 진실성을 확증했다.

핍박의 시대가 지나고 명예혁명 이후 종교 관용 정책이 전개될 때 그들은 분열했다. 여전히 핍박 시대에 견지했던 관행을 따라 언약을 고수하는 '남은 자'의 부류와, 언약도의 정신을 고수하되 연합이라는 기치 아래 현실 제도 교회 속으로 들어온 부류로 나뉘어졌다.

변화된 시대에도 여전히 순수성만을 유지하고자 타협하지 않았던 사람들이나, 현실 교회 속으로 들어온 사람들이나 모두 핍박 중에 로마가톨릭과 잉글랜드 국교회의 비성경적인 제도에 맞서 신앙의 순결성을 위해 피를 뿌렸던 이들이었다.

그러나 시대가 변하고 상황이 변화되었을 때 상황에 대처하는 해법에서는 입장이 나뉘었다. 대다수 언약도는 그 순수성을 온전히 지켜내고 교회를 그 정신에 따라 개혁하려면 현실 교회 제도 아래 들어와야 한다는 결정을 하고 새로운 도전을 시작했다.

핍박 시대와 핍박이 사라진 시대 사이에 진리는 달라지지 않지만, 시대의 변화에 따라 그 대응 방법에 차이가 생겨날 수밖에 없던 것이다. 변화된 시대 흐름을 따랐던 대다수 언약도 사람들은 성경적 진리의 순수성을 보존하기 위해 피를 뿌렸고, 이후엔 진리 안에서 일치를 위해 진리에 대한 유연한 자세를 견지했던 것이다.

본서에서 저자는 언약도의 가장 중요한 가치를 '진리 안에서 일치'로 그려낸다. 그들은 시대의 흐름을 따라 하나님이 가장 원하시는 바를 알아내고 그것을 따라가는 것이 하나님이 기뻐하시는 신앙이라고 믿었다.

언약도는 시대 변화를 따라 배타적이고 편협한 태도로 진리를 주장하기보다는 근본적인 진리에 있어서 불일치하지 않는다면, 상호 간의 차이에도 불구하고 연합을 위한 노력을 아끼지 않았다. 진리에 대한 언약도의 이러한 유연한 태도는 오늘날 자신의 입장과 조금만 달라도 쉽게 비판하고 배척하는 편협한 태도와는 거리가 멀다.

그렇다고 언약도가 '일치'라는 이름으로 진리를 포기하는 것은 아니다. '진리 안에서' 일치를 추구하기 때문이다. 오히려 그들은 세상을 변화시키기 위해 세상 속으로 들어온 '성육신' 복음의 진리를 따른다고 할 수 있을 것이다.

언약도의 이러한 유연한 자세는 오늘날 작은 견해차로도 쉽게 분열해 왔던 우리의 교회를 치유하기 위한 방향과 기준을 제시할 수 있을 것으로 보인다. 더 나아가 본서는 초대 교회가 간직했던 순수 복음이 점차 희미해져 가고 종교 혼합주의의 경향마저 보이는 시대에 우리의 교회를 일깨워 순수 복음을 회복하게 하고, 그런 복음 위에 교회를 새롭게 세우도록 안내한다.

본서가 뜨겁기만 한 것이 아닌 것은 후반부가 개혁주의 신학에 정통한 언약도의 신학을 그리고 있기 때문이다. 철두철미 개혁주의 신앙에 근거한 신학이 깊이 있게 기술되고 있는 바, 언약론, 교회론, 기독교인의 정체성 및 교회와 세속 권위와의 관계, 참된 종교개혁의 방향 등이 내실 있게 기술되고 있다.

본서는 성경의 진리와 신앙, 삶에 접목된 신학이 적절하게 균형을 이루고 있다는 점에서, 목회자와 신학도뿐 아니라 순수한 복음적 신앙을 사모하는 성도의 신앙을 위해서도 요긴한 책이 될 것이라 믿는다.

끝으로 번역 과정에서 매우 긴 본문이 자주 등장하여 의미의 명확한 전달을 위해서 짧게 끊어서 번역하기도 하였음을 밝혀둔다. 그리고 빈번히 인용되는 당시의 일기문과 회고록의 정상적 문법 구조를 벗어난 다수의 표현은 문맥을 고려하여 의미를 찾아 번역하였다. 그 과정에서 적합한 번역어를 찾기 위해 적지 않은 시간을 고민해야 했다.

모든 번역의 책임은 역자에게 있음을 밝혀둔다. 끝으로 추천사를 써 주신 나용화 박사님, 최덕성 박사님과 발행사를 써 주신 박영호 박사님께 깊은 감사를 드리고, 스코틀랜드 종교개혁의 생생한 흔적을 담은 소중한 책을 번역할 수 있는 기회를 제공하고, 번역되어 나오기까지 오랫동안 기다려 주신 기독교문서선교회(CLC) 직원들에게도 사의를 표한다.

[일러두기]

◆ 원문에 'Britain'(영국) 대신 'England'로 기록된 경우에는 '잉글랜드'로 번역했다.
◆ 'Anglican Church'는 '성공회'로, 'Church of England'는 '잉글랜드 국교회'로 'Church of Scotland'는 '스코틀랜드 장로교회'로 번역했다.

CONTENTS

발행사_박영호 박사 · 4
추천사 1_나용화 박사 · 7
추천사 2_최덕성 박사 · 9
추천사 3_D. 제임스 케네디 박사 · 11
저자 서문_에드윈 니스벳 무어 · 12
역자 서문_오수영 박사 · 17

서론 · 26

제1부 | 스코틀랜드 장로교회의 부흥과 쇠퇴

제1장 구리뱀 깨뜨리기 · 46
1. 제1차 종교개혁 · 46
2. 스코틀랜드의 제1차 종교개혁 · 55
3. 교회 정치 전쟁 · 61
4. 교회 예배 전쟁 · 66
5. 교회 교리 전쟁 · 73

제2장 진리와 일치의 부흥과 쇠퇴 · 75
1. 제2차 종교개혁 · 75
2. 웨스트민스터 총회 · 83
3. 잉글랜드 내전 · 93
4. 국민이 왕을 원하다 · 97
5. 장로회 전쟁 · 101
6. 찰스 2세의 왕정복고 시대 · 104
7. 존 니스벳 · 108

제3장 불타는 떨기나무 · 111
1. 추방 조치 · 111
2. 불법적인 괴물 · 114
3. 불타는 덤불 · 122
4. 제임스 니스벳 · 131

제4장 드럼클록과 보스웰 다리 · 136
1. 드럼클록 전투 · 136
2. 전투 사이의 전투 · 143
3. 보스웰 다리 전투 · 150

제2부 | 남은 자들의 부흥과 쇠퇴

제5장 진리 보존 · 158
1. 전투가 끝나고 · 158
2. 공동체 사람들 · 173
3. 시험 · 182
4. 진리 보존 · 196

제6장 살육의 시간 · 203
1. 살육의 시간 · 203
2. 도피 생활 · 211
3. 존 니스벳의 마지막 날들 · 223
4. 살육의 시간에 대한 회상 · 231

제7장 하늘만을 바라보며 · 234
1. 또 하나의 박해 · 234
2. 100명의 비천하고 어리석은 사람들 · 239
3. 관용이냐 성경이냐 · 249
4. 동트기 전의 어두움 · 254

제8장 혁명 종식 · 262
1. 혁명 종식 · 262
2. 혁명의 여파 · 269

제9장 계속되는 투쟁 · 286
1. 사탄의 공격 · 286
2. 이전의 언약된 땅 · 303
3. "언덕 위의 도시" · 312

제3부 | 언약도에게서 배우는 교훈

제10장 언약도의 교훈 · 330
1. 언약이란 무엇인가? · 333
2. 언약의 기원과 창시자 · 339
3. 언약의 당사자 · 342
4. 언약의 조건 · 351
5. 언약의 속성 · 363
6. 언약의 축복 · 376
7. 언약의 수단 · 401
8. 언약의 직무 · 403
9. 언약 밖에 있는 사람 · 412

제11장 교회를 위한 교훈 · 414
1. 말씀—교회의 표지 · 415
2. 말씀—명령된 설교 · 420
3. 말씀—명령된 성례전 · 444
4. 말씀—명령된 교회 권징 · 457
5. 말씀—진리 안에서 일치로 나타남 · 463

제12장 기독교인을 위한 교훈 · 488
1. 성화—두 부분 · 490
2. 성화—믿음의 은혜 · 496
3. 성화—사랑의 은혜 · 502
4. 성화—소망의 은혜 · 526
5. 성화—또 다른 은혜 · 535
6. 성화—열매 · 568
7. 성화—방편 · 583

제13장 시민을 위한 교훈 · 594
1. 교회와 국가—공동 의무 · 595
2. 교회와 국가—공동 시민 · 631

제14장 개혁 · 642
1. 개혁은 언약에 따른 의무이다 · 643
2. 교회 개혁 · 649
3. 교회와 국가의 개혁 · 656
4. 기독교인의 개혁 · 660
5. 결론 · 668

색인 · 670

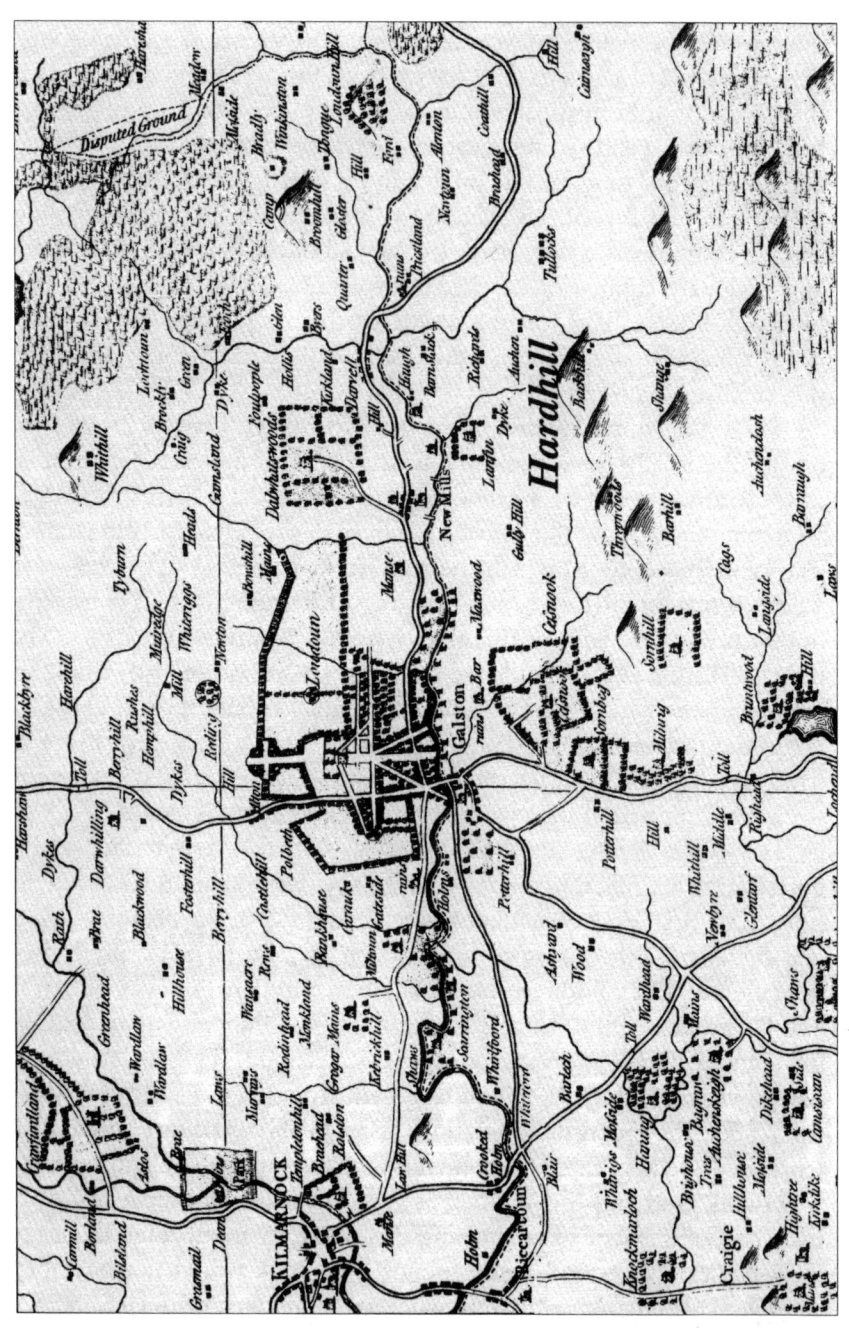

▲ 로던(Loudoun) 지역

▲ 스코틀랜드 지도

서론

> 자기를 보존하려면 비굴함을 무릅쓰고 진리를 보존해야 한다.
> - 스코틀랜드 언약도 순교자들 -

1. 문제

초기 기독교회는 극심한 박해 속에서도 수 세기 동안 진리 안에 연합되어 있었다. 교회는 요한계시록(계 12장)에 나오는 여인처럼 그리스도의 피로 씻긴 빛나는 옷을 입고, 사도들의 가르침의 진리로 관을 쓰고, 그 발아래 있는 달로 묘사되는 세상의 일에 대하여 승리를 거두며 등장했다.[1]

갓 태어난 새로운 기독교인을 삼키려는 사탄의 노력에도 불구하고, 기독교는 로마 제국의 회심에 의해 입증된 것처럼 이교도 세계에 승리했다. 사탄은 분노에 차서 여자를 광야로 도망하게 하였고 거기서 그리스도 교회의 커다란 원수가 생겨나기 시작했다.

① 사람의 규칙과 전통이 점차적으로 신앙과 실천의 규칙인 성경을 대체했다.

---

1 James Durham, A *Commentary Upon the Book of the Revelation* (London: Company of Stationers, 1658), vol. 2, pp. 328-350 (이하 Durham, *Revelation*).

② 그 안에서 그리스도의 머리되심 아래 장로들이 다스리는 사도적 형태의 정치 형태는 사제와 고위 성직자의 계급 제도로 대체되었는데, 그들은 하나님께 나아가는 것을 제한했고 그릇된 교리를 제도화했다.

③ 기독교가 로마의 공식 종교가 되자 교회는 세속적인 것에 침범당했다.

④ 도나투스파 같은 분리주의적인 기독교인이 박해 기간 동안 넘어졌던 사람을 용서하기를 거부했을 때 분열이 생겨났다.

⑤ 모든 오류 중 가장 사악한 오류인 펠라기우스(Pelagius, 4세기 후반에서 5세기 초까지)의 오류는 사람의 구원을 주관하는 일에 하나님이 아닌 인간을 앉힌 것이었다. 로레이너 보에트너(Rorainer Boettner, 1901년생)의 말에 따르면, 펠라기우스는 "사람은 거룩하고 흠이 없이 성장할 수 있으며, 그는 하나님의 은혜를 얻을 수 있고, 자신의 자유로운 의지의 행위에 의해 구원을 얻을 수 있다"[2]고 주장했던 수도사였다.

수 세기가 지나서 많은 기독교인이 이런 오류를 비롯한 유사한 오류에서 교회를 지키기 위해 자신의 생명을 바쳤다. 때로는 국가가 박해자였고 때로는 교회가 그랬다. 어느 경우든 박해는 신학자 찰스 핫지(Charles Hodge 1797-1878)가 관찰한 대로 하나님의 영광을 드러나게 했다.

> 초대 교회를 박해했던 악한 자들의 행위는 복음을 보다 널리, 보다 빠르게 선포하기 위한 수단으로 하나님에 의해 예정된 것이었다. 순교자의 고난은 교회의 확장뿐 아니라 정화를 위한 수단이었다.[3]

마침내 마틴 루터(Martin Luther, 1483-1546)와 존 칼빈(John Calvin, 1509-1564) 같은 용기 있는 종교개혁자의 행동을 따라 종교개혁이 유럽을 휩쓸었다. 비록 여러 개혁자 사이에 뚜렷한 교리적 유사성도 있었지만 중요한 차이점 때문에 기독교인이 분열된 것이다. 이러한 차이점이 너무 컸기에 감성과 지성의 통제를

2　Loraine Boettner, *The Reformed Doctrine of Predestination* (Philadelphia: The Presbyterian and Reformed Publishing Company, 1973), pp. 335-336 (이하 Boettener).

3　Charles Hodge, *Systematic Theology* (New York: C. Scribner, 1887), vol. 1, p.545.

위해 국가와 교회가 싸우게 되고 전쟁은 전 유럽을 휩쓸었다. 이러한 기독교인 내부의 불일치는 성경에서 묘사한 이상은 분명히 아니었고, 하나님의 말씀에 의하여 일치된 교회를 꿈꾸던 개혁자가 그린 이상도 아니었다. 칼빈은 말했다.

> 그리스도가 조각조각 나뉠 수 없듯이, 교회는 두 개도 세 개도 될 수 없다.[4]

칼빈은 어느 편지에서 연합(union)[5]에 대한 열망을 표현했다.

> 나는 주요 교회에서 배운 사람들이 모임을 가졌으면 하는 바람이 있다. 이들이 믿음의 여러 요소에 대해 신중하게 논의를 거친 후에 공동의 결정으로 교리를 제정하여 후손에게 전수하기를 바란다.
> 우리 시대의 가장 큰 해악은 우리 교회가 서로 너무 멀리 흩어진 채로 거의 교제도 하지 않는 것이라고 볼 수 있을 것이다. 그리스도의 지체 사이에 거룩한 교제에 대해서는 더욱 말할 것도 없다. 모든 사람이 말로는 공언하지만, 실제로 진심으로 관계를 구축하는 일은 드물다. 그래서 교회의 몸은 회원 사이의 분열로 인해서 찢겨지고 심하게 훼손되었다.[6]

이런 일치에 대한 희망을 교회 전체가 달성한 적은 전혀 없었지만, 스코틀랜드 장로교회는 17세기에 이것을 한동안 성취했었다. 이러한 일치된 진리를 보유한 교회에서 생겨난 빛은 너무 밝아 스코틀랜드 사람들은 함께 그 빛을 유지하기로 언약을 체결했다. 많은 사람들이 사무엘 루더포드(Samuel Rutherford, 1600-1661)처럼 믿었다.

4　John Calvin, *An Introduction to Reformed Tradition,* ed. John Leith (Atlanta: John Knox Press, 1981), p. 151에서 인용(이하 Leith).

5　역자주—'union'은 '연합'으로, 'unity'는 '일치'로, 'unite'는 문맥에 따라 '연합하다' 혹은 '일치하다'로 번역하였다.

6　John Calvin to Thomas Cramer, *Alexander and Rufus: or A Series of Dialogs on Church Communion,* ed. John Anderson (Associate Synod of North America, 1862), p. 151에서 인용(이하 *Alexander and Rufus*).

자, 스코틀랜드여! 성경에 그 이름이 나타나 있는 하나님께 감사하라!⁷

1643년 잉글랜드, 스코틀랜드, 아일랜드 세 왕국은 이러한 참된 교회 교리, 예배와 정치의 연합을 공유하고 확산시키기 위해 **엄숙 동맹**(Solemn League and Covenant)에 참여했다. 칼빈이 꿈꾸던 대로 학식 있는 사람은 웨스트민스터 총회에 모여 교회 개혁을 이끌 것으로서, 성경을 근거로 만들어진 하나의 공유된 표준을 개발했다.

불행히도 제2차 종교개혁으로 불리는 이러한 야심찬 개혁은 세 가지 근본적인 이유로 언약도에 대한 박해와 함께 막을 내렸다.

① 잉글랜드 독립파는 종교개혁과 일치보다는 종교적 관용을 더 존중했다. 상상할 수 있는 모든 믿음을 가지고 급속히 성장하던 이 분파의 맹아는 하나님 말씀에 근거한 교회의 일치를 질식시켰다.

② 자신들이 사랑하는 언약도를 감독하는 왕을 혐오하였기 때문에, 스코틀랜드인들은 궁극적으로 찰스 2세(Charles II, 1630-1685)를 왕위에 앉히는 행동에 착수했다. 권력을 차지한 후 몇 년 지나지 않아, 찰스 2세는 조직적으로 제2차 종교개혁을 뒤엎고 28년간의 공포 정치를 통하여 스코틀랜드인들을 박해했다. 다니엘 데포(Daniel Defoe, 1661-1731)는 잉글랜드의 왕을 교회의 수장으로 인정하기를 거절했던 18,000여 명의 사람들이 박해 기간 동안 당국에 의해 살해당하거나, 재산을 몰수당하거나, 추방당한 것으로 추정했다.⁸ 현대의 여러 학자들이 이런 수치(數値)를 놓고 반박한다 하더라도, 더 나은 수치를 제시하기 어려우며, 거기에는 아일랜드와 네덜란드로 도피한 수많은 스코틀랜드인들은 계산에 포함된 것도 아니었다.⁹

---

7 Samuel Rutherford, *Fourteen Communion Sermons by Samuel Rutherford*, ed. A. A. Bonar (Glasgow, 1878), p. 59.

8 Daniel Defoe, *Memoirs of the Church of Scotland* (reprint, Perth: James Dewar, 1844), pp. 318-323 (이하 Defoe, *Memoirs*).

9 Sir William Petty는 1672년 신규 스코틀랜드인을 8만 명이라고 한다. *Political Anatomy of Ireland*; J. G. Simms, *Jacobite Ireland*, 1695-91 (London, 1969), p. 11; William Lyons Fisk, *The Scottish High Church Tradition in America* (Lanham, Maryland: University Press of Ameri-

장로교는 결코 충분히 회복되지 않았다. 만약 네덜란드의 오렌지 공(Holland's Prince of Orange)이 1689년에 혁명을 일으켜 스코틀랜드에 장로교를 회복하지 않았더라면 그 파괴는 끝나지 않았을 것이다.

③ 스코틀랜드 장로교회는 내부의 분쟁으로 격렬히 다투는 두 파벌로 분열되었다. 이러한 분열은 찰스로 하여금 한편을 조종하여 다른 편을 반대하도록 만들어 교회 전체를 무너뜨릴 기회를 제공했다.

한때 스코틀랜드 장로교회에서 시작된 하나의 이정표로 증명되었던 일치는 결코 회복되지 않았다. 스코틀랜드의 종교개혁을 가능하게 했던 진리 안에서의 일치에 대한 열망을 회복하지 않는다면, 교회가 오늘날 제2차 종교개혁의 원리를 회복한다고 해도 얻는 것은 거의 없을 것이다.

오늘날의 표현을 따르자면 17세기 스코틀랜드인은 꿈을 갖고 있었다고 말할 수 있을 것이다. 그들은 자신들의 꿈을 달성할 수 있을 만한 사회에 대한 청사진을 성경에서 찾았고, 이는 19세기 설교가이자 역사가인 토머스 맥크리(Thomas McCrie, 1772-1835)가 본 그대로 였다.

> 그들은 성경에서 통치자의 성품과 자격을 찾아냈다. 그리고 그들은 성경에서 백성의 의무도 배웠다. 하나님을 경외하고 그의 모든 계명을 지키기 위해서 하나님의 섭리가 자신에게 부여하신 각각의 위치에 자신의 모든 의무가 포함돼 있는 것으로 이해했다. 이들은 두려움 없이 생활 속에서 이러한 진리를 보여 주었다. 또 이들은 망설임 없이 자신의 고난과 죽음을 통해 이 믿음을 세상에 보여 주었다.[10]

하나님 아래서 이루어진 이들 상호 간 협정에서, 중요한 세 당사자는 교회와 국가와 개인이었다. 각자가 그 의무 따르기를 힘써서 하나님께 순종하고 하나님을 영화롭게 하고자 했다. 이러한 생각에는 나라마다 하나의 세속 정부와 하나의 교회, 곧 예배와 교리와 정치에 일치된 교회가 있어야 한다는 것이

---

ca, Inc., 1995), p. 30에서 인용.

10　Thomas McCrie, introduction to *A Vindication of the Scottish Covenanters* (Glasgow: Andrew Young, Printer, 1824) (이하 McCrie, *Vindication*).

전제로 내포되어 있었다. 그들의 협정은 결코 교회와 국가 간의 평화 조약이 아니었다. 그것은 하나님의 원수를 향한 공동의 영적 전쟁 선포였다.

이러한 원리는 현대 문화와 정확히 반대였는데, 로버트 보크(Robert Bork, 1927년생)에 따르면 현대 문화는 "근대 자유주의라는 야만인"에게 약탈당한 상태였다.[11] 보크는 근대 자유주의 문화의 두 개의 작동 원리를 제시한다.

> 급진적 평등주의[기회의 평등보다는 결과의 평등]와 급진적 개인주의[개인적 만족으로 극단적인 범위 축소]에 대한 열망.[12]

이들 두 원리는 그 중심 초점을 사람에 두고 있는 사회의 자연스런 결과물이다. 이러한 주제는 우리의 문화뿐 아니라 우리의 종교 생활도 지배한다. **급진적 개인주의**는 일반적으로 교회의 역할을 최소화시키고, 모든 형태의 신앙을 대표하여 수많은 분파가 급증하게 만들었다. **급진적 평등주의**는 모든 종교가 동등하게 구원과 영적 성장으로 이끌며, 도덕적 행위를 증진시킨다는 생각을 조성했다.

최근 라디오에서 한 여성이 담화 프로그램 사회자에게 자신을 영적인 사람이라고 말했다. 이 여성은 마음이 좁은 사람이나 종교를 하나만 택할 것이고 자기는 모든 종교에 관심이 있다고 말했다. 그 사회자가 십계명 같은 특수한 종교적 계명을 물어봤을 때 그녀는 어떠한 절대적인 계명도 용납하지 않을 것이라고 했다. 이 여인은 모든 종교를 받아들이기 때문에 아무것도 받아들이지 않은 것이나 마찬가지였다.

우리의 문화에 결함이 있는 이유는 현대 교회가 성경에서 가르치는 기독교를 포기했기 때문이다. 예를 들어, 자기를 그리스도인으로 공언하는 사람 대부분이 하나님께서 만물을 통치하신다는 것, 성경이 완전하게 참이라는 것, 그리스도인이 본질적인 성경 진리에 동의할 수 있고, 교회는 일치되어야 하며 안식일은 지켜져야 한다는 것 등을 이제는 더 이상 믿지 않는다.

---

11 Robert H. Bork, *Slouching Towards Gomorrah* (New York: Regan Books, 1996), 342-3 (이하 Bork).

12 Bork, p. 5.

기독교인이라고 하면서 동시에 성경을 믿지 않는 것이 가능할까?
우리는 예수가 하나님의 아들이라는 절대적 확신(요일 5:5) 없이 세상을 이길 수 있을까?

비록 언약도가 여러 방면에서 실수를 했을지라도 그들에게 이런 문제는 없었다. 언약도에게서 배울 것이 있을 것이다.

2. 해답

언약도에게서 무엇을 배울 수 있는지 이해하기 위해서 본서는 몇 가지 상이한 관점과 자료에서 언약도의 삶을 검토하고 있다. 오늘날 많은 사람이 가진 것과 달리 언약도가 귀중히 여겼던 신앙에 관해 아래에서 간략하게 고찰해 보자.

1) 하나님이 다스리신다

오늘날 우리의 문화와 정확히 반대되는 문화를 통해 무언가를 배운다는 것이 가능할까?

현대의 문화와 달리 언약도의 문화는 하나님의 말씀에 반대되는 신앙과 행위를 용납하지 않았다. 그들은 자신이 아니라 하나님을 힘과 진리의 원천으로 생각했다.

언약도의 모든 다른 원리가 근거를 두는 "핵심" 원리 같은 것이 있다면, 그것은 "신권"(rights of God)이 "인권"(rights of man)에 선행한다는 것이다.[13] 이 관점은 아무리 비천한 사람이라 하더라도 경탄할 만한 싸움 기계로 변화시켜, 성경에서 가장 작은 계명을 위해서라도 이 세상의 것을 기꺼이 포기하게 만든다. 하나님의 권리 중에는 그리스도가 교회의 머리라는 말이 있는데, 언약도

---

13 Johannes G. Vos, *The Scottish Covenanters: Their Origins, History, and Distinctive Doctrines* (Pittsburgh: Crown and Covenant Publications, 1980), p. 118 (이하 Vos, *Covenanters*).

는 이러한 특권을 빼앗으려는 누구라도 반대하여 스스로의 목숨이라도 기꺼이 바치고자 했다.

그리스도가 왕이심을 부인하는 사람은 비록 그리스도를 구세주로 고백한다 해도 잃어버린 자들이다. 현대 문화에서 절대적 진리와 하나님의 율법에 대한 순종은 낯설고 혐오스러운 개념이다. 우리는 "하나님의 말씀으로 너희 안내자가 되게 하라"는 지미니 크리켓(Jiminy Cricket)의 말보다 오히려 "너의 양심이 너의 안내자가 되게 하라"는 격언을 따를 것이다.[14]

칼빈주의로도 불리는 하나님에 대한 이들의 고귀한 신앙은 그 준거점에서 이 힘을 도출해 냈다. 칼빈주의 관점에 따르면 사람은 "죄로 죽은 상태"에 있기 때문에 스스로 하나님을 따르기로 결정하는 것이 불가능하다. 실제로 사람은 하나님과 불화한 상태에 있다. 그 결과 사람은 하나님을 따르기로 결정할 수 있기 이전에, "거듭나거나" 하나님에 의해 중생해야 한다.

> 나를 보내신 아버지께서 이끌지 아니하시면 아무도 내게 올 수 없으니(요 6:44a).

이러한 거듭남을 통해서 하나님은 사람에게 그리스도의 의를 주시며, 성화의 과정을 시작하여 사람을 그리스도의 형상으로 완전히 변화시킨다. 더욱이 하나님은 창세 전에 부르신 사람을 선택하신다(예정론으로 불리는 믿음).

이와 대조적으로 현대 기독교인 대다수는 알미니우스(Jacobus Arminius, 1560-1609)의 가르침을 따른다. 알미니우스는 하나님께서 구원을 제공하셨을지라도 그것을 받아들일지 거부할지 여부는 사람에게 달려 있으며, 따라서 (구원에) 책임이 있는 것은 하나님이 아니라 인간이라고 가르쳤다. 이들 두 관점 중에서 칼빈주의적 관점은 하나님께 전적으로 의존하기에 무한한 힘을 가진 유일한 관점이다.

칼빈주의적 관점은 인간의 이성이 아니라 하나님께서 자신의 말씀 속에서 나타내시는 피할 수 없는 증거에서 유래한다. 코넬리우스 반틸(Cornelius Van Til, 1895-1987)에 따르면 칼빈주의의 접근은 "성경에서 말씀하는 그리스도의 절대적 권위와 함께" 시작하며, 그래서 사람으로 하여금 "하나님의 어리석음

---

14 R. C. Sproul, "The Conscience," *Table Talk*, vol. 21, no. 7 (July 1997): p. 6.

이 사람보다 지혜롭다는 것을 알게" 한다.[15]

칼빈에 따르면 인간의 지혜보다는 성경에 의지하는 것이 본질적이다. 왜냐하면 "인간의 호기심은 예정에 관한 논의를 그 자체로 다소 어렵고, 매우 혼란스럽고, 위험하기까지 한 것으로 간주해서" 결코 존재하지도 않는 미로 속에 빠져들게 하기 때문이다.[16] 반틸은 이 사안은 단지 소수의 신학적이거나 철학적인 논쟁이 아니라 교회 내부의 분열의 근본 원인이라고 주장했다.[17]

19세기까지 대부분의 개신교인은 칼빈주의자였다. 예를 들어, 저명한 침례교 목사인 찰스 스펄전(Charles Spurgeon, 1834-1892)은 이렇게 말했다.

> 존 낙스의 복음이 나의 복음이다. 스코틀랜드를 뒤흔들었던 것은 잉글랜드도 뒤흔들어야 한다.[18] 나는 나의 모든 변화가 전적으로 하나님께 비롯된 것으로 여긴다. … 우리 모두 본성상 알미니우스적으로 태어난다. … 나는 인간 마음의 부패 교리를 인정하지 않을 수 없는데, 나 스스로가 마음이 부패한 것을 보며, 내 육신에는 어떤 선한 것도 거하지 않는다는 것을 매일 증명하기 때문이다.[19]

스펄전은 어떤 설교에서 칼빈주의와 그 초석인 예정론을 극찬했다.

> 만약 누군가 나에게 칼빈주의자가 어떤 사람이냐고 묻는다면 "칼빈주의자는 구원이 하나님의 것이라고 말하는 사람이다"라고 대답할 것이다. 나는 성경에서 이것 이외의 어떤 다른 교리도 찾을 수 없다. 이것은 성경의 정수다.
> "그분 만 나의 반석이요, 나의 구원이시다."
> 이 진리와 반대되는 것을 한 번 말해 보라. 그것은 이단일 것이다. 이단을 말해 보

---

15 Cornelius Van Til, *The Reformed Pastor and Modern Thought* (Phillipsburg: Presbyterian and Reformed Publishing Co., 1974), p. 199 (이하 Van Til).

16 John Calvin, *Institutes of Christian Religion*; Hans Hillerbrand, *The Protestant Reformation* (New York: Harper and Row, 1968), p. 181에서 번역.

17 Van Til, p. 199.

18 Charles H. Spurgeon, a sermon entitled "A Defense of Calvinism," published in C. H. *Spurgeon Autobiography*, ed. Susannah Spurgeon and Joseph Harrald, 2 vols. (Edinburgh: The Banner of Truth Trust, 1973 reprint), vol. 1, p. 162 (이하 Spurgeon, *Defense*).

19 Spurgeon, *Defense*, vol. 1, p. 168.

라. 그 본질은 이 위대하고, 근본적이며 반석 같은 진리, 곧 "하나님은 나의 반석이요, 나의 구원이시다"라는 데서 떠난 것임이 밝혀질 것이다.

예수 그리스도의 완전한 공로에 무언가를 부가하는 것, 즉 우리가 의롭게 되기 위하여 육체적인 작업을 끌어들이는 것 외에, 무엇이 로마의 이단이겠는가?

구세주의 사역에 무언가를 덧붙이는 것을 제외하고, 무엇이 알미니우스 이단이겠는가?

시금석 앞으로 데려온다면 모든 이단은 드러날 것이다. 내 생각으로는 요즈음 칼빈주의라고 하는 것을 설교하지 않는다면, 그리스도와 십자가에 못박히신 그를 설교하는 일도 없을 것이다. 그것을 칼빈주의라 부르는 것은 하나의 별명이다. 칼빈주의가 복음이며 그 외에 복음은 없다.[20]

칼빈주의 신학이 이제껏 인간의 마음을 다루어 왔던 가장 위대한 주제다.[21] … (그 이유는) 한 종교의 가치는 그 하나님 개념의 진리와 충분성에 의존하기 때문이다. 그것이 개인을 형성하는 데 미친 영향력은 지대한데, '칼빈주의는 개인을 하나님 앞에 홀로 서게 하여' 그 첫 질문을 '하나님은 나를 통해서 무엇을 하시기를 원하시는가?'로 삼는 사람이 되게 한다는 점에서 그렇다.[22]

2) 성경의 진리에 동의하는 것이 가능하다

그들의 신앙은 오늘날 견지되는 그것과 달랐을까?

다행스럽게도 존 니스벳의 고향 목사인 존 니베이(John Nevay)가 박해 직전에 전달한 52편의 설교가 보존되어 있다. 이 설교는 전적으로 하나님의 은혜 언약과, 예수 그리스도를 자신의 구세주로 고수하는 사람에 대한 귀중한 약속에 관한 것이다. 이 설교는 하나님의 거룩한 진리를 위하여 많은 사람이 이 세상에 대하여 죽을 수 있도록 고무시켰던 설교와 교리를 직접 볼 수 있게 해 준다!

---

20 Spurgeon, *Defense*, vol. 1, p. 168.
21 Boettner, pp. 335-336.
22 Egbert Watson Smith, *The Creed of Presbyterians* (Richmond: John Knox Press, 1960), p. 54 (이하 Smith, *Creed*); John Fiske, *The Beginnings of New England; or, The Puritan Theocracy in its relations to the civil and religious liberty* (Boston and New York: Houghton, Mifflin and Company, 1890), p. 58; Smith, *Creed*, p. 56.

이 설교를 검토해 보면, 하나님의 은혜 언약의 관점에서 성경을 해석하는 것의 필요성을 알게 된다. 이러한 이해 없이는 교회가 진리를 보존하는 것이 가능하지 않다. 현대 교회와 사회의 화(禍)는 이러한 진리에 대한 잘못된 이해에 직접 기인한다.

만약 기독교인이 진정으로 성경이 참되다고 믿는다면, 이 진리에 동의할 것이다. 실제로 영어를 구사하는 사람이 언젠가 이 진리에 동의하였고, 그 내용을 **웨스트민스터 표준 문서**에 기록했다. 현대의 기독교인과 달리 그들은 거리낌 없이 완전한 신념과 확신과 이해를 갖고 믿었다(눅 1:3; 롬 8:39; 14:23; 골 2:2; 딤후 1:12, 3:16-17).[23]

존 니스벳이 순교를 택함으로써 입증했듯이, 이 세상에서 어려운 선택임에도 불구하고 하나님의 약속이 참되다고 진정으로 믿는 사람에게는 간단한 일이었다. 니스벳의 처형을 목격한 어떤 사람은 다음과 같은 것도 보았다.

> 그는 이 최후 진술을 쓰고 나서 즉시 의회로, 다시 그곳에서 처형장으로 보내졌다. 거기서 그는 내내 눈을 들어 하늘로 향했고, 얼굴은 환하게 빛났으며, 기뻐하는 것처럼 보였으나, 교수대에 이를 때까지 말이 없었다. 교수대에 이르자, 그는 그 위로 뛰어 올라 소리쳤다.
>
> "내 영혼이 주님을 높이나이다. 내 영혼이 주님을 높이나이다. 나는 16년간 그리스도의 보배로운 뜻과 계획을 나의 피로 인치기를 사모했나이다. 이제 그가 대답하셨고 나의 요구를 받으셨나이다. 그는 나를 더 이상 곤란 중에 두지 않으시고 이곳에 오셨으며, 나는 나의 마지막 기도를 아뢰며 곧 이 달콤하고 값진 교수대 위에서 나의 마지막 찬양을 불러 드리고 사다리로 올라가나이다. 그러면 나는 끝없는 세계, 나의 아버지 집으로 신속히 돌아가 영광스런 구속자를 보고 즐거워하고 섬기며 영원히 찬양하겠나이다."[24]

---

23 Samuel Rutherford, *The Due Right of Presbytery; or, a Peaceable Plea for the Goverment of the Church of Scotland* (London: 1644), p. 148 (이하 Rutherford, *Peaceable Plea*).

24 James Nisbet, "A True Relation of the Life and Sufferings of John Nisbet in Hardhill," 1719년 저술, Wodrow Society, Publications, vol. 7, part 2로 출간, *Select Biographies*, ed. William K. Tweedie, 2 vols. (Edinburgh, 1845-1847), vol. 2, pp. 407-408 (이하 Tweedie)로 재출간.

3) 기독교인은 거룩한 생활을 추구해야 한다

언약도의 종교적 투쟁에서 우리는 무엇을 배울 수 있을까?

존 니스벳의 아들 제임스는 이 투쟁에 대한 목격담을 남겼다. 『박해받은 자들의 사생활』(The Private Life of the Persecuted)이라는 제임스 니스벳의 회고록은 "언약도의 계명과 관습과 생활 방식에 대해" 단순하면서도 솔직하며 "신실한 설명"을 제공한다. 그래도 가족 중에 배운 사람으로서 자기 가족이 생존을 위해 분투하며 도망 다니던 것을 기록한 것이다.[25]

이 책은 그의 회고록이기도 한데, 여기에 역사적 배경을 보여 주느라 추가 정보를 통해 독자가 그 당시의 상황을 직접 볼 수 있게 해 준다. 이 내용의 실질적인 부분은 기도나 성경에 대한 묵상이다. 제임스의 끝없이 길어 보이는 기도는 박해 때문이었을 수도 있고, 이 기도 때문에 그가 생존할 수 있었을지도 모른다. 비록 니스벳 가문에 이들 두 사람이 성도였기는 하지만, 이 책에 나오는 다른 일곱 명의 존 니스벳이라는 이름을 가진 사람들을 보면 알 수 있듯이 니스벳 가문의 모든 사람이 성도는 아니었다.

우리는 이들의 종교적 투쟁에서 거룩한 생활이 주는 복을 배운다. 하나님께서 영원 전에 택한 자를 구원하기는 하시지만, 그들이 자기 백성이 되기를 원하신다. 이는 하나님이 거룩하신 하나님이기 때문이며, 하나님의 백성은 하나님께 순종하고 하나님의 언약의 약속을 추구하는 거룩한 백성이어야 하기 때문이다. 하지만 믿음 없이 이 약속을 붙들거나 하나님께 순종하는 일은 불가능하다. 하나님께서 자기 성도를 성령을 통하여 자기 백성이 되게 하시고 준비케 해주는 것은 다름 아닌 믿음을 통해서다.

많은 비평가는 언약의 의무 준수에 대한 강한 강조가 하나님의 자유로운 은혜와 모순된다고 여긴다. 비평가는 언약신학자가 예정론의 신 맛을 달콤하게 만들기 위해 이러한 교리를 가르친다고 주장한다. 외견상 모순되는 두 가지 개념 사이의 역동적인 긴장이 칼빈주의의 핵심이다.

체스터톤(G. K. Chesterton, 1874-1936)이 말했듯이, "기독교는 이 둘을 격렬

---

25 James Nisbet, *The Private Life of the Persecuted* (Edinburgh: William Oliphant, 1827), p. vii (이하 Nisbet, *Private Life*).

한 갈등 상태에 둠으로써, 격렬한 갈등을 결합하는 어려운 일을 해결했다."[26] 이 책에서 보여 주듯이, 언약신학의 건전한 교리만이 하나님의 주권적 은혜의 빛 아래에서 인간의 자유 의지를 설명한다.

4) 진리만이 교회를 일치시킬 수 있다

성경적 진리와 교회 일치를 이루려는 이들의 투쟁에서 무엇을 배울 수 있는가? 제임스 니스벳은 그의 아버지보다 어려운 투쟁에 직면했다. 박해가 끝난 후에 새 정부가 스코틀랜드에 장로교를 재건하기는 했지만, 정부와 교회는 그의 아버지가 그것을 위해서 기쁘게 고난당하고, 죽었던 바로 그 언약에 반하여 다른 종교도 인정했다.

교회와 국가가 종교의 순수성을 유지하기로 했던 자신들의 언약의 맹세를 폐기했기 때문에, 살아남은 소수의 언약도는 국가 교회에 합류하는 것도 거부하고, 새로운 정부에 대한 충성 서약도 거부했다.

제임스 니스벳의 딜레마는 정부와 교회가 더 이상 불일치와 왜곡의 세력에 공동으로 맞서지 않는다는 것이었다. 그럼에도 국가 교회는 참된 교회가 갖출 모든 표지를 보여 주었고, 교리, 정치, 예배에서는 분명히 칼빈주의적이었다.

국가 교회에 합류해서 새로운 정부를 위해서 싸울 것인가?
아니면 소규모의 잔류 세력과 함께 견뎌내며 박해에서 살아남을 것인가?

다행히도 유능한 목회자들이 제임스에게 미친 영향 때문에 진리와 일치를 유지시킬 수 있었다. 그런 목회자 중에 알렉산더 쉴즈(Alexander Shields, 1660-1700)는 박해가 끝난 후에 불완전한 스코틀랜드 장로교회에 합류하는 일에 가장 주요한 찬동자 중 하나였다. 그러나 쉴즈는 박해 기간 중 신실하지 않았던 목회자에 대해서도 대립했던 강경파였다.

쉴즈는 어째서 존 니스벳 같은 사람이 박해 기간 중 자신의 목숨을 버리는

26　G. K. Chesterton, *Orthodoxy* (Garden City: Doubleday, 1959), p. 95.

것이 옳은 일이었는지, 반면에 어째서 존 니스벳 같은 사람이 박해 후에 교회에 합류하는 일이 옳은 일이었는지에 대해 상세한 논문을 남겼다.

알렉산더의 형제인 마이클(Michael) 역시 가장 극심했던 박해기간 중 진리와 일치를 위한 『신실한 싸움들』(Faithful Contendings)이라는 상세한 기사를 남겼다. 교회는 이 투쟁에서 일치와 진리를 위해서는 어떤 희생을 치르더라도 싸워야 한다는 것을 배우게 된다. 그리스도는 자신의 신부인 교회에 약혼 반지를 주었으며 이것이 로버트 맥워드(Robert McWard, 1681 사망)가 말했듯이, 이러한 필요성을 적절히 상징하고 있다:

> 형제 간의 일치(unity)는 매우 바람직한 일이다. (그리고 주님께서는 친히 그것을 원하실 것이며, 이를 위해 그저 적당하게 애쓰지 않으실 것이다). 무한히 더 가치 있는 보석, 곧 하나님과의 하나 됨(oneness), 그리고 진리와 함께 진리 안에서 이루어지는 하나 됨이 있다. 진리에 대하여 복종하고 진리를 증진시킨다고 하면서도 하나님을 추구하는 일에 마음을 두지 않는다면, 그것은 본질적 가치를 상실하게 될 것이고 역병이 될 것이다. 뿐만 아니라 행복이었던 것이 올무가 될 것이다.
> 형제 간의 일치를 결코 깨어지지 않을 반지로 간주하도록 하자. 진리 안에서 하나님과 이루는 합일을 루비와 다이아몬드로 여겨지게 하자.[27]

모든 세대를 통틀어 기독교회의 가장 위대한 투쟁은 그리스도가 교회에 주신 보석 반지를 끼는 것이다. 다이아몬드가 더 큰 가치가 있을지라도, 반지는 세상에 자기를 나타내는 데, 그리고 그 소유자의 즐거움을 위해 필요하다. 알다시피 우리는 보석을 들고 반지를 내려놓아야 할 때가 있다.

그럼에도 불구하고 보석을 든 자는 스스로 두려운 책임을 진다. 왜냐하면 그는 심판 날에 하나님 앞에 서야 하며, 어째서 그의 형제가 그와 함께 하지 않

---

27 Robert McWard, "The Poor Man's Cup of Cold Water: ministered to the saints and sufferers for Christ in Scotland who amidst the scorching flames and fiery trial" (1678), Micro-film: Early English Books, reel 1289:20, p. 58. McWard는 박해 기간 동안 네덜란드로 추방되었던 많은 스코틀랜드 목사 중 한 사람이었다. McWard는 네덜란드에 머물면서 박해받는 장로교인을 적극적으로 도왔다.

앉았는지 설명해야 하기 때문이다. 그러나 보석 없이 반지만 취한 자는 더 악한 운명에 직면하게 된다. 왜냐하면 진리가 없는 일치는 하나님 앞에서 아무 가치가 없기 때문이다.

오늘날의 슬픈 현실은 교회가 별 가치 없는 값싼 장신구를 얻기 위해 일치의 금반지와 값을 매길 수 없는 진리의 보석을 팔아버렸다는 것이다. 진리 안에서 일치를 성취하고 유지하는 것은 교회와 개인에게 그들의 싸구려 장신구를 기꺼이 포기하고, 손가락에 그리스도의 교회의 참된 반지를 끼울 것을 요구한다.

진리와 일치에 대한 거룩한 열망은 백 년 이상 스코틀랜드 장로교회를 밝게 빛나게 했다. 이러한 본질적인 것에서 벗어나면 진리보다 일치에 비중을 두는 현대 교회로 귀착된다.

5) 종교는 삶의 모든 측면과 관계있다

각 사회 계층(귀족, 성직자, 평민)의 행동과 의무를 연구하면 어떤 것을 깨달을 수 있을까?

지금은 별로 아는 사람이 없지만, 지도층 언약도는 초기 미국 이주민의 고향에서는 친숙했다. 그들의 세 가지 가장 대중적인 책이 있다.

① 성경책
② 『천로역정』(*Pilgrim's Journey*)
③ 『스코틀랜드의 명사들』(*Scots Worthies*)[28]

세 번째 책에는 스코틀랜드 언약도의 순교에 대한 내용들이 나오지만, 오늘날 이 책은 장로교에 속한 어느 대학교 도서관에도 없다.

이 성도들의 구체적인 근거지는 대체로 존 니스벳의 고향 뉴밀른즈 (Newmilns) 부근이다. 뉴밀른즈는 스코틀랜드의 해방자 윌리엄 월리스(William

---

28　John Howie, *The Scots Worthies* (reprint, Edinburgh: Oilphant, Anderson, & Ferrier, Carslaw edition) (이하 Howie, *Worthies*).

Wallace)의 고향인 어바인 강(Irvine) 계곡에 자리잡고 있다. 인근 지역으로는 윌리엄 거드리(William Guthrie)가 『구원 관심의 시련』(*The Trial of Saving Interest*)을 집필했던 펜윅교회(Fenwick Church)와 로던 성(Loudoun Castle), 제2차 종교개혁을 통해 스코틀랜드를 이끌었던 충실한 장로교인인 로던 백작(John Campbell, 1663년 사망)의 집과 역사적인 전쟁터였던 로던 힐(Loudoun Hill)이 있다.

그들의 삶을 살펴보면 기독교 지도자와 교회와 개인이 그릇된 종교와 싸우고, 모든 민족을 제자로 삼을 필요성을 깨닫게 된다. 현대인은 교회와 국가의 헌신된 기독교 지도자를 통해 얻는 복이 얼마나 소중한지를 망각했다. 칼빈주의는 옥스포드의 역사가인 제임스 프라우드(James Froude, 1818-1894)가 주목했던 것처럼 현대의 지지자 대부분이 가진 고정 관념 속의 칼빈주의와 상당히 다르다.

> 이것은 당신의 선조가 가졌던 종교가 아니었다. 이것은 칼빈주의가 아니다. 칼빈주의는 영적인 사악함을 내던졌고, 왕을 왕좌에서 끌어내렸으며, 최소한 잠시라도 잉글랜드와 스코틀랜드를 거짓과 허풍에서 정화시켰다.
>
> 칼빈주의는 비진리에 맞서는 저항 속에서 일어난 정신이었고, 이미 밝혔듯이, 이미 나타났고 다시 나타났으며 적절한 시기에 다시 나타날 정신이었다. 만약 하나님이 하나의 환영이 아니고, 사람이 멸망하는 짐승이 아니라면 말이다.[29]

6) 종교개혁은 언약에 대한 헌신을 요구한다

그들의 언약을 통해 무엇을 배울 수 있을까?

제임스가 교회에 합류했음에도 불구하고 교회는 그릇되게도 진리에 대한 열망을 포기했다. 아무런 열정도 없이 진리를 보존하는 교회는 뗏목으로 표류하며 갈증에 고통스러워하는 사람에게 바닷물만큼이나 쓸모없는 일이다. 그들의 투쟁과 그 후의 교회의 상태를 보면서, 언약을 따르는 종교개혁의 필요성을 배우게 된다. 그 안에서 기독교인은 언약에 대한 헌신을 통하여 자신과

---

29 James Anthony Froude, "Calvinism: An Address to the Students at St. Andrews," *Short Studies on Great Subjects* (New York: Charles Scribner's Sons, 1884), 4 volumes, vol. ii, p. 52 (이하 Froude, *Calvinism*).

교회와 사회를 개혁하게 된다.

요약하면, 존 니스벳은 그것이 없이는 어떠한 종교의 자유도 있을 수 없는, 진리를 위한 전투의 최전선에 있었다. 진리가 사라지자, 즉각 일치도 사라져 제2의 전선에서 존의 아들 제임스를 무너뜨렸다. 현대인은 전선이 어디에 있는지도 확실히 파악하지 못한다.

낙스(Knox)가 지금 살아 있다면 현대의 장로교회를 인정할까? 한편에서는 고대 도나투스파를 부끄럽게 할 정도로 신실한 개혁 공동체가 많이 있는 반면, 다른 한편으로 스코틀랜드와 미국의 주요 장로교 공동체가 하나님의 말씀에서 떠나 있다.

인간의 상상력보다는 하나님의 말씀을 초점 렌즈(focus lens)로 삼았던 낙스는 그 세대 앞에 로마교의 오류를 명확히 보여줌으로써, 수십 년 후에 스코틀랜드에서 더 이상 가톨릭을 찾아볼 수 없게 되었다. 이러한 렌즈를 통해서만 17세기 스코틀랜드를 이해할 수 있는데, 아마도 오늘날 대부분의 사람들이 작은 신앙 차이라고 여기는 것을 위해 기꺼이 죽고자 했던 사람들도 역시 그랬다.

계속해서 열매도 없고 타협적인 행동을 추구하지 말고 언약의 지대(zone)로 여행을 떠나자. 거기서 우리는 모든 시민적 관계와 교회적 관계 속에 실제로 하나님의 말씀을 적용하려 했던 어떤 사회를 보게 될 것이다. 아마도 끝없는 인간적 자유라는 지금 우리가 걷고 있는 길보다 더 나은 길이 있을 것이다. 하나님께서 승리를 약속하시는 것을 즐거움으로 삼으라.

제1부

스코틀랜드 장로교회의 부흥과 쇠퇴

제1장 | 구리뱀 깨뜨리기
1. 제1차 종교개혁(598-1559)
2. 스코틀랜드의 제1차 종교개혁(1559-1572)
3. 교회 정치 전쟁(1572-1617)
4. 교회 예배 전쟁(1617-1637)
5. 교회 교리 전쟁(1617-1637)

제2장 | 진리와 일치의 부흥과 쇠퇴
1. 제2차 종교개혁(1637-1643)
2. 웨스트민스터 총회(1643-1644)
3. 잉글랜드 내전(1644-1649)
4. 국민이 왕을 원하다(1649-1651)
5. 장로회 전쟁(1651-1660)
6. 찰스 2세의 왕정복고 시대(1660-1661)
7. 존 니스벳

제3장 | 불타는 덤불
1. 추방 조치(The Outing, 1662)
2. 불법적인 괴물(1663-1666)
3. 불타는 덤불(1666-1678)
4. 제임스 니스벳

제4장 | 드럼클록과 보스웰 다리
1. 드럼클록 전투(1679)
2. 전투 사이의 전투(1679)
3. 보스웰 다리 전투(1679)

King James I

King Charles I

King Charles II

King James II

William and Mary

Oliver Cromwell

John Calvin

Lord Loudoun

John Knox

Some of the Characters

제1장

구리뱀 깨뜨리기

> 그가 여러 산당들을 제거하며 주상을 깨뜨리며 아세라 목상을 찍으며 모세가 만들었던 놋뱀을 이스라엘 자손이 이때까지 향하여 분향하므로 그것을 부수고 느후스단이라 일컬었더라(왕하 18:4).

1. 제1차 종교개혁(598-1559)

598년 스코틀랜드에 선교사로 파송된 성 콜룸바(St. Columba)는 시편 34:10의 "젊은 사자는 궁핍하여 주릴지라도 여호와를 찾는 자는 모든 좋은 것에 부족함이 없으리로다"라는 말씀을 필사한 후에 죽었다.[1] 그가 스코틀랜드인의 가슴에 심었던 시편은 1,000년이 지난 후에야 활짝 꽃피었다. 664년에 그가 설립했던 선교 지향적 셀틱 교회는 로마가톨릭교회와 연합했고 시간이 지나자 성경적 진리에서 벗어났다.

이 쇠퇴를 가속화시킨 것은 노르만 민족 치하에서 교회가 잉글랜드 정부에 실제적으로 종속된 일과 훗날 중세 가톨릭교회 아래서 국가에 종속된 일이었다.

"나는 그것을 기다린다"(I byde it)라는 말은 저지대 스코틀랜드인에게 적절한 구호였다. 그들은 연속된 침략자의 지속적인 압박 아래서 고통을 당했다.[2] 광물

---

1 William Binnie, *The Psalms: Their History, Teachings, and Use* (London: Hodder and Stoughton, 1886), p. 387 (이하 Binnie, *Psalms*).

2 Ian Finlay, *The Lowlands* (New York: Hastings House, 1967), p. 2 (이하 Finlay, *The Lowlands*).

질(鑛物質)이 나지 않는 저지대 언덕의 구릉으로 이루어진 자연에서는 자원도 천연 요새도 무기를 만들 수 있는 철이라고 할 만한 것도 전혀 없는 곳이었다.

그래서 수 세기가 지나는 동안 저지대 주민은 여러 정복자에 의해 고통을 겪은 반면, 산악 지대에 거주하던 고지대 사람들은 상대적으로 자유로웠다. 이러한 계속되는 압박은 엄격하고 오래 견디며 진지하고 독립적이며 참을성 있는 독특한 성격을 만들어냈다. 한 작가는 그들의 성격을 "사나운 고슴도치 가시" 같다고 묘사한다.[3]

언약을 준수하는 스코틀랜드인의 전통이 이러한 환경에서 생겨났다. 이러한 전통은 로버트 브루스(Robert Bruce, 1274-1329)에게서 기원하는데, 그는 1307년에 로던 힐(Loudoun Hill) 전투에서 자신의 군대보다 몇 배나 많은 잉글랜드 군대를 격퇴했다. 이 승리는 최소한 브루스가 생존하는 동안 스코틀랜드의 독립에 밑거름이 된 많은 승리 중 첫 번째 승리였다.

이 승리가 있기 전, 세 명의 지도급 귀족은 언약(혹은 계약)을 체결함으로써 필요한 일치를 이루어냈다. 이들은 이 언약 안에서 하나님의 재가(sanction)를 구했고, 속세의 재물과 생명으로 브루스를 돕자고 호소했다.[4]

수 세기 후 이러한 전통은 이 땅에 개신교가 확산되었을 때 더 깊은 의미를 갖게 되었다. 하나님의 언약을 준수하는 데 초점을 맞추고 한층 더 중요해진 이 전통은 롤라드파(Lollards)로 불리는 스코틀랜드의 첫 개신교가 잉글랜드의 종교개혁자 존 위클리프(John Wiclif, 1384년 사망)에 의해 번역된 신약성경 사본을 얻게 되었을 때 시작되었다.

1406년 제임스 레스비(James Resby)를 시작으로 이들 스코틀랜드 롤라드파의 많은 사람들이 순교를 당했다.[5] 카일(Kyle)의 롤라드파로 알려진 에어셔(Ayrshire)

"I Byde It"은 니스벳의 모토였다. 로던의 모토도 비슷하다.

3 Leyburn, James G., *The Scotch-Irish: A Social History* (Chapel Hill: The University of North Carolina Press, 1962), p. 70 (이하 Leyburn, *Scotch-Irish*).

4 John Hill Burton, *The History of Scotland*, 8 vols. (Edinburgh and London: William Blackwood and Sons, 1899), vol. 3, pp. 249-250; James King Hewison, *The Covenanters: A History of the Church in Scotland From The Reformation to the Revolution*, 2 vols. (Glasgow: John Smith and Sons, 1908), vol. 1, p. 8 (이하 Hewison).

5 David Wright, *The Bible in Scottish Life and Literature* (Edinburgh: Saint Andrews Press, 1988), p. 17; Walter Bower, "De Combustione Jaconi Resby Heretici Apud Perth" (1406), David

출신의 롤라드파 30명이 이단이라는 혐의로 왕과 의회 앞에 출두했다.

아담 리드(Adam Reid)라는 사람은 하나님이 하늘에 계신지에 관해 어느 주교가 질문하자 능숙하게 자신을 변호했다.

> 나는 당신이 생각하는 것처럼 하나님이 하늘에 계시다고 생각하지도 믿지도 않는다. 다만 나는 그가 하늘뿐 아니라 땅에도 계심을 확실히 믿는다. 그러나 … 그대들은 하나님은 결코 존재하지 않거나, 그게 아니라면 그가 하늘에 너무 갇혀 있는 나머지 땅에서 일어나는 것과 아무 관계가 없다고 생각한다. 그대들이 하나님은 하늘에 계시다고 확고하게 믿는다면, 그대들은 예수님께서 … 그의 사도들에게 주셨던, 복음을 전하라 하신 사명을 전적으로 망각한 셈이 될 것이기 때문이다.
> … 이제 폐하께서 하나님이 하늘에 계시다는 사실을 주교와 저, 두 사람 중 누가 진정 잘 믿는 것인지 판단하여 주십시오(라고 왕에게 말했다).[6]

가장 주목받았던 롤라드파 사람 중 많은 사람이 뉴밀른즈(Newmilns) 출신들이었다. 존 니스벳의 증조부인 머독 니스벳(Murdoch Nisbet, 1470-1558)은 1520년경 위클리프 성경을 스코틀랜드어로 번역했다. 그는 이 번역본을 사용하여 한 비밀 저장고에서 많은 사람들과 복음을 나누었다. 머독의 번역본이 대량으로 출판되지는 않았지만 이 지역의 스코틀랜드어를 정확히 담아냈다.[7]

> 하늘에 계신 우리 아버지여 이름이 거룩히 여김을 받으시오며, 나라가 임하시오며 뜻이 하늘에서 이루어진 것 같이 땅에서도 이루어지이다. 오늘 우리에게 일용할 양식을 주시옵고, 우리가 우리에게 죄 지은 자를 사하여 준 것 같이 우리 죄를 사하여 주시옵고, 우리를 시험에 들게 하지 마시옵고 다만 악에서 구하시옵소서. 아멘.[8]

Laing, *The Works of John Knox* (Edinburgh: James Thin, 1895 reprinted in New York: AMS Press, Inc. 1966), vol. 1, pp. 495-496에서 인용.

6 John Knox, *John Knox's History of the Reformation in Scotland*, edited by William Dickinson (reprint, New York: Philosophical Library, Inc, 1950), vol. 1, pp. 8-11.

7 Wright, *The Bible in Scottish Life and Literature*, pp. 156-161.

8 Murdoch Nisbet이 Purvey가 Wyclif's Bible을 번역한 것을 1520년경 스코틀랜드어로 번

1517년 마틴 루터는 비텐베르그 교회의 정문에 95개조 반박문을 게시함으로써 전 유럽을 변화시킬 프로테스탄트 종교개혁을 일으켰다. 루터는 하나님 말씀이 아니라 사람의 전통을 의지하게 했던 가톨릭교회에 의해 수 세기 동안 상실되었던 성경의 본질적인 핵심 내용을 완전히 이해했다.

루터는 사람은 자신의 의지로는 구원받을 수 없는 죄인이며, 구원은 주권자 하나님의 은혜에 의해서만 가능하다는 것을 발견했다. 하나님은 거룩한 하나님이시며, 그의 진노는 죄에 대한 형벌로 죽음을 요구한다.

수도사였던 루터는 죄 없는 생활을 살아보려고 했으나 헛된 시도였고, 모든 죄를 고백하고자 했다. 루터의 스승은 그에게 종교를 너무 어렵게 만들고 있다면서 단순히 하나님을 사랑하라고 조언했다. 루터는 자신을 구원하려는 인간의 모든 시도가 희망이 없다는 것을 충분히 깨닫고 나서 중요한 결론에 도달했다.

> 하나님을 사랑하라고? 나는 그를 증오한다![9]

루터의 스승은, 치료를 위해 성경을 연구하고 가르쳐 보라고 하였다. 루터는 시편부터 시작했고, 몇 년 후 갈구하던 평안을 찾았다.

> 밤낮으로 묵상한 끝에, 나 스스로 하나님의 의로우심과 "의인은 믿음으로 살리라"는 말씀의 연관성을 찾아냈다. 그 후 나는 하나님의 공의는 은혜와 전적인 긍휼을 인하여, 믿음을 통하여 하나님께서 우리를 의롭다 하시는 그런 의로움이라는 것을 깨닫게 되었다.
>
> 그러자, 곧 나 자신이 거듭나서 문을 열고 천국으로 들어간 것처럼 느껴졌다. 성경 전체가 새로운 의미를 갖게 되었고, 예전에 '하나님의 공의'는 나를 증오로 가득하게 한 반면, 이젠 그것이 더 큰 사랑으로 형언할 수 없을 만큼 달콤하게 되었

역한 마 6:9-13. *Thomas Law, The New Testament in Scots* (Edinburgh and London: William Blackwood and Sons, 1905), p. 34 (이하 Thomas Law, *New Testament in Scots*)에 실림.

9 Roland H. Bainton, *Here I Stand - A life of Martin Luther* (Nashville: Abingdon Press, 1983), pp. 41-44 (이하 Bainton).

다. 바울의 이 구절은 나를 천국으로 이끄는 대문(大門)이 되었다.[10]

루터는 마침내 믿음의 눈을 통하여 "그의 하나님을 자애롭고, 친절한 마음을 소유하신 분이요 어떠한 분노나 불친절함도 없는 분으로 여길 수" 있었다.[11] 루터는 믿음만이 사람을 거룩한 하나님 앞에 설 수 있게 하고, 그리스도의 대속을 통하여 의롭게 될 수 있음을 발견했다. 개인이든 사회든 참된 개혁은 사람이 스스로 믿음의 선물을 주시는 하나님을 떠나서는 구원받을 수 없는 죄인임을 이해할 때에만 일어날 수 있다.

루터는 "성경으로 무장된 단순한 평신도는 성경이 없는 교황이나 의회보다 잘 믿을 수 있다"고 확신했다. 그럼에도 그는 교회의 가르침과 관습을 성경에 국한시키지 않았다. 예를 들어, 성경이 금지하지 않는다면 다양한 예배 형식도 허용했다. 스위스의 개혁자인 울리히 쯔빙글리(Ulrich Zwingli, 1484-1531)와 존 칼빈은 교회의 가르침과 예식을 성경에서 발견되는 것으로 제한함으로써 종교개혁을 한 걸음 더 나아가게 했다.

1536년 칼빈은 『기독교 강요』(Institutes of Christian Religion) 초판을 완성했고, 그것은 그의 방대한 주석 및 『교회직제의 제네바서』(Geneva Book of Church Order)와 함께 스코틀랜드인에게 깊은 영향을 미쳤다. 칼빈의 믿음은 여러 중요한 측면에서 루터와 달랐다.[12]

① 현대의 여러 루터 교인과 달리 루터와 칼빈 두 사람은 예정론을 믿었다. 그러나 워필드(B. B. Warfield, 1851-1921)가 설명했듯이 강조점에서는 중요한 차이가 있다.

루터주의는 하나님과의 평화를 구하는 죄의 짐을 진 영혼의 극심한 고통에서 출발하여, 믿음 안에서 이 평화를 찾고 거기서 멈춘다. … 칼빈주의는 루터주의와

---

10 Bainton, pp. 49-50.

11 Bainton, p. 50.

12 Bainton, p. 90; B. K. Kuiper, *The Church in History* (Grand Rapids: Wm. B. Eerdmans Publications Co., 1991), pp. 196-202 (이하 Kuiper, *The Church in History*).

동일한 열정으로 중대한 질문을 한다. "구원받으려면 어떻게 해야 하는가?" 그리고 루터주의가 그 질문에 대답하는 것과 정확히 동일하게 대답한다.

그러나 거기서 그치지 않는다. 더 깊은 질문이 나온다. "나를 의롭게 하는 믿음은 어디서 오는 것인가?" … 그것은 분명히 구원을 위한 열망을 가지며, 그 가장 높은 열망은 하나님을 영화롭게 하는 것이다. 그리고 마음을 격동시키고, 그 노력에 활기를 불어 넣어 주는 것은 바로 이 질문이다.

그것은 영광 중에 계시는 하나님에 대한 환상과 함께 시작하고, 그것에 중점을 두며 그것과 함께 끝난다. 그것은 생활의 모든 방면에서 모든 것에 앞서 하나님께 그의 권리를 돌려드리려 한다.[13]

② 루터와 달리 칼빈은 장로 한 사람이 아니라 장로 체제가 각 교회를 치리해야 한다고 믿었다. 마찬가지로 개인(즉, 주교)이 아니라, 장로회로 불리는 장로 모임이 교회의 업무를 처리하도록 했다.

③ 칼빈은 예배 모범(regulative principle)을 적용한 예배에 크게 중점을 두었고, 성경에서 명백하게 허용하는 예배 형식만 허용했다. 예를 들면, 칼빈은 신적인 기원을 가진 시편을 강조한 반면, 루터는 인간적 기원을 가진 찬송을 허용했다.

④ 루터는 주의 만찬의 요소가 그리스도의 몸과 피를 나타낸다고 믿은 반면, 칼빈은 그리스도의 영적 임재를 믿었다.

루터가 깨닫고 나서 몇 년 지나지 않아, 복음의 빛이 스코틀랜드와 잉글랜드를 휩쓸었다. 1527년 틴데일(Tyndale, 1536년 사망)의 신약성경 영어 번역은 일반인이 성경을 보다 쉽게 접할 수 있게 하는 데 불을 붙였다. 틴데일이 한번은 사제에게 이렇게 말했다.

만약 하나님이 살려주신다면, 나는 지체하지 않고 쟁기질하는 소년으로 하여금

---

13 B. B. Warfield, an article entitled *Calvin as a Great Theologian and Calvinism Today*, pp. 23-24. Quoted in Boettner, p. 334.

당신보다 성경을 더 많이 알도록 할 것이다.[14]

칼빈주의가 스코틀랜드에 확산되기 시작하자, 가톨릭 교도가 개신교도를 화형에 처하는 박해도 확산되었다. 그러나 박해는 믿음을 억제하기는커녕 정반대의 결과를 가져왔고 기독교인의 양심에 불을 붙였다.

이 나라에서 성장하는 신앙을 보여 주는 하나의 사례는 그들의 기도에서 성인과 동정녀 마리아를 인정하기를 거절했던 로버트 램(Robert Lamb)과 램의 아내를 처형한 일이다. 그들이 각자 처형을 당하게 되었을 때, 로버트의 아내는 그에게 권고했다.

> 여보! 기뻐하세요. 우리는 많은 행복한 시간을 함께하며 지내 왔어요. 우리가 죽는 오늘이야말로 가장 즐거운 날이라고 생각해야 해요. 이제 우리는 영원히 즐거울 테니까요. 그래서 작별 인사를 하지 않을 거예요. 천국에서 다시 만날 테니까요.

물에 빠뜨려 처형당하기 바로 전에 그녀는 자기 품에서 아이들을 이웃에게 넘겨주면서 자기 아이들에게 친절을 베풀어 달라고 간청했다.[15]

믿음의 공동체가 있었지만 대부분의 사람들은 "몸과 마음과 도덕에서 성직자가 지배하고, 무지하며, 비참하고, 타락한 로마가톨릭교회의 봉신들로 머물렀다." 바로 "지독한 어두움이 그 땅을 덮었고, 영원한 악몽처럼 사람들의 모든 능력을 덮어 버린" 때였다.

머독 니스벳같이 많은 사람이 박해를 피해 해외로 도피했다. 몇 년 후 머독이 돌아왔을 때, 그는 자신의 집에 지하실을 파고, 그곳에서 죽는 날까지 은밀하게 다른 사람과 복음을 나누었다.[16]

---

14 W. Beveridge, *A Short History of the Westminster Assembly* (Edinburgh: T. & T. Clark, 1904), p. 6 (이하 Beveridge, *Short History*).

15 Thomas McCrie, *The Story of the Scottish Church from the Reformation to the Disruption* (Glasgow: Bell and Bain Ltd., 1874), reprinted by Free Presbyterian Publications, p. 14 (이하 McCrie, *Scottish Church*).

16 Smith, *Creed*, pp. 97-98; Nathaniel McFetridge, *Calvinism in History* (Philadelphia: Presbyterian Board of Publications, 1882), p. 124 (이하 McFetridge, *Calvinism in History*); James

곧 로마가톨릭교회의 굴레를 깨뜨리려는 상황에서 스코틀랜드의 칼빈이 등장했다. 청교도의 창시자인 존 낙스와 존 후퍼(John Hooper, 1500-1555) 같은 사람에 의해 선포된 힘 있고 분명한 하나님의 말씀은 스코틀랜드와 잉글랜드를 개신교 조직으로 전환시켰다.

낙스는 로마가톨릭교회와의 타협을 위한 여지를 조금도 찾을 수 없었고 그것을 비성경적이고 그릇된 교회로 간주했다.

> 우리는 하나님의 성경에서 우리에게 주어진 올바른 주석을 따라 교회를 정의해야 한다. 우리는 예수 그리스도의 티 없이 깨끗한 배우자를 혼란의 어머니인 영적 바벨론과 구별해야 한다. 그럼으로써 순결한 아내 대신 경솔히 매춘부를 끌어안지 않도록 해야 한다. 뿐만 아니라 쉽게 말해 우리 자신을 예수 그리스도께 복종하고자 한다면 사탄에게 복종해서는 안 된다.[17]

낙스는 우상 숭배와 그릇된 예배를 파괴하는 일을 성경의 명령으로 간주했다. 그는 참된 교회라면 그릇된 종교에 맞서 영적인 전쟁을 벌여야 한다고 생각했다. 따라서 그릇된 종교와의 평화로운 공존은 상상할 수 없는 것으로 간주했다.

반면 잉글랜드에서는 여러 이유로 인해 종교개혁이 점진적으로 이루어졌다. 1534년 잉글랜드 왕 헨리 8세(Henry VIII)는 로마가톨릭교회와 단절했는데, 교황이 그의 이혼을 용납하지 않았기 때문이었다. 자신의 목적을 달성하기 위해 헨리는 의회에서 왕을 잉글랜드 국교회, 소위 성공회의 수장으로서 규정한 **수장령**(*Act of Supremacy*)을 통과시켰다. 그 신조는 변함이 없었으나 개신교도에 대한 박해는 계속되었다.

그럼에도 불구하고 헨리의 부섭정, 크롬웰(Cromwell, 1485-1540)은 영어 성

Nisbet, *A True Relation of the Life and Sufferings of John Nisbet of Hardhill, His Last Testimony to the Truth; with a short account of his last words on the Scaffold, December 4, 1685* (Edinburgh: Printed by Robert Brown, 1718), p. 3 (이하 James Nisbet, *True Relation*).

17 John Knox, *The History of the Reformation of Religion Within the Realm of Scotland*, abridged version entitled *The Reformation in Scotland*, ed. by C. K. Guthrie (Edinburgh: The Banner of Truth Trust, 1982), p. 73 (이하 Knox, *The Reformation in Scotland*).

경의 번역과 보급을 촉진시키고 왕의 통치 아래서 여전히 유지되고 있던 수도원 체제를 감독하여 개신교의 이상을 고취시켰다. 크롬웰은 행정 수반으로서 평신도를 교화시키고, 교육하며, 낡고 비용이 많이 소요되는 교회 기반 시설의 수요를 제거하기 위한 가장 효과적인 방법을 바로 성경에서 찾았다.[18]

잉글랜드는 점진적으로 개신교 사상을 채택하였다. 1553년에 막을 내린 헨리의 아들, 에드워드 6세(Edward VI)의 짧은 통치 기간 중, 성공회는 낙스가 영향을 미쳤던, 수정 신조를 갖춤으로써 확실한 개신교적 특성을 띠게 되었다. 이 기간 잉글랜드의 영향력 있는 모든 신학자가 예정론을 믿었으며, 그들의 신조인 **39개 조항**(*Thirty-nine Articles*)은 이러한 개념을 포함했다.[19]

불행히도 이러한 개혁은 잉글랜드에 가톨릭 신앙을 회복시키려 했던 에드워드의 누이인 메리 튜더(Mary Tudor, 1516-1558)의 5년 통치 기간 동안엔 거의 이루어지지 못했다. 메리의 통치 기간 중 개신교도에 대한 박해가 너무 가혹해서 역사가들은 그녀를 "피의 메리"(Blood Mary)라고 불렀으며, 많은 개신교도가 박해를 피해 네덜란드로 도피했다. 1558년 엘리자베스 1세(Elizabeth I, 1533-1603)는 언니인 메리를 계승하고 성공회를 수립했다. 그러나 교회는 여전히 가톨릭의 올무와 오류를 계속 지니고 있었다.[20]

아일랜드의 종교개혁은 성공하지 못했다. 종종 간과되는 하나의 장벽은 그 기간의 잉글랜드, 스코틀랜드, 아일랜드의 각 언어가 머독 니스벳의 번역이 오늘날 우리에게 이질적인 만큼이나, 그들 상호 간에도 이질적이었다는 점이다. 라틴어 미사를 영어로 전환시키려는 시도는 결국 실패했다. 이러한 시도는 실패했을 뿐 아니라, 이들은 아일랜드인들의 마음속에 가톨릭 국가의 정체감을 불러일으켰다.[21]

---

18 A. G. Dickens, *Thomas Cromwell and the English Reformation* (New York: Harper & Row, Publishers, 1969), pp. 109-123.

19 Boettner, p. 371.

20 Kuiper, *The Church in History*, pp. 222-229.

21 Johm Green, *History of the English People*, 5vols. (New York: John B. Alden, 1885), vol. 3, pp. 58-59 (이하 Green, *History of the English People*).

2. 스코틀랜드의 제1차 종교개혁(1559-1572)

낙스는 제네바에서 칼빈과 함께 공부하면서 수년을 지낸 후 1559년 봄에 스코틀랜드로 돌아왔다. 그리스도의 대의(大義)를 지지하는 사역에 참여했던 그 나라의 영향력 있는 여러 귀족의 요청에 따라 귀국했던 것이다. 이들은 스스로 회중(Congregation)이라 불렸던 사람들까지 불러 놓고 다음과 같이 맹세했다.

① "우호, 일치, 상호 교제를 유지할 것."
② "하나님께서 성경을 통해 요구하시는 모든 것은 행하고 …
그의 이름을 망령되게 하는 모든 것은 파괴하고 버림으로써
하나님이 진정으로 순전히 경배되도록 할 것."
③ 회중 가운데 어떤 회원이든 보호할 수 있도록
"노동, 재화, 물질, 신체 및 생명을 아껴둘 것."[22]

일치를 유지하기 위한 그들의 맹세가, 진리를 유지하기 위한 맹세를 감싸는 방식에 주목하라. 이런 이유로 스코틀랜드의 종교개혁은 에스라와 느헤미야 시대의 구약성경 유형을 따랐는데, 거기에서 국왕 제임스 스튜어트, 뉴밀른즈 지역의 캠벨 가문과 존 낙스 같은 교회 및 국가의 지도자가 하나님의 백성이 되겠다는 언약을 새롭게 했다.

이들은 스스로를 이스라엘 민족과 매우 유사하다고 생각했으며, 특히 하나님에 의해 선택된 하나님의 백성으로 여겼다. 이렇게 즐거운 기대감에 차서, 이들은 시편 124편을 노래하면서 귀국하는 낙스를 맞이했다.[23]

이스라엘은 이제 말하기를
여호와께서 우리 편에 계시지 아니하셨더라면 우리가 어떻게 하였으랴

22　Sir James Stewart and Rev. James Stirling, *Naphtali, or, The Wrestlings of the Church of Scotland for the Kingdom of Christ* (Edinburgh, 1667), pp. 11-12 (이하 Stewart, *Naphtali*).

23　David Laing, *The Works of John Knox* (Edinburgh: Bannatyne Club, 1864), vol. 6, p. 285. 시편 124편을 노래하는 의식은 추방되었던 한 목사가 돌아왔던 1582년에 시작되었다.

사람들이 우리를 치러 일어날 때에 여호와께서 우리 편에 계시지 아니하셨더라면

그때에 그들의 노여움이 우리에게 맹렬하여 우리를 산 채로 삼켰을 것이며

그때에 물이 우리를 휩쓸며 시내가 우리 영혼을 삼켰을 것이며[24]

낙스가 귀국하고 얼마 안 되어 스코틀랜드에서 일어난 가톨릭교회의 붕괴는 경이적이었다. 한 번은 낙스가 설교하고 나서, 퍼스(Perth)에서 폭동이 일어났는데 폭도는 우상과 성상과 교회 용품을 내팽개쳤다. 한 사제가 사람들이 우상 숭배적인 것으로 생각하는 미사를 대범하게 집전하려고 하여 군중들을 극도로 분노하게 만든 후에 폭동이 시작된 것이다. 그런 사도의 시도에 대응하여 한 소년이 돌을 들어 성상을 깨트리자, 그 사제는 크게 분노하여 소년을 때렸다.

폭동이 지난 후 스코틀랜드의 여왕 메리(1542-1587)는 "도시와 남자와 여자와 아이까지 없애겠다"고 위협하면서, 귀족과 프랑스의 동맹에게 이러한 자기의 뜻을 지원해 달라고 요청했다.[25]

사람들은 스스로를 지키기 위해 일어나서 개신교 군대를 조직했으며, 에어셔 출신 2,500명을 무장시켜 퍼스를 파괴되지 않게 구했다. 남부 스코틀랜드에서도 유사한 상황이 벌어져 남아난 성상이 없을 정도였다. 1560년 초 잉글랜드 군대의 도움과 여왕의 죽음으로 개신교도는 마침내 프랑스인을 떠나 보내는 데 성공했다.[26]

낙스가 돌아오고 2년이 지나자, 개혁 교회 목회자는 60명에 이르렀는데 대부분 가톨릭에서 개종한 사람들이었다. 이렇게 종교개혁은 전례 없을 정도로 빠르게 진행되었다.

마치 사람들이 구름에서 내리는 것처럼 보였다 ─존 낙스

24　John Brown, *The Psalms of David, in Metre* (1560; reprint, Dallas: Presbyterian Heritage Publications, 1991), Ps. 124:1-4 (이하 *Scottish Psalter*).

25　Peter Lorimer, *The Scottish Reformation: A Historical Sketch* (New York: Robert Carter and Brothers, 1861), pp. 218-221 (이하 Lorimer, *The Scottish Reformation*).

26　Thomas McCrie, *The Life of John Knox the Scottish Reformer*, McCrie, *Life of Knox* (Philadelphia: Presbyterian Board of Publication, 1839) 요약판, p. 121 (이하 McCrie, *John Knox-abridged*).

가톨릭교가 스코틀랜드에서 추방되고 10년이 지나자, 참된 개혁 종교를 고백하지 않았으나 자질을 갖춘 사람은 열 명도 찾아보기 어려웠다.

― 역사가 제임스 컥톤(James Kirkton, 1620-1699)

새로운 종교의 틀을 수립하기 위해서, **신앙고백**(*Confession of Faith*), **제1 권징서**(*First Book of Discipline*), **공동 직제서**(*Book of Common Order*) 같은 문서가 준비되었고, 모두 하나님 말씀만을 근거로 한 것이었다.

제1 권징서는 사람들이 선택한 교회 정치, 장로, 집사, 목사, 감독의 구성을 확정했다. 주교직과 구별해야 하는 감독직은 훈련된 목사의 부족을 채우기 위한 임시 방편으로 재직자가 죽으면 소멸되었다. 서열상 목사와 동등한 감독은 선교사로 사역했고 거의 모든 지역에서 임시 목사로 사역했다.

"한 분이 그대의 주인이시며 그대들 모두는 형제들이다"라는 근본적인 전제와 부합되지 않는 임시 감독직은 한 순간도 없었다.[27]

이들 초기 장로교인의 또 다른 특징은 각 당파가 언약을 사용하는 것이었는데, 그 언약이란 당파 간의 충성 맹세나 동의 맹세였다. 제임스 휴이슨(James Hewison, 1853년 사망)은 이러한 언약의 사용에 대해 주목했다.

> 사람들의 생활과 성품과 신앙 개혁 운동의 불가피한 결과이며, 하나님 앞에서 개인적 책임감을 새롭게 하는 영적 생활 발전의 첫 열매였다.

1560년 4월 그 나라의 영향력 있는 귀족은 **리스 언약**(*Leith Covenant*)에 서명했다. 이 언약은 "하나님의 말씀에 따른 종교개혁"을 위해 투쟁하겠다는 전통적인 약속과 프랑스에서 두 나라를 지키기 위해 잉글랜드와 연합한다는 정치적인 의미를 결합했다. 그것은 또한 왕이 아니라 백성이 "하나님 말씀의 관리자"라는 것도 확정했다.[28]

---

27 James Kirkton, *The Secret and True History of the Church of Scotland* (Edinburgh: James Ballantyne and Co., 1817), pp. 21-22 (이하 Kirkton); John Knox, Jasper Ridley, *John Knox* (New York: Oxford University Press, 1968), p. 326에서 재인용; McCrie, *Scottish Church*, pp. 49, 51.

간단하게 여섯 조항으로 이루어진 규칙은 스코틀랜드 장로교인의 전통적인 십볼렛(삿 12:6)인 교회와 국가의 관계에 대한 낙스의 태도를 요약하고 있다.

① 하나님의 법과 세속법이 충돌하면 하나님의 법을 따르라. 낙스가 세속법을 위반하며 설교한 것이 이를 증명한다.

② 국가는 하나님의 말씀에 계시된 참된 종교를 보호해야 할 의무가 있다. 낙스는 "하나님께서는 왕들이 교회에 대해 수양 아버지가 되기를 간절히 원하신다"고 확고히 믿었다.

예를 들어, 개신교가 수립되고 난 뒤, 가톨릭 미사를 점차 심각한 형벌과 함께 법으로 금지시켰으며 여러 번 거듭해서 위반할 경우 사형에 처할 수 있게 했다. 낙스는 한 설교에서 메리 여왕에게 말했다.

"1만 명의 무장한 적이 어딘가로 들어와 모든 종교를 금지시키려고 하는 것보다 미사 한 번 드리는 것이 더 두렵다."[29]

③ 정당방위로 검을 사용하여 저항하는 것은 합법이지만, 검이 기독교인의 제1의 무기가 되어서는 안 된다. 낙스는 감시자의 피를 흘리지만 않는다면, 죄수가 탈옥하는 것도 허용했고, 자신은 결코 "악인도 살인자도" 아니라는 사실에 자부심을 가졌다. 통치자에 대항하여 검을 드는 것이 합법인지에 대하여 메리 여왕의 질문을 받았을 때, 낙스는 "여왕이시여, 그 제후들이 경계를 넘어온다면 힘으로라도 저지될 것입니다"라고 대답했다.[30]

④ 여왕의 권위를 인정하는 것과 관련해서, 낙스는 반역죄에 대한 재판에서 "나는 종교의 수장이라는 부분 외에는 결코 여왕의 위엄을 거스른 적이 없었다"고 주장했다. 법정은 그의 무죄를 확인하고 그를 석방했다. 또 다른 일로 그는 여왕에게 "바울이 네로 치하에서 살았던 것처럼 폐하의 통치 아래서 살고 싶습니다"라고 말했다. 그러나 그의 충성은 그녀가 "하나님의 성도의 피로 손"[31]을 더럽히지 않는다는 조건을 전제로 했다.

---

28 Hewison, vol. 1, pp. 7, 27-29.
29 Knox, *The Reformation in Scotland*, p. 279; Hewison, vol. 1, p. 31; McCrie, *Scottish Church*, p. 53.
30 Knox, *The Reformation in Scotland*, pp. 275-276, 278; Hewison, vol. 1, pp. 8-9.

⑤ 낙스는 교회와 국가는 가난한 사람을 구제하고, 교구마다 학교를 세워 대중을 교육하는 데 함께 힘써야 한다고 믿었다. 낙스에 따르면 교회는 "내부적으로 가난한 사람을 도와야" 한다. 그러나 이러한 책임은 "고집 세고 게으른 거지"에게는 해당되지 않는다.

더욱이 마음과 영혼이 신체보다 중요하기 때문에 교회와 국가는 기독교 환경 속에서 어린이를 교육해야 한다. 제1 권징서는 여러 교회의 모든 부서가 교사를 임명하고, 도시가 좀 클 경우 모두 대학을 설립할 것을 요구한다. 이런 교육을 할 만한 여유가 있는 사람은 마땅히 그렇게 해야 하지만 "가난한 집 어린이는 교회의 책임 하에 지원받고 훈련받아야 한다."

낙스에게 학교는 약한 어린이에게 "생소하고 낯선 장소"가 아니라 지식과 덕으로 육성되고 양육되는 곳이었다. 그러나 귀족과 주교는 교회 토지에서 거두는 세금의 삼분의 이를 유용(流用)하고, 여왕의 법정과 교회를 보조하기 위해 삼분의 일만 남겨둠으로써 낙스의 이상을 성취하는 것을 방해했다.[32]

⑥ 교회는 영적인 훈련을 지속해 나가야 하고, 국가는 악인을 처벌해야 한다. 이 의무는 밀접히 연관되어 있다. 낙스와 초기 스코틀랜드 장로교회는 훈련을 유지하는 일을 진지하게 감당했다. 그에 따라 장로(급여를 지급하지 않는 직책)는 매주 훈련을 시행해야 했다. 간음한 자와 안식일을 범한 자와 타락한 자는 법정이 개정되기 전에 출두해야 했을 것이다.[33]

낙스는 "신성모독, 간음, 살인, 위증 같은 범죄와 사형에 해당할 만한 주요 범죄를 다룰 첫 번째 기관은 교회가 아니라 국가여야 한다고 믿었다. 국가가 이러한 직무를 이행하는 데 실패할 때, 교회는 공개적인 참회를 통해 회복될 때

---

31 Knox, *The Reformation in Scotland*, p. 338, 277.

32 John Knox, et al., *The First Book of Discipline*; James Cameron, *The First Book of Discipline* (Edinburgh: The Saint Andrews Press, 1972), Head 5, p. 131 (이하 *First Book of Discipline*); W. Fred Graham, *Later Calvinism-International Perspectives*, vol. 22 of *Sixteenth Century Essays & Studies*, ed. Charles G. Nauert, Jr. (Ann Arbor: Edwards Brothers, 1994), pp. 193-194 (이하 Graham, *Later Calvinism*).

33 Mary Black Verschuur, *Enforcing the Discipline of the Kirk: Mr. Patrick Galloway's Early Years as Minister at Perth*, within Graham, *Later Calvinism*, p. 219; Anthony Ross, "Reformation and Repression," *Essays on the Scottish Reformation, 1513-1626*, ed. David McRoberts (Glasgow: Burns, 1962), pp. 390, 394.

까지는 "공개적이고 명백한 법정 모욕자"를 추방해야 한다.

그 이유는 "어떤 영(英)연방(Commonwealth)도 좋은 법률과 철저한 집행 없이는 번영하거나 유지될 수 없으며, 하나님의 교회 역시 교회적인 훈련이 없이는 순결할 수 없으며, 그렇게 유지될 수 없기 때문이다." 국가는 간음한 자의 처벌을 요구하는 법률을 통과시켰으나 그것을 집행하지 않았고, 그러한 범죄에 대한 징계를 교회에 맡겨 두었다.[34]

낙스와 국가가 벌인 논쟁은 학문적인 것이 아니었다. 그것은 생사가 달린 문제였다. 프랑스에 있는 여왕(스코틀랜드의 여왕 메리)의 친척은 개신교 신앙을 일소하기로 결심하고, 1572년 성바돌로매 축일에 프랑스의 개신교도 수만 명을 계략에 빠뜨려 학살했다. 메리는 동일하게 스코틀랜드에서도 가톨릭 신앙을 재건하기로 결심했다. 아마도 낙스와 장로교인이 메리의 계획에 대항하여 일으킨 연합된 저항이 없었더라면 메리는 성공했을 것이다.

이러한 대립과 국민의 외면으로 메리는 1567년에 사임하지 않을 수 없었고, 스코틀랜드 통치는 그녀의 어린 아들인 제임스 1세(1566-1625)에게 맡겨져, 모레이(1570년까지, 모레이 백작 제임스 스튜어트[James Stewart, Earl of Moray])의 섭정을 받았다. 메리가 몰락했을 때 스코틀랜드에는 개신교 교회가 천 개 이상 있었고, 목회자는 250명을 넘어섰다.

바로 그해 스코틀랜드 의회는 세 계급(귀족, 인구 밀집 지역, 교회)으로 구성되었다. 의회는 왕이 소집할 때만 열렸다. 통일된 교리 **신앙고백**을 통해 스코틀랜드 장로교회를 수립했다. 그러나 의회는 확정된 형태의 교회 정치를 승인하지 않음으로써 교회에 해를 끼쳤다.[35] 몇 년 후 1572년에 존 낙스가 죽었다. 낙스의 무덤에는 적절한 묘비명이 새겨졌다.

사람의 얼굴을 두려워하지 않았던 사람이 누워 있다!

---

34 *First Book of Discipline*, Head 7, pp. 165-167; Michael Graham, *The Civil Sword and the Scottish Kirk, 1560-1600*, (이하 Graham, *The Civil Sword*) within Graham, *Later Calvinism*, p. 219.

35 Kuiper, *The Church in History*, p. 240; Hewison, vol. 1, pp. 63, 65, 68-70.

아마도 낙스의 가장 위대한 공헌이 있다면 그것은 사람을 빈곤에서 해방한 것이 아니라 교회를 위한 헌신일 것이다. 낙스의 마지막 요청은 자기 아내가 요한복음 17:3을 읽어 주는 것이었다.

> 영생은 곧 유일하신 참 하나님과 그가 보내신 자 예수 그리스도를 아는 것이니이다(요 17:3).[36]

수년 전에 낙스는 이 구절에 영감을 얻어 믿음의 여정을 시작했다. 바로 이 장에서 예수님은 제자를 위해 기도하셨다.

> 아버지여, 아버지께서 내 안에, 내가 아버지 안에 있는 것 같이 그들도 다 하나가 되어 우리 안에 있게 하사 세상으로 아버지께서 나를 보내신 것을 믿게 하옵소서 (요 17:21).

주께서 이 약속을 지키실 것이고 그의 교회의 분열을 막아 주실 것이다.

3. 교회 정치 전쟁(1572-1617)

스코틀랜드에서 가톨릭교회의 붕괴가 갑작스럽고 극적이었던 반면, 잉글랜드의 종교개혁은 그와는 다른 과정으로 진행되었는데 종교적 동기보다는 정치적 동기로 추진되었다. 교회 정치에 대한 두 나라의 접근만큼 차이가 분명히 드러난 경우는 없었을 것이다. 잉글랜드에서는 주교가 교회를 치리한 반면, 스코틀랜드에서는 사도의 전통을 따라 장로가 치리했다. 잉글랜드의 여러 청교도가 장로 정치의 성경적 근거를 알고 있었지만, 그들은 마지못해 성공회 주교를 수용했고 내부에서 교회를 개혁하기를 소망했다. 나중에 보겠지만 이

---

36 McCrie, *Scottish Church*, p. 61; John Knox, McCrie, *Vindication*, p. 184에서 인용; John 17:21 (NKJV).

러한 차이는 스코틀랜드 장로교회에 끔찍한 결과를 초래했다.

낙스가 죽던 해 스코틀랜드 장로교회는 어린 제임스 왕의 섭정이 강요하여 주교직을 회복했다. 국교회회의(church assemblies)의 권한 아래 있긴 했어도, 주교는 교회보다 왕에게 충성해야 했다. 그래서 흰색 반점을 가진 검은 개라 불렀던 주교직은 스코틀랜드인에게는 혐오스러운 것이었다.[37]

새로운 지도자 앤드류 멜빌(Andrew Melville, 1545-1622)은 곧 낙스의 지위에 올랐다. 멜빌은 왕에 대항하여 무기를 들지는 않았지만, 교회 문제에 대한 세속 권력의 불법적인 개입에 반기를 들었던 후기 언약도의 선구자였다. 멜빌은 스위스 교회와 의견을 같이하여 주교는 한 공동체의 목사여야 한다고 믿었다. 그는 1578년 교회 권력과 세속 권력의 책임과 권위를 명확히 밝혀 놓은 **제1 권징서**를 개발하는 데 중요한 역할을 했다.

이 책은 대담하게도 그리스도를 교회의 머리로 선언하였고 교회와 국가는 모두 하나님의 것이며 "하나님의 영광을 고양시키고 경건하며 선량한 백성을 갖는다"는 같은 목적을 갖는다고 선언했다. 1580년 (교회의 정체[政體]를 지배하는) 총회는 주교직 폐지를 권고했다. 하지만 의회는 그 권고를 실행하는 데 실패했다.[38]

1581년 제임스 왕이 성년이 되자, 그는 프로테스탄트의 이상(理想)에 헌신할 것을 선언하는 **왕의 언약**(*King's Covenant*)에 서명했다. 이 문서의 지지자들은 1560년에 채택된 **신앙고백서**에 나타난 "참된 기독교인의 신앙과 종교"를 고백하고 지지하며 주장했다. 이 지지자들은 또한 왕과 교회를 지지하기로 약속했다. 그들은 "그와 반대되는 모든 종교와 교리를 혐오하고 거부하는 데" 동의했는데, 그것은 주로 모든 종류의 주교제에 대해서였다. 교회의 입장과 달리, 이 언약은 주교에 대하여는 침묵했다.[39] 왕은 훗날 이런 사실을 이용하

---

37 Hewison, vol. 1, p. 78; James Howell to Lord Clifford, 1639, *Epistolae Ho-Elianae- Familiar Letters, Domestic and Forren* (London, Thomas Guy, 1673), vol. 1, p. 261 [sic], Hewison, vol. 1, p. 339에서 재인용.

38 Hewison, vol. 1, pp. 81-82; Gordon Donaldson, *Scottish Historical Documents* (New York: Barnes & Noble, Inc., 1970), pp. 143-150 (이하 Donaldson); McCrie, *Scottish Church*, p. 67.

39 Hewison, vol. 1, pp. 98-104; McCrie, *Scottish Church*, pp. 70-72; Hewison, vol. 1, p. 99.

여 장로교인을 약화시켰다.

어린 왕을 가톨릭 조언자의 영향에서 구해내기 위해서, 귀족 중 일부가 왕을 납치했다. 왕은 이들 귀족에게서 구조된 후 장로교의 이상(理想)에 호의적이지 않은 조언자에 둘러싸였고 1584년에는 **통일령**(the Act of Uniformity)을 통과시켰다. 이 법령은 교회가 자유롭게 집회를 소집할 권리를 빼앗았고, 목회자에게는 주교를 감독자로 인정하도록 요구했으며, 왕에 대한 어떠한 모욕도 반역죄로 선언했다.[40]

왕은 교황에게 "나는 아직 당신의 손에서 무언가를 받을 자격은 없습니다. 하지만 항상 그렇지만은 않을 것입니다"라고 편지를 썼다. 목숨을 구하기 위해 도피했던 멜빌을 제외하고 다른 목회자들은 이 법령에 동의했고, 몇몇은 "하나님의 말씀을 따라"라는 구절을 덧붙였다.[41]

1588년 실패로 끝난 스페인 함대의 잉글랜드에 대한 침략 시도로 장로교 이상(理想)에 대한 지지는 하락세를 멈추고 지지세로 돌아섰다. 이러한 상황 변화 때문에 스코틀랜드 의회는 **통일령**을 폐지시키고 장로교 정치 제도와 형태를 회복시켰다.[42]

이러한 흐름을 막기 위해, 제임스 왕은 "왕도"(Kingcraft)라고 명명했던 일련의 점진적인 법적 조치를 취하기 시작했다. 그의 목적은 오직 주교직을 회복시키고 자신을 교회의 머리로 회복시키는 데 있었다. 왕이 즐겨하던 말 중에 이런 말이 있었다.

"주교 없이는 왕도 없다."

"스코틀렌드의 장로회는 하나님과 마귀보다는 왕가와 뜻을 같이하는 것이 낫다."

제임스가 가톨릭 망명자의 복귀를 허용했을 때, 멜빌은 왕에게 왕은 교회의

---

40   McCrie, *Scottish Church,* pp. 75-76; Hewison, vol. 1, pp. 111-121; Donaldson, pp. 153-155.

41   Hewison, vol. 1, p. 115; David Calderwood, *The History of the Kirk of Scotland,* 10 vols. (Edinburgh: Wodrow Society, 1842-49), vol. 4, p. 246 (이하 Calderwood); Hewison, vol. 1, pp. 120-121.

42   McCrie, *Scottish Church,* pp. 81-83; Hewison, vol. 1, pp. 128-134.

머리가 아니라 하나의 구성원일 뿐임을 상기시켰다. 그럼에도 왕의 세속적 권위에는 복종하기로 서약했다.[43] 그리고 얼마 지나지 않아 왕은 교회의 일에 대한 왕의 권한에 의문을 표시했다는 이유로 목사 한 사람을 추방했고, 그 같은 견해를 가진 목사에 대한 체포 영장을 발부했다.

1596년 제임스는 "왕도"를 사용하여 목회자에게 왕의 세속적 권위를 인정하도록 요구하는 **린리스고우 법령**(Act of Linlithgow)을 승인함으로써 그에 관한 논쟁에 대해 분명히 설명했다. 그러고 나서 그는 가톨릭 성향의 퍼스(Perth) 시에서 총회를 소집했다. 이 총회에서는 왕이 좋아할 만한 수많은 결의안을 통과시켰다 (이를테면, 교회의 세속 입법 금지, 총회 소집 금지, 왕의 동의 없는 목사 임명 금지 등).

제임스는 교회를 치리할 교회 운영위원을 임명함으로써 교회에 대한 통제를 강화했고, 그 운영위원을 의회 투표원으로 임명하여 국가에 대한 통제도 강화했다.[44] 이렇게 해서 제임스 왕은 장로교의 교회 행정 조직을 조금씩 무너뜨렸다.

왕은 장로교에 대한 박해를 제한하지 않았다. 그는 국교회에서 분리된 "비국교도"(non-conformists)가 어쩔 수 없이 잉글랜드에서 네덜란드로 도피하도록 만들었다. 로버트 브라운(Robert Brown)의 가르침을 따랐으므로, "브라운주의자"(Brownists)로도 불렀던 이들 "분리주의자"는 경건한 작은 그룹의 교제는 강조하였으나, 교회의 중요성에 대해서는 경시했다.[45]

1598년 왕은 군주의 법과 의무와 권한에 대해 논문을 썼다. 거기서 그는 왕직을 절대적 통치자요 백성의 아버지로 세속법에 구속받지 않는 것으로 묘사했다. 이 논문의 초안에서는 자기 아들을 부추겨 장로교도를 추방하고 청교도를 혐오하며 성공회 교도를 회복시키도록 했다. 이 작품은 부분적으로는 1579년 조지 뷰캐넌(George Buchanan, 1506-1582)이 썼던 작품에 대한 대응이

---

43 McCrie, *Scottish Church,* p. 88; Henry Hallam, *The Constitutional History of England from the accession of Henry VII to the death of George II* (London: J. Murray, 1827), vol. 1, p. 181; Andrew Melville, cited in Thomas McCrie, *Life of Andrew Melville,* (Edinburgh: William Blackwood, 1824), vol. 1, pp. 391-382 (이하 McCrie, *Melville*).

44 Hewison, vol. 1, pp. 141-145; McCrie, *Scottish Church,* pp. 89-91; Hewison, vol. 1, pp. 144-148.

45 John Richard Green, *A Short History of the English People* (New York and London: Harper & Brothers Publishers, 1898), pp. 472-473 (이하 Green, *Short History*).

었는데, 뷰캐넌은 군주와 시민의 역할과 책임에 관하여 제임스를 가르쳤던 어린 시절 가정교사였다.

뷰캐넌은 왕은 "세속 사회의 유지를 위하여 생겨났으며, 법률의 지도를 따라 모든 사람에게 법을 집행하는 것이 왕의 의무"라고 썼다. 왕이 법을 약화시키고 "사회를 해체하는 경향이 있는 범죄적 행위"가 있다면, 그 왕은 폭군이 된다. 이런 일이 생겨나면, 백성은 왕에게 복종해야 할 의무가 없으며, "그 원수(왕)를 죽일 권한"을 갖는다. 멜빌이 활동하는 동안 장로교인은 왕에 대항하는 노골적인 저항은 하지 않았지만, 이후 언약도는 종교의 공인된 원수인 왕의 권위를 인정하기를 거부했다.[46]

1603년 엘리자베스 여왕이 죽고 나서, 제임스는 잉글랜드와 스코틀랜드의 왕이 됨으로써 영향력이 강화되었다.[47] 가톨릭 교도인 제임스의 아내 덕분에, 그 해에만 150명 이상의 가톨릭 사제가 박해에 대한 두려움 없이 잉글랜드에 왔다.[48]

제임스는 주교를 종교 회의의 항존직 조정자로 임명하고 귀족을 매수하여 장로교의 강경파 지도자를 투옥하거나 추방시킴으로써 서서히 침식해 갔다. 1610년 글래스고우 총회가 주교에게 완전한 권위를 회복시키고 왕을 교회의 수장으로 선언함으로써 왕이 완전한 승리를 거두었다. 왕은 앤드류 멜빌과 존 웰쉬(John Welsh, 1558-1622)와 존 낙스의 조카를 포함해서 저항하는 목회자들을 투옥하거나 추방했다.

---

46 Hewison, vol. 1, pp. 148-149; George Buchanan, *The Rights of the Crown in Scotland* (이하 Buchanan, *Rights*), Robert MacFarlan 번역, Samuel Rutherford, *Lex, Rex*(Harrisonburg: Springle Publications, 1982)로 재출간; Hewison, vol. 1, p. 183.

47 헨리 8세의 자녀(Edward, Mary, Elizabeth)는 합법적인 후계자를 남기지 못하고 죽었고, 다만 헨리 7세(Henly VII)의 증손자 제임스(James)가 두 왕국의 왕으로 남았다. 비록 제임스가 스코틀랜드의 제임스 6세(James VI)였을지라도, 그는 대개 제임스 1세(James I)로 지칭된다.

48 Hewison, vol. 1, pp. 153, 175.

4. 교회 예배 전쟁(1617-1637)

이후 제임스는 교회의 수장으로서 모든 예전을 갖춘 성공회 형식을 따라 스코틀랜드 장로교회를 재건하고자 했다. 1617년 왕은 먼저 외적인 것에 초점을 맞춰, 사도상과 초상화와 오르간으로 홀리루드(Holyrood)[49] 예배당을 개조했다. 이것은 스코틀랜드인을 크게 불쾌하게 했는데, 그들의 선조가 제거하려고 애써 싸웠던 가톨릭 이미지를 떠오르게 했기 때문이었다.

장로교인은 구약성경에서 성전 예배의 음악 도구가 그리스도를 예표하는 유형 또는 그림자였고 따라서 이젠 그리스도가 그의 교회와 함께 현존하기에 더 이상 필요하지 않다고 믿어서 오르간은 환영받지 못하는 침입자(intrusion)가 되었다.

칼빈은 "지나간 체제의 그림자"에 대해 강조하는 것은 그 어떤 것이든 복음의 광채를 가리는 것으로 간주했다.[50] 그해 54명의 분노한 장로교 성도가 왕에게 편지를 써서, 그와 주교는 어디에도 구속받지 않는 총회 없이는 교회에 대한 법률을 제정할 수 없다며 저항했다. 이는 왕을 분노케 함으로써 지도자 몇 명을 소환하여 왕 앞에서 그들이 제기한 항의를 설명하도록 조치했다.

이들 지도자 중 하나인 데이비드 콜더우드(David Calderwood, 1575-1650)는 소극적으로 복종은 하겠지만, "법률을 따르기보다는 차라리 고난을 받겠다"[51]고 대답했다.

왕은 잉글랜드 국교회 예배 의식을 장로교인에게 부과하는 다섯 개 조항을 마련했다. 1621년 거듭된 퍼스(Perth)의 집회에서 **퍼스 5개 조항**(*Five Articles of Perth*)이 채택되었고, 의회는 그것을 비준했다.

---

49 경치가 좋은 에딘버러 시는 언덕 꼭대기에 있는 에딘버러 성과 왕궁으로 쓰여지는 홀리루드 하우스(Holyroode House) 성을 잇는 1마일(1.6km) 길이의 비탈진 거리 주위에 건설되어 있다(James Howell, *Epistolae Ho-Elianae*, [London: Thomas Guy, 1673], p.261)]

50 McCrie, *Scottish Church*, pp. 109-110; Hewison, vol. 1, p. 194; John Calvin, *Commentary on the Book of Psalms*, Translated by Rev. James Anderson (Grand Rapids: Baker House Books, 1989), 92:1 주석 부분, vol. II, p. 495 (이하 Calvin, *Commentary on Psalms*).

51 Hewison, vol. 1, p. 195; McCrie, *Scottish Church*, pp. 110-111; Caldewood, vol. 7, pp. 257-279.

이들 조항은 성찬에서 무릎 꿇기, 개인적인 성찬 수행, 예를 들면 부활절과 성탄절 같은 축일 준수 같은 의식(practices)을 제정했다. 외견상 순결한 것 같았어도 이들 조항은 종교의 본질적 요소를 약화시켰다. 장로교인은 최초의 주의 만찬 교제에서 제자가 앉아 있었기 때문에 그들도 그와 같아야 한다고 주장했다. 그들은 제단 앞에 무릎 꿇는 것은 가톨릭의 의식이라고 생각했다. 그들의 입장을 지지하는 것은 다양한 예배 자세를 권하면서도 무릎 꿇기는 단 한 번만 언급하고 있는 시편서다.

광야에서 사탄이 그리스도께 먼저 뛰어내도록 요구하고 나서 자기를 경배하라고 요구한 것(마 4:9)은 역설적이다. 사탄은 외적인 것을 우선시하였던 반면, 그리스도는 내적인 것을 우선시하였던 것이다. 뿐만 아니라 그들은 축일을 지키는 것은 사도 바울의 훈계와도 맞지 않는다고 생각하였다.

> 이제는 너희가 하나님을 알 뿐 아니라 더욱이 하나님이 아신 바 되었거늘 어찌하여 다시 약하고 천박한 초등학문으로 돌아가서 다시 그들에게 종 노릇 하려 하느냐 너희가 날과 달과 절기와 해를 삼가 지키니 내가 너희를 위하여 수고한 것이 헛될까 두려워하노라(갈 4:9-11).[52]

왕 제임스는 1625년 아들 찰스 1세(Charles I, 1600-1649)를 새로운 왕으로 남기고 죽었다. 역사가 길버트 버넷 주교(Gilbert Burnet, 1643-1715)는 "제임스만큼 사람들이 슬퍼하지도 않고 존경하지도 않았던 그런 왕은 결코 없었던 것이 분명하다"고 말했다. 오늘날 제임스는 킹 제임스 성경으로 가장 잘 알려져 있는데, 이것은 그가 "미친" 자들이라고 했던 청교도가 준비한 것이었다.

제임스가 죽었을 때 지방 도시의 교회는 대체로 교육 부족, 기금 부족 및 훈련된 목사의 부족으로 대부분 영적으로 침체해 있었다. 타락한 주교들은 이용할 수 있는 대규모 기금을 허비함으로써 상황을 악화시켰다.

제임스 치하에서 박해는 완화되었다. 대개 박해받은 사람들은 아일랜드로 도피했고, 비밀 집회로 불린 야외 기도 모임을 열기 위하여 자주 돌아오곤 했

---

52 Hewison, vol. 1, pp. 196-203; McCrie, *Scottish Church*, pp. 113-114.

다. 비록 많은 목회자가 왕의 폭정에 맞서는 데 실패했을지라도 교회는 여전히 연합되어 있었다. 앞으로 보겠지만 후기 언약도는 이러한 의식에 주의하지 않았기 때문에 고통을 당했다. 가장 강경한 개신교도 중 한 사람인 사무엘 루더포드(Samuel Rutherford)는 국교회를 "매춘부 엄마"로 불렀다.[53]

제임스가 죽던 해는 여러 지방 교구의 신앙 부흥과 일치했다. 가장 유명한 부흥은 뉴밀른즈에서 멀지 않은 스튜어트(Stewart) 강 계곡에서 있었다. 그 기원은 어바인(Irvine)의 목회자였던 데이비드 딕슨(David Dickson, 1583-1662)[54]의 설교로 거슬러 올라간다.[55] "개종자들이 현저히 철저하고 진지하며 실제적으로 경건한" 나머지, "스튜왈톤의 아픔"(Stewarton Sickness)[56]으로 고통당한다는 말이 회자될 정도였다.

뉴밀른즈에서 수 마일 거리에 거주하던 로던(Loudoun) 경은 변하고 있는 분위기에 관한 왕의 우려에 답변하면서 사람들의 마음을 사로잡았다.

> 폐하, 폐하께서 스코틀랜드인의 종교와 양심을 간섭하지 않는다면, 그들은 최고의 즐거움으로 폐하께 복종할 것입니다.

역사가 맥크리(McCrie)는 로던을 "스코틀랜드에서 시민권과 종교의 권리 주장하는 중요 인물"이라고 말했다. 사무엘 루더포드는 "그리스도와 이마를 맞댄 채 거리로 뛰쳐나온"[57] 그리스도께 받은 용기에 대해 로던에 찬사를 보냈다. 비록 제2차 종교개혁이 수년간 공식적으로 시작되지는 않았지만, 하나

---

53 Bishop Gilbert Burnet, Hewison, vol. 1, p. 206에서 인용; Hewison, vol. 1, p. 148; Samuel Rutherford to Mr. J. R., June 16, 1637, *Rutherford's Letters* (London: Third Edition, 1675), p. 200 (이하 Rutherford, *Letters*).

54 David Dickson의 가장 주목할 만한 작품은 시편 주석이다. 그것은 지금까지 쓰였던 주석 가운데 가장 경건하다. 그를 비롯한 여러 저명한 스코틀랜드 설교자들이 모여 주석 시리즈를 출간했는데, 오늘날에도 Banner of Truth를 통해 판매되고 있다

55 Kirkton, p. 18.

56 역자주—1625년에 일어난 스튜왈톤의 부흥을 말할 때, '스튜왈톤의 아픔'으로 부르기도 한다.

57 McCrie, *Scottish Church*, pp. 128-135, 138, 152-153; Samuel Rutherford to Lord Loudoun, March 9, 1637, *Letters*, p. 41.

님은 이미 백성을 준비하고 계셨다.

우리 이야기의 주인공인 하드힐(Hardhill)의 존 니스벳이 뉴밀른즈 시 근처에서 태어났던 1627년은 부흥이 일어났던 해였다. 존은 제임스 그레이그(James Greig) 목사 아래서 성장하였는데, 그는 "얼마나 대단한 열정과 열의를 갖고 설교했던지, 한쪽 손의 두 손가락으로 반대편 손바닥을 세게 치는 바람에 손가락에서 피가 흐를 정도였다." 그레이그는 또한 뉴밀른즈 지역에 오래 지속될 유산을 남기기도 하였는데, 그 유산이란 어느 해 겨울에 대부분 40세 이상된 40명의 사람에게 성경 읽기를 가르친 일이었다.[58]

주님은 또한 존 니스벳을 축복하셔서 거룩함을 실천하고 하나님을 경외하기를 훈련하도록 헌신적이고 경건한 부모를 주셨다.[59] 존 니스벳의 아버지가 죽었을 때 존은 머독 니스벳의 손으로 쓴 신약성경을 유산으로 받았다. 제임스 니스벳은 자신의 회고록에서 진리 안에서의 일치를 실천했던 그의 아버지 하드힐의 존 니스벳에 대해 다음과 같이 묘사하고 있다.

> 어린 시절부터 아버지는 항상 난외주로 가득한 작은 포켓용 성경을 지참했는데, 언제든지 읽을 때는 그것을 사용했다. 뿐만 아니라 어린 시절부터 은밀한 기도를 위하여 자리를 뜨곤 했는데, 매일 여러 시간을 보냈고 때로는 꼬박 밤을 새기도 하였다.
>
> 아버지는 오랫동안 자신의 구원에 관하여 진지한 영혼의 훈련을 해왔는데, 그것은 그로 하여금 죄스럽다고 여겨지는 모든 것에서 극단적으로 거리를 두도록 만들었다. 아버지는 하나님과 친밀한 동행을 하였고, 마음과 본성에 자리 잡은 죄와 당시의 타락과 죄에 대해 몹시 반대했다. 아버지는 하나님의 원수를 지지하는 것 같아 보이는 최소한의 것에 대해서도 견디지 못했는데, 그로 인해 원수들이나 그릇된 친구들에게서 유혹과 고난과 비난을 받았다.
>
> 그럼에도 불구하고 유순함과 절제의 정신을 열심히 배웠으며, 하나님의 뜻을 위하여 모든 폭풍에 단호히 맞섰는데, 아버지는 치를 희생을 계산했고 최악의 경우

---

58 Hew Scott, *Fasti Eccleslae Scoticanae: The Succesion of Ministers in Parish Churches of Scotland From the Reformation, A.D. 1560, to the Present Time*, (Edinburgh: William Paterson, 1866-71), vol. 2, part I, pp. 183-184 (이하 Scott, *Fasti*).

59 James Nisbet, *A True Relation*, p. 4.

를 예상하고 있었기 때문이다. 그래서 그는 그리스도와 그의 뜻을 위하여 고난 받을 수 있는 특별한 은사를 하나님께 받은 것처럼 보였다(빌 1:29; 계 2:10, 13, 20; 3:8, 10; 히 10:35).

아버지는 안식일을 엄격히 준수하였고, 하나님 앞에서 그것을 거룩하게 유지했으며, 다른 어떤 날보다 일찍 일어났다. 자신의 자녀에게 강한 애정을 가진 사람이었을지라도, 그의 고통스러운 환경이 허용하는 한도에서 그들로 엄격한 훈련을 받게 했고, 자주 그들을 은밀한 기도 모임으로 데리고 가곤 했는데, 그것을 위해 그는 그들을 신중하게 가르쳤고, 그 자신이 그들에게 하나의 모범이었다. … 아버지는 강하고 건강하였으며 담대하고 굴하지 않는 정신을 갖고 있었다.

그럼에도 불구하고 병이 날 기미가 보일 때는, 어린 양 같이 온유하게 "많은 사람들이 오랫동안 겪은 고통을 잠시라도 느끼는 것은 하나님의 뜻"이라고 말하곤 했다.

아버지는 어떤 사람이든 자신의 종교에 대하여 자랑하고, 한술 더 떠 고결한 사람이 되려 하지 말고, 두려움 속에서 이 땅에 잠시 머무는 시간을 보내라고 충고하는 것을 견딜 수 없었다.

아버지는 말하기를 "사람들이 겸손히 자기 직업에 합당하게 살며 경건한 삶과 그 능력에 진심으로 관심을 기울이는 것을 보고 싶다"고 했다. 그는 이런 사람을 진심으로 좋아했고 힘을 다해 격려했으나 종교 생활에 이름뿐이고 형식적인 사람에 대해서는 몹시 불쌍히 여겼고 통탄스러워 했으며, 자주 그들의 위험성에 대하여 경고하는 기회를 갖곤 했다.[60]

아버지는 하나님의 영광에 매우 민감했다. 기독교 진리에 대해 반대하는 소리를 듣는 것을 참을 수 없었다. [… 거기에], 경건한 사람의 이름이 비난을 받거나 지체의 연약함을 설명하면서 소리지르고 비난하는 것에 대해서도 결코 참을 수 없었다. 아버지는 머리카락이나 발 같은 사소한 일에 민감했듯이, 최소한 하나님의 형상을 가진 타인의 평판에 대해서도 매우 민감했다.[61]

---

60 Nisbet, *Private Life*, pp. 124-127

61 Nisbet, *Private Life*, p. 128.

한편 잉글랜드에서는 1628년에 윌리엄 로드(William Laud, 1573-1645)가 런던의 주교가 되고, 그 후 1633년에 캔터베리의 대주교가 될 때까지 청교도는 비교적 평화를 누렸다. 가톨릭교회와의 화해를 열망했던 로드는 청교도를 박멸하기로 결심하였기 때문에 1630년 1,000명이 잉글랜드를 피해 메사추세츠로 도피하게 되었고, 1640년에 2,000명이 그 뒤를 따랐다.[62]

찰스 1세 국왕은 로드 대주교와 고위 성직자(성공회 성직자들)의 도움을 받아 1636년 **규범과 헌법서**(*Book of Canons and Constitutions*)를 교회에 강요함으로써 "장로교회의 잔존하는 틀을 깨끗이" 일소했다. 왕은 그 뼈대를 파괴하는 것으로 만족하지 않고, 다음으로 그 핵심마저 파괴하고자 했다.

1637년 로드는 스코틀랜드 장로교회를 지도하여 『로드의 예전』(*Laud's Liturgy*)으로 알려진 새로운 예배서를 사용하기 시작했다. 장로교인은 『로드의 예전』이 용인할 수 없는 것이라는 사실을 발견했는데, 그 중 일부가 가톨릭의 미사와 유사했기 때문이었다.[63]

에딘버러 특설 고등법원은 로드의 혁신안과 알미니우스적인 교훈에 반대하는 글을 썼다는 이유로 사무엘 루더포드를 에버딘(Aberdeen)으로 추방함으로써, 루더포드는 그들의 감독교회적 성향의 교수들에게 가르침을 받게 되었다.[64] 거기 머무는 동안 루더포드는 당시의 세속 지도자와 종교 지도자에게 격려 편지를 썼다.

존 니베이(John Nevay)에게 보낸 편지 중 하나를 발췌한 다음 글에서 볼 수 있듯이, 루더포드의 저작은 당시 스코틀랜드 목사들이 사용했던 연설문과 설교에 소중한 빛을 비추었다.

> 그리스도를 위한 고난은 참된 기본 원리다. 거기에서 그리스도의 사랑이 숨 쉬

---

62 Hewison, vol. 1, pp. 209-210, 240. Everett H. Emerson, *English Puritanism from John Hooper to John Milton* (Durham: Duke University Press, 1968), pp. 34-41.

63 James Barr, *The Scottish Covenanters* (Glasgow: John Smith and Son, 1946), p. 17 (이하 Barr); McCrie, *Scottish Church*, pp. 139-140.

64 William Hetherington, *History of the Westminster Assembly of Divines* (Edmonton, Canada: Still Waters Revival Books, 1993), p.393 (이하 Hetherington, *Westminster Assembly*).

고 실현되며 불꽃과 열을 발산함으로써 우리의 얼어붙은 마음을 따뜻하게 해 준다. 상복을 입은 그리스도께서 눈물을 흘리는 것이 정말 소중하다면, 그분이 어떤 분인지, 언제 우리 흙으로 된 몸이 (죽음을 벗어 버리고) 혼인식장과 커다란 궁전으로 나아가서, 왕복을 입고 보좌에 앉으신 왕을 뵈올지를 상상조차 할 수 없다.

나는 달 아래에 있는 천국에 대해서는 아무것도 바라지 않을 것이지만, 흙으로 된 이 집에서 싸움을 계속할 것이고, 매일 그리스도와 나누는 사랑의 향연을 새롭게 할 것이며, 그 힘이 한낮의 태양과도 같은 가장 멋진 얼굴에 입맞춤으로써 이따금 씩 나의 갈망을 채우는 자유를 새롭게 하리라.[65]

사무엘 루더포드의 고향과 존 니스벳의 고향에서 비롯된 믿음의 기원은 그 원천이 같다. 흥미롭게도, 전해오고 있는 기록에 따르면 카일의 롤라드파 사람들(the Lollards of Kyle)이 얼스톤의 고든 씨 가족에게 위클리프 성경 사본을 선사했는데, 그들(고든 씨 가족)은 루더포드 출생지(니스벳의 마을)에서 가까운 곳에 성을 소유하고 있었을 뿐 아니라, 스코틀랜드의 이 지역을 비추는 진리의 횃불이기도 했다.

언약의 본거지에 살던 롤라드파 사람에게도 이와 유사한 이야기가 전해져 온다(이를테면, Fife and Sterling).[66] 기이하게도, 언약을 따라 이루어진 종교개혁은 그 기원을 몇 권의 위클리프 성경에 두고 있다.

불과 몇 권 안 되는 성경책이 얼마나 큰 영향을 미치고 있는가!

---

65 Samuel Rutherford to John Nevay, June 16, 1637, *Letters*, p. 196.

66 Andrew Bonar, Preface to *Letters of Samuel Rutherford* (Edinburgh: Oliphant Anderson & Ferrier, 1904), pp. 1-2; T. M. Lindsay, "A Literary Relic of Scottish Lollardry," *The Scottish Historical Review* (Glasgow: James Maclehose and Sons, 1904), vol. 1, p. 270.

5. 교회 교리 전쟁(1617-1637)

교회 조직과 예배의 형식에 대한 공격뿐 아니라, 사탄은 경건한 신앙의 핵심에 대하여도 교활하고 위험한 공격을 감행했다. 1609년 알미니우스(Arminius)가 죽은 이듬해, 알미니우스의 추종자들은 네덜란드 정부에 보내는 한 통의 항의서(Remonstrance)를 통해 알미니우스의 가르침을 체계적으로 정리했다.

알미니안의 철학은 유럽의 개신교 교회가 받아들인 신조와 철저히 상반적이었기 때문에, 각 나라 대표로 이루어진 네덜란드 종교 회의(도르트 회의)는 1618년에서 1619년까지 그 항의서를 검토하기 위해 모였다. 그 회의는 항의서를 격렬하게 거부하였고 칼빈주의의 5대 요소를 가지고 알미니우스주의의 5대 요소를 반박한 **도르트 신조**(Canons of Dort)를 공표했다.

표1.1은 이들 두 체계의 교리를 비교하고 있다. 분명히 알 수 있듯이, 성경을 해석하는 데 있어서 이들 두 개의 접근법은 전혀 다르며 타협의 여지가 없는 교리 체계다. 이는 각 체계의 모든 요소가 각각의 체계에 암묵적인 기본 전제에 의존하기 때문이다. 한 가지 요소라도 오류임이 입증된다면 그 체계 전체가 무너질 것이다.

칼빈주의는 구원은 전적인 하나님의 사역이라고 주장하는 반면, 알미니우스주의는 그 궁극적 선택은 사람에게 달려 있다고 보는 신인 협동 사역을 가르친다. 알미니우스적 접근은 인본주의적 논리와 정서에 호소하는데, 그것은 성경과 일치하지 않으며 이에 대해서는 본서 전반을 통해서 상세하게 입증하였다.

알미니우스적 주장을 옹호하기 위해 인용된 모든 구절(예를 들면 요 3:16; 6:40; 행 10:34; 딤전 2:4-6; 요일 2:2)은 칼빈주의적 교리의 맥락에서 해명할 수 있으나, 칼빈주의자가 인용한 구절(예를 들어 요 6:37-44; 10:28-29; 롬 8:29-30)을 알미니우스주의의 틀로 설명하는 일은 불가능하다.

알미니우스적 접근을 받아들임으로써 얻게 되는 유일한 논리적 결과는 성경을 거절하는 것이다. 하나님은 "모든 일을 그의 뜻의 결정대로 일하시는 이의 계획을 따라"(엡 1:11) 일하신다는 성경의 명백한 가르침과 인간의 추론 사이에서 선택해야 하는데, 인간의 추론을 따르는 사람에게 복음은 어

리석다(고전1:18).[67]

1637년까지, 알미니우스주의 주교와 벌인 백병전에서 전선(戰線)은 칼빈주의적 청교도와 언약도를 통해 적절히 방어되었다.

[표 1.1 칼빈주의와 알미니우스주의의 5대 요소]

	칼빈주의	알미니우스주의
T	전적 타락(Total depravity): 사람은 스스로 구원할 수 없으며 선을 알 수도 욕구할 수도 없다. 사람은 악을 이길 수 있는 선을 택할 수 있으나 자유로운 선택에 의해 하나님을 거절하고 거역한다.	불완전한 타락(Incomplete depravity): 비록 타락으로 손상을 입었어도, 사람은 선행을 할 수 있으며 하나님의 도움을 받아 자신의 구원을 선택할 수 있다.
U	무조건적 선택(Unconditional election): 하나님은 세상 창조 시에 제한적인, 그러나 많은 타락한 인류를 택하셔서 은혜와 긍휼로 구원하시기로 하셨다.	조건적 선택(Conditional election): 하나님은 구원을 선택하고, 그것을 얻도록 꾸준히 견뎌 내리라 예견되는 사람을 선택하신다. 본질적으로 하나님이 아닌, 사람이 선택하고 통제한다.
L	제한 속죄(Limited atonement): 그리스도는 자신이 택하신 양을 위해서만 죽으셨다. 자신의 양에 대한 하나님의 사랑은 유효하다. 그리스도는 아버지께서 그에게 주신 자를 하나도 잃지 않으신다.	보편 속죄(Universal atonement): 그리스도는 모든 인류가 구원이 가능할 수 있도록 죽으셨다.
I	불가항력적 은혜(Irresistible grace): 하나님은 택자를 자신에게로 이끄신다. 그들은 하나님의 부르심을 거절할 수 없다. 그는 택자의 마음을 변화시킨다. 그렇게 해서 택자는 죄의 속박에서 해방됨으로 자유롭게 그리스도와 그의 길을 선택한다.	항력적 은혜(Resistible grace): 사람은 자연적 조건에서 하나님의 구원 제공을 택하거나 거절할 수 있다.
P	성도의 견인(Perseverance of the saints): 한 번 구원받으면 영원히 구원받는다. 성도의 견인은 자신이 아니라 하나님께 의존한다.	불안정한 구원(Precarious salvation): 사람은 하나님의 구원 제공을 받아들일 수 있다라도, 타락하거나 구원을 상실할 수 있다.

67　Edwin Palmer, *The Five Points of Calvinism* (Grand Rapids: Baker Book House, 1972); Arthur Custance, "Calvin and Calvinism," *The Sovereignty of Grace*, online 1996 〈http://www.custance.org〉.

제2장

진리와 일치의 부흥과 쇠퇴

> 왕이 단 위에 서서 여호와 앞에서 언약을 세우되 마음을 다하고 뜻을 다하여 여호와께 순종하고 그의 계명과 법도와 율례를 지켜 이 책에 기록된 이 언약의 말씀을 이루게 하리라 하매 백성이 다 그 언약을 따르기로 하니라(왕하 23:3).

1. 제2차 종교개혁(1637-1643)

1637년 7월 23일 에딘버러의 성 자일스(St. Giles) 교회에서 주교들이 로드(Laud)의 새로운 예식을 시행하고자 했을 때 시민은 저항했다. 고위 성직자가 예식을 읽기 시작하자 시민은 중얼거리고 소리 지르고 박수를 치기 시작했다. 재닛 게더스(Janet Gedders)라 불리는 나이든 여인 하나가 역겨워 하며 고위 성직자의 머리를 향해 그녀가 앉았던 의자를 집어 던지고 소리 질렀다.

악한 자여, 그대가 내 귀에 미사를 말하는 것인가!

이어서 다른 의자도 날아오자 가련한 고위 성직자는 목숨을 건지기 위해 피해야 했다. 주교가 질서를 회복하려고 시도하자, 사람들은 "교황! 교황!"이라고 소리 지르며 대응했다. 마치 수십 년 전에 한 소년의 행동이 스코틀랜드에 제1차 종교개혁을 타오르게 했듯이, 한 여성의 행동이 스코틀랜드에 제2차 종교개혁을 타오르게 하였다.¹ 아마도 현대의 진정한 종교개혁도 여성과 어린 아이가 남자를 부끄럽게 하여 행동하게 할 때쯤 시작될 것 같다.

나라 전체가 적극적으로 저항하는 일에 신속하게 하나가 되었다. 상당한 돈을 준다 해도 공개적으로 예배서를 읽으려 하는 사람이 하나도 없었다. 주님께서도 이 종교개혁을 축복하셔서 강력한 지도자 알렉산더 헨더슨(Alexander Henderson)을 보내 주셨다. 헨더슨의 동료들은 헨더슨을 "자신들 중에서 비교할 수 없을 정도로 가장 유능한 사람"으로 여겼으며, 마치 "헨더슨은 온통 수정 유리" 같다고 여겼다. 그러나 그는 겸손한 사람이었으며, 자기 걸음걸이를 지도하시도록 언제나 주님을 바라보았다.

헨더슨은 새로운 예배서를 사용하지 말아야 할 합법적인 변론을 제시했다. 그는 총회도 의회도 새로운 예배서 사용을 승인하지 않았으며, 하나님의 법과 일치하지 않는 명령에 순종할 필요도 없다고 주장했다.²

자신과 동료 시민들이 종교개혁에서 연대하도록 스코틀랜드의 지도자들이 **국가 언약**(National Covenant) 초안을 작성했다. 그것은 세 부분, 곧 1581년의 왕의 언약, 개혁의 취지를 지지하는 의회의 법령 요약, 그리고 언약 서약(covenant promise) 등으로 구성되어 있다.

언약 서약은 모든 사람에게 "참된 종교"와 "왕의 위엄과 그의 사람과 재산"을 보호할 것이라는 "엄숙한 맹세"로 신실하게 약속을 지킬 것을 요구했다. 이 서약에 참여한 사람들은 자신들과 후계자들이 "합법적인 수단을 통해 복음의 순결함과 자유를 회복하는 데 애쓰도록," "경건함과 술 취하지 않음과 의로움에서 다른 모든 사람에게 좋은 모범이 되도록," 그리고 "하나님과 사람 앞에서 의무를 수행하도록" 만들었다. 게다가 그들은 "이러한 목적을 위하여 성령께서 자신들에게 힘을 주시도록 하나님께 매우 겸손하게 갈망하며" 간구했다.

이 언약은 하나님과 왕 모두에 대한 책임을 강조했고, 이 두 가지 의무 조항은 "그들이 마치 친구도 같고 원수도 같으며 함께 서고 함께 넘어지기라도 하

---

1 Kirkton, p. 31; McCrie, *Scottish Church*, p. 141; Hewison, vol. 1, pp. 243-245; Kirkton p.31.

2 Hewison, vol. 1, pp. 250-251; Samuel Rutherford to Alexander Henderson, March 9, 1637, *Letters*, p. 40, W. Beveridge, *Makers of the Scottish Church* (이하 Beveridge, *Scottish Church*)에서 재인용; Beveridge, *Scottish Church*, p. 118; Hewison, vol. 1, pp. 252-253.

듯 매우 단단히 연계되어" 있다고 주장했다.³

세속 권위에 복종해야 할 의무에 대하여 이렇게 강하게 강조하는 것은 로버트 베일리(Robert Baillie, 1599-1662)의 영향 때문이었다. 베일리는 "자유로운 총회와 의회에서 그들이 심리를 받아 허용될 때까지"⁴ 부과된 성공회의 의식에 대한 절제를 호소했다. 이제 보겠지만, 후기 언약도가 이러한 원리를 충실히 진실하게 준수했더라면 언약도 운동은 오늘까지도 살아 남았을 것이다.

이 나라의 주요 귀족과 목사는 1638년 3월에 그레이프라이어스(Greyfriars) 교회에서 엄숙하게 **국가 언약**을 맹세했다. 로던 경은 설교를 마치고 "회집한 군중에게 현재의 상황에서 이러한 연합적인 유대의 중요성에 대해 깊이 생각하라"고 말하면서, "주님의 뜻 안에서 열심을 품고 인내하라고 권고했다." 헨더슨이 기도를 마치고 나자, 참석한 모든 사람이 이 언약에 서명했다.

몇 주가 지나자 에버딘 같은 몇 개 도시와 가톨릭 성향의 몇몇 북부 지역을 제외하고 국민 대다수가 이 언약에 서명했다. 이러한 행동은 하나님에 대한 엄숙한 맹세 속에서 이들을 하나로 연대하게 하여 이스라엘 민족과 유사하게 만들었다. 신앙의 특별한 부흥과 그 서명(signing)도 함께 이루어졌다.⁵

이에 대응하여 왕은 "이런 무례하고 지독한 요구에 굴복하느니 차라리 죽을 것"이라고 말했다. 그는 "이런 언약이 강제된다면 나는 스코틀랜드에서 베니스의 백작과 다름없는 권력만 갖게 될 것"이라며 탄식했다. 1638년 6월까지 양 당사자는 공개적으로 전쟁을 준비하며 무장하고 있었다.⁶

왕은 장관 해밀턴의 마르키스(Marquis of Hamilton)를 보내서 언약도와 만나도록 했다. 에딘버러로 가던 길에 그는 해변가 길에 줄지어 서있던 6,000명의 사

---

3 Donaldson, pp. 194-201; Hewison, vol. 1, pp. 265-266; McCrie, *Scottish Church*, pp. 145-146.

4 McCoy, *Robert Baillie and the Second Scots Reformation* (Berkeley: University of California Press, 1974), p. 37 (이하 McCoy, *Robert Baillie*).

5 McCrie, *Scottish Church*, pp. 145-146; Barr, p. 20; Hewison, vol. 1, p. 282.

6 King Charles I to Marquis of Hamilton, 11 June 1638, Alexander Peterkin, *Records of the Kirk of Scotland, Containing the Acts and Proceedings of the General Assemblies, from the Year 1638 Downward ...* (Edinburgh: John Sutherland, 1838), p. 68 (이하 Peterkin, *Records*); David Stevenson, *The Scottish Reformation 1637-1644* (New York: St. Martin's Press, 1974), p. 99 (이하 Stevenson, *Scottish Reformation*)로 출간.

람과 언덕 위에 서 있던 700명의 목사를 지나야만 했다. 마침내 왕은 자유 총회를 여는 것에 동의하고 1638년 11월에 글래스고우(Glasgow)에 모이도록 소집했다. 연합교회를 지지하여 입장을 같이 하던 스코틀랜드 국민이 승리한 것이다.[7]

글래스고우 총회는 "귀족적이고 엄숙하며 권한이 있는 조직"으로서, 대부분 많은 땅을 소유한 상류층 귀족이었던 98명의 유명한 장로와 왕의 장관 해밀턴 경 및 언약을 지지하는 140명의 목사로 이루어졌다.

해밀턴이 언급했듯이 세상의 관점으로 볼 때 그 총회는 대부분 "전혀 배움이 없는" 사람으로 구성되었으며, "생존하는 가장 엄격하고 선동적인 청교도"였던 목사들이 이끌고 있었다. 총회의 목적은 "누가 스코틀랜드 장로교회의 머리인가?"[8]라는 질문을 답하는 것에 다름 아니었다. 이러한 과제를 수행하기 위해 총회는 교회의 역할과 국가의 역할 사이에 분명하게 선을 그어 구분해야 했다. 유능한 중재자 헨더슨이 그 장을 마련했다.

> 그것은 개혁 교회의 영광이었으며, 우리는 왕과 그리스도인 위정자에게 그들의 지위에 걸맞게 대우하는 것이 특별한 방식을 따르는 우리의 영광이라고 생각하며, 우리는 하나님께 대한 신앙 다음으로, 왕에게 충성하고 복종하고 … 그를 봉사하고 살아야 하는 율법의 제5계명을 알고 있다.[9]

그리고 나서 헨더슨은 총회가 주교에 대한 심판을 통과시키도록 촉구했다. 이러한 조치는 해밀턴이 어쩔 수 없이 왕의 이름으로 총회를 해산하고 중단을 선언하게 만들었다. 그 시점에서 총회를 해산한다는 것은 찰스를 교회의 수장으로 선언하는 것이나 다름없었다. 해밀턴의 조치에 맞서, 한 회원이 총회에 반대하는 준비된 항의서를 읽었다.

7　McCrie, *Scottish Church*, p. 154; Barr, pp. 20-21.

8　McCrie, *Scottish Church*, p. 156; McCoy, *Robert Baillie*, pp.53-54; Marquis of Hamilton to King Charles I, 22 Nov. 1638, *Hamilton Papers*, 1880, p. 59, Hewison, vol. 1, p. 298; Hewison, vol. 1, p. 300에서 재인용.

9　McCrie, *Scottish Church*, pp. 158-159.

교회의 유일한 머리시며, 그의 교회의 임금이신 주 예수 그리스도의 이름으로, 슬프고도 무거운 그러나 충성스런 마음으로 우리는 이 총회를 해산할 수 없음을 천명한다[10]

헨더슨은 그리스도의 권위가 왕의 권위보다 위대함을 의회에 상기시킴으로써 필요한 지도력을 발휘했다.

> [그리스도는] 위정자의 동의 여부에 관계없이 총회를 소집할 보증서를 주셨다. 그래서 우리가 사람들[해밀턴]이 그 주인의 명령에 열성적이라는 것을 깨닫는다면, 우리가 우리의 주님께 열성을 보이고, 그의 나라의 자유와 특권을 유지할 좋은 이유를 갖는 것은 당연한 일이 아닌가?[11]

이러한 호소에 공감해서 총회가 확실하게 연합되어 아직 언약에 대해 맹세하지 않았던 소수의 참여자 중에 일부는 맹세하기로 했다. 그 후 총회는 과거의 비합법적인 집회 조항을 무효화시키고, 주교를 문책하여 물러나게 했으며, 가장 모욕적인 주교를 추방했고, 예배 개혁안에 대하여는 부적격 판단을 내렸으며, 목사가 세속적 직위를 갖는 것을 금했고, 학교 건립을 지도하며, 주교 제도가 끝났다고 선포하고, 장로교 정치 제도를 회복시켰다.[12]

총회는 이 법안을 통과시켰고, 반대표는 소수뿐이었다. 이들 반대자 중 하나가 로버트 베일리(Robert Baillie)였는데, 그의 온건한 주장은 혁신안과 고위 성직자나 왕의 권위에 굴복했던 사람을 서둘러 비난하는 것에 대해 경고했다. 베일리는 "양심적으로, 당연히" 주교직을 "그 자체가 사악하고 비합법적인" 것으로 "간주할 수밖에 없게 하는 어떤 조항도 넣어서는 안 된다"고 호소했다.

최후 진술에서 헨더슨은 그 뜻에 견고한 지지를 보여 준 로던 같은 경건한 귀족에 감사를 표했다. 그들을 "폭우 속에서 제일 먼저 발견된 산봉우리"에

---

10 McCoy, *Robert Baillie*, p. 55; McCrie, *Scottish Church*, p. 160.
11 Peterkin, *Records*, p. 147; McCoy, *Robert Baillie*, pp. 55-56.
12 McCrie, *Scottish Church*, pp. 159-164; Hewison, vol. 1, pp. 306-313; McCoy, *Robert Baillie*, pp. 56-60.

비유했는데, "의로운 태양이 이들 산을 제일 먼저 비추기를 기뻐하였기 때문이다"(삼하 23:4). 총회는 폐회 찬송으로 시편 133편을 즐겁게 노래함으로써 그들 상호 간의 일치를 표현했다.

> 보라 형제가 연합하여 동거함이 어찌 그리 선하고 아름다운고(시 133:1).[13]

총회의 명시적인 전쟁 선언에 대응하여, 찰스 왕은 "나는 영광스런 왕이 되든가, 아니면 참을성 있는 순교자가 될 것"[14]이라며 반발했다. 그는 모든 전선에서 45,000명 이상의 군사로 급히 서둘러 강력한 공격을 계획했다. 하지만 의회의 제한적인 지지와 스코틀랜드 국민의 연합된 저항은 그의 계획을 좌절시켰다. 찰스가 대중적 지지를 얻지 못한 채 스코틀랜드로 건너갔을 때 4,000명의 군사만이 그와 함께 갔을 뿐이었다.

12,000명의 주요 언약도 군대는 금색 글자로 쓰여진 **"그리스도의 왕관과 언약을 위하여"**(*For Christ's Crown and Covenant*)라고 인쇄된 푸른 깃발 아래 모였고, 예상되는 잉글랜드의 공격에 대비하여 둔스 로 힐(Dunse Law Hill)에 강력한 방어선을 구축했다. 그들은 공격을 기다렸고, 시편 3편, 27편, 72편 같은 시편으로 마음을 북돋았다.[15]

베일리는 군사의 정신을 다음과 같이 묘사한다.

> 그들은 푸른 리본의 매듭을 가진, 테 없는 모자를 쓰고, 올리브 색과 회색 격자무늬 어깨 걸이를 걸쳤다. … 매일 귀족과 자애로운 목사를 직접 볼 수 있었으므로 그들의 마음엔 희망이 솟았다. … 당신이 아침이나 특히 저녁에 귀를 기울여 보

---

13 Robert Bailie, *The Letters and Journals of Robert Baillie,* A. M., Principal of the University of Glasgow, mdcxxxii-mdclxlii. David Laing, ed., 3 vols. (Edinburgh: Bannatyne Club, 1841-1842), vol. 1, pp. 156-157 (이하 Baillie, *Letters*); McCrie, *Scottish Church,* pp. 164-165; *Scottish Psalter,* Ps. 133.

14 Gilbert Burnet, *The Memoirs of the lives and actions of James and William, Dukes of Hamilton and Castleherald* (London: J. Grover for R. Royston, 1677), vol. 1, p. 203 (이하 Burnet, *Memoirs*).

15 McCoy, *Robert Baillie,* p. 62; J. C. McFeeters, *Sketches of the Covenanters* (Philadelphia: Second Church of the Covenanters, 1913), p. 106.

면 막사 안에서 누군가 시편을 노래하는 소리가 들리고, 누군가 기도하는 소리도 들리며, 누군가 성경 읽는 소리도 들린다고 생각해 보라. 어찌 마음에 힘이 생기지 않을 수 있겠는가.[16]

왕은 현명하게도 공격하지 않았고, 이렇게 주교와 주교를 지지하는 협력자의 이름을 따라 붙여진 제1차 주교 전쟁(the First Bishop's War)이 끝났다. 수일 간의 협상 끝에 왕은 글래스고우 총회를 인정하기를 거절하기는 하였지만, 그는 "교회의 모든 일은 교회의 총회에 의해 결정되고, 세속에 관한 모든 일은 의회에 의해 결정된다"는 공허한 약속에 동의했다.[17]

기독교인의 권리를 지키기 위해 무기를 들었을지라도 언약도는 여전히 왕의 세속적 권위를 인정했다. 그들은 그에게 "모든 세속적이고 현세적인 복종을 할 것"을 서약했다. 로던은 반란을 지지하면서 왕에게 "그들은 나라의 세속법과 교회법에 따라 자신들의 종교와 자유를 누릴 수 있도록 요청하고 있을 뿐이라"고 말했다.[18]

1639년 총회가 다시 모였는데, 이때는 공식적으로 글래스고우 총회의 직무를 반복하고, 감독교회에 의해 여러 해 동안 약화되었던 교회 권징을 회복시켰다. 총회는 "교회의 의식과 정치에 관한 문제에 관하여 우리와 모순되는 판단"을 가졌던 사람을 사랑하되 모욕하지는 말자는 중재자 데이비드 딕슨의 간청과 함께 끝났다. 그리고 나서 스코틀랜드 의회는 목사와 주교를 의회의 회원에서 배제하는 조항을 포함하여 총회의 조항을 비준했다. 의회에서 주교를 배제하는 것은 왕의 투표권을 약화시켰다.[19]

이러한 조항은 왕의 권위에 대한 직접적인 모욕이었고 찰스로 하여금 전쟁 준비를 서두르게 만들었다. 찰스는 이를 위하여 로던을 투옥했고, 석방을 대가로 로

---

16 Baillie, *Letters*, vol. 1, p. 211.

17 Peterkin, *Records*, vol. 1, pp. 228-229; Stevenson, *Scottish Reformation*, p. 153.

18 Mathieson, *Politics and Religion: A Study in Scottish Histroy from the Reformation to the Revolution, 3 vols.* (Glasgow: James Maclehose and Sons, 1902), vol. 2, p. 13 (이하 Mathieson); McCrie, *Scottish Church*, p. 176.

19 Hewison, vol. 1, pp. 334-338; McCoy, *Robert Baillie*, p. 66.

던을 강요하여 "왕과 스코틀랜드인 간의 일치를 증진시키도록" 했다. 1640년 5월, 찰스는 "단기 의회"로 알려진 잉글랜드 의회를 해산했는데, 의회가 스코틀랜드와의 전쟁을 위해 준비하는 일에 자금 제공을 거절하였기 때문이었다.

이러한 조치는 무자비한 종교 박해에 염증을 느끼고 있던 잉글랜드인을 격노케 하였다. 박해 기간 동안 주교 제도에 공개적으로 반대하던 사람들은 낙인 찍히고, 불구가 되어(귀가 잘리고 코가 베어졌다) 추방되었다.[20]

스코틀랜드 의회는 감독교회 제도의 모든 잔재를 제거하였고, "정의롭고 합법적으로 그들의 종교, 법률, 생활, 자유와 나라를 지키기 위하여" 군사 준비를 하는 권한을 부여했다. 이러한 방어 계획에는 언약도를 수용하기를 거부하는 시민과 도시와 지방에 대한 군사력에 의한 진압이 포함되어 있었다.

잉글랜드인은 8월에 스코틀랜드 군대가 선제적으로 잉글랜드를 침입해 왔을 때 그들을 환영했다. 스코틀랜드 군대는 왕의 군대에 비해 세 배 정도 되는 규모로 왕의 군대를 물리쳤으므로 새로운 의회를 소집하지 않을 수 없게 했다. "장기 의회"라 불리는 이 새로운 의회는 "잉글랜드 자유민에게는 스코틀랜드 군대가 최고의 보호자였다"[21]는 것을 인식하였다.

잉글랜드와 스코틀랜드의 국민은 한결같이 개혁과 효과적인 교회 정치의 필요성에 눈을 떴다. 교회 정치에 대한 주제는 매우 인기가 있어서, "1640년에서 1660년 사이에" 그 주제에 관하여 "3만 편 이상의 논문"이 발표되었다. 스코틀랜드인은 자신들의 위치를 활용하여 강연과 논문을 통해 주교의 폐해에 관하여 잉글랜드를 학습시킬 수 있었다.

소논문은 감독 제도를 초대 교회의 관습이나 성경과 불일치하는 것으로 비판하였고, 그것이 결국 천주교로 귀착될 것이라고 주장했다. 오늘날 사람들이라면 이러한 주교의 도미노 이론을 조롱할 것이다. 하지만 그 시대의 개신교도에게 이는 웃고 넘길 문제가 아니었다.[22]

---

20 Mathieson, vol. 2, p. 15; McCrie, *Scottish Church,* p. 187.

21 Hewison, vol. 1, pp. 345, 352.

22 McCrie, *Scottish Church,* p. 191; Thomas Carlyle, "Cromwell," *Carlyle on Heroes, Hero Worship, and the Heroic in History* (Boston: Ginn & Company, 1901), vol. 1, p. 85; McCoy, *Robery Baillie,* p. 75

천주교인이 4만 명 이상의 아일랜드 개신교도를 무자비하게 살해했던 1641년의 폭동은 천주교에 대한 공포심을 강화시켰다. 짧게 깎은 머리와 관련해서 "둥근 머리"(Roundheads)라 불리던 잉글랜드의 청교도에게는 이보다 더 잔인한 일이 일어났다.

둥근 머리는 주교와 가톨릭 여왕이 폭동에 대해 책임을 져야한다고 비난했다. 찰스는 1642년 의회 지도자에 대한 체포 시도가 실패로 돌아간 후, 런던에서 도피하였고 거기에서 그는 "하나님이시여, 왕 찰스를 구원하시고 둥근 머리를 매다소서"[23]라는 깃발을 들어 올렸다.

찰스는 귀족과 왕족으로 이루어진 군대를 조직하였는데, 그들의 용감한 승마술과 길게 늘어뜨린 머리채 때문에 "왕당파"(Cavaliers)로 불리었다. 1643년 찰스가 아일랜드의 천주교인과 휴전에 서명하면서 그들에게 관용을 약속하고 그들이 몇몇 지역을 관할하도록 허용한 후에 불화는 더 확대되었다.

이러한 조치는 잉글랜드 의회가 스코틀랜드와 군사 동맹을 맺게 하는 원인이 되었다. 스코틀랜드인의 지지를 끌어내기 위해 잉글랜드 의회는 스코틀랜드 총회에 선언문을 보냈는데, 거기서 그들은 하나님의 말씀에 따라 종교개혁을 하리라는 자신의 열망을 천명했다.[24]

2. 웨스트민스터 총회(1643-1644)

아일랜드와 스코틀랜드의 변화는 잉글랜드 여론에 심대한 영향을 미쳤다. 1643년, 2년 전 주교 제도를 전적으로 지지했던 잉글랜드 의회는 스코틀랜드와 아일랜드와의 **엄숙 동맹**에 서명했는데, 그것은 주교 제도와 천주교를 근절시킬 것을 맹세하는 것이었다.[25] 의회는 이러한 종교의 변화를 용이하게 하도

---

23 McCrie, *Scottish Church*, p. 189; Kuiper, *The Church in History*, p. 251.

24 Hewison, vol. 1, pp. 366-368; Ninian Hill, *The Story of the Scottish Church from the Earliest of Times* (Glasgow: James Maclehose and Sons, 1919), p. 167.

25 Edward Clarendon, *The History of Rebellion and Civil Wars in England* (Oxford, Printed in Theater, 1702-1704); vol. 1, p. 184.

록 경건한 예배와 예식을 위한 표준을 개발하기 위해 저명한 신학자의 모임을 웨스트민스터에서 갖도록 소집했다.

1) 엄숙 동맹(Solemn League and Covenant)[26]

엄숙 동맹은 종교의 연합을 바라는 당시의 특징을 보여 주는 강렬한 열망의 자연스런 결과였다. 스코틀랜드인들은 언약이 구체화되기에 앞서 두 왕국을 위한 "단일한 신앙고백, 단일한 공예배 규칙서, 단일한 교리문답, 단일한 교회 정치 형태"[27]를 위해 간절히 기도했다.

웨스트민스터 총회에 참석한 스코틀랜드 행정관들은 "종교만큼 사람의 마음을 분열시키는 강력한 것도 없으며, 종교만큼 사람의 마음을 연합시키는 강력한 것도 없다"[28]고 믿었다.

종교의 일치(*unity of religion*)라는 개념은 17세기 역사를 지배했다. 현대적 사고와 대조적으로 당시 교회 지도자들은 다양성과 관용과 자유보다는 연합과 순결과 예배를 추구했다. 모든 사회적 활동은 사람이 아닌 하나님의 영광을 위한 것이었다. "자유가 아니면 죽음을 달라"는 미국인의 외침은 당시 "하나님을 영화롭게 하지 않을 거라면, 죽음을 달라!"는 말로 번역할 수 있을 것이다.

잉글랜드인이 시민 동맹을 형성하기 위해 스코틀랜드인에게 접근했을 때, 스코틀랜드인 역시 교회 동맹을 형성할 수 있을 것으로 생각했다. 이러한 동맹을 가능하게 하기 위해 헨더슨은 **엄숙 동맹**의 초고를 작성했고(아래에 주해되어 있다), 스코틀랜드 장로교회와 웨스트민스터 총회와, 잉글랜드와 스코틀랜드 세속 정부가 그것을 채택했다.[29] 그 언약 안에서 세 나라 사람들은 왼손을 들고 다음과 같이 노력할 것을 하나님께 엄숙히 맹세했다.

---

26 역자주—1643년 잉글랜드와 스코틀랜드의 두 국회 사이에 장로제 옹호를 맹약한 동맹.

27 잉글랜드 국교회가 보낸 우호 동맹 관련 질의에 대한 답변으로 Kirk가 쓴 편지, Hewison, col. 1, p. 360에서 인용.

28 Hetherington, *Westminster Assembly*, p. 321.

29 Donaldson, p. 208-210; Hewison, vol. 1, pp. 479-481.

① … 스코틀랜드 장로교회에서 개혁 종교의 보존 … 그리고 하나님의 말씀과 가장 잘 개혁된 교회의 모범을 따라 … 잉글랜드와 아일랜드의 종교개혁: 그리고 세 나라에 있는 하나님의 교회를 종교적으로 가장 친근한 결합과 균일성을 가져오도록 노력을 기울일 것이다. …
② … 천주교, 주교 제도, … 미신, 이단, 종파 분리, 신성모독, 그리고 건전한 교리와 경건의 힘과 반대되는 것에서 발견될 수 있는 모든 것에 대한 근절 …
③ … 의회의 권리와 특권, … 왕권과 권위 … 참된 종교 및 왕국의 자유 보존과 옹호 …
④ … 종교개혁을 방해하고, 왕과 백성을 분열시키거나 왕국을 분열시키고, 혹은 파당을 만들거나 이 엄숙 동맹에 반대하는 사람을 모아 당을 지어 선동꾼이나 왕당파나 악한 도구가 되었거나 될 것을 색출 …
⑤ … 견고한 평화와 연합 속에서 모든 후세대와 결합
⑥ … 이러한 엄숙 동맹에 가입하는 모든 사람을 지지 옹호 … 그리고 분열되거나 이렇게 은혜로운 연합에서 탈퇴하지 않을 것 …

그리고 이들 왕국은 많은 죄를 범하고 하나님과 그 아들 예수 그리스도를 거역하였기 때문에 … 우리는 하나님과 세상 앞에서 우리의 죄로 인해 겸손하고, 우리의 생활을 갱신하며, 각자 참된 개혁의 모범으로서 다른 사람 앞에 서리라는 진실한 소망을 공언하고 선포한다.
그리고 우리는 주님께서 진노를 돌이킬 수 있다고 공언하고 선포한다. 우리는 하나님의 영광과 예수 그리스도의 왕국의 확장과 기독교 왕국과 영연방의 평화와 평안을 위하여 그의 성령에 의해 우리를 강하게 해달라고 가장 겸손하게 주님께 간구할 것이다.

엄숙 동맹은 개인과 매우 동일한 방식으로 국가도 개혁 기독교를 아우르는 멋지고 새로운 세계를 만들어 보고자 했다. 이러한 언약의 근저에 있는 근본 전제는 국가가 권력을 하나님에게서 끌어내며, 악을 억제하고 의로움을 증진시키고 종교를 보호하는 것에 대해 그리스도께 책임을 진다는 것이다.
마찬가지로 그리스도께 복종하는 사람은 경건한 생활을 하며, 타인을 격려하여 그와 같이 살아야 하는 의무를 담당하고 지지하고 실행할 것을 맹세해야 했다.

이러한 원리는 하나님을 언급하지 않으며 그리스도를 영화롭게 하고 교회를 보호해야 할 정부의 본질적인 역할과 의무를 인정하지 않는 미국의 헌법에 나타난 원리와는 반대였다. 헨더슨이 성경적인 일치라는 뜻을 위하여 마음에 품었던 스코틀랜드의 교리적 표준을 전적으로 기꺼이 희생하려 했다는 것은 주목할 만하다.

> 이러한 종교개혁과 일치는 공동의 합의로 통과되어야 하며 우리는 그들(잉글랜드와 아일랜드)이 우리의 형식을 수용할 것이라고 생각하지 않는다. 하지만 새로운 형식은 우리 모두를 위하여 제정되어야 한다.[30]

물론 그는 어떠한 새로운 표준도 성경과 일치해야 한다고 생각했다. 언약이 잉글랜드와 아일랜드에 요구했던 것은 종교개혁에 대한 헌신이었다.

2) 웨스트민스터 총회(Westminster Assembly)

1643년 7월 잉글랜드 의회의 명령으로 121명의 목사(신성한 사람들로 불렸다)와 30명의 평신도 대표 모임이 웨스트민스터 사원에 소집되어 성경에서 "예식, 권징, 잉글랜드 국교회의 정치"[31] 등을 도출해 내도록 하였다. 30여 명의 성공회 학자들이 참석하지 못했는데, 왕이 그 총회를 불법이라고 선언했기 때문이었다.

(Robert Baillie, Alexander Henderson, Samuel Rutherford, George Gillespie, Lord Loudoun을 포함한) 여러 명의 스코틀랜드 행정관은 심의는 하지만 투표에 참여하지 않는 회원으로 참석했다. 웨스트민스터에서 목사들의 대체적인 목표는 스코틀랜드에서 성공적으로 보여 준 장로교 모델을 개발하는 것이었다. 웨스트민스터의 목사들은 교리와 예배 문제에 관련해서는 거의 만장일치였으나, 교회 정치의 적합한 형태와 본성에 관해서는 견해가 일치하지 않았다.

---

30 Baillie, *Letters*, vol. 2, p. 2.
31 McCoy, *Robert Baillie*, p. 94.

3) 교리와 예배

이 총회는 교리와 예배에 관한 개혁 신앙의 관습과 신념을 규정하는 일련의 표준을 마련했다. 이들 표준에는 **공예배 목록**(*Directory of Public Worship of God*), **신앙고백**과 **대·소요리문답**(*Larger and Shorter Catechism*)이 있었다. 이 문서 중 가장 중요한 것은 **신앙고백**이었다.

신앙고백은 성경과 같지는 않아도 "그 소리(하나님의 음성)를 듣고, 그 힘을 느끼며, 그 부르심에 응답하는 영혼에서 나오는 반향"이었다. 신앙고백을 고수하는 것은 교회를 오류에서 지키고, 진리에 대해 공유된 이해를 증진시켰으며, "미래 세대에 교사가 되려 하는 사람이 동일한 신적인 구원의 진리를 계속해서 가르칠 것이라는 안도감"[32]을 제공했다.

예배 의식을 표준화하기 위해 웨스트민스터의 목사들은 가능한 한 성경에 부합하는 공동의 예배용 시편집 제정을 시도했다. 여러 상충되는 판(版)을 가진 스코틀랜드의 예배용 시편집은 8년 이상 널리 쓰였다. 1645년 웨스트민스터 총회는 1643년에 출간된 프란시스 루스(Francis Rous, 1579-1659)의 새로운 운율 해석을 수정을 가한 후에 승인했다.[33]

운율이 있는 시편집에서 모든 시편은 "보통률"(Common Meter)로 불리는 8-6-8-6 박자에 맞춰 악구가 나누어졌다. 이러한 운율 구성은 "나 같은 죄인 살리신" 같이 흔하고 쉽게 배울 수 있는 멜로디에 부합되었고, 개인이든 가정이든 공예배를 드리는 동안, 음악 도구의 도움이 없이도 어떤 시편이든 노래할 수 있게 해 주었다.

청교도와 스코틀랜드 장로교인은 예배 때 성경에서 분명하게 명령하지 않는 어떤 예식이나 도구를 사용하는 것을 배제했던 칼빈의 "규제적인"(regulative) 예배 원리를 고수했다.

율법 아래서 레위인이 하나님을 예배할 때 음악 도구를 사용하는 것은 정당했다.

---

32 Hetherington, *Westminster Assembly*, pp. 347, 348.

33 Beveridge, *Short History*, pp. 99-103.

그들은 아직 연약했고 어린 아이 같았으므로 그리스도가 오실 때까지는 초보적인 것으로 백성을 훈련시키는 것은 하나님의 뜻이었다. 그러나 지금은 복음의 찬란한 빛이 율법의 그림자를 소멸시켰고 하나님은 보다 더 단순한 형태로 예배를 받으셔야 한다.
예언자가 자신들이 살던 시대의 사람에게만 명령했던 것을 모방한다면 그것은 어리석은 일이요, 실수를 범하는 셈이 될 것이다.[34]

1647년 성경과 일치하는지 검토한 후에, 스코틀랜드 총회는 그 시편집에 상당한 수정이 필요하다는 결정을 내렸다. 총회는 시편집을 여러 위원회에 개정하는 과제를 맡겼고, 존 니베이에게는 마지막 30개 시편을 개정하는 과제를 맡겼다. 그에 따라 총회는 1650년 모든 회중이 사용할 수 있는 스코틀랜드 운율 시편집(Scotish Metrical Psalter)을 승인했다.

4) 교회 정치

청교도 대다수는 장로교 제도를 선호했고, (1640년대 초반) 주교 제도가 폐지되자 그것을 시행하기 시작했다. 그 총회에 참석했던 다른 종파에는 교회 정치를 회중의 문제라고 믿는 독립파와 교회의 권징을 세속적 문제라고 믿는 국교회파가 있었다.
이들 두 종파는 의회에서 강력한 지지 세력을 확보하고 있었지만, 목사들의 작은 종파로 간주되었을 뿐이었다. 종파주의자(Sectarians)로 불리는 수많은 종파는 참석하지 않았는데, 그들은 이미 주교의 방만한 성경 가르침과 교회 권징에 뿌리를 내리고 있었다.[35]
교회 정치의 쟁점에 대해 목사가 뜨겁게 논쟁했을지라도, 정작 합의를 방해한 것은 독립파와 국교회파 회원의 정치적 음모였다. 스코틀랜드인들은 교회

---

34 Calvin, *Commentary on Psalms*, Commentary on Ps. 81:3. vol. ii, p. 312; John Girardeau, *Instrumental Music in the Public Worship of the Church* (Richmond, Whittet & Shepperson, 1888), pp. 63-64 (이하 Girardeau).

35 Hetherington, *Westminster Assembly*, pp. 136-150; McCoy, *Robert Baillie*, p. 108.

정치에 대한 합의 없이 자신들이 그토록 열성적으로 추구했던 일치를 결코 이루어낼 수 없었다. 위정자들은 거듭해서 웨스트민스터 총회에 이 문제를 합의하도록 재촉하였는데, 이는 주교제의 붕괴로 어떠한 교회 정치도 남아 있지 않았기 때문이었다.

결과적으로 새로운 목사를 임명하고, 회원을 훈련시키거나 혹은 종교적 불일치를 해결할 수 있는 어떠한 공식적인 과정도 잉글랜드에는 존재하지 않게 되었다. 이런 상황에서 종파들은 잡초처럼 번성해 갔다.

수적으로 우세했던 독립파들은 목사를 임명하고 권징 문제를 결정하는 데 회중 위에 어떠한 권위도 인정할 수 없다고 함으로써 논쟁을 질질 끌었다. 독립파들은 교회 회원들이 "참된 성도"로 인정받았으므로 모두가 고도로 자격을 갖춘 기독교인이긴 하지만, 그러한 순결함은 권징이 없이는 유지하기가 불가능하다고 여겼다.

독립파들은 정기적인 종교 대회(synods)가 장로회의 활동을 수행할 수 있을 것으로 간주했지만, 이러한 종교 대회에 회중을 지배하는 어떠한 권력이나 권위도 부여하기를 꺼려했다. 더욱이 그들은 각 개체 교회에 복수의 장로들이 있음을 보여 주는 성경의 중요성을 무시했다.[36]

장로회 없이 독립파에 의해 제안된 교회 정치 형태는 교리의 순수성을 유지하고 교회의 연합에 필수적인 항구적 교회 정치를 결여하고 있었다. 독립파들은 권징을 위해 교회 기관보다 국가 위정자에게 더 깊이 의존했다. 그들은 "위정자가 감독하고, 그들이 각자 자신의 의무에 충실하다면"[37] 모든 교회가 제네바처럼 훌륭하게 운영될 수 있다고 주장했다.

수년 후 뉴잉글랜드에서 행정 당국이 그 역할을 당연히 교회법에 속하는 것

---

36 Hetherington, *Westminster Assembly*, pp. 175, 194, 199-200.
37 "Reasons of the Dissenting Brethren," p. 124. Hetherington, *Westminster Assembly*, p. 218에서 인용. 장로교 정치 제도의 합법성에 대해 의문을 가진 사람들은 Thomas Godwin et al., "The Reasons Presented by the Dissenting Brethren Against Certain Propositions concerning Presbyterial Government ⋯ Together with the Answer of the Assembly of the Divines to those Reasons of Dissent"(London: Printed by T. R. and E. M. for Humphrey Howard, 1648)를 읽어 보도록 하라. 장단점 모두 성경 입증 형식으로 나타나 있는데, 승자는 분명히 웨스트민스터 신앙고백을 따르는 목사들이다. 초기 조합 교회 신자들은 치리하는 장로직을 위정자에게 위임했다.

이라고 했을 때 회중 체제의 취약점이 분명해졌다.

균형을 잡아줄 교회 당국을 배제시킨 채, 행정 당국이 신앙과 관계없이 적용한 것만을 가지고 청교도에 대한 미국인의 혐오감을 확인하는 것이 가능한 일일까?

독립파가 취하는 방법의 진정한 약점은 그리스도의 몸인 교회에 해가 될 정도로 개별 회원과 회중을 과도하게 강조한 점이었다.

국교회파가 "유대인의 국가와 교회는 모두 하나"라고 믿은 것은 잘못이었고, 따라서 잉글랜드도 이러한 유형을 따라야 한다고 믿었다. 왕이 교회와 국가의 수장으로 일했던 잉글랜드의 오래된 전통에서 비롯된 자연스러운 결과인 이러한 입장은 의회의 강력한 지지를 받았다. 국교회파는 그리스도가 교회의 머리라고 인정하였지만, 그리스도는 "기독교인에 대한 판결권을 국가 위정자에 위임했으며, 유대인인 국가와 왕의 유비에 의해 그런 견해를 지지한다"[38]고 믿었다.

이러한 견해는 교회와 국가에 대한 종교개혁의 견해와는 크게 대조된다. 개혁자들은 "세속 사법권과 교회 사법권은 상호 지지와 협력 가운데에서도 거리를 두어야 하며, 지지하되 다른 편의 본질적이고 내재적인 권리와 특권과 권력에 대한 간섭을 자제해야 한다"고 생각했다. 조지 길레스피(George Gillespie)는 유대인의 교회와 국가가 이러한 원리를 고수했다는 것을 능숙하게 입증했다.[39]

국교회파 의회의 압력에도 불구하고, 총회는 "주 예수는 교회의 왕이요 머리로서 그 점에 있어서 국가 위정자와는 구별된 교회 직원의 손에 정치를 맡기셨다"[40]고 결론을 내렸다.

그러나 총회를 통해 생겨난 표준인 **장로교회 정치 형태**(*Form of Presbyterian Church Government*)는 장로주의의 광범한 원리만 다루었을 뿐 권징에 대해서는 다루지 않았다. 이러한 실패는 잉글랜드에서 장로교회 체제를 방해하였고 나중엔 미국에서도 마찬가지였다. 의회는 1646년 마지못해 장로교회를 수립하는 법령을

---

38 Baillie, *Letters*, vol. 2, p. 266; Hetherington, *Westminster Assembly*, p. 287; John Seldon, Hetherington, *Westminster Assembly*, pp. 233-234에서 인용.

39 Hetherington, *Westminster Assmbly*, p. 287; John Seldon, Hetherington, *Westminster Assembly*, pp. 202에서 인용.

40 Hetherington, *Westminster Assembly*, p. 267.

제정하였으나, 그 실행을 지연시키는 상당한 방해 조항을 부과했다.

5) 관용

낙스가 생존해 있을 때, 그리스도인의 자유는 하나님의 말씀과 일치하는 신앙을 견지할 수 있는 자유를 뜻했다. 오늘날 많은 그리스도인들에게 그리스도인의 자유란, 말씀으로부터의 자유를 뜻한다. 이러한 무제약적 자유는 연합과 참된 그리스도인의 자유와 배치된다.

현대인이 언제나 참된 그리스도인의 연합을 이루고자 한다면, 관용에는 틀림없이 어떤 제한이 있어야 한다. 사탄은 그 당시 소종파주의자들이 요구했던 이러한 무제약적 관용을 웨스트민스터 총회의 효과를 경감시키는 도구로 활용하는 데 성공했다. 조지 길레스피는 그리스도인의 자유에 대한 자신의 논문에서 관용이 아닌 (하나님의 말씀이 허용하는 한도에서) 수용을 호소하는 것으로 끝을 맺고 있다.

길레스피는 간절하게 통일되고 성경에 근거한 교회를 열망했다.

> 오! 분리주의자와 재세례파에게 관용을 베풀어 줄 것을 결코 간청하지 말라. …
> 그대가 평화의 아들이라면 그대는 그 분명한 표시가 드러날 것이다. 그리고 그대는 관용이 아닌 수용을 요구할 것이다. …
> 아! 우리의 분열과 논쟁으로 인해 설교와 그리스도의 교훈과 사랑 안에서 서로를 고양시키는 일에 얼마나 방해를 받을 것인가! …
> 오직 한 분 그리스도가 계시고, 머리와 몸이 한 분 그리스도를 이루기에, 그리스도를 나누지 않고는 몸 또한 나눌 수 없다. … 오! 형제들이여, 우리는 하나의 천국을 보게 될 것이다.
> 이 순례의 장소에서 우리의 차이점을 봉합하자. 그것이 우리가 할 수 있는 최선의 것이리라. 아니, 우리는 이 세상에서 연합을 포기하지 않을 것이다.
> 하나님께서는 우리에게 하나의 마음과 하나의 길을 주신다고 약속하지 않으셨던가? …
> 우리의 중보자가 그의 모든 사람이 하나가 되도록 기도하지 않으셨던가?

> 형제들이여, 그것은 불가능하지 않으니, 그것을 위해 기도하고 수용의 표시를 강하게 재촉하자.
> 다소 불편하고 얽매이긴 하더라도, 그대들이 다른 개혁교회와 하나가 될 수 있어서, 충분한 자유와 활동의 여유를 가지면서도 철저히 구별이 된다면 그것은 얼마나 좋은 일인가?[41]

길레스피에게 하나님의 말씀은 그리스도인의 자유를 위한 유일하고 합리적인 근거였다. 이것은 어떤 교회가, 가장 개혁주의적인 교회라 하더라도 성경과 합치되지 않는 교리나 예배에 있어서 무언가를 찾아낸다면 그것은 성경에 부합하도록 해야 한다는 것을 뜻하였다.

존 낙스는 실제로 1560년판 **스코틀랜드 고백**(Scottish Confession of 1560)[42]에서 이러한 약속을 기록했다. 이러한 약속은 참된 그리스도인의 자유에 대한 **웨스트민스터 신앙고백**(Westminster Confession of Faith)의 기술에서는 분명히 표현되어 있지 않다.

> 오직 하나님만 양심의 주가 되시며, 그것을 교리로부터 그리고 그의 말씀과 대립되는 것 속에 있는 사람의 계명으로부터 자유롭게 한다.

그러므로 성경에 근거를 둔 어떤 신조나 교회의 고백도 그리스도인의 자유를 위협해서는 안 된다. 윌리엄 헤더링턴(William Hetherington, 1803-1865)은 성경이 "특정 형태의 잘못(우상 숭배와 신성모독)"은 억제하도록 요구한다고 주장한다.

> 그러나 성경은 사람에게 마음의 잘못을 징벌할 권한을 주지 않았다. 그 잘못이 이미 잘 알려져 있는 공정한 법을 위반한 것도 아니고 사회의 평화를 교란시키지 않

---

41 George Gillespie, *Wholesome Severity Reconciled with Christian Liberty or, the True Resolution of the Present Controversie Concerning Liberty of Conscience* (London: 1644), pp. 39-40.

42 Gillespie, *Treatise of Miscellany Questions* (Edinburgh, 1649), p. 124 (이하 Gillespie, *Treatise*); Beveridge, *Short History,* p. 118에서 인용한 *Confession of 1560*에 대한 서문.

는 한에서는 말이다.⁴³

3. 잉글랜드 내전(1644-1649)

잉글랜드 북부에 20,000명의 스코틀랜드 군대가 출현한 것이 변화를 필요로 하던 잉글랜드 의회에 용기를 북돋아서 결국 웨스트민스터 총회로 귀결되었다는 것은 의심의 여지가 없다.

그러나 장로회의 주도권이 최고조에 올랐을 때 분열 세력이 나타나기 시작했다. 스코틀랜드의 몇몇 귀족은 몬트로스(Marquis of Montrose, 1612-1650)의 지도 아래 비밀리에 한마음으로 단결하였다. 언약 지지자를 "반역적이고 저주스러운"⁴⁴ 것으로 여기는 반대 세력에 합류하여 왕권을 총체적으로 찬탈하려는 자들을 막고자 단결했던 것이다.

1644년 9월에 몬트로스는 "고지대인(Highlanders)과 아일랜드인으로 구성된 군대의 선두에 서서 아무도 죽이지 않고 아무도 사면하지 않았다"는 고소를 받고 퍼트셔(Pertshire) 법정에 출두했다. 이 군대는 농촌을 공포에 빠뜨렸고, "대학살과 욕망과 강탈이라는 공포스러운 모습"으로 에버딘에 체류하였으며 "킬리스(Kylisth) 전투에서 공포에 떨고 있던 6,000명의 도피자"를 학살함으로써 "전쟁과 기근과 역병이라는 삼중적 재앙"⁴⁵을 흔적으로 남겼다.

그러는 동안 잉글랜드에서는 1645년 6월 "새로운 모델의" 신식 군대로 불린, 성경을 지니고 시편을 노래하는 청교도 군대가 1645년 네이스비(Naseby) 전투에서 왕의 군대를 물리쳤다. "새로운 모델의" 신식 군대는 올리버 크롬웰(Oliver

---

43 *The Confession of Faith*, in *The Confession of Faith; The Larger and Shorter Catechisms, with the Scripture Proofs at large: Together with The Sum of Saving Knowledge* (Glasgow: Free Presbyterian Publications, 1985), chapter xx.2, p. 86 (이하 *Westminster Standards*); Hetherington, *Westminster Standards*); Hetherington, vol. 2, p. 65; Mark Napier, *Montrose and the Covenanters, Their Character and Conduct* (London: James Duncan, 1838), pp. 237-238.

44 Mathieson, vol. 2, p. 65; Mark Napier, *Montrose and the Covenanters, Their Character and Conduct* (London: James Duncan, 1838), pp. 237-238.

45 McCrie, *Scottish Church*, pp. 210-215.

Cromwell, 1599-1658)의 지도와, 종파주의와 독립파 평신도-목사의 영적인 영향 아래 있었다.

크롬웰은 언약도는 아니었으나 칼빈주의자임이 확실했다. 그의 군대의 특징은 "모든 계층을 지배하던 금욕적 도덕성과 하나님에 대한 경외"[46]였다. 크롬웰의 성공은 알렉산더 레슬리(Alexander Leslie) 장군 휘하에 있던 잉글랜드 내 약간의 스코틀랜드 군대가 스코틀랜드로 돌아와 1645년 9월 필립하우 (Philliphaugh) 전투에서 몬트로스를 물리치는 것을 가능하게 하였다.

이 전투는 군사적 승리를 꿈꾸던 찰스의 희망을 무산시켰다. 또 한 번의 전투에서 실패한 그 이듬해 찰스는 스코틀랜드인에게 항복했고 "장로교 정치에 관하여 배울"[47] 준비가 되어 있음을 공표했다.

필립하우 전투 이후, 스코틀랜드 군대는 병영으로 허가된 지역에 있었던 300명의 아일랜드 종군(從軍) 민간인과 50명의 아일랜드 군인을 학살한 것으로 알려졌다. 그해 후반기 회의에서 의회는 "필립하우 전투 중, 혹은 그 이후에 잡혔던 모든 아일랜드 죄수"[48]의 죽음을 정당하다고 인정함으로써 이 범죄에 대해 스코틀랜드인에게 아무 책임도 없음을 선언했다. 의회 문서는 이러한 조치를 취한 이유를 약술하고 있다.

> 만약 병영에 대한 이러한 방어가 지속된다면 나라 전체, 특히 의회 의원(the Estates of Parliament)은 사악한 자, 곧 언약 반대자를 고소하고 비난하는 것에 관한 언약도의 맹세와 의회의 맹세를 파기할 것이다.[49]

스코틀랜드 군대는 1647년 5월 두나버티(Dunavertie) 전초 기지에서 체포된 259명의 아일랜드 군인을 살해했다. 제임스 터너(James Turner, 1615-1686)

---

46 Kuiper, *The Church in History*, p. 252; Mathieson, vol. 2, p. 74; Hetherington, *Westiminster Assembly*, pp. 330-331.

47 Mathieson, vol. 2, p. 70.

48 John Buchan, *Montrose, a History* (Boston and New York: Houghton Mifflin, 1928), pp. 261-262 (이하 Buchan, *Montrose*); Mathieson, vol. 2, p. 70.

49 Interloquitur of Parliament (January 10, 1646), Buchan, *Montrose*, p. 261 footnotes에서 인용.

경은 "아멜렉 사람을 살려둔 일로 사울에게 임한"[50] 저주를 피하려고 군사 지도자 레슬리(Leslie) 장군을 설득하여 죄수를 살해하도록 했다는 이유로 존 니베이를 고발했다. 그러나 이에 대한 판단에 앞서 사실 관계를 검토해 보자.

① 죄수들은 허가된 병영에 있지 않았다(실제로 그들은 주둔지를 제공받기를 거절했다).

② 정확히 5개월 일찍, 몬트로스의 과잉 조치에 대한 공적인 항의에 맞서서, 의회는 "필립하우 전투 중에나 전투 후에 잡힌 아일랜드 죄수"[51]를 살해하라고 명령하였고 … 어떠한 재판이나 절차도 거치지 않고 처형시켰다.

③ 아일랜드의 침입자에게 형언할 수 없는 공포를 조장한 책임이 있었다. 특히 이들을 방어한 자들은 맥도널드 가문 사람으로서, 자기 원수 캠벨가에 대한 종족 차원의 보복을 하고 있었고 몬트로스 패배 이후 왕의 해산 요구를 거부했었다.[52]

④ 곧 보게 되겠지만, 제임스 터너 경은 후에 장로교인에 대한 악명 높고 몰인정한 박해자가 되었다고 하는데, 어느 정도 과장되었을 것이다.

⑤ 필자는 니베이의 신도들이 제공한 그리스도인의 증언을 증거로 제시할 것인데, 이 그리스도인들은 찰스 2세 치하에서 수십 년 간 박해를 받았다(이에 대해서는 뒷부분에서 상술할 것이다).

모든 내전이 그렇듯이 가문들이 양 진영으로 나뉘어 싸웠다. 니스벳 가문의 모든 사람이 언약을 지지했고 다른 사람은 반대했다. 존 니스벳의 저명한 친척 알렉산더 니스벳은 언약도에 반대했고, 왕을 보호하느라 극심한 고통을 겪었다. 그는 잉글랜드 내전 기간 동안 세 아들을 잃었고, 5세기 동안이나 그의

---

50 Mathieson, vol. 2, pp. 70-71.

51 Act of Scottish Parliament, December 23, 1646, Mark Napier, *Montrose and the Covenanters* (London: James Duncan, 1888)에서 인용; Mathieson, vol. 2, pp. 70-71: 해당 부분의 각주를 보라.

52 David Stevenson, "The Massacre at Dunaverty, 1647," printed in *Scottish Studies* (Aberdeen: The University Press), vol. 19, 1975, pp. 27-37.

가문 소유였던 성(城)도 잃었다. 존 니스벳(1664년 사망)으로 불리는 그의 또 다른 아들은 잉글랜드로 도피했다.[53]

왕권이 전복됨에 따라 크롬웰의 지도 아래 있던 독립파가 지배하는 군대는 웨스트민스터 총회를 가능케 했던 장로교가 주도하는 의회와 주도권을 두고 싸웠다. 이 군대는 새로운 정부를 구성한다는 분명한 의도를 가지고 런던으로 행진함으로써 이 문제를 종결지었다. 이 군대는 찰스의 재산을 차지했고, 장로교 출신의 의회 지도자 11명을 반역죄로 고소하여 도피하게 만들었으며, 결연한 의지를 보였지만 오합지졸에 불과했던 런던 시민의 방어진을 무너뜨렸다.

찰스는 가까스로 피신하여 라이트 섬(Isle of Wright)에서 "사실상의 구금 상태"에 있었고, 아직 장로교도가 의회 다수파였지만, 크롬웰의 군대가 모든 것을 지배하였다.[54]

스코틀랜드의 왕당파는 권력을 되찾기 위하여 해밀턴 공작(Duke of Hamilton)의 지휘 아래 왕과 "계약"을 맺었고, 이 일을 빌미로 스코틀랜드 군대는 잉글랜드를 침공했다. 이 계약에서 스코틀랜드인은 잉글랜드에서 3년간 장로교 체제를 확립하고, "둥근 머리 군대에서 그 절정에 달한 독립파 기독교 종파를 억제한다"[55]는 조건으로 찰스의 복권에 동의했다.

스코틀랜드 목사와 총회 대다수는 이러한 계약에 반대하였는데, 찰스에게 언약을 준수할 것을 요구하지 않았기 때문이었다. 로던 경은 처음부터 그 계약을 지지했지만 교회가 이 계약에 반대한다는 것을 알고 나서 지지를 철회했다.

언약을 보호하려는 존 니베이(그리고 아마도 존 니스벳)를 포함한 서쪽 저지대 출신 언약도 군대 2,000명은 언약을 지키기 위해 무장하고, 계약자(the Engagers)가 잉글랜드로 진입하여 찰스 왕을 돕지 못하게 했다. 이 용감한 군대는 훨씬 규모가 큰 계약자 군대와 싸우기에 앞서 검을 손에 든 채 성찬식에 참여했다.

계약자는 수적으로 형편없이 열세에 놓인 니베이의 무리를 쉽게 물리쳤다. 그

---

53 Newton Nisbet, *Nisbet Narrations* (Charlotte: Crayton Print Co., 1961), p. 15.

54 Hetherington, *Westminster Assembly*, pp. 308-309; Samuel R Gardiner, Introduction to *The Constitutional Documents of the Puritan Revolution 1625-1660* (Oxford: Clarendon Press, 1906), pp. xliv-xlix (이하 Gardiner, *Documents*).

55 Maurice Ashley, *James II* (London: J. M. Dent & Sons LTD, 1977), p. 25 (이하 Ashley, *James II*).

러고 나서 잉글랜드로 진입하긴 했으나 거기서는 크롬웰이 이들을 물리쳤다.[56]

의회는 니베이와 동료들의 결백을 밝히고, 계약자가 수년간 공직을 차지하는 것을 배제하는 법안인 **장로감독령**(*Act of Classes*)을 통과시켰다. 이 법안은 수년간 많은 스코틀랜드 귀족을 공직에서 배제하였기 때문에 "교회파"(kirk party), 곧 보다 적은 수의 귀족과 토지 소유주가 스코틀랜드 장로교회의 강한 영향 아래 의회를 주도했다.

의회는 이 짧은 기간 동안 목사 임명권(귀족이 목사를 선발할 권한)을 폐지하고, 가난한 사람을 돕는 방안을 통과시켰다. 결과적으로 귀족은 장로교의 이상(理想)에서 점점 멀어지기 시작했다.[57]

그 사이에 잉글랜드에서는 크롬웰이 의회 장로교 회원 40명을 투옥하고, 추가로 160명을 제명함으로써 자신의 권력을 강화시켰다. **잔부의회(殘部議會**, *Rump Parliament*)[58]로 알려진 잔여 의회 회원 60명은 매우 종파주의적이었다. 종파주의자가 지배하던 군대는 왕 찰스가 복권하는 것을 몹시 두려워한 나머지 1649년 1월 30일 왕 찰스를 반역죄로 처형하였고, 올리버 크롬웰과 종파주의가 지배하는 의회가 잉글랜드를 확고하게 장악하게 되었다.[59]

4. 국민이 왕을 원하다(1649-1651)

스코틀랜드 의회는 찰스를 처형하는 과정에 어떤 역할도 없었으므로 그 처형을 언약도와 스코틀랜드의 주권에 대한 조롱으로 간주했다. 스코틀랜드 의회는 언약에 찬동하고 그것을 충실하게 실행한다는 조건하에 웨일즈

---

56 William Anderson, *The Scottish Nation; or the Surnames, Families, Literature, Honours and Biographical History of the People of Scotland* (Edinburgh: Fullarton, 1860-1863), vol. 2, pp. 694-695 (이하 Anderson, *Scottish Nation*); Peterkin, *Records*, p. 571; Baillie, *Letters*, vol. 3, p. 49 [Hewison, vol. 1, pp. 445-446].

57 David Stevenson, "Church and Society under the Covenanters," *Scotia: American-Canadian Journal of Scottish Studies* (Norfolk: Institute of Scottish Studies, 1977), vol. 1, no. 1 (April 1977): pp. 25-31.

58 역자주—"장기 의회"의 일부.

59 Hetherington, *Westminster Assembly*, pp. 309-311; Beveridge, *Short History*, p. 143.

왕자 찰스 2세를 합법적인 계승자로 선포했다.[60] 스코틀랜드 정부와 교회는 언약 조항을 실행하고, 주교 제도를 도입하거나 스코틀랜드 국정에 불경건한 조언자를 끌어들이지 않겠노라는 찰스의 확약을 받아내기 위해 행정관(commissioners)을 보냈다. 찰스는 이러한 요구를 피하기 위해 몬트로스에게 스코틀랜드 침공을 재가했다.

그러나 언약도는 몬트로스의 소수 침략군을 궤멸하고 몬트로스를 처형했다. 극악하고 표리부동한 찰스는 자신의 정치적 이익을 얻기 위해 최후의 수단으로 스코틀랜드 국민을 이용하여 언약을 지지한다고 맹세했다. 경고 표시가 분명했다. 행정관 중 한 사람은 "찰스 스튜어트를 통해서 스코틀랜드에 하나님의 역병이 들어왔다"[61]고 말했다.

행정관 중 한 사람은 찰스의 손에 펜을 건네면서 언약에 서명하기 전에, "결코 머뭇거리지 말고 그대 영혼과 양심으로 그 선언서의 정당함에 응하라"고 강하게 충고했다. 찰스는 그에게 자신의 진실함을 보증했다.

그 일이 있은 후 찰스는 장로교의 이상에 대하여 반대하는 다수파를 조언자로 둠으로써 이 맹세 한 가지를 파기했다. 스코틀랜드인은 이런 사람을 악성 종양(malignants)이라고 불렀는데, 조지 길레스피는 "뱀의 후손, 경건함과 장로회 정치의 대적자, 자기 앞에 하나님을 두지 않는 세대"[62]로 정의하였다.

그런 사람의 실례가 찰스의 개인 교사였던 토머스 홉스(Thomas Hobbes, 1588-1679)였다. 홉스는 자신의 저서인 『리바이어던』(*Leviathan*)에서 왕은 모든 세속적인 일에서 절대 군주일 뿐 아니라, 모든 교회 권력의 원천인 "최고의 목사"라고 주장했다. 이 이론에 따르면 왕권을 분할하거나 왕을 세속의 법이나 교회의 견책에 굴복시키는 것은 적절한 일이 아니다.

홉스는 시민이 세속법과 일치하지 않는 문제에 관하여 사건을 주장할 수 없

---

60 Ronald Hutton, *Charles the Second King of England, Scotland, and Ireland* (Oxford: Clarendon Press, 1989), p. 37 (이하 Hutton).

61 McCrie, *VindicationI, p. 271.*

62 George Gillespie, "The Testimony of Mr. George Gillespie Against Associations and Compliance with Malignant Enemies of the Truth and Godliness," printed in *The Works of Mr. George Gillespie*, ed. W. M. Hetherington (Edinburgh: Robert Ogle and Oliver and Boyd, 1846), vol. 2, p. 2 (이하 Gillespie, *Works*).

고, 양심을 이유로 세속법에 불복종해도 안 되며, 신앙과 신성함을 위해 초자연적 도움에 의지할 수 없고, 자기 재산에 대해 절대적 재산권을 주장해서도 안 된다고 가르쳤다. 홉스는 이런 사람을 옳고 그름의 유일한 판단자인 국가의 적으로 간주했다. 홉스와 그의 학생인 찰스에게 언약은 사람을 구속하는 것일 뿐이었다.[63]

스코틀랜드에서 찰스를 지지하는 사람과 이들을 사악한 자로 간주했던 대부분의 저지대 목사 사이에 깊은 균열이 생겨난 것이 의외일까?

정말 놀랄 일은 홉스는 자유로운 사상의 시조로 찬사를 받은 반면, 이러한 폭정에서 교회와 사회를 보호하려고 생명을 바친 언약도에게 과격파라는 딱지를 붙이고 교과서에서도 거의 다루지 않는 것이다.

크롬웰은 찰스에 의해 가해진 직접적인 위협에 대응하여 스코틀랜드를 공격할 준비를 하였다. 크롬웰은 충돌을 피하기 위하여 자신들이 찰스와 맺은 계약에 대하여 스코틀랜드인들에게 물었다.

> 그러므로 그대들이 말하는 모든 것인 하나님의 말씀에 틀림없이 동의하는가? 그리스도의 심장으로 그대들에게 간청하노니 그대들도 오류에 빠질 수 있다는 점을 생각하라.[64]

스코틀랜드인도 전쟁을 대비했고 악성 종양의 군대를 제거하는 데 아주 오랜 시간이 소요되었다. 제거를 당해 약해지긴 했어도 스코틀랜드 군대는 이내, 던바(Dunbar)를 둘러싸고 있는 구릉지대 안쪽까지 크롬웰을 끌어들였다. 그럼에도 불구하고 크롬웰은 1650년 9월 스코틀랜드인이 참지 못하고 언덕 아래로 이동해 왔을 때 그들을 궤멸시켰다.

크롬웰은 언약도를 궤멸시킨 후 아주 오랫동안 군대를 세워 둔 채 승리로

---

63 Thomas Hobbes, *Leviathan, or the Matter, Forme, & Power of a Common-Wealth, Ecclesiaticall and Civill* (London: Andrew Cooke, 1651), chapters 21, 27, 29, 42, 18.

64 *Oliver Cromwell to Scottish General Assembly*, printed in Thomas Carlyle, *Oliver Cromwell's Letters and Speeches: With Elucidations* (London: Chapman and Hall, 1845), Letter 88, vol. 2, p. 20.

인해 하나님을 찬송했다. 그는 가능한 한 신속하게 공격을 재개해야 할 경우를 대비해서 가장 짧은 시편 137편을 골랐다.

이 실패는 스코틀랜드에 커다란 경각심을 불러일으키는 원인이 되었다. 루더포드를 비롯한 사람들이 국가와 왕 찰스가 회개해야 한다고 충고했다. 남서부 스코틀랜드 언약도는 점차 찰스에게서 이탈하였고, 1650년 늦게 크롬웰이 이 지역을 점령하자 많은 사람이 크롬웰의 지배 아래 들어갔다.

많은 사람이 크롬웰과 종파주의자를 조금 작은 두 개의 악이라고 여겼다. 군사적 실패와 찰스의 부정직함에 대한 광범위한 증거가 있음에도 불구하고, 크롬웰의 지배를 받지 않았던 스코틀랜드인은 1651년 1월에 찰스에게 왕위를 수여했다. 의식을 거행하기 위해 선별된 성경 본문은 사람들의 기대를 드러냈다.[65]

> 여호야다가 왕자를 인도하여 내어 왕관을 씌우며 율법책을 주고 기름을 부어 왕으로 삼으매 무리가 박수하며 왕의 만세를 부르니라. … 여호야다가 왕과 백성에게 여호와와 언약을 맺어 여호와의 백성이 되게 하고 왕과 백성 사이에도 언약을 세우게 하매(왕하 11:12, 17).

선서에 앞서 목사들은 왕에게 언약 의무에 대해 진지하게 충고했다. 찰스는 자연스럽게 **국가 언약과 엄숙 동맹**(National Covenant and the Solemn League)을 읽고 "영원히 살아 계시며 통치하시는 영원하시며 전능하신 하나님 앞에서 맹세코 이 선서에 나와 있는 모든 것을 준수하고 보존할 것"[66]이라고 맹세했다.

아길레(Argyle, 1607-1661) 경은 찰스의 머리에 왕관을 씌워 주었는데, 후에 이 일을 매우 후회했다고 한다. 로던 경도 거기 있었다는 점에서 그는 오류를 저지른 것이 분명했다.

---

65 Alexander Smelli, *Men of the Covenant* (London: The Banner of Truth Trust, 1975), pp. 27-28 (이하 Smellie).

66 McCrie, *Scottish Church*, p. 236.

5. 장로회 전쟁(1651-1660)

스코틀랜드 의회는 군사적으로 패배하기 직전에 왕 찰스와 왕족들을 설득하여 계약자들(Engagers)을 세속 직무와 군사 직무에서 배제하는 제한 규정을 취소하게 했다. 의회도 성찬을 받을 수 있는 사람이라면 누구라도 군사직이든 정부 직이든 허용되어야 한다고 촉구하는 스코틀랜드 총회 제출 결의안을 수용했다.

이러한 조치는 많은 악인과 계약자가 거짓 회개를 하는 경우에도 정부 고위직을 차지할 수 있도록 문호를 활짝 열어 주었다. 예를 들어, 제임스 터너 경(Sir James Turner)은 자신의 회고록에서 "우리 자신의 양심과 판단의 명령을 거스르고 기만적으로 말함"[67]으로써 계약(Engagement)을 부정한 후, 고위직을 차지했노라고 고백했다.

존 니스벳과 그의 목사인 존 니베이를 포함하여 남서부 주에 사는 많은 스코틀랜드인이 이런 결의안에 항의했다. 제임스 거드리(James Guthrie, 1661년 사망)의 지도 아래 있던 이 "항의자들"(Protestors)은 처음부터 찰스에 대해 의구심을 품고 있었다. 그들은 이 결의안이 **엄숙 동맹**의 제4조항을 위반했으며, 결국 언약에 따른 개혁이 종언을 고할 것이고, 사악한 자가 권력을 잡는다면 하나님의 진노를 불러일으킬 것이라고 믿었다.[68]

"결의자들"(Resolutioners)로 불리어진 결의안 지지자들은 계약(the Engagement)에 의해 야기된 분열을 치유하고, 크롬웰의 군대가 온 나라에 급속히 퍼지는 것을 무산시키는 데 필요한 군사적 지도력을 제공하기를 원했다. 대중의 분위기는 결의자를 지지하는 쪽으로 선회했는데, 이는 사악한 자라는 혐의를 받은 사람을 제거한 것이 던바의 패전을 불러온 것이라는 비난이 컸기 때문이다.

국가적 정서가 이처럼 변하고 동시에 적군이 일부 지역을 점령하자, 총회와 강력한 다수의 결의자가 1651년 모임을 갖게 되었다. 결의자들은 거드리를

---

67 Sir James Turner, *Memoirs*, J. G. Fyfe, *Scottish Diaries and Memoirs, 1550-1747* (Stirling: Eneas Mackay, 1928), pp. 219-220에서 발췌.

68 "The Remonstrance of the Presbytery of Sterling Against The Present Conjunction with the Malignant Party to the Commission of the Kirk at St. Johnston" (Edinburgh: Evan Tyler, 1651), pp. 4-8.

비롯한 여러 영향력 있는 항의자를 면직시킴으로써 이 상황을 이용했다. 그 최종 결과는 개혁 이후 장로회 내부에서 최초로 일어난 분열이었다. 설상가상으로 권력이 허용된 많은 사악한 자들이 나중에 찰스를 도와 장로회의 이상(理想)을 박해하는 일을 돕게 되었다.[69]

1651년 9월 크롬웰은 결정적으로 우스터(Worchester)에서 스코틀랜드인을 물리쳤고, 이로 인해 찰스는 프랑스로 도피하지 않을 수 없었다. 이 일로 언약도는 결정적인 타격을 입었다. 잉글랜드와 맺은 언약과 언약에 따른 전면적인 개혁의 희망은 산산조각이 났다. 버렐(S. A. Burrell, 1912년생)은 그 역사적 의의를 다음과 같이 요약한다.

> 그때부터 언약 전통은 내부로 향했고, 다만 한 국가의 유산의 일부가 되었으며, 보편성에 대한 요구는 거의 잊혀졌다.[70]

쓴 뿌리가 결의자와 항의자 사이의 화해에 대한 희망을 말살시켰다는 점에서 스코틀랜드인은 군사적으로 뿐 아니라 영적으로도 패배한 것이었다.

스코틀랜드 동맹자가 패배하고 얼마 못가서, 잉글랜드 의회를 지배하던 장로교는 종말을 맞이했다. 1653년 크롬웰은 의회를 해산하고 자신을 호국경(Lord Protector)으로 선언했다. 크롬웰은 스코틀랜드에서 가톨릭 교도를 제외한 거의 모든 종교에 대한 관용을 장려했고, 성공회 교도에게는 제한적인 관용이 허용되었으며, 스코틀랜드의 강단이 종파주의 목사들에게 개방되었다.

항의자와 결의자가 각자 총회에서 회합을 가짐에 따라 스코틀랜드 장로회의 분열이 확산되었다.

크롬웰은 최종적으로 총회를 해산하였지만 장로회가 모이는 것은 허용했다. 더 이상 분열의 요인은 없었지만 분열을 치유하려는 모든 노력은 실패로 끝났다. 항의자가 일치를 이루려고 했다면 교회의 평화를 위해 몇 가지 진실은 밝히지 말았어야 했을 것이다. 교회의 평화를 위해서 어떤 진실을 밝히는

69　McCrie, *Scottish Church*, p. 238: Vos, *Covenanters*, pp. 56-59.

70　S. A. Burrrell, *The Apocalyptic Vision of the Early Covenanters*, The Scottish Historical Review, vol. 43, no. 135 (April 1964).

것이 필요하다고 생각한 항의자로서는 이것이 가능한 일은 아니었다.

표면상으로 문제가 된 사실은 **엄숙 동맹**의 타당성에 관한 것이었고, 항의자는 여전히 이를 주장하였다. 그러나 진정한 쟁점은 결의자가 제기한 여러 비판 중에 나왔는데, 항의자가 제기한 문제로 공개 집회에서 장로가 기도하는 것을 허용할지의 문제였다.[71]

양측에서 존경받던 두르햄(James Durham, 1622-1658) 같은 장로교 목사는 이 차이점을 화해시키려는 노력을 거듭했지만 아무 유익 없이 끝났다. 이 시도가 실패하자 두르햄은 심하게 괴로워했고, 죽기 바로 직전에 『추문에 관한 논문』(*A Treatise Concerning Scandal*)을 썼는데, 거기서 교회가 오래도록 헤어나오지 못하는 천벌, 곧 진리와 일치 사이의 갈등에 대하여 다루었다. 두르햄은 분열을 커다란 악으로 간주했다.

> 이보다 더 교회를 갑작스럽고 필연적으로 뒤엎어 버리는 악이 없다는 것은 분명하다. 그것은 스스로 무너지기 위해 싸우는 것이요, 제 살을 먹는 것이요, 자기 밥그릇을 뒤엎어 버리는 것이다. 스스로 다투는 나라는 설 수 없기 때문이다.[72]
>
> 분열에도 불구하고 컥톤(Kirkton)이 주목했듯이 특별히 남서부 스코틀랜드의 종교개혁은 크롬웰의 통치 기간 중에 그 꽃을 피웠다:
>
> 교구마다 목사가 있었고, 마을마다 학교가 있었으며, 거의 모든 가정에 성경이 있었고, 거의 모든 지역의 모든 어린이들이 성경을 읽을 수 있었다. … 모든 목사는 웨스트민스터에서 결정된 광범위한 신앙고백을 따르는 개혁적 종교의 매우 정통한 교사였다. …
>
> 노회가 존재하는 한 그들 중 누구도 대화 가운데 추문이 없었고, 자기 직무에 무지하지도 않았다. … 나는 여러 해 동안 한 교구에 살았는데, 한 번도 맹세하는 것을 들어보지 못했다. … 또한 그 나라 대부분 지역에서, 그대가 머무는 어떤 집에

---

71 "A Reply To the late Printed Answer Given to the Letter, Directed by the Protestors to their Brethren, Who are for carrying on of the Public Resolutions, and for the Authority of the late Pretended Assembly"(Pinted in 1653), pp. 36-38, 61. 항의자들은 지금까지 총회 의장이 장로였음을 지적하는 것으로 변론했다. 이러한 논쟁에는 고위 성직자에 대한 결의론자들의 성향이 담겨 있다.

72 James Durham, *The Dying Man's Testament to the Church of Scotland; or, A Treatise concerning Scandal* (Edinburgh: Christopher Higgins, 1659), p. 311 (이하 Durham, *Scandal*).

서든 성경 읽기와 노래하기와 공적인 기도로 주님을 예배하지 않는 집을 찾을 수 없었을 것이다.[73]

1658년 9월에 크롬웰이 죽었다. 크롬웰의 아들이 자기 아버지를 대신하는 것이 가능하지 않다는 것이 입증되자, 크롬웰의 지휘 아래 스코틀랜드를 이끌었던 몽크(Monk, 1608-1670) 장군이 1660년 초 군대를 통하여 통솔했다. 그는 장로회 이상에 우호적인 의회를 수립하였는데, 그 의회는 **웨스트민스터 신앙고백**을 승인했고 **엄숙 동맹**을 다시 인쇄하여 매년 모든 교회에서 그것을 읽도록 명령했다.[74] 유감스럽게도 이러한 성공은 오래가지 않았다.

6. 찰스 2세의 왕정복고 시대(1660-1661)

1660년 5월 스코틀랜드의 결의자와 잉글랜드의 주교제도 지지자 및 양편 귀족의 잘못된 판단과 노력으로 찰스 2세가 왕위에 복귀했다. 찰스 2세의 왕권 회복과 함께, 사람들은 청교도의 "비열과 폭압"으로 여겨질 만한 것을 기꺼이 던져버림으로써, 경건한 정부에 대한 청교도의 꿈도 포기했다.

찰스가 왕권에 복귀한 것은 어느 궁정 법정 참관인의 말대로 "지금껏 내 생애 중 들어봤던 가장 저속하고 욕설을 잘하는 자"[75]로 부를 만한 국가 지도자가 등장한 셈이 되었다.

권력을 다시 잡은 지 18개월이 안되어, 찰스는 세 왕국 모두에서 10년 이상 폐지되었던 성공회를 국교로 회복시켰다. 스코틀랜드 지도자 중 한 사람이 장로교 교회 정치를 추천하자, 찰스는 "됐소, 그것은 신사를 위한 종교가 아니었소"라고 대답했다.

---

73 Kirkton, pp. 63-67.

74 Hewison, vo. 2, p. 57.

75 W. M. Hetherington, *History of the Church of Scotland from the Introduction of Christianity to the Period of Disruption, May 18, 1842*, 2 vols. (Edinburgh: John Johnstone, 1848), vol. 1, p. 399 (이하 Hetherington, *History*); Green, *Short History*, pp. 604-608; Roger Pepsy, Green, *Short History*, p. 620에서 재인용.

찰스의 재촉으로 기사 의회(Cavalier Parliament)는 앞선 20년간 있었던 모든 헌법 개정 사항을 철회하고 언약을 공개적으로 불태우도록 명령했다.[76] 클라렌든 법전(Clarendon Code)으로 알려진 일련의 조항을 통하여 잉글랜드 국교회에 의해 재가된 것 외에 가혹한 처벌과 함께 예배가 금지되었다.

찰스는 스코틀랜드에서 "법에 규정된 대로 스코틀랜드 장로교회 정치를 파괴하지 않고 보호하며 보존하겠노라"[77]고 약속함으로써 거짓 안정감을 심어 장로교회 사람들을 안심시켰다. 1661년 초 비굴한 스코틀랜드 의회가 세속에 관한 일과 교회에 관한 모든 일에 왕을 최고 판결자로 정한 **수장령**을 통과시키고 언약이 불법임을 인정하는 **무효 법안**(Act of Rescissory)을 통과시켰을 때 모든 희망은 빠르게 사라졌다.

이들 조항은 1638년부터 1650년까지에 이루어낸 모든 종교개혁의 결과를 무효화시켰고, 예수 그리스도를 교회의 수장으로 인정하는 것을 대역죄로 만들었다.

수장령을 위한 투표에서 소수의 신실한 장로교 사람들은 "세속의"(civil)라는 말을 추가하여 **수장권**(supreme authority)을 제한하려고 했다. 소위 합리적이라는 사람들은 이들에게 이것이 교회를 지배하는 권위를 의미하는 것은 아니라고 확신시켰다. 왕은 점진적인 조치와 세련된 말로 법을 뒤엎고 자유를 파괴했다.[78]

결의자에게 권위 있는 직책을 주겠다는 찰스의 가장 중요한 약속은 반목하고 있던 항의자와 결의자를 더욱 분열시켰다. 1638년의 교회처럼 연합된 교회가 보존되었어야 했다는 것에는 의심의 여지가 없다. 따라서 다가올 핍박에 대한 비난은 분할과 분열에 대한 두르햄의 경고에 어느 정도 귀 기울이기를 거절한 양측 사람들에게 돌려진다. 그렇지만 결의자에게 더 큰 비난이 돌려지는 것은 하나님의 방법을 버리고 인간의 방법을 선택하였기 때문이다.

---

76 Hutton, p. 149; King Charles I, quoted in Hewison, vol. 2, p. 70; Hutton, p. 166.

77 David Laing, *Memoir of the Life and Writings of Robert Baillie*, Baillie, *Letters*, vol. 1, p. lxxii 증보판으로 출간.

78 McCrie, *Scottish CHurch*, p. 255; Robert Wodrow, *The History of the Sufferings of the Church of Scotland from the Restoration to the Revolution*, 4 vols. (Glasgow: Blackie &Son, 1836), vol. 1, p. 93 (이하 Wodrow, *History*); Kirkton, pp. 74-93. Kirkton은 스코틀랜드의 언약관련 법이 종말을 맞게 되는 과정을 단계별로 훌륭하게 설명한다.

찰스는 "술 취한 의회"라 불리는 스코틀랜드의 타락한 꼭두각시 정부를 구성한 후에, 반대파의 핵심 지도자들을 처형했다. 첫 희생자 아길레의 후작(The Marquis of Argyle)은 처형당하면서 "나는 왕의 머리에 왕관을 씌워주는 명예를 가졌는데, 왕은 자기 왕관보다 더 좋은 관을 씌워 달라고 재촉하는구나"라는 말을 남겼다. 후작은 처형 전에 모인 사람들에게 다가올 시대에는 죄와 고통 중에서 선택해야 할 것이라고 경고했다. 그는 죄를 택한 사람은 영원한 고통을 당할 것이라고 지적하면서 경고를 마쳤다.

> 내가 노래하고 있을 때, 그들은 울부짖게 될 것이다.[79]

그 다음으로 처형당한 사람이 10년 전부터 스코틀랜드인들에게 찰스 2세에 관하여 경고했던 제임스 거드리(James Guthrie)였다. 법정은 거드리의 자녀를 거지로 살도록 선고했고 그의 문장(紋章)을 뒤집었다. 거드리는 자신의 무릎에 아들을 앉혀 놓고 "윌리, 아빠를 매달았던 곳에 너를 들어 올리는 날이 올 때 사내답게 부끄러워 말거라. 그것은 뜻이 있는 일이란다"[80]라고 말했다. 교수대에서 했던 그의 많은 증언을 오늘날에도 적용할 수 있을 것이다.

거드리는 나라에 경고하기를, 그들은 "썩지 않을 하나님의 영광을 썩어질 사람의 형상으로 변하게 했고, 그 속에 자신들의 모든 구원을 버려두었다"고 했다. 그런 후에 스코틀랜드에게 하나님이 진노하실 세 가지 이유를 제시했다.

> ① 그 땅 전역에 넘치는 신성모독의 범람
> ② 언약에 관한 일과 하나님의 뜻에 대한 배반과 위증죄
> ③ 끔찍한 배은망덕

그들은 처형을 마치고 나서 그의 머리를 성문 한 곳에 걸어 두었는데, 그가 재판을 받는 동안 예언했듯이 그 일은 "지금까지 강단에서 설교했던 것보다

---

79 McCrie, *Scottish Church*, pp. 256, 258.
80 Jock Purves, *Fair Sunshine* (Edinburgh: The Banner of Truth Trust, 1990), p. 18 (이하 Purves).

더 많은 것을 할 것이었다."⁸¹ 1661년 8월 찰스는 스코틀랜드에 대한 자신의 의사를 공표했다.

> 우리는 스코틀랜드 장로교회가 최근의 문제가 있기 전에 있었던, 주교에 의해 감독되는 올바른 정치로 돌아가도록 하는 일에 왕권을 활용하려는 굳은 결의를 공표하는 바이다.

찰스는 그 후 즉각적으로 장로를 해임하고 주교를 임명했다. 첫 번째로 지명된 주교 중 한 사람은 제임스 샤프(James Sharp, 1618-1674)로 그는 오직 권력 취득만을 목적으로 삼고 자기 잇속만 차렸다.

중요한 결의자였던 샤프는 스코틀랜드를 달래서 그릇된 안정감에 빠지게 만들어 찰스로 하여금 권력을 잡을 수 있게 하는 도구 역할을 했다. 샤프는 자신의 야심을 숨기기 위해 상당히 존경받던 장로교 목사 로버트 더글라스(Robert Douglas, 1594-1674)에게 대주교직을 제안했다. 더글라스는 이를 거절하고 샤프를 나무랐다.

> 나는 당신이 깨끗하다고 생각한다. 당신은 성 앤드류 대주교가 되어 그 일에 종사할 것을 알고 있다. 주교직을 차지하라. 그와 더불어 하나님의 저주도.

샤프가 대주교직에 재임하는 동안 잉글랜드의 주교들은 제일 먼저 장로회직에서 샤프를 강등시켰다.⁸²

스코틀랜드에서 일어난 일을 설명하기에 앞서 "어째서 잉글랜드에서는 장로회주의가 정착되지 못하였는지"를 생각해 보는 것이 설명에 도움이 될 것이다. 철학자 토머스 홉스에 따르면 잉글랜드 내전 초기에 런던의 "거의 대부분의" 시민과 "잉글랜드의 다른 모든 도시와 시장이 서는 도시 대부분"은 장

---

81 Stewart, *Naphtali*, pp. 203-204; Hewison, vol. 2, p. 90.
82 Hewison, p. 262; Kirkton, p. 134; McCrie, *Scottish Church*, p. 266.

로회주의에 열성을 보였던 것이 사실이다.[83]

이렇게 열성으로 런던에는 10개의 장로교회가 생겨났는데, 주로 장로회 사람의 대표였던 **장기 의회**(long parliament)를 크롬웰이 해산하기 전까지 그러했다. 그러나 크롬웰은 통치 기간 중 충성 서약을 거절하는 모든 장로회 목사를 조직적으로 종파주의자로 대체시켰다. 더 나아가 종파주의자로 이루어진 의회는 1654년 모든 목사를 임명하는 목사 협의회를 창설하고, 추문이 있는 목사를 추방하는 권한을 갖춘 행정관을 임명함으로써 장로교회의 힘을 약화시켰고, 장로교회의 통제를 받는 어떤 본질적인 기능도 남겨 두지 않았다.

왕 찰스 2세는 주교 제도를 수용하기를 거부한다는 이유로 거의 2,000명에 달하는 장로회와 청교도 목사의 직위를 박탈함으로써 잉글랜드에서 장로회 제도를 파괴하는 일을 마무리했다.[84]

이런 단 한 번의 타격으로 찰스는 청교도주의와 장로회 제도를 무효화시켰다. 이후 어느 것도 회복되지 않았다. 그러나 죄 많은 잉글랜드는 청교도와 장로회의 종언을 기뻐한 것이 사실이다. 앞으로 보겠지만 스코틀랜드의 장로교인도 유사한 운명을 겪었다.

7. 존 니스벳(John Nisbet)

1648년에서 1650년에 이를 무렵, 존 니스벳은 대륙의 군복무에서 돌아와 농부로 살아가기 위해 뉴밀른즈 근처의 하드힐에 정착했다. 아마도 그는 30년 전쟁에 참전했던 스코틀랜드 군대에서 복무했을 것이다. 1648년에 끝난 전쟁은 독일에서는 종교 관용으로 귀결되었고 다른 유럽 국가에서는 스스로 종교를 선택할 수 있게 해 주었다.

30년 동안 모든 유럽은 지독한 종교 전쟁에 빠져들어 독일에서만 이 전쟁으로 인구의 2/3가 사라졌다.

---

83 Thomas Hobbes, *Behemoth: The History of the Causes of the Civil Wars of England*, ed. William Molesworth (reprint, New York: Burt Franklin, 1969), p. 30 (이하 Hobbes, *Behemoth*).

84 Hetherington, *Westminster Assembly*, pp. 312-319; Green, *Short History*, p. 622.

역사가들은 존 니스벳 같은 많은 스코틀랜드인이 이 기간 동안 해외 군복무를 바랐다는 점에는 견해가 일치하지만 이들의 동기에 관해서는 그 견해가 일치하지 않는다. 많은 스코틀랜드인이 고향에서는 제한된 기회밖에 없었으므로, 해외에서 명성과 부를 얻기를 추구했다는 것은 분명한 사실이다.

월터 스코트(Walter Scott, 1771-1832)는 그들의 동기를 "유랑과 모험을 지향하는 스코틀랜드의 민족적인 성향"[85] 탓으로 돌렸다. 그게 아니면 이 기간 동안의 종교는 생사의 문제였기 때문에 스코틀랜드인이 단지 종교를 지키기 위해서 다른 기독교인을 도왔을 수도 있을 것이다.

항의자의 원칙에 대한 "숨은 지지자" 존 니스벳[86]은 수년 후 임종 시 증언에서 결의자의 죄악된 처신에 관한 큰 관심을 기록했다. 역사는 그가 옳았다는 것을 증명했다.

> 자, 그리스도 안에 있는 친애하는 벗들이여, 공개적인 결의자들은 사악한 자들과 그들의 이익을 끌어들이는 일을 위해 존재하였기에, 나는 항상 이들의 죄악된 처신에 반대하는 증언을 하는 일에 주의 백성과 연합하는 것이 나의 의무라고 생각해 왔다네. 이제 우리는 가톨릭을 끌어들일 정도로 넓어지는 문호를 개방하여 애굽으로 돌아가게 함으로써 결국 우리를 다름 아닌 포로로 만드는 것으로 귀결되었다는 것을 분명히 알 수 있다네.
> 또한 우리는 주님의 약속하신 땅에 우상을 세우고 그 땅을 더럽힘으로써, 그곳과 그곳의 거주자에 대해 하나님께서 맹렬한 진노를 쏟아 부으실 것임도 이제 분명히 알고 있다네.[87]

이런 시련의 시간은 존 니스벳의 생애에 깊은 영향을 미쳤다.

85　Kuiper, *The Church in History*, p. 244; Leyburn, *Scotch-Irish*, p. 34; Sir Walter Scot, introduction to *The Legend of Montrose* (Boston, 1923).

86　Nisbet, *Private Life*, p. 125.

87　John Nisbet, "His Last and Dying Testimony," (이하 John Nisbet, "Dying Testimony"), printed in James Nisbet, *True Relation*, p. 17.

존은 결혼 후 1661년까지 아내와 가족과 함께 기독교인답게 평안하게 살았는데, 바로 그해에 왕 찰스와 그의 부하들은 지금까지의 영광스럽고 탁월한 종교개혁의 업적을 전복시켰다.

존은 그들의 사악한 조치를 혐오스럽게 여겼다. 그들이 언약을 불태운 이후, 존은 자신의 턱수염을 깎지 않았고, 결코 그들을 묵인하지 않았으며, 그가 맡은 직무와 지위를 비롯한 모든 일에서 그들을 반대하는 증언을 했다.[88]

오늘날, 돌 몇 개만이 존의 언덕 위에 있던 집을 나타내 준다. 예전에 그곳과 그 골짜기 아래 살았던 살아있는 돌[89]은 적그리스도의 세찬 분노를 겪어야 했다. 다가올 전투를 보면 영어권에서 종교가 겪을 미래보다 더 위태로운 곳은 없었다.

---

88 James Nisbet, *True Relation*, p. 4.
89 역자주-언약을 지킨 사람에 대한 은유적 표현.

제 3 장

불타는 떨기나무

> 그가 보니 떨기나무에 불이 붙었으나
> 그 떨기나무가 사라지지 아니하는지라.
> - 스코틀랜드 장로교회의 좌우명(출 3:2b)-

1. 추방 조치(Outing, 1662)

1662년의 혹독했던 겨울, 스코틀랜드의 꼭두각시 정부는 왕 찰스의 요구에 따라 주교권을 인정하지 않는 모든 목사에게 사임을 강요했다. 그렇게 하여 스코틀랜드 목사의 1/3이 넘는 거의 300명 가까운 신실한 스코틀랜드 장로교 목사들이 강제로 직무에서 물러났다. 각 목사는 원칙을 지킬 것인지, 교회의 더 큰 타락에 반대하고 교회를 지키기 위하여 자신의 양떼와 함께 머물 것인지 하나를 결정해야 했다.

그대로 남은 사람 중에 다수는 항의자였다. 더욱이 찰스와 그의 지지자들은 인간적 편의라는 자연적인 노선보다 하나님의 말씀이라는 경계선을 따르는 사람을 교회에서 깨끗이 쓸어버렸다.[1]

이것은 교회의 입장에서 막대한 손실이었다. 장로회주의 반대자인 버넷 주

---

[1] Alexander Shields, A *Hind Let Loose* (Glasgow: William Paton, 1797), p. 129 (이하 Shields, *Hind*); Kirkton, p. 64; Vos, *Covenanters*, p. 74.

교는 항의자의 유능한 설교가 매우 감화력이 있어서, 그 하인조차 즉흥적으로 기도할 수 있을 정도였다고 묘사했다. 이런 악행에 모욕을 가중시키려고 유능하고 존경받는 장로회 목사를 잉글랜드 국교회 감독으로 대체시켰는데, 버넷 주교는 이들을 "지금까지 들어본 최악의 설교자들이요, 수치를 모르며 그 중 많은 사람이 공공연하게 부도덕했다"[2]고 묘사했다.

특히 뉴밀른즈는 심각한 타격을 입었다. 그들의 신실한 설교자 존 니베이는 맹세를 거부했다는 이유로 추방당했다. 그는 네덜란드로 이주하여, 그곳에서 계속해서 기도와 편지로 장로회의 정신을 지지하고 그 정신에 충실한 자를 격려했다. 그의 설교 중 몇 편은 오늘까지 남아 있는데 나중에 본서에서 살펴볼 것이다.

다른 도시도 뉴밀른즈와 같은 운명이었다. 존 낙스의 손자인 존 웰시(John Welsh, 1681년 사망)가 강변에서 그의 회중에게 작별을 고할 때 슬픈 일이 일어났다. 그가 떠나자 회중은 "애통한 눈물과 탄식으로"[3] 멀리까지 그를 따랐다.

또 다른 도시에서는 존 블랙케이드(John Blackade, 1622-1685) 목사가 장로회와 그것을 대체할 잉글랜드 국교회의 교회 정치 형식을 대조함으로써 자신의 양떼를 준비시켰다. 그를 체포하려는 용기병(dragoons)이 도착했기 때문에 그의 고별 설교는 중단되었다. 그는 조용히 설교를 마치고 목사관으로 들어갔다.

군인들은 그가 도망한 줄 알고 예배 참석자 명단을 확보했는데, 자신의 교회에 참석하지 않는 것은 벌금을 물어야 하는 죄 때문이었다. 군인이 떠난 뒤에 그는 흐느껴 우는 회중에게 다음과 같은 권면으로 설교를 마쳤다.

> 가서 자립하라. 목자를 치리니 양떼가 흩어지는 때가 왔도다. … 신실한 목사들은 사라지고, 삯꾼들이 나타날 것인데 그들은 우리의 큰 목자가 보낸 자들이 아니며, 양떼를 삼킬 것이요, 남은 자들을 그들의 발로 짓밟으리라. 나로서는 해야 할 일을 다 했으며, 이제 더 이상 피할 시간이 없노라.
>
> 나는 그대들을 타락에서 보호해 주실 것과, 그대들이 은혜를 받아 주님이 기뻐하

---

2 Bishop Gilbert Burnet, *Gilbert Burnet's History Of His Own Time, From the Restoration of Charles II to the Conclusion of the Treaty of Peace at Utrecht, in the Reign of Queen Anne* (London: printed for T. Davies, 1766), vol. 1, pp. 217, 221 (이하 Burnet, *History*).

3 Crichton, *Memoirs of Blackader*, p. 105.

시는 것을 기꺼이 할 수 있도록 준비가 되기를 주님께 부탁드리노라.[4]

존 윌슨(John Wilson, 1804-1835)은 탁월한 목사인 알렉산더 피던(Alexander Peden)의 "추방"(Outing)에 관해 입으로 전해지는 생생하고 역사적인 얘깃거리를 알려 주었다. 그 설명에 따르면 시편을 노래하는 큰 무리가 피던의 마지막 메시지를 듣기 위해 모였다. 임시로 준비하여 말아 올린 천막에서 정오부터 황혼녘까지 설교를 마친 후, 피던은 머리 위로 나는 참새를 추격하는 매를 주목할 것을 회중에게 요구하면서 한마디 권고와 함께 자신의 설교를 마쳤다.

친구들이여, 하고 싶은 이야기가 있다. 새 두 마리가 아무런 까닭 없이 저 먹구름에서 나와 이리로 내려왔다가 저 히스가 무성하고 음산한 언덕을 따라 날아간 것이 아니다. 그들은 누군가가 보냈던 것이고 누군가에게 임명을 받았던 것이다. 만약 그들이 지나가면서 "슈우!"하고 소리를 낼 때 그대들이 자리에서 벌떡 일어났다고 해도, 그대들이 그들을 위협하여 그 특별 사명을 감당할 수 없도록 만들 수는 없었을 것이다.

그들은 박해받는 남은 자들과 잔인하게 추격하는 적에 대해 증언하기 위해 왔다. 즉 그들은 한 마리 새처럼 산으로 도피해야 하는 교회에 대해, 그리고 밤낮으로 교회로 하여금 쉬는 것을 허용치 않는 원수에 대해 증언하기 위해 왔다. …

오늘 밤 작별하면 우리는 다시 이 자리에서 만날 수 없을 텐데, 그 전에 요청할 게 있노라(이런 일이 있고 난 직후에는 으레 지금까지 억눌러 온 슬픔이 갑자기 터져 흐느껴 우는 것이 거의 일반적이었다).

그대들 모두 일어나서 손을 들고 스코틀랜드 장로교회의 위대한 머리이자 주인 앞에서 … 어디에도 속하지 않은 장로회 목사가 강단에 오를 때까지는 그대들은 결코 교회 목사관의 문을 열고 들어가지 않으리라고 맹세하라. 그리고 이 맹세가 다가올 미래의 모든 시간에 그대들과 내가 맺는 엄숙한 동맹과 언약이 되고, 나의 하나님과 그대들의 하나님이 맺는 엄숙한 동맹과 언약이 되게 하라. 아멘! 만사가

---

4 Andrew Crichton, *Memoirs of Rev. John Blackader* (Edinburgh. 1823), pp. 97-104 (이하 Crichon, *Memoris of Blackader*).

뜻대로 이루어지기를!

이렇게 계속 선 자세로 있었으므로 우리는 거의 무감각해진 것으로 느껴졌는데, 그때 마지막 기도인지 축도인지가 들려왔고, 마지막 시편 찬송을 불렀다.

"여호와께서 환난 날에 나를 그의 초막 속에 비밀히 지키시고 그의 장막 은밀한 곳에 나를 숨기시며 높은 바위 위에 두시리로다"(시 27:5).[5]

나는 결코 그보다 더 힘찬 소리를 들어본 적이 없다. 아니 그보다 더 힘찬 광경을 본 적이 없었다. 어두운 땅거미가 언덕 아래로 내려와 우리 위를 덮었다. 해가 져서 황혼이 깃들었다. 그리고 수많은 입술에서 흘러나오는 절정의 찬송 소리가 밤의 장막을 뚫고 하늘 문까지 상달되었다.

찬양을 마쳤을 때 피던은 "주님의 이름으로 그대들에게 증언하노니 장로회의 문으로 들어온 그대들을 제외하고는 언제까지나 누구도 그대들에게 들어오지 않게 하라"[6]는 주의와 함께 교회 문을 잠그고 봉인했다.

2. 불법적인 괴물(1663-1666)

알렉산더 쉴즈(Alexander Shields)는 "지금까지 어떤 세대나 시대에서 기록되었던 것보다 큰 하나님을 향한 배반과 반역을" 저지른 찰스를 비판했다. 잉글랜드와 스코틀랜드에서 장로회 목사를 면직시킨 것과 관련하여 왕 찰스와 그의 왕실이 저지른 수치스럽고 부도덕한 사례는 도덕적 기준의 저하로 나타났고 하나님의 심판이 가까이 왔다는 생각이 들게 했다. 1665년 대역병의 창궐과 1666년 런던 대화재는 멸망의 느낌을 고조시켰다.[7] 그러나 이러한 공포는,

---

5 *Scottish Psalter*, Psalm 27:5.

6 Thomas Gillespie, "Peden's Farewell sermon," John Wilson, *Wilson's Tales of the Borders and of Scotland: Historical, Traditionary, and Imaginative*로 출간, 개정판 Alexander Leighton(London: Walter Scott, 1889), pp. 114-122.

7 Shields, *Hind*, p. 124: Alexander Witherspoon, ed., *The College Survey of English Literature* (New York: Harcourt, Brace, 1951), p. 303.

스코틀랜드에서 장로교인을 두려움에 빠뜨려 멋대로 집어삼켰던 악한 괴물 앞에서는 무색해진다.

언약도는 하나님의 말씀에 복종하여 기회가 있을 때마다 "이미 죽은"(outed) 목사 아래서 잉글랜드 국교회 관습을 따르고 예배하기를 거절했다. 그들의 부르심에 복종하여 목사들은 예배를 위해서 자신의 집을 개방하거나 넓은 들에서 예배를 드렸다(비밀 집회).

국가 위정자는 법에 따라 그 예배에 참석한 사람을 처벌했다. 주교들은 자신들의 권위에 대한 눈에 띄는 모욕에 크게 화가 나서 재촉하여 철저한 폭정을 시행하여 이런 관습을 중단시키도록 했다. 폭정은 용병 제임스 터너(James Turner)의 지휘 아래 상비군 형태를 취하여 시민의 희생을 댓가로 질서를 강화했다. 데포(Defoe)가 백정이라고 낙인찍은 터너는 유럽의 웬만한 권력자 아래에서 일한 적이 있는 인물이다.[8] 사람들은 그에게 "양을 물어뜯는 자"(Byte-the-Sheep)라는 별명을 붙여 주었다.

이 기간 동안 이에 못지 않게 사악한 군사 박해자 또 한 명은 토머스 달질(Thomas Dalziel)이었는데, 그는 "완전한 대머리에 길게 자란 흰 턱수염, 그리고 몸을 조이는 조끼를 걸친, 낯선 외관을 가진 사람으로" 묘사되었다. 의회에서는 박해에 박차를 가하기 위해 1664년에 사형을 제외하고는 모든 처벌을 내릴 수 있는 특설 고등법원을 설치했다. 증거에 따르면 그 누구도 아무 탈 없이 빠져나갈 수 없었다.[9]

대주교 샤프(Sharp)와 그의 동료 주교는 터너와 달질의 과잉 조치를 조장했다는 점에서 무고한 피를 흘린 것에 대하여 책임이 있다. 보좌 신부들은 교회를 결석하고 갔던 사람의 명단을 위정자에게 넘겨줌으로써 그들을 도왔고, 위정자는 범법자가 가난해질 때까지 범법자의 집에 군사를 주둔시켰다.

비밀 집회에 참석한 혐의를 받은 사람들은, 왕을 교회의 수장으로 인정하는 "교활하게 고안된" 맹세를 하라는 요구를 받았다. 이러한 조치가 효과가 없다는 것이 드러나자 스코틀랜드 정부는 비밀 집회에서 잡혔거나 '추방된' 목

---

8 Nisbet, *Private Life*, pp. 12-17; McCrie, *Scottish Church*, pp. 277-280; Hewson, vol. 2, pp. 177-178; Defoe, *Memoris*, p. 208.

9 Hutton, p. 247; Hetherington, *History* (1857 Edition), p. 408.

사를 도운 사람은 누구든지 투옥하고, 추방하고, 낙인찍고, 노예로 팔아버렸다.[10]

이러한 과잉 조치 때문에 찰스 2세는 세 왕국에서 전체적으로 인기가 없었다. 그는 프랑스 대사에게 한마디 하면서 자기가 믿는 진짜 종교를 밝혔다.

> 왕의 절대적 존엄과 조화되는 신조로 가톨릭 만한 것이 없을 것이오.

이렇게 타락한 시대에 대해서, "주교가 모든 것을 차지했고, 아첨꾼이 모든 것을 허비했으며, 시민은 모든 것을 지불했고, 왕은 모든 것을 무시했으며, 마귀는 모든 것을 취했다"고 전해졌다. 설상가상으로, 네덜란드와의 충돌로 인해, 네덜란드와 긴밀한 무역 관계에 있었던 스코틀랜드는 경제적으로 크게 손실을 입게 되었다.

찰스는 스코틀랜드와 네덜란드의 동맹을 두려워하여 스코틀랜드 저지대 사람을 무장 해제시키고 그들에게 방어 비용을 치르도록 세금을 부과했다.[11] 시민을 무장 해제시키는 것은 폭정의 전조였다. 홉스에 따르면 군사력 없는 국민은 어떤 입법권도 가질 수 없다.[12]

야외 설교자인 존 블랙케이더는 치료 효과로 유명했던 그 지역 광천수를 마시기 위해 자주 뉴밀른즈를 방문하곤 했다. 비밀 집회와 세례로 인해 많은 방문객이 찾았다.

존 니스벳의 가족은 이 집회에 적극적인 참여자였다. 존 니스벳이 아들 중 하나를 블랙케이더에게 세례받도록 했을 때, 그 지역의 잉글랜드 국교회 부사제는 그를 추방하겠다고 위협했다. 하나님의 섭리로 그 부사제는 예정된 추방 며칠 전에 죽었다.[13] 언약도는 성경에는 자신의 생명을 보호해 줄 수 없는 진리가 전혀 없다고 생각했다.

10　Nisbet, *Private Life*, pp. 12-17; McCrie, *Scottish Church*, pp. 277-280.

11　Hutton, pp. 201, 196, 214-225.

12　Hobbes, *Behemoth*, p. 128.

13　Crichton, *Memoirs of Blackader*, pp. 147-148; James Nisbet, *True Relation*, p. 4.

비밀 집회에서 적극적인 역할 때문에 블랙케이더와 그 가족은 어떤 평안도 누리지 못했다. 어느 날 밤에 그와 아내가 비밀 집회에 가 있는 동안, 군인들이 그의 은신처를 찾아내 약탈했고 블랙케이더의 자녀를 극한의 공포에 떨게 했다. 블랙케이더의 어린 아들 중 한 명이 겨우 도망쳐 나왔으나 이 아이에게 문을 열어 줄 이웃은 아무도 없었다. 다음날 아침 한 친절한 여자가 십자탑 꼭대기에 하얀 무언가가 있음을 알아챈 후에, 그곳에서 잠든 아이를 발견하고는 "아이구 깜짝이야! 너 누구니?"[14]하고 소리쳤다.

이런 사건으로 인해서 블랙케이더의 가족은 흩어질 수밖에 없었다. 그들을 돕는 것이 범죄였기 때문에 그들에게 쉴 곳과 먹을 것을 구해 주는 사람들은 감옥에 갈 위험을 무릅써야 했다. 블랙케이더는 어디에서나 사람들이 하나님 말씀에 주려 있음을 보았다. 그가 어느 도시에서 걷고 있을 때, "그는 눈을 들어 들을 바라보았고 큰 무리의 사람들이 사방에서 몰려오는 것을 보았다. 매우 놀란 그는 그 일을 위해 헌신해야 할 필요를 알게 되었다."[15]

블랙케이더의 설교가 복음적임을 보여 줄 내용이 또 있다.

> 전에 한 번은 죄인으로 하여금 복음이 주는 구원을 받아들이지 못하게 막는 모든 장애를 제거한 후에, 블랙케이더는 마지막으로, "나는 내 주님의 이름으로 이 제안을 받아들이지 않으려는 자, 이에 동의하지 않으려는 자에게 항변할 것"이라고 말했다. 한 여인이 "상관하지 마세요. 그러니까, 저는 이미 동의했거든요"[16] 하고 소리쳤다.

펜윅 시내는 뉴밀른즈에서 강을 건너 몇 마일 안 되는 곳에 위치해 있다. 제임스 거드리의 사촌으로, 유능하고 세계적으로 명성 있는 윌리엄 거드리(William Guthrie)라는 장로교 목사가 펜윅에 살았는데, 그는 놀랍게도 그곳에서 "추방 조치"(Outing) 이후 2년간이나 그의 교회에서 퇴거당하지 않았다. 존 니스벳이 그

---

14 Crichton, *Memoirs of Blackader*, pp. 130-134.

15 Crichton, *Memoirs of Blackader*, p. 149.

16 Crichton, *Memoirs of Blackader*, p. 180.

의 설교를 여러 차례 들었다는 것은 거의 확실하다.

거드리의 『기독교인의 위대한 이상』(The Christian's Great Interest)이란 제목의 책은 그 당시 가장 인기 있는 서적이었고 기독교 신앙에 관한 고전이기도 했다. 존 오웬(John Owen, 1616-1683)은 이 책에 대해 "내가 큰 책을 많이 썼지만, 내가 쓴 책을 모두 합친 것보다 더 많은 신학이 이 책 한 권에 들어 있다"[17]고 말했다.

거드리가 글 쓰는 것이나 설교하는 것보다 더 잘하는 일은 잃어버린 자들을 열정적으로 찾는 것뿐이었다. 거드리는 여행자나 운동 선수로 위장하여 예배에 참석하지 못한 사람을 방문해서 그들을 교회로 인도했다. 교회에 도착했을 때, 가족들은 그들이 새롭게 찾아낸 친구가 설교자라는 사실에 놀랐다.

거드리에 대한 존경이 너무 컸기 때문에 1664년 7월 대주교가 그를 정직시킬 때까지도 그는 쉬지 않고 설교를 했다. 비록 정직 후에는 공식적으로 교회에서 설교하지는 않았지만, 그는 45세의 나이로 죽을 때까지도 자기 양떼를 인도하여 근처 목사의 설교를 들을 수 있게라도 함으로써 자신의 목회 사역을 계속 이어갔다.[18]

우리 모두 거드리가 합법적인 방법으로 죄인을 교회로 인도하고 양떼의 형편을 보살폈던 사실에 교훈을 얻어야 한다. 그는 무기를 들지 않았으며, 공개적으로 세속법을 범하지도 않았다.

이 기간에 또 다른 주목할 만한 가치가 있는 이름은 존 니스벳인데, 더레톤 경(Lord Dirleton, 1609-1687)으로 불린 이 사람은 다른 주인을 섬겼다. 더레톤은 1661년 제임스 거드리의 변호사로 일했다는 점에서 전도유망한 경력을 시작했던 셈이다. 그러나 그는 곧 하나님의 성도에 대한 박해가 더 돈벌이가 된다는 것을 깨달았다.

더레톤은 유능한 박해자였으므로 1663년까지 큰 재산을 모았고 1664년에는 법무장관 자리에 올랐다. 버넷은 그가 매우 학식이 많고 성실한 사람이었으나 "돈을 너무 사랑했다"[19]고 기록했다. 컥톤은 더레톤의 진짜 동기를 잘 파

---

17 John Owen, Howie, *Worthies*, pp. 327, 328에서 인용

18 Hewison, vol. 2, p. 184; Howie, *Worthies*, pp. 331-332; McCrie, *scottish Church*, pp. 280-281.

19 Howie, *Worthies*, p. 262; Burnet, *History*, vol. 1, p. 391; Anderson, *Scottish Nation*, vol. 3, p.

악했는데, "더레톤의 전임자인 플레처(Fletcher)는 돈 때문에 고용되었어도 막대한 희생을 막아냈지만, 니스벳(더레톤)은 항상 자신의 큰 재산을 잃어버리는 것을 몹시 두려워했다."

언약도인 역사가 워드로우(Wodrow, 1679-1734)는 더레톤의 악행이 어느 정도였는지를 다음과 같이 표현했다.

> 한 번은 더레톤이 고난 받는 자기의 동료의 은신처를 밝히지 않은 언약도 한 명을 체포하고는 반지를 빼앗았다. 더레톤은 그 남자의 아내에게, 그녀의 남편이 고발하는 일에 협조하였으니 그녀도 동조해 해달라는 메시지와 함께 반지를 보냈다. 가련한 여자는 남편의 요청의 증거로 반지를 받아들고는 그들이 알고자 했던 모든 사실을 당국에 말해 주었다. 그 후 얼마 안 되어 이 일로 인해 형제들은 커다란 고난을 당했고 그녀의 남편은 죽게 되었다.[20]

이제 외견상 사탄이 지상의 권력을 완벽하게 지배하는 것처럼 보였다. 휴 맥카일(Hugh MacKail, 1640-1666) 목사는 당시의 사회 지도층과 교회의 지도 세력을 왕관을 쓴 파라오, 국가의 하만, 교회 안의 가룟 유다 등으로 묘사했다.

간행물 「납달리」(*Naphtali*)는 이를 두고 주교 샤프 주교를 머리로 하는 "불법적인 괴물"로 묘사했다. 제임스 스튜어트 경(Sir James Stewart, 1635-1713)과 제임스 스털링(James Sterling) 목사가 기고했던 「납달리」는 언약도에 대한 불경건하고 불법적인 박해를 상력히 비난했다.[21]

이 간행물과 나중에 나온 「국민 변호권」(*Fus Populi Vindicatum*)에서 스튜어트는 특별히 전제 군주의 행위가 언약에 대한 의무를 파기했을 경우, 불법적이고 폭압적인 권위에 대항하는 것은 적절하다고 주장했다.

스튜어트는 어떤 반란도 "합법적인 당국에 대항하는 것이 아니라," "합법적인 당국을 위하여 일어나는 것"이라고 주장했다. 그의 입장을 뒷받침하기 위해

256; Brunet, *History*, vol. 1, p. 391.

20 Kirkton, pp. 218, 282-283.

21 Hugh McKail, Stewart, *Naptali*, p. 364로 출간된 아 1:7에 대한 마지막 공중 설교에서 인용; Hewison, vol. 2, p. 180; Wodrow, *History*, vol. 3, p. 232.

서 스튜어트는 성경과 스코틀랜드 역사에서 선례를 인용했는데, 선례에 의하면 이러한 이유로 일어난 봉기(예를 들어, 1559년 낙스에 의해, 1638년 헨더슨에 의해, 그리고 1448년 항의자에 의해 일어난 봉기)는 나중에 의회가 공인하였다.[22]

마침내 박해가 더 심해졌다. 영광스럽게도 그리스도께 지상의 모든 기관이 완전히 붕괴되고 나서야 그리스도인은 자기 방어를 위해서라도 무장 봉기를 하였다.

1666년 11월 네 명의 언약도는 네 명의 군인을 붙잡아 아직 생존한 노인을 불태우지 못하게 막았다. 200명의 사람들이 언약도를 보호하기 위해 바로 일어났다. 그들은 지역 군 지휘관 제임스 터너 경을 체포하였고, 정부가 그들에게 저질렀던 잘못에 대해 보상받기 위해 에딘버러로 행진했다.

이러한 행동은 대중의 봉기를 이끌었고 그들의 대열은 천 명이 넘는 반군으로 불어났으며, 그 중 한 명은 하드힐의 존 니스벳이었다. 이들은 체포한 죄수를 잘 대우해 주었고 도중에 설교도 해 주었는데, 이 일에 대해 터너는 농담 삼아 반응했다.

> 터너를 돌이키긴 힘들 것이오.

그들은 다시 라나크(Lanark)에서 언약을 맹세했고, 그들의 봉기는 자기 보호를 위한 것임을 선포했다. 달질(Dalziel)이 자신들을 궤멸시키기 위해 군대를 이끌고 접근한다는 것을 알아채고는 다른 사람들이 도와주러 올 것을 기대하면서 추위와 빗속에서 밤새 행군하기로 결정하였다. 그 행군은 너무 가혹해서 그 중 절반이 도중에 이탈했다. 다음날 해 질 녘에야 그들은 펀틀랜드 힐(Pentland Hill)에 도착하였고, 그곳에 방어진을 구축하고 있을 때, 달질의 우세한 군대가 가까이 왔음을 알아챘다.

비록 그들이 공격을 여러 번 격퇴시켰어도, 열세에 놓인 그들의 군대는 이내 "끔찍한 보아 뱀에 포위되었다. 보아 뱀은 그 또아리 속에 끼인 희생물을

---

22 Sir James Stewart, *Jus Poluli Vindcatum* (London, 1669), pp. 10-13, 62-67 (이하 Stewart, *Jus Poluli Vindcatum*).

조이고 끝장을 내, 마침내 희생물의 모든 외형을 분쇄했다." 존 니스벳은 이 전투에서 열일곱 군데나 부상을 입고 가까스로 피하였는데 부상에서 회복하는 데 1년이 소요되었다.[23]

제임스 니스벳은 자신의 아버지 존 니스벳을 찾는 장면을 묘사하는 것으로 회고록을 시작했다.

> 내가 기록하는 하나님의 섭리 첫 구절은 내게 일어난 일이었다. 나는 1667년 2월 독실한 신앙심을 가진 부모님에게서 태어났다. 그러나 그 시대는 지극히 불행하였는데 불법적이고 전제적이며 주교제를 지지하는 자들의 박해가 5년 전에 시작되어 계속 극심한 상태를 유지하고 있었기 때문이었다.
> 그 중심엔 왕 찰스 2세와 미들턴(Middleton)과 로더데일(Lauderdale)과 기만적인 샤프 주교 외에 여러 불성실한 공범자도 있었다. 이런 이유로 우리 부모님께서는 상당한 규모로 속세의 부를 갖춘 분들이긴 했어도, 편안하게 자녀에게 베풀 수 있는 학교 교육의 혜택을 줄 수 없었다. 그래서 나는 거의 아무것도 배울 수 없었다. 박해 기간 동안 숨어 지낸 후, 나는 혼자 배운 것 외에는 배운 것이 전혀 없었다.
> 내가 태어나기 전, 복음을 지키기 위해 일어났던 아버지 같은 분들이 1666년 펜틀랜드 힐스에서 적의 공격을 받아 철저히 패하였기 때문이었다. 많은 사람이 살해되었고 아버지께서도 크게 부상을 당하였으나, 밤이 될 때까지 몹시 곤혹스럽게 죽은 자 가까이 누워 있다가 생명을 건졌다.
> 적들은 아버지를 찾으러 집에도 왔으나 찾아내지 못하자, 검을 빼들어 어머니 가슴을 겨누고는 만약 남편을 찾아내지 못하면, 나를 임신 중이던 어머니를 벨 것이라고 위협하기도 했다. 어머니는 그들에게 울면서 분명 그가 죽은 것으로 안다고 말했는데, 이미 남편이 죽었다는 소식을 들었기 때문이었다.
> 그들은 집에서 먹을 것을 만들어 주니까 그제서야 돌아갔다. 그러나 며칠 후 그가 아직 살아있다는 것을 알고는 전보다 크게 분노한 상태로 찾아와서, 맨 먼저 그녀 가슴에 칼을 들이대고 구부러진 권총으로 당장 죽이겠다고 위협했다.

---

23 Robert Lewis Stevenson, *The Pentland Rising* (reprint, Heron Books:1969), pp. 455-456; James Nisbet, *True Relation*, pp. 4-5.

그들은 하나님과 인간의 법을 모두 거스르며, 그녀 손에 타오르는 촛불을 들린 채 그녀를 질질 끌고 다니면서 집의 모든 방을 뒤지고 나서 모든 사무실도 뒤졌다. 그들은 여전히 그녀에게 화를 내면서 칼을 빼들고 권총을 겨눈 채 그녀를 위협했다. 그러나 아무리 찾아도 아버지를 찾지 못하자, 우리 아버지가 어디 있는지 말하라며 하인들을 때렸고, 어머니에게는 아버지 있는 곳을 대라며 더 큰 폭력을 가했다. 그러나 그녀는 알지 못했고 알 수도 없었다. 그리고 나서 그들은 데이비드 핀들레이(David Findlay)라는 젊은이를, 토머스 달질(Thomas Dalziel) 장군으로 불리는 그들의 사령관이 있는 곳으로 데려갔는데, 그는 데이비드 핀들레이를 총살시킬 것이라고 말했다.

통보 후, 채 30분도 안 되어 그들은 상당히 큰 금액에 해당되는 아버지의 동산(動産) 저장품을 가져갔다. 약 반 년 동안 그들이 집에 오지 않았던 날은 거의 하루도 없었지만 주님께서는 여전히 그들에게서 아버지를 보호하셨다.[24]

3. 불타는 덤불(1666-1678)

1) 박해

펀틀랜드 힐스(Pentland Hills) 전투가 끝난 후, 성도에 대한 박해가 심해졌다. 앞서 언급했듯이 주요 박해자 중 하나는 더튼의 존 니스벳이었다. 그는 "불행으로 끝날 운동에 가담한 사람은 누구든지 가장 괴로운 처벌을 면할 수 없다고 했고," 궐석 재판을 통해 형을 선고했다. 그렇게 하는 것이 불법이었음에도 그는 "재판관을 위협하여 로마법과 사물 자체의 이치와 의회의 관행에 의거해서, 그리고 죽음이라는 처벌을 감수해야 하는 반역 행위에 대한 수사에서 나온 억지에 의거해서 동의하도록 만들었다."[25] 사회의 기초가 되는 하나님의 법이 없다면 자유는 곧 사라진다.

---

24 Nisbet, *Private Life*, pp. 41-45.
25 Smellie, p. 276.

펀틀랜드 힐스 전투에서 포로가 된 사람 중 하나였던 휴 맥카일(Hugh MacKail) 목사는 이내 더레튼의 논리를 직접 익혔다. 맥카일은 언약도와 함께 펀틀랜드로 행군하였으나 병이 나서 대열에서 이탈했다.

그 전투에 참여했다고 자백하기를 거절하였기 때문에 행정 당국은 그를 전리품으로 고문했는데, 그것은 희생자의 다리를 부서뜨릴 수 있는 금속 구조물과 쐐기로 이루어진 도구였다. 더레톤은 그를 심문하면서 그 전투에 참여하지 않았다는 맥카일의 변명을 받아들이지 않고, 겨우 반 시간 동안 반란을 일으킨 사람과 함께 했다는 것만으로도 중대한 범죄라고 주장했다. 사형 선고를 들었을 때 맥카일은 기쁜 마음으로 하나님을 찬양했다.

> 복되신 주님의 이름이여, 주님은 생명을 주기도 하시고 거두기도 하시나이다.

그가 자신의 방으로 돌아왔을 때, 동료 죄수가 휴에게 다리 상태가 어떤지 물었다. 휴(Hugh)는 "지금은 내 목에 대한 두려움이 다리를 잊게 만들었다네"라고 대답했다. 처형되기 전날 밤 휴는 "죽어가는 죄수를 항상 섬기고 힘을 줄 준비가 되어 있는 수많은 천사가 길게 늘어선 광경을 생각하면서," 그들을 응시하는 군중과 교수대의 광경을 이겨내라고 동료 죄수에게 조언하면서 처형을 기다리는 자들을 격려했다.

그는 그들에게 요한계시록 21장에 묘사된 하늘의 표상에 초점을 맞추고 그리스도에 대한 사랑을 사람들에게 이야기하라고 강조했다. 왜냐하면 "하늘의 즐거움을 맛보는"[26] 유일한 길은 그렇게 함으로써만 얻을 수 있기 때문이었다. 처형당하던 날 아침에 그는 이렇게 기도했다.

> 주님 지금, 우리가 잘 알지 못했던 곳 당신의 보좌로 나아갑니다.
> 이 세상 왕의 보좌는 가난한 자를 비난하나 당신의 보좌는 우리를 위한 변호자가 되시는 예수님이시옵니다. 오늘 드리는 우리의 탄원은 죽음을 면하는 것이 아니

---

26 Stewart, *Naphtali*, pp. 168-169, 274-280.

오라 많은 목격자 앞에서 선한 고백을 증언하는 것이옵니다.[27]

그는 교수대에서 시편 31:1-5을 노래하고 나서 요한계시록 21장을 읽었다. 죽음을 기다리면서 천사가 보인다고 말했고, 이 땅에 남아 있는 이에게 작별하고 하나님과 예수님이 기쁘게 맞아 주시기를 기도했다. 그러고 나서 그는 눈물을 흘리는 무리를 남겨둔 채 목을 밧줄에 걸었다.[28]

내가 나의 영을 주의 손에 부탁하나이다 진리의 하나님 여호와여 나를 속량하셨 나이다(시 31:5)[29]

굴복하기를 거부한 사람을 처벌하기 위하여 달질 장군이 이끄는 병력은 서부 주(州)로 내려가서 잔학한 행위를 수없이 저질렀다. 이들의 야만적인 행위가 얼마나 참혹했던지 에어서(Ayrshire) 주에 있는 교회에도 사람이 가득차기 시작했다.[30]

2) 비밀 집회

의회는 집이나 들에서 비밀스럽게 모이지 못하도록 압박하기 위하여 벌금, 추방, 사형을 포함한 가혹한 처벌을 결정했다. 그럼에도 불구하고 비밀 집회가 번성했는데 언약도가 그들을 평화롭고 교훈적인 방법으로 지도했기 때문이었다.

거기에 참여하는 사람들은 "비밀 집회를 이스라엘 백성이 광야에서 성막과 언약궤를 하나님의 임재로 보았던 것처럼 받아들였다." 언약을 준수하는 지역이 대부분 형사 범죄에서 깨끗했다는 사실은 종교적 영향을 보여 주는 것이다. 알렉산더 쉴즈는 일단 사람들이 "그들의 핍박받는 모임에서 주님의 임재

---

27 Stewart, *Naphtali*, p. 282.
28 Stewart, *Naphtali*, pp. 283-286; Hewison, II, p. 208; Purves, p. 33.
29 *Scottish Psalter*, Psalm 31:1-5.
30 Hewison, vol. 2, pp. 213-214.

의 달콤함"을 맛보면, "대개 예전의 도덕성, 이를테면 강도질, 도둑질, 신성모독 등을 일소했다"고 한다. 쉴즈는 사람들이 당하는 고난과 비밀 집회가 주는 말할 수 없는 즐거움을 대비시켰다.

> 나는 사도 시대 이래로 지구상에 인자의 더 큰 날이 이제껏 있었는지 궁금하다. … (또는) 이제껏 어둠 중 지금보다 더 어두운 밤이 있었는지도 궁금하다.[31]

다음은 3일 이상 니스벳에서 열렸던 이들의 옥외 집회 중 하나에 대한 직접적인 설명이다. 수로 옆 잔디가 덮인 골짜기에서 성찬식이 거행되었고, 웰쉬(Welsh), 블랙케이더(Blackader), 딕슨(Dixon), 리델(Ridell), 래이(Rae) 등 5명의 목사가 그것을 집례했다.

> 우리는 거룩한 성찬식을 시작했고 거기에 몰두하였으며, 주님께서 은밀하게 주최자를 보호해 주시도록 헌신했는데, 바로 주님의 이름으로 함께 모였던 것이다. … 그곳에는 그 의식을 이롭게 하고, 전 심령을 순결하고 거룩해지도록 고양시키는 엄숙함이 있었다.
> 성찬 탁자가 물가 옆 푸른 잔디 위에 펼쳐졌고 그 주위로 사람들이 질서정연하게 정렬했다. … 그리고 진정으로 그렇게 많은 사람의 장엄하고, 차분하며, 경건한 얼굴에서 보여지는 광경은 적을 두려움에 빠뜨렸고, 사나운 얼굴을 한 어떤 외적인 능력이나 호전적인 군대보다 더 강력했다. …
> 비록 우리의 맹세가 하나님의 집의 뜰에서 이루어지지 않았을지라도, 그들은 결코 마음의 신실함이 결여되어 있지 않았고, 그것은 성소에 대한 존경보다 더 좋은 것이었다.
> 우리는 고립된 산 속에서 참된 예배는 예루살렘이나 사마리아에서만 드리는 것이 아니라는 것, 곧 거룩함의 아름다움은 성별된 건물이나 눈에 보이는 예배당에 있지 않다는 주님의 말씀을 기억했다. …
> 주님이 다시 오실 때까지 그의 죽음을 통해 보여 주신 사랑을 기념하는 최후의 만

---

31 Hewison, vol. 2, pp. 230-235; Shields, *Hind*, pp. 146, 147.

찬은 분명하게 승인되었고, 위에서 주시는 힘과 새롭게 하시는 감화력으로 지지를 받았다.

하나님은 복되시다. 그의 유산이 약해졌을 때, 하나님이 찾아 오셔서 그것을 확증하셨기 때문이다. 그 당시 샤론의 아름다움을 입은 시온과 갈멜 같은 산은 갑자기 노래하기 시작했고, 황량한 곳에 싹이 나고 장미처럼 피어올랐다. 황폐한 스코틀랜드 장로교회에서는 그러한 날이 거의 없었고, 그와 같은 것을 본 적도 거의 없었다.

많은 심령 속에 흘러내리는 성령의 풍성한 부으심이 있었다. 그들의 영혼은 천상의 황홀함으로 충만하여 신성한 분위기에서 숨 쉬며 순결하고 거룩한 헌신의 불이 되어 위로 타오르는 것처럼 보였다.

목사들이 분명하게 성령의 도우심을 입어 말하였기에 듣는 이의 양심을 통렬히 찔렀다. 그것은 마치 하나님께서 그의 제단에서부터 타고 있는 석탄을 꺼내어 그들의 입술을 댄 것처럼 보였다. 왜냐하면 목격자들의 증언에 의하면 이들은 지상의 형태로 주조된 자들이 아니라 천상의 궁정에서 파송된 대사처럼 행동했기 때문이다.

… 성찬식은 평화롭게 마쳐졌고 모든 사람이 진심으로 감사를 드렸으며 구원의 반석되신 주님께 즐거운 목소리로 노래했다. 밤이 찾아왔을 때, 언덕을 따라 완전히 하나 되어 점점 커지는 선율을 듣는 것은 즐거운 일이었다. 전 회중은 완전히 하나가 되어 연합했고 시편을 따라 하나님을 찬양했다.[32]

3) 사면

문명화된 사회에서 지나치게 잔인한 것은 용인하기 어렵다는 것이 입증되었다. 그래서 정부는 장로교인을 잉글랜드 국교도로 전환시키는 새로운 방법을 모색했다. 이러한 새로운 전략을 수행하기 위해 왕은 과거에 장로교인이었던 괴상하고 천박하고 아첨을 잘하는 속물로 묘사되는 로더데일(Lauderdale, 1616-1682)을 스코틀랜드 행정장관(the Chief Commissioner)으로 임명했다.

---

32 Crichton, *Memoirs of Blackader*, pp. 198-206.

일찍이 로더데일은 스코틀랜드의 연합에 상당히 파괴적이었던 계약(the Engagement)을 지지하던 대표적인 귀족이었다.

왕 찰스에 의해 고안된 새로운 전략의 기본 방침은 "대중은 부드럽게 다루는 반면, 완고한 언약도는 계속해서 색출한다"는 것이었다. 그 밑에 깔려 있는 의도는 분열시키고 정복하는 것이었다. 첫 번째 조치는 의회를 통하여 그들이 다시 무장 봉기를 일으키지 않는다는 조건으로 펀틀랜드 봉기의 참여자를 사면한다는 법률의 제정이었다. 그러나 이 법률은 일부 반란자, 특히 주교에게 반대하던 자는 배제했다.[33]

1669년 왕 찰스와 로더데일은 장로회 정신을 파괴할 것으로 보이는 전략을 추진했다. 스코틀랜드 의회는 교회를 지배하는 주교와 왕의 권위를 인정하고, 그들에게 지정된 범위 내에서만 설교하는 일에 동의하며, 질서를 잘 따르기(교회와 행정 당국자에 대하여 비난하지 않는 것)로 동의한 장로교 목사에 대한 조건부 사면을 승인하는 법을 통과시켰다.

40명 이상의 목사가 설교의 직무를 수행해야 할 의무를 저버린 채 이 조건을 수용했다. 그들이 사면을 수용함으로써 회원 내부에 분열이 생겨났고 사면에 반대하던 다른 목사의 입지는 약화됐다.[34] 이러한 변화의 목적은 "양심 자체의 자유를 위해서가 아니라 극단주의자에게서 대다수 중도파를 분리시켜 극단주의자의 파괴를 용이하게 하려는 것"이었다. 장로회와 국교회 정치 형태의 결합을 발전시키려던 여러 차례의 시도는 전부 실패로 끝났다.[35]

1670년 찰스는 프랑스 왕 루이 14세와 비밀 조약을 체결했는데, 거기서 그는 "천주교의 진리"를 주장하고 "그것을 선포하고 그의 왕국이 번영하여 기회가 주어진다면 즉시 로마가톨릭교회와 화해하기로 결심했다." 뿐만 아니라 찰스는 군대에 대한 재정 지원에 대한 대가로 네덜란드와 전쟁 중이던 프랑스와 연합하기로 약속했다.

---

33 *Ailesbury's Memoirs* (Roxburgh Club, 1980), vol. 1, pp. 14, 18, Hewison, vol. 2, pp. 216, 227에서 재인용; Charles II, Hutton, p. 247에서 인용; Hewison, vol. 2, p. 217.

34 McCrie, *Scottish Church*, pp. 301-303; Hewison, vol. 2, pp. 225-227.

35 Hutton, p. 267; McCrie, *Scottish Church*, pp. 304-305; Hewson, vol. 2, pp. 222, 231-232에서 인용.

이러한 거래를 은폐하기 위하여, 적당히 커벨 정부(the Cabal, 이 알파벳 다섯 개는 각 위원의 이름 머릿 글자에 해당한다. 이를테면 Lauderdale은 "L"이었다)로 불리던 그의 추밀원(Privy Council)의 다섯 위원은 제2차 영불 비밀 동맹에 서명했다. 찰스의 아내인 루이의 여동생은 그 음모를 "R에 관한 계획"으로 불렀다.[36] 찰스의 계획을 막는 가장 큰 장애물은 언약도의 결연한 믿음이었고 그는 새로운 열정을 가지고 그들을 파괴하고자 했다.

바로 그 해 의회는 분열된 장로교인을 더 크게 갈라 놓기 위하여 새로운 계획 두 가지를 추진했다. 첫 번째 계획은 장로교도를 성공회 교도로 회심시키는 것이었다. 버넷은 여섯 명의 성공회 목사가 무리를 이뤄 직접 농부에게 호소하기 위하여 시골로 순회를 하였다고 묘사했다.

> 시골 사람들은 비록 대규모 군중은 아니지만 대개 우리의 설명을 들으려고 왔다. 우리는 가난한 대중이 정부의 목적에 관하여, 그리고 종교 문제에 있어서 군주의 힘이 미쳐야 할 범위에 관하여 그렇게 논쟁을 잘한다는 것을 알고는 정말 놀랐다. 이 모든 주제에 대하여 그들은 성경의 본문을 가까이 하였고, 자신이 들은 모든 것에 대해 대답할 준비가 되어 있었다. 이 정도의 지식이 그들 중 가장 비천한 사람이나 오두막에 거주하는 사람, 그 종들에게도 확산되어 있었다.[37]

다른 조치, 즉 2차 사면안의 통과는 사면된 목사에게 장로회를 형성할 자유를 부여했지만 그들은 목회를 자기 교회라는 작은 범위로 제한했다. 그 의도는 사람들이 작은 주머니 속에 숯불을 담아 두듯이 사면된 자를 제한하는 것이었다.[38]

대개 북부와 동부 주의 목사는 거의 사면을 받아들였으나 남서부 주의 많은 목사는 폭정의 멍에에 굴복하기를 거절했다. 결의자(resolutioners)[39]는 대체로

---

36 Antonia Fraiser, *Royal Charles: Charles II and the Restoration* (New York: Alfred Knopf, a Divison of Random House, 1980), pp. 279, 275.

37 Burnet, *History*, vol. 1, p. 410.

38 Hewison, vol. 2, pp. 151-152.

39 역자주—1650년 결의에 서명하고 참여한 사람들.

사면을 수용했으나 항의자는 그렇지 않았다. 그 대신 아직도 많은 결의자(이를테면, John Dickson)가 투옥을 선택했다.

비록 사면이 분열로 나타났지만, 그들이 자신의 눈길을 진정한 원수에 초점을 맞추고 있는 동안 "그리스도를 사랑하는 사람의 열망은 계속 타오르고 있었다." 진정한 원수가 그들을 "없애려" 할수록 "그리스도를 사랑하는 열망은 더욱 고조되어 불꽃으로 타올랐다."

그들의 원수는 언약도의 불꽃을 소멸시킬 수 없었다. 그러나 그들이 변절하고 분열을 허용함으로써 "하나님의 원수에게서 그들의 열심을 다른 곳으로 돌려 버렸을 때"[40] 스스로 그 불꽃을 소멸시켰다. 갈등은 장로회 회원 내부에서 비통한 분열로 확대되었고, 그것은 오늘까지 치유되지 않은 채 남아 있다.

데포(Defoe)는 자신의 목회직을 수행하고 사람들에게 복음을 전하는 특권을 지키기 위해 얼마나 많은 목사가 사면을 수용했는지를 묘사했다. 사람들의 반응에 대한 이야기는 더 많다.

> 그러나 큰 이익을 얻기 위해서 결단코 어떤 작은 악도 행하지 말라고 그들에게 열성적으로 명령하던 박해받은 사람들은, 그들의 형제가 이렇게 굴복한 것을 사악하고 혐오스러운 일이라며 거부하기 시작했다. 그리고 그들은 사면 자체에 반대할 뿐 아니라 사면에 굴복한 모든 사람에게 반대하면서, 그것은 수장권에 동조한 주교의 힘에 굴복하고 그들의 원리를 포기하며 언약을 파기하는 죄라고 선언했다.[41]

박해자의 관점에서 볼 때 사면을 거절하는 것은 합법적인 정부를 거부하는 것이었다. 그래서 박해자는 사면을 거부하는 사람을 국가의 적으로 간주하고 색출하는 것이 정당하다고 느꼈다. 항의하는 장로교인에겐 "휘그당"(Whigs)[42]

---

40 Shields, *Hind*, pp. 151-152.

41 Defoe, *Memoirs*, p. 219.

42 Defoe(*Memoirs*, p.220)에 따르면 이 용어는 방랑자가 마셨던 물과 시큼한 우유의 혼합물을 가리킨다. 휘그(Whig)라는 용어 또한 니베이와 계약(the Engagement)에 반대했던 사람에게 주어졌던 "Whiggamore"라는 조롱 섞인 명칭에서 유래하는데, 이 용어는 아마 언약도

이라는 조롱의 꼬리표가 붙었다.

정부는 비밀 집회를 억제하기 위하여 참석자를 가난하게 만들거나 추방했고, 목사를 처형하거나 목사와 내통했으며,[43] 비밀 집회에 참석했던 상속인(토지 소유자)에게는 벌금을 부과하려 했다. 로던 백작[44]과 대부분의 에어셔의 상속자들은 이런 벌금을 납부하기를 거부했으나, 자신들과 자기 종들은 비밀 집회에 참석하지 않을 것을 약속했다.

정부는 가중된 억제책으로 "주의 백성의 집회를 억제하고 흩어지도록 군대를 소집하고 유지하기"[45] 위해 조세라 불리는 세금을 부과했다. 이것은 사람들이 이런 세금을 납부하거나 세금을 납부했던 사람과 교제하는 것의 합법성에 대한 논쟁이 생겨남으로써 또 다른 분열로 이어졌다.

1677년 정부의 과도한 정책에 대한 공개적인 분노로 인해 더레톤은 사임하지 않을 수 없었다.[46] 거세지는 불만을 억누르기 위해 정부는 이듬해 8천 명의 고지대 거주자를 저지대 주민인 장로교인의 집에 주둔시켰고, 그들은 반체제 인사의 재산을 모두 착취할 때까지 그곳에 머물렀다.

무자비한 박해의 망치에 거의 20년간 계속해서 타격을 받은 후, 바위같이 단단하던 언약도 단체에 크고 작은 균열이 생겨나기 시작했다. 결국 날카롭고 추한 파편이 날아가기 시작했다. 갈등이 증폭됨에 따라 마침내 스스로 방어하기 위해 무기를 드는 사람이 되었고 그것은 정당한 행위였다.

그러나 소수의 사람들은 자신들이 직접 정의를 실행하였는데 그것은 정당화될 수 없는 행위였다. 1679년 박해를 받은 피페(Fife) 출신의 몇몇

가 말을 몰기 위해 사용했던 "whiggam"이라는 말에서 비롯되었을 것이다(Ian Donnachie and George Hewitt, *A Companion to Scottish History*, p.206). 또 다른 이론(Americana Encyclopedia)은 이것이 "우리는 하나님께 소망을 둔다"는 의미라는 것이다. 분명한 것은 이 말이 1679년 요크 공작(제임스 2세)의 왕위 계승에 반대 입장을 취한 사람들을 가리키는 경멸적인 말이었다는 점이다.

43 어쨌든 "내통한" 사람들을 돕는 것은 법에 위배되는 것이었다.
44 두 번째 백작 James는 1663년 자기 아버지를 계승했다.
45 Defoe, *Memoirs*, pp. 220-221; Wodrow, *History*, vol. 2, pp. 409-411; Shields, *Hind*, p.150.
46 Smelli, p. 278.

사람들이 메이거스 황무지(Magus Moor)에서 샤프 대주교를 살해함으로써 18년간 계속될 고통스런 박해가 촉발되었다.[47]

이 일로 박해가 점차 심해져서 심문관들은 그들에게 "샤프 대주교의 죽음은 살인이었나?" 물었고, 이어 수년 간 많은 성도의 죽음으로 나타났다. 샤프의 살해자 중 한 사람은 제임스 러셀(James Russel)이라는 이름의 화를 잘 내는 성격의 사람이었는데, 이 이야기를 전개하면서 다시 보게 될 것이다.

몇 주가 지난 후, 로버트 해밀턴 경(Sir Robert Hamilton, 1650-1701)과 80명의 언약도는 제2차 종교개혁의 결과물을 파기시켰던 법령을 모두 불태웠고, 정부의 "악하고 불법적인 법률"[48]에 항의한다는 선언문을 루터글렌(Rutherglen)의 시내 십자탑에 게시했다. 이러한 도전에 대해 정부는 살인 무기로 무장한 저항을 진압하라는 명령과 함께 클레이버하우스(Claverhouse)와 그의 무장한 용기병을 남서부 스코틀랜드에 풀어 놓았다.

4. 제임스 니스벳

제임스 니스벳(존의 아들)은 어렸을 때 박해를 경험했다. 그는 1670년 세 살 때, 주님의 섭리적인 보살핌을 통해 자기가 익사당하는 중에 누이가 어떻게 극적으로 구해냈는지를 말하면서 이 일을 두고 하나님을 찬양한다.

> 내가 지존하신 하나님께 부르짖음이여 곧 나를 위하여 모든 것을 이루시는 하나님께로다(시 57:2).

그는 어릴 때부터 하나님의 손이 자신에게 작용함을 느꼈다.

---

47 Wodrow, *History*, vol. 3, p. 50.
48 Wodrow, *History*, vol. 3, pp. 66-67.

내가 날 때부터 주께 맡긴 바 되었고 모태에서 나올 때부터 주는 나의 하나님이 되셨나이다(시 22:10).

어린 시절에 대한 제임스의 설명은 다음과 같다.

하나님께서는 내가 다섯 살 때 그저 살고 먹고 마시고 잠자는 것보다 중요한 무언가에 대한 그리고 더 중요한 일에 대한 관심을 깨닫고 이에 친숙해지게 만들기를 기뻐하셨다. 비록 나는 그 본질이 무엇인지 거의 알지 못했지만 말이다. 아! 그 중에는 그것을 누리기 위해 어느 정도 그것을 구하는 시간이 필요한 것도 있었다.
이런 자각을 하게 된 계기는 이랬다. 교회 부속묘지(당시는 우리 외조모 장례를 치르고 있었다)에서 집으로 돌아오던 길에서 조지 우드번(George Woodburn)이라는 선량한 사람이 줄곧 자신의 손과 눈을 자주 들어 올렸고, 자주 자신의 입술을 움직여 반복하는 것을 목격했다. 이 광경은 나의 마음을 따뜻하게 해 주었고 반복적으로 훈련하고 추구해야 할 더 좋은 무언가가 있다는 생각을 하게 해 주었다.
그래서 나는 기도에 참여하기 시작하였고, 어머니와 친구들에게 몇 가지 질문을 하기 시작했다. 이 때부터 나는 죄가 나를 지독한 무감각에 빠뜨린다는 것을 알아챘다. 왜냐하면 내 또래의 사람이 할 수 있는 경건한 모범과 교훈의 혜택을 모두 가졌음에도, 예전에는 내가 이러한 진지한 생각을 해 보거나, 종교적 신비에 대해 최소한의 관심도 기울인 기억이 없었기 때문이다. … 또한 이러한 따뜻한 각성을 통하여 생겨난 관심은 매우 강해서 결코 잊을 수 없기 때문이다.
그럼에도 불구하고 나는 앞서 말한 대로 하나님의 섭리에 의해서든 하나님의 말씀과 영에 의해서든 감화를 받는 경우를 제외하고는 나의 영적인 진보를 위해 한 발짝도 움직일 수 없었다.
좋은 친구와 사귐으로 얻게 되는 큰 혜택이 있고, 종종 이런 교제를 통해 많은 혜택을 입어 왔기 때문이다. 나쁜 친구와의 교제로 인해 커다란 손해와 손실이 지속되었고 이 때문에 후회하게 되었다.
"그러나 오! 그리스도 안에서 하나님께 영광이 되시기를, 그리고 그의 값없이 베푸시는 은혜의 풍성함이여! 불붙은 나무를 불쌍히 여기사 그것을 불 속에서 끌어내 주시며, 은혜와 구속이라는 사랑의 두 대문(大門)을 열어 놓으셔서 주 하나님이 자비로우시고 긍휼이 풍성하심을 드러내시는도다."

내가 예닐곱 살이었을 때, 내 안에 거하던 원죄는 내게 견디기 어렵고, 격렬해서 실제로 그 나이에 저지를 수 있는 모든 죄를 범하였다. 유감스럽게도 앞서 일어난 각성에도 불구하고, 나는 숨겨진 병과 내적인 굴곡과 기만적인 마음에서 돌아서는 것을 알지 못했을 뿐만 아니라, 사탄의 간계와 교활함과 계략을 알지도 못했고, 나 자신의 빛과 육적인 정신도 알지 못했다.

은혜를 제한하시고 아버지다운 징계를 내리시는 주님은 영원히 복되시도다. 또한 그 3년 동안 나는 이따금씩 여러 번 마음이 녹아 내렸고, 그럴 때마다 무지한 행동을 하고 나서 주님께 구체적으로 나를 포기하고 그의 종이 되겠노라고 말했다.

그러나 유감스럽게도 내 마음에 내주하는 죄는 종종 내 마음을 약하게 하였고 나의 사랑을 냉랭하게 만들었다. 그럼에도 주님께서는 거듭해서 때로는 확신과 내 마음에 생겨난 인상에 의해 때로는 우리 부모님의 상담과 책망에 의해 그리고 때로는 하나님의 섭리에 의해 항상 내 손에 새로운 일을 주셨다.

이런 사실을 통해 내게는 죄로 향하는 비참한 소질과 마음의 성향과 본성이 있으며 따라서 죄의 종이 되었음을 깨닫게 되었다. 나는 부끄럽지만 계속해서 겸손해지기 위해서 이러한 사실을 말하고 기록한다.

"하나님께 영광을, 누구든지 자기를 부인하는 사람은 죄에서 승리하며, 계속해서 자신을 꾸짖는 자가 될 수 있다."

그렇지 않았더라면, 즉 저주스런 성향과 죄된 경향을 따르기로 했다면 나는 분명히 파멸했을 것이다. 은혜가 풍성함이 얼마나 아낌없으며 탁월한가! 내 영혼아 주님께 영광을 돌리라. 그의 자비는 영원하시기 때문이로다. 기억을 더듬어 보면, 육체와 영의 전쟁과 갈등이 그때 시작되었고, 그것은 나로 하여금 계속해서 "**오호라 나는 곤고한 사람이로다 이 사망의 몸에서 누가 나를 건져내랴**"(롬 7:24)며 부르짖게 하였다. 그러나 나는 그리스도로 인하여 하나님께 감사한다.[49]

1678년 아홉 살 되던 해, 한 겨울에 고지인들(High-landers)이 대규모로 스코틀랜드 서부 지역으로 내려왔다. 에어(Ayr)의 여러 주가 주둔 중심지였고 그들은 거기서 약탈, 강도, 절도를 하며 밤낮으로 갈취하였다. 그들은 심지어 주일날도 평일

---

49 Nisbet, *Private Life*, pp. 45-49.

처럼 하찮게 여겼다.

그들이 처음 왔을 때 그 중 네 명이 우리 집에 찾아왔는데, 그때 아버지는 엿기름 만드는 것을 살펴보고 있었다. 그들은 아버지에게 휘그당원(the Whig, 그들은 장로교인들을 그렇게 지칭했다)을 하나님과 왕의 마음에 들도록 만들어 주겠다고 했다. 그들은 그 말을 거듭하면서 아버지의 신발을 가리키고 자기들이 휘그의 단화(brogue)를 벗길 것이라고 말하고는 아버지를 체포했다.

그러나 아버지는 매우 힘센 사람이었기 때문에, 멱살을 뿌리치고 빠져나와 쇠스랑 쪽으로 향했는데 그것은 옥수수를 쌓아올릴 때 사용하는 것이었다. 그들은 넓은 칼을 빼들고 "클레이모어(Claymore)"[50]라고 소리지르며 그에게 덤벼들었다. 그러나 아버지는 그들을 민첩하게 노(爐)에서 끌어내어 집에서 쫓아내고는 그 중 한 명을 땅에 눕혀 버렸다.

이튿날 약 20명이 집에 찾아왔다. 그러나 아버지가 집에 없었기 때문에 그들은 휘그당원과 무기를 가지러 왔다고 말했다. 그들은 당시의 법을 준수하지 않는 모든 사람의 집에 했던 것처럼 아버지의 집도 약탈했다. 이것이 훔치기를 좋아하는 그들의 성향이었다.

그들은 투시력을 갖기라도 한 것처럼 너무도 잘 알아냈고, 이 때문에 사람들까지 재산을 숨기는 일에 능숙해지게 만들었다. 그럼에도 이들 아돌(Athole)과 브로드 알비안(Broad-Albian)이라는 사내들은, 땅 위에든 땅 밑에든, 마치 자기들이 거기에 두기라도 한 것처럼, 어디에 숨겨져 있는지 정확히 알아내고 그 쪽으로 가서는, 그것을 파내고 마치 자기 것인 양 즐거워하면서 빼앗아갔다.

이런 사실을 통해 우리 네 명의 어린이들은 그들의 야간 수색과, 날뛰는 것과, 야만적인 비인간성으로 너무 위협당하고 겁에 질려, 그들을 피하기 위해서 두 달이라는 시간 동안 밤새 사방이 트인 들판에 누워 있기로 결심하였노라고 말할 정도였다.

그럼에도 그것은 크게 자비로우신 하나님을 기쁘시게 해드렸고 깊은 겨울이었음에도 불구하고 우리 중 누구도 해로운 감기에 걸리지 않았다. 그들이 그곳을 떠날 때, 집안 가구와 식량뿐 아니라 닥치는 대로 검은 소와 양까지 몰고 갔다.

---

50 **Claymore**는 스코틀랜드 타입의 검이다. 이 말은 "보호하여"라는 의미로 사용된다.

그러나 그들은 12개월이 지나기도 전에 서부 지역에 처음 왔을 때보다 훨씬 더 빈곤해졌다. 그들 중 몇 명이 다음 해에 구걸하러 온 것을 보았고, 그들이 엉터리 영어로 "당신들 저지대 사람은 우리보다 유복하오. 하나님이 우리와 우리가 가진 모든 것을 저주하였기 때문이고, 우리가 당신네 소유를 강탈했기 때문이오"라고 말하는 것을 들었다. 이와 관련하여 다음과 같은 말씀을 주목하지 않을 수 없다.

"여호와께서 자기를 알게 하사 심판을 행하셨음이여 악인은 자기가 손으로 행한 일에 스스로 얽혔도다"(시 9:16).

"여호와께서는 그 모든 행위에 의로우시며 그 모든 일에 은혜로우시도다" (시 145:17).

"여호와는 정의의 하나님이심이라 그를 기다리는 자마다 복이 있도다" (사 30:18).

오! 내가 하나님을 찬양하옵는 것은 그의 오른손이 항상 높임을 받으시오며 용맹스럽게 행하시기 때문이라. 아멘.[51]

---

51 Nisbet, *Private Life*, pp. 49-52.

제4장

드럼클록과 보스웰 다리

> 폭정은 그것을 부과하는 사람보다
> 그것에 굴복하는 사람을 훨씬 더 타락시킨다[1]
> - 알렉시스 드 토커빌(Alexis de Tocqueville) -

1. 드럼클록 전투(1679)

뉴밀른즈에서 수 마일 떨어진 로던 힐에서 피할 수 없는 전투가 벌어졌는데, 그곳에서 수 세기 전에 위대한 브루스(Bruce)가 수적으로 우위에 있던 잉글랜드 군대를 물리쳤고, 월래스(Wallace)가 그의 아버지의 죽음에 복수했다.[2] 로던 성에 보관되어 있던 월래스의 검은 곧 다시 소리를 낼 것이었다. 제임스 니스벳은 그 전투가 어떻게 시작되었는지를 이렇게 묘사했다.

> 1679년 내가 열 살이 되던 해, 6월 1일 안식일이 되었을 때 드럼클록으로 불리는 곳에서 더글라스 씨라고 하는 한 장로교 목사의 야외 설교가 있었다. 클레이버하우스의 그레이엄(Graham of Claverhouse)에 의해 지휘를 받는 적의 기병대대가, 하나님께 예배하기 위해 들에 모였던 가난한 하나님의 백성들을 체포하기 위해 그

---

[1] Alexis De Tocqueville, *Democracy in America* (Anchor Books: New York, 1969), p. 258 (이하 Tocquoville).

[2] Finlay, *The Lowlands*, p. 24.

모임에 왔는데, 그 지역에도 여러 교회가 있었지만 잉글랜드 국교회 주교만 있었기 때문이었다.

적들은 그 설교를 들으러 오고 있던 많은 사람들을 도중에 체포했고, 그 중에는 매우 덕망 있는 목사 존 킹(Mr. John King) 씨도 있었는데, 그는 우리 아버지가 진심으로 사랑했던 사람이었다. 설교를 듣기 위해 모였던 사람들은 적군이 오는 것을 보자, 우리 아버지를 부르러 사람을 보냈는데, 아버지라도 서둘러 와서 야비한 적과 싸우는 것을 도와야 했기 때문이었다.[3]

스코틀랜드의 『주요 인물들』(Scotts Worthies) 부록에서 발췌한 드럼클록 전투에 관한 설명은 다음과 같다. 그것은 토푸트(Torfoot)라는 지주가 전하는 내용인데, 토푸트는 자기 후손에게 이 전투에 대한 이야기를 전해 주었다. 수 세기가 지난 후 후손 중 한 사람인 토머스 브라운리(Thomas Brownlee)가 이 이야기를 출판했다.[4] 이 이야기는 토푸트가 다가오던 적군을 발견하였을 때 전투를 대비한 내용에 대해 기술하고 있다.

> 장교들은 부하를 뽑고, 스스로 관할 구역의 지휘관이 되었다. 로버트 해밀턴 경(Sir Robert Hamilton)은 세 개의 부대 중 보병을 중앙에 배치했다. 잘 무장되고 기동력 있는 기마병 부대가 왼쪽에 있었고, 작은 부대 하나도 왼쪽에 있었다. 왼쪽의 부대는 뒤로 후퇴시키고, … 측면으로 침투하여 들어올 수 있는 무리를 체포하기 위하여 … 전열을 단단하게 해 두었다. …
>
> 적군과 아군 사이에는 깊은 늪이 있었다. 노인, 부녀자, 어린이는 후퇴했다. … 천천히 … 그들에게는 강렬한 종교적 감정과 고난의 시대를 살던 여성과 아이들이라면 가질 만한 그런 마음과 용기가 있었다. 그들은 자기 개인의 안전보다는 친척과 교회의 운명에 대해 더욱 많은 관심을 나타냈다.

---

3 Nisbet, *Private Life*, pp. 52-53.

4 John Howie, introduction to Appendix VI, *Biograghia Scoticana: or a Brief Historecal Account of the Most Eminent Scots Worthies* (Glasgow: W. R. McPhun, 1827), p. 622 (이하 Howie, *Worthies*[1827]). *Scots Worthies*의 부록 편집자들은 이 기사를 "사실 기술로, 이 모든 일이 일어났을 것이고, 우리가 아는 바로는 이 중 많은 부분이 이 시기에 발생했었다"고 여겼다.

클레이버하우스가 맞은편 산으로 올라가는 사이 그들은 본진 뒤쪽에 있는 언덕으로 퇴각했다. 늙은이는 손에 챙 없는 모자(bonnets)를 들고 걸었다. 긴 회색 머리카락이 산들바람에 흩날렸다.

그들은 흥겹게 시편을 노래했다. 그 노래는 "순교자"(Martyrs)라는 잘 알려진 곡조의 노래였고, 항의의 느낌도 났다. 이 노래는 바람을 타고 퍼져나갔다. 아군이 적의 수중에 들어가게 되었을 때에는 만세삼창을 하였다. 나는 사람들 얼굴에서 결코 이런 생기를 본 적이 없었다. 내 아내와 어린 아이들은 뒤에 있었다.

우리가 차지하고 있던 높은 지대에서 에이븐(Aven) 계곡 아래 저 먼 곳으로 내 고향의 평원과 아버지의 환영하는 모습이 눈에 가득 들어왔다. 우리가 살던 고장이 소리를 지르는 것처럼 보였고, 피 흘리는 교회가 큰 소리로 통곡하는 것처럼 보였다.

클레이버하우스와 그의 부대가 어두운 산허리로 천천히 구불구불 진행하고 있을 때, 나는 "이 자들은 보잘것없는 노예요 잔인한 사형 집행인이다. 폭군이 이 자들을 데리고 우리의 고통을 끝내려고 한다"라고 말했다.

해밀턴은 여기서 영웅의 자질을 보여 주었다. 그의 약간 뚱뚱한 외모가 부대 이곳저곳을 신속하게 다니는 것이 보였다. 그는 미숙하고 훈련되지 않은 우리 군대에 용기를 고취시켰다. 용감한 핵스턴(Hackston)과 홀 휴헤드(Hall Haugh-head)가 보병 선두에 섰고, 지도자의 간단한 격려의 말을 반복했다. 벌리(Burly)와 클리랜드(Cleland)는 왼쪽에 있던 기마병의 마음을 숭고한 열정으로 불타오르게 만들었다. 오른쪽에 있던 나의 작은 부대는 전혀 지치지 않았고, 정복하든지 쓰러지든지 결단한 한 무리의 형제들이었다.

클레이버스의 트럼펫은 큰 소리로 저항 분위기를 알렸고, 케틀드럼은 떠들썩한 북소리를 냈다. 그리고 그들은 멈췄고 오랜 시간을 중단했다. 우리는 한 장교가 4열 종대로 열다섯 사람을 인솔하여 왼쪽의 언덕으로 가는 것을 볼 수 있었다.

어둠 속에서 한 사람을 볼 수 있었는데 그가 바로 내 친구인 킹(King)이었다. … 클레이버스는 여느 때와 같이 냉담하게 "만약 그들이 도망하려 한다면 머리를 맞추라"고 했다. 우리는 그가 우리의 위치를 용의주도하게 관찰하고 있음을 알았다. 그의 장교들이 그 주위로 모여들었다. 우리는 이내 그가 우리와 교전하려고 한다는 것을 알았다.

클레이버하우스는 휴전 깃발을 든 장교를 하나 보내어 언약도에게 무기를 내려놓고 주모자를 넘겨줄 것을 요구했다. 해밀턴은 항복하기를 거부하였고 언약도 사람들은 시편 76편을 노래하여 해밀턴에게 지지를 보냈다. 이러한 반응은 클레이버하우스를 분노케 했다.

> 클레이버하우스에게 이런 사실이 보고되자, 그는 야만적이고 흉폭하게 "그들의 피가 그들의 머리에 있을 것이다. 오늘 작전은 '**무자비**'(*No Quarters*)다"라고 명령을 내렸다. 그의 사나운 기마병들도 맞장구를 치고 이리저리 군사들 사이를 다니며 "**무자비**"(*No Quarters*)라고 반복하고는 산허리 아래로 질주했다.
> 벌리(Burley)가 "그렇다면, 내 쪽에 있는 그 부대 역시 **무자비**(*No Quarters*)할 것이다. 그래서 하나님께서 흰 깃털을 달고 있는 저 지도자와 함께 나를 이 무리에 보내셨구나"라고 말했던 것으로 전해지고 있다.
> "내 칼로 그의 불쾌한 시체를 까마귀에 줄 수 있다면, 우리 조국은 나를 기념하여 축복할 것이다."

클레이버하우스의 군대는 습지를 가로질러 반복 공격을 통해 언약도를 측면에서 공격하려 했다. 그러나 언약도는 매번 공격을 물리쳤다. 토푸트(Torfoot)는 마지막 공격을 물리친 후에 존 니스벳이 어떻게 성공적인 반격을 이끌게 되었는지를 기술한다.

> 소대의 총격은 오래 전에 멈췄고 칼을 가지고 끔찍한 살육이 벌어졌다. 바로 그 순간 우리 군대 가까이서 트럼펫 소리가 들려왔다. 잠깐의 엄숙한 중단이 있었고 모든 사람이 올려다 보았다. 그것은 용맹한 대장 니스벳과 그를 안내했던 메인즈의 우드번(Woodburn of Mains)이었다.
> 그는 우리를 위해 어떤 병력 증강도 하지 않았지만 니스벳 자신이 큰 군대였다. 큰 만세 소리와 커진 칼놀림과 함께 그는 벌리 쪽으로 다가가 "수로를 뛰어넘어 적들을 공격하라"고 소리쳤다. 그와 벌리는 습지에서 격전을 치렀다. 가능한 사람들은 모두 그를 뒤따랐다. 그들은 모여서 적군의 측면으로 나아갔다.
> 그 순간 해밀턴과 핵스턴은 보병의 모든 전선을 앞쪽으로 당겼다. 모든 부대에서

"하나님과 우리 조국"이라는 소리가 반복되었다. 클레이버하우스의 잔인한 기병대대는 "무자비"를 외쳤다. 이곳에서 피비린내 나는 장면이 펼쳐졌다.

클레이버하우스를 보호하기 위하여 그의 군대가 움푹 파인 광장 안쪽에서 그를 둘러쌌다. 언약도는 반복적으로 그 광장을 공격했지만 돌파하는 데 실패했다. 토푸트는 클레이버하우스가 그의 기병 중대 사이에서 너무 신속하게 이동했기 때문에, "날아다니는 클레이버스 한 사람보다 날개 달린 헤더 수탉(heather cocks) 열 마리 잡기가 더 쉽다"고 말했다. 결국 언약도는 클레이버하우스의 군대를 궤멸시켰고 잡혔던 목사들이 풀려났다.

우리는 신속하게 친구들을 되찾았다.
이 광경을 어떻게 설명해야 할지 모르겠다. 뒤죽박죽 거대하게 쌓아 올린 물체가 움직이는 것 같았다. 어떤 이들은 비명을 지르고, 어떤 이들은 신음 소리를 내었고, 어떤 이들은 소릴 질렀다. 말은 울며 껑충껑충 뛰어다녔고, 강철 투구 위로 검이 휘둘러졌다. 건장한 사람 몇을 데리고 클레이버스를 찾아 적들의 가장 밀집된 곳으로 돌진했다.
그러나 허사였다.
그 순간 그의 트럼펫이 큰 소리로 퇴각 신호를 알렸다. 그리고 우리는 언덕 위에서 클레이버스가 자기 부하들에 의해 이송되는 것을 보았다. 그는 말에 몸을 맡기고 검도 투구도 없이 퇴각하는 무리 중 제일 먼저 피했다.
그의 기병 중대는 극도로 혼란에 빠져 전속력으로 언덕 위로 달렸다. 나의 작은 전열보병(戰列步兵)은 벌리(Burley)의 보병과 전투를 벌여 포로를 많이 생포했다. 우리의 주력 부대는 적군을 2마일(3km) 추격하였고, 땅은 온통 사람과 말로 덮여 있었다.
나는 그들 앞에서 머리에 아무것도 쓰지 않은 클레이버스를 보았는데, 그는 발을 뻗어 캘더 힐(Calder Hill)의 가파른 면을 오르려고 안간힘을 쓰고 있었다. 그는 꼭대기에 올라 잠시 동안 멈추어 뒤를 보고는 박차를 가해 쏜살같이 전방으로 달려갔다. 그러나 그는 글래스고우에서 적당한 곳을 찾을 때까지 극심한 공포에서 벗어나지 못했다.[5]

그들 사령관의 명령과 당시의 전쟁 규율에 따라 존 니스벳과 언약도는 도망하는 군대에 대하여 거의 자비를 베풀지 않았다. 기억하다시피 양편의 명령은 "무자비"(No Quarters)였다.

숙소가 제공된 죄수가 처형을 당하였다는 증거는 없었을지라도, "주님께서 기마병을 그들의 손에 넘겨 주었으나, 그 중 몇몇이 사면되었다"[6]는 사실은 로버트 해밀턴과 존 니스벳을 매우 슬프게 만들었다. 존 니스벳은 자신의 수기에서 스코틀랜드에 대한 하나님의 진노의 원인에 귀를 기울일 이유를 설명한다.

> 주님과 교회의 적들을 재판하는 일에서 그의 백성이 경솔하고 시기하며 정욕적으로 처리하였던 것처럼 주님께서도 진노하셔서 그의 백성을 거부하고 내던지며 그들에게서 권한을 빼앗으셨다. 주님이 적에게 합당한 보복을 가하도록 임무를 부여했음에도 적에게 면죄부를 주었기 때문이었다(시 149:9).
>
> 재판은 앞서 말했던 방식으로 집행이 되어야 하는 것처럼, 여호수아 7:24에서 분명히 나타난 대로, 재판은 면죄부를 주는 일 없이 완전하게 집행되었어야 했기 때문이었다. 원수를 살려 주고 전리품을 갖고 도망하는 것에 대해 사무엘은 사무엘상 15:19에서 사울을 심하게 꾸짖는다. 사울은 핑계를 대봤지만, 바로 그 핑계 때문에 왕좌를 잃게 된다.
>
> 드럼클록의 사건을 잊지 말고 슬퍼하자. 만약 정말 무지하지 않다면, 이성은 다음과 같은 것을 깨우칠 것이다. 노예를 소유하고 그들에게 그의 일을 시키는 주인이 있다고 생각해 보자.
>
> 그런데 어느 주인이 종들이 그 시킨 일의 일부분만 수행하고 … 주인에게 나머지 일은 할 필요가 없다고 말하는 것을 용납하고, 또 일을 다하지 않아 주인에게 모욕이 되고 주인의 가족에게도 해가 되는 일을 당하겠는가?
>
> 그래서 하나님의 진노가 그의 백성에게 임하였다.[7]

---

5 Thomas Brownlee, Howie, *Worthies* (*1827 Edition*), Appendix VI, pp. 622-628로 재출간.

6 Howie, *Worthies*, pp. 506-507.

7 John Nisbet의 미간행 수기, Howie, *Worties*, pp. 506-507에서 인용; Wodrow, *History*, vol. 3, p. 69.

그렇게 하도록 허용되지 않았음에도, 누군가 하나님의 정의를 자기 멋대로 처리한다면 하나님은 똑같이 그 일을 저주하신다는 사실에 주목하자. 오늘날 우리의 관점에서 보자면, 그의 권한의 합법성에 대해 논란이 있을 것이다.

하드힐 방어에서 제임스 니스벳은 그의 아버지가 "그의 적들의 피를 흘리지 않도록 조심했다"고 기록하고 있다. 그에 대한 많은 사례 중 하나가 다음과 같다.

> 세 명의 적군이 그가 글을 쓰고 있던 곳으로 다가왔다. 그는 민첩하게 칼과 권총 두 자루를 들고 적에게 말했다. …
> "신사들이여, 그대들이 지금 무엇을 하고 있는지 주의하라. 만약 그대들 세 사람 중 누구든지 칼을 빼어들고 권총의 방아쇠를 당긴다면, 나는 그대들 모두를 영원 속으로 보낼 것이다. 가련한 영혼들이여, 나는 그대들이 아직 그럴 준비가 안 되어 있다는 것이 유감이다. 그러나 그대들이 생명을 버릴 각오가 되어 있다면 싸워도 좋다. 나는 그대들과 함께 가지는 않을 것이니까."
> 그는 하나님의 진노에 대해, 그들의 생활 방식의 죄에 대해, 그리고 그들이 처할 지옥의 위험성에 대해 그들에게 말해 주었다. 그들이 자신들의 무기를 빼드는 것을 보는 순간, 그는 칼을 빼들면서 두 사람에게 권총 두 자루를 격발했다.
> 나중에 들은 것을 보면, 그들이 주둔지로 되돌아왔을 때 그들을 보냈던 장교들은 그를 죽이지 못한 데 대해 그들을 협박했다. 그러자 그들은 "그가 하는 말이 너무 무서웠고 그가 꺼내 든 큰 칼날을 보았을 때는 더 무시무시했습니다"[8]라고 대답했다.

승리한 언약도 지도자들은 전투가 끝난 후 로던 성에서 환대를 받았다. 로던 사람들은 몰래 사적으로 언약도를 돕고자 했다.[9]

---

8 Nisbet. *Private Life*, pp. 124-125.

9 Kirkton, pp. 377-378.

2. 전투 사이의 전투(1679)

실제로 보스웰(Bothwell) 다리에서 전투가 두 차례 벌어졌는데 하나는 언약도와 왕의 부대 간 전투였고, 다른 하나는 언약도 부대 간에 일어난 전투였다. 언약도는 두 전투에서 모두 패했다.

드럼클록 전투 후에 분열을 두려워 한 사람들은 함께 단결하여 그들에 대한 처우에 항의했다. 그들은 로버트 해밀턴 경의 지휘를 받으며 글래스고우로 행진하였고, 시 외곽에 진영을 구축했다. 국왕을 지지하는 군대(Loyalist force)가 그들이 도시에 진입하는 것을 막았다.[10] 순교자들의 머리와 손을 매장한 후, 곧 언약도의 다른 군대가 그들과 합류하자 대중은 크게 기뻐하였고 그들은 각 도시를 통과해 지나갔다.

며칠이 지나자 훈련되지 않고, 제대로 지도받지도 못하고 무장도 되지 않은 사람들이 6,000명 가량 모였다. 그리스도의 제자에 대해서 말했던 것처럼, 이들은 수년간 가혹한 투쟁을 통해 강화된 사랑과 애정의 연대 속에서 진정으로 서로를 사랑했다. 불행하게도 언약도의 조화가 얼마 되지 않아 깨진 것은 이들이 공유한 목적 선언문을 만들려고 했을 때였다. 언약도가 모이기 시작한 직후에 자신들의 봉기는 자기 자신과 개혁된 종교를 보호하기 위한 것이라고 진술된 선언문에 합의했다. 그 선언문에서 그들은 "천주교와 주교 제도와 국교회주의와 이에 의존하는 모든 것에 반대"[11]한다고 선언했다. 그들의 조화가 깨진 것은 논란이 된 두 가지 쟁점에 대하여 논쟁한 후였다.

① 우리는 사면(Indulgence)을 받아들이고도 그것에 대하여 회개하지 않는 목사와 교제하고 그 목사의 설교를 들어야 하는 것인가?

중도적인 사람들은 원래의 선언문이 사면파(the Indulgence)에 대해 지나치게 비난일색이었다고 생각했는데, 많은 사람들은 그것을 합법적인 총회에 의해 유죄라고 선언될 문제라기보다는 양심의 문제로 간주했다.[12] 로버트 해밀

---

10 Wodrow, *History*, vol. 3, pp. 70-71. Wodrow는 글래스고우를 방어하는 군인에 대해서만 말한다. 다른 설명에 의하면 시민도 참여했다고 한다.

11 Wodrow, *History*, vol. 3, p. 91.

턴 경과 두 명의 목사(도널드 카길[Donald Cargill, 1619-1681]과 토머스 더글라스[Thomas Douglas])와 대다수 장교들은 사면받은 목사를 비난하고 배제시키는 진술이 선언문 속에 포함되어야 한다고 주장했다.

② 반면에 존 웰쉬(John Welsh) 목사와 대다수 목사들(18명 중 16명)은 사면파를 받아들이는 것이 죄가 된다는 것에는 동의했지만, 언약도 운동에서 사면파를 배제하는 것은 거절했다.[13]

해밀턴이 그 땅의 죄악된 변절에 대하여 금식하고 슬퍼하는 날을 선언하고자 했을 때, 웰쉬는 그들이 교회 사법 당국에 의해 불법이라고 선언되지 않았던 사안에 대하여 교회를 분열시키려는 사람들의 죄악에 대하여 금식하자고 촉구했다. 해밀턴이 설교자들에게 사면파에 반대하는 설교를 하라고 요구했을 때, 그들 중 한 사람은 자기는 일생 동안 국교회주의와 싸웠으며 해밀턴의 요구를 최악의 국교회주의로 간주한다고 말했다.[14]

또한 왕에 대항하여 무기를 드는 근거에 대해 논쟁이 시작되었을 때, 그 간격은 더욱 벌어졌다. 해밀턴과 그 지지자들은 **루터글린 선언문**(Rutherglen Declaration)을 채택하자고 제안했는데, 그 선언문에 따르면 왕은 그리스도와 그의 교회와 그의 백성에 대한 공언된 원수였으므로, 왕의 합법적인 권위는 인정되지 않았다. 존 웰쉬와 지지자들은 성경은 모든 사람이 왕의 권위를 인정할 것을 요구한다고 선언했고, 자신들의 주장을 옹호하기 위하여 언약도의 세 번째 논문을 인용했다. 해밀턴 파는 **엄숙 동맹** 아래서 요구된 참된 종교를 지지하기로 한 자신의 약속을 깨뜨렸으며, 따라서 그들이 보기에 그에 대항하여 무기를 드는 것은 성경적으로 합법이라고 주장했다.

이러한 논증을 반박하기 위하여 웰쉬와 그의 지지자들은 유사한 공격을 받고서도 왕에 대한 전쟁을 선언하지 않았던 스코틀랜드 장로교회에 의하여 1638년에 세워진 선례를 인용했다. 다수가 연합을 희생시키는 대가로 승리하

---

12 Wodrow, *History*, vol. 3, pp. 90-92.

13 McCrie, *Scottish Church*, p. 329.

14 Wodrow, *History*, vol. 3, pp. 91-93.

였고, 6월 13일에 **해밀턴 선언문**(*Hamilton Declaration*)[15]을 발표했다.[16]

언약도 군대의 가장 큰 실패는 내부 논쟁이 구성원 사이에 심각한 균열을 일으키도록 방치했다는 점에 있다. 보스웰 다리에서 벌어진 진정한 전투는 위에서 언급된 논쟁임이 드러났고, 그것은 너무 강렬해서 왕의 군대가 반목하는 두 파벌을 제압할 때까지 계속되었다. 그들은 이들 두 쟁점에 대한 전투에서 패배했을 뿐 아니라, 오늘날까지 교회는 죄악된 연대와 세속적인 일에 기독교인이 참여하는 문제에 관하여 분열된 채 머물러 있다. 이러한 논쟁을 이해하기 위하여 적대자들과 그 논쟁의 배경을 이해하는 것이 필요하다.

(1) 카메론주의자(Cameronians; 개혁장로교)

역사가들은 해밀턴이 이끌던 분파에게 '카메론주의자'라는 딱지를 붙였는데, 보스웰 시절에 그들의 가장 잘 알려진 지도자가 네덜란드에 머물러 있었던 리처드 카메론(Richard Cameron) 목사였기 때문이다.

(2) 로버트 해밀턴 경(Sir Robert Hamilton)

해밀턴 경은 오랜 계보를 가진 독실한 장로교 신앙 지지자의 자손으로서 거침없이 말하는 타고난 지도자였다. 두 개의 대조적인 묘사가 그를 가장 잘 표현한다. 존 호위(John Howie, 1735-1793)는 성령의 효과적인 사역을 통하여, 해밀턴이 "스코틀랜드에 있는 그리스도께 속한 교회가 진정으로 언약했던 증언을 지지하게 되었는데, 그것을 위해서 그는 하나님의 은혜를 힘입어 생애 끝까지 참되고 신실한 증인이 될 수 있었다"[17]고 한다.

이와 대조적으로 블랙케이더 목사의 아들인 존 블랙케이더 경(Sir John Blackader)은 해밀턴을 간섭하는 사람들과 까다로운 사람들의 어리고 불완전

---

15 해밀턴 선언문에 인용된 이유는 (1) "개신교와 장로회 정치를 지지하는 것과 … 그의 교회에 대한 우리 주 예수 그리스도의 왕권을 유지하는 것," (2) "참된 종교와 자유를 보호하는 일에서 국왕 폐하의 권위를 지지하는 것 …," (3) "자유롭고 무제한적인 의회와 자유로운 총회를 보유하는 것 …" 때문이었다.

16 Wodrow, *History*, vol. 3, pp. 94-95.

17 Howie, *Worthies*, p. 598.

한 의장으로 묘사했다.[18]

'어떤 묘사가 옳은가?'에 대한 선택은 그 이야기가 밝히는 대로 독자들에게 맡길 것이다.

(3) 존 웰쉬 목사(Rev. John Welsh)

존 웰쉬는 그의 할아버지인 존 낙스를 특징지었던 "경건함, 열정, 백절불굴의 용기"를 물려 받았다. 야외 비밀 집회 설교가인 웰쉬는 계속해서 클레이버 하우스를 피해 도망 다녔다. 한 번은 체포당하는 것을 피하기 위하여 장로교 정신에 적대적인 사람의 집으로 피신하기도 했다.

사람들에게 자신이 누군지를 말하지 않은 채, 웰쉬는 반역도를 체포할 임무를 갖고 있으며 그들이 다음날 설교를 들으러 모이는 장소를 아노라고 밝혔다. 이렇게 따뜻한 방문 다음날, 그 사람은 웰쉬를 동반하여 비밀 집회로 갔는데, 그곳에 모인 군중이 웰쉬가 설교할 수 있도록 길을 터주는 것을 보고 그 사내는 경악했다.

설교가 끝난 후, 할 말을 잃은 사내는 "당신이 반역도들을 체포하러 왔다고 했잖소. 그리고 나는 오늘 반역한 죄인으로 체포되었소"[19]라며 자백했다. 비록 존 웰쉬가 사면파를 거절하기는 했지만, 보스웰의 다른 목사처럼 웰쉬도 사면파의 곤경을 강조하고 그들과의 화해를 추구했다. 보스웰의 패배 이후 개혁장로교 회원들은 웰쉬를 욕하면서 전투의 패배를 그의 탓으로 돌렸다.

(4) 다른 목사들

웰쉬의 편을 들었던 두 목사, 존 킹(John King)과 존 키드(John Kid)가 죽어 가면서 했던 증언은 그들의 주장을 잘 나타냈다. 보스웰 다리 전투 직후, 이들 두 사람은 체포되어 야외 설교죄로 기소되었다. 두 사람은 모두 그 사실을 인정했으나 합법적인 위정자에 대항하는 반역죄에 대해서는 인정하기를 거부했다.

키드(Kid)는 교수대로 가면서 킹(King)에게 미소를 지으면서, "나는 종종 희

---

18 Lt. Col. John Blackader, *Memoirs*, p. 214, Hewison, vol. 2, p. 292에서 재인용.

19 McCrie, *Scottish Church*, pp. 338-340.

생당한 어떤 어린아이에 대해서 듣고 그에 대해 자주 읽어 보았으나, 희생당한 왕(King)에 대해서는 거의, 아니 전혀 들어본 적이 없다"[20]고 말했다. 교수대에서 킹(King)은 구경꾼들에게 박해자들을 위해 기도하고 주님 안에서 국가위정자에게 복종하라고 요청했다.[21]

비록 존 블랙케이더가 보스웰에 없었지만 그는 아마도 한층 더 영적인 처리방법에 찬성했을 것이다.

> 주님은 현세적인 구원보다는 차라리 고난당함으로써 증언하라고 요구하신다.[22]

한 번은 블랙케이더가 무기를 비축해 둔 몇몇 사람들에게 "차라리 여호와와 전능한 방패를 신뢰하라"[23]고 충고했다. 나중에 이들 잘 무장한 사람들이 나타난 것 때문에 적들이 도망쳤을 때, 블랙케이더는 그들에게 충고하였다.

> 친구들이여, 그대들은 위험에서 주로 그대들 자신을 보호하는 것일 뿐, 위험을 무릅쓰려 하지 않는다. 그대들의 적은 도망했다. 그들이 도망하였으니 그대들의 무기를 내려놓고 그대들의 분노도 풀라.[24]

(5) 사면파(The Indulged)

언약도는 회개하지 않고도 사면된 목사를 거절할 좋은 이유를 갖고 있었다. 몇 년 후 존 니스벳은 죽으면서 남긴 증언에서 사면파와 죄악된 법률 준수를 수용한 사람들이 저지른 큰 해악에 대해 이렇게 회고했다.

---

20 Howie, *Worthies*, p. 411.
21 McCrie, *Scottish Church*, p. 332.
22 John Blackader, Andrew Crichton, *Memoirs of Blackader* (Second edition), p. 220에서 인용.; John Blackader, T. Ratcliffe Barnett, *The Story of the Covenant: Fifty years of Fighting Faith* (London: Oliver and Boyd, 1928), p. 199.
23 Crichton, *Memoirs of Blackader*, p. 211.
24 Crichton, *Memoirs of Blackader*, p. 218.

나는 가련한 사면파를 반대하는 증언을 하면서 생명을 마친다. 그들의 열매와 결과는 적을 크게 강화시켰고, 우리의 분열을 조장했으며, 우리의 균열을 확대했고, 용기를 약화시켰으며, 주님의 백성의 열정을 식게 만들었고, 약한 자들을 걸려 넘어지게 하며 공격하였다. 그것은 진리를 위해 주장하는 일을 저주하고, 진리를 위해 주장하는 사람을 비난함으로써 진리에 대한 증언을 수행하는 것을 크게 저해하였다. …

무엇 때문에 나는 이런 증언, 곧 그것(사면)을 수용했던 모든 사람과, 통탄스러운 변절을 하고 죄악되게도 진리의 원수에 동조했던 모든 목사와 교수를 반대하는 증언을 남기는가. … 그런 목사와 교수 모두가 이러한 그들의 행태는 기껏해야 그리스도를 부인하는 것이었음을 알게 하자. …

그러므로 그들로 다음 성경 구절로 경계를 삼고 생각하도록 하자(시 1:16-21; 잠 1:10-15; 17:15; 사 8:9-15; 5:20-25; 암 5:10; 마 10:32-33, 37-38; 16:24-26; 막 8:34-37; 갈 2:18).[25]

반면에 사면파를 수용했던 많은 사람들은 자기 양떼를 버리는 것을 장로교 원리를 버리는 것보다 더 악한 범죄라고 생각했던 사람들이었다. 고향을 등진다든지 아니면 자신들의 목회지를 버리기보다는 차라리 계속해서 설교하는 것이 그들의 의무라고 믿었다. 그런 목사 중 한 사람이 아치볼드 리델(Archbald Ridell, 1708년 사망)이었다.

그런 사람들은 위정자에 대한 복종과 그리스도께 대한 복종 사이의 좁은 길을 걸었기 때문에 정부는 그들을 예의 주시했다. 1680년 정부는 리델을 체포했고 그를 야외 설교 혐의로 위장 기소했다.

비록 리델이 보스웰 다리 전투의 패배 이전에 활동적인 야외 설교자였지만 그 전투 이후에는 사면을 받아들였다. 그럼에도 그는 주교의 허가 없이 자신의 집에서 설교했다. 그를 기소한 것에 대하여, 그는 "만약 내가 법을 거스르는 무언가를 한다면, 나는 법에서 정한 처벌을 받을 의무가 있다"[26]고 말했다.

---

25 John Nisbet, "Dying Testimony," p. 19.

26 Wodrow, *History*, vol. 3, p. 199.

박해자들은 누구라도 "법을 따르든지 이 나라를 떠나든지" 해야 할 것이라고 선언함으로써 리델의 변론을 반박했다. 리델이 했던 대답은, 정부를 따랐던 많은 사람이 자기 행동이 하나님의 말씀과 일치한다고 믿었다는 것을 보여 준다.

> 나의 주님, 저런 주장이 우리말고도 그리스도와 사도들을 방해했을 것이라고 생각지 않사옵니다. 왜냐하면 그들은 그 나라의 법을 거슬러 설교도 하였고 행동도 하였기 때문이옵니다. 그들은 또한 그 땅을 떠나는 것이 그들의 의무라고 판단하지 않았사옵니다. 오히려 사도들은 그와는 반대로 그들의 통치자들과 변론했사옵니다.
> 하나님께 순종하는 것과 사람에게 순종하는 것 어느 것이 더 나은지 판단하라.[27]

전제 국가에 동조하는 것은 그것이 어떤 것이든 더 심각한 동조로 귀결된다. 재판장이 결코 야외에서 설교하지 않겠다고 약속하라고 요구했을 때, 리델은 일시적으로 동조하는 것과 영원히 동조하는 것 사이에 선을 그었다. 결국 국가 위정자는 그를 배스 락(Bass Rock)에 투옥했고 수년 뒤에 미국으로 추방했다.

■ 전투가 시작되다

언약도가 왕의 군대가 다가오는 것을 보았을 때, 논쟁은 격렬해졌다. 웰쉬를 따르는 자들은 왕에게 고충 탄원서를 제출하기를 원했다. 다음날까지 가열된 논쟁은 그들의 관계를 심각하게 손상시킴으로써, 반대파 출신 장교의 지휘를 받고 싶지 않을 정도가 되었다. 그래서 장교를 새로 선출하기 위하여 현직 장교가 물러나려는 움직임도 생겨났다.

해밀턴과 그를 따르는 사람들이 이런 제안을 받아들이려 했음에도 그들은 사면된 목사 문제를 꺼냈다. 아무런 만족스런 결과를 얻지 못했기 때문에 해밀턴과 대부분의 장교들은 모임에서 나갔다. 남아 있던 지도자들은 왕에게 보내는 고통을 적시한 탄원서에 겨우 동의할 수 있었고 이런 목적을 위하여 기

---

27 Wodrow, *History*, vol. 3, p. 199.

도하기 시작했다.[28] 탄원서는 준비되었고, 해밀턴은 카길(Cargill) 목사가 그 초안을 작성했다고 생각하고 거기에 서명했다.

1679년 6월 22일, 왕의 전위 부대가 보스웰 다리 앞 수백 야드(수백 미터에 해당) 거리에 있었다. 언약도가 보낸 파견단이 자신들의 탄원서를 왕의 아들이자 왕의 군대 지휘자인 몬머스 공작(Duke of Monmouth)에게 제출하였다.

공작은 자신의 종교를 따르고 자유로운 국회와 총회를 구성하며, 무기를 들고 집결한 것에 대하여 사면을 요구하는 탄원자에게 인내심을 갖고 귀를 기울였다. 공작은 그들이 가진 무기를 내려놓을 때까지 답변하기를 거부하였고, 그들이 언약도 군대를 설득할 수 있도록 30분의 시간을 주었다.

공작의 요구는 언약도 사이에 결실 없이 무익한 논쟁을 촉발시켰고, 더욱이 공작이 내건 조건을 만족시킬 어떤 희망도 사라졌다.[29] 내부 전투에서 졌기 때문에 언약도는 얼마 못가서 외부 전투에서도 패배했다.

3. 보스웰 다리 전투(1679)

이러한 배경을 가지고, 이 전투에 대한 토푸트의 설명으로 돌아가 보자. 이 설명은 어떻게 적절한 곳에 설치된 단 하나의 대포 포대가 벌리의 보병과 니스벳의 용기병의 지원을 받으면서, 왕의 군대가 거듭했던 공격에 맞서 다리를 방어했는지를 묘사한다. 그러는 동안 언약도의 주요 조직을 연합시켜 진지를 차지하려는 노력은 성과 없이 끝났다.

> 우리가 열성으로 전투에 임하는 사이에, 해밀턴은 우리 주력 부대의 갖가지 분열을 일소하고 전투에 임하도록 애쓰고 있었다. 하지만 그가 클리랜드(Cleland) 대령의 부대를 요청해도, 헨더슨(Hendeson)의 부대에 정렬을 명령해도 모두 허사였다. 그리고 플레밍(Fleming) 대령의 부대를 요청했으나 그것도 효과가 없었다.

---

28 Wodrow, *History*, vol. 3, pp. 103-105.
29 Wodrow, *History*, vol. 3, pp. 106-107.

핵스턴(Hackston)은 부대를 이리저리 날듯이 돌아다녔다. 모든 것이 혼란스러웠다. 그는 간청도 하고 애원도 하고 협박도 해봤지만 허사였다. 우리의 논쟁과 성급한데다 판단까지 잘못한 나의 형제는 그날 치명적인 잘못을 저질렀다. 그 휘그당원은 격렬하게 팔을 돌리면서 그날을 죽도록 저주스럽게 여겼다.

우리 편 목사들인 카길(Cargill), 킹(King), 키드(Kid), 더글라스(Douglas)는 거듭해서 대화에 끼어들었다. 카길이 강단에 올라 일치를 설교했다. 그는 큰 소리로 상호 간 관용할 것을 요구했다. 그는 "적군의 깃발을 보라"고 소리 질렀다.

"당신들은 적의 포화 소리와 우리 형제의 포화 소리가 들리지 않는가? 우리 형제와 아버지가 그들의 칼 아래 쓰러지고 있다. 서둘러 그들을 도우라. 언약의 깃발을 보라. 금으로 된 글자로 적힌 그리스도의 왕관과 언약(CHRIST'S CROWN AND THE COVENANT)이라는 표어를 보라.

당신의 조국의 울음소리를 들으라. 불화를 일소하라. 우리 형제여, 적에게 담대함을 보이자. 조국과 언약을 사랑하는 모든 이여, 나를 따르라. 나는 전투의 최전선에서 죽으리라."

모든 목사와 장교가 나팔을 불면서 그를 따랐다. 그러나 대부분은, 당파주의자들의 열변에 귀를 기울인 채 머물러 있었다.

불행하게도 언약도가 화약이 남아 있을 것으로 여겼던 통에는 건포도뿐이었고, 대포는 침묵할 수밖에 없었다. 적들은 대포 소리가 멈춘 것을 알고는 다리로 쏟아져 나와 건너기 시작했다. 토푸트는 재개된 공격을 격퇴하기 위한 최후의 영웅적인 노력을 기술했다.

나는 대장 니스벳에게 요청서를 보내 그의 군대와 연합하자고 했다. 그는 즉각 우리와 합류했다. 우리는 호위병에게 돌격했다. 우리의 검이 그들의 강철 투구를 쳐서 울렸다. 많은 용감한 젊은이들이 내 주위에서 쓰러졌다. 그러나 우리는 적군을 쳐서 무너뜨렸다. 그들은 비틀거리기 시작했다.

군대 행렬 전체가 다리 위에 멈춰 있었다. 클레이버스의 무서운 목소리가 들렸다. 그건 군인이 명령하는 소리라기보다는 야만인의 고함소리에 더 가까웠다. 클레이버스는 자기 군대를 앞으로 밀어 붙였고 우리는 그들을 베어 쓰러뜨렸다. 주력 부대의 삼분의 일이 압박해 왔다. 지친 우리의 용기병들이 도망쳤다.

아무런 지원도 받지 못했지만, 내 곁에 용감한 니스벳(Nisbet)과 페이튼(Paton)과 핵스턴(Hackston)이 있음을 알게 되었다. 우리는 잠시 동안 침묵 속에서 서로를 바라보았다. 우리는 후퇴하는 사람들 앞으로 전속력으로 달려가서 그들을 결집시키고는 장군 한 사람만을 가리켰다.

우리는 그의 가까이서 펄럭이는 흰색 깃발과 주홍색 깃발을 가리키면서 "**하나님과 조국**"(*God and Our Country*)이라고 소리쳤다. 그들은 생각을 바꿨다. 우리는 클레이버스를 한 번 더 비난했다. 니스벳은 "토푸트, 전선의 맨 앞으로 나오라"고 소리쳤다. 우리는 전속력으로 달려갔다. 이것을 본 우리 군인들도 전속력으로 따랐다. 우리는 적의 전열을 깨뜨렸고, 우리가 조우했던 부대를 물리쳤고, 그들의 부대를 꿰뚫었다.

그러나 그들은 지금 전선을 길게 늘어뜨렸다. 수적인 우세로 우리를 몰아부쳤다. 그들은 다리 전체를 차지했다. 리빙스턴과 달질은 우리의 측면을 공격했다. 벌리의 보병 연대와 우리 사이로 한 무리의 부대가 왔다. 핵스턴이 그의 장교들에게 말했다.

"여보게들, 우리는 마지막으로 들로 나왔네. 우린 더 이상 아무것도 할 수 없고, 퇴각해야 한다네. 최소한 우리 후방에 있는 사람들에게 도움이 되도록 하세. 그들은 자멸했고, 우리를 파멸에 이르게 했다네. 몬머스가 아니라 우리의 분열이 우리를 흩어 버렸다네."

그 순간 호위병 중 하나가 핵스턴을 겨냥해 칼을 휘둘렀다. 내 검이 그것을 받아냈고, 니스벳이 적의 손을 쳐서 그 검을 땅에 떨어지게 했다. 그는 기절하여 안장에서 고꾸라졌다. 우리는 말의 고삐를 당겨 전속력으로 우리 부대로 돌아왔다.

그러나 여기 무슨 일이 벌어지고 있는가!

이 어리석은 사람들은 그제서야 자신들이 저지른 치명적인 실수를 온전히 깨달았다. 적군은 그들을 공격하기 위하여 모든 부대를 소집하고 있었다. 나는 잠깐 동안만 그것을 관망하였는데, 포탄이 나의 군마를 스쳐 지나갔기 때문이었다. 말이 요동치며 다리를 들어 올렸고 이내 쏜살처럼 달렸다. 여러 명의 장교들이 같은 곳으로 달렸다. 언덕 위에서 형세가 역전되어, 우리 발아래서 전투가 격렬하게 벌어졌다.

토푸트는 그와 몇몇 장교들이 부대의 깃발과 장군을 구하기 위해 싸우고 있을 때의 살육 현장을 이렇게 묘사했다.

> 달질과 리빙스턴은 들판을 맹렬히 가로지르면서 복수의 여신처럼 모든 사람들을 쓰러뜨렸다. 몬머스는 부대를 이리저리 뛰어다니면서 자신의 부하들에게 목숨을 살려달라고 했다. 클레이버스는 드럼클록의 불명예를 씻어내려고 끔찍한 쑥대밭으로 만들고 있었다. …
>
> 기수(旗手)는 아래 있었지만, 그 주위에서 벌어지는 격전에 스스로를 내던진 많은 사람들 옆에서 꼿꼿한 자세를 유지하면서 여전히 두려움 없이 깃대를 붙잡고 있었다.
>
> 잘 알려진 푸르고 진홍색 빛의 깃발과 찬란히 빛나는 금빛 글자로 된 표어인 "**그리스도의 왕관과 언약**"(Christ's Crown and Covenant)은 우리에게 신성한 열망을 고취시켰다. 우리는 부상당한 소위를 큰 환호성으로 격려하고는 전투에 뛰어들었다.
>
> 그 깃발을 구해냄으로써 많은 적군 용사들을 물리칠 수 있었다. 그들은 우리의 큰 칼 아래 쓰러졌다. 죽어가는 동안 그들은 무서운 저주를 퍼부으면서 자기 영혼을 심판자에게 맡겼다. …
>
> 나의 용맹한 동료들이 전쟁을 저지하는 동안, 깃발은 조각조각 찢어져 내 어깨에 떨어졌고, 나는 깃대에서 깃발을 뜯어 내 몸을 감쌌다. 우리는 적진을 관통해서 우리 장군을 전장에서 데리고 나왔다.
>
> 작은 언덕을 차지했을 때. 나는 다시 한 번 아래에서 펼쳐지는 무시무시한 광경을 목도했다. 치열한 싸움 속에 뒤섞인 성난 무리들 위에서 느릿느릿 움직이는 구름 속으로 연기와 먼지가 피어 올랐다. 그것은 더 이상 전쟁이 아닌 대학살극이었다.

말을 탄 언약도 일부가 페이튼(Paton)과 해밀턴(Hamilton)의 지도 아래 클레이버스에 대한 최후 공격을 시도했다.

> 우리는 맹렬한 공격을 감행했다. 우리의 첫 번째 습격으로 그의 군대가 동요하기

시작했다. 클레이버스가 말에서 내렸다. 그러나 그 순간 달질은 우리의 측면과 후면을 공격했다.

우리 군인들이 우리 주위에서 풀 베는 기계 앞의 풀처럼 쓰러졌다. 나팔 병이 퇴각 나팔을 불었다. 치열한 전투에서 다시 한 번 나는 장군과 페이튼을 우연히 만났다. 우리는 많은 상처를 입었다. 우리는 지친 병력의 후방에서 탈출을 이끌었다.

장군의 지시로 나는 군기를 펼쳤다. 그것을 들로 옮겼고 칼끝에 달아 펄럭이게 했다. … 이 영광을 위해 나는 값비싼 대가를 치러야 했다.

나는 세 명의 사나운 용기병의 공격을 받았고, 다섯 명은 내 뒤로 근접해서 추격했다. 내가 페이튼에게 큰 소리로 외치자 페이튼은 곧 바로 내 곁으로 왔다. 나는 깃발을 장군에게 건네고 적진으로 달려 갔다. 그들은 우리의 검 아래로 쓰러졌다.

그러나 모든 위험 속에서도 나를 태웠던 나의 충성스런 말이 치명상을 입고 넘어졌다. 나는 적군의 한 가운데 떨어져 기절했다. 나는 고통 중에서 눈을 떴다. 나는 내가 두려운 긴장감 속에서 자신들의 최종 운명을 기다리던 다른 비참한 사람들과 함께 한 명의 죄수로 몬머스 앞에 있다는 것을 깨달았다.[30]

다른 설명은 다리 전투에서 패배했을 때 해밀턴과 기마병이 도망쳤다고 주장하면서, 해밀턴의 행동을 그리 매력적이지 못하게 그린다.[31] 아마도 그 진실은 결코 알 수 없을 것이다.

---

30 Thomas Brownlee, Howie, *Worthies (1827 Edition)*, Appendix VI, pp. 629-633로 재출간.
31 Wodrow, *History*, vol. 3, pp. 110-111.

제 2 부

남은 자들(The Remnant)의 부흥과 쇠퇴

제5장 | 진리와 보존

1. 전투가 끝나고(1679-1681)
2. 공동체 사람들(1682)
3. 시험(1683)
4. 진리 보존(1684)

제7장 | 하늘만을 바라보며

1. 또 다른 박해(1685-1686)
2. 100명의 비천하고 어리석은 사람들(1686)
3. 관용이냐 성경이냐(1687)
4. 동트기 전의 어두움(1688)

제6장 | 살육의 시간

1. 살육의 시간(1685)
2. 도피 생활(1685)
3. 존 니스벳의 마지막 날들(1685)
4. 살육의 시간에 대한 회상(1685)

제8장 | 혁명 종식

1. 혁명 종식(1688-1689)
2. 혁명의 여파(1689 직후)

제9장 | 계속되는 투쟁

1. 사탄의 공격
2. 이전 언약된 땅
3. "언덕 위의 도시"

로던 성(1690년경)-*Courtesy Alloway Publishing*

로던 교회(1850년경)-*Courtesy Alloway Publishing*

제5장

진리 보존

> 작은 진리를 위해 부름 받았을 때, 그것을 위해 고난당하기를 원하지 않는 사람들은 더 큰 진리를 요청하는 일을 위해 고난당하는 영광을 결코 얻을 수 없음을 두려워해야 하리라
> - 알렉산더 쉴즈(Alexander Shields)[1] -
>
> 그에게 피하는 자는 다 벌을 받지 아니하리로다
> - 시편 34:22 스코틀랜드 시편집에서 -

1. 전투가 끝나고(1679-1681)

전투가 끝난 후 1,500명 이상의 포로가 에딘버러에 있는 수도원 교회로 이송되어 왔는데, 거기서 그들은 죄수로 비바람을 맞으며 수개월을 머물렀고, 수백 명이 비바람에 노출된 채 죽었다. 설상가상으로 그들이 에딘버러에 끌려왔을 때 시민들은 "너희의 하나님은 지금 어디 있느냐"[2]며 비난하고 조롱했다.

정부는 보스웰 전투가 폭동이었음을 인정하고, 결코 다시는 왕에게 대항하여 무기를 들지 않겠으며, 야외 비밀 집회에 참여하지 않겠다는 데 동의하는 사람에게만 (평화의 계약 혹은 비밀 약정[the Bond of Peace or Black Bond]으로 불리는) 면책을 제공했다. 존 블랙케이더는 죄수에게 이러한 계약을 거절하도록 촉구하는 편지를 보냈다. 그러나 다른 목사들은 그것을 받아들이도록 적극적

---

[1] Alexander Shields, *Sermons delivered in Times of Persecution in Scotland*, ed. by James Kerr (Edinburgh: Johnstone, Hunter, & Company, 1880), p. 605 (이하 Kerr, *Sermons*)로 출간된 설교.

[2] Patrick Walker, *Six Saints of the Covenant*, 2 vols. (London: Hodder and Strouguton, 1901), vol. 2, p. 131 (이하 Walker, *Six Saints*); Wodrow, *History*, vol. 3, p. 123.

으로 권장했다. 많은 사람들이 이 계약에 응하였으나, 더 많은 사람들이 보스웰 전투는 반역 행위가 아니라 자기 방어 행위였다고 주장하며 계약에 응하기를 거부했다.

주모자와 교구 토지 소유자와 목사 중 다수가 노예로 추방당했다. 슬프게도 많은 사람이 노예 상태로 가던 도중에 조난당하여 죽었다. 배가 침몰하기 전에 호송관이 갑판 해치를 잠가버려서 대부분 도망치지 못했다. 침몰하는 배에서 빠져나온 소수의 사람 중에 토머스 브라운리(Thomas Brownlee)가 있었다.

여러 가지 사건이 복합적으로 작용하여 체포된 언약도 사람들의 정신은 철저히 궤멸되었다. 생존해 있던 죄수 중 겨우 33명만 이 계약을 거절했을 뿐이다.[3]

이들 항의자의 증언은 자신들의 자유보다는 신념을 견지하고자 하는 사람의 사유에 대한 통찰을 보여 준다. 항의자 중 하나인 로버트 가녹(Robert Garnock)은 자신은 모든 법을 충실하게 따랐으므로 폭동을 일으킨 것이 아니라고 주장했다.

교도소장은 로마서 13장과 **엄숙 동맹**이 정부에 복종하라고 명령한 사실을 고려해 볼 때, 가녹이 **비밀 약정**(the Black Bond)을 받아들이지 않은 이유가 무엇인지 물었다. 가녹은 "아니오, 반대로 그들이 나를 속박했을 뿐이오. 만일 가톨릭교가 이 땅에 들어왔을 경우도 우리 스스로 참된 종교를 방어하지 못하게 하란 말이오?"[4]라고 대답했다.

이렇게 숭고한 진리 보유자가 보여 준 모범적인 태도 덕분에 백 명이 넘는 동료 죄수가 이에 합세하여 학정에 굴복하기를 거부했다.

가장 다루기 힘든 다섯 명의 항의자에 대한 처형이 1679년 11월 18일 주교 샤프(Sharp)가 살해되었던 곳 근처에서 집행되었다. 동포 중에 가녹이 보스웰에 있었다는 증언을 하려는 사람이 아무도 없었기 때문에 그는 처형당하는 사람 중에 없었다. 그 처형당한 사람 중에는 뉴밀른즈의 제임스 우드(James Wood)로 존 니스벳의 친척이 있었다. 우드는 죽으면서 했던 증언에서 주님께

---

3 1678년 7월 27일에 배상 결정이 내려졌다. Wodrow, *Histoy*, vol. 3, pp. 118-119; Patrick Walker, *Biographia Presbyteriana* (Edinburgh: D. Speare and J. Stevenson, 1827), vol. i, p. 47(이하 Walker, *Biographia*); Nisbet, *Private Life*, pp. 28-29.

4 Howie, *Worthies*, p. 466.

서 자신을 순교자로 죽게 하시기를 원한다고 말했다. 다른 사람의 증언도 영감을 주었다.

어떤 사람은 "그에게 피하는 자는 다 벌을 받지 아니하리로다"라는 행이 담겨 있는 시편 34편을 노래했다. 또 다른 사람은 "그의 머리의 모든 머리카락, 모든 핏방울을 그는 진심으로 완전히 그리스도를 위하여, 또한 지금 그가 선고받는 그 이유를 위하여 포기하겠노라"고 고백했다. 또 다른 사람은 교수대 아래에 가족이 있는 상황에서, "주 예수여 어서 오시옵소서"라고 소리쳤다. 또 다른 사람은 자신의 차례를 기다리는 동안 "눈앞에서 세 명의 형제들이 처형당하는 것을 보면서 조금도 낙담하지 않았다"[5]고 했다.

전투가 끝난 후 남서부 스코틀랜드의 많은 귀족과 보스웰 전투에 연루되었던 사람들은 면책을 거부하고 네덜란드로 도피했다. 도피했던 사람 중에 로버트 해밀턴 경이 있었는데, 이 때문에 그는 대규모의 토지를 몰수당했다.

해밀턴 경은 언약을 고수하는 남은 자(보스웰 다리 전투 후에 남아 있던 사람) 중, 임명된 행정관으로서 유럽에서 언약에 충실한 목사를 훈련시키는 일을 독려했다.

혐의가 있는 주모자와 면책을 거부한 사람은 벌금이 무겁게 부과되거나 폭도로 선언되어 그 이름이 휴대용 명부에 올라갔다. 명부에 오른 사람 중에는 존 니스벳도 있었다. 군인들은 도망자들을 찾기 위해 시골 지역을 수색했다. 정부를 지지하는 많은 사람들이 보상금을 모으고 압수된 소유물을 차지하여 부유하게 되었다.

> 그래서, 주의 백성이 안식일이었던 6월 22일 보스웰 다리에서 패배한 후, 다음 안식일인 6월 29일에 아버지를 찾기 위해 우리 집으로 왔다. 그러나 아버지는 그들을 피해 있었기 때문에, 그들은 약 60볼의 엿기름과 보리와 그만큼의 곡식 가루와 귀리를 가져갔다.
>
> 그들은 월요일에 다시 와서 아버지의 말과 검은 소와 양과 가구와 이전에 놓고 갔던 음식물을 전부 가져갔다. 그리고 어머니와 맏형을 심하게 때리고 우리 모두 내

---

5 Hewison, vol. 2, p. 319.

쫓았다. 그날 오전 그들은 바로 옆 시장에서 우리 아버지를 정부에 대항한 폭도로 고발하고, 아버지, 어머니, 우리 중 누구든 체포하는 사람에게 포상금을 걸었다. 아버지는 3,000머크, 어머니는 100머크를 걸었고, 4명의 자녀(나도 그들 중 하나였다)도 100머크씩 걸었다. 그들은 우리 가족 누구라도 숨겨주는 경우 벌금을 부과하겠다고 온 나라를 위협했다.

게다가 그들은 어느 사악한 이웃의 배반으로 아버지의 서류 대부분과 돈을 전부 압수했다. 우리가 내어 쫓긴 후 세 시간쯤 되어서 우리를 일부라도 체포하기 위해 새로운 부대가 돌아왔으나 놓칠 뿐이었다.

우리를 향한 하나님의 친절하고 사려 깊은 섭리 때문에 그들이 돌아오기 전에 우리 모두 피할 수 있었다. 일부는 한쪽으로 가고 또 일부는 다른 쪽으로 가는 식으로 말이다. 그들이 우릴 잡으려고 이웃을 샅샅이 수색했지만 아무도 잡지 못했.

주님의 모든 은혜를 어떻게 갚을 수 있으랴?

과연 나를 적들의 뜻대로 희생물이 되도록 포기하지 않고 지킬 자, 나를 능수능란하게 파괴를 일삼는 사람의 복수심에 불타는 진노의 희생물로 떨어지지 않도록 지킬 자, 내가 믿는 종교를 위하여 단절되지 않도록 할 자, 과연 나에게 매우 낯설기만 한 달콤한 과실과 수입이 단절되지 않도록 해 줄 자가 누구인가?

"여호와께서 홍수 때에 좌정하셨음이여 여호와께서 영원하도록 왕으로 좌정하시도다"(시 29:10).

"그리고 사악한 자들은 주께서 생명 주시기로 작정한 사람을 결코 파괴할 수 없다. … 그래서 이도 만군의 여호와께로부터 난 것이라 그의 경영은 기묘하며 지혜는 광대하니라"(사 28:9).

그뿐만 아니라 우리의 원수가 곧 하나님의 원수이며 하나님의 사역과 그의 백성에 대한 원수라는 사실이 우리의 고통을 완화시켜 주었다. 우리에 대한 그들의 적대감과 분노가 우리 아버지와 어머니의 양심에 관한 문제였다는 사실은 우리에게 어느 정도 안도감을 주었다. 부모님은 하나님을 거슬러 범죄하고 자신들의 양심을 손상시키거나 의로운 자들의 세대를 비난하느니, 차라리 주님이 능력 주시는 것을 따라 어떤 종류의 고난이든 기꺼이 겪고자 했던 사람들이었다.

비록 악한 자들이 그들이 세상에서 소유했던 것을 모두 강탈해 갔을지라도, 그들은 여전히 자신들의 재산이 상실되는 것을 즐거이 감수했다. 그럼에도 불구하고 그들은 결코 음식과 의복을 구하지 않았다. 주님께서 그들과 그들의 가족을 보호하셨기 때문이다. 환난 중에 도우심이 되시는 하나님은 영화로우시다(시 46:1,5).

그리고 여기, 우리 아버지의 집이 강탈을 당하였을 때 자신의 일꾼을 보내어 마치 자기 소유인 것처럼 많은 것에 대한 소유권을 주장했던 의롭고 명예로운 로던(제임스) 백작의 명예와 명성은 지속되고 있다. 그는 한밤중에 자신의 은신처에서 우리 아버지에게 사람을 보내 돈을 주게 하는 등 여러 가지로 친절을 베풀었다.

그뿐만 아니라 우리를 숨겨주는 일이 모든 사람에게 가장 엄하게 금지된 상황임에도, 주님께서는 그 친절하신 섭리 가운데 우리에게 문을 닫지 않으셨고, 신속하게 또 다른 문까지 열어주셔서 우리는 확실하게 이 땅이 주님의 것이며 주님의 영광으로 가득 찼다는 것을 볼 수 있었다(시 24:1).

우리는 간혹 스스로 믿음이 부족하다고 말하는 사람들의 극진한 환대도 받았다. 그래서 우리는 요한계시록 7:16을 언급하지 않을 수 없는데, 거기에 따르면 용이 홍수를 토해낼 때 이 땅이 여자를 도왔다. 그리고 우리 모두 아는 것처럼 이때에 우리 아버지에 대해 가장 폭력적인 핍박자였으며 아버지의 재산 대부분을 강탈해갔던 장본인이 몇 년이 채 되지도 않아 죽었다. …

게다가 약간의 재물을 얻을 목적으로 아버지를 밀고했던 이웃도 순식간에 사라졌다. 그들은 2년도 안 되어 죽거나 빈곤에 빠져 구걸하게 되었는데, 그들이 소유한 모든 소유에 타격이 있었기 때문이었다. 우리 아버지는 그것에 대해 말하기를, 주님은 이들 가난한 사람을 불쌍히 여기시고 아끼시며 그것이 하나님의 거룩한 뜻이라면 그들에게 회개할 마음도 주신다고 했다. 그는 다윗이 한 말을 덧붙였다. "또 악으로 선을 대신하는 자들이 내가 선을 따른다는 것 때문에 나를 대적하나이다"(시 38:20).

과연 그들은 다니엘 6:4-5에서 말하고 있듯이 하나님을 섬기는 일을 제외하고는 그를 흠잡을 것을 아무것도 찾지 못했다.

내 영혼아, 내 속에 있는 모든 것들아 그의 영원한 자비를 인하여 하나님을 송축하라!

오! 하나님의 사람이여, 사람의 자녀에게 행하신 그의 선하심과 놀라운 기사를 인하여 주님을 찬양하라. 주님은 그를 기다리는 사람과 그를 구하는 영혼에게 선하시다. 그는 우리를 영원히 버리지 않으시며, 비록 슬프게 하였을지라도 그의 풍성한 긍휼하심을 따라 불쌍히 여기시는데, 그들은 매일 새로운 아침을 맞이하기 때문이다. 사자를 신실하게 입히시는 주님을 크게 사모하라. 아멘.[6]

대중을 분열시키기 위해 정부는 또 하나의 관용을 승인하고, 다시 불러들였다. 많은 목사가 이른바 은총, 즉 세 번째 관용을 받아들였고, 이로 인해 장로회의 체제는 약화된 형태로 유지되었다. 제임스 니스벳의 회고록 서문에서 그것으로 인해 초래된 분열을 이렇게 묘사했다.

> 거의 동시에 사면된(indulged) 목사들은 6,000머크의 벌금형을 부과받고 추밀원(the privy-council)에 소환되었을 때 계약에 동의하여, 평화롭게 살아가야 하며 당시 변절에 반대하는 설교를 하지 않으며 자기 주장을 내세우지 말라는 요구를 받았다.
> 스코틀랜드인은 이로써 안전을 도모하고자 했고, 이로 인해 이 마지막 사면은 집단 사면(Banded Indulgence)이라는 이름을 얻게 되었다. 이 용어가 뜻하는 대로 평화롭게 산다는 것은 모든 야외 집회와 정부가 불법적인 행위로 부르기로 결정했던 것에 대한 비난으로 이해되었는데, 사실 이런 것은 모든 자유로운 목회의 거의 모든 본질적인 부분을 구성하고 있었다.
> 박해받은 사람들은 계속해서 교회에서 그리스도의 수장권을 주장하며 이러한 새로운 법의 시행을 죄악되고 수치스럽고 불편한 것으로 보고 반대하였다. 여러 목사가 회합한 자리에서 이러한 추가적인 맹세를 받아들인 사람이 많았다. 그들은 그때까지도 아직은 과거의 모든 의무 규정에 항의했지만, 이제는 폭도라는 오명을 피하기 위하여, 혹은 오랫동안 계속된 고난에 지친 나머지 불안정한 평화를 기회로 활용했다. …
> 이러한 사면은 마음을 우울하게 하였고 비록 예전처럼은 아니라 해도 최고의 순수한 장로회와 복음의 여러 벗들 사이에 회복할 수 없는 균열을 야기시켰던 기억을 떠올리게 했다.[7]

이제 그리스도의 이상(理想)을 위하여 보스웰 전투 이후에 남아 있던 소수

---

6 Nisbet, *Private Life*, pp. 53-58.

의 남은 자의 고난과 순교에 초점을 맞추어 보자. 1679년 10월 리처드 카메론(Richard Cameron) 목사는 언약의 이상을 기꺼이 지지하는 소수의 목사 중 하나로 섬기기 위하여 네덜란드에서 돌아왔다. 그는 카길(Cargill)과 더불어 보스웰 다리의 대실패에서 살아남은 신실한 자를 위하여 필요한 정신적 토대를 제공하였다.

카메론 목사는 1680년 5월에 했던 설교에서 스코틀랜드 전역에서 찰스를 왕으로 인정한다 하더라도 "우리는 그리스도 외에는 왕이 없다"고 선언했다. 카메론 목사는 보스웰 다리 기념일에 샌쿠하르 십자탑(Sanquhar Cross) 위에 독립 선언문을 게시했다. 그 선언문은 "우리 주 예수 그리스도와 그의 이상과 언약의 원수"에 대한 보복을 천명했다. 이는 본질적으로 왕과 모든 왕의 지지자에 대한 선전포고였다.

그 직후, 왕의 군대가 에어스모스(Ayrsmoss)에서 카메론과 여러 지지자를 둘러싸고 대학살을 자행했다. 그들은 카메론의 머리와 손을 네더보우(Netherbow) 항구에 걸어 놓았다. 거기엔 이렇게 적혀 있었다.

> 기도하고 설교하며 살았고, 기도하고 설교하다 죽은 사람의 머리와 손이 여기 있다.

드럼클록과 보스웰의 영웅인 카메론의 부관 핵스턴은 더 불운했다. 교수대에서 사형 집행관이 그를 줄로 매달아 교수대 꼭대기까지 들어 올렸다가 떨어뜨려 그의 손을 자르고, 다시 들어 올려 그를 떨어뜨려 심장을 도려낸 다음, 내장을 꺼내고 머리를 자르고 몸을 네 토막으로 잘랐다.[8]

카길은 1680년 9월 토우드(Torwood)에서 국왕 찰스를 비롯한 박해자들을 파문했다. 카길은 파문에 대한 많은 이유를 인용했다. 술 취함, 간통, 하나님 백성 살해, 언약 포기 선언, 위증죄, 하나님 조롱. 이에 대해 정부는 언약도를 체포하는 데 더 많은 보상금을 정하여 독실한 언약도를 엄중 단속했다.

보스웰 이후 많은 목사가 사면을 받아들였지만 모두 그런 것은 아니었고 카

---

7 Nisbet, *Private Life*, pp. 29-30.

8 Barr, p. 55; Hewison, vol. 2, p. 331; Howie, *Worthies*, p. 429.

메론과 카길을 지지하여 거부한 사람도 있었다. 예를 들면, 존 니스벳의 자녀에게 세례를 베풀었던 존 블랙케이더는 설교를 계속하면서 남은 자를 격려했다. 블랙케이더의 믿음은 왕의 권위를 부정하지 않거나, 사면된 목사와의 교제를 피하지 않았다는 점에서만 카메론이나 카길과 달랐다. 블랙케이더는 끝내 1681년 4월에 체포되어 배스 락(Bass Rock)에 수감되었고, 거기에서 거의 죽을 때까지 머물렀다.

정부는 혈안이 되어 카길의 지지자를 수색했고 그들이 찾아낸 모든 사람을 처형했다. 그 중에는 이소벨 앨리슨(Isobel Alison)과 마리온(Marion)이라는 두 명의 여인도 있었는데 그들은 카길에 의해 이루어진 전쟁 선포를 지지했다는 이유로 고발을 당했다.

마리온은 자신을 변호하면서 "그들은 내가 살인했을 거라고 말하지만, 나는 결코 병아리 한 마리의 생명도 빼앗을 수 없었습니다. 내 마음은 도리어 움츠러들었습니다"라고 말했다. 그들은 의회에 출두했을 때, 시편 23편을 큰 소리로 노래하여 그들에게 기도를 들려 주려던 어느 주교의 목소리마저 들리지 않게 만들었다.

마리온은 자신이야말로 "스스로 판단컨대, 참된 장로교인"이라고 주장하면서, 장로교인이라고 주장하는 많은 사람으로 구성된 법정을 이렇게 비난했다.

> 그대들은 모두 눈이 멀었소.[9]

법정은 수감된 목사 아키볼드 리델(Archibald Ridell)을 보내 두 여인의 마음을 바꾸도록 설득했으나 비난만 듣게 되었다. 리델은 (므낫세, 요아스, 네로의 사례를 인용하면서) 성경이 악한 권력에 대해서도 복종을 요구한다며 그들을 설득시키려 했다. 리델은 또 파문은 교회에 정당하게 귀속된 기능이기 때문에 행정 당국자를 파문한 목사(카길)의 합법성에 대해 따졌다.

리델은 이사벨에게 "누가 교회인가" 물었다. 이사벨은 "만약 세상에 참된 하

---

[9] John H. Thomson, *A Cloud of Witnesses* (reprint, Harrisonburg, Virginia: Springle Publications, 1989), pp. 144, 138 (이하 Thomson, *Cloud*).

나의 교회가 있다면, 그 교회는 바로 저 작은 한 웅큼의 언약을 지키며 남은 자들일 것이지만, 그것은 결코 무가치하지 않으며, 우리도 그에 속해 있다"고 대답했다.

당시 대부분의 순교자처럼 이들도 처형을 기다리는 동안 운율 있는 시편(시 74; 84)과 성경(막 16; 말 3)을 읽었다. "안녕, 달콤한 성경 … 안녕 달콤한 성경 말씀"이 그들의 작별의 말이었다.[10]

> 주의 성소를 불사르며 주의 이름이 계신 곳을 더럽혀 땅에 엎었나이다
> 그들이 마음속으로 이르기를 우리가 그들을 진멸하자 하고
> 이 땅에 있는 하나님의 모든 회당을 불살랐나이다
> 우리의 표적은 보이지 아니하며 선지자도 더 이상 없으며
> 이런 일이 얼마나 오랠는지 우리 중에 아는 자도 없나이다
> 하나님이여 대적이 언제까지 비방하겠으며
> 원수가 주의 이름을 영원히 능욕하리이까
> 주께서 어찌하여 주의 손 곧 주의 오른손을 거두시나이까
> 주의 품에서 손을 빼내시어 그들을 멸하소서
> 하나님은 예로부터 나의 왕이시라 사람에게 구원을 베푸셨나이다(시 74:7-12).[11]

그러는 동안 잉글랜드에서는 의회 내에서 왕 찰스의 동생이자 가톨릭 교도 요크 공작 제임스를 통하여 가톨릭 왕조를 세우려는 가톨릭의 음모에 대한 두려움이 점점 더 커졌다. 찰스는 의회에서 자신의 동생을 보호하기 위하여 1680년 말 제임스를 자신의 왕실 고등 행정관으로 임명하여 스코틀랜드에 파송했다.

일찍이 스코틀랜드에서 요크 공작은 로더데일(Lauderdale)을 강제 사임시킴으로써 스코틀랜드 고등 행정관실을 개조하기 시작했고, 그로 인해 1년 후에 아길레(Argyle) 백작은 목숨을 구하느라 도망쳤으며, 상황이 허락되는 한에서는 교묘하게 고등 행정관을 가톨릭과 절대 군주제에 동조하는 사람으로 교체하였다.

---

10 Thomson, *Cloud*, pp. 124-125; Hewison, vol. 2, p. 346.

11 *Scottish Psalter*, Psalm 74:7-12.

권력을 얻기 위해 자신의 영혼을 팔았던 로더데일은 1682년 상속자 없이 파산하여 죽었다. 동시에 찰스도 프랑스에 있던 협력자들의 도움으로 강제 수단을 써서 토리당 지지자의 통제 아래 있던 런던 시를 포함하여 수많은 도시 설립 허가서를 수중에 넣음으로써 잉글랜드를 손아귀에 넣었다.[12]

1681년 여름, 요크 공작은 9년 동안이나 활동이 미미하던 스코틀랜드 의회에 답장을 보냈다. 실제적인 목적에도 불구하고 입법을 주도하는 것은 아무런 힘도 없는 꼭두각시 정부였다.

스코틀랜드 의회는 그들의 주인에 복종하여 야외 집회를 허용하는 토지 소유자들에게 무거운 벌금을 부과하였고, 목사들에게는 교회를 비우는 사람을 보고하도록 요구하였으며, 모든 부동산 소유자와 관리를 강제로 맹세시키는 추가 법률을 통과시켰다. (시험[Test]으로 불리는) 이런 맹세는 서명자들에게 언약도를 비난하고, 왕을 "세속적인 일뿐 아니라 교회에 관련된 모든 일에서 유일한 최고 통치자"로 인정하며, 웨스트민스터 총회에서 채택된 **신앙고백**이 아니라 왕 제임스에 의해 (1567년) 채택된 **신앙고백**을 공언하도록 강요했다.

이 시험은 "사람이든 천사든 교회의 머리로서의 그리스도의 직임을 침범하는 것은 합법적이지 않다"고 선언한 왕 제임스의 **신앙고백**을 고려할 때 모순적이다.[13]

제임스 니스벳의 회고록은 그가 10세가 되기 전에 겪은 박해가 기독교인으로서 그의 성품을 어떻게 형성시켰는지를 연대순으로 기록하고 있다. 그의 부모는 자녀가 발각되지 않도록 그들을 따로 떨어진 집에서 다른 사람의 보호를 받게 했다. 이런 환경에서 제임스는 하나님 말씀이 흥왕한다는 사실을 깨달았다.

> 여호와를 의뢰하고 선을 행하라 땅에 머무는 동안 그의 성실을 먹을거리로 삼을지어다(시 37:3).

그러나 더 이상 부모의 보호와 기준 아래 있을 수 없게 되자, 제임스 니스벳

---

12 Ashley, *James II*, pp. 130-145; Hutton, *Charles the Second*, pp. 382-414; Hetherington, *Westminster Assembly*, p. 405.

13 Thomson, *Cloud*, p. 306.

은 자신이 "죄와 사탄의 포로"가 되었음을 깨달았고, "죄악된 괴물이며 죄와 죄악으로 타락한 덩어리"임을 발견했다.

그는 이런 환경에서 자신이 어떻게 다른 아이들의 죄악된 습관을 받아들이고, 안식일을 무시하며, 자신의 신분을 감추기 위해서 반쪽-진리(half-truth)를 생각해 내고, 다른 사람의 고난을 무시했는지를 두고 탄식했다.[14] 성령은 이런 모든 일 가운데 양심적으로 구세주의 필요성을 깨닫게 하고 하나님과의 달콤한 교제를 사모하도록 이끄셨다.

> 이런 일은 부끄럽고 혼란스럽게도 죄악의 커다란 신비를 폭로하는 몇 가지 방식인데, 바로 그 때문에 나는 죄와 사망의 육체와 많은 우울한 투쟁을 벌여야 했다. 나는 어리석고 사악한 친구들과 함께 그렇게 했던 것에 대하여 변명을 늘어놓는 것을 포기하고, 가능한 한 나 자신을 혼자 있게 했다.
>
> 나는 세례 문답집과 성경을 열심히 읽었고, 나에게 교훈을 줄 수 있는 누구에게나 교훈을 구했으며, 자주 기도 시간을 가졌고, 모든 불의한 일과 모든 죄악을 버리겠노라고 맹세하였다.
>
> 그러나 아! 다루기 힘든 나의 타락의 힘을 통해서 그것들이 삼손의 활줄(withs)[15]과 같다는 것이 드러났다. 그 때문에 나는 이렇게 생각을 하지 않을 수 없었는데, 즉 누구든지 의무와 특권을 통해서는 하나님께 열심을 내면서도, 그리스도의 보혈에 대한 믿음을 통해 하나님과 온전히 화목하지 않는다면 그만큼 하나님의 맹렬한 분노라는 무시무시한 진노에 더 가까워질 것이라는 말이다.
>
> 이 일이 있은 후 위대한 거드리(Guthrie) 선생의 『구원의 중요성의 시험』(*Trial of Saving Interest*)과 리처드 알레인(Richard Allein)[16]의 『경건의 변호』(*Vindication of*

---

14 Nisbet, *Private Life*, pp. 60-63.

15 삿 16:7을 보라. 삼손이 그에게 이르되 "만일 마르지 아니한 새 활줄 일곱으로 나를 결박하면 내가 약해져서 다른 사람과 같으리라."

16 Richard Alleine은 자신의 책, *A Vindication of Godliness* (London, 1663), 72-80에서 진리를 가진 사람이 갖는 다섯 가지 보물을 밝혔다. 그리스도가 지금 그들의 것으로 상징하는 고가의 진주(아 2:6; 마 13:46); 그리스도의 구속 사역을 상징하는 흰 돌(계 2:17), 새로워진 마음으로 만들어지는 거룩함을 상징하는 흰옷(마 12:35; 히 12:10; 계 6:11), 하나님의 자녀로의 변화를 상징하는 양자됨(눅 15:22, 31; 요 1:12, 롬 8:15-16; 요일 3:1), 양떼에게 부어지는 그 모든 축복을 갖춘 왕국(눅 12:32). 이런 축복은 세상에 가리어져 있는 것이나, 이에 대한 지식은 성도에게 생명이다.

Godliness)를 접하게 되었고 그것들을 자세히 읽었다.

하나님께 빛과 도움을 구하기 위하여 여러 번 시간을 따로 떼어놓기를 시도한 후에, 나는 거기서 개인적으로 언약을 맺는 일과 그에 따른 의무를 발견하였고, 하나님께서 도우사 이로써 깊이 감동을 받아 마음과 영혼이 넓어졌다. 나는 그들의 명확한 어휘까지 사용할 정도로 평온함을 얻지는 못하였는데, 그 이유는 그것이 지나치게 격식을 차린 것으로 보였기 때문이었다.

그렇지만 나는 그 목적을 굳게 붙잡았다. 나의 상실된 상태를 슬퍼하면서, 복음이라는 조건으로 더 자주 그리스도와의 완전한 친밀함에 이르고자 했던 것은 오직 나뿐이었다. 시간이 지남에 따라 나는 문서에서 그 언약을 끌어냈고, 더욱 신실치 못하고 경솔한 행동의 배후에서 나를 속이고 우롱하는 나의 신뢰할 수 없는 마음을 새롭게 하였다.

그러나 결국 내 마음이 신뢰할 수 없는 기만적인 일을 계속 저지른다는 것을 깨달았을 때, 나는 성급하게 착각에 빠져, 죄가 정복되지 않았으므로 내가 얻었던 모든 것은 단순한 환영(幻影)이라고 간주하였다. 분명히 나는 실제로 그리스도 안에서 하나님과의 언약으로 부름받고 임명받은 모든 사람이 죄에 대하여 승리한 것이 확실하다고 생각했기 때문이었다.

오! 천박하고 어리석은 무지함이여!

성경에 나오는 성도를 생각해 보면, 나는 마침내 마음의 기질이 갖는 기복과 장점과 단점까지 알게 되었고, 리브가처럼 내 안에 두 개의 다투는 것이 있다는 것과 그 둘이 내 마음의 법과 싸우는 내 지체의 법, 영을 거스르는 육체의 욕망, 육체를 거스르는 영의 열망이라는 것을 깨닫게 되었다.

이 점에 대해 경건하고 경험 많은 그리스도인과 대화를 하고서 깨달은 것은 이것이 내가 육체 가운데 사는 동안 싸워가야 할 전쟁이라는 것이었다.

계속해서 때로는 조급하게 때로는 느슨하게 하나님을 대함으로써 나의 죄악된 비참함과 무가치함을 느꼈기 때문에, 나는 형식적으로 개인적 언약에 집착하는 일에 싫증이 났고, 나이를 불문하고 사악한 친구에게서도 멀어지고, 논쟁은 하면서도 자신이 주장한 대로 살지 않는 모든 교수 친구에게서도 가능한 멀리 물러났다.

비록 어머니를 제외하고, 그들과 함께 어떤 자유든 만끽하려는 나의 죄 때문에, 또 스스로 너무 무가치하다는 생각으로 지나치게 위축되어 있었으므로, 다른 사람이 그렇게 하라고 자주 설득했을 때, 부끄럽긴 했지만 그래도 나는 다소 진실하고, 진정으로 경건한 친구를 좋아했다.

나는 세상의 모든 것 너머로 나의 초라한 영혼을 데려다 주는 그 숨겨진 만나를 찾느라 꽤나 긴 시간을 보냈다. 그렇게 하여 나는 그리스도께서 나의 빛, 나의 생명, 나의 법의 수여자가 되시고 나의 구세주가 되시기를 원했고, 만약 주님께서 나를 원수의 수중에 들어가게 하신다면, 내가 당하는 고난을 어떤 점에서, 어떤 근거에서 설명해야 할지 알 수 있도록 항상 그리스도의 정확한 도우심을 통해 지도받기를 원했다.

또한 나는 전적으로 다른 사람의 관점에 의지해야 할 정도로 믿음을 상실하지 않도록 그리스도의 지도를 받기 원했다. 내가 함께 대화를 나누었던 대부분의 고난 당하는 사람은 죄가 무엇이며, 의무가 무엇인지에 관하여 판단하는 일에서는 일관성이 있었을지라도, 그들 중에는 의견이 너무 다른 사람들도 있었는데, 어떤 사람은 이렇게 이야기하고, 다른 사람은 저렇게 이야기하며, 또 어떤 사람은 이것을 추구하고, 또 다른 사람은 저것을 추구했다.

이런 사실을 통해 나는 어떤 사람의 관점도 나의 기준이 될 수 없다는 것을 깨달았다.

내가 이처럼 훈련받는 동안, 나의 마음이 어떻게 해서든 안정되었을 때 … 나는 이 마음을 활용해서 개인적인 기도와 부르짖는 기도를 드렸다. 그리고 나의 마음에 생기가 사라지고 정욕이 가득할 때, 그리고 내가 모든 면에서 상태가 안 좋을 때는, 마음으로든 목소리로든 기도하고자 했다.

게다가 나는 때로 종일 혹은 밤새 주님께 부르짖어 내 마음에서 몹시 슬퍼해야 할 역병을 많이 제거하여 치료하고, 내게 당신을 계시해 주시고, 하나님의 큰 도우심을 허락해 달라고 기도했다. 나는 그가 나에게 항상 거룩하고 겸손한 마음을 주시고, 칭의와 성화와 '영광 중에 끝 날까지 최후의 견인을 위하여, 내가 전(全) 그리스도를 받아들일 수 있도록 도와주시기를 기도했다.[17]

제임스는 기도 속에서 "부요하고 말할 수 없는 은사에 대해 세상의 죄를 없이

---

[17] Nisbet, *Private Life*, pp. 63-68.

하신 하나님의 어린 양 그리스도 예수께" 언제나 감사했고, "그들이 헤엄쳐 영광에 이르기까지 모든 은혜의 상속자들을 태운 복된 방주인 자유로운 은혜의 언약"에 대해 감사했다. 그의 기도는 하나님의 측량할 수 없는 사랑에 "항상 삼켜졌으며 영원이 시간을 대신할"[18] 때까지 "시간의 공허함"을 피하는 것이었다.

비록 대부분의 언약도가 큰 위기에 빠졌지만, 그 기간 동안(1679-1681) 제임스는 상대적으로 안전하게 생활했다.

> 나의 사랑하는 아버지는 한편으로는 주교 제도와 국교회의 수장권에 반대하고, 다른 한편으로는 매우 선동적이고 사악한 존 깁(John Gibb)[19]이라는 사람과 터무니없이 유별난 것에 애착을 느끼는 그의 동료에게 반대하였기 때문에 큰 위험에 빠졌다.
> 아버지는 구약성경과 신약성경에 계시된 대로, 그리고 **웨스트민스터 신앙고백과 대·소요리문답**에 요약된 대로 하나님의 진리에 집중했는데, 그 모든 진리는 우리의 언약인 **국가 언약과 엄숙 동맹** 속에서 맹세가 되었던 진리였다.
> 아! 그것은 당시 오래지 않아 깨졌고 오늘까지 우리의 끔찍한 배교의 잿더미 속에 묻혀 있었다. 게다가 그는 어떤 대가를 치르더라도 의도적으로 그리고 결연하게 계속해서 이들에 대한 찬성과 반대를 주장하였고, 당시 저명하고 신실한 하나님의 종, 도널드 카길(Mr. Donald Cargill)이 선포했던 복음을 계속해서 들었다.
> 그들은 일부 다른 사람들과 함께 하나님 앞에서 금식하며 하나님께 기도하는 데 많은 시간을 할애했는데, 자신에게 주어진 고통스러운 섭리 속에서 도움과 빛과 의무가 무엇이며, 또 죄가 무엇인지에 관한 뜻을 하나님께 구했다.[20]

1681년 7월 군인들이 카길을 체포했다. 감옥으로 가던 도중에 주교의 토지

---

18 Nisbet, *Private Life*, pp. 68-69.
19 극단의 시대는 극단적인 사람을 낳는다. 이 중 한 사람이 종교 시인의 지도자인 John Gibb이다. Gibb과 Gibb의 광신적인 추종자들은 빵, 물, 성경의 순수한 본문 외에 모든 것을 비난했다. 그들은 사이비 종교 집단의 특징이 되는 이상하고 기괴한 행동을 보여 주었는데, 장의 명칭이 추가된 성경을 갈기갈기 찢는 행동이 그러한 것이었다. 결국 당국은 그들을 미국으로 추방하였고, 거기에서 Gibb의 광적인 행위는 인디언에게 영향을 미쳤다.
20 Nisbet, *Private Life*, pp. 58-60.

관리자(factor)[21]로 알려진 또 다른 니스벳은 "한마디 더"라며 카길을 조롱했다. 전해지는 바에 따르면 카길은 설교에서 이런 말을 사용해서 응수했다.

> 악하고 비참한 사람아, 웬 조롱인가?
> 그대가 죽기 전에 한마디 더 하고 싶겠지만, 그렇지 못할 걸세.

그 직후 불쌍한 그 사람(주교의 토지 관리인 존 니스벳)은 혀가 부어올라 죽었다. 그를 심문할 때, 카길은 그가 토우드(Torwood)에서 파문했던 사람 중 하나였던 로드스(Rothes) 경의 위협에 대응하여, 로드스가 그의 죽음을 보지 못할 거라고 예언했다.

로드스는 곧 지독한 병이 들었고, 패트릭 워커(Patrick Walker, 1666-1745)가 기록한 대로 "그의 목사들은 함께 살기는 원해도 함께 죽기는 원치 않았기 때문에" 그의 아내가 사랑하는 장로교 목사들을 데려왔다.

로드스는 그들의 말을 들은 후 "우리 모두 그 사람(카길)이 우리를 파문하면서 무엇을 했는지 별로 생각하지 않았다. 그러나 이러한 선고는 나를 구속하고 있고 영원히 구속할 것"이라고 말했다.

이 점과 관련해서 해밀턴 백작은 "우리는 우리에게서 이 사람들을 추방시켰으나 우리가 죽게 되었을 때 이들을 불렀다"고 말했다. 요크 백작조차 "모든 스코틀랜드 사람들은 일생 동안, 혹은 죽을 때는 장로교인이라는 점이 그들이 진정 원하는 것이 무엇인지를 보여 준다"[22]고 결론을 내렸다.

자신에 대한 처벌을 알리는 나팔 소리가 울리자, 카길은 "저것은 지치게 하는 소리지만 마지막 나팔 소리는 내게 즐거운 소리가 될 것이며, 그 모든 것은 그리스도의 의를 입고 나타날 것이다"라고 말했다.

카길은 북소리에 맞추어 단두대 앞에서 자신의 "즐거움이 방금 시작되었다"라고 외치면서, 자신의 처형을 생애 최고로 즐거운 날로 선포했다. 그리고

---

21 대리인(factor)은 다른 사람을 대행하거나 다른 사람의 부동산을 관리해 주는 사람이다. 첨언하자면, 또 다른 John Nisbet은 당시 그리 알려지지 않은 목사로 크로포드존에서 시무했던 것으로 보인다.

22 Walker, *Six Saints*, vol. 1, pp. 52-53; Wodrow, *History*, vol. 3, p. 356.

나서 그는 마지막 만찬 후에 그리스도와 그의 제자들이 부른 시편 118편 후반부를 노래했다. 이 시편은 그리스도인에게 위로를 주는 약속을 담고 있다.

> 나는 죽지 않고 살아서 여호와께서 하시는 일을 선포하리로다.

카길은 사다리에 오르면서 "설교하기 위해 설교단을 오를 때보다 덜 두려워하고 마음의 동요도 없이 오른다는 것을 주님은 아신다"[23]고 말했다.

그날 또 다른 중요한 사건이 발생했다. 에딘버러대학교의 최근 졸업생인 제임스 런윅(James Renwick, 1662-1688)이라는 한 젊은이가 그의 처형을 목격했다. 카길이 죽어가면서 했던 증언은 "젊은 런윅의 마음에 깊이 영향을 주어" 그는 목사의 직무를 연구하기로 결심했다. 공부를 마치고 2년 뒤에 그는 "죽어 가던 카길의 손에서 떨어진 깃발"[24]을 들고자 했다.

1681년 10월, 정부는 또 다른 다섯 명의 충실한 언약도를 재판하고 처형했다. 이들 중 하나인 로버트 가녹(Robert Garnock)은 선한 양심으로 사람들의 법보다 하나님의 법을 순종하기로 한 사람에 대한 판결을 내리는 것의 위험성에 대해 재판관들에게 경고했다.

그들이 처형되고 난 그 밤에 제임스 런윅과 그의 친구들은 가녹과 그의 동료들의 머리를 공개적으로 전시된 곳에서 가져다가 근처의 장미 정원에 묻었다.[25]

2. 공동체 사람들(Society People, 1682)

카길의 죽음은 남은 자들(the remnant)의 마음을 낙담시켰고 야외에서 설교하려는 목사들을 사라지게 만들었다. 박해 기간 내내 그리스도인의 작은 모임이 유대를 이루어 상호 간 보호와 기도와 영적인 모임을 통한 신앙 계발을 위

---

23 Walker, *Six Saints*, vol. 1, p. 54; Thomson, *Cloud*, p. 10.

24 William Anderson, A sermon entitled *The Voice of Renwick* (London, 1882), p. 8.

25 Hewison, vol. 2, pp. 356-357; Howie, *Worthies*, pp. 471-472, 475.

한 공동체를 형성했다.

이런 공동체는 언약도를 격려해서 "그리스도의 대권과 그의 교회의 특권과 인류의 자유를 위한" 그들의 증언, "한편으로는 학정에 반대하고 다른 한편으로는 변절에 반대하는" 그들의 증언을 유지하게 했다.[26]

카길과 같은 날에 처형된 월터 스미스(Walter Smith)는 이러한 공동체 회합을 이끄는 지침을 기록했다. 스미스는 하나님의 백성은 특별히 추방이나 박해기간 동안 공동체를 형성하는 관례가 있음을 성경(시 137; 말 3:16; 행; 골 3:15; 살전 5:11; 히 10:24-25)이 입증한다고 주장했다. 각 공동체는 대체로 12명 미만이었으며 다른 공동체와 서신으로 소통을 유지했다.

보통 시편을 노래하는 것으로 회합을 시작하고 마쳤다. 모임을 갖는 동안 회원들은 상호 간의 신앙 계발을 위하여 기도하고 성경에 대하여 자유롭게 이야기했다. 그러나 (목사가 없는 동안엔) 논쟁적인 사안을 피했다. 적절한 비밀 기도의 실천, 가족에 대한 헌신, 모범적인 그리스도인의 삶을 이끌기 등은 그저 장려되기만 한 것이 아니라 요구되기도 했다. 회원들은 그리스도인으로서의 삶에 대해 서로 책임을 졌고, 서로 선한 일을 하도록 격려했다.[27]

존 호위(John Howie)는 교회의 전 역사를 통해 이와 같은 모임과 더불어, "교회의 부패와 부흥은 서로 손을 잡고 간다"고 주장했다. 호위는 공적인 예배에서는 서로 의무를 감당하도록 권고하거나, 여성에게 기도와 훈계할(행 1:14를 보라) 기회를 제공하지 않기 때문에, 그러한 모임은 공적인 예배에 대한 중요한 보완책이라고 주장했다.

스코틀랜드 총회는 40년이나 앞서서, 이런 공동체로부터 생겨날 수 있는 오류의 확산과 분열 가능성을 피하기 위해서 이러한 공동체가 교회 회의의 통제에 복종하지 않으면 안 되는 지침을 개발했다.[28]

상호 간의 방어를 위해, 공동체는 연대하여 포괄적인 통신(소위 총회)을 구성하였고, 1681년 12월 그 첫 회의를 개최하였으며 그 이후에는 분기별로 모

26　Michael Shields, *Faithful Contendings Displayed*, ed. by John F. Howie (Glasgow, 1780), p. 5 (이하 Shields, *Faithful Contendings*) [ESTC Reel 5187].

27　Walker, *Six Saints*, vol. 1, pp. 84-93.

28　John Howie, Shields, *Faithful Contendings*, 서문, pp. xi-xviii; McCrie, *Scottish Church*, p. 184.

임을 가졌다. 이런 조직은 스스로를 세속 법원이나 교회의 사법 기관으로 생각하지 않았고, 단지 기도하는 다양한 공동체 대표자 모임 정도로 간주했는데 그들은 통일된 증언을 공유하게 했다. 그들은 이런 목적으로 "그가 회원으로 있는 공동체의 동의가 없다면, 특정한 사람에 의해 (그들의 공통의 증언을 포함하여) 아무것도 이루어져서는 안된다"[29]고 맹세했다.

이 공동체는 대체로 보스웰에서 해밀턴과 함께했던 사람들로 구성되었다. 이들은 해밀턴처럼 폭정에 굴복하거나, 사면에 반대한다고 솔직하게 말하기를 거절하는 모든 설교자를 거부했다. 불평자를 추적하는 교회 법정이 없었고 충성스러운 남은 자들이 할 수 있는 유일한 항의 방법은 탈퇴뿐이었다.

총회는 대체로 뉴밀른즈에서 수마일 떨어진 아우헨길록(Auchengilloch)처럼 외지고 황량한 지역에서 이루어졌다. 아우헨길록은 500명을 숨기기에 충분히 큰 황무지의 움푹 파인 곳으로 "여행자들이 직접 거기까지 오지 않으면" 눈에 띄지 않는 그런 곳이었다. 인근의 언덕에서는 수 킬로미터까지 볼 수 있었고 거친 땅은 "기갑 부대의 접근을 허용하지 않았다." 1683년까지 회원이 도합 7천여 명이었던 공동체 집단이 80개 있었다.[30]

1682년 1월 12일, 제임스 런윅을 포함한 60명의 언약도는 라낙 십자탑(Lanark Cross)에 선언문을 게시했다. 첫 번째 회의에서 승인된 이 선언문은 그들의 입장과 불만을 개략적으로 기술했다. 스코틀랜드 의회는 **엄숙 동맹**과 일주일 후에 동일한 십자탑에서 이루어질 언약도 선언문을 불태우는 것으로 대응했다. 1682년 늦게, 이 공동체는 가장 유능한 청년 제임스 런윅을 목회 훈련차 네덜란드로 보냈다.

공동체는 두 번째 대회에서 로버트 해밀턴 경의 조카인 알렉산더 고든(Alexander Gordon)에게 대륙의 개혁 교회를 방문하여 자신들의 상황을 탄원하도록 주문했다. (또 다른) 존 니스벳이라는 이름의 한 젊은 청년이 고든과 런던

29　John Howie, Shields, *Faithful Contendings*, 서문, p. xi; Shields, *Faithful Contendings*, p. 13.

30　Thomson, *Cloud*, p. 239; Thomas Houston, *The Life of James Renwick* (Photocopy edition reprinted by Still Waters Revival Books of introduction to *The Letters of Renwick* [Paisley: Gardner, 1865]), p. 36 (이하 Houston, *Renwick*).

까지 동행했다.[31]

존 니스벳이라는 이 사람은 목회를 연구하도록 위임받은 네 공동체 회원 중 한 사람이었다. 고든이 해외를 방문하는 동안, 이 존 니스벳은 고든과 공동체 간의 왕래를 유지했다. 니스벳은 신분을 위장하여 매튜 미드(Mathew Meade, 1630-1699) 목사 자녀의 가정 교사로 일했다.[32] 수년 후에 정부는 이 존 니스벳(가정 교사)을 고든 및 미드와 함께 왕을 전복시키려는 음모에 가담한 죄로 고소하려 했다.

대표자와 그가 대표했던 사람들이 공적인 추문이 없는지, 그들의 증언에서 거짓이 없는지를 검증하기 위해 각 대표자를 조사하는 것은 매번 총회 회의를 시작할 때마다 시행된 관례였다. 불행하게도 어떤 사람은 이 형제들에게 부당한 짐을 지움으로써 도를 넘어섰다.

항구와 다리에서 관세를 납부하는 것이 정당한지에 대한 물음은 병사 간에 결코 치유될 수 없는 분열을 야기했다. 이런 세금은 고대부터 시작된 것이고, 박해를 위한 목적이 아니라고 간주했기 때문에, 공동체 총회는 세금을 납부하는 것은 그리스도인의 의무라고 판단했다.

말썽꾼 제임스 러셀(James Russel)과 그의 추종자들은 세금 문제에 관하여 공동체 총회와의 교류를 거부했다. 러셀은 국가에 참여하는 것은 어떤 것도 악이라고 간주했다. 러셀은 "국내외에서 말과 글을 통해서" 공동체를 잘못 표현함으로써 많은 "낙심과 슬픔"을 불러일으킨 급한 성격의 사람이었다.[33]

그러나 분열은 대부분 공동체가 왕 찰스와 절연하는 것에서 비롯되었다. 공동체 총회는 여러 경건한 장로교 목사를 거부하고 비난했는데, 그들이 교회의 교리, 예배, 정체에 관하여 동일한 견해를 가졌음에도 불구하고 왕과의 관계를 끊지 않았기 때문이었다. 설상가상으로 공동체는 이러한 목사들의 설교를 듣는 사람과의 교류까지 단절함으로써 더 심각한 분열을 초래했다.[34]

1682년 되던 해에 박해가 강화되었다. 많은 주민과 성직자와 공무원은 시

---

31 Shields, *Faithful Contendings*, pp. 18-19; Wodrow, *History*, vol. 3, p. 51.

32 Richard Greaves, "The Rye House Plotting, Nonconformist Clergy, and Calvin's Resistance Theory," Graham, *Later Calvinism*, p. 517-518 (이하 Rye House)로 출간됨.

33 Shields, *Faithful Contendings*, pp. 21, 31-32.

34 Shields, *Faithful Contendings*, p. 42.

험을 겪으니 차라리 자기 재산과 지위를 포기하기로 하였다. 기억하듯이, 그 시험은 모든 사람이 왕 찰스를 교회의 수장으로 인정함으로써 공개적인 신뢰를 보여 줄 것을 요구하는 것이었다.

무서운 기마병이 남서부 황무지를 두루 다니면서 도망자를 찾고 비밀 집회를 압박했다. 많은 사람들이 맹세를 거부하거나 교회에 참석하기를 거절하였기 때문에 매주 목록에는 새로운 이름이 늘어났다.

이 기간 동안 이 지역의 치안관이었던 클레이버하우스는 언약도 박해를 위한 법률을 최대한 서둘러 추진했다. 그의 함정에 빠진 사람들은 결국 부상을 당하고 파멸되어 집을 잃고 추방되어 죽었다. 제임스 니스벳의 설명에 따르면 아이들이 구타와 고문을 당하는 것은 일상이었다.[35]

어떤 지역에서는 이런 술책이 성공적으로 드러났고, 사람들이 고난을 당하기보다는 주교의 설교를 경청하는 편을 택하였기 때문에 교회 출석자 수가 늘어났다. 일부 지역에서 비밀 집회를 진압하는 데 성공했던 클레이버하우스 조차 에이어(Ayer, 뉴밀른즈가 위치해 있던 곳)와 라낙 황무지의 비밀 집회까지 진압할 수는 없었다.[36]

데포(Defoe)에 따르면, 클레이버하우스가 완강한 언약도를 처형하기 시작했던 것이 바로 이 기간이었다. 하지만 그 역시 법적인 권한 내에서 그렇게 했을 뿐이었다.[37]

정부는 점차로 극히 경미한 범죄에 대해서도 교수형에 처했다. 그들은 어떤 죄수에게 **비밀 약정**(the Black Oath)에 가담하지 말라는 편지를 썼다는 죄목으로 로버트 그레이(Robert Gray)를 교수형에 처했다. 그레이는 자신의 처형을 기다리면서 동료 죄수에게 하나님의 원수와 화평하라고 선동하는 사람의 말을 듣지 말

---

35 Thomson, *Cloud*, p. 303; Hewison, vol. 2, pp. 367-368.

36 Ian B. Cowan, *The Scottish Covenanters 1660-1668* (London: Victor Gollancz Ltd., 1976), p. 112 (이하 Cowan, *Scottish Covenanters*).

37 언약도에 대하여 호의적인 역사가들은 Claverhouse의 불법성을 과장할 가능성이 커 보인다. 증거를 보면 Claverhouse가 당시 법률에 근거하여 합법적인 권한 내에서만 사람들을 처형한 것으로 나온다. 하지만 Claverhouse가 재판에 넘겼던 사람들은 거의 예외 없이 사형이 선고되었다. 최종심도 같았다. Defoe, *Memoirs*, pp. 238-239; Charles Terry, *John Graham of Claverhouse - Viscount of Dundee 1648-1689* (London: Archibald Constable and Company Limited, 1905), pp. 210-211 (heareafter cited as Terry, *Claverhouse*).

라고 경고했다. 그리고 사람이 아닌 하나님을 따르라고 충고했다.

> 내 영혼은 그런 평화에 대해 생각할 때나 하나님의 원수와 타협을 추구하고 그 안에 평화가 있다고 말할 때 몹시 걱정된다.
> 하나님의 말씀만 따르고 사람은 누구라도 절대로 따르지 말라.

그레이는 교수대에서 부를 노래로, "나의 왕, 나의 하나님, 만군의 여호와여"라는 구절이 담긴 시편 84편을 골랐다. 정부는 두 차례 비밀 집회에 참석했다는 죄목으로 알렉산더 흄(Alexander Hume)을 교수형에 처했다. 흄은 교수대에서 "나는 의로운 중에 주의 얼굴을 뵈오리니 깰 때에 주의 형상으로 만족하리이다"라는 구절이 담긴 시편 17편을 노래했다.

크리스천 피페(Christian Fyfe)라는 한 여성은 "스코틀랜드에는 정직한 목사가 한 사람도 없다"[38]고 말한 것을 두고 법원이 정신 이상으로 선고했기 때문에, 겨우 교수대의 올가미를 피할 수 있었다.

제임스 니스벳이 수차례 가까스로 피신하면서 스스로를 구원하고 회심시키고 강하게 하고 지도하고 위로하는 데 얼마나 "구세주가 절대적으로 필요한지"를 배웠던 것이 바로 이 기간이었다.

니스벳의 친구들이 "매일 영원 속으로 추락하는 것"을 보면서, 자신이 "얼마나 충분하고 안전하게 구원의 옷으로 에워싸여" 있는지 그리고 주께서 얼마나 자기 마음을 "영원토록 노래"하도록 준비시키셨는지를 알게 되었다. 니스벳은 회고록에서 1682년에 일어난 사건을 다음과 같이 기술하고 있다.

> 1682년 내가 열세 살이 되던 해, 하나님의 섭리를 따라 우리 가족은 전환점을 겪게 되었다. 재판이 더 길어졌던 것이다. 친구들은 나를 아버지 친척 집에 둘 계획을 세웠다. 하지만 별 이유는 없었지만 다시 생각해보니 동생을 보내는 편이 더 적절하다는 생각이 들었는데, 이게 하나님께 더 큰 찬사와 탄식을 드릴 수밖에 없었던 친절한 섭리였던 것이다.

---

38 Thomson, *Cloud*, pp. 231, 236; Hewison, vol. 2, pp. 382, 385.

왜냐하면 동생이 떠난 직후, 적군이 그 사람 집에 와서 핍박 대상을 수색했던 것이다. 그 집 사람들은 이들이 오는 것을 보고 미리 피신했지만 잔인한 적들은 가여운 동생을 체포했다. 그들은 핍박받는 자들에 대해 심문하면서 그들이 어디에 나타나는지, 어디에 있는지 심문했다.

하지만 동생은 입을 열지 않았고 한마디도 하지 않았다. 동생을 달래고 돈까지 건네면서 휘그당원이 어디 있는지 말하라고 했지만 동생은 말하지 않았다. 그들은 검을 빼어 검 끝으로 동생의 가슴을 겨누거나 동생 머리 위로 권총을 쏘기도 했다. 그들은 동생을 말 뒤에 앉혀서 데리고 가서 매달기도 했다. 그들은 동생의 얼굴을 천으로 묶은 채로 총으로 쏴서 죽이려고 무릎을 꿇렸다. 그리고 검과 주먹으로 내리쳤다. 그리고 여러 번 발길질을 하여 넘어뜨렸다.

그들이 할 수 있는 모든 잔인한 짓을 했음에도, 동생은 그들에게 전혀 입을 열지 않았다. 비록 동생이 채 열 살도 안 된 매우 귀엽고 예의 바른 어린아이였음에도, 그들은 동생을 악하고 추한 벙어리 악마라며 아프게 때렸다. 그러고 나서 땅바닥에 쓰러진 아이를 상처 입고 피 흘리는 그대로 들판에 버려두고 떠났다.

여기서 주님은 "진실로 사람의 노여움은 주를 찬송하게 될 것이요 그 남은 노여움은 주께서 금하시리이다"(시 78:10)라는 말씀을 성취하셨다. 바로 이런 섭리의 구절에서 나는 "친절하게 다스리시는 하나님의 권능과 섭리"를 말하는 것이다.

왜냐하면 만약 원수들이 동생이 아버지 아들이었다는 것을 알았더라면, 아버지 때문이라도 동생을 죽였을 것이기 때문이다.

사랑하는 동생은 다윗과 함께 "내가 감사제를 주께 드리리니 주께서 내 생명을 사망에서 건지셨음이라"(시 56:12-13)며 얼마나 감사하며 찬송을 하였을까!

내 성격을 고려하셔서 내가 그 집에 가는 것을 막으신 하나님의 선하신 손길에 어찌 다 감사를 드릴 수 있을까?

내가 언제나 동생보다 더 쉽게 화내고 급하게 흥분하기 때문에. 나를 이런 시험에 빠지지 않게 하시고 악에서 구원해 주셨도다.

오! 하나님의 보호하시고 지켜 주신 은혜를 무엇으로 갚을 수 있을까?

하나님이 친히 이루셨으니 내가 무엇이라고 말할 수 있을까?

나라와 권세와 영광이 영원히 당신께 있사옵나이다. 그러므로 하나님이여 주는 하늘 위에 높이 들리시며 주의 영광이 온 세계 위에 높아지기를 원하나이다(시

52:2, 5, 11). 당신은 나를 위해 모든 것을 이루시는 존귀하신 하나님이시기 때문이옵나이다. 아멘.

당시 나는 여기저기로 여러 번 옮겨 다닐 수밖에 없었는데 적들이 항상 감시하여 우리가 있는 곳을 알아냈기 때문이다. 그러나 하나님의 자비와 친절하신 섭리로 우리 모두 보호를 받았다.

그러나 그해 후반기는 우리에게 매우 괴로운 시기였는데, 우리가 아직 지옥에 가지 않았다면 전부는 아니라 해도 일부라도 반드시 체포하겠다고 그들이 맹세할 정도였기 때문이었다.

우리를 체포하려고 그들이 변장하는 경우도 있었는데, 꽤 잘생긴 젊은 남자가 여성의 옷을 입기도 했다. 여자로 변장한 남자는 아일랜드에서 온 우리의 사촌이라고 하면서 우리 친구들에게 우리를 데리러 왔다는 소문을 퍼뜨렸다. 친구들이 우리가 스코틀랜드에서 겪은 일을 알고 있었기 때문이다.

이로 인해 우리가 어디 있는지를 아는 우리 친구들에게 신뢰를 얻었다. 특히 변장한 모습은 우리 가족과 매우 닮았고, 그의 말하는 억양 때문에라도 우리 가족으로 여길 수밖에 없었다. 그렇게 해서 그는 우리의 위치를 알아내고 주둔지로 돌아가 이를 알렸다. 다음날 아침 전 부대가 말을 타고 10마일(16km) 정도 거리에 있던 우리에게 왔다.

그러나 우리를 위해서, 이런 시련에 가장 부적당하고 비천한 우리를 위해서 놀라운 일을 행하시는 하나님이심을 보여 주시는 하나님의 친절한 섭리를 보라. 그래서 하나님은 항상 우리를 시련에서 가장 먼 곳에 있게 하셨다. 왜냐하면 원수가 우리가 머물던 집에 오기 30분 전, 습지대의 다른 쪽으로 2마일(3km) 떨어져 있던 아버지께 어떤 이유로 나를 보내셨기 때문이다.

어머니를 떠나 조금 가던 중에 기도해야겠다는 강한 열망이 느껴졌다. 그래서 나는 늪에 앉아 기도했다. 그러고 나서 다시 일어나 조금을 달려가다가 다시 영적인 열망으로 인해 땅에 엎드려 기도하지 않을 수 없었고 다시 세 번째로 기도를 올렸다.

그러나 내게 기도의 열망이 있음을 알았지만 달렸고, 내게 그 열망은 점점 커져 나는 머리에 아무것도 쓰지 않고 달리기로 했다. 그에 따라 나는 달리면서 온 힘을 다해 소리를 질렀다. 그러나 내 마음의 소리와 영혼의 열망은 내 목소리보다 훨씬 더 크게 느껴졌다. 그리고 나는 거절하지 못하고 다만 나와 가족을 위해 주님의 자비와 또 자비와 동정과 긍휼을 구했다.

거의 2마일(3km)쯤 달렸을 때에는 기도와 찬양이 섞이기 시작했다. 나는 습지대의 가장자리 끝에서 다른 그리스도인들과 기도하기 위해 아버지가 모임을 갖고 있던 곳에 이르기까지 그 일이 무엇을 뜻하는지 알지 못했는데, 그들 중에 어머니와 나머지 아이들도 있었다. 그리고 그들 모두 불안 속에 있었다.

그러나 그때 나를 두렵게 하는 것은 아무것도 없었다. 그들이 불안해하는 이유도 알기 어려웠고 어머니를 거기서 보게 된 것이 이상했는데, 나만 모르는 일이 있었던 것이다. 내가 떠날 때 어머니가 떠나는 것에 대해 아무 생각도 하지 않았기 때문이었다.

어머니는 내가 떠나고 15분 후에 원수들이 오는 것을 보았고, 집이 그 늪지대의 끝에 있었기 때문에 약 6, 7분간 아이들과 함께 움직이지 않았다고 한다. 틀림없이 그들이 나를 붙잡았을 것이라고 생각했다는 것이다. 나는 어머니에게 출발한 후에도 아무도 보지 못했다고 말했다. 그러나 그때 내가 겪은 일은 말하지 않았다.[39]

위험을 모면한 일에서 제임스 가족이 느꼈던 기쁨은 그들이 머물렀던 집 주인이 투옥되어 고문을 당하고 "시험과 벌금 부과로 불리는 혐오스러운 맹세를 한" 후에야 석방되었다는 것을 알게 되었을 때에야 진정되었다. 이렇게 아슬아슬한 도피를 통해 제임스는 주님이 자기를 "보이는 것과 감각에 의해서가 아닌 믿음으로 살도록"(고후 5:7; 요 20:29) 훈련시키고 자기를 "기도하는 일"로 부르신다는 것을 알게 되었다.

당시 제임스의 가족에 미친 영향을 돌아보면서, 제임스가 어떻게 주님이 "우리의 마음을 세상의 피할 곳에서 끌어내어 우리의 유일한 피난처 되시는 그분"(시 142:4-5; 3:8)을 바라도록 하시는지"를 알았다. 그는 만물을 섭리로 돌보시는(시 24:1) "하늘과 땅의 주인"(시 103:20-22; 창 14:19-20)되신 지존하신 하나님을 찬양하는 것으로 자신의 묵상을 끝냈다.[40]

---

39 Nisbet, *Private Life*, pp. 69-74.
40 Nisbet, *Private Life*, pp. 74-79.

3. 시험(1683)

1683년 초에 정부는 언약도의 불구대천의 원수인 클레이버하우스에 대한 보상으로 그를 승진시켜서 추밀원 의원으로 추대하였다. 클레이버하우스는 새로 얻은 지위를 활용해서 언약도에 적대적인 법률을 실행하도록 요크 공작을 설득했다. 정부는 숨은 의도를 감추기 위해서 1683년 1월까지 이른바 시험(Test)을 받아들이는 사람은 누구든지 사면할 것을 약속했으나, 이 조치는 이후 1684년 3월 1일까지 연장되었다.

각각 시한이 지나자 클레이버하우스와 심복들은 더 크게 힘을 내고 양심의 가책도 전혀 느끼지 않는 가운데 언약도를 추격하기 시작했다. 더욱이 그들은 맹세와 소환을 통해서 사면된(Indulged) 목사들을 샅샅이 조사하였고, 이 때 많은 사람들이 체포와 투옥을 피하기 위해 도피하였다.[41]

정부는 1684년 4월 4일 킬마녹(Kilmarnock)에서 역시 존 니스벳(1657-1683)이라는 이름을 가진 존 니스벳의 조카를 교수형에 처했다.[42] 심문 과정에서 그가 했던 답변을 보면 통찰력이 가득차고 있음을 알 수 있다.

질문: 당신이 하드 힐의 존 니스벳을 본 것은 언제인가?
대답: 요즈음 그를 보지 못하였소.
질문: 당신이 그를 본 시기와 장소는?
대답: 비록 내가 보았다 하더라도, 이웃을 보았다고 대답할 것이오.
  (주 심문관은 내가 반드시 말하게 만들 것이며, 그렇지 않으면 내가 지옥에서 세 시간 동안 앉아 있게 될 것이라고 말했다. 하지만 나는 그에게 그럴 능력이 없다고 말해 주었다. …)
질문: 그러고 나서 그들은 "국왕 만세"(God save the king)라고 말했다.
대답: 내가 국왕 만세라고 말한다고 정말로 국왕이 만년 동안 사는 것은 아니잖소.
질문: "만약 그대의 짐승이 구덩이에 빠진다면, 하나님이 구하실 것"이라고 말하

---

41 Hewison, vol. 2, pp. 391, 408.
42 Wondrow, *History*, vol. 3, pp. 453

지 않겠는가?

대답: 아니오, 그것은 그분의 이름을 헛되이 사용하는 것이오. …

질문: 보스웰은 폭동인가?

대답: 그것은 정당방위였고, 적법했소.

질문: 그대는 그것을 어떻게 입증하겠는가?

대답: 당신이 당신의 시험을 만든 그 고백으로 입증할 수 있소.

(그러자 그들은 나를 문법학자라고 조롱했다.)

질문: 그대는 일상생활과 교회 일을 포함한 모든 일에서 왕을 인정하고, 왕을 교회의 수장으로 인정하는가?

대답: 나는 그리스도 외엔 누구도 교회의 머리로 인정하지 않을 것이오.

질문: 법을 누가 만드는가?

대답: 그리스도시오.

질문: 현재의 왕은 왕인가 아닌가?

대답: 그는 과거의 언약으로 왕위에 오른 것이오.

질문: 그는 현재의 왕인가?

대답: 그것은 대관식 맹세 때 하는 그의 의무를 가리키는 것이라고 생각하오.

질문: 그는 그대의 왕인가? 아닌가?

(나는 그들에게 이번엔 그 질문에 더 이상 대답하지 않겠노라고 말했다. 무수히 많은 무의미한 질문을 빼면, 당시 있었던 일은 이것이 전부다. 지금은 이런 일이 더 일어나지 않지만, 그리스도 안의 모든 벗들이 내 사랑을 기억하리라. 나는 복되신 주님을 통하여 매우 복되게 태어났소.[43])

    교수대 위에 있는 동안 더 젊은 존 니스벳은 "커다란 애정과 즐거움으로" 시편 16편을 노래했다. 그의 노래는 5절 "**여호와는 나의 산업과 나의 잔의 소득이시니**"로 시작해서 "**주의 앞에는 충만한 기쁨이 있고 주의 오른쪽에는 영원한 즐거움이 있나이다**"라는 구절로 끝났다. 존은 작별하는 성경 구절로 "**누가 우리를 하나님의 사랑에서 끊으리요**"라는 잘 알려진 약속이 담긴 로마서 8장을

---

43 Thomson, *Cloud*, pp. 290-291.

골랐다. 그의 마지막 행동은 군중에게 경건함의 필요를 요구하는 것이었다.

> 죽음이 그대들 앞에 기다리고 있소. 그리고 만일 현재의 나처럼 죽음이 가까이에서 그대들의 얼굴을 응시하고 있다면 그대들 중 많은 이의 양심이 깨어있게 될 것을 의심하지 않소.[44]

그의 묘비는 이런 시로 시작한다.

> 독자여, 오라. 여기 행복한 니스벳이 누워 있는 것을 보라.
> 그의 죽음은 높고 공허한 하늘을 찌르고 있노라.[45]

한 달 후 정부는 존 윌슨(John Wilson)을 비롯하여 여러 사람을 처형했다. 윌슨은 그의 "최후 진술과 증언"에서 이렇게 말한다.

> 나는 (진리가 아닌) 입장 때문에 죽는 어떤 한 사람에 대해 읽은 적이 있다. 그러나 최근 22년간 스코틀랜드에 살면서, 이처럼 매우 조용하게, 매우 견고하고 평온하게, 그토록 많은 평온함과 침착함 속에서, 꾸밈없는 입장 때문에 자기 생명을 버린 사람의 발자취에 대해 본 적이 없었다.[46]

그해 처형된 다른 이들도 비슷한 증언을 하였다. 또 다른 순교자 존 딕(John Dick)은 교수형에 처해지기 전 시편 2편을 노래하고 에스겔 9장을 읽었다.

이 본문은 정부에 대한 언약도의 태도를 보여 준다. 언약도는 왕의 권력은 하나님께 나오며 왕은 두렵고 떨리는 마음으로 그리스도를 섬겨야 하고, 그렇지 않으면 망할 것이라고 믿었다. 그들은 그리스도를 섬기려 하지 않는 정부는 망할 것이라고 믿었다.

---

44 Thomson, *Cloud*, p. 289.
45 Thomson, *Cloud*, p. 590.
46 Thomson, *Cloud*, p. 317.

그의 아들에게 입맞추라 그렇지 아니하면 진노하심으로 너희가 길에서 망하리니 (시 2:12).

에스겔서 말씀(겔 9:3-6)은 그들 국가의 죄악에 대하여 슬퍼하고 항의할 의무를 명확히 보여 준다. 에스겔은 그렇게 해야 할 의무를 갖는 교회 지도자부터 시작해서 교회에 이르기까지 분명한 항의를 표시하지 않는 사람들에게 하나님이 진노를 내리실 것이라고 말한다.

1683년 제임스 니스벳은 하나님께서 그를 여러 번 죽음의 위기에서 기적적으로 구해주셨을 때, 하나님은 "원하시는 대로 모든 사람의 마음과 행동을 통치하고 다스리신다"는 것을 깨달았다. 그는 가까스로 구출된 것을 회상하면서 다음과 같이 결론을 내린다.

> 내가 이 모든 일에 대하여 말할 수 있는 것, 아니 하나님의 사람 모세가 홍해에서 받은 큰 구원에 대해 말했던 것은 다음과 같다.
> 주와 같은 자가 누구니이까 주와 같이 거룩함으로 영광스러우며 찬송할 만한 위엄이 있으며 기이한 일을 행하는 자가 누구니이까(출 15:11)?
> 그 영화로운 이름을 영원히 찬송할지어다 온 땅에 그의 영광이 충만할지어다(시 72:19). 오! 내 영혼아 그의 인자하심이 영원함을 인하여 주님을 찬양하라. 아멘.[47]
> 1683년 열네 살이 되던 해는 힘겨운 시련의 해였는데, 그 해에 하나님께서 은혜롭게도 죽음과 나 사이에 개입하기를 기뻐하셨기 때문에, 나에 대한 주님의 섭리적인 돌보심과 친절하심에 대해 많은 증거를 갖게 되었다. 3월에 클라이드강에서 물에 빠졌다가 가까스로 구조되었기 때문이었다. 5월에 나는 다른 두 사람과 함께 죄수가 되었다.
> 그 경위는 이렇다. 한밤중에 적병이 내가 머물던 집에 와서 집을 수색했다. 그들은 우리 셋을 침대에서 끌어내 거칠게 다루었다. 그러고 나서 그들은 풍요로웠던 집이 제공하는 가장 좋은 음식으로 배를 채우기까지 우리를 집의 한 구석에 서 있게 했다.

---

47 Nisbet, *Private Life*, p. 83.

내가 머물렀던 집 사람들은 딸이 다섯 있었는데 모두 어린아이였다. 남자도 둘 있었지만, 그 중 하나는 여자애들의 남자 형제였고, 또 하나는 그들의 삼촌이었다. 주님은 다섯 딸 중에 둘의 마음을 움직이셨다.

원수들이 식사하는 데 열중하는 동안, 여자애들은 손을 내밀어 나를 자기들 뒤로 끌어 벽 가까이 있게 했다. 적병이 식사하는 동안 그들은 줄곧 내 앞에 가까이 서 있었다. 식사를 다 마치자 그들은 우리를 서 있게 했던 구석에서 다른 두 사람도 데리고 갔다. 적병 사이에서 죄수가 둘인지 셋인지 의견이 엇갈렸다. 죄수의 숫자에 대한 약간의 논쟁이 있은 후, 그들은 더 이상 수색하지 않고 나를 제외한 두 사람만 데리고 갔다.

이렇게 나를 구원하시는 일에서 하나님의 선하심을 어떻게 찬양드려야 할까? 조사차 우리를 데리고 가서 만났던 부대장은 나를 알았을 것인데, 그는 특별히 우리 모든 가족을 모두 알고 있었기 때문이었다.

내 성이 바뀌어 그곳에서 아무도 내 본명을 알 수 없었을지라도, 그 사람 앞에 불리어 간다면 이름을 바꿔 봤자 아무 쓸모가 없는 일이었을 것이다. 이것은 은혜 베푸시기를 항상 기다리시는 하나님이 사려 깊게 보살피시며 통치하신 섭리의 한 가지 예이다.

그뿐이 아니었다. 7월 어느 날 아침 6시에 집에서 약간 떨어진 숲으로 나갔는데 조금 지나자 나무 사이로 사람들이 가까이 다가오는 소리가 들렸다. 올려다보니까 빨간 옷을 입은 사람이 보였다. 내가 일어서자 그 중 한 사람이 욕설을 하며 없애버릴 거라고 내게 서라고 명령했다.

나는 그에게 "내 피를 흘려서 당신에게 유익한 일이 무엇입니까?"하고 말했다. 그가 총을 쏠 준비를 하자, 그 중 한 사람이 "저 놈을 생포하고 죽이지는 말자"고 말했다. 총을 가진 사내는 나를 휘그당원이라고 말했다. 그들이 내 이름을 물었고 나는 그들에게 나의 새 이름을 말해 주었다. 그들은 서로 말하기를 명부에 그런 이름을 가진 사람이 없다고 했다. 그는 그들에게 "그런 이름이 없으니 그를 놓아주라"고 명령했다.

내게 처음 다가왔던 사내는 다시 맹세하기를 그가 나를 총살할 것이라고 했지만 다른 두 사람은 그를 말렸다. 그래서 그들은 나를 남겨두고 떠났다. 나는 그 장소에서 대여섯 시간을 머물러 있으면서, 그 자비로운 구원에서 내가 얻어야 하는 교훈이 무엇인지 생각하였고, 어떤 의미로는 그렇게 하여 나는 이번 일뿐만 아니라 앞서 두 자매가 자기들 뒤에 나를 숨겨줌으로써 일어났던 위험에서도 기적적으로 보호받았던 것이다.

그 두 경우를 보면서 "주님은 구원하시기로 작정한 사람을 위하여 일을 이루어 나가는 지혜가 무한하시며, 구원을 이루시는 힘과 신실하심과 선하심에서 무한하시다"[48]라고 말할 수 있었다.

1683년 8월 해상 폭풍에서 가까스로 살아남았던 작은 배 한 척이 잉글랜드 해안 라이(Rye)에 상륙했다. 이 배 안에는 안수받은 지 얼마 안 된 목사 제임스 런윅(James Renwick)이 있었는데, 그는 언약을 지키며 남아 있는 자들에게 설교하기 위해 못쓰게 된 깃발을 들고 스코틀랜드로 가던 길이었다.

그 도시는 소위 '라이하우스 사건'(the Rye House Plot)으로 불리는 국왕 시해 음모가 발각되었기 때문에 격분해 있었는데, 이 음모로 인해 결국 잉글랜드와 스코틀랜드의 많은 귀족과 지도자가 죽음에 이르게 되었다.

이 음모로 인해 언약도에 대한 박해가 더욱 심해졌다. 그 작은 무리는 다시 신속하게 바다로 돌아갔다가 더블린에 상륙했다. 런윅은 9월에 스코틀랜드에 도착하였고 첫 공식 예배를 11월에 주재했다. 그는 카길의 마지막 설교 "**내 백성을 위로하라, 위로하라**"(사 26:20)와 동일한 본문을 가지고 설교했다. 많은 사람이 큰 기쁨과 희망을 갖고 그의 설교를 듣기 위해 모여들었다. 청중 가운데 한 사람이 제임스 니스벳이었는데, 그는 이 제임스 런윅의 성품과 영향에 대하여 생생하게 묘사했고, 런윅 역시 스코틀랜드에 있는 매우 위대한 인물에 대해 생생한 묘사를 남겼다.

> 주님은 놀랍게도 모든 일 가운데 나타나셨고, 그가 부르셨던 일을 도우셨다. 그 나라를 지나오면서 우리는 야외 집회를 두 번 가졌는데, 그것은 만약 주님이 어떤 장소에 머무르셔야 한다면 그것은 스코틀랜드의 습지대와 황무지여야 한다는 생각을 하게 했다.[49]

---

48 Nisbet, *Private Life*, pp. 79-82.
49 James Renwick to Loudoun, September 1683, Nisbet, *Private Life*로 출간.

런윅의 가장 유명한 말 중 하나는 "하나님의 뜻에서는 사자가 되고, 우리 자신의 뜻에서는 어린 양이 되라"는 것이었다. 그는 자기가 들에서 설교하는 곳을 용기병이 발견하게 되면 빠른 말에 안장을 얹고 도피할 준비가 되어 있던 대담하고 낭만적이며 위세당당한 사람이었다.

비록 체구가 큰 사람은 아니었지만 런윅은 위대한 성품과 지식과 정신을 소유했다. 불행하게도 한 분파가 런윅이 예배 때 음악 기구를 사용하던 사람들에게 안수를 받은 것을 포함해서 지극히 사소한 여러 가지 이유를 들어 그를 따르기를 완강하게 거부하였다. 심지어 피던(Peden) 목사도 처음에 런윅에 반대하는 사람에게 경고를 보낼 정도였다.

국내에서 그들에 대한 우려가 증가되자, 해외의 여론도 공동체에 반대하는 것으로 돌아섰다. 해외에 있던 많은 사람들이 여러 주제에 관한 남은 자들의 논쟁적 관점에 관심이 있었다. 즉 왕의 권위를 인정하기를 거부하는 것, 교제를 위해 지나치게 엄격하게 요구하는 사항 및 목회자를 초빙하고 감독하는 교회적 역량의 결여. 이러한 우려 때문에 해외에서 추가적으로 목사를 안수하는 것은 거의 불가능했다.[50]

공동체 총회의 참석자들에게 제기된 다음의 질문은 그들이 당시의 결함에서 벗어나서 자유롭게 머물고자 했던 정도를 나타내 준다.

> (1) 당신은 당신에게 임무를 부여했던 공동체의 원리와 예식을 알고 있는가?
> (2) 당신과 그들은 우리의 언약과 의무, 우리의 신실한 선언과 증언을 인정하는가?
> (3) 당신과 그들은 원수와 어떠한 언약에서도 자유로운가?
> (4) 당신과 그들은 조세 납부와 사는 곳, 민병대의 돈에서 자유로운가?
> (5) 당신과 그들은 주교나 사면파에게 급료를 지불하는 데서 자유로운가?
> (6) 당신과 그들은 원수를 눈감아 주거나 보호하는 데서 자유로운가?
> (7) 당신과 그들은 법정에서 원수와 합의하는 일에서 자유로운가?
> (8) 당신과 그들은 어떤 식으로든 적에게 조건부로 항복하거나 그들에게 생필품을 제공하는 일에서 자유로운가?

---

50 Shields, *Faithful Contendings*, p. 100-101.

(9) 당신과 그들은 당신을 위해, 당신의 이름으로 그들의 친절함에 빠져 어떤 것에 대해, 그리고 그들이 앞서 말한 방식으로 어떤 것에 대해 상담하거나 동의하는 데서 자유로운가?

(10) 당신과 그들은 그들의 설교를 듣고, 그들 손으로 집행되는 성찬을 받으며, 그들의 권징을 따르거나 그들과 결혼이 이루어짐으로써 주교나 사면파와 교류하는 데서 자유로운가?

(11) 당신과 그들은 그 시대에 순응하고, 신실하지 못하고, 침묵한 목사들이 보여 주었던, 앞서 말한 어떤 방식과 교류하는 것에서 자유로운가?

국내와 해외에서 들려오는 끝없는 비판과 더불어 도피 생활의 혹독함은 공동체를 압박했다. 자연도 그들에게 적대적으로 돌아선 것처럼 보였는데, 1683년 겨울은 기록상으로 가장 추운 겨울 중 하나였으며 공동체의 많은 사람들이 피할 곳도 없는 현실로 인해 상황은 악화되었다.

제임스 니스벳이 사랑하는 어머니와 누이를 잃었던 것도 기록상으로 가장 추웠던 그 혹독한 겨울 기간이었다. 이 슬픈 사건에 대한 제임스의 설명에 대하여, 역사가 알렉산더 스멜리(Alexander Smellie, 1857-1923)는 "모든 문학에서도 우리가 이보다 더 쓰면서 달콤한 이야기를 만난다는 것은 믿기 어렵다"[51]고 말했다.

그 해 1683년 후반기에도 여전히 피의 박해가 심했기 때문에, 우리 가족은 이 맹렬한 박해를 피하는 데 어려움이 많았다. 그러나 주님은 매우 친절하셨고 우리에게 차례차례 눈을 뜨게 하셨다. 어머니와 누이에게 마지막 집은 초라한 오두막이었고, 그들은 거기서 땅의 순례를 마쳤다. 그 생활 양식은 다음과 같았다.

12월 어느 토요일 밤에 아버지께서는 어머니가 자녀와 함께 계시던 곳에서 4마일(6km) 떨어진 곳으로 나를 데리고 가셨다. 나는 안식일 내내 그와 함께 있었는데, 안식일은 하나님을 예배하며 시간을 보내는 날이었다.

우리가 하루 종일 머무르던 집에서 아버지와 또 아버지와 함께하던 모든 사람들이 떠나간 밤에, 나는 아버지를 떠날 수 없었고, 울고 싶다고 말할 수도 없었다.

---

51 Smellie, p. 399.

나는 예전 경험으로 비추어 볼 때, 슬프고도 마음을 녹이는 그런 격렬한 감정은 어떤 분명한 아픈 시련의 전조라는 것임을 잘 알고 있었다. 아버지께서는 내게 무슨 일이 있느냐고 물었다. 나는 아무것도 모르겠다고 했다. 그러나 나는 우리가 또 하나의 슬픈 소식을 듣게 될 것이 두려웠다. 그와 함께 있던 몇몇 사람들이 호언장담하면서 나에게 가만히 있으라고 했다.

아버지는 그들에게 나를 그냥 두라고 하면서, 내게는 슬픔이 두 배나 된다고 말했다. 그는 나를 위로하고 타일렀다. 아버지께서 우리와 함께 머물 수 없기 때문에, 나는 아버지가 우리를 위해 주님께 부르짖기를 원했다. 아버지는 그렇게 하리라 약속했고, 내게 친절하게 말하고 떠났다.

월요일 아침 나는 어머니께 돌아왔다. 그러나 나는 줄곧 울고 신음하고 누워 자는 것 외엔 아무것도 할 수 없었다. 왜냐하면 겨우 4마일(6km)만 걸었을 뿐이지만, 오는데 7, 8시간이 소요되었기 때문이었다. 어머니께 왔을 때, 어린 동생은 고열로 쓰러져 있었고, 누이는 약 20개월 전 발병했던 폐결핵으로 거의 죽음 상태에 이르렀다. 나는 어머니 심부름을 위해 아버지와 함께 가서, 어머니 말씀을 따라 다른 필요한 일을 처리하고는, 심부름했던 것을 어머니께 전달해 드렸는데, 그때 어머니는 오두막 집 문을 닫았다. 어머니가 말했다.

"너는 한 여인이 할 만한 기대를 충실하게 채운 아들이었다. 그 점에 대해 진심으로 너를 축복한다. 주님께서 너와 남편과 다른 자녀들을 풍성히 축복해 주시도록 주님께 기도할 거란다."

어머니는 가정 예배를 시작하면서, 기도 속에서 매우 폭넓게 자신과 영혼과 몸, 그녀의 남편과 자녀들과 하나님의 일과 하나님의 백성까지 주님의 친절한 돌보심과 그의 무한히 지혜로우신 처분에 맡겼다.

기도를 마친 후, 어머니는 손에 약간의 돈을 쥐어주고 "이것은 너희 아버지께서 소유한 돈 전부란다. (땅을 가리키면서) 이곳 구멍에 묻어 숨기거라. 처음으로 너는 아버지가 그것을 주님께 드리는 것을 보게 될 것"이라고 말했다. 그녀는 "내 인생도 거의 끝나가는구나"라고 말했기 때문이다. 만약 누군가 우리들을 지켜보았다면, 그들은 아마도 이런 환경에서 두 사람이 겪을 수 있는 최대한의 슬픔을 보았을 것이나, 그만큼 침착함과 평온함도 보았을 것이다.

그러나 보라, 영원부터 그토록 경건하고 부드럽고 마음씨 착한 어머니를 갖도록 예정하신 하나님은 내가 어머니와 이별하는 것을 제대로 이겨낼 수 없음을 잘 아셨다. 그래서 지혜롭게도 하나님은 복된 계획을 통해서 내게서 슬픔을 숨기는 것이 적절하다고 생각하셨다. 앞서 이틀간 너무 슬픔에 빠져 있었고 다음 날이 되기 전 그날 밤에 고열로 쓰러졌고, 그 열로 혼절하여, 그 상태가 15일간이나 계속되었다.

그 당시 내내 나는 아무것도 알 수 없었고 어떤 것도 기억할 수 없었다. 다만 물을 찾을 때를 제외하곤 거의 말을 하지 않았다. 내가 열이 나기 시작한 다음 날 어머니께서 병이 나셨다. 우리 네 명 모두 전장에서 치명상을 입은 사람들처럼 누워 있었다.

그러나 곤경에 처했을 때 도움이 되시는 주님은 어느 상류층 여인을 오게 하여 우리 어머니를 보살피도록 하셨다. 그 여인은 우리 중 아무도 서로 음료를 줄 수 없음을 보고는 우리에게 하인을 보냈다. 그 이후에 또 다른 사람이 왔는데, 그 둘 모두 분명히 우리에게 좋은 친구들이었다.

우리 어머니께서는 병나고 7일째 되던 날 돌아가셨다. 그 소식이 아버지에게 전해졌고, 아버지는 서둘러 우리에게 돌아왔는데, 아버지가 도착했던 바로 그 때는 어머니가 돌아가신 후 6일 만에 죽은 누이를 장사지낸 날이었다. 아버지는 자기 아내가 죽고 장사된 것을 알고는 욥기를 따라 "**내가 모태에서 알몸으로 나왔사온즉 또한 알몸이 그리로 돌아가올지라.** 주님은 지금 나의 뿌리처럼, 나의 뿌리를 잘라내고 계시기에 나는 쉽게 더 많은 것을 잘라낼 수 있을 것이다"라고 말했다. 어머니의 죽음은 아버지에게 매우 깊은 상처를 주었고 아버지를 비참하게 만들 만큼 타격이 되었다. 아버지는 애정이 많은 사람이었고, 어머니는 여러 방면에서 사람의 마음을 끌었으며, 특히 경건함과 부드러움과 좋은 성품을 가진 여인이었던 것을 고려하면, 그렇지 않을 수 없었다.[52]

---

52 *True Relation of the Life and Suffering of John Nisbet of Hardhill*이라는 책에서 James는 이들 사건에 대해서 아버지가 보인 반응에 대하여 자세한 내용을 추가했다. "친구들이 그녀의 죽은 딸을 입관할 때, 그는 다가와 그녀의 시신에 입맞추면서 '종교는 공허하고 자연적인 사랑을 만들지 않는다. 하지만 우리는 우리를 존재하게 하는 하나님의 뜻에 대한 거룩한 복종이라는 자연적인 흐름을 따라 그 사랑이 진행된다는 것을 확신해야 한다'고 말했다." 아들들을 살펴보았을 때, 그의 곁에 있던 사람 중 하나가 "선생님, 누가 이런 일을 했는지 아셨으면 좋겠습니다"라고 말했다. 그는 대답했다. "나는 알고 있다네, 그분이 하셨지, 그를 사랑하고 그의 길을 가는 사람들에게 좋은 것을 주시기 위해서 …." 그날 밤 11시에 그들은 그의 딸을 2마일(3km) 떨어진 스

어머니의 경건함과 종교적 성향을 보여 주는 몇 가지 사례는 다음과 같다.

고모가 내게 말하기를 어머니께서는 아이가 생긴 것을 알게 되자마자, 언제나 그녀의 태의 열매를 주님께 바쳤다는 것이다. 그리고 아이들이 태어난 후에는, 어머니가 언제나 그들 중 몇을 비밀 기도로 데려 갔고 아버지는 다른 자녀를 데려갔다고 한다.

그뿐 아니었다. 고모 말에 의하면 마음을 절제하는 일에 어머니를 능가하는 사람을 본 적이 없다는 것이다. 골방과 가족의 경건은 지속적으로 어머니의 관심사요 갈망이었다. 하지만 결코 종교와 관련된 공적인 문제에 대해서는 아는 체하지 않았다.

1679년 되던 해에 가족을 보호하는 일을 할 수 없게 되기 전에, 어머니는 언제나 남편 소식을 듣고 있었다. 당시의 죄악에 순응하는 일과 관련해서 시련이 찾아왔을 때, 아버지는 항상 어머니에게 성경의 이러이러한 부분으로 본다면 그러한 순응은 불법이라고 말해 주었다.

예를 들면, 적이 하나님의 백성의 경건한 모임에 부과했던 모욕적인 표현, 폭도의 집회를 진압하기 위해, 당시 당국이 조세와 소재지를 강요했을 때, 아버지는 어머니에게 말했다.

"정확히 말해서 그들의 법령이 말하고자 하는 핵심은 하나님을 예배하는 것을 억제하고 하나님의 뜻과 그의 백성을 박해하려는 것임을 알아야 하오. 그리고 만약 내가 저 악한 자들과 운명을 같이 하고, 세상의 재물을 그들에게 제공함으로써, 그들의 악한 행위를 지지하게 되어, 그들의 박해에 대하여 내가 죄를 짓게 되는 것이라면, 나는 그들에게 아무것도 주지 않을 것이오."

어머니는 아버지에게 순응하면서 말했다.

"하나님이 허락하지 않으세요. 당신은 당신 양심에 상처를 주거나, 주님의 일과 백성을 그릇되게 해서, 결국 나와 자녀에게 어떤 영향을 미칠만한 일은 아무것도 할 수 없다는 것을 알잖아요. 그리고 만약 당신과 애들과 내가 임마누엘의 땅에 안전히 들어간다면, 우리는 세상에서 당한 모든 손해에 대한 충분한 보상 그 이상을 받게 될 거예요."

탄하우스교회묘지(Stanhouse Churchyard)로 운반해 갔는데 거기엔 그녀의 어머니가 묻혀 있었다. … 그는 줄곧 그녀의 머리를 붙잡고 있었다.

고모가 말했다.

"나는 물질적인 것을 대부분 상실했음에도 불구하고, 또 그녀와 그녀의 가족이 겪어야 하는 수 없이 많은 궁핍과 위험에도 불구하고 너의 어머니보다 더 정숙하고 인내심 있고, 평온한 마음으로 자기 십자가를 지는 사람을 결코 본적이 없었단다."

그러나 결국 나는 (그녀가 종종 혼잣말로 말했듯이) 바울처럼 "어머니가 무엇을 잃어야 했을까"라고 말해야 한다. 또는 어머니에게 주어졌던 것을 잃었던 것일 뿐, 그 외에 더 감수할 것이 무엇이겠는가. 왜냐하면 어머니는 자기의 모든 원천이 주님의 완전한 풍성하심에서 온다는 것을 알고 있었던 것처럼, 나도 어머니가 항상 주님께 기꺼이 모든 영광을 돌릴 준비가 되어 있음도 알고 있었기 때문이다(롬 11:36; 고전 4:7; 고후 3:5; 약 1:17).

오! 나는 신앙의 내면적이고 진지한 부분에 깊은 관심을 기울이고, 자녀와 하인에게 그것에 대해 연구하도록 끊임없이 재촉했던 그런 어머니를 갖게 하심으로써, 나에 대한 친절한 섭리를 베푸신 하나님을 찬양하고 높이리라.

어머니는 언제나 하나님의 은혜로운 호의에 대하여 부지런히 개인적인 관심을 기울이고, 중보자 그리스도를 통하여 그의 보혈의 능력과 공로를 구하고, 구원하시고 확실한 효력을 발생시키며 활동하시는 성령에 의하여 우리에게 효과적으로 적용되도록 해야 한다고 강조했다. 그와 마찬가지로 어머니는 주님의 손에서 온 좋은 것을 서로 베풀고, 우리 자신을 그의 원하시는 뜻에 전적으로 맡길 것을 강하게 요구했다.[53]

누이의 장례를 치르고 얼마 지나지 않아 제임스는 열병에서 회복되었다. 어머니의 "훌륭한 조언과 소중한 교통"의 상실로 인해 깊이 상심이 되었음에도 불구하고, 제임스는 "어머니와 누이를 괴로움이 끝난 땅으로 데려가신" 하나님께 감사드렸다. … "그곳에서 악인은 의로운 사람을 괴롭히기를 중단할 것"이고 "그곳에서는 그가 당한 손실에 대해서 의심할 여지없이 말할 수 없는 보상이 주어지리라."

---

53 Nisbet, *Private Life*, pp. 83-90.

제임스는 또한 주님께서 어떻게 그의 가족의 세상 물질을 빼앗아갔던 사람들과, 나중에 그의 아버지를 배반했던 사람들의 생명을 단축시키고 신속히 파멸에 이르게 하셨는지에 대해 곰곰이 생각하였다.[54] 그는 이러한 성찰을 통하여 많은 것을 깨닫게 되었다.

> 오! 그의 모든 길에서 의로우시며 그의 모든 일에서 거룩하신 하나님은 얼마나 많이 경배를 받으셔야 할까!
> 모든 땅에 그의 영광이 가득 차 있다.
> 이러한 사실로부터 우리 인간의 생명이 얼마나 짧으며 불확실한지를 알 수 있다(욥 14:1-5; 시 39:4-5; 90:3-6). 이러한 사실에서 나는 항상 이 모든 것이 주님의 의로우신 오른손에서 생겨나고, 죽음에서 비롯되는 모든 문제가 속해 있는 그분에 의해 이루어진다는 것을 깨달을 수 있었다.
> 이러한 사실에서 지금 주님은 우리 가족에 대해서 매우 특별한 방식으로 현저히 강한 능력으로 긍휼과 심판을 행하신다는 것을 깨닫게 되었다(시 65:5).
> 이러한 사실에서 나는 주님께서 먼저는 그의 섭리의 구름이 갖는 어둡고 가혹한 측면으로, 그리고 나서는 밝고 따뜻하고 친절한 측면으로 그의 백성을 시험하신다는 것을 깨달을 수 있었다(시 29:3, 10; 히 12:11).
> 이러한 사실에서 주님께서 심판을 통하여 나를 훈련시키실 때, 나의 맹목적이고 부패한 이유를 변명 삼아서, 주님의 거룩하고 흠이 없는 절차를 비난하는 것은 비천하고 맹목적이며 무지한 피조물인 나에게는 합당한 일이 아니라는 것을 깨달을 수 있었다. 그리고 차라리 주님의 손에 백지를 드리고 주님이 기뻐하시는 뜻대로 나의 운명을 채우시도록 했다(레 10:3; 욥 34:29; 시 39:9; 단 4:35).
> 이런 사실에서 나는 어떤 사람의 위로나 사람이 주는 즐거움은 거기에 익숙해지거나 의지해야 할 근거가 아니며, 오직 지혜롭고 친절하신 하나님의 전능하심이라는 것을 깨닫게 되었다(사 1:10).
> 이러한 사실에서 나는 모든 이성적 존재는 영원한 세계를 위하여 행동해야 하는 상태로 구성되어 있으며, 그 후에 그들이 영혼의 세계로 들어가고 다시는 이 땅의

---

54 Nisbet, *Private Life*, pp. 90-91.

친구에게 돌아올 수 없는 날이 왔을 때, 그들에게로 가야하며 다른 사람을 위해 자리를 내주어야 한다는 것을 깨닫게 되었다. 그래서 죽음은 말로 표현할 수 없을 만큼 서로 사랑한다 하더라도 친구와 친구 간, 남편과 아내 간, 부모와 자녀 간의 모든 연합의 유대와 관계를 파괴한다.

그러한 생각이 나로 하여금 소리 지르게 하였다.

"오! 헛되고 헛되도다, 모든 시대의 일이 헛되며, 마음을 괴롭게 하는도다"(전 1:4; 3:1-2, 19; 8:6-8; 9:5-6; 10).

이런 사실에서 나는 … 이 세상을 사는 동안, 하나님이 내게 큰 일을 맡기셨는데, 그것은 내 생애 동안 하나님을 영화롭게 하는 것이었고, 나의 구원을 이루는 것이라는 사실을 깨닫게 되었다(시 13:2, 4; 롬 11:36; 고전 10:31).

이러한 사실에서 나는 그리스도를 통하여 하나님의 풍성한 은혜에 대하여 반드시 개인적 관심을 갖고, 이러한 뜻을 성령의 내적 증거와 하나님 말씀의 외적 증거를 따라 내 영혼에 알리는 것이 크게 필요하다는 것을 깨닫게 되었다.

나는 하나님의 탁월한 지혜를 찬양하지 않을 수 없는데, 이유는 하나님이 나의 생명을 보호하셨고, 나를 열병에 빠뜨리심으로써 그러지 않았더라면 내가 그 죽음을 견딜 수 없었을 어머니의 죽음에 따른 슬픔을 숨기셨기 때문이었다. 하나님의 놀라우신 계획과 탁월한 역사를 인하여, 오! 하나님께만 영광을!

이러한 사실에서 나는 칭의에 관련해서는 매일 그리스도의 은혜를 힘입고, 성화와 관련해서는 성장과 적절한 성장을 위해 그의 완전하신 은혜를 힘입고, 그의 때가 오기까지 구원받는 믿음을 통하여 하나님의 능력에 의해 크게 보호받을 필요가 있음을 깨달았다. 나는 친구를 따라 죄의 영역과 재앙과 영적인 고통을 제거해야 했고, 방해 받지 않고 하나님을 누리며 믿음의 교제를 누려야 했다(골 1:12-14; 히 12:23-24; 벧전 1:5).

오! 주님, 자비를 베푸사 그날에 그곳에 이르게 하옵소서. 아멘.[55]

---

55 Nisbet, *Private Life*, pp. 91-94.

4. 진리 보존(1684)

교회와 국가는 점차 언약을 고수하는 남은 자들을 억제하기 위하여 연합했다. 추밀원은 1684년 클레이버하우스와 그의 지지자들에게 추종 서약을 거절하거나 통행증(passes)을 지참하지 않는 사람은 누구든지 수색, 체포, 조사, 퇴거, 추방, 감금할 수 있는 권한을 부여하는 여러 법령을 통과시켰다. 이들 법령 중에는 법령 자체에 대한 감독권을 클레이버하우스 같은 주요 박해자로 구성된 위원회에 부여했다.[56]

또 다른 법령은 8월 1일까지 심사(Test)를 받지 않을 경우, 거의 2,000명에 달하는 도망자에 대한 체포를 명령하는 내용이었다. 군대가 장악한 이러한 새로운 권력가들은 "살육의 시간"이라는 박해 기간에 등장했다. 4월에 전초 기지에 비축을 마친 후, 클레이버하우스는 자신이 그 나라를 진압할 위치에 있노라고 자랑했다.

행정 당국은 대단히 사소한 이유를 들어 사면파 목사들을 괴롭혔다. 예를 들어, 회중이 너무 몰려왔기 때문에 야외에서 성찬식을 거행했다는 이유로 뉴 밀른즈 출신 고령의 사면파 목사 안토니 쇼(Anthony Shaw)를 체포했다.

법정은 이러한 위반을 불법적인 야외 비밀 집회로 간주했고, 이로 인해 그들은 쇼 목사를 구금했다가 석방한 뒤에 다시 그의 사면을 취소했다. 그런 후 그들은 보석금(미래의 설교에 대해 담보하는 것) 지불을 거절했다는 이유로 그를 다시 구금했고, 후에 쇼 목사의 친구들이 보석금을 납부한 후에야 석방해 주었다.

쇼는 이러한 보석금 지불 조건을 받아들임으로써 어떠한 목회적 기능도 수행하지 않겠다는 데 동의했다. "국왕과 정부를 위해 기도하지 않는" 사람은 징계에 처해져야 한다고 생각한 쇼가 국가의 법에 복종했다는 사실은, 심문을 받고 있던 젊은 존 니스벳이 했던 발언을 통해서 알려졌다.[57] 다른 사면파 목사들은 유사한 규칙 위반으로 추방되거나 구금되었.

56　Wodrow, *History*, vol. 4, p. 6.

57　Scott, *Fasti*, vol. 2, p. 184; Robert Law, *Memorials; or The Memorable Things That fell Out Within This Island of Britian from 1638 to 1684* (Edinburgh: Archibald Constable and Co., 1819), p. 260; Thomson, *Cloud*, pp. 289-298.

사회 전 계층의 사람들이 박해 아래 놓였다. 행정관들은 보스웰 다리에 연루되었다는 이유로 60명이 넘는 귀족과 교구 토지 소유자, 상인에 대한 기소 절차에 착수했다. 뉴밀른즈 지역에서 박해를 받은 사람 중에는 캠벨가 사람도 있었는데, 그들의 선조는 초기 스코틀랜드 개신교도(Lollards)로 간주되었다.

로던 백작 제임스 캠벨(1684년 사망)은 박해를 피하기 위해 네덜란드로 도피했다. 도피를 원하지 않았던 세녹의 휴 캠벨 경(Sir Hugh Campbell of Cessnoch, 1686년 사망)은 반역죄로 법정에 섰다. 다행히 그를 고발한 위원회의 소송은 기각되었는데, 그들 증인 중 한 사람이 그가 이전에 세녹을 전혀 본 적이 없었으며, 또 다른 사람이 자신의 증언을 철회하였기 때문이었다.[58]

행정 당국은 집요했다. 나중에 심문에서 왕을 죽이려 했던 라이 하우스(Rye House)의 음모에 가담한 혐의로 휴를 배스락(Bass Rock)에 구금했다.[59] 「납달리」(*Naphtali*)의 공동 저자인 제임스 스튜어트 경을 포함하여 에어서(Ayrshire)의 많은 유력한 귀족이 이 음모에 가담했다.

앞서 언급했듯이, (가정 교사) 존 니스벳과 알렉산더 고든(Alexander Gordon) 역시 이 음모에 가담했다는 이유로 체포되었다. (가정 교사) 존 니스벳에게 죄를 덮어 씌운 증거는, 해외에 머무는 동안 그가 고든에게 보냈던 암호로 된 편지 한 통이었다. 잉글랜드와 스코틀랜드에서 가담한 다른 귀족 중에는 에섹스(Essex)의 백작이자, 아길레(Argyle)의 백작인 몬머스 공작도 포함되어 있었다.

음모자들은 매복했다가 왕 찰스와 요크 공작을 죽이려는 계획을 세웠고, 동시에 무장 봉기도 계획했다. 존 오웬(John Owen)과 런던의 많은 비국교도 목사들이 이 음모를 알고 있었다는 증거가 있다. 오웬은 종교의 적대자들이 그리스도인의 "권리와 자유와 특권을 파괴하려" 할 때, 그리스도인에게 제한적으로라도 저항할 권리를 지지했다. 하지만 오웬은 임종하면서 그 음모에 대해 알고 있었다는 것을 부인했다.[60]

---

58 Hewison, vol. 2, p. 423; Spottiswood, p. 61.

59 Hewison, vol. 2, p. 420; Wodrow, *History*, iv, pp. 231-279.

60 Rye House, pp. 505-524; Thomas Sprat, *A True Account of the Horrid Conspiracy Against the Late King, His Present Majesty, and the Government* (Thomas Newcomb, 1685) pp. 107-113, 20-76, 81-82 (이하 Sprat, *Horrid Conspiracy*); John Owen, *A Brief and Impartial Account of the*

1684년 3월, 행정 당국은 언약도 다섯 명을 처형했다. 그들은 이들 중 한 사람인 존 리치먼드(John Richmond)가 존 니스벳과 함께 있었다는 사실과, 보스웰 전투를 폭동으로 인정하지 않았다는 이유로 비난했다. 이 박해는 그가 보스웰에 있었다는 것을 입증하려는 것이었는데, 그 증인은 교차 심문을 받으면서 "존 리치먼드를 보았을 때 그가 얼마나 멀리 있었는가?"라는 질문에 "약 반 마일(약 800m)이오!"라고 대답하였다. 리치먼드는 교수대에서 말했다.

> 오! 내가 감옥에 온 이래로 체험한 것을 그대들이 안다면 … 만약 나의 소중하고 사랑하는 주님을 향한 사랑이 얼마나 비할 데 없는지를 그대들이 안다면, 그대들은 그분과 함께 있기를 갈망할 것이고, 그분을 위하여 피의 바다를 지나가는 것은 아무 일도 아니라고 여길 것이라오.[61]

존 리치먼드의 장례식에서 존 니스벳의 사촌 로버트 니스벳 중위는 존 니스벳의 가까운 친척인 다벨(Darvel)의 제임스 니스벳을 알아보고 체포했다. 이 다벨의 제임스 니스벳(James Nisbet of Darvel, 1625-1684) 중위는 다음 해 하드힐의 존 니스벳을 체포하려고 했다.

1684년에 처형된 제임스는 카길(Cargil)과 카메론(Cameron)의 열렬한 지지자였으며, "그가 종교개혁의 업적과 언약도를 반역죄로 만드는 한에서 만큼은" 왕의 권위를 부정했다. 재판관들은 만약 그가 교회에 대한 왕의 수장권(首長權)을 인정만 한다면 그를 풀어줄 것이라고 제안했다. 그는 당시의 유명한 인용문으로 그런 모든 제안을 거절했다.

> 자기를 보존하려면 진리를 보전하는 일에 비굴함을 무릅써야 한다.

그는 "고난이 천국을 보증해 주는 것은 아니지만, '모든 것을 버리고 십자가를 지고 나를 따르지 않는 사람은 나의 제자가 될 수 없다'는 말도 사실이다"라고

Nature of the Protestant Religion (London, 1682), p. 12.

61 Howie, *Worthies* (1827 Edition), Supplement, p. 549; Hewison, vo. 2, pp. 421-422.

주장했다. 그는 깨끗한 양심으로 자신의 증언을 기록했다.

> 예수 그리스도를 증언하는 일을 위하여, 그리고 그분은 그분의 집에서 수장이라고 주장하기 위하여, 그리고 그들은 나를 반대할 수 있는 어떤 사실도 없다는 점을 분명히 하기 위하여 내 생명을 드리려고 지금 오늘 여기에 있다.

오늘날 글래스고우(Glassgow)의 기념비에 기록된 글은 다벨의 제임스 니스벳과 그의 동료 순교자에게 영예를 돌린다.

> 죽은 자들이 말하고 있다.[62]

박해가 그리스도인에게 미친 영향에 관하여 윌리엄 윌버포스(William Wilberforce, 1759-1833)가 했던 말은 제임스 니스벳 같은 사람에게 해당한다.

> 특별히 기독교는 항상 박해 아래서 부흥해 왔다. 그런 시대에는 미온적인 신앙고백자가 없기 때문이다. 그런 때에 그리스도인은 주님의 나라가 이 세상에 속하지 않았음을 명심한다.
> 지상의 모든 사람이 위로를 구하기 위해 뒤를 바라볼 때, 그리스도인은 하늘을 바라본다. 그리고 그는 자신을 순례자와 이방인으로 생각한다. 왜냐하면 죽음의 순간과 마찬가지로 자신의 근원을 세밀하게 살펴보고 그 근본적인 것에 착념하기 때문이다.[63]

바로 그 해에, 행정 당국은 존 니스벳의 친한 친구 중 한 사람인 연로한 지휘관 존 페이튼(John Paton)을 체포하여 처형했다. 알렉산더 스멜리는 자신의 저서인 『언약의 사람들』(*Men of the Covenant*)에서 페이튼을 "용사"(Mr. Valiant)

---

62 Hewison, vo. 2, p. 422; Wodrow, *History*, vol. 4. pp, 65-66; Thomson, *Cloud*, pp. 365, 371 569.

63 William Wilberforce, *Real Christianity,* ed. James Houston (Portland: Multnomah Press, 1982), pp. 98-99 (이하 Wilberforce).

로, 존 니스벳을 "용사의 형제"(*Mr. Valiant's brother*)로 묘사했다. 페이튼은 존 니스벳처럼 30년 전쟁 기간 동안 해외에서 복무했다. 또 존 니스벳처럼 장로교 장로였다. 존 니스벳처럼 보스웰 다리 전투에서 전선의 기병 부대를 지휘했다. 페이튼은 마지막 증언에서 "그는 직접적으로든 간접적으로든 피 흘리기를 싫어한다"고 주장했다. 그가 권위를 인정하느냐고 질문을 받으면, 그는 "모든 권위는 하나님의 말씀을 따른다"[64]고 말했다.

해가 지나면서 박해가 더 심해졌다. 1684년 박해받은 사람 중엔 아동도 다수 포함되었다. 위정자들이 맹세(oath)를 거부한 1천 명 이상의 남녀를 구금함에 따라 공포심을 주는 둔노타르(Dunnottar) 성 같은 감옥이 이내 가득 찼다. 포화 상황을 해결하기 위하여 위정자는 장기수들에게 카롤라이나로의 19주간의 여행을 제안했다. 공동체 총회의 서기인 마이클 쉴즈(Michael Shields)는 네덜란드에 있는 지지자들에게 편지를 통해 혹독한 박해를 묘사했다.

> 분명한 것은 만약 연약한 교회가 언제나 사탄과 사탄의 도구에 의하여 난타당한다면, 우리가 바로 그 교회일 것이다. 만약 연약한 백성이 좌우의 적에게 둘러싸여 있다면, 우리가 바로 그 백성일 것이다. 만약 연약한 남은 자들이 적그리스도의 잔인함과 배교적 사악함의 대상이라면, 우리가 바로 그 남은 자들일 것이다. …
> 우리 중에 어떤 사람들은 날마다 도살당하는 양처럼 끌려간다. … 어떤 사람들은 감옥에 갇히고 족쇄가 채워진다. … 어떤 사람들은 멀리 외국의 대규모 농장에 노예로 팔려간다. 그리고 우리 모두 우리 손으로 우리 삶을 지탱하며, 생존의 위기 속에서 먹을 것을 찾아 유랑할 것이고, 우리가 사는 곳은 대부분 야산과 은신처와 땅 속의 동굴일 것이며, 적개심에 불타는 원수들은 아직도 우리를 수색하고 뒤쫓을 것이며, 많은 사람이 그들의 수중에 떨어질 것이다.[65]

끈질긴 박해에 대응하여 공동체 총회는 1684년 11월 교회의 문과 도시 십자탑에 **변증적 선언**(*Apologetical Declaration*)이라 부르는 선언문을 부착했다. 런

---

64 Smellie, p. 398; Wodrow, *History*, vol. iv. p. 65; Hewison, vol. 2, pp. 423-424, Howie, *Worthies*, pp. 490-493.

65 Shields, *Faithful Contendings*, pp. 143-144.

웍은 자기 재판이 불리해지는 것을 무릅쓰고 이 선언문에 서명했다. 이 선언문은 발표자들을 "이 영광스러운 종교개혁 활동을 옹호하고 고쳐시키기 위해 … 거룩한 언약에 의해 주님께 바쳐진 사람들"이라고 불렀다.

이것은 왕 찰스의 모든 권위와 그로부터 나오는 모든 권위를 하나님의 제도가 아닌 것으로 부인했다. 그것은 하나님에 대해, 그리고 언약을 고수하는 종교개혁 활동에 대해 반대하는 원수는 만약 "완고하고 습관적으로 사악하게 우리를 계속 적대시한다면 형벌을 면하지 못할 것"이라고 위협했다.

그것은 신중하고도 적절한 사법적인 절차가 없는 사적 복수 법안과 "우리와는 다른 판단과 신조에서 다른 모든 사람을 죽이는 무시무시한 규칙"에 대한 증오를 선언했는데, "그 규칙은 하나님의 말씀에 어떤 근거도 없으며 정당한 이유도 없는 것이었다."[66]

그것은 시민이 법률의 손을 거치지 않고 임의로 처분하라는 요구가 아니었으며, 공동체는 그렇게 하는 소수의 사람과 관계를 단절했다.

그들의 이러한 반응은 폭정에 대한 그리스도인의 적절한 대응이었을까?

그들의 행동이 적법한지에 대해서는 이 책에서 나중에 자세히 고찰할 것이다.

변증적 선언에 대응하여, 의회는 맹세(oath)를 거부하거나 질문에 답하기를 거부하는 모든 수상한 사람을 찾아내서 재판 없이 처형할 수 있는 권한을 클레이버하우스에게 부여했다. 사실, 이 법안은 이미 실행 중인 관행을 공식화시킨 것에 지나지 않았다.

1684년 11월 25일 의회는 **포기 선언 맹세**(*Abjuration Oath*)를 고안해 냈다. 이 맹세는 **변증적 선언**과 "그것의 사악한 창안자"에 대한 비난을 요구했다.[67] 의회는 또한 공동체 회원을 찾아 내는 일에 대한 포상금을 내걸었고 그들의 충성을 인증하는 증명서를 취득하도록 요구했다. 남은 자들을 파멸시키는 것이 국가의 우선 사업이 되었다.

점차로 법정보다는 군사적인 것이 모든 일을 결정했다. 클레이버하우스는 12월 초에 1천 명의 보병과 네 개의 기병 부대를 동원해 언약도를 힘으로 제

---

66 McCrie, *Vindication*, pp. 160-161.

67 Howie, *Worthies* (*1827 Eidition*), Supplement; Hewison, vo. 2, p. 442.

압하는 일에 착수했다.

1684년은 장로교인에게 위험한 해였지만, 제임스 니스벳은 "구체적인 신앙을 갖지 않은 것을 제외하고는 모든 일이 번성하던 어떤 친절한 사람의 집에서" 비교적 안전하게 그 해를 보냈다. 그는 그 해를 독서와 명상으로 보내면서 개인적인 신앙심을 기록했다.

존 웰쉬가 쓴 『해부된 천주교』(*Popery Anatomized*)라는 책은 "그들 자신의 무기로 무장된" 오류에 빠진 교사로부터 거짓 교리를 거절할 수 있도록 무장시켜 줬다. 그는 또한 제임스 두르햄 씨(Mr. James Durham)의 작품을 많이 읽었는데, 그것은 하나님의 신적인 법의 영성에 대해 보다 명확하게 깨달을 수 있도록 도와주었고, 또한 은혜의 교리에 대해 그리고 복음 속에 나타나고 있는 하나님의 구원 방법에 대해 보다 명확하게 이해할 수 있도록 도와 주었다.

이러한 숙고 기간을 통하여 제임스는 하나님께서 "이성적이고 유한한 영혼에게 풍성한 보석"으로 축복하셨다는 것을 알게 되었다. 이러한 유한한 영혼을 공평하게 다루어 "(그의) 삶의 모든 행위를 하나님의 영광에 이르도록 하여, 시간을 넘어 미래의 상태를 볼 수 있게 하였고 미래를 준비할 수 있게 하였다."

그는 그의 "고귀한 능력이 그리스도 안에서 새로워져서," "하나님을 섬기기에 적합해질" 때까지 쉴 수 없었다. 그는 "그의 말씀 속에 계시된 하나님의 뜻"을 의지하여 그것을 "신앙과 실천의 모든 문제에서 그의 유일한 규칙"이 되도록 해야 할 필요성을 느끼게 되었다.

그는 "만약 아무런 빛도 얻지 못한다면, 분열의 도구가 되느니 차라리 부차적인 문제 속에 애매한 상태로 머물러 있도록 할 것이다"라고 독백하였다.

> 오! 하나님, 당신의 빛을 비추사 나를 당신의 영원한 길로 인도하옵소서.

그 해 내내 제임스는 위정자가 4마일(6km) 이내의 모든 사람을 소환하여 맹세하도록 했을 때, 출두하기를 거부함으로써 체포를 면하였다. 그는, 자신은 "양심상 이러한 재판관을 합법적이라고 인정할 수 없었다"[68]고 진술함으로써 이러한 자기 방어적인 행동에 대해 변명했다.

---

68 Nisbet, *Private Life*, pp. 94-100.

제6장

살육의 시간

> 믿음으로 모세는 장성하여 바로의 공주의 아들이라 칭함 받기를 거절하고
> 도리어 하나님의 백성과 함께 고난 받기를
> 잠시 죄악의 낙을 누리는 것보다 더 좋아하고(히 11:24-25).
>
> 주께 피하는 것 외엔 어떤 길도 없나니, 하나님을 찬양하고
> 그의 뜻대로 그의 일을 하시게 하라
> — 하드힐의 존 니스벳

1. 살육의 시간(1685)

잔인했던 1685년의 생존자들은 그 해를 살육의 시간이라고 부른다. 새로운 법안으로 인해 언약도라는 이유나 야외 비밀 집회에 참석했다는 이유로 처형이 가능해졌다. 1685년 1월, 의회는 위정자를 시켜서 자기 관할 내에 거주하는 모든 사람이 **맹세 선언**(*the Oath*)[1]에 서명하게 만들었다.

제임스 니스벳은 서명을 거부하는 사람은 누구든지 죽이라는 명령을 받고 용기병들이 시골을 어떻게 샅샅이 뒤졌는지에 대해 말한다.

> … 이 맹세 선언을 했던 모든 사람은 당시의 정부의 법률에 대한 충성과 순응의 증거로 맹세 선언을 시킨 재판관에게 증명서를 발급받아야 했다. 모든 군인은 만나는 모든 사람을 조사하고, 이러한 통행증과 죄악된 순응의 표를 갖지 않은 사람을 총살할 수 있는 권한을 받았다.

---

1 Hewison, vo. 2, p. 453.

그들은 이 명령을 집행하는 데 아주 열성적이었기 때문에 (잔인함에서 뒤쳐질세라) 그 통행증을 갖고 있던 여러 사람을 총살하기도 했다. … 나와 함께 머물렀던 관대한 젊은 사람은 이 맹세 선언을 하지 않았고, 그것을 거부한 모든 다른 사람의 이름과 관련된 이름을 가진 그 사람 또는 그의 가족 중 누구든지 적에 의해 체포되었고, 남은 사람 중에 있던 나의 이름은 그들 정부에겐 원수였다.[2]

왕 찰스는 임종하면서 1685년 2월에 자기를 이어 왕위를 계승한 동생 요크 공작 제임스처럼 가톨릭 교도가 되어 죽고 싶다고 했다. 비록 비굴한 스코틀랜드 의회가 새로운 왕인 제임스 2세(1633-1701)에게 대관식 선서를 요구하지 않았음에도 그는 권력을 차지하고 박해를 강화했다.

후에 언약도의 지도적인 목사가 되었던 알렉산더 쉴즈도 이 시기에 현장에 뛰어들었다. 쉴즈는 유명한 청교도인 존 오웬(John Owen) 아래서 수련을 한 후 1684년 복음을 가진 목사로 임명되었다. 1685년 1월 그는 "납달리는 놓인 암사슴이라 아름다운 소리를 발하는도다"(창 49:21)[3]라는 제목의 설교를 했다는 이유로 체포되었다. 납달리는 크게 씨름하면서 태어나서, 하나님의 은혜와 아름다운 말씀으로 복을 받았고, 갈릴리 바다 남서부에서 시작하여 해뜨는 쪽으로 요단을 거쳐 유다까지 이어지는 땅을 약속으로 받았다.[4]

쉴즈는 목숨을 구하기 위해 어느 정도 자유를 가지고 다음과 같이 **포기 선언 맹세**를 했다.

> 변증적 선언이 왕을 반역하여 전쟁을 선포하고, 교회와 정부와 군대와 국가에서 그에 의해 임명된 모든 사람을 죽이는 것이 합법적이라고 주장한다면, 나는 하나님 앞에서 변증적 선언을 혐오하고 비난하며 그것과의 관계를 단절한다.

쉴즈가 감방으로 돌아오자마자, 이런 변절로 인한 슬픔이 그를 압도했다.

---

2 Nisbet, *Private Life*, pp. 101-102.

3 Scott, *Fasti*, vol. 5, p. 239.

4 Shields, *Hind*, 서문, p. v; 창 30:7; 49:21; 신 33:23; 수 19:32-39.

어떤 말도 할 수 없었고 탄식 소리도 낼 수 없었다. 그것은 그리스도의 순교자로서 내 신앙고백에 결코 씻어낼 수 없는 오점을 남겼고, 양심에 고통이 너무 커서 운다고 해서 잊혀질 것이 아니었다.[5]

그는 첫 번째 기회에서 부인했다.

왜냐하면 나는 그들이 신봉한다고 선언한 이 언약이나, 충실하게 지켜지는 선언이나, 모든 것이 그 위에 기초해 있는 방어적 무장의 원리와의 관계를 감히 끊을 수 없었기 때문이었다.

그는 "나같이 비천한 피조물 외에 더 나은 지지자가 없는 경우라면, 국가 최고의 법원에서 이것을 자백하는 것은 그리스도의 유익을 위해서도 비천한 일이다"라며 탄식했다. 어째서 로마서 13:1, 2, 5에 나오는 정부에 복종하라는 사도 바울의 가르침을 따르기를 거부하는지 이유를 설명하라고 따질 때, 쉴즈는 "나는 그대가 빠뜨렸던 구절에서 대답을 찾을 수 있을 것"이라고 대답했다. 왕의 권위를 인정하라고 강요를 받았을 때, "나는 무턱대고 모든 권위를 인정할 수는 없소"라고 하면서, 쉴즈는 하나님 말씀이 지시하는 것만 따른다고 했다.

왕에 대한 충성을 맹세하라는 요구에 대해 쉴즈는 하나님 말씀이 요구하는 복종과 하나님 말씀이 요구하지 않는 충성에 대한 차이를 설명했다.[6]

나는 국민의 한 사람이며, 신의 섭리를 통해 우리에게 정해 주신 어떠한 정부에 복종하는 한 사람이 되는 것에 만족한다고 그들에게 말했다. 정부의 현재의 헌법을 하나님의 명령으로 인정하고 그것을 따르는 문제에 대해서, 언약 측면에서 그것이 종교의 안전과 자유와 일치하는 경우를 제외하고는, 나는 감히 그것에 대해 적극적인 시인을 하거나 합법적인 국왕으로 인정하지 않았다.[7]

---

5 Alexander Shields, *A True and Faithful Relation of the Suffering of the Reverend and Learned Mr. Alexander Shields, Minister of the Gospel* (1715), pp. 45-65 (이하 Shields, *Memoirs*).

6 Shields, *Memoirs*, pp. 80, 79, 90, 135.

7 Shields, *Memoirs*, p. 71.

법정에 의한 반복된 심문 끝에 쉴즈는 다음과 같은 진술에 서명했다.

> 나는 국왕 제임스 2세와 그의 권위를 인정하며 저 변증적 선언과의 관계를 부인한다. 만약 그렇다면 그러한 것들은 왕의 권위 안에 포함되어 있을 것이다."[8]

이렇게 응하였기 때문에 그는 생명은 보존하긴 했으나 배스락에 수감되었다. 그는 여성으로 위장하여 가까스로 빠져나왔다. 쉴즈는 남은 자들에게 돌아와서는 크게 슬퍼하면서 자신의 실수를 고백했고 공동체는 그를 용서하였다. 믿음에 충실하지 못했으나 그것을 뉘우친 사람이 신앙을 회복했다는 것은, 언약을 준수하는 남은 자들이 지녔던 참된 기독교 정신의 가장 근사한 증명이었다.

쉴즈는 신앙을 회복한 후에, 고린도후서 5:11의 **"우리는 주의 두려우심을 앎으로 사람들을 권면하거니와"** 라는 말씀을 인용하면서, 자신과 타인의 죄에 대하여 공개적으로 밝히는 것의 중요성에 관하여 설교했다.[9]

다음의 설명은 4월 한 달 동안 뉴밀른즈에서 일어났던 박해의 정도를 알려준다. 그 기간 동안 피터 잉글리스(Peter Inglis) 대위가 이끄는 용기병 부대가 도시를 위협했고 시골 지역을 포위했다. 다른 예로 용기병들은 도망자의 옷을 입고 언약도의 집을 방문했다. 언약도에 속한 사람이 그들에게 음식을 공급했을 때, 군인들은 그를 회유하여 기도를 하도록 했다. 이것이 그를 처형할 증거 자료가 되었다.

또 다른 예로 용기병들은 체포된 언약도의 목을 베어 그것으로 축구를 하기도 했다. 그 후 그들은 여러 언약도를 끌어 모아 뉴밀른즈 탑 안에 가두었다. 그날 밤 무장한 언약도가 죄수들을 풀어 주었다. 경계병들은 죄수들의 석방을 돕고 있던 존 니스벳의 조카 존 로(John Law)를 총으로 쏘았다. 다음 날 용기병들은 구출된 사람들에게 먹을 거리를 제공했다는 이유만으로 사람을 처형하기도 했다.

1685년 5월 클레이버하우스는 (뉴밀른즈에서 약 12마일[20km] 거리에 있는) 프리스트힐(Priesthill)의 존 브라운(John Brown)을 체포하고는 그의 아내와 자녀

---

8 Shields, *Memoirs*, p. 140.

9 Shields, *Faithful Contendings*, pp. 282-285.

가 보는 앞에서 그에게 총을 발사했다. 브라운의 아내 이사벨(Isabel)이 피 흘리는 남편의 머리를 그녀 무릎으로 끌어오자, 클레이버하우스가 그녀에게 "여인이여, 당신은 당신 남편에 대하여 어떻게 생각하는가?"라고 물었다. 그녀는 담대하게 "그는 진정 좋은 사람이었어요. 또 언제까지나 그럴 거예요!"라고 대답했다. 클레이버하우스가 그녀를 그 옆으로 눕도록 했다. 그러나 그녀는 그에게 "정말로 그렇게 되리라고 생각하지는 않지만, 당신에게 무슨 짓이든 허용된다면 아마 당신은 그 정도로 잔인할 수 있을 것 같군요"라고 대답했다.

이에 대해 그는 "이 사람은 내 소관이니, 이보시오, 이 사람을 내가 직접 데려가겠소"라고 단언했다. 그날 오후 한 이웃이 존 브라운이 시편 27편 중 중단했던 곳에서 아침 예배를 마칠 때까지 이사벨을 위로했다. 여느 때처럼 그들은 다음과 같이 시편 몇 줄을 노래했다.[10]

> 여호와께서 환난 날에 나를 그의 초막 속에 비밀히 지키시고
> 그의 장막 은밀한 곳에 나를 숨기시며 높은 바위 위에 두시리로다.
> 이제 내 머리가 나를 둘러싼 내 원수 위에 들리리니(시 27:5-6).

클레이버하우스의 지지자들은 그가 잔인한 살인자라는 것을 부인하지만, 클레이버하우스는 그의 집에서 총알과 성냥과 반역 문서를 찾아낸 후에 존 브라운을 처형했다고 직접 기록했다. 클레이버하우스의 보고서는 또 동시에 존 브라운의 조카도 체포했다고 언급했다. 그의 삼촌 같은 운명을 피하기 위하여 젊은 브라운(혹은 브라우닝[Browning])은 뉴밀른즈에서 4월에 일어난 탈옥에 연루되었음을 고백하고 클레이버하우스에게 다른 언약도의 명단을 건네주었다.

클레이버하우스의 지지자들은 이러한 자비로운 행동이 그들 영웅의 정당성을 입증한다고 주장하지만 그들은 클레이버하우스가 그 젊은 사람을 군사 당국에 넘겨 주어, 며칠 후 처형당하도록 했다는 사실에 대해서는 설명하지 못한다.

또한 그의 지지자들은 얼토당토않게 브라운의 미망인이 어린 브라운을 언급

---

10 Barr. p. 163; *Scottish Psalter*, Ps. 27:5-6.

하지 않았으므로 그녀의 증언이 틀렸다고 주장했다. 죽은 남편의 목을 무릎에 안고 있었으므로, 아마도 그녀는 다른 곳은 전혀 바라보지 않았을 것이다.[11]

이 시기 동안 남자들만 순교당한 것은 아니었다. 행정 당국은 위그타운(Wigtown)에서 언약도 여성 둘을 결박한 채로 해변으로 데려와 밀물 때를 기다렸다가 익사시켰다. 국교회의 부목사는 그들이 교회 출석을 중단했다는 이유로 그들의 이름을 넘겨 주었는데, 그것은 공동체의 비밀 집회와 관련된 확실한 징표였다.

먼 쪽 말뚝에 매여 있던 나이 든 여성은 물결이 덮치자 빠져나오려고 사투를 벌였다. 나이가 든 여성이 익사하자 군인 한 사람이 조롱하며 젊은 여성 마가렛 윌슨(Margaret Wilson)에게 방금 그녀의 친구를 보면서 어떻게 생각하느냐고 물었다. 마가렛은 "그리스도께서 거기서 사투하시는 것 외에 무엇을 본단 말이오? 우리는 순교자라는 것을 생각하시오"라고 대답했다. 마가렛은, 죽기 전에 적절한 내용이 담긴 시편 25편을 노래했다.

> 여호와여 내 젊은 시절의 죄와 허물을 기억하지 마시고 주의 인자하심을 따라 주께서 나를 기억하시되 주의 선하심으로 하옵소서(시 25:7).

마가렛을 죽인 자들은 그녀가 익사하기 전에 **맹세 선언**을 시키려고 애썼지만 그녀는 "아니, 내겐 어떤 죄악된 맹세 선언도 있을 수 없소"[12]라고 대답했다.

1685년 5월 28일, 언약도는 생쿠하르 십자탑(Sanquhar Cross)에 항의문을 게시했다. 그들은 이 항의문을 통해서 언약을 준수할 것이라는 의지를 재확인하고, 제임스를 왕으로 인정하지 않는다고 선언했는데, 제임스는 하나님의 성

---

11 John Brown은 1685년 1월에 처형되었다. Claverhouse는 Brown의 동생 Mauchline을 군사 당국자에게 넘겨 원하는 대로 하게 하였다. Brown의 동생은 군인들로 이루어진 배심원에 의해 아마도 한 차례 (이름 뿐인) 재판을 받고 5월 6일 처형되었다. Terry, *Claverhouse*, pp. 205-207; Mark Napier, *Memorials and Letters Illustrative of the Life and Times of John Graham of Claverhouse, Viscount Dundee* 3 vols. (Edinburgh: Thomas G. Stevenson, 1842), vol. 2, pp. 456-459 (이하 Napier, *Claverhouse*).

12 Hewison, vol. 2, pp. 476-477.

도들을 살해한 자요, 우상 숭배자요, 교회의 원수였기 때문이었다. 그것은 또한 의회 당국을 비난하고 하나님의 백성에 대한 어떠한 공격도 기독교인의 대응을 고무시켰다.

아길레 경(Lord Argyle)이 정부를 전복시키기 위해 신속하게 상륙했을 때 많은 싸움이 일어났다. 네덜란드와 유럽의 개신교도들은 잉글랜드에서 가톨릭 왕조를 피하기 위해 원정대를 지지했다. 지지자 중엔 1684년 해외에서 죽은 로던 백작 제임스 캠벨도 포함되어 있었다. 제임스 런윅과 공동체 총회는 아길레가 언약도를 지지한다고 약속하지 않았기 때문에 그를 돕기를 거절했다.

그 결과 원정대는 실패하였고 아길레는 목숨을 잃었다. 비록 존 니스벳이 아길레를 지지하는 일에 반대했을지라도 제임스 니스벳은 어느 편도 들지 않았다. 그럼에도 불구하고 스코틀랜드의 많은 장로교인은 아길레를 도왔는데, 그들이 왕 제임스의 참아내기 힘든 정부를 제거하는 일에 필사적이었기 때문이다. 그 결과 생긴 투쟁은 그들의 영적인 연합을 심각하게 균열시켰다.[13]

패배 후에 아길레 부대와 함께 넘어왔던 목사 두 명은 공동체에 합류하고자 했다. 공동체는 그들을 거절했는데, 그들이 어려운 기간 동안 나라를 떠나서, 예배하는 일에서 사면된 목사들에게 합류하여 공동체를 비난하였고 아길레 원정대와 연합하면서 카길과 카메론을 지지하지 않았다는 것이 이유였다.

두 목사는 스스로 변호하면서 자신들의 해외 교류와 런윅 목사의 해외 목사 임직을 비교하였고, 공동체의 증언과 선언에 대해 관심을 표명했다. 두 목사는 사면파와의 교류를 중단하려 하지 않았으며, 대신 "그들이 유력한 재판소에 의해 판결이 날 때까지, 현재 논란이 되고 있는 일을 기꺼이 그대로 두겠다고 단언했다."[14]

공동체 회원들은 이러한 말을 수용할 수 없음을 알았기 때문에, 이들 두 목사와 교류하지 않기로 결정했다. 몇몇은 그 두 목사와 함께 떠났고 그것은 또 다른 고통스런 분열로 나타났다.[15] 워커(Walker)는 런윅 씨에 대하여 혹독한

---

13 Shields, *Faithful Contendings*, p. 166.

14 Shields, *Faithful Contendings*, p. 168-182.

15 Shields, *Faithful Contendings*, p. 169.

비판을 기록했던 한 사람은 나중에 그 일에 대해 후회한다고 말했다.

> 나는 그에게 독필(毒筆)을 휘둘렀으나, 그는 나에게 달콤한 어조로 썼다.

워커는 제임스 니스벳을 이 기간 동안 공동체 회원 간에 생겨났던 갈등을 입증할 수 있는 사람으로 간주했다.

제임스 니스벳의 비망록은 그가 어떻게 아길레 사건에서 비롯된 분열을 직접 목격했는지를 묘사하고 있다.

> 그러나 아! 다음과 같은 이유로 그 당시 조금 침체해 있던 나는 위로를 얻었다. 그 해 원정대의 아길레 백작과 함께 고향으로 돌아왔던 덕망 있는 신사 중 몇 명을 만나게 되었다. 그들과 그리스도인 친구 몇 명은 판단과 입장의 차이로 인해서 서로에 대해 의심했고 냉담했다. 그때 이 일로 나는 마음이 아팠다.
> 그러나 그 후에 이런 일로 인해 생겨난 개탄스러운 결과를 보았을 때, 사태는 한층 더 심각해졌다. 왜냐하면 나는 이러한 견해의 차이가 그렇지 않았더라면 진정으로 경건했을 사람 중에서도 애정을 잃어버리게 만든다는 것을 깨달았기 때문이다.
> 마찬가지로 이것은 귀중한 시간을 많이 낭비함으로써 종교의 생명력을 침식하는 데 크게 영향을 미쳤으므로, 논쟁하고 경쟁하는 데 시간을 허비했고, 그렇지 않았더라면 그들에게서 사라지지 않을 수 있었을 필요한 한 가지, 더 나은 부분을 구하고 찾는 데 시간이 매우 유용하게 사용되었을 것이었다.[16]

---

16 Nisbet, *Private Life*, pp. 114-115.

2. 도피 생활(1685)

제임스는 1685년 열여섯 살 되던 해에 이렇게 말했다.

> 올해 내게 일어났던 모든 것을 다 말하기가 불가능하다. 오직 나만 매우 현저한 섭리적 사건을 몇 가지 주목하게 되었는데, 나는 이 사건 속에서 여러 차례 죽음의 순간에 처했고, 놀랍게도 그때마다 은혜를 베풀려고 기다리시던 주님에 의해 구원받곤 했다. 그래서 나는 그 해 내내 긍휼과 심판의 노래를 부를 좋은 이유가 있었다.

제임스는 자신의 경험을 돌아보면서 곤경에 처한 모든 하나님의 자녀(시 9:18; 12:5; 140:12)에게 항상 "주 여호와 하나님 안에 영원한 능력이 있으니 여호와"[17](사 26:4)를 경외하라고 권고했다.

4월부터 6월 사이에 제임스 니스벳은 여러 차례 가까스로 죽음을 모면했다.

> 1685년 4월 26일 하나님의 선하신 섭리 속에서 저 위대한 사람 알렉산더 피던 씨를 내가 머물던 그 덕망 있는 사람의 집으로 보내신 것은 하나님을 기쁘시게 했다. 4월 27일 그는 요한복음 10장을 설교했는데, 오랜 시간을 적절하게 현 시대에 적용해서 선포했다. 설교를 마친 후 그는 마치 묵상을 하듯 잠시 멈추었다. 그러고 나서 큰 성령의 감동으로 침묵을 깨뜨리고 큰 소리로 말했다.
> "내가 스코틀랜드에 왔다고 말한 사람들에게 주님의 이름으로 저주가 있을지어다"(그는 겨우 몇 주 전 아일랜드에서 왔기 때문이었다).
> 우리는 후에 그가 그렇게 저주를 선포하는 그 시간에, 못되고 악한 여인 하나가 적들에게 가서 … 그가 있는 곳을 말해 주었다는 것을 알게 되었다. 하지만 하나님께서 그와 우리에게 경고했음에도 불구하고, 우린 모두 안전하게 잠자러 갔고, 나는 그곳에서 밤이 샐 동안 다음날 우리에게 닥칠 일에 관한 꿈을 꾸었다.
> 나는 아침에 하인들과 일하러 들로 나갔다. 우리는 그곳에서 아침 9시가 되기 전

---

17 Nisbet, *Private Life*, pp. 100-101.

에 용기병 부대가 전속력으로 달려오는 것을 보았다. 피던 씨와 그 집에 그와 함께 있던 사람들은 도피했고, 우리는 이에 대해 아무것도 몰랐다. 그러나 우리 모두 섭리대로 달렸다.

하나님의 주의 깊은 섭리는 언제나 나에게 친절했고 나를 손으로 끌듯 습지대로 인도하셨다. 그곳은 우리가 일하고 있던 곳에서 약 2마일(3km) 거리에 있었으며, 피던 씨와 함께하던 사람들이 쉬기 위해 찾은 곳이었다. 나는 그곳에 올 때까지 아무것도 알지 못했다. 그곳으로 가는 길은 매우 가파른 오르막이었다. 용기병 둘이 아주 맹렬하게 나를 추격했다.

그러나 그들은 나를 따르던 또 다른 사람을 염탐하고서 내가 가던 길 오른쪽으로 그를 추격하였다. 그들은 그에게 총을 쏘았으나 주님의 기쁘신 뜻대로 바로 그 순간 그가 도망쳤다.

그들 중 다른 두 사람이 나를 쫓아왔고, 나는 곤경에 처해 필사적이었다. 그날은 매우 뜨거웠고, 태양이 내 얼굴을 밝게 비추었으며 그 길은 산악 지대였다. 그러나 주님은 내게 매우 친절하셨고 내가 달릴 수 있게 하셨다. 나는 간혹 이쪽으로 갈까 저쪽으로 갈까 생각도 했고, 종종 습지대 웅덩이로 뛰어들어 무성한 덤불 속에 숨을까 생각도 했다.

하지만 나는 이런 기분을 떨쳐버리고 다른 사람들이 있는 습지대로 계속 길을 가도록 기분이 압도되었다. 습지대 가장자리엔 약 10내지 12야드(8-10m²) 넓이의 습지가 있었고, 나의 훌륭한 후견인인 하나님의 친절한 섭리가 마침내 나를 이곳으로 인도했다. 이렇게 주님께서는 내가 곤경에 처했을 때 실제적인 도움이 되셨다.

내가 습지를 막 지나, 거기서 나와 습지대의 황야까지 왔을 때, 용기병 두 명이 건너편에서 왔다. 그들은 말을 타고 내가 있는 쪽으로 올 수 없음을 알고, 내게 꼼짝 말고 서 있으라며 사살할 것이라고 했다. 그들은 내게 총을 쏘았지만, 하나님께서는 총알이 내 왼쪽 귀 옆으로 지나가게 하셨다. 총알을 가까스로 피했음을 알고 나는 습지대 안으로 더 멀리까지 달렸다.

하나님의 친절한 섭리는 나를 20명 가량 박해받는 친구들이 숨어 있던 이탄(泥炭) 폐갱(a moss-hag)으로 인도하셨다. 그들과 만나게 되어 기쁘고 놀라웠다. 하지만

숨이 너무 찼으므로 잠시 동안 아무 말도 할 수 없었다.[18]

우리는 습지를 걸어 다니면서 우리를 찾기 위해 두 번째 부대가 첫 번째 부대와 합류할 때까지 한동안 그곳에 머물렀다. 처형을 집행하는 것은 아니었는데 누군가 습지대 양편에서 총성이 난 뒤에, 우리는 머물던 곳에서 나와 습지 복판으로 이동했다. 그들이 우리를 보자 다시 말을 타고 습지 가장자리로 추격했다. 하지만 우리는 항상 말이 올 수 없는 그런 곳에 숨었다.

그날 우리는 이리저리, 앞뒤로 왔다갔다하면서 약 30마일(48km)을 달렸다. 그날 우리는 종일 아무것도 먹지 못한 채 습지의 물을 마셨고 밤이 되어서야 각자 마실 우유를 얻을 수 있었다. 피던 씨는 자신과 함께 있던 사람들을 떠나 한 곳으로 갔고 나도 그들을 떠나 다른 곳으로 갔다. 나는 밤새도록 어떤 민가에서도 멀리 떨어진 황야에 누웠다.

다음날 해가 뜬 후 깨어났을 때, 200명 가량의 보병과 기병이 그 지역 전체를 이곳 저곳 수색하는 것을 보았다. 적에게 발견되지 않으나 피할 길이 없다는 것을 알았기 때문에 나는 야생화(heather) 가운데서 조심스럽게 손뼉을 쳤다. 주님은 내게 지극히 친절하시고 은혜로우셔서 적 중에 단 한 명도 내가 누워 있던 곳으로 가까이 오지 않았다. 주님은 내게 지극히 관대하셔서 나의 연약한 마음과 피곤한 몸을 긍휼히 여기셨고 견딜 수 있는 이상의 짐을 내게 지우지 않으셨다.

주님께 모든 영광과 찬양을 영원히 돌리세!

그러나 당시 나는 내내 다가올 많은 문제에 대한 심한 염려에 빠져 있었다. 나는 문제와 시련을 자주 예감하곤 했다. 그리고 당시가 꼭 그랬다.

그에 따라서 3, 4일이 지나지 않아 난폭한 박해자 그레이엄 클레이버하우스(Graham Claverhouse)가 전체적인 수색을 위해서 말 100마리와 고지대 사람 300명을 데리고 왔다.[19] 그들은 그날로 우리 중 7명을 목격하고는 거의 한밤중이 되기까지 우리를 맹렬히 추격했다.

하지만 주님은 피에 주린 자에게서 우리를 보호하셨다. 그날 우리는 종일 빵 몇

---

18 Patrick Walker는 유사한 설명에서 Peden이 James의 머리 장식 중 하나에 총알이 발사된 것을 목격하고는 남아 있던 장식을 칼로 제거하면서 "오! 제이미, 제이미, 자네 머리가 무사해서 기쁘네. 나는 자네 머리가 위험에 처할 거라고 생각했다네"라고 말했다고 덧붙인다.

19 Hewison, vol. 2, p. 471.

조각과 치즈와 습지의 물 외에 아무것도 먹지 못했다. 우리 앞에 기병이 있었고 우리 뒤에는 보병이 있었는데, 우리는 매우 피곤한 상태였으므로 안전을 위해 어떻게 해야 할지 결정해야 하는 매우 난처한 상황에 빠졌다.

그러나 마침내 동료들이 계속 달리기로 결심했다는 것을 알고 나서, 나는 그들에게 내가 지난 며칠간 계속 달렸고, 주님께서 그런 나를 보호하셨다고 말했다. 그러나 이제는 주님이 어떤 다른 방식으로 나를 보호하시지 않는다면, 내가 적의 수중에 떨어질 것이 분명했는데 더 이상 달릴 수 없었기 때문이었다. 그래서 나는 해가 뜨기 전에 친구들과 헤어졌다. 그런 후 내 생각에 가능한 한 외진 곳으로 가서, 조심스럽게 손뼉을 치면서 부르짖었다.

"이제 오! 주님, 위대하고 전능하신 하나님, 당신만이 무한한 지혜와 무한한 능력과 무한한 자비의 크고 강한 팔을 갖고 계시옵니다. 이제 나를 위하여 그것을 사용하사 잔인한 적에게서 나의 안전한 피난처가 되어 주소서.

그들은 당신의 원수요, 당신으로 인해 나에게도 원수입니다.

오! 죽음의 순간에 나로 두려워하지 않게 하옵소서!

오! 나로 죄악된 방법으로 내 생명을 구하려 함으로써 당신을 대적하는 죄를 범하지 않게 하옵소서."

하나님의 신적인 섭리의 역사 속에서 하나님의 놀라운 역사를 목도하면서 나는 평온하고 조용한 마음으로 여기에 누웠다. 왜냐하면 그들의 아버지 루시퍼의 아들답게 적들은 내가 누워 있던 곳을 양쪽으로 지나쳐 갔기 때문이었다. 그러나 하나님은 그들이 나를 사정거리 안에 두고 지나가면서도 나를 볼 수 없도록 그들의 눈을 붙잡아 두셨다. 이것을 보고 나는 조용히 말했다.

"오! 이분 외에 누가 하나님과 같을까, 이것은 하나님의 손가락이요, 하나님의 역사이니, 그는 지금 나를 위해 그의 거룩한 팔을 벌리셨다."

확신하건데 비록 볼 수는 없으나 그는 이곳에 계시며, 나를 보고 계셔서 나로 하여금 그의 무한한 지혜와 무한한 능력과 무한한 자비가 주시는 효과적인 결과와 영광스러운 역사를 보게 하신다.

나는 지금 나를 구원하기 위하여 기묘한 방법과 길을 마련하시는 하나님의 지혜를 본다. 여기서 나는 하나님의 원수인 나의 원수를 통제하시는 하나님의 능력을 본다. 여기서 나는 하나님의 처소의 은밀함 가운데 나를 숨기시는 데서 하나님의 자비로우심을 본다. 여기서 나는 내게 있는 두려움과 의심과 불안을 없애는 데서 하나님의 겸손을 본다.

지금 주님은 전혀 위험이 없는 때보다 훨씬 더 큰 평안과 마음의 안정을 내게 주신다. 여기서 나는 뱀의 후손과 여자의 후손 사이의 적대감을 느낀다. 여기서 한 번 더 성령의 내적 증거와 말씀의 외적 증거를 통해서 구원을 위해 효과적으로 내게 적용되고, 내 영혼에 증거가 될 수 있도록 그리스도를 통한 하나님과의 평화와 화목이 크게 필요하다는 것을 새로 깨닫게 되었다. 여기서 나는 금욕하는 일에서 어느 정도는 진보하는 것이 크게 필요하며, 그럼으로써 나 자신과 시간 속에서 일어나는 모든 일과 더욱 자연적인 삶 자체가 부인되어야 한다는 것을 한 번 더 새롭게 깨닫게 되었다.

적들이 지나간 후 이곳에서 몇 시간을 기다렸다. 약 30분 후에 그들은 노지(open field)에서 한 남자를 사살했다. 그리고 나중에 알게 되었는데, 그 후 한 시간쯤 뒤 노지에 누워 자고 있던 나를 두고 갔던 내 친구들과 만나게 되었고, 친구 중에 하나를 붙잡아 잔인하게 때렸다고 한다.

그들은 서둘러 체포한 친구를 데리고 남은 친구들도 따라잡고자 했다. 그날 나머지 친구들을 33마일(53km)이나 추격했지만 더 이상 체포하지 못했다. 적들의 잔인한 계획이 목적을 이루지 못하도록 자주 중단시키시는 주님께 모든 찬양과 영광을 돌리고 싶다. 그러나 이 중 한 사람 윌리엄 리드(William Reid)라는 친구는 몇 주 동안 고통을 겪다가 죽었다.

이 일로 나도 며칠간 고통스러웠고, 그 후 높은 고열에 시달려야 했다. 나는 어느 가난한 사람의 집으로 갔고, 그 사람의 아내는 나에게 소가 있는 헛간에 침대 하나를 만들어 주었는데, 그녀의 남편이 내가 누군지 알지 못했고, 휘그당을 숨겨주지 않겠다는 맹세 선언에서 자유로웠기 때문이었을 것이다.

그 다음날 박해자 중 한 명인 뷰천(Buchan) 대령이라는 사람이 그 지역을 수색하기 위해 용기병 부대 둘을 대동하여 왔다. 그는 보병 여러 명을 데리고 내가 누워 있던 작은 집까지 찾아 와서, 그 여인에게 이 집 우리에 사람이 있느냐고 물었다. 그녀는 "아무도 없고, 다만 자기 가족 중에 젊은 청년 하나가 지금 죽어가고 있다"고 대답했다. 그러자 그들은 내가 있던 곳으로 왔다.

뷰천은 오른손에 소지하고 있던 권총을 겨눈 채 내 머리를 들어 올리고는 내 얼굴을 자세히 관찰했다. 그리고 그와 함께 있던 사람들에게 "여긴 아무것도 없고 젊은 친구 하나가 죽어가고 있군"이라고 말하고는 내 머리를 내려놓고 떠나갔다. 나는 그때 병이 너무 깊어서 위험에 대한 두려움도 위기를 모면한 것에 대한 기쁨도 느낄 수 없었다.

가난한 여인은 나로 인해 문제가 생길까 너무 두려워했고, 나에게 계속해서 더 머물라고 설득하지는 않았다. 그래서 나는 다른 가난한 여인의 집으로 옮겨졌는데 그곳에서 9일째 되던 날에 열이 내렸고, 고통은 7일간 계속되었다.[20]

제임스가 회복되는 데에는 이후 한 달이 더 소요되었고, 그 기간에 그는 두 차례나 생명을 위협할 만큼 병이 재발하였다. 이렇게 죽음을 가까이서 접하게 되면서 제임스는 "불이 어떤 그릇에서 다른 그릇으로 옮겨지듯, 하나의 문제에서 다른 문제로 돌아가며 압박을 받는 것 같다"고 깨닫게 된다.

그럼에도 불구하고 제임스는 "다음 성경 구절은 … 이 문제에 도움이 된다 (욥 23:13-16; 38:39-41; 단 4:35; 행 17:24-28; 마 10:29-31)"[21]는 것을 발견하고는, 하나님의 "원하시는 뜻"(disposing will)에 기꺼이 순종하였다. 그는 말씀과 말씀이 선포되는것을 듣는 것에서만 위로를 발견했다.

이 일 후에 나는 그리스도 예수의 충성스러운 종이요, 커다란 동정심과 분별력과 절제력을 갖춘 젊은이였던 위대한 런윅 씨가 선포하는 설교를 듣기 위해 저 선량한 사람들과 함께 16마일(26km)을 걸어갔다.

이 집회는 매우 넓은 황무지에서 열렸고, 이 목사는 자기 주인의 임재를 드러내는 것을 여러 가지 보여 주었다. 그는 시편 7편으로 시작하였고 역대하 19장에 관하여 강론했는데, 그 본문을 통해 당대의 통치자들이 종교에 대한 후원자였던 것만큼, 우리 시대의 통치자들은 종교에 대해 큰 원수라는 사실을 통탄스러워하며 매우 유감스러워 했다.

그는 오후에 마가복음 12:34을 가지고 설교했다. 말씀을 설명한 후에 그는 말씀

---

20 Nisbet, *Private Life*, pp. 102-110.
21 Nisbet, *Private Life*, pp. 110-112.

과 관련된 적절한 적용을 통해서 위선자의 13가지 특징을 제시했다. 오후에는 그리스도께 와서 그를 그들의 주와 구세주로 영접하고 그들의 주와 법의 수여자로 인정하는 멸망할 모든 죄인에게 주시는 그리스도의 크고 완전하며 자유로운 제안에 근거한 건전한 신자의 두 가지 특징을 제시했다.

그의 방법은 분명하고 잘 요약된 것으로, 복음의 실체나 단순함과도 잘 어울렸다. 이 날은 비스가산에서 생명의 왕을 보고, 죽음의 강둑인 요단 너머에 있는 저 즐거운 땅의 왕을 보았던 많은 경건한 사람들에게 인자의 큰 날이었다.[22]

설교가 끝난 후에 용기병들이 언약도를 여러 명 체포했다. 열병이 났던 제임스는 주님께서 구출함으로써 가까스로 체포되는 것을 모면했다.

나는 그들만큼 그렇게 빠르게 여행할 수 없었기 때문에, 매리 윌슨(Mary Wilson)이라는 경건한 여인 하나를 제외하고는 모든 친구들이 나를 떠나 스스로 이동했다. 나는 그녀 역시 나를 떠나서 그녀 자신의 안전을 위해 이동하기를 원했기 때문에 그녀에게 "나는 살든지 죽든지 실패할 수 없는 선한 손 안에 있습니다"라고 말했다. 하지만 그녀는 나를 떠나려 하지 않았다. 그래서 걸을 수 있는 만큼의 거리인 4마일(6.5km)을 걸으며, 들었던 설교 주제의 본질과 적절성에 대하여 서로 이야기도 나누었다. 우리는 설교 시간에 우리 앞에 제시되었던 그 특징에 관하여 어떤 경험을 했는지, 그리고 그들 중 어떤 부분이 확신과 확증과 위로로 우리의 영혼 깊이 다가왔는지에 대하여 대화했다. 그리고 걷는 동안에도 주님은 우리에게 놀랍도록 자비로우셨다. 왜냐하면 우리가 마지막까지 습지에 남아 있었지만 적 한 명도 우리에게 가까이 오지 않기기 때문이었다. 그것은 습지를 먼저 벗어난 사람들을 추격하기 위해 떠났기 때문이었다. 게다가 우리가 4마일을 천천히 이동한 후에 나의 친구가, 20일 동안 매우 큰 고통 중에 고열로 누워 있었던 집으로 데려다 주었다. 예전에 세 차례나 그랬던 것처럼 이번에도 고열이 나자, 나는 아무것도 마시지 못하였고 병이 난 동안 줄

---

22 Nisbet, *Private Life*, pp. 113-114.

곧 신 우유만 마시며 천천히 나아갔다.[23]

병에서 회복된 직후 8월에 주님은 다시 제임스를 구해내셨다.

그 후 내가 한 친구와 어떤 집에 들어가 약간의 음식을 얻었을 때, 마침 적 한 무리가 그 집에 왔다. 그들이 문간에서 말에서 내릴 때, 나는 내 친구와 우리가 얻었던 것도 챙기지 못한 채 다른 문으로 나와서 가능한 한 많이 뛰어 어느 숲으로 들어갔다. 우리는 그곳의 작은 동굴 안으로 들어갔다. 적이 우리를 보았을 것이고 그래서 반드시 우리에게 올 것이라고 확신했다.

그러나 이때도 앞에서 여러 차례 그랬듯이, 주님은 나에게 자비롭고 은혜로우셨는데 그들이 우리를 보지 못했기 때문이었다. 그래서 우리는 구원에 능하신 주님의 자비로운 돌보심으로 이 위험에서도 빠져나올 수 있었다. 우리는 이 동굴에서 거의 한밤중이 되기까지 머물렀고, 주님께서 우리를 도우셨기에 기다리면서 기도하고 죽음을 대비하며 시간을 보냈다.

그런 후에 우리는 대담하게 먹을 것을 찾아 나섰다. 우리는 어떤 너그러운 사람의 집 뒤쪽 창가로 가서 조용히 창문을 두드렸다. 그 너그러운 여인은 우리에게 나직하게 집안에 적이 16~18명가량 있다고 말해 주었다. 그녀는 우리에게 빨리 원래 있던 곳으로 돌아가라고 말하고는 약간의 음식을 갖고 우릴 따라왔는데, 오랫동안 굶주렸기 때문에 우린 그 음식으로 매우 기뻐했다.

게다가 젊은 사자들에게 음식을 주시는 하나님은 우리에게 때에 맞게 음식을 주셨다. 그것과 관련해서 주님께서 우리를 광야의 이스라엘처럼 다루신 것이라는 생각이 들었는데, 주님은 그들을 주리고 목마르게 함으로써 그들 마음속에 무엇이 있는지 스스로 볼 수 있게끔 고난에 빠뜨림으로써 단련하고 시험하고 겸손하게 하셨다.

그 후에야 그들에게 풍성히 공급하셨던 것이다. 그뿐 아니라 주님께서는 나를 종종 죽음 직전까지 몰아가기도 했다. 그런 후에 자비롭고 세심한 섭리로 개입하셔서 적들이 나에게 아무런 해도 끼치지 못하도록 하셨고, 주님의 거룩한 손이 작정

---

23 Nisbet, *Private Life*, pp. 115-116.

하신 일만 이루어지게 하셨다.

그래서 나는 이렇게 고백하지 않을 수 없다.

"주님이 여기까지 도우셨도다. 영광되도다. 영광되도다. 그의 이름이여! 성난 파도를 향해 '잠잠할지어다' 말씀하셨듯 교만한 적에게 말씀하시도다."

나는 크고 많은 어려움을 만났음에도 불구하고 어떤 어려움에서 겨우 벗어나자마자, 곧 다른 문제가 나를 압도하기 때문에 필연적으로 고난당하기 위해 태어났다고 말할 수 있었으리라. 그러나 이 모든 일 가운데 나는 여전히 찬양할 수 있는데, 주님께서 항상 은혜롭게 내가 처한 곤경을 통제하여 나를 구해내기 위한 기회를 만드셨고, 내가 위기에 처한 시간은 구원을 위한 주님의 시간이기 때문이었다. 세상을 바라보고 모든 문이 닫힌 것을 보게 되었을 때, 비록 내가 항상 슬픔 속에 있었을지라도 만군의 주를 바라볼 때 항상 기뻐해야 할 이유를 알았다. 결코 어떤 비참한 사람도 나만큼 고통당하지 않았고, 나보다 더 자주 죽음의 위기에 던져진 적이 없다고 생각하면서도, 나는 자주 어떤 사람도 나보다 그토록 더 빨리 구조되고 일으켜지고 놀랍게 구출되지는 않을 것이라고 생각하곤 했다.

자주 반복되는 주님의 선하심과 자비로우신 돌보심에서 … 나는 항상 "주님의 자비하심은 영원히 계속되리라"[24]고 말하고 노래할 마땅한 이유가 있었다.

제임스 니스벳은 그들이 모세처럼 선택함으로써 살육의 시간에 생존을 위해 투쟁하였을 때, 그의 아버지의 마지막 몇 달간의 생활을 생생히 회상했다. 다음의 두 일화 속에서 제임스는 힘을 주시고 위로하시는 하나님의 현존이 어떻게 그의 아버지의 모든 행동 속에 나타나서, 그의 친구들이 "그는 하늘을 떠나 살 수 없었고 하늘에 속할 수밖에 없었다"는 결론을 내리게 하였는지를 보여 준다.

어느 안식일 아침에 몇 명이 하나님께 예배하기 위해 은밀하게 모였을 때, 그들과 함께하시는 주님의 확실한 임재를 위하여, 또 그날의 직무를 위해 그들에게 적용시키기 위하여 읽혀지고 노래해야 할 하나님께서 주시는 성경 말씀을 위해 은혜를 구하고 있었다.

---

24 Nisbet, *Private Life*, pp. 116-119.

그리고 그의 얼굴엔 매우 찬란한 빛이 있었고, 그가 주님께 사용했던 말과 논증은 매우 효과가 있어서 이곳 저곳에서 눈물을 자아내게 하였고, 그들 중 몇은 심적으로 졸도할 위험도 있을 정도였다.

그를 비롯한 사람들에게 이런 심리 상태가 계속되어 광풍과도 같이 심령이 크게 열려 직무의 모든 부분에까지 나타났다. 그런 후에 그는 늘 하던 대로 은밀한 기도를 위해 물러났다. 그가 남은 사람들에게서 빠져나온 후에, 그들 중 몇몇은 "우리는 결코 이런 사람을 본 적이 없다. 그리고 주님은 그에게 자신의 매우 많은 것을 주려 하시기 때문에, 이 귀중한 사람을 커다란 시련으로 단련시키신다"[25]고 말했다.

… 또 한 번은 하나님께 예배하며 시간을 보내던 어느 안식일에 우리 아버지와 몇몇 고난당하는 친구들이 함께 있었는데, 해가 지기 바로 직전에 예상치 않게 우리 옆집에 한 무리의 적이 왔다. 이것은 무엇보다 우리 동료 중 몇 사람을 공포에 빠뜨렸는데, 그들은 "어떻게 해야 할까"라고 말했다.

아버지께서 "주님 외에는 우리가 피할 길이 없으니, 자, 하나님을 찬양하고 하나님이 하나님의 일을 하시도록 하자"고 대답했고, 그러자 남은 사람들이 수긍했다. 그에 따라 대부분 하나님의 이름을 부른 후, 시편 91편을 노래로 불렀다.

> 지존자의 은밀한 곳에 거주하며 전능자의 그늘 아래에 사는 자여,
> 나는 여호와를 향하여 말하기를 그는 나의 피난처요 나의 요새요
> 내가 의뢰하는 하나님이라 하리니
> 이는 그가 너를 새 사냥꾼의 올무에서와 심한 전염병에서 건지실 것임이로다
> 그가 너를 그의 깃으로 덮으시리니 네가 그의 날개 아래에 피하리로다
> 그의 진실함은 방패와 손 방패가 되시나니 (시 91:1-4).[26]

노래하는 내내 우리 중에 공포가 거의 전혀 없었다. 오히려 마음과 표정에서 커다란 즐거움으로 감동되었다. 비록 예상하고 있긴 했지만 적들은 살육 도구를 가지

25　Nisbet, *Private Life*, pp. 127-128.
26　*Scottish Psalter* (Psalm text added).

고 우리에게 올 것이었다. 왜냐하면 그들은 직접 예배를 드리던 중에 발견하는 사람은 누구라도 살려두는 법이 없었기 때문이었다. 승리를 거두기 전에 승리를 노래하는 것은 흔한 일이 아니다. 그럼에도 영혼의 큰 만족과 내적인 위로를 주는 만족함 속에서 승리의 노래를 불렀다.

그러나 모든 위험과 우리 사이에 개입하시는 자비로운 돌보심과 우리의 무한히 은혜로우신 하나님의 통치 능력을 보라. 숲이나 습지에서 멀리 떨어진 평지에 있었기에 우리가 피할 방법이 전혀 없었을지라도 주님께서는 놀라운 방식으로 우리를 안전하게 지켜주셨다.

적들이 우리가 머물던 집 옆으로 세 집을 수색하고는 급히 말을 돌려 가버렸고 우리가 어디 있는지조차 묻지 않았던 것이다. 이런 놀라운 구출과 안식일 배경에 대한 기억은 특별히 시편 91편을 노래할 때 훗날 셀 수 없이 여러 번 나를 강하게 하고 소생케 하고 새롭게 하였다.

오! 모든 경배의 대상이신 그 분만을 찬양하고 찬양할지어다!

오! 천사들이여 그를 찬양할지어다!

오! 태양과 달과 별들아, 모든 피조물아 다 그를 찬양할지어다!

오! 나의 영혼아 주님을 송축할지어다![27]

그의 아버지가 체포되기 직전, 제임스는 오래되고 낡은 집에서 3일을 온전히 그의 아버지와 함께 지냈다. 그들은 거기서 대부분의 시간을 기도로 보냈다. 이런 기도 속에서 제임스는 아버지가 "주님께서 여러 번 우리 안에서, 우리에 의해서, 그리고 우리 위에서 스스로를 영화롭게 하실 것이며 주님은 우리를 철저히 그의 소유로 삼으실 것이고 특별한 활동과 그의 주권적 은총과 자비를 통해 그를 위해 우리를 따로 구별하실 것이라고 주장했다." 그 직후 그의 아버지는 "그에게 다가오는 죽음과 순교에 대한 최소한 두 개의 전조를 갖고 있었다."

① 어느 날 아침 그가 은밀한 직무를 위해 들판으로 물러났을 때, 그가 읽고 있던 성경 책에 피가 두 방울 떨어졌다. 그 피가 어디서 떨어졌는지 살펴보기 위해 바라보았

---

27 Nisbet, *Private Life*, pp. 119-120.

을 때, 그는 칼을 빼들고 검은 말을 탄 용기병이 나타난 것을 보았다.

아버지께서는 그것이 진짜 용기병이라고 생각하고 검을 빼들고 그에게 무슨 이유로 여기 왔는지 또는 누구를 찾는지 물었다. 그 환영(幻影)이 그에게 대답했든 그렇지 않든 말이 없었고 잠시 후에 그의 시야에서 사라졌으며 아버지는 계속해서 오랫동안 은밀한 기도를 계속했다.

② 아버지가 체포되기 7일 전 안식일 밤에 나 외에 다른 세 사람과 걷고 있을 때, 대단히 어두웠고 바람도 없었으나, 큰 비가 잠깐 내리고 달도 없었는데 이런 현상은 이 계절과 맞지 않는 일이었다.

갑자기 구름이 우리 머리 위에서 흩어져 남서쪽에서 동북쪽으로 물러갔고 정오에 빛나는 태양빛같이 밝은 빛이 비춰졌다. 그러나 그것은 몹시 놀랍고 믿기 어려웠어도 매우 즐거운 것이었고 그 빛은 약 20분간을 계속해서 그곳을 비추었다. 우리 모두는 어떤 소리를 들었고 매우 놀라서 서로 "이게 무슨 일일까?" 했다.

그러나 아버지는 아무 말도 하지 않았다. 그는 그저 깊고 무거운 신음 소리를 세 번 냈을 뿐이었다. 아버지의 친구인 윌리엄 우드번(William Woodburn)이 아버지에게 무슨 일이냐고 물었다. 그는 이렇게 대답했다.

"우리는 지금은 잘 모르지만 잠시 뒤에 더 잘 알게 될 걸세. 그러나 우리는 잘 처신해서 주의해야 할 보다 확실한 예언의 말씀이 있다네."

그런 후 그는 신음 소리를 내며 말했다.

"나에 관한 한, 주님께서 그의 섭리 속에서 나를 그곳으로 부르셔서 그 안에서 그것을 겪게 하실 때 살든지 죽든지 나는 준비되어 있다네. 비록 나는 지난 21년 동안 주교들과 잘못된 친구들에게 고난을 겪었지만, 지금 나는 천 번을 다시 태어난다 해도 다르게 행동하지 않을 것이라네.

주님께서 나를 구해 주신다면 나는 주님의 귀중한 진리를 위하여 더욱 열심을 낼 것이라네. 하지만 그렇지 않다면 나는 내 피로 그의 뜻을 인칠 준비가 되어 있다네. 왜냐하면 나는 최근 16년 동안 그것을 열망해 왔기 때문일세. 머지않아 그 일이 일어날 걸세. 나는 주님의 뜻을 환영한다네. 그리고 그가 만약 그렇게 하도록 도우신다면, 나는 주님을 영원히 찬양할 걸세."[28]

---

28 Nisbet, *Private Life*, pp. 128-131.

3. 존 니스벳의 마지막 날들(1685)

1685년 11월 존 니스벳은 미드랜드(Midland)라는 은신처에 있는 펜윅(Fenwick) 근처 공동체 집회에 참석했다. 그는 몇몇 쟁점을 해결하려고 그의 형제인 피터 짐멜(Peter Gemmel)과 조지 우드번(George Woodburn)과 존 퍼거스힐(John Fergushill)과 만났다.

다음 날 아침 로버트 니스벳 중위가 지휘하는 근처의 용기병 부대 40명이 피터 짐멜의 형제 존 짐멜(John Gemmel)과 고용인 윌리엄 위히(William Wyhe)와 그 아들까지 체포했다. 이들 체포된 사람들은 맹세 선언을 거부했다. 그래서 법정은 그들을 바베이도스(Barbados)의 노예 형에 처했다.[29]

또한 그날 아침 존 니스벳과 동료들은 부대가 그들을 찾고 있다는 얘기를 듣고 그 집을 떠나고자 했으나 연로한 퍼거스힐의 건강 때문에 돌아와야 했다. 그날 오후 그들은 그 집을 찾던 용기병 부대에 의해 발각되는 것을 가까스로 모면했다. 그곳으로 돌아오는 길에 용기병은 "당신들은 훌륭한 수색대이긴 하지만, 찾는 데는 형편없는 사람들이오"라는 말로 조롱하는 두 사람을 만났고, 그 때문에 다시 그 집으로 돌아갔다.[30]

용기병은 그 집으로 돌아와서 하드힐의 존 니스벳을 체포하였는데, 그는 체포에 대해 다음과 같은 기록을 남겼다.

> 군인들에게 발각되었을 때, 우리는 미리 내린 결정에 따라 그들에게 저항하였는데, 세 사람만 총을 쏘았고 그 중 한 사람은 공포에 떨었다. 이에 대항해 그들은 우리를 향해 24발 이상의 총을 발사했다. 그리고 우리에게 아무것도 남지 않게 되었을 때, 우리는 총을 곤봉 삼아 그들 중 두 사람의 뼈를 부러뜨렸고, 그리고 나서야 그들은 떠났다.
>
> 그들은 자신들이 제압할 수 없다는 것을 알고는 소리 지르며 밖으로 나가 그 집을

---

29 Barr, p. 117; Howie, *Worthies*, p. 498; Tweedie, vol. 2, pp. 384-395; Howie, *Worthies* (*1827 Edition*), p. 471 n.

30 Barr, p. 117; Howie, *Worthies*, p. 498; Tweedie, vol. 2, pp. 384-395; Howie, *Worthies* (*1827 Edition*), p. 470 n.

향해 총을 쏘았다. 이 때, 우리는 그들을 따라 나갔고, 나가면서 나는 여섯 군데에 부상을 입었다. 내가 누군지 알고 난 뒤, 그들 중 몇 명은 내 목숨을 살려주겠노라고 소리쳤다. 왜냐하면 의회가 나에 대해 3,000머크를 현상금으로 걸었기 때문이었다.

그래서 그들은 나를 마당 끝으로 데려가서 내 등 뒤로 손을 묶고 다른 세 명은 총살시키겠다고 했다. 그들을 지휘하던 사내는 조롱하며, "지금 스스로에 대해 어떻게 생각하는가?"라고 내게 물었다. 나는 웃으면서 "나는 내 운명에 충분히 만족하오. 그러나 나는 아직 시간 속에 있고, 나의 형제들은 영원 속에 있다는 사실에 당황이 될 뿐이오"라고 대답했다. 이렇게 대답하자 그는 욕을 해대며 나를 더 심문할 목적으로 목숨을 살려두었다.[31]

제임스 니스벳은 자신의 회고록에서 아버지가 체포된 것을 어떻게 알게 되었는지 기술했다.

아버지께서 체포되기 전날 밤 나는 로던 백작의 집에 갔다. 그 사무실 중 한 곳에서 밤새 숨어 있으면서, 자던 중에 아버지께서 겪게 될 모든 어려운 상황에 대해 꿈을 꾸었다. 매우 슬픈 마음으로 잠에서 깨었다.

나는 즉시 일어나 기도를 하려고 했다. 하지만 아, 나는 죽은 듯 생기가 없었고 너무 큰 슬픔에 잠겨 하루 종일 한숨을 쉬는 것 외엔 아무것도 할 수 없었고 내 마음은 갈기갈기 찢어졌다.

나는 밤에 뒤쪽의 집으로 옮겨졌는데, 그곳에 매리(Mary)와 진(Jean)이라는 두 젊은 여성이 내 곁에 앉았다. 큰 슬픔에 빠진 나를 보자 그들은 음식을 좀 들었느냐고 물었다. 나는 하루 종일 아무것도 먹지 못했다고 했다. 이에 그들은 음식을 담아온 치마를 열고는 매우 친절하고 사랑스럽게, 음식을 먹으라고 했다. 그러나 먹을 수 없었다. 그들은 내게 무슨 일이 있느냐고 물었다. 나는 그 아가씨들에게, 알 수는 없지만 주님께서 그 섭리를 따라 나에게 해석자를 보내실 때까지 기다리고 있다고 말했다. 그러자 그 젊은 아가씨들은 눈물을 흘렸고, 그 중 하나가 "그러면

---

31 Howie, *Worthies*, pp. 499-500.

틀림없이 내가 그 슬픈 해석자네요"라고 말하면서 이렇게 덧붙였다.

"오늘 아침 40명의 적들이 팬윅 교회 가까이서 당신의 아버지와 조지 우드번과 존 퍼거슨(또는 퍼거스힐[Fergushill])과 피터 지무엘(Gemuel, 혹은 짐멜)에게 왔어요. 그들은 다른 세 명은 죽이고 당신 아버지께서는 일곱 군데 부상을 입고 투옥되셨답니다. 오늘 밤에는 킬마르녹(Kilmarnock) 교도소에 계실 겁니다."

이 슬픈 소식을 들었을 때 마음에 충격을 받았고, 고귀하고 소중한 아가씨들은 진심으로 나를 동정하여 할 수 있는 모든 것으로 나를 위로했다. 하지만 슬픔이 너무 컸으므로 그 말이 내게 영향을 줄 수가 없었고, 그들이 무엇을 말했는지, 또 무엇을 했는지도 알지 못했다.

나는 즉시 일어나 들로 나갔다. 그러나 하나님의 자비로운 섭리를 통해서 일을 다음과 같이 처리했다. 매우 어두웠지만 나는 아버지의 자랑스러운 친구로 저명한 그리스도인인 윌리엄 우드번을 만났는데, 그는 이렇게 조언했다.

"고아의 아버지가 되시는 하나님의 뜻에 굴복하고 묵묵히 따르거나. 비록 자네의 아버지와 나의 친구는 우리의 가깝고 귀중한 친구들일지라도, 그들은 그리스도와 그의 귀중하고 영광스런 뜻을 위하여 자신들의 피로 봉인할 수 없을 만큼 그렇게 귀중한 것은 아니라네. 그래서 우리는 여전히 이 일을 하신 이가 바로 하나님이심을 알아야 한다네."

이러한 복된 조언과 적절한 권면으로 내 짐의 무게는 벗겨졌고 슬픔은 완화되었으며 슬픈 섭리에 대해 고민하는 것을 막아 주었다.[32]

존 니스벳이 에이어(Ayr) 교도소에 도착한 직후 그가 왕의 권위를 인정하느냐는 질문을 받았을 때, 그는 대답했다.

"왕이 하나님의 방법과 사역을 인정하는 동안 나는 그를 인정하고 그를 위하여 싸울 것으로 생각하지만, 그가 하나님의 길을 중단했을 때 그를 인정하기를 중단할 수밖에 없다고 생각하오."

그가 요크(York) 공작(公爵)을 왕으로 인정하는지 질문을 받았을 때, 그는 "인정하지 않소. 왜냐하면 그것은 나의 원칙과 국가의 법을 거스르기 때문이

---

32   Nisbet, *Private Life*, pp. 121-124.

오"라고 대답했다. 그 후 그는 에딘버러로 이송되었고, 거기 도착 후 둘째 날 저녁에 심문을 받기 위해 추밀원으로 옮겨졌다.

추밀원이 그에게 "국가의 평화와 안정을 위하여 기여할 수 있는 것"이 무엇인지 질문했을 때, 그는 "내가 상세한 내용을 알게 되었을 때, 나는 진실 외에 달리 말할 수가 없소. 죽는 것보다 거짓말하는 것을 더 두려워하기 때문이오"라고 대답했다. 심문 기록은 다음과 같다.

질문: 그 집회에서 무엇을 했나?
대답: 나는 그들에게 시편의 한 부분을 노래하고, 성경의 한 부분을 읽고, 번갈아 가며 기도하자고 말했소.
질문: 왜 그들과 교제하고 공동체 집회를 소집했나?
대답: 나는 어째서 당신이 그것을 묻는지 궁금하오, 이 집회는 본래 교회의 권한으로 그렇게 하는 것이오.
질문: 그 당시 어디서 그런 집회가 있었는가?
대답: 여러 곳이었소.
질문: 그곳 목사들이 이 집회에 왔었는가?
대답: 그런 경우도 있고 그러지 않은 경우도 있소.
질문: 총회는 무엇을 의미하고 거기서 당신은 무엇을 하는가?
(내가 어떻게 대답해야 할지 생각하는 동안 그들 중 하나가 나를 조롱하면서 "이놈들은 집회가 끝나면 헌금을 나누어 갖는다네"라고 말했다. 나는 계속 평정심을 유지하려고 애썼다.)
질문: 당신은 이 집회에서 계속 어디 있었는가?
대답: 가장 거친 습지대였을 것으로 생각되오.
질문: 당신은 왕의 권위를 인정하는가?
대답: 아니오.
질문: 이유가 무엇인가? 당신은 성경과 신앙고백을 인정하는가?
대답: 마음을 다해 인정하오.
질문: 어째서 왕의 권위를 인정하지 않는가(여러 성경 구절과 신앙고백 23장의 구절을 제시하면서)?

대답: 큰 차이가 있소. 왜냐하면 그는 로마가톨릭 교도이고 나는 어린 시절부터 장로교 원리를 따라 성장했을 뿐 아니라 천주교를 비판하기 때문이오.

질문: 비록 그가 가톨릭 교도라 하더라도 그는 당신에게 가톨릭 교도가 되라고 명령하지 않았고, 당신이 속한 종교 속에서 살아가는 것을 금하지 않았다면, 그것이 당신에게 무슨 문제가 되겠는가?

대답: 그 반대인 것처럼 보이오. 왜냐하면 우리는 복음 설교를 들을 자유가 없으며, 그러려면 오히려 체포되고, 처형되며, 가장 혹독한 고난에 처해지고 있소. 그들은 그렇지 않다고 말하오. 왜냐하면 만약 우리의 무모한 원리 때문에 복음을 듣는 데 어려움이 생길지라도 이 모든 게 결국 우리가 이 복음을 가질 수 있기 때문에 일어나는 일이기 때문이라는 말이오.

이들이야 이렇게 말하겠지만, 사실 온 나라에 이들의 말과 정확히 반대되는 일이 벌어지고 있다고 말했소. 왜냐하면 그대들은 우리의 신실한 목사들을 추방하였고, 목사처럼 살지 못하고 품행이 나쁜 사람처럼 살도록 부당하게 내몰았으며, 가난하게 만들어 그들과 교제할 수도 없고 감히 교제하려 할 수도 없게 하였기 때문이라고 말이오.

질문: 당신은 아길레와 교류하는 것이 확실한가?

대답: 아니오.

(그러자 그들 중 하나가 "당신은 제임스 런윅 씨 외엔 왕이 없다"고 했다. 그리고 런윅 씨 외에 어떤 다른 목사와 야외에서 만났는지 물었다. 나는 그들에게 그 누구와도 교류하지 않았다고 했다. 그리고 별 도움도 되지 않는 다른 많은 심문과 답변이 오갔다.[33])

재판관들은 그의 대답을 들은 후 그에게 사형을 선고했다. 하드힐은 감사함으로 자신의 형을 받아들였고 그리스도를 위하여 고난 받을 수 있는 기회를 주신 하나님께 찬양을 드렸다. 그가 처형 집행을 기다린 27일 동안 쇠사슬이 그의 몸을 묶었지만 그의 영혼은 그렇게 할 수 없었다.

그는 사랑하는 친구들과 친지들에게 보낸 여러 통의 편지에서 진리를 그르치지 않도록 기도해 달라고 요청했다. 그는 그들에게 그가 "그리스도의 일과

---

33 Howie, *Worthies*, pp. 500-501.

뜻을 위하여 좀 더 신실하지 못하고, 열심내지 못하고, 전진하지 못한 것"을 후회하면서 "그리스도인의 직무를 맛보는 일에서 부지런하라"고 권했다.[34]

처형되기 전, 존 니스벳은 한 친구에게 보관해 달라며 "죽어가는 자의 마지막 증언"(Last and Dying Testimony)을 전달했다. 이 증언은 성경을 근거로 모든 방면을 지지하는 언약도의 개혁주의 원리의 보물 상자다.

그 안에서 그는 언약이 체결된 종교개혁의 진리에서 이탈하는 사람들을 경고하고, 살아남은 생존자에게는 신실한 증언을 계속하라고 격려한다. 그는 "그것들이 하나님의 거룩한 말씀과 일치하는 한에서" 남은 자들의 모든 선언문과 증언을 승인한다. 그는 복음을 방어하기 위해 무장한 모습을 인정한다. 그리고 하나님은 스튜어트 가문의 이름(즉, 왕 찰스 2세, 제임스 2세와 그들의 상속자들)을 처벌 것이라고 예언한다.

앞으로 보겠지만, 하나님은 권능으로 그들을 제거하셨다. 그는 "승리한 수많은 교회의 일원이 될 것에 대한 충분한 확신을 갖고 자신의 죽음을 맞이했는데, 그것은 새 예루살렘이요, 살아계신 하나님의 도성이다!"

그는 하나님을 찬양하고 그리스도와 영원히 함께 살기를 기대하면서 자신의 증언을 마치고 있다.[35]

> 주님의 소중하고 사랑스러우며 보배로운 십자가를 무서워 말라. 체포될 때 입은 부상으로 고개를 들거나 머리를 눕히거나 할 수 없었지만, 부축을 받았기 때문에 내 생애에 그보다 더 나은 경우는 결코 없었다. 나는 적든 많든 이유가 있어서 수감이 되었으므로 주님은 한 번도 나를 책망하지 않으셨다.
>
> 그 반대로 주님은 매우 놀랍게 구속하시며, 강하게 하시며, 도우시며, 지지하시며, 끝까지 돌보시며, 용서하시며, 화목한 사랑과 은혜와 긍휼히 여기시는 등의 느낌을 부어주셨으므로, 내 영혼은 육체의 연약함과 이 세상의 제도에서 자유로워져, 주님의 왕궁으로, 심지어는 내 하나님의 천상의 거주지로 피하기를 갈망했다. 거기서 내 머리에는 면류관이 씌어지고, 손에는 종려나무가 놓이며, 내 입에는 새

---

34 Howie, *Worthies*, pp. 500-503.
35 John Nisbet, "Dying Testimony," pp. 12-24.

로운 노래, 심지어는 모세와 어린 양의 노래가 있게 될 것을 확신한다. 그래서 주님께서 나에게, 또 나를 위해 하셨던 일로 인하여 나는 주님께 감사와 찬양을 드리리라. 그런 까닭에 나는, 누추한 집과 동굴을 배회하며 예수를 증언하기 위하여 고난당하고 있는 나의 사랑하는 동료에게 작별을 고한다.

나의 아들딸들아 안녕. 너희의 모든 삶에서 거룩함을 배우도록 하여라. 주님께서 나를 위하여 행하셨던 일로 인해 주님을 찬양하여라. 나의 모든 그리스도인 친구들에게 나를 인하여 주님을 찬양하라고 말해 주어라.

달콤한 성경, 진리를 위한 방랑과 투쟁이여 안녕, 죽음을 환영하노라. 주님을 뵙고 완전한 자유 속에서 영원히 주님을 섬길 수 있는 내 하나님의 도성을 환영하노라. 그리고 복된 동료와 천사와 정의로운 사람의 영혼이 온전케 되는 것을 환영하노라.

그 무엇보다 영광스럽고 유일하신 하나님, 성부, 성자, 성령을 환영하고 환영하고 환영하옵나이다. 내 영혼을 당신의 손에 맡기옵나이다. 당신은 영광받으시기에 합당하시기 때문이옵니다![36]

존 니스벳의 처형은 1685년 12월 4일 엔디버러 그래스마켓(Grassmarket)에서 집행되었다. 그는 58세였고 세 아들을 남겼다. 그들은 휴(Hugh), 제임스(James), 알렉산더(Alexander)였다.[37] 그는 처형 직전 수수께끼 같은 편지 한 통을 로던 백작 부인에게 보내어 회개하라고 경고했다.[38] 이 책의 서두에서 묘사했던 것처럼 그는 매우 담대하게 교수대에 올랐다. 그 후 그의 순교를 목격했

---

36 John Nisbet, "Dying Testimony," pp. 23-24.
37 Tweedie, vol. 2, pp. 389-390.
38 백작 부인에게 보낸 John Nisbet의 메모(Wodrow Archives-Oct xxviii, National Library of Scotland)는 만약 그녀가 행실을 고치지 않는다면 "하드힐에서 Nisbet의 이름이 사라지게 되듯이, 로던에서 Campbell이라는 이름도 사라지게 될 것"이라고 경고했다. 그는 이 편지에서 자신을 비롯한 가족에게 잔인하게 대했던 일(어떤 상세한 설명도 나와 있지 않음)에 대해 그녀를 용서했고, 자기가 보기에 경건하다고 여겨진 그녀의 자녀에게 임할 저주를 피할 수 있도록 회개하라고 경고했다. 그녀의 남편 James는 박해를 면하기 위해 네덜란드로 피하였고 그곳에서 1684년에 죽었다. 역사가 Kirkton은 이 백작 부인은, 필요한 경우 어떻게 양쪽에 모두의 비위를 맞추려고 했는지를 자세히 말했다. 반면 기독교적인 자선 행위는 종종 은밀하게 이루어지며, 그 헌신을 드러내기를 꺼려한다(Kirkton, pp. 377-378).

던 사람들에 의해 묘사된 증언으로 그는 끝을 맺는다.

그리고 나서 그는 진리에 대한 최후 증언을 시작했고, 그가 무엇을 인정하고 무엇을 인정하지 않는지에 대하여 자세히 이야기했다. 그가 사람들에게 말할 때마다 사람들은 계속 북을 쳤다. 이 때문에 그렇지 않았더라면 분명히 우리가 소유할 수 있었던 만족스러운 내용까지 잃어버리게 되었다.

그러나 이러한 어려움에도 불구하고 우리는 그가 "언약의 하나님은 스코틀랜드에 두려운 진노의 폭풍을 내리실 것이며, 주님은 그들의 배신과 반역과 통탄스러운 배교 때문에 이 언약의 땅에 갑자기 천둥처럼 진노를 쏟으실 것"이라고 말하는 것을 들었다.

사람들은 그 후에 "그들은 잘 이겨냈고 마침내 그리스도를 위하여 처형을 당했다"고 말할 것이다. 그는 피, 피, 피가 이 땅을 심판할 것이기에 모든 사람들에게 그리스도를 피난처로 삼으라고 간곡하게 권면했다. 그는 시편 34편 첫 여섯 절을 노래하고 로마서 8장을 읽었다.[39]

> 내가 여호와를 항상 송축함이여 내 입술로 항상 주를 찬양하리이다.
> 내 영혼이 여호와를 자랑하리니 곤고한 자들이 이를 듣고 기뻐하리로다.
> 나와 함께 여호와를 광대하시다 하며 함께 그의 이름을 높이세.
> 내가 여호와께 간구하매
> 내게 응답하시고 내 모든 두려움에서 나를 건지셨도다.
> 그들이 주를 앙망하고 광채를 내었으니
> 그들의 얼굴은 부끄럽지 아니하리로다.
> 이 곤고한 자가 부르짖으매
> 여호와께서 들으시고 그의 모든 환난에서 구원하셨도다(시 34:1-6).[40]

그는 대단한 평정심을 유지한 채, 매우 큰 소리로 신실하게 기도했다. 그러나 그가 얘기할 때 들려온 북소리 때문에 그의 얼굴이 우리가 있는 쪽으로 향할 때를

---

39 James Nisbet, *True Relation*, p. 24.
40 *Scottish Psalter* (Verses not listed in Nisbet, *Private Life*), Ps. 34:1-6.

제외하고는 그가 말하는 것이나 기도하는 것을 뚜렷이 들을 수 없었다. 그래서 이것은 그같이 소란스러운 환경 속에서 우리가 신중하게 모을 수 있었던 그의 교수대 유언의 전부다. 그는 주님을 기뻐하고 찬양하며 교수대 계단 위로 올라갔고 우리 모두 그것을 똑똑히 보았다.[41]

그날 처형된 또 다른 순교자는 에드워드 마샬(Edward Marshal)이었다. 그가 끌려가면서 왕의 권한을 인정하는지 질문을 받았을 때, 마샬은 "왕이 하나님과 하나님의 뜻과 하나님의 백성을 인정하는 한에서 왕은 그 권한을 소유할 뿐이오"라고 대답했다. 그 대답에 대해 재판관은 "그렇다면 전혀 왕을 인정할 수 없다는 것이군"[42]이라고 대꾸했다.

4. 살육의 시간에 대한 회상(1685)

제임스 니스벳은 사랑하는 친지들을 잃고, 자신도 가까스로 목숨을 건졌던 것을 회상하면서 죽음의 문턱에서 수많은 기적적인 구조를 받은 것에 대해 하나님을 찬양한다.

> 1679년과 1685년 사이에 모두가 동일한 뜻을 위하여 자신들의 피로 봉인했던 그의 가장 가까운 친척들은 다음과 같다. 토머스 니스벳(Thomas Nisbet), 제임스 니스벳, 존 브라운(형), 존 브라운(동생), 제임스 우드, 조셉 깁슨(Joseph Gibson), 조셉 로(Joseph Law, 형), 조셉 로(동생). 그들은 모두 하나님을 경외하는 삶을 살았고, 주님께서 언약하신 개혁의 과업을 진정으로 사랑하는 사람들이었다.
> 우리 아버지는 지난 7년간 저 고귀한 뜻을 자신들의 피로 봉인하기 위하여 순교했던 우리의 가장 가까운 친척 중 10 번째 순교자가 되셨다. 그래서 나의 사랑하는 막내 동생과 나는 우리의 친지들을 잃고 무방비한 상태가 되었고, 부모나 친척

---

41 James Nisbet, *True Relation*, p. 24.

42 Wodrow, *History*, vol. 4, p 24.

의 보살핌을 받지 못하는 고아처럼 되었다.

그래서 아버지를 잃은 사람들은 주님의 돌보심 안에 있는 자비를 발견하며, 곤경에 처할 때마다, 주님은 언제나 우리에게 실제적인 도움이 되셨다. 이런 이유로 우리는 이렇게 말할 수 있다.

"비록 친구들이 우리를 두고 이 세상을 떠난다 할지라도 하나님은 영원히 동행하시며, 그 안에서 우리 모두의 활력을 얻으며 그의 놀라운 풍성하심으로부터 우리의 곤궁한 상황에 필요한 모든 좋은 것이 흘러 나온다."

그러므로 영원히 계속되는 주님의 자비하심을 노래하자. 그에게 영광과 찬양을 돌리자. 아멘.[43]

오! 나의 영혼아! 나를 향하신 주님의 자비하시고 세밀하신 섭리를 감사하고 찬양할지어다. 그는 다음과 같은 모든 곳에서 나의 생명을 확실히 구해내셨도다. 아버지 집에서, 버넬힐(Bennel-hill)에서, 겔트힐(Gelt-hill)에서, 가클라프힐(Garclagh-hill)에서, 킬레 성(the Castle of Kyle)에서. 도네스(Dornes)에서, 코선힐(Corseon-hill)에서, 그리녹 저택(Grrenock-mains)에서, 가질록(Gargillock)에서, 월레이스톤(Wallaceton)에서, 큐브의 크레이그(Cubb's-craig)에서, 발로노치(Barlonochie)에서, 하일리쉬 숲(the Heilish-wood)에서, 헤어스탁(Hairstocks)에서, 간더프힐(Garnduff-hill)에서, 호건 번(Hoggan-burn), 곧 스팽그너-글렌(Spangna-glen)의 프리어미든 황야(Frier-Midden moor)에서, 케임스 캠(Caims-camb)에서, 리들록(Lead-loch)에서, 크로스포드(Crossford)에서, 미드턴(Middton)에서, 번하우스(Burn-house)에서, 로던 숲(Louden-wood)에서 적들의 갑작스럽고 잔인한 수색 중에서.

이 모든 곳에서 나는 즉각적이고 가시적인 위험에 빠져 잔인한 적들에 의해 내 목숨이 거의 끝날 뻔했다. 그러나 주의 깊고 자비로우신 하나님의 섭리는 이 모든 때와 장소에서 나를 보호하고 보존하기 위하여 뚜렷하게 역사하고 있었다.[44]

그에게 "전 생애는 계속된 하나의 채찍질이나 그날엔 입맞춤이며, 지금은 찌푸린 표정이지만 그날엔 미소이며, 지금은 시련이지만 그날엔 구원이며, 이

---

43 Nisbet, *Private Life*, pp. 131-134.

44 Nisbet, *Private Life*, pp. 141-143.

모든 것들은 지혜롭고 실패가 없으신 하나님의 섭리의 자비롭고 능숙한 손길에 의해 그에게 전해졌다.

> 나는 올해 내내, 맹렬한 죽음의 순간과 지독한 원수들을 견디어 낼 수 있었고, 격려를 받았으며, 자비롭게 구조되었는데, 어떤 때는 이런 일이 각각 차례대로 어떤 때는 이런 일 전체가 한꺼번에 나를 안전하게 보호해 주었고, 나에게 분명히 자애로운 영향을 미쳤다.
> 나는 아주 즐거운 마음으로 언제나 피할 수 있도록 방법과 수단을 생각해 내는 무한한 지혜의 영향 아래 있었음을 고백한다. 그것은 내게 구원의 길과 방법을 생각해 낼 수 있게 해 주었다(사 29:29). 나는 항상 주님의 무한한 능력의 영향 아래 있었으며, 항상 나를 구원하고 안전하게 했다.
> 그에 대하여 나는 "여호와 만군의 하나님이여 주와 같이 능력 있는 이가 누구리이까 여호와여 주의 성실하심이 주를 둘렀나이다"(시 89:8)라고 외친다. 그리고 나는 무한히 선하심과 자비하심의 영향 아래서 언제나 평안히 보호받았음을 고백한다(시 106:44; 사 30:18; 43:1-2; 57:16; 애 3:32-33).[45]

이러한 놀라운 보호하심 때문에 제임스는 언제나 하나님의 영광과 선하심과 자비하심을 감사하며 인정하겠노라고, 행복과 구원과 성화의 유일한 원천으로 그리스도를 열심히 구하리라고, 시온의 황폐화와 사악함과 분열을 애타게 슬퍼하겠노라고 맹세한다. 그는 하나님 말씀을 그의 "신앙과 실천의 유일한 규칙으로" 삼고, "하나님과 사람을 향해 범죄하지 않는 양심"을 지키며 "믿음과 인내와 겸손과 굴복"을 실천하겠노라고 맹세한다.

그는 "저 끝없이 영원한 평온함과 완전한 평안과 지복(至福)을 준비하겠노라"고, "끝없는 영원한 고통으로 이끄는 모든 죄악된 길을 버리겠노라"고 약속한다.[46]

---

45 Nisbet, *Private Life*, pp. 134-136.

46 Nisbet, *Private Life*, pp. 136-143.

제7장

하늘만을 바라보며

> 하나님은 당신을 위하여 우리에게 아버지와 어머니를 주신다.
> 분명히 하나님은 그 자신을 위하여 우리에게 왕들을 주실 것이다.
> — 마틴 루터[1] —

1. 또 하나의 박해(1685-1686)

제임스 니스벳은 살육의 시대에 생겨난 쓰라린 분열을 기록하고 있다.

> 나의 쓰라린 탄식은 그 해 남은 자 사이에서 고통 가운데 일어났던 불일치와 분열에 기인한다. 이러한 분열은 한편으로는 은밀한 적과 자기를 추구하는 기회주의자에 의해 시작된 후, 꾸준히 확대되어 사방으로 확산되었고, 다른 한편으로는 이러한 분열이 몇몇 광적이고 사려 깊지 못하고 성미가 급한 사람에 의해 심한 반대에 부딪쳤으며, 어리석은 분노를 샀다. 나는 그들에게 여러 차례 다음과 같이 말했다.
>
> 오! 나의 친애하는 그리스도인 친구들이여, 나는 그대들이 자신들의 빛을 따라 행한다고 하여 그대 중 어느 누구도 비난하거나 저주하는 일은 없을 것이오. 오히려 나는, 주님이 다시 오실 때까지 주인이 그들에게 장사하라고 맡겼던 달란트를 모

---

1 Bainton, p. 189.

든 사람이 소유하고 있음을 보고 즐거워한다오. 나이가 들면 지혜가 생길 것이기에, 나는 아이처럼 되어 평온함을 유지해야 하오. …

나의 사랑하는 벗인 그대들에게 내 영혼의 슬픔을 쏟아놓기 원하지만, 판단하는 일에서 그대들 상호 간에 큰 차이가 있다는 것을 알고 내 마음은 큰 슬픔으로 가득 찬다오. 한 사람은 빛이라 하는 것을 다른 사람은 어둠이라 하고, 한 사람은 진리라고 하는 것을 다른 사람은 오류라 하며, 한 사람은 의무라고 말하지만 다른 사람은 죄라 말하기 때문이라오.

이러는 동안 서로에게 화난 표정으로 얼굴을 찌푸리며 서로에게 날카로운 말로 비난을 퍼붓는다오.

아, 슬프도다! 친구들이여, 그래서는 안 된다오.

모두가 훈련을 잘 받아서 각자 자기보다는 다른 사람을 낫게 여기고, 각각 자기를 사랑하듯 서로 사랑하게 되는, 온유한 마음과 자기 부인과 상호 관용과 겸손한 마음은 어디로 간 것이오?

평안의 띠로 이어진 마음의 연합이야말로, 그대들 각자가 하나님께 영광이 될 수 있도록 자기 역할을 감당하기에 충분할 만큼 크고 유쾌한 장(場)이 아니겠소?

아아! 우리의 불화는 이미 바다만큼이나 넓지 않소?

그렇다면 어째서 불에다 기름을 부을 만큼 그토록 어리석어야 하는 것이오?

우리의 친구를 의심하고 비난하기보다는, 사물에 대한 우리의 입장을 의심해 보고, 그들이 올바른 것인지 알아보기 위해, 그리고 우리 자신은 우리가 행하고 말하는 모든 것이 올바른 원리에서 정당한 방법으로 올바른 목적을 가지고 이루어지고 있는지 여부를 알아보기 위해, 그들을 하나님의 기준과 율법과 증언 앞에 세워야 한다오.

어째서 우리는 우리의 이웃에 대하여는 한 번 쳐다보면서, 우리 자신의 가슴 속에 있는 생각에 대해서는 두 번을 쳐다보지 않는 것이오?

어째서 우리는 우리 자신의 터무니 없는 타락에 대하여, 그리고 우리의 신뢰할 수 없는 마음에서 비롯되는 자주 생겨나는 불안에 대하여는 자주 주목하지 않는 것이오?

어째서 우리는 우리 형제의 눈 속의 티끌을 뽑아내기 전에, 우리 자신의 눈에서 어리석은 과실의 거대한 들보는 빼려고 애쓰지 않는 것이오?

아아! 우리의 가장 좋은 것 중에도, 우리 주 하나님께 대한 크고 많은 죄가 있지 않았소?

오! 그렇다면 어째서 모든 사람은 자신의 잘못을 처리하지 않는 것이오?

이제 서로 비난하고 논쟁하며 다투는 데 보내던 시간을 모든 사람이 각자 자신의 잘못을 찾는 데 사용하도록 하시오. 잘못을 고백하고 슬퍼하시오. 그리고 주님 앞에서 그것들을 신속하게 버리시오. 주님이 우리에게 돌아오셔서 큰 능력과 빛과 생명과 우리 사이의 일치로 풍성히 축복해 주시도록, 그리고 주님이 우리에게 분열의 치료자가 되어 주시도록 크게 부르짖으시오.

오! 나의 그리스도인 친구들이여, 교회의 모든 세대에 있었던 주님의 백성의 관습을 돌아보시오. 그러면 우리는 그들이 확실한 진리와 뚜렷한 명령을 고의적으로 거슬러, 죄와 배교와 주님과 주님의 길에서 벗어나는 죄를 계속 범하는 경우를 제외하고 판단과 관습의 차이 때문에 그들의 형제에게서 분리를 표명하는 일은 결코 없었다는 것을 알게 될 것이오.

그 반대로 강한 자들은 약한 자들을 참아 주고, 그들의 연약함을 긍휼히 여기고 복음의 유순한 정신으로 그들을 돌보아 준다오. 그들은 모든 사람의 빛과 재능과 능력과 은혜 모두가 결코 크기가 같지 않으며, 주님의 신비한 몸인 교회를 교화하고 온전케 하기 위해 주님께서 그들에게 베푸신 분량에 따라 어떤 이는 많고, 어떤 이는 적었는데, 교회는 어떤 의미에서 다리와 팔과 머리와 가슴뿐 아니라 손가락과 발가락이 있는 사람의 몸과 닮았다오.

그러므로 자기 본위적인 그대 기회주의자들이여, 하나님을 대적하여 싸우려 하지 말고, 그리스도의 귀중한 진리를 위해 순전한 방식으로 증언하는 귀중한 사람에 대한 조롱과 비난을 당장 중단하고 더 이상 간섭하지 마시오.

죄와 피 흘리며 싸우는 그들을 하나님께서 영화롭게 한다면, 주님께서 어린 양의 피로 그들로 이기게 하신다면, 그들은 조금도 패하거나 추방되지 않을 것이라오. 그래서 나는 많은 사람에 대해 나쁘게 생각하고 말하거나 행동하지 않을 것이고 감히 그렇게 하려 하지 않을 것인데, 그 이유는 저 큰 날에 무죄한 피에 대한 책임을 면하고 그들이 나를 반대하는 심판을 제기하지 않도록 하기 위해서라오.

하나님께서 충성스러운 순교자의 피에 대해 심문하러 오실 때, 누군가 그들의 옷에서 성도의 피가 발견된다면 얼마나 끔찍한 일이겠소?

그리고 오! 하나님께 인정받은 사람을 저주한 죄가 발견된다면 그것은 얼마나 악한 일이겠소?

오! 반면에 거칠고 사려 깊지 못하며 조언에 귀를 기울이지 않는 그대들이여 즉각 저주를 멈추시오.

그대들은 어째서 맹목적인 열심으로 불타올라 진리를 위한 싸움에서 더 넓은 길을 추구하고, 위험을 무릅쓰고 기꺼이 자신의 모든 것을 바치려 하는 사람들을 저주하려 하는 것이오?

그들은 특별히 자유와 재산이나 개신교의 권리를 지키는 사람들이었다오. 실제로 그 해에 하나님께서는 몇몇 저명한 사람들을 이런 방식으로 매우 영예롭게 하셨기 때문이라오.

그들이 판단에 있어서 지성과 철저함이 모자란다고 해서, 우리가 앉아서 우리 어머니의 아들들을 비난하고 그들의 순교의 영광을 부인해야 하겠소?

이것은 지성소를 측량하는 하나님의 준승(measuring line)을 우리 잣대로 바꾸는 것이오. 이것은 하나님께서 영화롭게 한 사람들을 불명예스럽게 하는 것이라오. 이것은 다른 사람의 양심의 문제를 심판하려고 자신의 체면을 세우는 것일 뿐, 결코 우리와 관계가 없다오.

이제 다른 사람들에 대한 편견에서 눈을 돌려 우리 자신을 판단하고 우리 자신과 우리 자신의 길을 세밀하게 검사하도록 하시오. 그러는 동안 어떤 사람은 그리스도 안에서 강하고, 어떤 사람은 젊으며, 어떤 사람은 아기 같은 불완전한 상태라는 것을 인정하고, 모든 곳에서 우리에게 미치지 못하는 사람들을 위해 자선의 역할과 유순한 정신을 사용하시오.

당시 일반적인 서신 왕래를 통해서 덕망 있는 런윅 씨와 연합한 사람 다수가 저명하고 훌륭한 사람이었으며, 그들은 대단히 경건하였고 주님을 크게 사랑하여, 그리스도의 멸시받는 뜻과 권리를 위한 훌륭한 신앙을 증언했다오. 그래서 우리는 그들을 크게 존경해야 마땅하다오.

마찬가지로 도덕적으로 정당하고 영예로운 아길레 백작과 성공할 수 없는 저 원정대에 그와 함께 했던 저 많은 고귀한 애국자들 역시 개신교 정신에 대한 그들의 확고한 충성을 자신들의 가장 소중한 피로 봉인하여 하나님을 지극히 사랑하였고, 하나님을 크게 영화롭게 했다오. …

오! 어느 신학 교수가 저 고귀한 구름 같은 증인과 고귀한 애국자와 덕망 있는 신앙 고백자를 욕한다면 그것은 얼마나 부적절한 일이겠소!

그들의 증언의 상태에 대한 판단이 약간 다르다 할지라도, 그들 모두 기독교의 주요 근본 요소에서는 올바르다오!

오! 가드(Gath)에서 우리의 분열을 말하지 말고, 아스글론(Askelon) 거리에서 그것을 소문내지 마시오(삿 14:19)!

우리 모두 상호 간에 믿음과 사랑과 겸손과 열망과 공손의 모범으로 서로에게 나아가도록 힘쓰시오. 어찌 되었건 그리스도 안에서 하나님과 화목하고 그의 진리와 화목하고 그의 십자가와 화목하고 그리스도의 사랑의 강한 띠로 서로 화목하기를 힘쓰시오. 우리가 하나님의 형상을 가진 그 무언가를 그들 속에서 발견하게 될 모든 사람을 가장 다정한 사랑으로 사랑하고, 그들을 우리가 매우 기뻐할 만한 사람이며, 세상에서 탁월한 사람이라고 생각하도록 힘쓰시오.

오! 진정 사랑하고 친애하는 친구들이여, 우리의 분열 때문에 비통한 마음과 눈물 흘리는 심령으로 복음 속에서 자세히 언급되고 있는 그리스도 안에서 하나님께서 베푸신 긍휼하심이 큰 소리로 우리에게 사랑하고 하나가 되라고 요구하고 있음을 크게 확신한다고 말할 자유를 허락하시오. 지금 우리의 크고 다양한 죄와 도발에 대하여 질투하시는 하나님의 진노가 부어지고 있음을 나는 더욱 확신한다오. 그것은 우리 모두에게 큰 소리로 사랑하고, 우리들 사이에서 조화를 이루라고 요구하고 있다오.

그 격렬한 분노는 우리를 박해하는 적이 우리로 주님 안에서 연합되고 서로 화목해야 한다고 크게 소리 지르도록 강제하는 것을 뜻하지 않겠소?

우리가 고통당하고 비천하게 피 흘리는 상황은 우리에게 주님 안에서 연합되어야 하고 서로 화목해야 한다고 크게 소리 지르는 것이 아니겠소?

성경은 분명하게 그리고 여러 곳에서 우리에게 나뉘지 말고 서로 물지 말라, 피차 멸망할까 하노라 경고하지 않았소?

교수대와 들과 바다에서 순교자들의 피가 큰 소리로 서로 화목하고 사랑하라고 말하지 않았소?

오! 내 영혼! 예수 그리스도의 이름을 부르는 모든 자들은 은혜를 통하여 상호 간 비난하고, 악하게 말하며, 걸림돌이 되는 것으로부터 벗어나도록 도움받을 수 있게 주님께 크게 부르짖으시오.

아! 한 성도가 스스로를 다른 성도에게 고통거리가 되게 한다는 것은 얼마나 통탄스러운 일이겠소?

이러한 나의 불평과 소박한 요구가 더 잘 이해될 수 있도록, 다음의 성경 구절을 진지하게 묵상하고 적절하게 적용되게 하시오.

왕하 30:1-21, 시 133:1-2, 롬 12:17-18, 14:1-4, 19, 22, 16:17

고전 1:10, 3:4, 엡 4:3-6, 29-31, 빌 3:18, 골 3:12-16, 히 12:14

오! 주님, 당신의 백성을 당신 손에 있는 하나의 지팡이가 되게 하옵시고, 타인에 대한 우리의 불평에서 돌이켜 우리의 죄에 대하여 마음을 찢게 하옵시며, 형제애의 불꽃으로 우리의 분열의 불을 꺼 주시옵소서. 우리를 도우사 은혜는 격노가 아닌 사랑과 긍휼로 마음을 불태운다는 것을 생각하게 하옵소서. 우리를 도우사 은혜로 말미암아 당신의 인내의 말씀을 지키게 하옵시며, 우리를 강하게 시험하고 있는 유혹의 시간 속에서 우리를 지켜 주시옵소서. 당신의 빛과 진리를 보내사 우리를 당신의 영원한 길로 이끄시고 지도하여 주옵시며, 좌로나 우로나 치우치지 않고 바른 길로 나아갈 수 있게 하여 주시옵소서.

완전하신 하나님! 영원토록 우리 마음의 힘과 기업이 되어 주시옵소서. 그렇기는 하지만 오! 주 예수 그리스도시여 오시옵소서. 속히 오셔서 우리와 동행하여 주시옵소서. 아멘.[2]

2. 100명의 비천하고 어리석은 사람들(1686)

1686년 박해가 찾아들었다. 그 해 가장 잘 알려진 순교자인 데이비드 스틸(David Still)은 부인 앞에서 총살되었다. 한 이웃이 그녀가 죽은 남편의 머리를 붕대로 감싸면서 이렇게 말하는 것을 들었다.

사수들은 당신에게 총을 쏘았지만 그들은 당신 영혼을 쏠 수 없었어요. 그것은 비

---

2 Nisbet, *Private Life*, pp. 143-152.

둘기처럼 피했고 멀리 날아가 쉬고 있어요.
주님, 당신의 여종에게 힘을 주사 저로 하여금 당신의 강한 심판에서도 당신만을 바라고 있었다는 것을 증거하게 하옵소서.[3]

제임스 니스벳은 조직화된 교회의 부재 속에서 그리스도인에 대항하는 교묘한 위험을 피할 수 있도록 주님의 인도를 구하면서 기도와 성경 연구로 여러 해를 보냈다.

내가 열일곱 살이 되던 해인 1686년은 이전의 해처럼 다른 사람의 뒤꿈치를 밟는 하나의 문제와 시련을 남겼고, 보이지 않는 완전하신 하나님을 향하여 바라보지 않을 수 없도록 만들었다. 그렇게 그해를 지냈다. 그 일이 시작될 무렵 어느 날 나는 고난 받는 남은 자들 여섯 명과 함께 예배에 참석하고 있었는데, 그 중 몇은 무기를 갖고 있었고, 우리 회원 중 두 사람은 그것으로 몹시 무모하고 분별력 없게 굴었다.

그 후 그곳에는 어떠한 평안이나 만족도 없었다. 나는 오랫동안 머무르며 많은 어려움과 싸웠던 그곳에서 아주 멀리 떠났다. 그곳에서 박해받던 남은 자들의 그리스도인 공동체로부터 합류해 달라는 요청을 여러 번 받았는데, 그곳은 일주일에 한 번씩 예배를 위해 밤에 모였고 결국 나는 그들의 요청을 받아들였다.

그때 만났던 사람들은 적을 두려워하여, 구름이 낀 밤에 정해진 장소로 가서 보통 한 사람씩 교대로 기도했다. 어느 날 밤에 기도하고 있을 때, 갑작스럽게 비춰진 큰 빛에 놀랐다. 남은 자들이 그것을 보았고 그 빛은 한동안 계속되었다. 그 빛을 보았을 때 나는 눈을 감고 주님께 부르짖었다.

"오! 우리에게 환상이나 망상이 아닌 구원하는 빛을 주시옵고 은혜를 베푸사 당신 자신을 나타내 주시옵소서!"

우리 동료들이 말하듯이, 그 말을 하였을 때 그 빛은 빠르게 사라졌다. 그리고 나는 언제나 그것을 악마 같다고 생각했다. 이전처럼 여러 번, 여기서도 나는 기도

---

3 Charles Thomson, *Notices of the martyrs and Confessors of Lesmahagow* (Glasgow: W. Lang, 1832), p. 11.

속에서 강하고 위대한 야곱의 하나님께서 그의 길을 재촉하시며, 잔인한 박해자의 속박을 깨뜨리시고 그의 사역과 백성을 소생케 하시는 것을 보았다. 이런 일에서 나는 예라고 할 수도 아니라고 할 수도 없었다.

그런데 이런 사실에서, 나는 주님께서 종종 기도의 마음을 주실 때, 주님은 귀 기울여 들으시고 도움과 구원의 손길을 주신다는 것을 깨달았다. 그러나 주님은 모든 시간과 계절을 그 손에 갖고 계시기에 시간에 제한받으실 수 없다.[4]

왕 제임스가 가톨릭으로 편향되었다는 사실은 이내 명백히 드러났는데, 이는 그가 가톨릭 영주에게는 모든 취임 선서(Test)[5]를 면제하고, 가톨릭 예배를 위한 홀리루드(Holyrood) 예배당을 갖추었고, 모든 기회를 활용하여 천주교인을 권력의 자리에 배치하였기 때문이었다.

의회가 천주교인에게 은밀한 예배의 자유를 허용하기를 거부하자 제임스는 의회를 해산했다. 제임스는 고위직 아첨꾼 국교회 회원들과 왕당파 사람들이 가톨릭교로 전향하자 힘을 얻었다. 부정직한 정부는 종교 자유를 확대한다는 구실로, 주민에게 "질서 있게 살고 교회를 지키며 비밀 집회를 삼가도록" 요구하는 **종교 맹약**을 부과했고 많은 사람이 거기에 굴복했다.[6]

국가의 박해가 더욱 심해지자 교리는 공유하지만 왕의 권위를 부정하는 것에 동의하지 않는 장로교인들이 남은 자들을 점차 심하게 박해했다. 이 적대자들은 적극적으로 런윅과 공동체를 불신하게 하는 운동에 참여했다. 쓴 뿌리는 숨막히게 하는 포도나무로 자라났다. 그 결과는 대단히 파괴적이어서 그들의 적은 "이제 모든 것은 백 명 정도의 가난하고 바보 같고, 어리석은 사람들 외엔 런윅 씨만 남았는데 그들은 그를 죽이고, 나라를 도둑질하고 있다"고 기록했다.

남은 자들을 적대하는 자들은 감옥에 들어가서 딕슨(John Dickson)같이 수감되었으나 존경받는 많은 목사들을 설득하여 거짓된 이야기로 공동체에 속한 사람들에게 전면적인 경고를 하게 했다. 적대자들은 공동체가 (목사들을 거부하고,

---

4　Nisbet, *Private Life*, pp. 152-154.

5　역자주—Test Act에 따른 공직 취임시 국교 신봉 선서 의무 규정(1673-1828).

6　Shields, *Faithful Contendings*, pp. 244-245.

왕도 거부하고 재위 기간 중 제정된 법률을 무시함으로써) 교회와 국가의 역할을 가로채고, "그들의 판단과 부합되지 않는 모든 사람을 죽이려"[7] 한다고 주장했다.

그들은 유사한 허위 진술을 아일랜드와 네덜란드로 보내서 공동체의 오랜 동맹자들을 그들과 적대 관계로 돌아서게 만들었다. 그들은 또 앞으로 공동체의 총회가 재결성된다면 런윅과 해밀턴을 재판에 회부하겠다고 위협했다.

네덜란드의 남은 자 대표인 로버트 해밀턴은, 남은 자들의 모든 동맹이 그들을 버렸다고 생각하고 남은 자들에게 추가적인 목사 안수에 대한 암울한 전망을 알려왔다. 1687년 3월에 알렉산더 쉴즈(Alexander Shields)는 **유익한 변호**(*Informatory Vindication*)라는 제목의 문서에서 공동체의 대응을 공표했다. 이 문서에서 남은 자들은 "우리와 신념이나 견해가 다르다는 이유로 어떤 사람을 죽이는 것은 끔찍한 살인으로서, 우리는 결코 그런 것을 묵인하지 않을 것이다"[8]라고 명백하게 밝혔다.

비록 분열이 확대되긴 했어도 화해도 있었다. 피던은 임종하면서 런윅과의 관계를 언급했다. 런윅을 처음 보았을 때, 피던은 "내 생각으로는 당신의 등으로 스코틀랜드의 온 교회를 짊어지기엔 다리가 너무 짧고 어깨가 너무 좁소"라고 고함쳤다. 런윅이 떠나기 전에 피던은 그를 자기 가까이로 끌면서 말했다.

> 당신은 내게 만족스럽게 대답했소. 당신에 관한 나쁜 소식을 믿었던 것에 대해 매우 유감이오. ⋯ 이봐요 선생, 나는 당신이 당신의 주인께 충성스러운 종이라는 것을 알게 되었소. 오직 주님만 의지하여 앞으로 나아가시오. 그러면 당신은 정직하고 깨끗한 사람으로 세상을 떠나게 될 것이오. ⋯

워커(Walker)는 제임스 니스벳을 다음의 진술을 증명할 수 있는 사람으로 꼽았다.[9] 제임스 니스벳은 피던의 배경과 설교 스타일에 대해, 그리고 고난 받는 남은 자들에 미친 영향에 대해 다채롭게 묘사하고 있다.

---

7 Shields, *Faithful Contendings*, pp. 242-245, 265.

8 Shields, *Faithful Contendings*, p. 243; McCrie, *Vindication*, p. 164.

9 Hewison, vol. 2, p. 500; Walker, *Six Saints*, vol. 1, p. 292.

서로 자주 교제하고 친밀한 서신 왕래가 있는 사람들에 대해, 그들은 서로 매우 사랑하고 비밀을 주고받으며 슬픔과 기쁨을 나누고 있다고 말할 수 있다. 이런 것은 다윗과 요나단에게서 분명히 나타났는데, 그들은 서로를 자신의 영혼처럼 사랑했기 때문에 형제애와 완전한 우정을 맹세했다. 그럼에도 이 모든 것은 여호와께서 사랑하시고 여호와께서 아시는 자와 나누는 명백하고 달콤한 대담과 풍성한 소통에 비한다면 희미하고 피상적인 그림일 뿐이다.

주님은 심지어 구경꾼들에게도 그들을 사랑하며 그들에게 자신을 나타내 보이시리라 선포하셨다. … 이를테면 주님은 모세를 얼굴과 얼굴로 알았고 사람이 친구를 대하듯 모세와 대화하셨으며, 다니엘은 지극히 사랑받았고, 바울은 싸인 채로 삼층천으로 올려졌고, 성경과 교회사에 기록된 많은 다른 인물은 그들의 하나님의 언약의 비밀과 그의 섭리의 비밀(창 18:17)을 알도록 허락받는 매우 영광스러운 특권을 얻었다.

이런 사실로 미루어 보면 요한복음 15:15의 기록이 이들에게서 매우 적절하게 성취된 것이다. 그리고 이 위대한 사람 피던 씨가 그런 사람 중 하나였다. 그는 하나님과 하나님의 백성 사이에서 생겨날 수 있는 그 많은 비밀스런 대화, 달콤한 눈길, 명료한 대화를 통해 하나님의 영광을 탁월하게 누렸던 것처럼 보였다.

그런 것은 하나님께 속한 것이며, 하나님에게서 온 것임을 증거하고 보증하며, 따라서 그것들이 하나님에게서 생겨났거나 주님께서 말씀하신 것이라는 데는 조금도 의심의 여지가 없는 것이다. 이런 사실을 가지고 교훈을 위해 피던 씨에 관하여 세 가지 특수한 사실을 언급하고자 한다.

피던 씨는 젊었을 때 타볼턴(Tarbolton) 교구의 교사요, 당회-목사(session-clergy)였는데, 그곳에서 한 비열한 여자가 자기 아기의 아버지로 피던 씨를 지목했다. 피던 씨는 당회에 기소를 당하였다. 그는 결백을 주장했기 때문에 노회에서 재판을 받았다. 그러나 거기서도 역시 그는 기소에 대해 논박했다. 그가 기소를 받아 재판이 진행되느라 거의 일 년이 허비되었다.

그 기간 동안 피던 씨는 기도를 들으시는 주님께 부르짖어 거기서 은혜롭게 피할 길을 열어달라고 했다. … 거드리 씨(Mr. Guthrie)가 그의 설교를 마치고 피던 씨에 대한 반대를 행동에 옮기기 시작했을 때, 피던 씨는 아이를 둔 아버지로서 일어나서 … 사건의 전모에 대하여 충분히 편하게 고백을 하였다. 피던 씨는 회중에게 주님께서 자신에게 양심의 절박함과 고통 때문에 이 고백을 하지 않을 수 없게 하셨노라며 끝을 맺었다. 그리고 비열한 여인은 수로에 뛰어들어 익사했는데, 그곳은 피던 씨가 아주 오랫동안 자주 기도했던 곳이었다. 이렇게 해서 성경 말씀이 성취되었다(시 9:16, 18; 12:5; 34:4-6).

피던 씨가 참여했던 모든 예배 행위는 숭고한 상상의 나래와 유익한 여담으로 충만했을지라도, 그것은 하나님의 흔적을 지니고 있었다. 그가 입을 열 때마다 그가 하는 말의 대부분은 하나님의 영에 의해 지시되는 것처럼 보였다. 그의 말에는 무게가 실려 있었고, 설득력 있는 위엄으로 충만해서 설교를 듣는 이들로 하나님을 사랑하고 경외하지 않을 수 없게 했다.

나는 그가 말할 때마다 대화를 하든 글을 읽든 기도하든 설교를 하든 모든 문장 사이에서 마치 주님께서 그에게 말씀하고자 하시는 것을 경청하거나, 어떤 비밀스런 속삭임을 듣는 것처럼 잠시 멈추는 것을 목격했다. 그리고는 때로 마치 어떤 놀라운 광경을 보기라도 한 것처럼 시작하곤 했다.

그럴 때 그는 침묵을 깨뜨리고 소리 내서 그리스도 안에 있는 하나님과 하나님의 구속의 사랑을 찬양하였고, 죄에 대한 자각, 곧 회심 속에서 성령의 능력에 의해 그리스도 예수 안에서 자라가는 하나님의 백성의 영혼 속에 있는 하나님의 은혜를 찬양하곤 하였다.

그는 또한 어떻게 그러한 일이 자신의 존귀하신 구세주와 주인께 기쁨이 되는 주권적 뜻을 따라 발생되는지를 찬양하였고, 언약하든 그렇지 않든, 깨어 있든 그렇지 않든 어떻게 그들의 걸음에 따라 그러한 일이 일어나는지를 찬양했다. 그는 성령의 능력에 의해 그리스도와 진정으로 언약을 맺고(closed), 그분의 십자가를 기꺼이 짊어지고 주님을 위해 자신의 모든 것을 내걸었던 사람들에게 자주 찬사를 보냈다.

그는 자주 심판의 방식으로 이 죄악된 땅에 많은 슬픈 일, 곧 프랑스와 스페인의 손에 의해 박해가 일어날 것이라고 예언하였다. 그리고 특정한 사람과 가정에 임하게 될 많은 것을 예언하기도 했다. 게다가 그는 또 많은 이전의 사건을 예언하였고, 살아오면서 그것이 대부분 성취되는 것을 보았다. 자비로우신 주님은 그가 예언했던 최후 최악의 것을 막으셨던 것이다.[10]

---

10 Nisbet, *Private Life*, pp. 179-184.

그 해 제임스 니스벳은 그의 개인적인 언약을 새롭게 했다. 그는 하나님께서 자녀가 시련과 환난을 겪는 동안 베푸시는 언약적 축복에서 확증된 "유례를 찾을 수 없는 하나님의 사랑"을 통해 위로를 얻었다.[11] 성경 구절로 가득한 책과 설교는 그가 영적으로 성장하는 데 필요한 물을 공급해 주었다.

> 그 해의 후반기에 인쇄된 그레이[12] 씨의 설교 전집 『앤드루 그레이 저작집』(*Works of Andrew Gray*)[13]뿐만 아니라, 거드리 씨의 『구원적 관심의 시련』(*Trial of Saving Interest*)과 수기로 된 무수히 많은 그의 설교와 순교자들의 수많은 최후 증언을 읽었는데, 그것은 내게 감화를 주었고 나를 새롭게 했다. 나는 런윅 씨의 하박국 2:3 말씀을 본문으로 한 설교를 들을 기회가 있었다.
> "이 묵시는 정한 때가 있나니 그 종말이 속히 이르겠고 결코 거짓되지 아니하리라 비록 더딜지라도 기다리라 지체되지 않고 반드시 응하리라"(합 2:3).
> 런윅 씨는 이 말씀을 설명하고 입증하고 적용했으며, 비록 주님께서 그의 교회와 백성을 구원하러 오시는 것이 더딜지라도 하나님의 주권을 주장했다. 마찬가지로 그는 주님의 지체하심 속에서 믿음과 인내와 겸손의 중요성을 크게 강조했다. 런윅 씨는 설교 말미에 매우 단호하게 이러한 죄 때문에 주님이 진노하셔서 그의 교회와 백성의 구원을 보류하실 것이며, 스코틀랜드는 불모의 산처럼 황폐할 것이라고 확언했다.
> 런윅 씨는 하나님의 은혜를 입은 모든 사람에게 경고하기를, 그러한 심판(stroke)이 일어날 때 그것은 하나님의 백성이 지금까지 걸어서 건너게 될 가장 깊은 요단이 될 것이라고 한 것처럼, 그것이 가장 좁은 것이 될 것이라는 위로를 받으려면 부활하신 그리스도를 따르라고 했다. 그것에 관해서 런윅 씨는 모든 사람들에게 반드시 주 예수 그리스도께 개인적인 관심을 기울이고 새로운 생활을 통해 그와

---

11 Nisbet, *Private Life*, pp. 154-179. 자신의 명상록에서 Nisbet은 시련의 중요성을 확신시켜 준 것을 John Brown of Wramphray(1610-1679)의 덕으로 돌린다. Brown은 Nevay와 같은 시기에 추방되었다.

12 Andrew Gray(1630-1654)는 그리스도와 친밀해지는 것을 그의 모든 설교의 시작과 중간과 결말로 삼아야 할 필요성을 강조했던 스코틀랜드의 설교가였다.

13 Andrew Gray, *The Works of Andrew Gray* (Ligonier, Pennsylvania: Soli Deo Gloria Publications, 1992) (이하 Gray, *Works*).

친밀하게 동행하라고 간곡히 권고했다. 그런 시련이 닥치면 괴롭고 힘들기 때문이다.

그러나 그런 슬픔의 구름 배후에서 사도 시대 이래 지금까지 언제나 그랬던 것처럼, 스코틀랜드에도 다시금 영광스러운 날이 올 것이고, 바로 그때 그 나라는 언약을 체결하듯이(covenant-wise) 주님과 결혼을 하게 될 것이다. 이 모이는 장소는 보김[14]이라 부를 것인데, 목사든 성도든 눈물을 많이 흘릴 것이기 때문이었다.

나는 하나님의 놀라우신 속성과 탁월한 완전하심에 대하여 많이 묵상했는데, 그것은 세상에 태어난 이래 보고 느끼고 누렸던 것이었고, 작년에 수많은 크고 긴박한 위험 속에서 자비롭게도 늘 구조를 받았을 때 특히 그랬다. 그래서 나는 하나님을 찬양하고 경배하고 경외하지 않을 수 없는데, 그는 영이시며 영원하시고 변하지 않으시며 헤아릴 수 없으시고 그의 중심은 어느 곳이든 계시며 그의 경계는 끝이 없으시기 때문이다. …[15]

이러한 성찰과 설교와 성경 말씀(시 24:12; 130:5-6)에서 제임스는 "하나님 한 분만을 만물의 창조주요, 모든 그의 피조물과 그들의 활동에 대한 최고의 유일한 통치자요, 특정한 수의 타락한 인류의 아들과 딸의 선택자요, 구속자요, 부르시는 자요, 거룩하게 하는 분으로 인정하는" 법을 배웠다. 제임스는 또한 "누구든지 말씀을 듣고 복종하지 않는 자는 용서받지 못할 것"이라는 것과 하나님은 구원의 목적과 수단을 정해두셨다는 것을 깨닫게 되었다. 이러한 사실에서 제임스는 신자들이 "진심으로, 완전히, 전적으로, 성심으로" 그리스도를 믿어야 한다는 것을 깨닫게 되었다.

> 그래서 그리스도와 오직 그분과 이러한 은혜로운 덕은 철저히 논해지고, 친밀해지고 영원히 의지되어야 하리라. …[16]

---

14 역자주—"여호와의 사자가 이스라엘 모든 자손에게 이 말씀을 이르매 백성이 소리를 높여 운지라 그러므로 그곳을 이름하여 보김이라 하고 그들이 거기서 여호와께 제사를 드렸더라"(삿 2:4-5).

15 Nisbet, *Private Life*, pp. 165-168.

16 Nisbet, *Private Life*, pp. 168-171.

제임스는 그리스도와 친밀한 교제를 나누는 사람들에게 지워진 의무를 다음과 같이 논한다.

> 죄가 무엇이며, 의무가 무엇이며, 무엇을 선택하고 무엇을 거절해야 하는지 알고자 한다면 우리는 하나님 말씀을 읽어야 한다. 우리는 늘 완전한 하나님의 체계를 읽어야 한다. 우리는 그리스도의 신실한 대사가 설교하는 복음을 들어야 한다. 우리는 자주 은밀한 기도를 드려야 한다. 우리는 하나님을 찬양해야 한다.
> 우리는 자주 창조 사역과 섭리 사역과 구속 사역에 관하여, 그리고 죄 없는 사람에게 제정된 행위 언약과 그것이 어떻게 아담의 타락에 의해 파괴되었는지에 관하여, 그리고 택자들을 위하여 성부 하나님과 성자 하나님 사이에 합의된 구속 언약에 관하여, 그리고 그리스도를 믿는 자에게 확립된 은혜 언약에 관하여, 그리고 하나님의 말씀과 선포된 복음 속에서 그 모든 특성과 특권과 더불어 그것이 어떻게 명백하게 알려지고 은혜롭게 나타났는지에 관하여 묵상하는 일에 훈련을 받아야 한다.
> 우리는 기질과 심기와 경향과 우리 마음과 영혼의 성향을 세밀하게 조사함으로써 부지런히 자기-검증을 해야 한다. 우리는 모든 사람과 평화롭게 살아야 하고, 거룩함을 연구하고 어떤 것이든 하나님의 형상을 가진 모든 사람을 진심으로 사랑하기를 힘써야 한다. 일반적인 소명에서 비롯되는 이 모든 직무를 감당할 수 있도록 성령의 도우심을 입기 위하여 주님께 부르짖어 구함으로써, 우리는 그의 능력 속에서 좌절하는 일 없이 겸손히 그를 믿는 믿음 안에서 이 모든 일을 수행할 수 있어야 한다.
> 또한 그리스도인에게 특별한 의무가 있는데, 우리는 이를 수행하는 일에 자주 실패한다. 이를테면 그리스도의 뜻을 위하여 십자가를 지는 일에, 하나님을 예배하기 위하여 모이는 사람과 함께 그리스도인의 공동체에 참여하는 일에, 판단과 관습에서 오류가 생겨날 경우 정확히 차이점을 제시하는 일에, 전제적이고 난폭한 사람에 대하여 반대하는 일에 방어 무기를 들 것인지 하는 문제에서.[17]

---

17 Nisbet, *Private Life*, pp. 171-172.

그는 또한 선한 사람을 부르는 일에서든, 또는 그 자신의 마음의 부름에서든 의무를 급하게 수행하기보다는 "주님의 말씀을 따라 오직 하나님의 성령의 지도를 따라서"만 의무를 수행할 필요성이 있다는 것을 깨닫게 되었다. 이러한 사실은 그리스도인이 '그의 말씀 속에 들어 있는 하나님의 마음'을 신중히 찾고, 성령의 지도를 따라 탄원하며, 섭리를 통하여 주님이 주시는 기회를 기다리고, 그 의무를 수행하는 데 있어 오직 말씀에 의해서만 그들의 행위를 지도할 것을 요구한다.

모세의 40년 기다림, 어떤 행동에 앞서 하나님의 뜻을 구하는 일에 기브온과 다윗의 근면함, 룻과 결혼할 권리를 얻는 일에서 성경의 의무 사항에 충실했던 보아스, 이삭의 아내를 구하는 데 있어 하나님께 기도로 의존했던 아브라함의 종과 같은 성경의 예를 통해 그는 큰 위로를 얻었다. 제임스는 이렇게 기도했다.

> 주님! 분별없이 맹목적 열심으로 행동하지 않게 하옵시고, 그렇다고 다른 사람을 따라 하게도 마옵시고 오직 당신의 거룩한 말씀을 따라 행하게 하옵소서. 그리고 당신의 지위가 내가 마땅히 그 지도를 따라야 할 나의 변호사와 같이 되게 하여 주옵시고, 후에 저를 영광 가운데 받아 주시옵소서. 아멘[18]

그뿐 아니라 그는 "그와 그의 고난당하는 친구들에게는 창조 때부터 주님의 백성에게 임하게 되어 있던 일 외에 어떤 일도"[19] 일어나지 않았음을 깨닫게 되었다. 이러한 신앙심은 그로 하여금 이렇게 기도하게 하였다.

> 저를 당신의 보호하시는 능력의 범위 아래 이끄시고 지켜 주시오며, 당신의 모든 중보의 영향 아래로 이끄사 지켜 주시옵소서. 나의 모든 죄를 용서하옵시며, 나의 모든 사악함을 정복하여 주시옵고, 나의 모든 부정함을 씻어 주시옵소서. 내가 거룩한 의무에 합당한 능력과 자격이 안될지라도, 저를 도우사 활기찬 마음으로 당신께 더 빨리 달려갈 수 있게 하여 주시옵소서. 당신이 기뻐하시지 않을수록 나로

---

18 Nisbet, *Private Life*, pp. 172-176.
19 Nisbet, *Private Life*, pp. 176-179.

하여금 당신 앞에서 더 낮게 엎드리게 하옵시고, 당신께 더 가까이 나아가게 하옵시사 당신의 얼굴빛을 비춰 주옵소서

우리를 잔혹하게 억압하는 멍에를 깨뜨려 주시옵고 사탄과 그의 모든 도구를 꾸짖어 주시옵소서. 전처럼 당신의 일을 부흥케 하옵소서. 당신의 교회와 백성에게 그 모든 고대의 특권을 회복시켜 주시옵소서. 버드나무에 하프를 걸어 두었던 우리로 이제 주님을 기뻐하고 시온의 노래를 부르게 하옵소서. 아멘.[20]

3. 관용이냐 성경이냐(1687)

1) 관용으로 불린 왕 제임스의 거울

왕 제임스는 이제 완전한 통제권을 가지고 스코틀랜드 의회에 영향을 미쳐 1687년 2월 종교적 관용에 관한 선언을 발표하도록 했다. 이 선언은 장로교인에게는 교회와 가정에서 허가된 (사면파) 목사의 강론을 들을 수 있는 권리를 허용했고, 퀘이커 교도에게는 허가된 건물에서 모일 권리를 허용했으며, 가톨릭 교인에게는 집이든 교회든 예배할 수 있는 권리를 허용했다.

그것은 또한 가톨릭 교인의 정치적 권리를 회복시켰다. 의회는 7월에 이러한 권리를 확대하여 허가된 모든 건물에서 예배가 허용되었고 국교 반대자에 대한 벌금형을 무효화시켰다. **맹세 선언**을 거부한 사람들은 법을 지키는 한에서만 설교를 할 수 있었다.

이런 소식을 접하자, 추방당했던 많은 목사들이 고향으로 돌아와 목회를 재개하였다. 해외에서 돌아온 많은 목사의 대다수가 런윅과 방랑하는 남은 자들을 비난하는 설교를 했음에도 불구하고 공동체의 규모는 더 커졌다.

이러한 성장의 이유 중에는 모든 개신교도가 제임스가 실천적인 가톨릭 교도였기 때문에 관용을 승인한 왕 제임스의 동기에 깊은 의혹을 공유하고 있었다는 점이 있다. 언약도를 지지하는 왕이 권력을 차지할 때까지 저항하기로

---

20 Nisbet, *Private Life*, pp. 152-179.

결정한 공동체는 왕 제임스의 관용에 반대하는 증언을 발표했다.[21]

2) 성경으로 불린 제임스 니스벳의 거울

제임스는 1687년 한 해의 대부분을 "시골의 외진 지역"에서 보냈다. 거기서 그는 세상의 "넘쳐나는 사악함과 신성모독"을 목격했고, 그것은 그에게 자신의 죄악된 조건에 대하여 돌아보게 했다.

> … 또한 묵상과 관찰을 통하여 나 자신을 돌아보았을 때, 나는 사탄이 맹렬하게 주입하는 해로운 총탄과 강력한 불신앙의 힘을 수반한 내재적인 죄의 폭력 활동을 발견했다. 나는 나의 죄악된 자아와 맹목적 세계를 보고 나서, 때로는 이렇게 때로는 저렇게 주님과 주님의 길에서 벗어나는 것이 크게 해롭고 위험하다는 것을 인식하게 되었다.
> 그 죄를 짓는 두 가지 방식 모두 사망의 방으로 떨어지며, 창조와 구속의 목적을 극히 간과하게 함으로써, 하나님의 명예가 크게 더럽혀지며 사탄은 크게 기뻐하고 나 자신은 시간과 영원 속에서 파괴될 큰 위험에 처하게 된다.

이러한 관찰을 통해 그는 다음에 제시하는 "성경적 관점이라는 안경을 형성"했는데, 그것은 "좌우의 양 극단 사이에서 임마누엘의 땅으로 가는 지름길을 달려갈" 수 있게 해주었다.

> ① 나는 생명의 원리이신 그리스도 안에 뿌리내리도록 열심을 다해 힘써야 한다. 내 생명의 머리인 그로부터 새롭고 신선한 모든 은혜를 공급받아, 마음과 대화의 모든 사악한 육욕에서 보호받고, 그것을 피할 수 있다. 그래서 나는 육신의 정욕과 이생의 자랑이라는 죄악된 만족을 추구하는 것과는 철저히 다른 이성적 자질과 다른 가치 있는 특권을 갖고 있다(시 73:24; 롬 11:36; 고전 10:31; 고후 7:1).

---

21 Hewison, vol. 2, pp. 503-506; Shields, *Faithful Contendings*, pp. 311-316; Hewison, vol. 2, p. 506.

② 더 특별한 것은 내가 지금까지 성경의 많은 인물의 타락에 대해 겸허한 관점을 유지해 왔는데, 그것은 그들이 선한 양심의 평안을 깨뜨리고, 죄악된 부주의로 인해 자신의 성실함을 더럽혔던 그 바위에 난파되지 않도록, 나에게 높은 마음을 갖지 말고 도리어 두려워하라는 많은 경고로 각인되어 있다.

이를테면 노아는 큰 구원 이후에 포도주에 취해 범죄한 것인가?(창 9:21).

그러면 나는 그러한 악을 범치 않도록 신중하게 주의하고 그처럼 정직한 생활과 신실한 마음으로 하나님과 동행해야 한다(창 6:9).

아브라함은 자신의 아내를 부인하고 하나님의 능력과 완전하심에 대하여 신뢰하지 않아서 두 번 범죄한 것인가?(창 12:12; 20:2).

그러면 나는 거짓말하는 죄를 범하지 않도록 주의해야 한다. 그 만큼 신앙에서 강해야 한다(창 15:6; 롬 4:3, 18, 20)

… 다윗은 혐오스러운 살인죄와 간음죄를 범한 것인가?(삼하 12:9).

그렇다면 나는 이러한 죄를 경계하고 그처럼 절제하고 강화하고 새롭게 하고 거룩하게 하는 은혜를 주님께 부르짖어 구해야 한다(시 18:23; 19:13).

솔로몬은 죄악된 감각적 쾌락을 추구하고, 거기에 빠져 주님과 그의 길을 저버린 것인가?(왕상 11:1-2; 전 2:1-11).

그렇다면 나는 힘을 얻을 수 있도록 매우 부지런히 주님에 대한 믿음에 전념함으로써 마음을 살펴야 한다(잠 4:23).

여호사밧은 불경건한 사람과 연합함으로써 범죄한 것이었을까?(대하 19:2).

그렇다면 나는 사악한 모든 동료와 죄악된 교제에 대해 주의하고 경계해야 한다(스 9:14; 잠 13:20).

히스기야는 교만과 헛된 과시로 범죄한 것인가?(사 39:2).

그렇다면 나는 히스기야처럼 주님 앞에서 주의하고 겸손하고 조용하게 행해야 한다(대하 32:26; 시 119:36-37).

요시야는 이집트 왕에 대항해서 경솔하게 전쟁에 나감으로써 범죄한 것인가?

그렇다면 나는 내 명철을 의지하지 말고, 나의 모든 길에서 주님을 주의 깊게 인정해야 한다(잠 3:5-7; 렘 10:23).

베드로와 남은 제자들은 헛되이 확신하여 범죄한 것인가?(마 26:33-34).

그렇다면 나는 마음을 높이 갖지 말고 두려워하며 깨어 기도함으로 유혹에 빠지지 않도록 해야 한다(마 26:41; 고전 10:12; 엡 6:11, 18).

바울과 바나바 사이에 다툼이 있었고(행 15:39) 믿는 고린도 교회 교인 간에 육체적 갈등이 있었던 것인가?(고전 1:11; 3:3-4).

그렇다면 나는 주의해서 모든 다툼과 분열과 반대하여 싸우며, 거룩함을 연구하여 가능한 한 모든 사람과 화목하게 살 수 있도록 낮추어야 한다(롬 12:9-10, 16, 18; 14:19; 15:1-3; 엡 4:12-17; 빌 2:1-3; 히 12:14; 요일 4:7, 11).

베드로는 유대화에 대해 위선적이었는가?(갈 2:10, 14).

그렇다면 나는 믿음을 위하여 부지런히 싸우고 그리스도와 십자가에 못 박히신 것 외에는 다른 것을 알지 않도록 연구해야 한다(행 4:12; 고전 1:2; 3:11; 요 10:15; 14:6).

③ 나는 계속해서 성경과 신앙고백과 교리 문답과 던햄 씨의 십계명 해설을 연구해야 한다. 나는 이런 것으로부터 은혜를 통하여 무엇이 죄며, 무엇이 의무이고, 무엇이 믿어지고 실행되어져야 하는지 알아야 하며, 주님을 따르고 그의 말씀이 말하는 것 이외에 어떤 인간 아버지도 따르지 말아야 한다(사 8:20; 눅 16:29; 갈 21:18; 딤후 3:16-17; 딛 1:9; 2:12-14).

④ … 주님이 나를 버리시고 스스로를 숨기시며 나를 많은 십자가 섭리로 연단하실 때, 그럼에도 나는 주님에게서 또 그의 흠 없는 섭리에서 어떤 잘못을 찾으려 하지 말아야 한다. 나는 또한 하나님의 영원한 목적과 나의 미래의 상태에 관하여 어떠한 잘못된 결론도 내려서는 안 된다. 그리고 나는 주저앉아, 실의에 빠지거나 낙담한 채 밤에도 노래를 주시는 나의 창조주 하나님을 잊어서는 안 된다(욥 13:6).

아니다! 그것은 결코 나와 관계없다.

그러나 내가 마땅히 해야 할 것은 의로우심을 그에게 돌려드리고(욥 36:3), 그가 일어나 나의 동기를 변호하시고 나를 위하여 판단하시기까지, 그를 거스른 나의 죄에 대하여 먼지와 재를 쓰고 나를 미워하는 것이다(시 39:9; 애 1:18; 미 3:8).

구원이 임할 때까지 나는 나의 부르짖음이 그의 거룩한 귀에 상달될 때까지 그래서 그가 나를 위하여 그의 약속하신 언약을 기억하실 때까지 하늘을 향하여 하나님을 향하여 그리스도를 향하여 탄식하고 신음하던 출애굽기 2:23~24에서의 이스라엘처럼 해야 한다.

⑤ 주님께서 내가 구원의 하나님을 기뻐할 수 있게 하시기를, 항상 그리스도의 은혜를 입게 하시기를, 기도하는 것과 찬양하는 것과 다른 기독교의 실천 사항들을 점점 더 민첩하게 행할 수 있게 하시기를, 성부 하나님, 성자, 성령과의 교제를 누릴 수 있게 하시기를(요 17:21; 고전 7:4-6; 엡 2:18; 요일 5:7), 그리고 그가 베데스다 못가에서 그 남자에게 하셨듯이 나를 온전케 하시기를(요 5:8; 7:23).

주님을 기다리는 동안 나는 제단 뿔의 법 아래 있는 죄인으로서 … 마음과 뜻을 다하여 보이지 않는 완전한 것에 대한 믿음으로 살아야 하며, 그리스도와 그의 보배로운 피를 굳게 붙잡아야 한다.

비록 그가 오랫동안 돕기를 거절하실지라도, 그리고 사탄과 기만적인 사람이 유혹하고 나로 주님을 붙잡은 것을 놓치게 만들려 할지라도, 내 영혼아, 포기하지 말라.

나의 구원을 앗아가는 이런 원수들을 따르지 말고, "안 돼, 안 돼!"라고 외치라! 내가 만약 죽어야 한다면 여기서 죽으리라. 왜냐하면 이곳이 내가 머물 안전한 곳이요, 이곳이 금제단의 뿔이기 때문이며, 이곳에서는 어떤 사람도 결코 멸망하지 않을 것이고, 이곳은 어떤 사람도 결코 난파될 수 없는 견고한 안전지대이기 때문이다.

그는 영원한 삶을 위한 복된 투자처이며, 그의 손 안에 있는 어떤 사람도 결코 실패하지 않았으며, 구원에 이르지 못하는 일도 없었다. 그는 어떤 사람도 목말라 죽을 수 없는 생명을 주는 원천이시다. 그는 하늘의 영광스러운 창고이며 참된 요셉은 그의 백성들에게 생명의 양식을 공급한다.

그는 구리 뱀의 위대한 예표이며, … 강하고 위대한 구속자이며, … 율법 아래서 도살할 짐승에 의해 예시된 복된 예표이며, 레위기의 정결 의식에 의해 열려지고 예시된 샘이며, … 도피성이요, 신성한 야영지의 방이며, … 열방의 왕이요, 성도의 왕이시다. 이 분은 그의 사랑과 막대기, 면류관과 십자가의 복된 연결을 확정지은 분이다. 그는 그의 영광과 그들의 선을 위하여 모든 것이 합력하도록 각각을 사랑으로 이었다.

이분은 진노하신 하나님과 멸망할 죄인을 화목하게 하고 화해하게 하신 분이며, 버려지고 고통당하는 사람에게 강력한 위로의 유일하고 확실한 근거로 나타나셨던 분이시며, … 그의 초라한 승객이 세상의 폭풍을 뚫고 항해하는 동안 일어나는 모든 일을 지배하고 계시는 분이시다. … 그는 우리의 본성과 결혼했으며, 우리의 뼈 중의 뼈요, 살 중의 살이 되셨고, 참된 하나님이실 뿐 아니라 죄는 없으신 참된 사람이신 분이시다.

그는 또한 자신의 육신의 장막을 통하여 난 새롭고 살아 있는 길을 봉헌했으며, 그로써 영원한 구속적 사랑은 그의 택한 모든 특별한 사람들에게 또 그들을 위해 그 사랑을 상세히 말해 줄 수 있고, 또한 그들을 위해 저 모든 크고 영광스러운 일을 성취할 수 있는 통로를 찾을 수 있었다.

오! 그렇다면 내 영혼아!

더 이상 현세의 소멸되어갈 쾌락에 빠져들지도, 그대 중 어떤 사람도 버려지고 고통받는 중에 더 이상 약해지거나 낙담하지도 말라. 그 대신 일어나서 신속하게 구속자 우리 주 예수 그리스도의 따뜻한 품으로, 내민 구속의 팔로 날아가라. 아멘.[22]

4. 동트기 전의 어두움(1688)

표면적인 종교적 관용 법령에도 불구하고 정부는 더 강력하게 공동체와 지도자를 추격했다. 1687년에만 "왕의 부대는 열세 번이나 가장 엄중하게 런윅을 찾아 나섰다."[23] 제임스 니스벳은 이 큰 시련의 기간 동안 주어졌던 런윅의 설교에 대한 귀중한 기억에 대해 이렇게 말한다.

그해 후반기에 나는 하나님의 위대한 사람인 제임스 런윅이 설교하는 것을 들었다. 그는 아가서 3:9-10을 가지고 설교했는데, 거기서 런윅은 성부 하나님과 성자 하나님 간에 합의된 구속 언약과, 택자를 사랑하여 그들과 동등하게 되신 것과 그리스도를 믿는 자들에게 확립된 은혜 언약을 아름답게 다루었다. 이날이 위대하

---

22 Nisbet, *Private Life*, pp. 186-196. James는 이 다섯 가지 요지를 머리글 두 개로 정리해서 열거했다(1-3 &4-5)

23 Houston, *Renwick*, p. 38.

고 달콤한 복음의 날이 된 것은 청중을 크게 교화시킬 정도로 천사가 들려주듯 은혜 언약의 특징을 논하고 강조했기 때문이다. 그가 그리스도에 대하여 모든 죄인에게 제시했던 것은 달콤하고 매력적이었다.

그날 내게는 매우 특별한 한 가지 일이 있었다. 아침부터 저녁까지 비가 내려서 우리가 물속에 빠진 것처럼 젖었지만 한 사람도 병이 나지 않았다. 그를 위해 준비된 천막이 있었지만, 그는 거기 들어가려 하지 않고 비에 아랑곳 않고 설교를 계속했다.

청중은 자신들과 공감하는 그를 보았고, 이것이 사람들에게 크게 감화를 끼쳤으므로 견딜 수 있게 했다. 비록 그가 본문에 가장 충실하고, 내가 지금까지 들었던 어떠한 것에 대한 판단과 기억으로 볼 때 가장 좋은 방법을 가졌던 유일한 목사였을지라도, 이제 그가 비 때문에 사람들이 바짝 몰려드는 것을 보았을 때, 그는 주제에서 약간 벗어나서 유쾌하고 부드러운 목소리로 이렇게 외쳤다.

"친애하는 벗들이여, 비 때문에 동요하지 마십시오. 참된 솔로몬이신 그리스도에 대하여, 그리고 그의 복된 가치가 주는 유익에 대하여 언약적 관심을 기울이는 것은 우리에게 닥치는 모든 일시적인 기본적인 폭풍을 견딜 수 있게 할 만큼 가치가 있기 때문입니다. 여기서 가리키는 이 솔로몬은 그의 백성을 위하여 아주 다른 종류의 폭풍, 곧 순수한 진노의 폭풍을 견디어 내셨습니다.

비참하게 저주받은 지옥에 있는 타락한 자들은 그들의 구속자가 되시는 부드럽고 순결하신 그리스도께서 오늘 베푸시는 권면에 대하여 어떻게 반응할까요?

감옥에서 또 추방당해서 고난당하는 우리의 벗들은 그리스도께서 오늘 베푸시는 권면을 얼마나 환영할까요!

내 입장을 말하자면 그리스도께서 나를 도우신다면 나는 당신들과 공감하는 일에서 지금 내리는 비를 동일하게 나누고 싶습니다."

그런 후에 그는 다시 멋진 주제로 돌아와 그의 영에 의하여 그리스도를 통한 하나님과의 화목과 화해를 권했다.

내가 느꼈던 기분이나 많은 사람이 느꼈을 기분을 어찌 말로 형언할 수 있겠는가. 우리는 오직 이럴 때만 어떤 종류의 죽음도 기쁘게 견디어낼 수 있게 되어, 바로 이럴 때만 매우 생생하고 매우 분명하게 우리에게 베풀어진 저 영광스러운 구세주를 부단히 누리게 된다.

> 오! 내 영혼아 보고 놀라라!
> 이 모든 은혜를 주님께 무엇으로 보답할까?
> 주님은 이 세상에서 내적인 위로와 외적인 보호를 통하여 우리와 특별히 함께 하셨다.[24]

1688년은 "온 나라가 평온했다. 그럼에도 불구하고 공동체는, 종교 관용 정책이나, 또는 우호를 가장한 다른 어떤 적에게도 합류할 수 없었기 때문에" 곤란한 상태로 침체해 있었다.[25] 더구나 정부가 그해 2월에 그들이 사랑하는 런윅을 체포하고 사형 선고를 내린 것은 그들을 더욱 고통스럽게 만들었다. 런윅은 자신을 교수대로 데려가는 북소리를 들었을 때, 어머니께 말했다.

> 저 편에 나의 결혼을 예고하는 환영의 인사가 있어요. 신랑이 오고 계시고, 이제 나는 진정 신랑을 맞이할 준비가 되었어요.

런윅은 교수대 위에서 드럼 소리에 맞춰 시편 103편을 노래했고 요한계시록 20장도 읽었다. 시편 103편은 "**내 영혼아 여호와를 송축하라 내 속에 있는 것들아 다 그의 거룩한 이름을 송축하라**"는 절로 시작된다. 그가 선택한 시편은 **웨스트민스터 소요리문답**에 나타나 있는 인간의 제일되는 목적의 성취를 증언한다.

> 하나님을 영화롭게 하고 그를 영원히 즐거워하는 것.

다윗은 이 시편에서 모든 믿는 자가 마땅히 감사해야 할 여섯 가지 일을 열거했는데, 곧 하나님은 그들을 용서하시고 치료하시고 구속하시고 면류관을 씌우시고 만족하게 하시고 새롭게 하셨다는 것이다(시 103:2-5). 만약 사람이 자신이 심히 죄악되고 병들었고 상실하였으며 비천하고 갈급하고 타락했다

---

24 Nisbet, *Private Life*, pp. 196-198.
25 Shields, *Faithful Contendings*, p. 322.

는 것을 알지 못한다면 그 사람에게 복음은 전혀 가치가 없는 것이다. 그는 기도하고 청중에게 말씀을 전한 후에 세 가지 일을 위해 자신의 생명을 바친다고 선포했다.

① 왕 제임스의 유린과 폭정을 인정하지 않는 일을 위해
② 조세 납부를 반대하는 설교를 위해
③ 기독교인이 박해받는 복음을 듣는 모임을 보호하기 위해 무장하는 것이 합법이라는 것을 위해

그는 "나는 그들을 위해 증언하는 일이 무수한 생명만큼이나 가치 있다고 생각한다. 그리고 만일 내가 만 개의 생명을 갖고 있다면 그 동일한 것을 위해 그 모든 생명을 버린다해도 충분치 않을 것이라 생각한다"[26]고 선포하면서 말을 마쳤다.

제임스 니스벳은 런윅의 상실을 슬퍼하면서, 그를 "때 묻지 않은 신실함"을 갖춘 사람이요, 스코틀랜드의 위대한 성직자 중 한 사람으로 간주했다.

… 내가 그를 두고 말한다면, 그보다 더 용모가 단정한 사람은 없으며, 더 신중한 사람도 없으며, 더 용감하고 영웅적인 정신을 가진 사람도 없으며, 그럼에도 더 유순한 사람도 없으며 더 인간적이고 더 겸손한 사람도 없었다.

그는 매사에 매우 경건하면서도 합리적이어서 그의 이성적 힘은 지금까지 들어본 어떤 순전한 사람 못지않게 강하고 성결했다. 내가 그를 기독교인으로서 말한다면, 그보다 더 유순한 사람은 없으며, 그러나 죄를 범하는 데 담대한 사람에 대해서는 그보다 더 신중하고 담대한 사람도 없었다. 기도, 대화, 부르짖음, 묵상, 자기 검증, 설교, 이야기를 시작하는 일, 강연, 세례와 교리 문답 같은 것에서 그보다 더 분별력 있고 겸손한 사람은 없으며, 종교적 직무에서 그보다 더 정통하고 열렬한 사람도 없었다.

가르치고 훈육하는 일에서 그보다 더 방법론적인 사람은 없었으며, 그리스도를 잃어버린 죄인을 위한 유일한 구제책으로 설명하는 일을 그보다 더 멋지고 매력적이고 우

---

26 Howie, *Worthies*, pp. 539-549.

아하게 수행한 사람도 없었고, 그보다 세상을 더 미워한 사람도 없었다. …
모든 보통의 사람이 이 세상을 사는 동안 그런 것처럼, 비록 그도 선천적이고 죄악된 병에 걸리기 쉬웠을지라도, 그는 내가 알고 읽어본 어떤 사람 못지않게 이런 일에서 과실을 범하지 않았다. 그는 내가 지금까지 들어본 어떤 사람보다 그리스도와 친밀했던 가장 생동감 있고, 가장 호감 가는 설교자였다. 그의 대화는 경건하고 신중하며 유순하였다. 그리고 그의 추론과 토론 역시 마찬가지였는데, 그가 주장하는 것의 진실성에 대해 충분한 증거를 뒷받침했기 때문이었다.
주님의 길에서 견실함에 관하여는 그를 따라올 사람이 거의 없었다. 그는 진리를 배웠고 그 대가를 치렀으며 그것을 자신의 피로 봉인했다. …
오! 내 영혼아!
이 위대한 사람이 그들 중 내가 괴수인 잃어버린 비천한 죄인들에게 그리스도의 헤아릴 수 없는 부요함에 대해 설교하는 것을 듣게 하신 주님께 감사하라. …[27]
런윅의 상실은 형언하기 힘든 손실이었는데, 생명의 말씀을 설교하고 신실하고 열정적으로 온유하게 그리스도 예수의 신실한 종과 같이 어떠한 증오에 찬 비난도 없이 내게 구원의 길을 가르쳤던 그를 이제 나는 바라기 때문이었다. 그러한 갈망 때문에 괴로웠다.
나는 이따금 다른 사람의 설교도 듣곤 했는데, 그들의 설교 방법은 나의 기호에 맞지 않았다. 그 중 몇몇은 위대하고 선량하였을지라도 대부분 공중의 죄와 배교와 그 시대의 결함을 지적하고 검증하는 데 관심을 기울일 뿐, 우리를 파괴하게 만드는 원인으로서 우리 마음과 본성의 죄를 강조하거나 우리의 유일한 치료책으로 그리스도 예수를 강조하는 일은 거의 없었다. …
마찬가지로 좋은 의도를 가지고 경건하게 설교하는 다른 사람도 있었는데, 그들은 값없이 베푸시는 은혜의 교리를 주장하였으나, 주님의 승리를 그들의 입에 올림으로써 우리의 위험성에 대한 신실한 경고를 주기 위해 그 당시의 죄와 결함에 반대하는 증언을 하지 않았다. 그 대신 그들은 우리의 사악한 통치자의 불경건한 행위를 못 본 체하고 관례적으로만 동조했다.
그들의 예식은 내게 매우 걸림돌이 되었고, 그러지 않았다면 주님의 축복을 통하

---

27 Nisbet, *Private Life*, pp. 198-202.

여 소유했을 복음의 성공을 저해하였다.[28]

이렇게 어려운 기간 동안, 제임스 니스벳은 "이렇게 고난당하는 양측 장로교인의 중간에서 그들을 이끌기 위해" 분투해야 했다.
"그들 중 일부는 저 악하게 의도된 관용 정책에 찬동하였고 일부는 그렇지 않았기 때문이었다."

> 나는 어느 편으로도 기울어지지 않았고, 나의 빛은 가장 전면에서 앞서 가게 하지도 않았고, 그렇다고 맨 뒤에서 머물러 있게 하지도 않았다. 다만 나는 양 편 모두를 용인했다. 나는 입을 다무는 절제를 배웠지만 부득이하게 의견을 말해야 할 때는 나의 젊은 시절을 생각하면서, 재치 있게 주의를 기울여, 하나님 말씀에 계시되고, 우리의 신앙고백과 요리문답에 요약되고, 우리의 언약 속에서 맹세되었던 하나님의 뜻에 부합하고 일치하는 한, 모든 개신교 장로교 원리에 대한 나의 진심어린 충성을 공표했다.
>
> 그에 따라 나는 그들이 하나님의 거룩한 말씀과 일치하는 한, 자신들의 피로 개신교 장로교 원리에 대한 그들의 공표된 충성을 봉인하면서 교수대에서 죽어갔던 모든 사람의 임종 연설의 가치를 인정했다. 나는 여전히 몇몇 탁월한 사람들이 그것에 대해 부정할 만한 어떤 명백한 증거도 갖지 않았던 당시 행정 당국의 세속적인 부분을 승인하는 것과 같은 어떤 사안에 대해, 그들과의 판단상의 차이에도 불구하고 그들 모두에게 순교의 영예를 부여했다.
>
> 반면 나는 국가에서 교회에 대해 갖는 모든 불법적인 자의적 권력과 수위권에 대해, 모든 교구 주교 제도에 대해 그리고 하나님 말씀과 스코틀랜드 장로교회의 맹세한 원리에 거슬러 주교 제도를 하나님의 집에 강제하는 모든 것에 대해서는 기탄없이 거부한다.
>
> 나는 작년에 가톨릭에 문호를 개방하는 일을 승인했던 사악한 관용 정책과 모든 그릇된 종교를 인정할 수 없다. 만약 주님께서 감사하게도 나의 이런 태도에 반대하시지 않는다면, 모든 그릇된 종교는 모든 참된 종교를 완전히 전복한 것임이 입

---

28 Nisbet, *Private Life*, pp. 224-225.

증될 것이다.

나는 이를 위해 빛을 가진 사람이 사용할 방어용 무기를 용인하지만, 하나님 말씀을 따라서 정당한 전쟁과 국가 위정자에 의한 엄격한 자기 방어를 위한 경우를 제외하고는 모든 피 흘리는 일에 대해 반대한다는 것을 분명히 한다. 나는 겸손히 그리스도가 보내신 모든 대사가 당시의 죄악과 타락에 대하여 신실하고 분명하며 적극적으로 반대하면서, 또한 사람들에게 무엇보다 그들의 상실된 상태와 영광스러운 중보자 그리스도 예수로부터, 그리스도 예수 안에서, 그리스도 예수를 통하여, 그리스도 예수에 의해 상실된 상태에서 회복하는 것이 얼마나 필요한지 보여 주기를 고대한다.

목사들은 멸망하는 죄인들에게 그리스도가 무엇인지 설명하고 그가 택한 죄인들을 위해 하신 일과 고난당하신 것과 그의 구원하는 은혜의 능력에 의해, 복음이라는 조건으로 그들이 얻게 될 기업과 그리스도를 어떻게 따라가고 교제하며 받아들여야 하는지를 설명하고, 목사와 성도들이 거룩한 생활과 대화에 의해 그리스도 예수의 복음의 아름다움을 돋보이게 하려면 어떤 것이 진정 필요한지를 분명하게 설명해야 한다.[29]

비록 런윅이 마지막으로 교수형에 처해진 순교자이긴 하더라도, 그가 죽은 후 다른 사람들도 그 뜻을 위해 죽었다. 남은 자들이 군인들을 공격하여 그들에게 동조했다는 이유로 체포된 아일랜드 목사들을 풀어 준 후에 박해가 강화되었다. 이에 대해서 정부는 모든 언약도의 예식은 불법으로 선포하였고 군인들은 거리에서 만나는 모든 사람들에게 "당신은 언약도를 인정하는가?"라고 물었다. 이러한 질문 때문에 많은 사람이 살아남기 위해 위증죄를 범하였다.

아마도 마지막 순교자는 조지 우드라는 이름의 열여섯 살 소년이었을 텐데, 한 기병이 사전 경고 없이 쏜 총에 맞았다. 그 기병의 변은 "자신은 그를 휘그당원으로 알았고, 휘그당원은 어디서 발견하든지 사살하도록 되어 있었다"[30]는 것이었다.

---

29 Nisbet, *Private Life*, pp. 225-228.
30 Shields, *Faithful Contendings*, p. 343; Wodrow, *History*, vol. 4, p. 457.

"날이 밝기 전 밤이 끝나가는 마지막 순간이 가장 어둡듯이" 제임스는 우울한 1688년 한 해 동안 임박한 "전면적인 파괴의 위협"이 두려웠다.

적들이 찾아와서 … 무기를 샅샅이 탐색하였을 때 (그의 염려가) 커졌고 그것은 이전에 그들이 자주했던 일이었다. 그는 이를 두고 계획적인 대학살을 심각하게 우려했다. 그리고 이런 염려는 적들의 큰 허풍과 도를 넘은 행동으로 강화되었다.

이러한 사건으로 인해 제임스는 "하나님의 진노를 받아 마땅한 중에 자비를 베풀어 주셔서 남은 자를 구원하사 하나님을 섬길 수 있는 씨가 되게 해달라고 주님께 간절하게 기도하였다."

> 스코틀랜드에 일어날 놀라운 일과, 언약을 맺은 하나님에 대해서 제임스에게는 알려진 것이 거의 없었기 때문에 "그는 비참한 영국의 목과 단두대 사이에 신속하게 자신을 끼워 넣고자 했다."[31]

박해의 어두운 밤이 곧 끝나려는 참이었다.

---

31 Nisbet, *Private Life*, pp. 224, 228-230.

제8장

혁명 종식

> 주께서 우리로 하여금 이웃에게 욕을 당하게 하시니 그들이
> 우리를 둘러싸고 조소하고 조롱하나이다(시 44:3).

1. 혁명 종식(1688-1689)

왕 제임스의 아들이 출생함으로써 많은 개신교도에게 가톨릭 왕조의 위협이 떠올랐다. 이러한 두려움은 잉글랜드와 스코틀랜드와 네덜란드에 있는 개신교도로 하여금 왕 제임스를 전복시키는 데 힘을 모으게 만들었다. 네덜란드의 지도자인 윌리엄 오렌지 공(公)과 제임스 2세의 딸이며 잉글랜드 왕위 계승자인 그의 아내 메리가 개신교도 군대와 함께 잉글랜드를 침공했을 때에야 마침내 박해가 끝났다. 왕 제임스에 대한 대중의 지지가 너무 낮아서, 윌리엄의 14,000명의 군대는 1688년 말 상륙하고 몇 주 지나기까지 단 한 번의 전면적인 전투도 벌이지 않고 왕 제임스의 군대 30,000명을 물리쳤다.[1]

윌리엄의 성공적인 승리를 용이하게 해준 것은 왕 제임스가 가톨릭교를 확립하기로 결정한 것에 대한 두려움 때문에 집단으로 탈영한 장교와 군인이었다. 이러한 쿠데타는 제임스의 가장 중요한 장군 중 하나인 존 처칠(John Churchill,

---

1 Shields, *Faithful Contendings*, pp. 366-367.

윈스턴 처칠의 선조)에 의해 기획되었는데, 그는 이미 일 년 전에 비밀리에 윌리엄과 메리(Mary, 1662-1694)에게 그를 지지할 것을 맹세한 상태였다.[2]

이러한 사건은 궁극적으로 왕 제임스를 국외로 탈출하지 않을 수 없게 했다. 왕은 떠나기 전에 클레이버하우스에게 던디(Dundee) 자작(子爵)의 지위를 주어 계속해서 저항하도록 독려했다.

제임스 니스벳은 이렇게 박해에서 기적적으로 해방된 것에 대해 모든 공을 하나님께 돌렸다.

> … 이는 여호와께서 행하신 것이요 우리 눈에 기이한 바로다(시 118:23).
>
> 오! 오고 오는 모든 세대의 눈에 그것은 기이하도다,
>
> 우리에게 행하신 길이 항상 그분처럼 놀랍기 때문이로다! 시편 106:44-45의 사람들을 위해 하셨던 것처럼, 이제 놀라운 방법으로 우리를 위해 큰 능력으로 자비를 베푸셨기 때문이로다. 그뿐 아니라 주님은 오래 전 그의 백성을 위해 여러 번 행하셨던 자비로운 구원을 우리를 위해 거듭 베푸셨도다.
>
> 오! 우리 안에는 끊임없이 모든 것을 활용하여 하나님의 영광이 되게 하고 언제나 시편 기자와 함께 외치고자 하는 놀라운 마음이 있도다.
>
> "여호와여 영광을 우리에게 돌리지 마옵소서 우리에게 돌리지 마옵소서"
>
> (시 115:1).
>
> "여호와의 오른손이 높이 들렸으며 여호와의 오른손이 권능을 베푸시는도다"
>
> (시 118:5-6).
>
> "그들이 자기 칼로 땅을 얻어 차지함이 아니요 그들의 팔이 그들을 구원함도 아니라 오직 주의 오른손과 주의 팔과 주의 얼굴의 빛으로 하셨으니 주께서 그들을 기뻐하신 까닭이니이다" (시 44:3).
>
> 이 말씀이 이교도를 몰아냈다.
>
> "여호와 만군의 하나님이여 주와 같이 능력 있는 이가 누구리이까 여호와여 주의 성실하심이 주를 둘렀나이다" (시 89:8).

---

[2] Stephen Webb, *Lord Churchills Coup* (New York: Alfred A. Knopf, Inc., 1995), p. 125 (이하 Webb).

"그러나 주여 주는 긍휼히 여기시며 은혜를 베푸시며 노하기를 더디 하시며 인자와 진실이 풍성하신 하나님이시오니"(시 86:15).

왜냐하면 당신은 28년간의 잔혹한 박해와 혹독한 압제 후에 우리를 도우셨고 위로하셨기 때문이옵니다. 그 모든 시간, 매년 매일 매시간 우리는 점점 더 어두워졌으며, 마침내 모든 희망이 사라졌을 때 자비롭고 은혜로우신 주님, 곧 주 하나님은 이 비천한 땅을 위하여 힘 센 사람처럼 깨어나셨고, 잉글랜드의 하늘을 한 번 더 깨끗하게 하셨으며, 그의 적이요 우리의 적을 뒤엎어 혼란에 빠뜨리셨사옵니다. 오! 주님, 지금 일어나소서, 당신의 모든 적을 흩으시고 당신의 친 백성을 구원하사 두려움 없이 당신을 섬기게 하옵소서.[3]

족쇄에서 풀려나자 군중은 사제들을 축출하고 축출된 사제들에게는 설교를 중단할 것을 약속하라고 요구했다. 군중의 분노는 그들이 모든 사제들을 다섯 개 서부 주(州)에서 추방할 때까지 누그러들지 않았다. 유쾌하지는 않았지만 이러한 박해는 그들이 겪었던 죽음과 파괴에 비할 수 없었다.[4]

언약을 고수하던 공동체 내부에서도 근본적인 변화가 생겨났다. 네덜란드에서 안수받은 토머스 리닝(Thomas Linning)은 런윅의 후임자가 되었다. 두 명의 다른 목사 알렉산더 쉴즈(Alexander Shields)와 윌리엄 보이드(William Boyd)가 그와 합류했다. 공동체 총회는 그들이 장로교 회원으로 결함이 있다고 비난하고, 앞서 사면되었던 목사들이 참회하지 않을 경우 그들과 만나는 것도 거부했다. 공동체 회원들은 1689년 3월, 왕이 아닌 정부를 언급하는 것으로 약간의 수정을 가해서 언약을 다시 맹세했다. 이 예식에서 쉴즈는 언약의 의무 사항을 저버리는 일의 위험성에 관하여 신명기 29:25 말씀으로 설교했다.[5] 설교에 이어 공동체 회원은 박해 기간 동안 그들의 동료 장로교인의 죄뿐 아니라 그들 자신이 지은 죄도 고백했다.

이 무렵 **신분 협정**(the Convention of Estates)은 합법적인 정부를 회복하였고,

---

3 Nisbet, *Private Life*, pp. 230-231.

4 Shields, *Faithful Contendings*, p. 376.

5 Shields, *Faithful Contendings*, pp. 338-388.

"연합 공동체가 이전에 부여했던 것과 동일한 이유를 열거하면서 왕 제임스가 왕권을 박탈당했다고 선언했다."[6] 그러나 새로운 정부는 클레이버하우스가 힘으로 왕 제임스의 왕위를 회복시키려 군대를 소집했기 때문에 위험에 빠졌다. 새로운 정부는 공동체 사람들을 불러 연대를 소집하도록 하였는데, 그들은 "자기 나라의 자유를 보호할 수 있는 힘과 성향을 갖춘 유일한 집단이었고, 이러한 위기의 때에 신뢰가 될 만하기 때문이었다."[7]

2개월간의 뜨거운 토론 후 공동체는 5월에 (개혁장로교 회원의 연대로 불리는) 연대를 소집하여 윌리엄과 메리의 왕권에 대한 지지를 돕도록 하였다. 그들의 내부 토론은 왕당파 사람들을 배제하지 않은 군대와의 연합의 합법성과, 언약을 지지하겠노라는 맹세를 하지 않은 정부와의 연합의 합법성에 집중되었다.[8] 공동체 총회는 정부가 장문의 조건을 수용할 때에만 연대를 지지하는 것에 동의했다. 이 조건은 자신들이 선택하는 장교 휘하에서 복무한다는 조항과, 정부는 그들의 불만 사항을 시정해야 한다는 요구 사항을 포함했다. 정부가 이들 조건 중 일부는 수용이 불가능하였고, 나라가 큰 위기에 처해 있었기 때문에 그 군대는 다음과 같은 조건으로 복무하기로 동의했다.

> 당신들은 천주교와 주교 제도와 전제적인 권력에 저항하려는 목적으로 이 복무에 임한다는 것을 선언하고, 교회와 국가의 정부가 그것이 가장 좋은 시대에 가졌던 빛과 온전함에 이를 때까지 모든 분야와 그것의 모든 방법에서 천주교, 주교 제도 및 전제적인 권력에 반대해서, 스코틀랜드에서 종교개혁의 과업을 회복하고 공고히 하기로 한다.[9]

비록 대다수가 이러한 선언에 의견을 같이 했어도, 로버트 해밀턴 같은 극단적 회원은 이런 결정에 이의를 제기했다.[10]

---

6 Shields, *Faithful Contendings*, p. 392.

7 Hetherington, *History*, vol. 2, p. 183.

8 Hewison, vol. 2, p. 524; McCrie, *Scottish Church*, p. 400.

9 Shields, *Faithful Contendings*, pp. 403-404.

의회는 윌리엄과 메리를 만나 공동 통치자로 왕위를 제안했다. 대관식 선서에서 그들은 "참된 종교"를 보호하리라 약속했지만 신앙고백이나 언약도를 지지하겠다는 약속은 하지 않았다. 윌리엄은 "모든 이단과 하나님께 대한 참된 예배의 적을 뿌리 뽑겠다"는 약속을 거부했는데, 그는 그렇게 함으로써 자신을 박해자로 만들 수도 있다는 점을 두려워하였기 때문이었다. 왕 윌리엄의 칼빈주의는 언약도의 그것과는 확실히 다른 유형의 것이었다. 17세기 네덜란드의 종교개혁은 점차적으로 경건주의적으로 변해갔고, 교회와 사회에 대한 개혁보다는 개인과 가정에 대한 충실을 강조했다. 네덜란드의 신앙고백이 그릇된 종교를 근절시키는 정부를 요구하긴 했어도 네덜란드의 통치자는 다양한 종교 문화가 계속해서 존속하도록 허용하는 것을 선호했고, 그것은 소종파와 독립 종파를 배양하는 토대가 되었다.[11]

상황을 더욱 복잡하게 만든 것은 왕 윌리엄이 잉글랜드 국교도 지도자들을 공격하는 일과 스코틀랜드의 장로교 지도자들 사이에서 균형을 추구했다는 사실이다. 그는 각 나라가 저마다 종교를 선택하도록 함으로써 이러한 균형을 유지했다. 윌리엄은 스코틀랜드 의회에 지시해서 하나님의 영광에 가장 일치하면서 국민의 성향에 가장 부합되는 방식으로 교회 정치를 확정하도록 했다.

스코틀랜드 의회는 장로교인을 억압하던 조항을 철폐하고 주교 제도를 폐지하며, **웨스트민스터 신앙고백**을 채택하였으나, 잉글랜드 국교도를 공격하는 것을 피하기 위해 **장로교회 정치 형태**를 무시했다. 불행하게도, 그들은 본서에서 주장하는 제2차 종교개혁의 성과를 망치게 했던 조항을 그대로 남겨두었고, 그 결과 **엄숙 동맹**은 불법적인 것으로 남게 되었다.

데포는 "한 마리의 개도 장로교 제도를 거슬러 혀를 놀리지 않았으며, 하나의 입도 잉글랜드 국교회 제도를 찬송하지 않았다"[12]고 진술했다. 그러나 실상을 말하자면 스코틀랜드의 북부과 동부의 많은 지역이 주교제와 가톨릭을 강력하게 지지했다. 잉글랜드에서 감독파 대다수는 잉글랜드 국교회 수립을

10　Shields, *Faithful Contendings*, p. 419; McCrie, *Scottish Church*, p. 401.

11　Fred Lieburg, *From Pure Church to Pious Culture: the Further Reformation in the Seventeenth-Century Dutch Republic*, within Graham, *Later Calvinism*, pp. 409-429 (이하 Lieburg).

12　Defoe, *Memoir*, p. 327.

지지했다. 최종 결과는 종교의 보존과 개혁을 위한 **엄숙 동맹** 안에 포함되어 있는 맹세의 포기였다.

1689년 7월까지 클레이버하우스는 고지대 사람들과 아일랜드 사람들과 폐위된 왕 제임스의 왕당파 지지자로 이루어진 군대를 모아 새로운 정부를 전복시키고자 했다. 클레이버하우스와 왕 윌리엄의 군대 간에 기다리던 전투가 킬리어크랭키(Killiecrankie)에서 발생했는데, 그곳에서 고지대인의 클레이버하우스 군대는 휴 맥케이(Hugh Mckay) 장군이 이끌던 윌리엄의 더 큰 규모의 군대를 매복, 기습해서 물리쳤다.

허리 아래에 아무것도 걸치지 않은 채, 날이 넓은 칼을 휘두르던 고지대 약탈자 무리의 대살육은 경험이 없는 맥케이 군대가 저항하기에 수가 너무 많았다. 이 살육으로 인해 1,800명의 맥케이 군인이 죽었고 500명이 투옥되었다. 클레이버하우스 군대는 거의 사상자가 나지 않았으나, 사상자 중 한 사람이 클레이버하우스였다. 그의 지도력은 대체 불가했다.[13]

그러나 맥케이의 패배한 군대 중에서 젊은 중위인 또 다른 존 니스벳이 역사책에서 이 날의 현장에 등장한다. 왕당파 사람들은 니스벳 중위를 체포하여 블레어(Blair) 성에 수감시켰는데, 그곳에서 승리자 중 하나인 존슨(Johnson)이라는 사람은 니스벳에게 그가 말에서 떨어져 부상당한 클레이버하우스를 어떻게 붙잡아 주었는지 말해 주었다. 존슨은 클레이버하우스가 죽기 전에 형세가 어떠한지 물었다고 주장했다. 존슨은 형세가 왕(제임스)께 유리하게 돌아가고 있으며, 주군인 클레이버하우스가 애처롭다고 말했다. 클레이버하우스는 "형세가 나의 주(그 왕)께 유리하게 돌아간다는 것을 알았으니 문제가 되지 않네"라고 말했다. 클레이버하우스가 말에서 떨어진 후, 알려지지 않은 무리가 그의 옷을 벗긴 채 들에 방치했다. 그것은 "피에 주린" 클레이버하우스에게 합당한 최후였다.[14]

비록 클리랜드(Cleland) 중령이 이끄는 개혁장로교파 부대가 이 전투에 너무 늦게 참여했음에도, 이들은 곧 자신들이 자신들보다 여섯 배나 되는 고지

---

13 Hewison, vol. 2, pp. 527-530; McCrie, *Scottish Church*, pp. 404-405.

14 *Records of Parliament*, July 14, 1690, Napier, *Claverhouse*, vol. 3, pp. 467-468에서 인용; McCrie, *Scottish Church*, p. 406에서 인용

대인과 아일랜드인에 의해 던 켈드(Dun Keld) 시에 포위되었다는 것을 알게 되었다. 겨우 수백 명으로 이루어진 이 소규모 언약도 병력이 왕 제임스에게서 승리를 빼앗을 수 있는 신뢰할 수 있는 유일한 전투 병력이었다. 던 켈드는 이런 영웅적 전투를 위해 완벽한 장소였다.

> 이 고풍의 도시는 험준한 언덕으로 둘러싸여 있었고 고색 창연한 성채, 대지주의 집, 좁은 거리, 성벽으로 둘러싸인 구내로 이루어졌으며, 종교적 목적에서 최후의 저항을 위하여 바쳐진 곳이었다.

죽기까지 싸우기로 한 그들의 결의를 확고히 하기 위해 클리랜드는 자신의 사람들에게 말을 총살하도록 했다. 이 개혁장로교과 부대는 패트릭 워커(Patrick Walker)와 알렉산더 쉴즈 같은 사람과 제임스 니스벳 같은 사람을 포함한 여러 생존한 핵심 언약도와 그 자녀로 구성되어 있었다. "부대의 도덕적이고 종교적인 행위를 감독하는"[15] 20명의 장로를 갖춘 이동식 전투 교회와 많은 유사성을 공유하고 있었다.

자신들이 포위되었다는 것을 알았을 때 이 부대는 항복하지 않고 도시 주위로 참호를 파고 몸을 숨기기로 결정했다. 언약도는 참호와 건물 안에서 시편을 노래하면서 반복되는 공격을 물리쳤다. 줄어드는 탄약을 보충하기 위하여, 집에서 떼어 온 납을 녹였다. 고지대인들은 개혁장로교과 부대를 성채로 몰아붙였으나 그들은 주변 건물을 방화함으로써 고지대인에 대항했다. 고지대인은 끝내 포기하고서 사람과는 싸울 수 있지만 악마와 싸우는 것은 더 이상 적합하지 않다고 선언했다. 고지대인 모르게, 개혁장로교과 부대는 마지막 화약을 충전하기 위하여 아래로 내려왔다.[16]

또 한 번의 전투를 마친 후, 고지대인과 아일랜드인이 완전히 사라지고 왕

---

15 Hewision, vol. 2, p. 531; Major R. Money Barnes, *The Uniforms and History of the Scottish Regiments* (London: Sphere Books Limited, 1972), p. 40 (이하 Barnes, *Regiments*); Preface to Nisbet, *Private Life*, p. vii; McCire, *Scottish Church*, p. 400.

16 Hewison, vol. 2, p. 531-532; McCrie, *Socttish Church*, pp. 408-409; McCrie, *Scottish Church*, p. 409; Barnes, *Regiments*, p. 40.

제임스를 복권시키겠다는 어떤 희망도 버리게 되었다. 이렇게 해서 제임스 니스벳은 정부가 불완전하다 할지라도 정부를 보호하기 위해 그리스도인이 무장해야 할 의무에 대한 자신의 결정을 기록에 남겼다. 만약 로버트 해밀턴이 자기 뜻을 고수했다면, 이 부대는 존재하지 않았을 것이고 아마도 영어를 구사하는 사람의 지배적인 종교는 오늘날 가톨릭교가 되었을 것이다. 해밀턴은 이 부대의 합류를 "사악한 자와의 죄악된 연합"으로 간주하고, 공동체 총회에 이 부대에 참여하는 군인을 받아들이지 말라고 요구했다.[17]

2. 혁명의 여파(1689년 직후)

혁명이 종식된 후에 생겨난 스코틀랜드 장로교회는 언약을 맹세했던 교회와 동일하지 않았다. 수많은 국교도의 주교들이 스코틀랜드의 900개 교구에 남아 있었다. 이와는 대조적으로 1661년 교회에서 추방되었던 목사 중에는 겨우 60명만 남아 있었다. 이들 목사 60명 중에 대부분은 사면을 받아들이거나, 28년간의 박해 기간 동안 감옥에서 병으로 쇠약해진 사람들이었다.[18]

목사들은 장로교 정치 형태에 서명하도록 요구를 받은 반면, 비성경적인 국교회 정치 형태를 선언하라는 요구는 없었는데, 그것은 이미 잉글랜드의 공식 교회 제도였기 때문이었다. 스코틀랜드의 종교개혁 기간 동안 순수 교리의 이상적인 융합, 복음적 정신, 문화적 참여를 만들어 냈던 장로 제도는 중단되었다.

언약을 교정하고 회복하는 일에 열심을 낸 공동체 사람들은 아홉 개의 불만 사항을 기록한 탄원서를 의회에 제출했다. 하지만 이 탄원서는 의회에 전달되지 않았는데, 불만 사항을 검토하기 위해 설립된 위원회가 왕에게 제출하기를 원하지 않았기 때문이었다. 그들의 탄원을 경청하고 언약을 채택하며 그릇된 종교를 근절시키기 위한 적극적인 조치를 정부가 거부하자 스코틀랜드 사람들은 분노했다. 제임스 니스벳은 이러한 불만 사항에 대하여 그의 회고록에서 이렇게 설명하고 있다.

17　Hewison, vol. 2, p. 532; Shields, *Faithful Contendings*, p. 419.
18　Smellie, p. 504.

주여! 이 땅에 다윗의 무너진 장막을 다시 일으키사 당신의 위대하신 이름을 알게 하시오며, 땅 끝까지 높여지게 하옵소서.

종교 회의(solemn assemblies)로 인해 슬퍼하는 모든 사람을 주님 안에서 기뻐하게 하옵시며, 사망에서 생겨나는 모든 일이 주님께 속했사오니 그들의 구원자 하나님을 즐거워하게 하옵소서. 그분께 오직 그분께만 우리가 받은 이 놀라운 구원으로 인해 영원한 찬양을 드림이 합당하기 때문이옵나이다.

그러나 지금은 아아! 몇몇 행복하고 행복한 혁명의 첫 열매로 위안을 받았으나 결국 혁명은 결함이 있음이 드러났다. 우리를 압제하던 멍에가 깨뜨려져 두려움 없이 주님을 섬길 수 있게 될 것으로 믿었으나, 그 기대는 아홉 가지 방식으로 급속하게 깨어졌음을 보았기 때문이다. 안타깝게도 우리의 변절과 죄와 타락의 회복과 개혁은 주님께서 우리 때문에 겪으신 고통에 부합하지 않았고, 우리의 가장 좋은 시대에도 부합되지 않았으며, 우리의 거룩한 종교를 그 본래의 근거 위에 확립시키지도 못하였다.

① 1689년 의회가 자리를 잡자 장로회가 교회에 편입하기를 표결했는데, 사람들의 의향에 가장 부합되는 것으로 그것은 그들의 권리 주장 때문이었지, 하나님 말씀에 따른 것도 신약성경에 명확히 나타나 있는 교회 체제에 대한 주님의 뜻 때문도 아니었다.

② 의회가 1638년과 1649년 사이에 이루어졌던 어떤 사항도 확정하지 않고 그 해를 맞이했을 때, 그들은 과거로 회귀하였고 1592년에 제정된 하나의 조항을 확정함으로써 종교개혁의 최절정기를 배제시켰다.

③ 나라 전체의 변절과 철저한 과거로의 회귀는 겨우 하루의 금식과 수욕(受辱)으로 말끔히 속죄되었다. 그후 주교제로부터 장로제로의 충분한 전환이 이루어졌다.

④ 아아! 그러나 그것은 지존자로의 전환이 아니었다! 많은 사람이 크게 기대하고 열망했던 바, 주님께 헌신함으로써 죄에 대항하고 직무에 충실한 언약의 길이 아니었다.

⑤ 응당 그랬어야 하고 우리가 염원했던 바, 주의 백성의 피에 대하여 책임져야 할 범죄자에 대한 어떤 고소도 없었다.

⑥ 교회 법정의 원로처럼 무죄한 자의 피에 대해 책임져야 할 이 중 많은 사람에

대한 사면과 고용이 있었다.

⑦ 하나님의 일이나 백성에게 원수로 공언된 자 중에 많은 이들이 국가와 군대에 고용되었다.

⑧ 심각한 박해에 노출되었던 모든 사람이 대부분 경시되고 무시되었다.

이 모든 일은 내게 매우 엄중하고 실망스러운 불만 사항이었다. 그래서 나는 다시금 마음이 고통스러워지고 낙심 되었고 어떻게 해야 할지도 잘 몰랐다. 나는 때때로 그 혁명의 뿌리를 뒤엎고 폐위된 왕 제임스를 복권시키려 했던 그레이엄 클레이버하우스(Graham of Claverhouse)가 지휘하는 혁명을 반대하는 원수들의 무모한 시도를 진압하는 군대 지원병 한 사람을 성심껏 도왔다.

나는 진정한 혁명가요 하나님의 선하심에 대한 열렬한 찬양자였는데, 이는 하나님께서 저 위대한 인물, 왕 윌리엄을 보내셔서 원수를 전복시키고 우리를 속박에서 풀어주셨기 때문이었다.

그러나 앞서 말한 아홉 개의 불만 사항은 나를 찔렀고 나를 크게 넘어뜨렸다. 그로 인해 나는 이 나라를 떠날 생각이었다. 그러나 아아! 그 계획이 무르익기 전에, 선량한 사람을 몇 명 만났는데 그들은 앞서 말한 아홉 가지 불만 사항(그들은 거기에 더 많은 사항을 첨가했는데) 때문에 혁명이 끝난 뒤에 교회와 국가에서 분리를 언급했다. 나는 마침내 그들의 의견에 설득되어 부주의하고 순진한 마음으로 그들과 합류했는데, 그것은 결코 지식에 따른 결정이 아니라 그들의 열성에 영향을 받은 것 때문이었다.

나는 그들과 한동안 교류를 계속했고 그것은 여러 번 시험을 거쳐서 일련의 많은 것에 대한 기초를 마련할 수 있었다. 나는 신속하게 프라이팬 밖으로 나와서 불 한 복판으로 들어가고 있음을 깨달았다. 왜냐하면 내가 정부 입장에 대해 이렇게 불만을 품을 만한 이유를 여러 가지 보았다 할지라도, 비국교도 중 한 사람으로서 내가 도무지 받아들 수 없는 많은 불만 사항도 보았기 때문이었다.[19]

다행스럽게도 제임스 니스벳과 다수의 공동체 사람들은 결국 그리스도인

---

19 Nisbet, *Private Life*, pp. 231-235.

의 의무에 대한 참된 방향을 깨닫게 되었고 그것은 그들의 목사 세 명에게 큰 명예가 되었다. 그 결점에도 불구하고 혁명종식교회(Revolution Settlement Church)가 유일한 교회였다. 공동체 남아 있던 젊은 목사 세 명은 이런 현실을 인식하고 공동체 회원에게 이 상처 입은 교회인 스코틀랜드 장로교회에 합류하라고 간곡히 부탁했다. 마이클 쉴즈(Michael Shields)는 이들 목사 세 명이 공동체 회원을 설득하여 박해가 끝났으니 박해 기간 동안 변절했던 목사들과 연합하도록 하려 했지만 그것은 아무 소용없이 신속히 끝났다고 기록했다.

> 난파되고 불안정한 시간이었던 박해 기간에 변절했던 이들 목사들과 단절할 만한 충분한 이유가 있다 하더라도, 그 모든 것이 사라지고 교회가 개혁 속에서 성장하고 있는 지금은 상황이 변했다. 그렇다면 그들과 단절함으로써 싸우는 하나의 방식이 있듯이, 이제는 변절에 저항하는 일에 합류함으로써 싸워야 하는 다른 방식도 있었다.[20]

대다수는 변절했던 목사들이 죄를 자백하고 뉘우친다면 기꺼이 그들과 연합할 생각이었다. 세 명의 목사들은 자기 손으로 이 일을 처리하기 보다는 공동체 회원들이 교회 법정에 판단을 맡길 것을 제안했다. 그 목사들은 각자 항의문을 통해서 스코틀랜드 장로교회에 합류함으로써 범하게 될 죄악된 연합을 피할 수 있을 것이라고 주장했다.

비록 공동체 총회가 주도적으로 그 제안을 거절했을지라도, 시간이 지남에 따라 공동체 다수가 스코틀랜드 장로교회에 합류했다. 감히 왕을 공격하려 하지 않았던 스코틀랜드 장로교회가 판결을 위한 탄원을 대부분 무시한 것을 고려하면, 스코틀랜드 장로교회에 합류했던 사람들은 거의 만족을 얻지 못했다.

목사 세 명은 자신의 판단을 따라 스코틀랜드 장로교회에 불만을 정리한 편지를 제출했으나 그 서신은 평가 위원회에 전혀 전달되지 못했다. 평가 위원회는 그 서신이 "스코틀랜드 장로교회는 잉글랜드 국교회와 동맹을 인정할 수 없다"는 등의 오류를 담고 있다고 주장했다. 그 목사들이 교회에서 받은 유일한 위

---

20 Shields, *Faithful Contendings*, p. 421.

안은 하루 동안 금식하게 했던 여러 가지 불만 사항이 기재된 목록뿐이었다. 교회 쪽에서 회개가 결여된 것에 많은 공동체 사람들의 관심이 고조되었는데, 그들이 타협된 교회와 언약을 포기하는 일을 강하게 반대했기 때문이었다.

비록 공동체의 압도적 다수가 자신들의 목사를 따라 스코틀랜드 장로교회에 합류했을지라도, 로버트 해밀턴의 인도를 받으며 교회 합류를 반대하는 대규모 거부자들은 교회와 국가에 대해 계속해서 격분했다. 공동체 총회에 대한 마지막 공식 기록, 『신실한 투쟁』(Faithful Contendings)은 그들이 스코틀랜드 장로교회에서 회원 자격을 회복했을 때 개별 공동체 회원이 사용하던, 항의의 백지 편지였다. 이런 항의는 다음과 같은 내용으로 끝을 맺는다.

> 그래서 우리가 하는 증언에서 이 교회 안에 있는 이러한 죄악과 다른 모든 변절과 타락을 어쩔 수 없이 받아들였으므로, 우리가 지금 스코틀랜드 장로교회에 합류한다고 해서 이 죄를 인정한다거나, 이전이나 현재의 증언에 대한 저주나 후퇴로 해석해서는 안 된다고 주장하는 바이다.[21]

제임스 니스벳의 친구인 패트릭 워커(Patrick Walker)는 많은 사람들이 이런 딜레마를 어떻게 다루었는지에 관하여 다음과 같은 설명을 남겼다.

> 로버트 해밀턴과 함께 갈라져서 왕 윌리엄을 잉글랜드와 그 정부의 왕으로 인정하지 않았던 것이 극소수의 연합된 공동체 회원이었다는 것을 모든 사람이 알고 있다. 그러나 사람들은 대부분 겸손한 변론과 진술과 항의를 통해서, 자기 조국을 위해 또 조국에게 우상 숭배를 제거해 주기를 탄원함으로써 합법적이고 일치된 방식으로 증언을 받아들이는 것이 그들의 본분이라고 생각했다.[22]

제임스 니스벳은 이런 어려운 선택에 대해 괴로워했다.

21　Shields, *Faithful Contendings*, p. 462.

22　Walker, *Six Saints*, vol. 1, p. 147.

그의 아버지가 그것을 위해 죽었던 원리에 충실하게 남아줄 것을 요구하는 저 공동체 사람들과 함께 해야 하는가?
아니면 명백히 불완전한 스코틀랜드 장로교회에 합류해야 하는가?

그의 회고록에서 발췌한 다음의 설명에 근거해 볼 때, 그는 그 회원들의 위험스러운 오류와 행동 때문에 혁명이 끝난 직후 공동체와 결별했던 것 같다.

모든 세세한 항목에서 정확히 자신과 같지 않은 사람들에 대하여 비판과 비난을 하고, 그들의 잘못을 악화시켰으며, 종종 아무도 없는 곳에서는 일부에게 보복하기도 하였다. 판단이 일치되는 곳에서도 서로를 용서하지 않았으며, 하나님이 그의 말씀 속에서 허용하는 것 이상으로 엄격하게 그들의 교제의 조건을 고안해 냈다. 그들은 당시 정부에 어떤 식으로든 세금을 납부하는 가장(家長)에 대해서도 자신들과 교제하는 것을 허용하려 하지 않았고, 당시의 합법적인 정부나 과거의 불법 전제 정부를 전혀 구별하지 않았다.
그들은 공개적으로 정부를 신뢰하는 사람에게 봉사하는 부모나 주인, 또 이들에게 복종하는 아이나 하인에 대해서도 자신들과의 교제를 허용하려 하지 않았다. 그들은 당시 목회 중인 특정인의 설교를 듣는 것도 허용하지 않았고 심지어는 잠시 동안 그들과 교제하는 것도 허용하지 않았다. 그들 대부분의 귀중한 시간을 대중의 죄와 변절에 반대하는 논쟁이나 기도에 허비했으며 자신의 마음을 살피는 일엔 소홀했다.
부끄럽게도 나도 사람들 사이에서 이런 부분에 크게 잘못했다. 우리는 대부분의 귀중한 시간을 다른 사람과 다투는 논증을 꾸미는 데 허비했고, 시간을 아껴가며 기독교의 원리를 확실하게 익히는 일과 참된 경건의 내적이고 진지한 부분을 익히는 일에는 소홀했다. 이들은 대왕 윌리엄의 권위를 부정하고 현재 교회 성찬식의 타당성을 부인하는 선언서를 발표하고자 했다.
내가 매우 간절하게 그 선언문의 모든 조항은 잘 알아듣게 설명해야 한다고 간청했지만 그들은 허락하지 않았다. 이에 대해 나는 나 자신을 위해서, 그리고 내가 고수하는 모든 것을 위해서 그것에 반대했다. 나는 작심하고 말했다.
"우리가 갖고자 했고, 가졌어야 했던 모든 것을 얻지 못했기 때문에, 지극히 선하신 하나님은 저 위대하고 명망 있는 도구인 왕 윌리엄을 보내심으로써 우리를 위해 매우 놀랍고 은혜롭고 자비롭게 그토록 크신 구원을 행하셨으며, 과거의 참을 수 없던 많은 고충을 바로잡아 주셨으므로, 선언문은 많은 고귀한 하나님의 자비하심을 멸시하는 것이 된다."

그것은 하나님과 그의 가치 있는 도구의 명예를 실추시키는 것이었다. 왕 윌리엄과 그의 정부에 충성하고 복종하기를 거부하는 것은 우리 안에서 큰 배은망덕과 감사하지 않는다는 표시였는데, 그는 우리가 누릴 성(sacred), 속(civil)의 모든 특권을 보존하기 위해, 지상 왕국의 고대의 법률을 집행하는 데 있어 하나님의 권위 아래서 통치하기 때문이었다. 나는 교회든 국가든 우리 법률 행정에서 잘못된 것은 현행 법률이라든지 아니면 최고 위정자에 대한 것이라기 보다는 몇몇 행정관의 과실 때문이라고 단언했다. 이 때문에 나는 비록 그것들이 불만족스럽긴 하지만, 잘못된 것에 대한 나의 고통을 진술할 수 없으며, 하나님 말씀에 따라 모든 일 속에서 국가 위정자에게 복종하기를 거부하면서 평화로울 수 없다는 것을 알고 있다.

그래서 그들과 합류하는 것에 반대하고 거절한 것은 그들을 자극하여 나를 향해 극도로 분노하게 만들었다. 다른 사람을 격하게 비난했던 것처럼, 이제는 나에 대하여 가장 격렬하고 불공정하며 비합리적인 태도로 비난하였다.

그들은 내가 퀘이커 교도로 개종할 것이라고 매우 위선적으로 여기저기 소문을 내고 다녔는데, 나는 그에 대해서 이름으로든 일로든 언제나 증오했다. 왜냐하면 나는 언제나, 혐오스러운 퀘이커파를 온갖 종류의 오류로 구성된 종교라고 생각했기 때문이었다. 비국교도인 나의 예전의 친구들은 몹시 위선적으로 부지런히 그 잘못된 소문을 여기저기 퍼뜨렸다. 선하시고 은혜로우신 하나님은, 신기하게도 그런 거짓말을 꾸미는 사람을 반박하는 나의 주장을 변호해 주셨다.

비록 그렇지 않다 하더라도, 하나님의 영광과 나 자신의 양심의 평안이 매우 밀접하게 관계되는 일을 위해서라면, 나는 명예와 그 밖의 모든 것을 버릴 수 있다. 그래서 나는 지금 통상적으로 맥밀란 가문 사람(Mr. McMillan's)이라는 이름 아래서 행하던 저 비국교도의 모임을 떠났다. 나는 퀘이커파나 기브(Gibb)파나 할로우(Harlaw)파나 종교 문제에서 주교의 지도를 받는 주교 제도와는 직접적으로든 간접적으로든 아무런 관계가 없다.

그러나 내 영혼은 그들의 모든 악한 길을 미워한다. 그 대신 나는 물러나서 홀로 살았다. 그 모든 시간 동안, 주님께서는 나를 불쌍히 여기시고 주님과 어느 정도의 교제를 회복시키셨다. 찬양하라. 찬양하라. 아멘.[23]

결국 그에게 교회 합류를 확신시켰던 것은 복음의 설교였다.

그러나 시간이 약간 지난 뒤, 나의 사랑하는 두 친구가 나를 설득하여 목사 네 명이 돕던 성례에 참석해서 설교를 듣게 했다. 그 중 세 명은 복음을 설교하는 일에 유능하였을지라도 나는 아무 생각 없이 들었다. 오! 내 마음의 강퍅함이여! 오! 편견의 완고함이여! 이들 두 악마는 항상 나 때문에 비탄에 빠져야 했다. 오! 내 영혼아 기다리시는 선하신 하나님의 오래 참으시는 인내를 바라보고 두려워하라. 내가 아무런 만족도 없이 떠나려 결심했을 때, 하나님의 영광을 위하여, 그리고 그 큰 날의 영광을 위하여, 내가 그 이름을 존 앤더슨 씨(Mr. John Anderson, 1668-1721)라고 기록했던 네 번째 목사가 왔는데 그는 웨스트 로디언(West Lothian) 주에 있는 웨스트 콜더(West Calder)의 복음적인 목사였다. 그는 요한계시록 22:14, "자기 두루마기를 빠는 자들은 복이 있으니 이는 그들이 생명나무에 나아가며 문들을 통하여 성에 들어갈 권세를 받으려 함이로다"라는 말씀으로 설교했다. 그는 마치 고독하게 버려진 나에게 좋은 소식의 말씀을 받아오기 위하여 하나님에 의해 파송된 사람처럼, 그리고 길을 잃은 양을 찾기 위해 파송을 받은 것처럼 성경의 이 부분을 가지고 말씀을 전했다. 나는 진정 잃어버린 양 같은 자였다. 그는 큰 능력과 영의 충만함을 가지고 말씀을 전하였으므로 나의 굳은 마음을 녹여 회개케 하였고, 나의 모든 편견을 완전히 버리게 했을 뿐 아니라, 또한 나를 완전히 설복시켜 그가 설교했던 것이 바로 예수 그리스도의 복음이며 영원한 생명의 말씀임을 알게 했다.
그는 설교 중간에 찬양하고 기도했다. 그런 후에, 놀랍게도 그는 설교를 계속 이어나가면서, 우리의 잃어버린 상태와 우리 스스로를 돕고 계명을 지킬 수 없는 우리의 무능력과 거역에 대하여, 또한 어떻게 그리스도가 생명나무이시며, 거룩하

---

23 Nisbet, *Private Life*, pp. 235-238.

신 하나님과 멸망하는 사람의 참된 만남의 장소가 되시는지에 관하여, 그리고 어떻게 그와 그가 이루신 덕을 통하여 하나님의 은혜의 품으로, 하늘과 영원한 생명으로 들어가는 입구가 존재하는지에 관하여 길게 설명했다.[24]

그의 회고록을 통해 알게 된 것 외에는 제임스 니스벳 생애의 후반 부분에 관하여 우리가 아는 것은 거의 없다. 우리는 다른 자료를 통해서 그가 아그네스 우드번(Agnes Woodburn)과 결혼하였고 중사로 복무하다가 후에 그의 아버지의 처형당한 장소가 내려다보이는 에딘버러 성에서 중위가 되었다는 것을 알고 있다.

우리 가족도 마찬가지지만 가족사에 대해 제임스 니스벳이 1700년대 초 미국으로 이주했던 두 아들을 낳았다는 주장이 있긴 해도, 아마 그에게는 자녀가 없었을 것이 보다 합당할 것인데, 워드로우(Wodrow)는 니스벳이 임종 직전에 한 친척에게 "그는 오랜 가족 중 마지막 사람이며 자녀는 없다"고 말하면서 자신의 서류를 자기 조카에게 남길 계획이라고 말했다고 했다. 또 다른 증거로 머독 니스벳의 성경(Murdoch Nisbet's Bible)이 다른 사람들의 수중으로 들어갔다.[25]

아마도 아일랜드에 있다가 그가 죽을 때에 이르러 미국으로 가던 도중이었던 두 아들과 연락이 끊겼을 것이라는 주장이 가능하긴 하지만 개연성은 없어 보인다. 이런 사실을 통해 본서에서 고찰하고 있는 존 니스벳 중에 누가 나의 선조인지는 하나님만 알고 계신다.

제임스는 말년에 쇠퇴하는 교회의 상황에 대해 한탄하면서 교회를 보존하기 위하여 그리스도께만 의지해야 한다는 것을 깨닫게 되었다.

> 이제 앞에서와 같이 나는 국가 위정자에 대하여 진정으로 참된 충성을 하는 것 외엔 아무것도 하지 않으려 한다. 이 일 후에 나는 더 이상 현재 장로교에 속한 목사들의 설교 듣기를 감히 거절하려 하지 않겠다. 이들 목사들은 우리의 사랑하는 구세주이신 보배로우신 그리스도를 유일한 길이요 진리요 생명이라고 설교하였고, 복음에 합당한 대화를 통해서 그들의 교리를 돋보이게 했다.

24　Nisbet, *Private Life*, pp. 238-240.

25　Wodrow, preface to *History*, p. x; Wodrow, *Analecta*, vol. 3, p. 518; Thomas Law, *New Testament in Scots*, pp. xxii-xiv.

그렇게 하지 않는 모든 사람들은 그들 자신과, 그들이 그 영혼을 돌보고 있는 사람들에 관하여 많은 부분을 설명해야 할 것이다. 게으르고 우상화된 목자들에 대하여 화가 임할 것이기 때문이다.

그러나 마지막 날에 "보시옵소서! 의로운 재판장이신 주여, 당신께서 내게 주셨던 자녀들과 제가 여기 있사옵니다!"하고 말하게 될 그리스도의 충성된 종들에게 큰 상이 주어질 것이다. 그러나 현재의 목사가 설교하는 복음은 능력과 생명에 있어 바라던 결과가 없다고 하는 것은 잘못임을 암시하는 하나의 비난이며, 그것은 목사뿐 아니라 교구민을 포함하여 모든 사람들이 뼈저리게 느끼는 것이다.

그럼에도 목사들이 교리와 예배와 훈련과 교회 정치에 있어서, 언약에 참여했던 스코틀랜드 장로교회가 수용했던 원리에 대하여 가장 진실하게 판단이 이루어진 곳에서는, 그리고 그들의 생활과 대화에서 매우 경건하며 모범적이었던 곳에서는 복음이 매우 번성하는 결과를 가져왔다는 점에 주목해야 한다.

나는 이런 존경할 만한 몇몇 목사의 목회 사역 아래서 여러 해를 보냈다. 그렇지만 아! 나는 복음적인 성찬식에서 베풀어졌던 은혜의 방편을 따라 유익을 얻지는 못했다. 그러나 내가 철이 들어 이해할 수 있게 되었을 때에, 내가 과거에 들었던 것의 도움을 받아, 약간의 위안 속에서 어린 시절 이래로 내 생애에 일어났던 몇 가지 과거의 경험을 숙고할 수 있었고, 또한 나의 많은 부족함과 그리스도 안에서 하나님께 대한 믿음과 겸손한 의존의 필요성에 대해 점점 더 알게 되었고 경험도 쌓을 수 있었다.

게다가 나는 그리스도의 중보의 완전함을 통해서 모든 은혜의 능력을 끌어냄으로써 모든 죄에 대하여 죽고, 모든 자아에 대하여 죽고, 모든 시간의 향락에 대한 지나친 사랑에 대하여 죽고 그리스도 안에서 사는 법을 배웠다. … 그리고 모든 안전과 위로와 하늘에서 난 영혼의 모든 위로의 유일한 중심이며 확고한 토대가 되시는 성부, 성자, 성령 삼위일체 하나님과의 교제를 유지하면서, 그 분의 영광을 위하여 사는 법을 배웠다.

비록 말도 안 되는 부패한 부분과 이따금 은혜로운 역사의 중단이 있었고, 주님과 함께 또 주님 앞에서 행하는 일에서 애석하게도 내 편에서 부주의하고 민감하지 못한 많은 부분이 남아 있었을지라도, 주님은 은혜롭게도 나를 기다리시고 긍휼히 여기셨으며, 내가 오랫동안 심하게 실망하거나 의기소침해지지 않도록 지켜 주셨다.

이러한 일은 대단히 경건하고 용감하고 영웅적인 대영제국의 왕이었던 오렌지공 윌리엄이 죽기 전까지 계속되었다. 우리는 이토록 친절하고 동정심 많은 지도자를 결코 잊을 수 없는데, 그는 1702년 3월 서거했고 그의 죽음은 큰 슬픔을 주었다.

그 당시 나는 정신적으로 심한 염려에 사로잡혀 힘이 빠져 있었고 슬픔이 다가온다는 무거운 예감이 들었지만, 그의 죽음에 대한 슬픈 소식이 올 때까지 어떻게 결론을 내려야 할지 알지 못했다. 이 애석한 소식은 너무 괴롭고 슬퍼서 내 마음은 거의 찢어졌고, 내 영혼은 깊음 속으로 빠져들었으며 건강은 크게 상했다. 주님이 말씀으로 위로하지 않았더라면, 큰 슬픔을 가져다 준 공적이고 보편적인 상실로 인해 나는 견딜 수도 일어설 수도 없었을 것이다.

그러나 주님은 계속 슬퍼하고 있던 나를 긍휼히 여기셨고 기록된 말씀을 통해 위로하셨다(스 21:27; 시 90:1; 97:1-2; 사 30:18). 주님은 이 성경 구절로 내가 왕이나 어떤 사람의 자녀를 의지해서는 안 된다는 것과, 주님이 어떤 일이든 하셔야 할 때, 주님은 그것을 수행하는 데 필요한 도구가 부족하지 않으시다는 사실을 깨우치셨다.

모든 세대가 알아야 할 것은 주님께서 당신의 일을 행하실 때, 그 한 부분은 이런 방법으로 다른 부분은 저런 방법으로 행하신다는 것이다. … 우리는 징계를 받을 때 우리의 죄를 깨달아야 한다. 왜냐하면 안타깝게도 우리 모두가 저런 왕을 우리에게 주셨던 하나님의 자비를 모욕했고, 그러한 고귀한 도구의 권장(權杖)[26] 아래서 하나님의 영광을 위하여 행동하지 않았기 때문이다.

우리는 하나님께도, 우리의 존경할 만한 왕에게도 감사하지 않았다. 그래서 주님께서 은혜를 알지 못하는 백성인 우리에게서 그를 데려가신 것은 정당한 일이었다. 만군의 주는 열방의 왕이시며 시온의 왕이시다. 그러므로 모든 도구가 사라진다 하더라도, 주님은 그의 언약궤를 만들어 그것으로 싸우게 하여 원수들을 혼란에 빠뜨리게 하실 것이다. 진리는 강하며 승리할 것이다.

오! 영광스럽고 친절하시며 전능하신 하나님, 강하게 역사하사 내 영혼이 항상 진리 편에 서게 하여 주사, 진리와 함께 넘어지고 진리와 함께 일어나게 하옵소서!

---

26 역자주—권장(權杖): 고위 성직자의 지배권의 상징인 지팡이.

개신교의 이상(理想)을 보호하던 이 위대하고 존경스러운 분의 죽음은 나에게 주님과 그의 은혜의 보좌를 위한 사명을 많이 남겨 주었는데, 나는 그를 잃은 것을 매우 슬퍼하면서, 주님께서 모든 개신교 제도를 깨끗하게 하시고 … 주님의 사역을 변호하시고 보전하시며, 목수들을 일으켜 짐승의 뿔을 자르시기를 간청했다.

주님께서는 이러한 요청에 대(大) 말보르 공작(the great Duke of Marlborough)과 사보이 유진(Eugine of Savoy)의 성공적인 지휘를 통해서 어느 정도 응답해 주셨다. 1708년 3월, 바잉(Bying) 제독이 추적하던 왕위 요구자[27]가 프랑스 함대를 이끌고 스코틀랜드 땅으로 왔을 때, 그 일은 잠시 동안 나에게 많은 생각을 하게 했다. 그러나 주님께서는 나를 위로하시고 속히 구원을 주셨다.

"여호와께서 그 기운에 몰려 급히 흐르는 강물 같이 오실 것임이로다"(사 59:19)라는 말씀을 바로 우리에게 성취하셨던 것이다.

이렇게 하여 나는 비국교도(dissenters)를 떠나 대 윌리엄 왕과 앤 여왕(Queen Anne)의 통치 기간 내내 전력을 다하였고, 많은 존경할 만한 목사들이 명확하고 신실하게 선포하는 복음을 누림으로써 내 영혼은 크게 교화되고 위로가 되었으며, 자주 성경을 읽고 매주 소요리문답을 반복했다. 그 모든 것에서 나는 많은 감미로움과 만족을 얻을 수 있었다.

나는 간혹 다음과 같은 주제를 묵상했다.

① 나는 친구와 친척을 향유하는 일에 지금까지 얼마나 많은 기쁨과 만족을 얻었는가?

② 만약 내가 기쁨과 만족을 활용해서 나를 부인하고 하나님이 정하신 뜻에 즐거이 복종하지 않는다면, 그들과의 결별이 내게 얼마나 많은 슬픔과 괴로움을 줄 것인가?

어쨌든 어떤 피조물도 스스로 나를 만족하게도 불만족하게도 할 수 없으며, 그들은 내게 미소 짓거나 눈살을 찌푸릴 수도 없고, 내게 해가 되지도 이익이 되지도 못한다. 오직 지혜로우신 하나님만 그것을 적절하게 명령하실 능력이 있으시다. 그리고 죄악 가

---

27 역자주—James Francis Edward Stuart를 말함.

운데 성공하는 것은 모든 일 중에 가장 위험한 일이다. 그러므로 하나님께서 계속해서 꾸짖으신다면 그것은 커다란 자비를 베푸시는 것이다.

육과 혈을 찾기 위해 그리고 타락한 마음과 왜곡된 정신의 조언을 따르기 위해 하나님을 떠나는 것은 징벌의 표시다. 결핍된 것을 발견하여 성화가 된다면, 그것은 큰 은혜다. 결핍된 것을 발견하는 것은 … 비참함과 스스로 도울 수 없다는 무력감 아래서 그 영혼을 겸손하게 하고, 주님께 달려가서 그 모든 결핍을 적절하게 공급해 주시도록 그의 손 가까이에서 참을성 있고 성실하게 기다릴 근거가 된다. 그가 하나님이심을 알도록 잠잠하라. 나는 흠 없는 나무이신 그리스도를 이해하고 그만을 사랑하는 것, 아니 그의 은혜를 사랑하는 것이 매우 어렵다는 것을 알게 되었다. 그러나 오! 그를 찬양할지니 나는 주께서 이따금씩 나의 궁핍감(a sense of my need)으로부터 그의 자비하심으로, 그의 자비하심으로부터 그의 구속적 사랑으로, 그리고 그의 구속적 사랑으로부터 항상 그와 함께 있고자 하는 간절한 열망으로 향하게 하신다는 사실을 발견했다.

내 영혼의 상태에 대해 탄식하는 일에서는 상황이 한결같지는 않았다.[28]

세상의 명예와 보상을 위해 자신의 사촌 두 사람을 체포해서 넘겼던 로버트 니스벳 중위로 불리는 가련하고 어리석은 사람이 이 행동의 대가로 약간의 보상을 받았다. 그가 존 니스벳을 체포하던 날 존 말고도 세 사람을 더 체포했던 것이 기억나는가. 니스벳과 함께 체포되었던 이들 세 사람은 맹세 선언을 거부하였기 때문에 바베이도스(Barbados)에 노예로 팔려갔다가 혁명이 끝난 후 자유인으로 스코틀랜드에 돌아왔다.

운이 나쁘게도 그들이 배에서 내려 스코틀랜드 땅에 왔을 때 제일 먼저 만났던 사람은 앞서 말한 로버트 니스벳 중위였다. 그들에게 처음 들었던 생각은 복수심이었으나 그들은 성경 말씀에 주의를 기울였다.

원수 갚는 것이 내게 있으니 내가 갚으리라고 주께서 말씀하시니라(롬 12:19).[29]

---

28 Nisbet, *Private Life*, pp. 240-246.

29 Howie, *Worthies*, p. 471.

존 호위(John Howie)는 『스코틀랜드의 주요 인물들』(Scots Worthies)에서 로버트 니스벳의 운명에 대해 기록했다.

> 혁명 후에 그(로버트 니스벳)는 노년의 군인들이 종종 그랬던 것처럼 구걸하게 되었다. 소문에 의하면 그는 동부 지역 어느 가난한 여인의 집에 와서 방을 얻었고, 그녀는 토탄 저장소 앞에 흔히 말하는 임시 침대를 잠자리로 만들어 주었으며, 그녀의 작은 편의 시설에 몸을 누일 수 있었다. 잠시 후에 그녀가 어떤 필요한 일을 보기 위해 외출했다가 돌아왔을 때, 그녀는 토탄 벽이 그의 위로 무너져 그가 질식해 죽은 것을 발견했다. 용맹한 병사였던 사람에게는 비참한 종말이었다.[30]

알렉산더 쉴즈는 수년 간 성 앤드류의 목사로 시무했다. 그 후에는 선교의 열정으로 다리엔(Darien) 원정대에 참여했으나, 미국 내에 스코틀랜드 정착지를 만들려던 시도는 실패로 돌아갔다. 그의 선교 노력 때문에 그가 스코틀랜드 최초의 선교사라는 직함을 갖는 것은 정당한 일이다.[31] 또한 잉글랜드 신세계 무역회사의 독점에서 벗어나 경제적인 독립을 취하려는 스코틀랜드의 희망도 이런 원정대에 의존하는 것이었다.

이 실패한 원정대에 타고 있던 스코틀랜드인 1,300명은 네 척의 배로 파나마 근처에 식민지를 건설하려고 출발했다. 그들은 자신들이 이미 건설한 식민지를 추가할 것으로 예상했지만 그 식민지가 버려졌다는 것을 알았다.

일이 잘못 돌아갔다. 불이 나서 그들의 식량은 타버렸고, 질병으로 건강이 파괴되었으며, 서투른 지도력 때문에 사기가 무너졌고, 경건하지 않은 스코틀랜드인들, 그리고 다투는 목사들이 그들의 심령을 파괴했다. 박해 이전에 있었던 스코틀랜드의 종교적인 일치가 혁명이 끝난 뒤에 더 이상 존재하지 않았다는 것은 분명했다.

설상가상으로 근처의 스페인 군대와 배들이 식민지의 안전을 위협했다. 지도자가 스페인 사람과 전쟁을 벌이기를 거부하자 쉴즈는 그에게 그리스도인이 전

---

30 Howie, *Worthies*, pp. 597-598.

31 Scott, *Fasti*, vol. 5, p. 239.

쟁에 참여하는 것은 합법이라고 조언했다. 그 지도자는 "터무니없고 복음에 모순되며 사람들을 무신론으로 미혹한다"[32]고 비난하면서 쉴즈를 책망했다.

그러나 결국 식민주의자들은 쉴즈의 충고를 따라 근처의 스페인 요새를 공격하고 파괴하기로 결정했다. 그들의 승리 소식이 에딘버러에 전해지자 그것은 국가적 축일을 삼을 충분한 이유가 되었다. 그러나 승리의 축제는 열한 척의 스페인 전함이 식민지를 공격하여 항복하게 되었을 때 중단되었다. 가난한 개신교도인 스코틀랜드인에게 승리한 스페인 사람들이 미사를 위해 가장 큰 건물을 사용하였을 때 물질적 손실 외에 영적으로도 손실이 있었다.

패배한 식민주의자들은 가까스로 자메이카로 돌아갔고 쉴즈는 거기서 죽었다. 그는 이 불운한 원정대의 특징이었던 "분열, 불경건, 불의"로 인해 파멸된 사람이었다. 그의 마지막 설교는 호세아 14:9, **"여호와의 도는 정직하니"** 라는 말씀에 근거했다. 생존했던 360명 중 스코틀랜드로 돌아간 사람은 거의 없었다. 어떤 사람은 사우스캐롤라이나 찰스톤에 거주했다.[33] 알렉산더의 형제인 마이클의 후손은 오늘날 자메이카에 살고 있다.

박해 기간 동안 고통당했던 사람 중 다수는 박해가 끝난 후에 그리스도와 지상의 왕 모두를 능숙하게 섬긴 것처럼 보였다. 그들의 언약 의무 조항을 위반하는 왕의 전복을 지지했던 사람인 제임스 스튜어트 경(Sir James Stewart)은 이 나라에서 왕의 변호자, 최고 법률 공무원으로 일했다.[34]

로던의 세 번째 백작인 휴 캠벨은 추밀원에서 일했고, 후에 스코틀랜드의 국새(the Great Seal) 보관자가 되었다. 추방되었던 많은 사람들이 박해가 끝난 후 고향으로 돌아왔다. 아키볼드 리델(Archibald Riddell)은 미국에서 설교를 마친 후, 왕정을 복고할 것이라면서 고향으로 돌아왔다. 그러나 잉글랜드 해안이 보이는 곳에서 프랑스 선박이 그를 체포했다. 몇 년 후 강제 노동과 수감

---

32 Fracis R. Hart, *The Disaster of Darien/The Story of the Scots Settlement and the Causes of its Failure 1699-1701* (Boston and New York: Houghton Mifflin Company, 1929), p. 144 (이하 Hart, *Darien*); John Prebble, *The Darien Disaster, A Scots Colony in the New World 1698-1400* (New York: Holt, Rinehart and Winston, 1969), p. 238 (이하 Prebble, *Darien*); Hart, *Darien*, pp. 135-136.

33 Wodrow, *History*, vol. 3, p.233; Prebble, *Darien*, pp. 303: Hart, *Darien*, pp. 144-145.

34 Wodrow, *History*, vol. 3, p. 232.

생활과 말할 수 없는 고초를 겪은 뒤에 그는 마침내 훌륭한 직무에 복귀했는데 그것은 스코틀랜드의 목회자였다.[35]

새로운 정부의 편에서 볼 때 언제나 가시 같은 존재인 로버트 해밀턴 경은 폭력 선동 혐의로 1692년 생쿠하르(Sanquhar)에서 징역 8월형을 받았다. 그가 형의 많은 재산에 대한 권리를 거부하였을 때, 그의 성품과, 언약의 원리에 대한 헌신을 시험할 수 있는 좋은 기회가 되었는데, 이는 법적인 권리를 수용한다는 것은 왕에 대해 충성을 맹세하는 일을 수반하였기 때문이다. 해밀턴은 왕이 **엄숙 동맹**을 정치의 기초로 회복시키지 않았기 때문에 충성을 맹세하기를 거부했다.[36]

클레이버하우스의 미망인은 로테르담(Rotterdam)의 집안 화재로 운명을 달리했다. 그녀는 언젠가 농담으로, 만약 지금껏 장로교 목사의 설교를 들은 적이 있다면, 자기 집이 자기에게 무너졌을 것이라고 했다. 워드로우(Wodrow)는 그녀가 죽기 전날 밤 장로교 목사의 설교를 들었다고 주장한다.[37]

■ 그들의 투쟁

제임스 니스벳이 공동체 사람들과 결별하고 스코틀랜드 장로교회에 합류하기로 했을지라도 오늘까지 여전히 **엄숙 동맹**을 고수하는 많은 사람들은 그의 선택을 비난할 것이다. 남은 자들은 목사와 장로 일부가 박해 기간 동안 불법적인 맹세를 하고 사면을 받았기 때문에 혁명종식교회(the Revolution Settlement Church)를 거부했다. 그들은 스코틀랜드 정부를 거부했는데, 이는 성경적인 이유 때문이 아니라 대중적인 이유로 언약을 포기하고 장로교 교리를 확정했기 때문이었다. 토머스 휴스톤(Thomas Houston, 1803-1882)은 이 논쟁에 대해 상이한 입장을 설명하고 있다.

---

35 Wodrow, *History*, vol. 3, p. 335.

36 Wodrow, *History*, vol. 3, pp. 51, 52.

37 Wodrow, *History*, vol. 3, p. 68.

한 편으로 다드(Dodd)가 쓴 『스코틀랜드 언약도의 50년 투쟁』(*Fifty Years' Struggle of the Scottish Covenanters*)에 잘 요약되었듯이, 런윅에 대해 "그는 눈 폭풍 속에 휩싸인 목자처럼 혁명으로 열린 문이 보이는 곳에서 죽었다"고 설명한다. 이러한 차원에서 "혁명 종식이란 주로 보편적인 것을 받아들이고, 배타적이거나 자기(엄격한 언약도)의 견해에 지나치게 집착하는 것을 거부하는 것이다. … "38

반면 휴스턴은 혁명 종식은 그것을 위해 죽었던 언약도의 원리에 대한 "의도적인 포기"였다고 주장한다. 즉, 언약은 "하나님과의 혼인 관계"(marriage tie)를 영구적으로 유지하는 것이며, 그럴 때 "성경의 권위는 국가 사회를 구성하고, 법률을 제정하고 집행하며, 통치자의 생활과 공적 행위를 규제하는 데서 가장 높아졌다"39고 주장한다.

휴스턴의 견해에 따르면, 제임스 니스벳은 참된 언약도 사람이 아니었는데 이는 그가 남은 자들과의 관계를 단절했기 때문이었다.

과연 이 두 입장 중에 어느 것이 옳은 것일까?

달리 더 깊은 의문이 있는가?

교회와 국가에서 하나님의 권위를 영예롭게 하기 위한 언약도의 투쟁은 다만 한층 더 깊고 끈질긴 투쟁의 일부이고 사탄은 그런 투쟁에서 모든 일에 하나님의 권위를 뒤엎고자 하지 않는가?

다음 장은 보다 광범위하게 진행되고 있는 이러한 투쟁에 대해 검토할 것이다.

---

38 Houston, *Renwick*, pp. 59-62; James Dodd, *The Fifty Year's Struggle of the Scottish Covenanters 1638-1688* (London: Houlston and Sons, 1868), p. 376.

39 Houston, *Renwick*, pp. 59-62.

제9장

계속되는 투쟁

> 여호와께서 이스라엘에게 진노하여 이르시되 이 백성이
> 내가 그들의 조상들에게 명령한 언약을 어기고 나의 목소리를
> 순종하지 아니하였은즉 나도 여호수아가 죽을 때에 남겨 둔 이방 민족
> 들을 다시는 그들 앞에서 하나도 쫓아내지 아니하리니(삿 2:20-21).

1. 사탄의 공격

혁명 종식은 각 국가가 하나의 교회 깃발 아래서 전투에 참가했던 시대의 종언을 뜻한다. 이런 기회를 이용하여 사탄은 기독교 신앙의 근본 기초에 대한 공격을 강화했다. 알미니우스주의와 신앙의 자유와 계몽주의 및 과학 혁명과 관련하여 스튜어트 가(家) 치하에서 이루어진 개혁 신앙에 대한 철저한 파괴는 교회에도 크게 영향을 미쳤다.

알미니우스주의는 인간 영혼에서 하나님의 통치를 제거했고, 신앙의 자유는 인간의 사회적 관계로부터 하나님을 제거했으며, 계몽주의는 인간 정신에 대한 하나님의 권위를 제거했으며, 과학 혁명도 세계로부터 하나님의 영향을 철저히 제거했는데 외견상 세계는 하나님 없이도 완전하게 돌아갔기 때문이었다.

사탄의 주요 공격 목표는 언제나 그것이 없다면 아무런 소망도 없는, 하나님의 권위에 대항하는 것이었다. 사탄은 이런 목적으로 하나님의 권위의 대리 기관(거룩한 기관(교회, 국가, 가족과 하나님의 언약 백성의 영혼과 두 성경의 근본)에 대해 세 갈래로 진행된 끊임없는 공격 속에서 지칠 줄 모르는 광포함을 쏟아낸다.

존 니베이가 주목했듯이, 이들은 시편에 언급된 세 개뿐인 소망의 대상이다. **주님에 대한 소망**(시 33:22), **주님의 자비에 대한 소망**(시 147:11), **주님의 말씀에 대한 소망**(골 1:5; 딤전 1:1). 이 세 가지는 신약성경에 계시된 **예수 그리스도와 그의 복음에 대한 소망**에 근거한다.[1] 이들은 또한 그리스도의 3중직과 지상명령 가운데 세 가지 명령에 상응한다. 생각해 보면, 오늘날 우리가 직면하는 모든 괴로움은 이러한 소망의 대상이 변형되는 것에서 비롯된다. 의심할 나위 없이 사탄의 주요 공격 목표는 그리스도의 주권과 자비와 말씀이다.

1) 그의 말씀

하나님 말씀에 대한 사탄의 공격 또한 다방면으로 이루어진다.

(1) 사탄은 성경 대신 인간의 이성과 철학을 하나님에 관한 지식의 원천으로 삼으려고 한다.

하나님에 관한 지식의 제일 원천인 성경은 감각 경험을 지식의 참된 토대라고 주장했던 존 로크(John Lock, 1631-1704) 같은 경험론자에게 공격을 받았다.

로크는 유일하게 본질적인 신앙은 예수가 메시아라는 사실이라고 주장했기 때문에 마땅히 근대 기독교의 아버지라고 불릴 만하다.[2] 그러나 로크의 새로운 종류의 기독교는 초자연적인 것을 부정하고, 개인을 지식의 지각자(perceiver)의 시위로 고양시켰다. 근대 상대주의의 아버지인 토머스 홉스(Thomas Hobbes)는 보다 협소한 관점을 갖고 경험적 지식의 원천을 물질적인 것에 한정시켰다(유물론).

조지 버클리(George Berkeley, 1685-1753)는 물질 세계의 실재를 부인하는 정반대의 견해를 가졌다(관념론).

데이비드 흄(David Hume, 1711-1778)은 만약 경험적으로 증명되지 않는다면 인과 관계는 마음의 산물일 뿐이라고 주장함으로써 종교적 신념을 뒷받침

---

[1] Nevay, *The Nature, Properties, Blessings, and Saving Graces, of the Covenant of Grace* (Glasgow, 1748), p. 265 (이하 Nevay).

[2] John Miller, *The Glorious Revolution* (London and New York: Longman, 1983), p. 65.

하는 모든 **선험적**(*a priorie*) 사실을 공격했다. 이 철학자들은 인과 관계를 이해할 수 있는 정합적인 틀을 제시하지 않았기 때문에, 그들의 지지자들은 마르크시즘이나 진화론 같이 보다 치명적인 세계관으로 변했다.

(2) 사탄은 기독교인이 성경의 가르침에 동의할 수 없다는 확신을 심고자 한다.

17세기 후반에 시작된 자유주의 운동은 "개신교 신학의 근본적인 것과 비근본적인 것 사이에 명확한 선을 긋고자 했다."[3] 하나님의 총체적인 계획에서 벗어나려는 이러한 시도는 뿌리의 문제였다. 일치를 위한 근거로 몇 가지 근본 원리를 찾아내려는 현대 교회일치운동의 모토는 실패하도록 되어 있다.

(3) 독일 학자들이 시작한 19세기의 움직임은 성경 본문의 신빙성을 공격하는 것이었다.

이 운동에 따르면 모세 오경을 모세가 기록하지 않았다. 예수 그리스도가 모세가 기록했다고 말씀했기 때문에 대부분의 대학(많은 기독교 대학을 포함해서)에서 이러한 비진리를 가르치는 것은, 따져보면 예수님이 거짓말쟁이였다고 가르치는 것이다.

(4) 구약성경과 도덕법이 더 이상 효력이 없다고 사람들을 확신시킬 때 사탄은 의기양양해진다.

이렇게 확신한 사람들을 신율법주의자(Neonomians)라고 부른다.

이와 대조적으로 언약도에 속한 사람들은 구원과 성화를 분리할 수 없는 것으로 여긴다. 그들에게 기독교인이 된다는 것은 매일 그리스도의 십자가를 짊어지는 것이며 그의 말씀 속에서 열성적으로 하나님을 찾는 것을 뜻한다. 만약 현대의 복음적인 기독교인이 성경에 대해 이토록 무지한 이유를 묻는다면, 그들은 꼭 이렇게[4] 해야 기독교인이 되는 것은 아닐 거라고 결론을 내릴 것이다.

---

3   Richard Ashcraft, *Latitudinarianism and Toleration: Historical Myth Versus Political History*, Published in book by Richard Kroll, *Philosophy, Science, and Religion in England 1640-1700* (Cambridge: Cambridge University Press, 1992), p. 153.

4   역자주—언약도에 속한 사람처럼 매일 그리스도의 십자가를 지고 말씀 속에서 열성적으로 하나님을 찾는 것.

2) 그의 주권

사탄은 또한 이 지상에서 하나님의 권위를 대리하는 자를 즐겨 공격한다. 17세기 후반기에 존 오웬(John Owen) 같은 청교도 회중교회주의자(Congregationalists)나 존 로크 같은 철학자는 "인간 영혼과 양심을 지배하는"[5] 교회와 국가의 권위를 대부분 인정하지 않았다. 그럼에도 불구하고 오웬과 로크는 외국 권력에 충성할 것을 두려워하여 가톨릭 교도에게 관용을 불허했고, 종교를 갖지 않은 사람의 맹세는 신뢰하기 어렵다고 믿었기 때문에 무신론자에게도 관용을 불허했다.

비록 완전한 관용이 현대 다원주의 사회를 떠받치고 있다 하더라도, 그것은 성경을 그들의 권위 근거로 삼는 종교개혁자가 공유했던 연합 교회와 기독교 국가에 대한 꿈과는 뚜렷한 대조를 이룬다. 현대 교회와 국가에서 하나님의 권위를 인정하기를 거부하여 다음과 같은 부정적인 결과가 나왔다.

(1) 기독교인은 더 이상 성경에서 명령한 것처럼, 그릇된 종교와 싸워야 할 의무를 느끼지 않는다.

사탄은 우리 모두를 중도적인 사람이 되게 하여, 모든 형태의 열심과 교회의 참된 형태와 그리스도 없는 인간의 참된 운명에 관한 대화를 피하도록 만들 것이다. 앞으로 보겠지만, 이러한 독미나리(hemlock) 나무가 미국에서는 비성경적인 개인의 자유에서, 스코틀랜드에서는 비성경적인 국가의 개입을 통하여 성장했다. 니베이와 언약도는 당시 사면파 목사들과 오늘날 그릇된 종교에 대항하여 설교할 줄 모르는 대부분의 목사들 사이에서 어떤 차이점도 찾아 볼 수 없을 것이다.

끝으로, 니베이에 따르면 "시대의 악과 오류를 거슬러" 증언하기를 거부하는 목사들은 "그리스도와 온전한 그리스도를 설교"하지 못한다. "만약 사람들이 그리스도의 위격과 다른 직무의 중요성에 대하여 주장하는 것처럼 그의 왕권의 중

---

[5] James H. Tully, *John Locke: A Letter Concerning Toleration* (Indianapolis: Hackett, 1983), p. 44, J. Wayne Baker, *Church, State, and Toleration: John Locke and Calvin's Heirs in England, 1644-1689*로 재출간, within Graham, *Later Calvinism*, p. 441. 각주는 Baker, *Church, State, and Toleration*, within Graham, *Later Calvinism*, pp. 525-543를 요약한 것이다.

요성에 대해 주장하지 않는다면" 그들을 "충성스럽다"⁶고 말할 수 없다.

(2) 현대 기독교인은 어떤 교회라도 자신의 생활과 공동체 내부에 영향을 미치는 것을 허용하지 않는다.

오웬과 로크는 교회를 하나의 연합된 교회로 보기보다는 각각 자발적으로 다른 교회와 연합된 교회로 구성된 자발적 연합체로 간주했다.

이러한 철학으로 초교파적 기관과 위원회를 지켜보는 무기력한 교회가 나타나게 되었고, 대신 선교 공동체가 하나님께서 교회에 부과한 사역을 행한다. 이언 머레이(Iain Murray)는 교회에 대한 청교도의 관점이 "그게 나와 무슨 상관이지"하는 현대 기독교인의 태도와는 뚜렷한 대조를 이룬다고 본다.

> 청교도의 영적 성격이 갖는 전체적인 방향성은 이 점에서 달랐다. 그들의 규례와 일치와 설교와 권징의 측면에서 보자면, 교회와 교회의 가시적인 성경적 구조가 그들 사유의 중심에 있었다. 교회가 그리스도의 교회이므로 교회의 힘과 순수성을 다른 모든 고려 사항보다 우선시해야 한다. 교회의 번영은 교회의 모든 일이 교회의 머리되신 그리스도의 이름 안에서 그리스도의 뜻에 따라 수행되어야 하는 그리스도의 영광과 밀접하게 관련되어 있다. …
> 교회는 성자를 영광스럽게 하는 하나님의 영원한 계획에 초점이 맞추어져 있다. 이러한 생각은 청교도와 언약도가 교회 개혁 사역으로 뛰어들게 만들었던 열정을 고취시켰고, 또한 교리와 권징에서 교회의 일치를 위한 국제적인 관심의 배후에 놓여 있었다. 그들의 신앙심은 강력한 협동에 주안점을 두고 있었다. 왜냐하면 개인주의적인 복음 생활에 대해 그들은 어떤 공감도 하지 않았기 때문이다.⁷

(3) 현대 기독교인은 국가에 종교적 도덕적 기능을 전혀 허용하지 않으려 한다.

로크는 연합된 교회를 거부했을 뿐 아니라, "복음 아래서 기독교 국가(Christian Commonwealth) 같은 그런 것은 절대로 존재하지 않는다"고 주장했

---

6 John Nevay to the Congregation of Loudoun, Oct. 22, 1669, printed in Nevay, p. 471.

7 Iain H. Murray, *The Puritan Hope: Revival and the Interpretation of Prophesy* (Edinburgh: The Banner of Truth Trust, 1971), p. 96 (이하 Murray, *Puritan Hope*).

다. 국가의 영적인 번영에 대하여는 총체적인 부정을 하면서, 개인 구원을 강조하는 현대 기독교는 지상명령을 포기했음을 증명한다. 언약도는 지상명령을 문자 그대로 받아들였다.

> 그러므로 가서 모든 민족으로 제자를 삼으라(마 28:19).

언약도는 그리스도의 지상명령과 재림을 분리된 사건이 아니라, 상호 관련되어 성취될 것으로 소망했다. 그들은 그리스도께서 소수의 개인을 구원할 것이라는 기대로 만족하지 않았다. 그들은 그리스도께서 민족(즉, 모든 나라의 많은 민족)을 구원하실 것을 기대했다.

> 주여 주께서 지으신 모든 민족이 와서 주의 앞에 경배하며 주의 이름에 영광을 돌리리이다(시 86:9; 또한 시 22:7; 사 2:1-4; 60:2-4; 66:8; 렘 31:34; 겔 47:1-5; 단 2:44; 12:4; 미 4:1-5; 슥 8:20-22을 보라).

그것은 단순히 시민만 아니라 국가 지도자를 망라한다.

> 모든 왕이 그의 앞에 부복하며(시72:11a).

이 구절에서 이스라엘과 예루살렘에 대한 언급은 오늘날 그리스도의 교회에 대한 언급이다. 이러한 예언 구절은 복음이 단순히 사람의 영혼에 스며들 뿐 아니라 세계의 대평화로 귀결되는 사회 구조 자체가 되는 미래의 국가에 대해서 말한다.

(4) 주님의 권한을 받은 지상 대리자에 대한 공격이 성공함에 따라 용기를 얻은 사탄과 그 하수인들은 현대에 만연한 신성모독에서 증명되고 있듯이 이제는 공개적으로 주님의 이름을 공격한다.

3) 그의 자비

이렇게 물의 공급을 방해하고 외벽을 허물었기 때문에, 사탄은 하나님의 도성 거주자를 공격하여 그 거주자로 하나님이 아닌 자신이 그들의 구원과 선한 사역의 원천임을 확신시키려 한다. 그는 교묘하게 진리에서 이탈하여 인간 영혼을 오염시킴으로써 하나님의 은혜 언약을 공격한다. 그의 가장 효과적인 공격은 성경 말씀(Scripture)이 아니라 성서(scriptures)를 이용하는 것이다. 이를테면 "하나님은 그렇게 말씀하지 않았는가?" 하는 질문은 이러한 독미나리 씨앗을 가장 잘 나타낸다.

(1) 사람들은 본성적으로 영적으로 죽은 것인가, 아니면 영적으로 병들었을 뿐인 것인가?

칼빈주의는 아담의 타락으로 인해 스스로를 구원할 수 없는 인간의 전적인 무능력을 가르친다. 이와는 대조적으로 대부분의 현대 기독교인은 아담의 타락으로 인해 자연인이 영적으로 죽었다는 것을 부정한다. 대신 이들은 인간에게 의료적 도움이 필요할 뿐이라고 생각한다. 이들은 아담을 "그 후손의 연대적 머리나 대표가 아닌, 자연적인 부모"[8]로 간주한다.

결론적으로 이들은 칼빈주의가 "죄에 대한 강조가 지나치고 부적절하다"고 주장한다. 그들에게 죄란 "인간의 본질"(the essence of man)과 무관하게, "인간의 본성과 역사 속에서 일어난 하나의 우발적 사건이나 사고"[9]다. 이들은 신율법주의자처럼 칼빈주의를 죄 중심적이라고 비난하면서 "그리스도께 돌아오라"고 외친다.

19세기의 목사였던 사무엘 스미스(Samuel Smith)는 "그러나 엄격히 말해, 칼빈주의 신학은 죄 중심적인 것도, 그리스도 중심적인 것도 아니고 신 중심적이다"라고 대답한다.[10] 사람이 아니라 하나님께서 생명을 주신다. 이것이 회개와 회심에서 하나님보다 인간의 역할을 강조하는 현대 복음주의 설교가

---

8 James Wood, *The Doctrinal Differences which have Agitated and Divided the Presbyterian Church: or Old and New Theology* (Philadelphia: Presbyterian Board of Publications, 1853), p. 47 (이하 Wood, *Doctrinal Differences*).

9 Smith, *Westminster Assembly*, p. 244.

하나님의 자비하심에 대해 철저히 왜곡하는 이유다.[11] 그것은 새로워진 정신, 의지, 마음 이상을 요구한다. 이것이 여러 다른 방법에 의해 정신, 마음, 의지에 호소하는 현대 복음주의 설교가 결코 충분히 성공할 수 없는 이유다.

(2) 그리스도는 모든 사람을 위해 죽으신 것인가, 아니면 택하신 자만을 위해 죽으신 것인가?

혁명 종식 후 교회에는 그리스도께서 모든 사람을 위해 죽으셨다는 주교들의 알미니우스주의 철학에 물든 목사가 넘쳤다. 이런 오류는 하나님과 자녀가 개별적으로 맺는 "인격적인 연합"을 하나님의 뜻이 아닌 인간의 뜻에 의해 지배되는 정체를 알 수 없는 인류와의 연합으로 대체했다.[12]

외견상 보편적 구원(이를테면 요 3:16; 갈 3:26)을 지지하는 것처럼 보이는 성경의 모든 구절이 사실은 모든 사람 중에 몇을 구원하신다는 하나님의 약속을 지시하는 것으로 적절히 해석될 수 있으며, 모든 사람 중에서 선택되는 하나님의 선택에 대한 많은 약속과 모순되지도 않는다. 실제로 다음 장에서 보겠지만 성경의 중심 주제는 그의 택하신 백성에 대한 하나님의 구속을 점진적으로 계시하는 것이다. 이런 사실에서 보편 구원 개념은 성경과 부합되지 않는다. 진정한 질문은 "우리 모두 그의 진노를 받아 마땅한데도, 어째서 하나님이 구원하시는 사람이 있는가?"하는 것이 되어야 한다.

현대에 칼빈주의자를 자처하는 사람들은 하나님이 일부를 선택하셨다는 개념은 받아들이지만, 다른 사람에 대한 하나님의 선택은 열어둔다고 주장한다. 그러나 이것은 동일한 오류가 보다 치명적인 형태로 나온 것이다. 이런 오류는 17세기 중반 위그노(Huguenot) 목사인 모세 아미라우트(Moses Amyraut, 1596-1664)에 의해 대중화되었는데, 그럴듯해 보이지만 잘못된 세 가지 전제로 이루어져 있다.

---

10 Samuel Smith, "The Westminster Symbols Considered in Relation to Current Popular Theology and the Needs of the Future," in J. Henry Smith, *Memorial Volume of the Westminster Assembly, 1647-1897* (Richmond: The Presbyterian Committee of Publications, 1897), pp. 244-247 (이하 Smith, *Westminster Assembly*).

11 Murray, *Puritan Hope*, p. 210.

12 Smith, *Westminster Assembly*, pp. 233, 238.

① 하나님은 모든 사람을 동일하게 사랑하신다.
② 그리스도는 동일하게 모든 사람을 위하여 죽으셨다.
③ 하나님은 모든 사람에게 믿을 수 있는 충분한 은혜를 베푸신다.[13]

그것을 지지하는 사람들은 사랑의 하나님이 그의 구원의 은혜를 일부에게만 제한시킬 것이라는 사실을 받아들이기를 거부했다. 존 머레이(John Murray)는 선택된 자에 대한 하나님의 사랑과 인류 일반에 대한 하나님의 사랑을 구별함으로써 이 복잡한 주제를 명료하게 설명한다.

인류를 위한 하나님의 사랑은 의문의 여지가 없다. 모든 사람은 하나님의 섭리적인 자비에 은혜를 입는다. 즉 하나님은 의로운 사람과 불의한 사람에게 동일하게 비를 내리신다. 원수에 대한 그리스도의 사랑과 기도는 모든 사람에 대한 하나님의 사랑을 더욱 명확히 증명해 주는데, 제자들에게도 이를 본받으라고 명령하셨다. 신자들이 하나님의 성품에 맞게 자기 원수를 사랑할 때, "지극히 높으신 이의 아들"이 된다는 것이다(마 5:44, 45; 눅 6:27, 35).

그럼에도 불구하고 성경은 그리스도께서 자기 생명을 그의 양(요 10:10-29)과 그의 교회(엡 5:25-27)를 위해 주셔서 깨끗해지고 거룩한 사람을 자신에게 모으시는 하나님의 특별한 복음을 분명하게 선포한다. 더욱이 요한복음 3:16에 나타난 약속의 확실성은 그것이 효력을 발휘하는 사람(곧 참된 신자)에게만 적용되어야 할 것을 요구한다.

본질적으로 이 구절은 세상에 대한 하나님의 사랑이 진정 무엇을 의미하는지를 규정한다. 하나님의 복음에 나타난 사랑은 사람을 변화시켜 그를 믿고 사랑하고 그의 계명을 지키게 만든다(요 14:23). 요약하면, "선택되지 못한 사람이 구속에서 많은 은혜를 누린다" 해도 "구속의 은혜에 참여하는 것은 아니다."[14]

그러나 스펄전(Spurgeon)이 주목했듯이 이 복음은 극도로 타락한 죄인에게까지 미쳐, 하나님은 그들을 새롭게 하셔서 자신에게로 이끄신다. 그리스도가

---

13 Pierre du Moulin, Brian Armstrong의 *Calvinism and the Amyraut Heresy* (Madison, Milwaukee, and London: The University of Wisconsin Press, 1969), pp. 85-89에 의해 인용.

14 John Murray, "Atonement and the Free Offer of the Gospel," *The Collected Writings of John Murray* (Edinburgh: The Banner of Truth Trust, 1976), pp. 59-85.

구원하기 위해 오셨던 선택된 자나 잃은 자나 모두 하나다. 이런 의미에서 하나님의 복음에 나타난 사랑은 세상으로 뻗어나간다.[15] 사람은 자신이 선택된 자라기보다는 잃은 자라는 것을 알고 그리스도께 나온다.[16] 칼빈이 주목한 바에 따르면, "하나님의 사랑은 의로움을 요구하시며, 그제야 우리는 사랑받았음을 받아들일 수 있게 된다. 또한 우리는 그리스도께 반드시 돌아와야 한다. 그리스도 안에서만 의로움이 드러날 수 있기 때문이다."[17]

많은 사람이 아미라우트의 오류를 수정된 칼빈주의라고 말하는데 그것은 칼빈주의와는 전혀 다른 교리다. 참된 칼빈주의는 칼빈이 그랬듯이 선택 교리의 결정적인 본성을 파악한다.

> 이러한 선택에 귀를 기울이는 것보다 믿음을 세우기에 적합한 더 좋은 생각은 없다. 그리고 성령은 하나님의 영원하고 요동치 않는 선하신 뜻을 가지고, 세상의 모든 폭풍에도, 사탄의 모든 공격에도, 육체의 모든 흔들림에도 해를 받지 않을 선택을 확립하시고 있음을 우리 마음속에서 증언한다. 그래서 우리의 구원이 보증된 것은 그 이유를 하나님의 품에서 찾기 때문이다.[18]

(3) 하나님께서 중생을 작정하지 않으셔서 그리스도를 영접할 수 없는 자에게 그리스도를 받아들일 것인지 묻는 것이 적절한가?

선택에 관한 하나님의 영원한 작정의 진리를 전제로 하고서 말이다.

이런 이유로 복음에 대한 대담하고 자유로운 선포를 제한하고자 하는 사람을 극단적-칼빈주의자(Hyper-Calvinists)라고 부른다. 이와 대조적으로 참된 칼빈주의자는 모든 사람에게 온전한 복음을 선포하는데, 모든 사람이 외적인 죄

---

15 Charles Spurgeon, "Immeasurable Love," *Metropolitan Tabernacle Pulpit* (London: The Banner of Truth Trust, 1971), vol. 31, pp. 391-395.

16 Robert M'Cheyne, *Robert Nurray M'Cheyne: Memoir and Remains*, ed. Andrew Bonar (London: The Banner of Truth Trust, 1966), p. 369 (이하 M'Cheyne).

17 John Calvin, *Commentary on the Catholic Epistles* Rev. John Owen 번역(Grand Rapids: Baker House Books, 1979), 1 John 4:10, pp. 240-241.

18 John Calvin, *Concerning the Eternal Predestination of God*, J. K. S. Reid 번역 (London: James Clarke &Co., 1961), p. 56 (이하 Calvin, *Predestination*). 사용료 지불함.

뿐만 아니라 마찬가지로 불신의 죄에 대해서도 책임이 있기 때문이다.

루더포드의 마지막 서신의 말은 중생하지 않은 사람에게 복음을 전하기 위한 언약도의 헌신을 입증한다.

> 만일 그대가 가시적인 하나님의 성읍에서 모든 비회심자를 배제한다면, 그들은 사자나 숲 속 야수의 먹잇감이 되지 않겠는가. … 이들에 대한 주님의 은혜로운 부르심의 문을 닫는 것은 성경의 주님이 용납하지 않으실 것이다(그들은 그대가 판단하건데 구원받은 자로 선택되지 않았기 때문이다). …[19]

이러한 가르침은 **대요리문답** 질문 63에 부합하는데, 그것은 그리스도께서 "그에게 오는 사람은 아무도 배제하지 않으셨다"고 선포하기 때문이다.

칼빈은 하나님이 "**모든 사람이 구원받게 되기를 원한다**"(딤전 2:4)는 바울의 선언에서 아무런 모순을 찾지 못하였기 때문에, 어째서 모든 사람에게 복음을 설교하는 것이 모순되지 않으며 오히려 하나님이 택한 자만 구원하신다는 사실을 주장할 수 있는지에 대해 이유를 제시했다.

> ① 디모데전서 2:4에서, "사도는 단지 구원에서 배제된 사람이나 계층이 없다는 의미일 뿐이다."[20] 유사한 구절에서 칼빈은 "인류를 향한 하나님의 사랑은 너무 놀라워서 모든 사람이 구원얻도록 하실 것"이라고 말했다. 그는 "모든 사람에게 차별 없이 그의 손을 뻗으신다."[21] "악에 대한 총체적인 책망은 하나님의 놀라우신 친절하심을 거절한 사람에게 놓여질 것이다."[22]
> ② 비록 "하나님께서 모든 사람이 그의 말씀을 듣도록 초대하실지라도," 성경은 택

---

19 Samuel Rutherford to [Brethren in] Aberdeen, 1661, *Letters of Samuel Rutherford*, Andrew Bonar 편집 (Edinburgh: Oliphant Anderson & Ferrier, 1904), Letter no, 364, p. 706.

20 John Calvin, *Commentaries on the Epistles to Timothy, Titus, and Philemon*, Rev. William Pringle 번역 (Grand Rapids: Baker House Books, 1979), 1 Tim. 2:4, pp. 54-55.

21 John Clavin, *Commentaries on the Epistle of Paul to the Hebrew*, John Owen 번역 (Grand Rapids: Baker Book House, 1979), 히 3:9 주석, pp. 419-420.

22 John Calvin, *Commentaries on the Book of the Prophet Isaiah*, William Pringle 번역 (Grand Rapids: Baker Book House, 1979), 사 6:10 주석, vol. 1, p. 217.

한 자 외엔 아무도 회심시키지 않을 것을 가르친다(이를테면, 요 6:37, 44, 64; 롬 9:11:2, 5, 7; 엡 1:3, 8, 11; 딤후 2:19; 벧전 1:2). 하나님은 사람이 아니시며, "회심의 창시자"(딤후 2:25)시고, 자라게 하시며(고전 3:6), 사람을 새로운 피조물로 만드시고(고후 5:17; 엡 2:10), 마음을 새롭게 하신다(신 30:6; 렘 31:33; 겔 36:26). 그 약속은 영적인 씨에게만 해당된다(롬 9:8, 11).[23]

③ 사람들은 "자기 마음의 강퍅함과 완고함을 따라" 멋대로 거절한다. 그래서 그들은 하나님의 진노를 받는 것이 마땅하다. 이런 사실에서 모든 사람에게 기꺼이 복음을 전하겠다는 것과 일부를 구원하겠다는 하나님의 의지 사이에는 어떤 모순도 존재하지 않는다.[24] 일부를 저주하실 때, 하나님은 "죄악을 원하시지 않는다"(시 5:5). 그보다는 다윗이 "내가 … 주 앞에 짐승이오나"(시 73:2)[25]라고 했던 것처럼 우리 양심이 우리를 저주한다.

④ 사도행전에서 사도들이 많은 사람에게 설교했지만 오직 "영생 얻기로 작정된 사람만 믿었다"(행 13:48). "우리가 전한 것을 누가 믿었느냐"(사 53:1; 롬 10:16)라는 예언자의 질문에 대하여 "오직 택하심을 입은 자가 얻었고 그 남은 자들은 우둔하여졌느니라"(롬 11:5-7)고 대답한다. 자연인은 하나님에 관한 것을 받아들이지 않는데, 그렇게 하기를 원치 않기 때문이며 이런 일은 영적으로만 분별되기 때문이다(고전 2:14).[26]

만약 하나님께서 사람의 귀를 열지 않고 마음을 새롭게 하지 않는다면, 예언자의 설교에 대해 유대인이 거부함으로써(시 40:6-7; 사 6:9) 입증되고, 사도(행 28:25; 롬 11:8)와 또 많은 기적이 따랐던 사람 몸을 입으신 그리스도에 의해 입증되었던 것처럼, 메시지가 무시되고 말 것이다(요 12:37; 또한 마 13:9, 14; 눅 8:8, 10; 요 12:40을 보라).[27]

⑤ 칼빈은 직접 원인과 간접 원인을 구분함으로써 이 복잡한 주제를 명료하게 설명한다. 하나님의 의지는 진정으로 우리의 구원이나 저주의 간접 원인이시며

---

23 Calvin, *Predestination*, pp. 76-78, 105-108. 성구 인용은 pp. 68-79.
24 Calvin, *Predestination*, pp. 105-108.
25 Calvin, *Predestination*, pp. 122-124.
26 Calvin, *Predestination*, pp. 93, 103-105.
27 Calvin, *Predestination*, pp. 92-96.

인간의 의지가 직접 원인이다. 아담은 하나님의 의지에 반하여 타락한 것이 아니라 그 자신의 의지에 의하여 타락했다.[28]

하나님께서 그렇게 하실 것인지 묻는 사람들에게 칼빈은 "그대가 하나님보다 더 위대하고 높은 것을 묻는다면 그런 것은 찾아낼 수 없을 것"[29]이라고 대답한다. 우리는 "이 사람아 네가 누구이기에"(롬 9:20)라고 하면서 하나님께 불의를 전가시키지 않도록 하라는 바울의 경고에 주의해야 한다.

"그런즉 원하는 자로 말미암음도 아니요 달음박질하는 자로 말미암음도 아니요 오직 긍휼히 여기시는 하나님으로 말미암음이니라"(롬 9:16).[30]

(4) 사람들은 그리스도를 영접하기 전에 먼저 죄에서 떠나야 하는가?

이것은 다소 미묘한 질문이다. 인간이 "하나님의 도움 없이 하나님께서 요구하시는 모든 것을 할 수 있는 능력"을 가졌다고 전제하고, 인간의 결단과 활동에 대해 지나치게 강조하는 것은 궁극적으로 성령의 중생케 하는 사역과 "그리스도를 구세주로 받아들이는 의무"[31]에 대하여 하나님의 권위를 떨어뜨리는 것을 강조하게 된다.

반면 복음의 질서에서 믿음이 회개에 선행한다 하더라도 이 둘은 분리될 수 없다. 그리고 성경은 그리스도인에게 회개하고 믿으라고 가르친다(막 1:15). 과연 구원을 위해서는 마음에서 우러나는 진정한 회개가 필요하지만, 이는 우리 자신의 사역이 아니라 우리 안에서 일어나는 하나님의 사역이다. **웨스트민스터 신앙고백**은 이를 생명에 이르는 회개라고 부른다.[32]

여기에 구별점이 있다. 모든 사람에게 회개할 의무(즉, 법적인 회개)가 있지만, 생명에 이르는 회개는 믿음을 요한다는 것이다. 이에 대한 동기는 하나님

---

28 Calvin, *Predestination*, pp. 100-101.
29 Calvin, *Predestination*, p. 120.
30 Calvin, *Predestination*, pp. 81-86.
31 Wood, *Doctrinal Differences*, pp. 204, 205.
32 Robert Shaw, *The Reformed Faith: An Exposition of the Confession of Faith of the Westminster Assembly of Divines* (Inverness: Christian Focus Publications, 1973), comments on chapter xxi, sec. 1 and 2 (이하 Shaw, *Exposition of the Confession*).

의 진노에 대한 두려움이 아니라 죄를 지음으로써 하나님의 권위와 영광과 명예에 대해 저지른 잘못에 대한 회한이다.

결국 그리스도를 받아들인다는 것은 죄에서 떠나는 것 이상을 의미한다. 그것은 우리의 죄악된 자아의 죽음, 즉 자연인으로서 하늘로부터 거듭나지 않으면 부도덕이라는 것을 발견하는 행위를 의미한다. 존 머레이(John Murray, 1898-1975)의 말에 따르면, "그리스도께서 그들을 대신하여 죽은 사람들은 죄에 대해 죽고 의에 대해 산 사람들이다"(롬 6:4-5; 고후 5:14-15; 골 3:3).[33]

(5) 구원의 확신이 믿음의 본질인가?

1748년 니베이의 설교를 편집하고 출판했던 윌리엄 영(William Young)은 "성경이 명백하게 보여 주고 있듯이 구원의 확신은 이 땅에서 얻을 수 있으며"(삼하 23:5; 욥 19:25; 시 22:1; 아 2:16; 6:3; 갈 2:20), "모든 사람이 전심전력하여 자신의 부르심과 선택을 확신하는 것이 필요하다"(벧후 1:10)는 점을 인정했다.

그러나 그는 "그러한 확신이 믿음의 본질이라는 점은 적극적으로 부정했는데," 구원받은 자는 "믿음을 가졌을 뿐 확신은 갖지 않았다"고 말하는 사례가 성경에 많기 때문이다(왕하 7:3-4; 에 4:16; 욥 13:15; 시 77:1-12; 88; 사 35:3; 50:10; 54:11; 마 8:2; 막 9:24; 히 2:15). 이러한 성경 구절은 **"내가 믿나이다. 나의 믿음 없는 것을 도와주소서"**[34]라는 말씀이다. 이러한 확신을 믿음의 본질로 보는 신앙이 갖는 위험 요인은 그리스도에 대한 지적인 승인에 불과한 것에 자신의 구원을 두게 만드는 점이다.

안타깝게도 제단의 외침(altar call)에 응답하면서 현대에 복음주의적 방법을 주장하는 사람 대부분은 결코 그리스도에 대해 구원을 얻을 정도의 지식에는 이르지 못한다. "어떻게 그들이 선택된 자들이라는 것을 아는가?"라는 질문은 남는다. 칼빈은 이렇게 대답한다.

> 나는 그리스도를 수많은 증언 그 이상이라고 말하겠다. 왜냐하면 우리가 그의 몸

---

33 John Murray, *Redemption Accomplish and Applied* (Grand Rapids: Wm. B. Eerdmans Publishing Co., 1978), pp. 69-70.

34 William Young, Preface to Nevay, pp. ix-xi.

에서 우리 자신을 발견할 때, 비록 이미 하늘에 있다 하더라도 우리의 구원은 안전하고 평안한 곳에 머무르기 때문이다.[35]

선택과 확신 교리는 우리가 그리스도와 그의 영원하신 사랑을 올바르게 이해할 때만 의미를 갖게 된다(엡 1:4-5).[36] 의심할 여지없이 칼빈과 초기 종교개혁자는 이 땅에서 구원의 확신을 얻을 수 없다는 로마가톨릭의 가르침에 대응하여 확신과 믿음 사이의 긴밀한 관계를 강조했다.[37] 그러나 칼빈은 "결코 의심의 여지가 없는 확신에 대하여"[38] 말한 것이 아니다. 웨스트민스터 신학자들은 그러한 확신이 본질이 아니라고 분명히 했다.[39]

칼빈이 잘못된 것인가?

존 낙스의 가르침은 이러한 난제에 통찰을 제공한다. 그는 "우리의 구원은 우리 자신에게 달려 있지 않고, 영원하고 불변하신 하나님의 선하신 즐거움에 달려 있다고 듣고 의심 없이 믿을 때"[40] 우리의 구원에 대해 확신한다고 주장했다. 이런 이유 때문에, 낙스와 칼빈은 성숙하다면서도 선택 교리를 이해하지 못하는 그리스도인에 대해서는 전혀 생각할 여지가 없었다. 믿음에 대한 웨스트민스터 신앙고백의 거룩한 가르침은 이 문제에 대해 분명히 밝히고 많은 오류를 막아낸다.

---

35 Calvin, *Predestination*, p. 130.

36 Calvin, *Predestination*, pp. 126-127.

37 Charles Hodge, *A Commentary on 1&2 Corinthians* (1857; reprint, Edinburgh: The Banner of Truth Trust, 1994), 고후 13:5에 대한 주석, p. 681; Robert Dabney, *Discussions: Evangelical and Theological* (reprint, Edinburgh: The Banner of Truth Trust, 1967), vol. 1, pp. 215-217 (이하 Dabney, *Discussion*). 스코틀랜드의 초기 종교개혁자인 Davidson의 교리문답서는 "믿음을 강한 확신으로 규정한다. …"

38 John Calvin, *The Institutes of the Christian Religion*, Henry Beveridge 번역 (Gradson Rapids: Wm. B. Eerdmans Publishing Company, 1997), sec. iii.2.14-19, pp. 482-486 (이하 Calvin, *Institutes*).

39 *The Confession of Faith*, in *Westminster Standards*, chapter xviii.3 (이하 *WCOF*).

40 John Knox, *The Works of John Knox*, ed. David Laing (Edinburgh: James Thin, 1895 reprinted in New York: AMS Press, Inc. 1966), 서문, vol. 4, p. 26.

예수 그리스도에 대한 믿음은 구원의 은혜이며, 그가 복음 속에서 우리에게 제시될 때 우리는 구원을 위하여 믿음으로 그를 영접하고 그를 의지하게 된다.[41]

만약 누군가의 믿음이 하나님에게서 비롯된 것이 아니라면, 확신할 수 있는 근거는 전혀 없는 것이다. 웨스트민스터 신학자들은 확신이 "구원의 약속에 대한 거룩한 진리, 즉 약속을 얻게 되는 은혜에 대한 내적 증거"와 "양자의 영에 대한 증거" 위에 세워진다고 규정했다. 거룩한 진리는 오류가 있을 수 없으나, 내적인 증거는 "흔들릴 수 있으며 감소될 수 있고 중단될 수 있을 것이다."[42]

(6) 믿음은 하나님의 은혜 언약으로 들어가기 위한 조건인가?

언약도와 청교도와 웨스트민스터 신학자들은 믿음이 필수 조건이라고 주장했다. 반면 대부분 현대의 개혁주의 저자들은 어쨌든 구원이 인간에게 달려 있음을 암시할 수 있다는 것을 피하기 위해 구원과 연관해서 "조건"이라는 말을 사용하기를 거부한다. 이 논거가 탁월하기는 하지만, 다음 장에서 보게 되듯이 이 논거는 부적절하다. 실질적인 질문은 이렇다.

① 복음 제시에 반응하여 하나님에 의해 믿음이 생겨나는 것인가?
② 아니면, 사람이 스스로 믿음을 만들어내는 것인가?

질문 ①은 분명히 구원을 위한 조건이지만, 질문 ②는 구원을 위한 조건도 아니고 근거도 아니다. 지난 수백 년 간, 믿음에 대해 질문 ②의 정의가 복음적 사유 가운데 전자를 대체해 왔으나 성경은 아직도 질문 ①을 견지하고 있다.

---

41 *The Shorter Catechism*, in *Westminster Standards*, Question 86; Dabney, *Discussions*, p. 185.
42 *WCOF*, chapter xviii. 2, 4; Dabney, *Discussions*, p. 194.

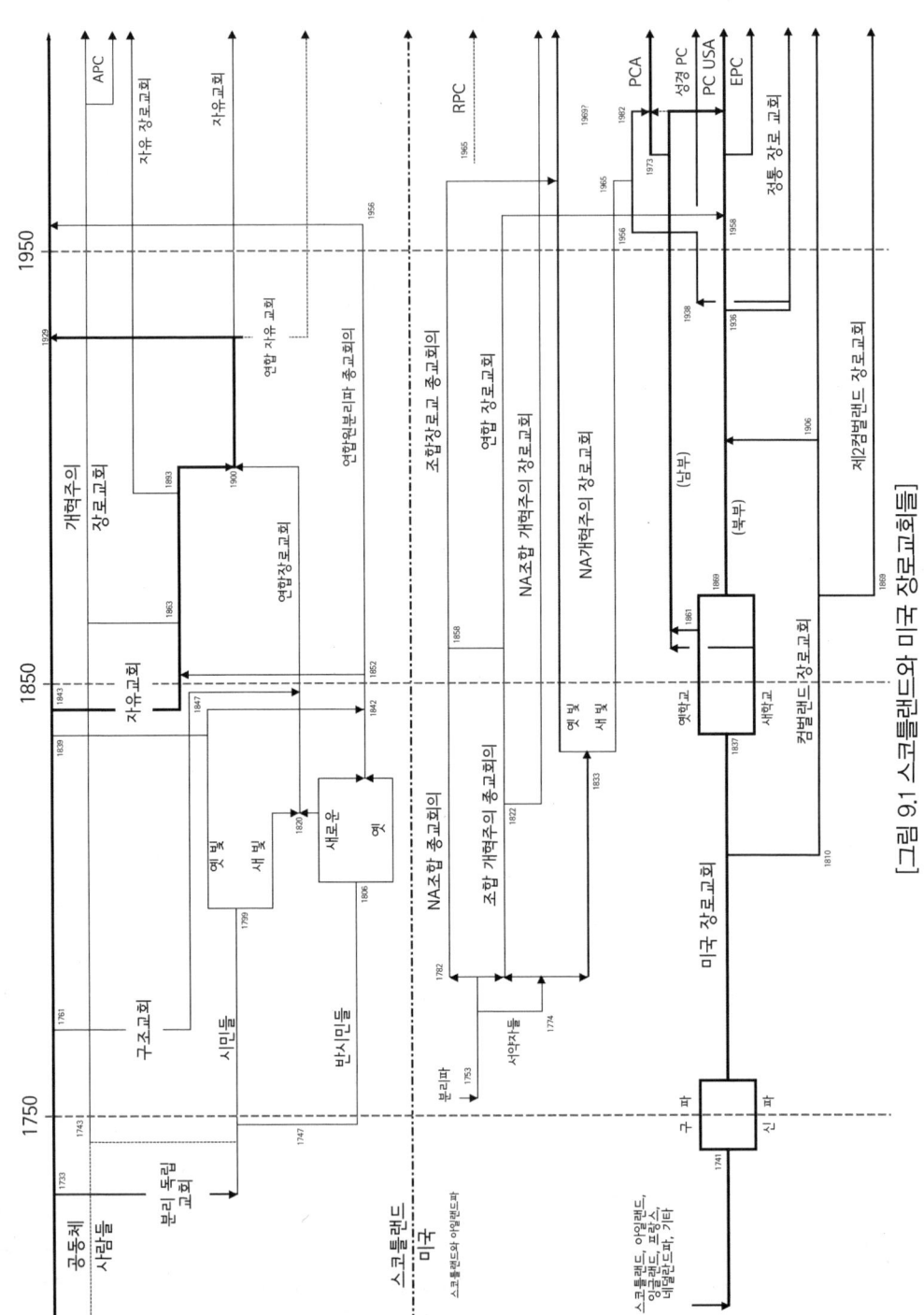

[그림 9.1 스코틀랜드와 미국 장로교회들]

4) 하나님의 언약

혁명이 종식된 이후의 역사에 대해 다음에 나올 개관에서 보게 되듯이, 위에서 언급한 모든 오류는 처음에는 인식할 수 없는 씨앗의 형태로 있다가 후에 만개한 꽃처럼 되었는데, 이는 하나님의 권위와 은혜 언약에 대한 적절한 이해에서의 이탈에서 비롯되었다. 이는 대체로 새로운 신학이나 수정된 칼빈주의라는 깃발 아래 나타난다.

그러나 이 모든 것이 **웨스트민스터 표준 문서**에서 완전하게 드러난 칼빈주의 교리 체계와 모순된다. 이 책의 나머지 장은 언약도가 어떻게 하나님의 은혜 언약에 대한 적절한 이해를 통해서, 이러한 오류에게 맞섰는지를 검토할 것이다. 위의 도표는 이러한 여정에 도움이 될 것이다.[43]

2. 이전의 언약된 땅

1) 잉글랜드/스코틀랜드 교회사

잉글랜드와 스코틀랜드에 대한 이러한 맹공격의 결과는 황폐화로 나타났다. 잉글랜드에서 청교도가 사라졌다. 스코틀랜드에서는 국교회에게 껍데기 뿐인 과거의 영광만 남았고, 공동의 적과 싸우는 일에 더 이상 집중하지 못했다. 잉글랜드와 스코틀랜드 정부를 합병했던 1707년의 **연합령**(*the Act of Union*)을 가능하게 했던 스코틀랜드의 국가적 열정은 쇠퇴했다. 스코틀랜드 장로교회는 이론적으로는 아무런 영향도 받지 않은 채 독립한 채로 남아 있었다.[44]

잉글랜드의 국교회 정책이 스코틀랜드 전역으로 확산되는 데는 시간이 오래 걸리지 않았다. 1703년 여왕의 행정관(commissioner)은 그리스도의 수위권

43　George Hutchinson, *The History Behind the Reformed Presbyterian Church, Evangelical Synod* (Cherry Hill, New Jersey: Mack Publishing Company, 1974), p. 213; Robert Adams, *The Scottish Church 1500-1920: A Graphic Chart* (Edinburgh: T & T Clark, 1923), foldout.

44　James Reid, *Kirk and Nation: The Story of the Reformed Churches of Scotland* (London: Skeffington, 1960), p. 107.

과 장로교회 정치를 주장하는 법안을 입안하려던 스코틀랜드 총회를 해산했다. 모두가 전혀 항의하지 않고 여왕의 국교회 법안을 받아들였는데, 이는 이들의 조상이 이것 때문에 죽었던 진리, 곧 그리스도의 왕권에 대해 포기했음을 입증한 것이었다.[45]

1712년 의회는 교회 외부에 성직자를 임명할 권한을 허용하는 **목사 임명권**(*the Act of Patronage*)과 스코틀랜드에 잉글랜드 국교회 예배의식 사용을 허용하는 **신교 자유령**(*Toleration Act*)을 통과시켰다.[46] 제임스 니스벳처럼 박해 기간 중 아버지를 잃었던 토머스 헤일리버튼(Thomas Halyburton, 1674-1712)은 바로 그해 임종하면서 안타까운 종교의 상태를 언급했다.

> 오! 그대들이여, 나는 합리적인 종교가 우리에게 다가오고 있음을 매우 두려워한다. 그것은 종교가 경건한 능력도 없이 외적인 의무 사항과 법령에 대한 단순한 참여로 이루어진다는 것을 뜻한다. 그리고 이를 수단으로 사람들이 하나님을 섬기게 되는데, 그것은 순전한 이신론(deism)이 됨으로써 예수 그리스도나 하나님의 영과는 아무런 관계도 없게 되는 것이다.[47]

허버트 스킷츠(Herbert Skeats, 1881년 사망)는 "사고의 여유와 정서의 관대함"이 "국가의 정신적 습관"이 되었던 1720년경 잉글랜드에서 있었던 비극적 장면을 묘사했다. 그것은 너무 극단적이어서 런던의 비국교도들조차 삼위일체를 믿는 신앙에 동의하기를 포기했다.[48] 이러한 실패는 많은 잉글랜드의 장로교회가 이단을 위한 문호를 개방했던 수정된 칼빈주의를 채택한 데서 비롯된다.[49] "청교도주의의 열정"은 중단되었고, "위대한 장로교 창설자들의 정책

---

45 Shaw, *Exposition of the Confession*, p. 270.

46 Ian Donnachiie and George Hewitt, *A Companion to Scottish History: From the Restoration to the Present* (New York: Facts on File, 1989), p. 195.

47 Thomas Halyburton, *The Works of the Rev. Thomas Halyburton* (London, Thomas Tegg & Son, 1835), p. 798.

48 Herbert S. Skeats and Charles S. Miall, *History of the Free Churches of England, 1688-1891* (London: Alexander & Shepherd, 1891), p. 250 (이하 Skeats, *Free Churches*).

49 Jeremy Goring et al., *The English Presbyterians* (London: George Allen & Unwin Ltd., 1968),

은 잉글랜드의 모든 장로교회 강단에서 들을 수 없게 되었다."[50]

18세기 초, 영국과 미국에서 세계가 자연법칙에 의해 운행된다는 정적인 하나님 개념이, 역동적이고 언약을 지키시는 하나님 개념을 대체했다. 기독교인은 종교도 중요하지만 하나님이 자연법칙을 통하여 다스리신다고 믿었다. 예를 들어 그들은 미국의 번영은 "은혜로우신 하나님의 값없이 베푸시는 선물"이라기보다는 종교적인 사회가 겪는 자연적인 결과라고 믿었다.

그 논리적 귀결을 따라 보면, 모든 종교가 비슷해진다.[51] 윌리엄 윌버포스(William Wilberforce)는 이러한 치명적인 오류를 바로잡지 못한다면 대영제국의 파멸로 귀결될 것이라고 예측했다.[52]

스코틀랜드에서 일어난 일련의 사건은 서서히 스코틀랜드 장로교회의 힘을 고갈시켰다. 그 책임은 두 가지 원인에서 기인한다.

(1) 교회는 시간이 지나면서 앞서 언급한 오류를 많이 수용했다.

혁명이 종식된 후 교회는 점차적으로 율법주의(legalism)와 극단적 칼빈주의(Hyper-Calvinism)로 옮겨갔는데, 그것은 아마도 교회에 합류했던 주교들을 통해 유입된 알미니안주의의 맹공에 대한 과민 반응이었을 것이다. 이에 따른 복음의 빈곤한 제시에 대응하여, 『현대 신성의 정수』(*The Marrow of Modern Divinity*)라는 책에 영감을 얻은 많은 목사들이 보다 복음적인 방법으로 복음을 설교하고자 했다.

1720년 스코틀랜드 장로교회는 이 책을 폐기처분했는데, 불분명하고 애매한 언어를 사용하여 "신자들은 생활의 규범으로서 율법 아래 있지 않으며" 그리스도는 모든 사람을 위해 죽으셨다는 주장뿐만 아니라 많은 표면상의 오류를 지지한 것이 이유였다.[53]

비록 이 책 자체가 애매하고 비난받을 만했다 하더라도, 가령 토머스 보스턴(Thomas Boston) 같이 이를 지지하는 목사들의 작품은 일반적으로 정통이

---

pp. 20, 103-104, 120, 135, 137, 180.

50 Skeats, *Free Churches*, pp. 250, 248.

51 Fred Hood, *Reformed America: The Middle and Southern States, 1783-1837* (University of Alabama: University of Alabama Press, 1980), pp. 29-45.

52 Wilberforce, pp. 103, 109.

53 James Macleod, *Scottish Theology* (Edinburgh: The Banner of Truth Trust, 1974), p. 157.

었다. 하지만 보스턴의 저작은 여러 가지 미묘한 방식으로 청교도나 언약도가 주장한 은혜 언약에 대한 이해와는 거리가 멀었다. 예를 들면, 보스턴은 언약도의 선조와 반대로 믿음을 언약의 한 조건으로 간주하기를 거부했다. 다음 장에서 보겠듯이, 보스턴의 접근 방법은 언약신학의 힘을 약화시킨다.

(2) 국가가 정치적 목적으로 목사 임명을 조작할 수 있게 되었다.

이는 **목사 임명권**의 해악은 주님의 사역에 대한 초점을 약화시키는 중도적인 교회로 귀결되었다. 목사 임명권의 위험성에 관하여 휴 밀러(Hugh Miller, 1802-1856)는 그의 책 『그리스도의 머리되심』(*The Headship of Christ*)에서 목사 임명권은 "직접적으로 교회를 파괴하는 경향뿐만 아니라, 교회를 파괴하는 것을 가치 있는 것으로 여기도록 지도하는 경향"[54]도 있다고 주장했다.

1733년, 분리교회(The Secession Church)[55]는 (분리교회가 반대한) 목사 임명권 문제와 (분리교회가 지지하는) 언약을 고수하는 문제로 주요 교단에서 갈라져 나왔다. 1766년까지 분리교회는 120개 교회가 되었다. 이 교회는 이어 "이 왕국 안에서 선언되는 참된 종교"에 대한 충성을 요구하는 **시민 맹세**(Burgess Oath)를 찬성하는 파와 반대하는 파로 갈라졌다.

각 분파는 대각성 운동에서 생겨난 혁신 문제로 거듭 갈라져, 복음과 개인적 경건에 대한 더 강화된 강조로 귀결되었다. 1761년 구조교회(The Relief Church)는 목사 임명권과 국가 교회 제도를 비난하며 스코틀랜드 장로교회에서 떨어져 나갔다. 이러한 이탈로 교회는 더욱 중도적으로 남게 되었다. 18세기 말까지 제도화된 교회에서는 중도주의(Moderatism)가 크게 유행했다.[56] 휴 밀러(Hugh Miller)는 중도주의는 "제도화된 교회를 붕괴시키려는 의도가 전혀 없는 것이 분명하며, 그것(제도)이 없다면 중도주의가 얼마나 비참해지는지 잘 알고 있다"[57]고 썼다.

---

54 Hugh Miller, *The Headship of Christ and the Rights of Christian People* (Edinburgh: William P. Nimmo, 1873), p. 45 (이하 Hugh Miller).

55 역자주—1733년 스코틀랜드 국교에서 분리된 장로교회.

56 John Buchan and George A Smith, *The Kirk in Scotland 1560-1929* (Edinburgh: T. and H. Constable Ltd., 1930), pp. 53-63 (이하 Buchan and Smith, *The Kirk of Scotland*).

57 Hugh Miller, p. 400.

잉글랜드 국교회는 국가의 덕을 보고 있었고, 국가는 목사 임명권과 교회 재산 관리와 교회의 사법권에 대한 규제를 통해서 교회를 통제하였다. 비록 중도적 교회가 웨스트민스터 신앙고백을 인정된 표준으로 견지하고 있었을지라도, 많은 사람들은 이것의 칼빈주의적 교리를 강단을 위한 적절한 자료로 여기지는 않았다. 그 대신 이들은 진리보다는 평화와 일치를, 진리에 대한 열망보다는 관용을, '참된 종교보다는 도덕성을, 그리고 교리보다는 이성을 존중했다.[58]

1843년 400명 이상의 목사가 목사 임명권 문제와 관련하여 스코틀랜드 장로교회에서 떨어져 나가 자유교회(The Free Church)를 세웠다. 하지만 이 새로운 교회는 잉글랜드 국교회의 원칙적 입장을 견지했다. 이 새로운 교회는 선교에서 탁월하여 급속히 성장하였고, 첫 해에 교회를 500개 세웠다.[59] 불행히도 몇 십 년 되지 않아 자유주의 신학과 성경 비평이 대학을 통하여 이 새로운 교회에 영향을 주었다.[60]

1874년 목사 임명권이 폐기될 때까지, 원 분리파(Original Seceders)와 개혁주의 장로회파 대다수가 자유교회에 합류하여 네덜란드에서 강력한 추종 세력을 얻었다. 1900년 구조교회(The Relief Church)와 새빛분리파(The New Light Seceders)의 연합으로 1847년 형성된 연합장로교회(UPC)는 다수의 자유교회에 합류하여 연합자유교회(The United Free Church)를 형성하였는데, 이것은 스코틀랜드 장로교회보다 규모가 더 컸다.[61]

19세기 마지막 수십 년간 연합장로교회(UPC)와 자유교회에 의해 채택된 선언문은 이러한 연합을 가능하게 하였다. 이들 선언문에 나타난 진술은 수정된 칼빈주의와 관련 오류에 문호를 개방하였고, 국가에 대한 기독교인의 의무에 대해 중립적 입장을 취하였으며, 목사에게 "믿음의 본질에 관여하지 않는" 표현의 자유를 허용했다.[62]

---

58 J. H. S. Burleigh, *A Church History of Scotland* (London: Oxford University Press, 1960), pp. 295-307 (이하 Burleigh, *Church History*).

59 Buchan and Smith, *Kirk in Scotland*, pp. 77-79.

60 R. A. Finlayson, "How Liberal Theology Infected Scotland," online 1997 〈http://www.freechurch.org.finlayson.rtwl.html〉.

61 Gordon Donaldson, *Scotland: Church and Nation Through Sixteen Centuries* (Naperville, Ill.: SGM Book Club, 1960), p. 100; Burleigh, *Church History*, pp. 364-399.

62 Buchan and Smith, *Kirk in Scotland*, pp. 88-95; Ian Hamilton, *The Erosion of Calvinist Or-*

대다수 연합자유교회(The United Free Church)와 스코틀랜드 장로교회는 1929년 연합하여 공동으로 국가적 통제의 마지막 잔재를 벗어 던졌다. 물론 이들 연합한 교회 중 많은 곳에서 아직도 소수의 사람들이 이 교회의 이름을 지닌 채 남아 있었다. 이러한 작은 교회 중 대표적인 것이 자유교회, 자유장로교회, 개혁주의장로교회 등이었는데 이들은 모두 개혁주의 원리에 충실했다. 예를 들어, 가톨릭 미사에 참석한 자유장로교회의 직분자에 대한 권징으로 인해, 이 권징이 너무 가혹하다고 여겨 조합장로교회가 생겨나기도 했다.

19세기 말까지 보다 큰 규모의 스코틀랜드 장로교회가 보편적 속죄처럼 **웨스트민스터 신앙고백**과 일치하지 않는 견해를 가진 목사를 파면하는 일을 중단했다.[63] 19세기 후반까지 잉글랜드에서 하나님의 자비에 관한 성경적이고 칼빈주의적인 관점이 분명해졌고 스코틀랜드에서는 점차 사라졌다. 구원에서 하나님의 역할보다 인간의 역할을 강조하는 소위 복음적 관점이 자리를 잡게 되었다. 스코틀랜드에서 이러한 흐름에 맞선 것은 복음주의의 새로운 모델을 극단적 복음주의(Hyper-Evangelism)로 명명했던 자유교회 목사 딩웰의 존 케네디(John Kennedy of Dingwell, 1819-1884)였다.

케네디는 이러한 새롭고 그릇된 신앙은, 자아-비판(self-condemnation)과 진지한 회개와 회심을 무시한 채 사람들에게 단순하게 믿음이 그들을 구원할 것이라고 가르친다고 주장했다. 그것은 그리스도를 그 자체보다는 우리의 죄를 처리하는 우리의 대리자로서 강조한다. 그것은 사람들에게 "자신의 죄를 극악한 범죄가 아니라 커다란 재앙으로 생각하라"고 가르친다. 그러한 사람은 "하나님을 공경하거나 하나님의 법을 존중하지 않을 것 같다."

그에 반해서 "참된 믿음은 그 시간까지 죄를 사랑하고 거룩함의 원수였으나 이제는 그가 사랑했던 것을 버리기 위하여 진정으로 구세주를 영접하는 심령의 행위이며, 그가 이전에 미워했던 것을 얻는 것이다." 참된 믿음은 회심을 요구하는 것으로 하나님의 행위다.[64]

19세기 말 성경적 관점 지지자 중에 침례교도인 찰스 스펄전 목사가 있다.

---

thodoxy: Seceders and Subscription in Scottish Presbyterianism (Edinburgh: Rutherford House Books, 1989), pp. 186-195 (이하 Hamilton, *Erosion*).

63 Hamilton, *Erosion*, pp. 186-195.

스펄전은 선택에 대한 믿음에서 발견되는 큰 결함에 대해 언급하면서 바로 이러한 이유 때문에 사람들이 그리스도를 떠난다는 사실에 주목했다.

> 내 아버지께서 오게 하여 주지 아니하시면 누구든지 내게 올 수 없다 하였노라 하시니라 그때부터 그의 제자 중에서 많은 사람이 떠나가고 다시 그와 함께 다니지 아니하더라(요 6:65-66).[65]

결국 스펄전은 침례교도가 대담하게 성경적 진리인 선택을 선포하는 신조를 채택하기를 거부하고 그 대신에 애매한 말로 불일치를 숨기기로 했기 때문에 침례교 동맹과의 교류를 중단했다. 연합을 위해 진리를 포기하려는 경향에 맞선 스펄전은 확고부동했으며 2,000 대 1로 승인되었던 침례교도에 의한 신앙 선언을 거절하기도 했다. 스펄전은 설교의 한 부분에서 "이 악한 세계에서 진리는 대개 소수 가운데 있다"[66]고 말했다. 스펄전은 그리스도와 "**하나님을 아는 자는 우리의 말을 듣고 하나님께 속하지 아니한 자는 우리의 말을 듣지 아니하나니**"(요일 4:6)[67]라고 선포했던 사도의 말씀에 충성하는 것보다 교파에 충성하는 것을 더 중요한 것으로 여기지 않았다.

현대의 스코틀랜드 장로교회는 과거의 그림자에 불과하다. 비록 이 교회가 스코틀랜드의 지배적인 개신교일지라도(다른 개신교단 출신 한 사람 당, 7명), 이 교회는 교리적 순수성에서 벗어났다. 선언문은 목사들에게 "신앙의 본질에

---

64 John Kennedy, *Hyper-Evangelism*, online 2000 〈http://members.aol.com/RSISBELL/hyper1.html〉

65 Charles H. Spurgeon, 1882년 2월 5일 설교, "A Home Question and a Right Answer," *The Metropolitan Tabernacle Pulpit: Sermons preached and revised in 1882* (London: The Banner of Truth Trust, 1971), vol. 28, pp. 110-112; Iain Murray, *The Forgotten Spurgeon* (1966; reprint, Edinburgh: The Banner of Truth Trust, 1998), pp. 166-190.

66 Charles H. Spurgeon, 1887년 10월 16일 설교, "Behold the Lamb of God," *The Metropolitan Tabernacle Pulpit: Sermons preached and revised in 1887* (London: the Banner of Truth Trust, 1969), *Sermons*, vol. 33, p. 575; Iain Murray, *The Forgotten Spurgeon* (1966; reprint, Edinburgh: The Banner of Truth Trust, 1998), pp. 138-150.

67 Charles H. Spurgeon, *An All Around Ministry* (1960), p. 373, Iain Murray, *The Forgotten Spurgeon* (1966; reprint, Edinburgh: The Banner of Truth Trust, 1998), pp. 152-165에서 재인용.

부합하지 않는"⁶⁸ 표현의 자유를 허용함으로써 **웨스트민스터 신앙고백**의 지위를 축소시켰다. 신앙의 본질에 관해서 규정하는 바도 전혀 없기 때문에, 표준 문서는 어떠한 통일적인 가치도 줄 수 없었다.

더욱이 스코틀랜드에는 이제 개신교도만큼 천주교도도 많기 때문에, 스코틀랜드 장로교회는 표준 문서에서 적대적인 개별 구절을 제거했다. 존 낙스라면 이러한 양보에 대해서나 교회가 여성 목사를 허용하고 '세계교회협의회'(W.C.C.)에 가입하여 활동하는 것을 두고 기뻐하지 않을 것이다.⁶⁹

2) 공동체 사람들에게 무슨 일이 일어났을까?

혁명종식교회에 합류하지 않았던 공동체 사람들은 1706년까지 한 사람의 목사도 없는 상태 그대로 남아 있었다. 그들은 혁명종식교회를 거부하였을 뿐 아니라, 정부가 언약을 인정하지 않았기 때문에 국가 위정자의 권위도 인정하기를 거부했다.

이들은 목사 한 사람을 구한 후에도 작은 공동체 모임으로 조직된 채 머물러 있었다. 이들은 자신들의 교리 해석에 매우 엄격하여 노회를 갖지 않았다는 이유로 다른 목사 후보생에게 안수하기를 거부했다. 한 목사 후보자는 1732년 죽을 때까지 미취임 유자격 목사(a licentiate)로 머물렀다.⁷⁰ 또 다른 미취임 유자격 목사인 앤드류 클락슨(Andrew Clarkson)은 『스코틀랜드 혁명교회를 장로교회가 반대한 명백한 이유』(*Plain Reasons Presbyterians Dissenting from the Revolution Church in Scotland*)란 제목으로 공동체 사람들의 입장을 해명하는 상세한 변론서를 저술했다. 하지만 미취임 유자격 목사로 수년을 지낸 후 그도 역시 이를 포기하고 취소했다.⁷¹

---

68 A. C. Cheyne, *The Transforming of the Kirk* (Edinburgh: The Saint Andrews Press, 1983). 이 표현이 담긴 선언문은 1879년에 채택되었다.

69 "The Church of Scotland: History and Structure," online 1997 ⟨http://www.churchnet.uscm.ac.uk.cos.history.html⟩.

70 George H. Morrison, *Memoirs of the Life, Time, and Writings of the Reverend and Learned Thomas Boston, A. M.* (Edinburgh and London: Oliphant Anderson &Ferrier), p. 225n., Vos, *Covenanters*, p. 162에서 재인용.

공동체 사람들은 1743년 마침내 두 번째 목사를 구하였고 개혁장로교회를 구성했다. 10년 후 이 작은 장로교회는 여러 명의 소속 목사가 보편적 구속이라는 비성경적 견해를 채택한 때를 기점으로 분열되었다.[72] 다행히도 핵심적인 다수는 이러한 이단과의 관계를 끊었다. 그들의 현대적 후예는 스코틀랜드 개혁장로교회인데, 그들은 아직도 엄숙 동맹이 스코틀랜드 사람들을 계속 구속하고 있다고 주장한다.[73]

아일랜드에서의 형태도 1758년까지 아일랜드 공동체에 단 한 명의 목사도 없었다는 점을 제외하고는 사정이 비슷했다.[74] 아일랜드에서 성공회 설립이 장로교인에 대한 박해를 불러일으키긴 했어도 종교는 번성했다. 박해에도 불구하고 수만 명의 스코틀랜드인들은 더 좋은 토지를 얻기 위해, 또 7년 간의 기근을 피하기 위해 아일랜드로 이주하였는데, 피던(Peden)은 이것이 결국 국가적인 배교로 끝날 것이라고 예언했다.[75] 수많은 스코틀랜드-아일랜드 주민들은 후에 박해와 빈곤한 경제적 조건을 면하기 위해 1700년대에 미국으로 이주했다.

언약 전통에 충실했던 스코틀랜드인과 스코틀랜드-아일랜드 이주자들은 18세기 말까지 미국에서 세 개의 교단을 결성했다. 대부분 분리주의자로 이루어진 조합노회(Associate Synod), 대부분 언약도로 이루어진 개혁장로교회(Reformed Presbyterian Church), 및 이 둘을 합친 조합개혁노회(Associate Reformed Synod). 그들의 현대적 후예는 언약 원리를 충실하게 고수하고 있는 개혁장로교

---

71 *Act, Declaration, and Testimony, for the Whole of Our Covenanted Reformation, as Attained to, and Betwixt the Years 1638 and 1649, Inclusive*, by the Reformed Presbytery (Philadelphia: Rue & Jones, 1876), p. 154.

72 Matthew Hutchinson, *The Reformed Presbyterian Church in Scotland: Its Origin and History, 1680-1876*, pp. 198-199.

73 John C. Johnston, *Treasury of the Scottish Covenant* (Edinburgh: Andrew Elliot, 1887), pp. 171-177; Vos, *Covenanters*, p. 205; Patrick Walker는 분리교회(the Secession Church; 역자주-스코틀랜드 장로교회로부터 분리한 장로교회)의 구성원이었다.

74 Patrick Adair, A true Narrative of the Rise and Progress of the Presbyterian Church in Ireland (Belfast, 1966), pp. 103-105, William Lyons Fisk, *The Scottish High Church Tradition in America* (Lanham, Maryland: University Press of America, Inc., 1995), p. 30에서 재인용 (이하 Fisk, *High Church Tradition*).

75 Fisk, *High Church Tradition*, p. 30에서 인용된 Patrick Walker의 글을 포함한 몇 가지 자료.

회(Reformed Presbyterian Church)와, 1946년까지 시편 영창(psalmody)만 보존해 온 조합개혁장로교회(Associate Reformed Presbyterian Church)다.

다른 여러 스코틀랜드와 아일랜드 이민자들은 대체로 **웨스트민스터 표준 문서**를 충실하게 고수했고 주류 장로교파에 합류했다. 오늘날 영어를 구사하는 나라에서 소수의 작은 교파와 회중이 아직도 언약에 충실하고, 어떤 교파는 그리스도를 왕으로 인정하지 않는 헌법(civil constitutions)에 대해 충성을 거부하기도 한다.

3. "언덕 위의 도시"

미국에서 개혁주의 전통은 그 뿌리를 다양한 원천에 두고 있다. 일반적으로 미국의 개혁주의 신앙 단체는 교리, 문화, 복음적 경건에 대한 강조의 정도에 따라 분류할 수 있다.[76] 교리적인 영향은 신앙고백 표준 문서에 대한 엄격한 충성을 강조하고, 경건주의 영향은 실천적 기독교, 복음주의, 부흥, 인격적 헌신, 회심 등을 강조하며, 문화적 영향은 한쪽의 극단인 "사회 복음"과 다른 쪽 극단인 신정(Theonomy) 같은 양립 불가능한 광범위한 범위를 포괄한다.

최근까지 이들 세 가지 접근 방법은 공통적으로 "교리적 정통성"에 대하여 강조했다. 유감스럽게도 금세기에 현대주의와 세대주의, 근본주의와 신정통주의의 교차적(cross-cutting) 영향은 이렇게 깨지기 쉬운 요소를 약화시켜 왔다.[77]

신세계에서 '언덕 위에 도시'를 세우리라는 초기 미국 이민자들의 꿈은 모든 국가에 한 줄기 빛 같은 것이긴 하였으나 서서히 사라졌다. 미국 장로회주의의 문화적 특징은 관용 정신으로 가득했던 필라델피아에서 비롯된 것인데, 그곳에서 1705년 최초의 장로회가 조직되었다. 펜실베이니아의 관

---

[76] George M. Marsden, "Introduction: Reformed and American," (이하 Marsden) in *Southern Reformed Theology*, ed. by David F. Wells (Grand Rapids: Baker House Books, 1989), p. 3; Nicholas Woltersorff 번역, "The AACS in the CRC," *The Reformed Journal*, no. 24 (December 1974), pp. 9-16.

[77] Marsden, pp. 4-11.

용적인 법은 아무도 "그들의 종교적 신념 때문에 괴롭힘을 당하거나 손해를 받아서는" 안 된다고 약속했고, 시민은 하나님을 믿고 "평화롭고 정당하게"[78] 살 것을 요구했다.

이런 분위기에서 초기 미국 장로교인은 여러 가지 비성경적 이유에서 "기독교 국가를 형성하기 위한 개혁주의적 추진력"을 포기했다.[79]

① 그들은 영국 통치자의 감독 제도에 대한 편애를 염려했다.
② 식민지의 삼분의 이는 국가 교회제(전형적으로 회중교회나 성공회의 모습이다)를 수립하였고 장로회 제도를 수립할 가능성이 희박했다.

비록 초기 미국 장로교인들이 강경한 칼빈주의이긴 했어도 1729년이 되어서야 비로소 **웨스트민스터 신앙고백과 문답서**를 채택하였다. **채택 법안** (*Adopting Act*)으로 불리는 이 법안은 목사들에게 "장관의 권한 행사와 관련하여 국가 위정자의 노회에 대한 통제권과, 종교에 대해 박해할 권한을 갖는다는 가정 하에서 저 조항"[80]에 대해 예외를 두는 것을 허용했다.

이러한 조항의 채택으로 표준 문서에 대한 교회 직원의 완전한 동의를 지지하는 스코틀랜드—아일랜드 장로교인과 이에 반대하는 잉글랜드나 네덜란드계 장로교인 사이의 확대된 논쟁은 종결되었다.[81] 마지막 타협안은 목사들에게 "교리, 예배, 예식에 있어 본질적이지 않고 필수적이지 않다"고 판단되는 것을 제외한 모든 조항에서 웨스트민스터 신앙고백에 찬동할 것을 요구했다. 교회는 주로 통치자의 역할과 관련된 몇 가지 예외 조항을 받아들였다.[82]

---

78 L. P. Bowman, *The Days of Makemie, or the Vine Planted a. D. 1680-1708* (Philadelphia, 1885), p. 415 (이하 Bowman) Morton H. Smith, *Studies in Southern Presbyterian Theology* (Phillipsburg, New Jersey: Presbyterian and Reformed Publishing Company, 1962), p. 20에서 재인용 (이하 Smith, *Studies*).

79 Marsden, p. 4.

80 *Records of the Presbyterian Church in the United States of America: 1706-1788* (New York: Arno Press &The New York Times, 1964), pp. 94-95.

81 Leonard J. Trinterud, *The Forming of an American Tradition, a re-examination of colonial Presbyterianism* (Philadelphia: The Westminster Press, 1949), p. 48 (이하 Trinterud, *American Tradition*).

독일에서 시작된 대각성 운동은 부흥하고 있던 알미니우스주의 조류에 반대하던 조나단 에드워즈(Jonathan Edwards, 1703-1758) 같은 사람의 설교를 통하여 1734년 미국에 영향을 미쳤다.[83] 사람들은 더 이상 권위에 근거한 종교를 받아들이지 않고, 에드워즈가 자신의 저서 『의지의 자유』(Freedom of Will)에서 제시했던 합리적인 설명을 요구했다.

에드워즈는 만약 하나님이 자신의 뜻을 초자연적으로 변형시키지 않는다면 사람들은 하나님을 거부하고, 자신의 자유로운 의지를 따를 것이라고 주장했다. 그는 "하나님의 영은 말씀과 협력하여 역사하며 죄인의 마음을 열어 진리를 받아들이게 한다"[84]고 주장했다.

비록 참되고 유용한 설명이긴 하더라도, 언약신학을 철학으로 대체하는 것은 많은 사람으로 하여금 기독교를 과도하게 지성화하도록 함으로써 치명적인 결과에 이르게 했다. 조나단 에드워즈의 아들이 에드워즈의 영향력에 대해 묻자 어느 목사가 이에 답하면서 이렇게 말했다.

> 그 이유는 당신은 복음을 입증되어야 할 명제로 제시하고 나아가 그것을 입증하려고 하는 반면, 나는 그것을 이미 허용된 것으로 제시하고 마음과 양심에 새겨 넣으려 하기 때문이다.[85]

대각성 운동은 "미국 교회 역사에서 청교도 운동을 종식시키고, 경건주의나 감리교의 시대를 열었다."[86] 대각성 운동은 청교도를 어떤 사람이 구원받은 증거로 교회 회원이 될 것을 요구하는 복음적인 신파(New Lights)와, 하나님보다 사람의 역할을 강조하는 새로운 복음적 방법을 불신하는 구파(Old

---

82 Smith, *Studies*, pp. 24-27.
83 B. K. Kuiper, *The Church in History*, p. 345.
84 Stephen Berk, *Calvinism versus Democracy* (Hamden, Conn.: Archon Books/The Shoe String Press, 1974), p. 58 (이하 Berk).
85 William Sprague, *Annals of the American Pulpit* (New York, 1857), vol. 2, p. 38; Berk, p. 65.
86 Robert Ellis Thompson, *A History of the Presbyterian Churches in the United States* (New York: The Christian Literature Co., 1895), p. 34.

Lights)로 분열시켰다.[87] 그들이 알미니우스주의와 율법 폐기론 분파로 나누어짐에 따라, 뉴잉글랜드 신학자들은 점차 하나님의 주권과 인간의 자유 의지 사이의 은혜 언약의 완전한 균형을 폐기하게 되었다. 1700년대 중반까지 신파가 뉴잉글랜드의 입법부와 여러 신학교에서 세력을 떨치게 되었다.

대각성 운동은 또한 장로교를 분열시켜 1741년 뉴잉글랜드의 신파와 구파처럼 소장파(New Sides)와 노장파(Old Sides)로 분열시켰다. 스코틀랜드—아일랜드 신앙의 본거지인 노장파는 교리와 신앙고백 표준 문서에 대한 엄격한 충성을 강조했다. 반면 소장파는 구원에 관한 인간의 추론에 도전하였고, 복음주의와 개인적 경건을 강조했다.[88] 소장파 목사로는 길버트 테넌트(Gilbert Tenent)가 있고 그의 부친은 로그대학(Log College)을 설립해서 확장되는 식민지에서 크게 필요했던 목사를 수급했다. 독일 경건주의의 영향을 받은 테넌트는 교리와 성경에 대한 신앙은 불충분하다고 주장했다. 그 대신 그는 "다음의 3단계를 포함하는 영적인 회심"을 요구했다.

① 하나님의 법 아래에서의 죄에 대한 확신
② 영적 중생의 경험
③ 실제적인 경건 속에서 성령 사역의 증거를 보여 주는 개혁된 생활.[89]

성공회의 칼빈주의자인 조지 휫필드(George Whitefield)의 야외 설교는 부흥의 불길을 더욱 타오르게 했다. 그러나 과도한 부흥 운동은 구파 사람들의 관심을 자극했다.

점차 분열이 치유되어 가자 구파와 신파는 1758년 여러 가지 이유로 재결합에 이르게 되었다. 힘겹게 계속되는 국경의 확장, (구파를 선호하는) 스코틀랜드—아일랜드계 이민자의 대량 유입, 구파 목사의 부족과 점차 신파 목사로

---

87 Berk, pp. 9-12.
88 Marsden, pp. 4-5.
89 Randall Balmer and John Fitzmier, *The Presbyterians* (Westport, Conn.: Greenwood Press, 1993), p. 27 (이하 Balmer, *Presbyterians*).

보충되는 현상은 양 편으로 하여금 결합을 시도하도록 만들었다.[90] 양 측(테넌트를 포함하여)은 대각성 운동을 하나님의 역사로 이해하였을 뿐 아니라, 그 과도함에 대해서도 인정하였을 때 신학적 간격도 좁혀졌다.

프린스턴의 지도를 받아들였던 스코틀랜드의 존경받는 목사인 존 위더스푼(John Whitherspoon, 1723-1794)의 정통 교리와 온건한 복음적 경건은 분열을 치유하는 데 필요한 도움이 되었다.[91] 그는 학생들에게 자유주의와 싸우기 위하여 스코틀랜드의 상식 곧 토머스 리드(Thomas Leid)의 철학을 가르쳤는데, 그에 따르면 상식은 사람으로 하여금 세계 속에서 하나님의 영향을 식별할 수 있게 한다고 주장했다.[92] 끝으로, 그들은 도덕성을 공유하고 점차 이에 대해 강조함으로써 통합에 힘을 실었다.

> 통합을 위한 전제는 사회가 어느 정도 기독교적이어야 한다는 것이고,
> 교회는 사회가 더욱 기독교적이 되도록 기능해야 한다는 것이다.[93]

독립파와 침례파는 대각성 운동에서 크게 득을 보았고 청교도와 장로회 회원 내의 분열로 생겨났던 간격을 신속하게 메워갔다. 칼빈주의를 거부하는 감리교도도 등장하여, 1774년부터 1784년까지 기간 중에 1,400퍼센트 이상 성장했다.[94] 이러한 급속한 성장은 주로 공격적인 야외 설교 덕분이었다.[95] 새롭게 떠오르는 회중파 교회(Congregations)는 다원주의 사회의 시작과 종교 내에 교파적 지배의 종언을 나타냈다.[96]

혁명 전쟁까지는 종교가 저조했는데, 그 이유는 프랑스 회의주의와 잉글랜

---

90 Ibid, pp. 30-32.
91 Ibid, p. 33; Milton Coalter, *Gilbert Tennet, Son of Thunder* (New York: Greenwood Press, 1986), p. 120.
92 Balmer, *Presbyterians*, p. 36.
93 Trinterud, *American Tradition*, p. 193.
94 Iain H. Murray, *Revival and Revivalism* (Edinburgh: The Banner of Truth Trust, 1994), p. 74 (이하 Murray, *Revival*).
95 McFetridge, *Calvinism in History*, p. 152.
96 Berk, pp. 15-17.

드 이신론의 점증적인 영향 때문이었고 또 고단한 생활과 식민지 주민과 계속해서 맞서야 하는 상황 때문이었다.[97] 국가의 도덕적 특성은 특별히 "변경 지역에서,"[98] "회의주의와 광범위한 부도덕으로 나타났다." 이것은 당시 미국 인구의 거의 삼분의 이가 어떤 면에서 칼빈주의 신앙과 관련되었다는 점을 고려해 볼 때, 하나의 역설을 나타낸다.

> 미국의 혁명 시기에 미국인 3백만 명 중 90만 명은 스코틀랜드나 스코틀랜드-아일랜드 출신이었고, 60만 명은 잉글랜드의 청교도였으며, 40만 명은 독일이나 네덜란드 개혁교회 교인이었던 것으로 추정된다. 이뿐만 아니라, 국교회파 사람들은 39개 조항에서 칼빈주의 신앙고백을 견지했다. 그리고 많은 프랑스 위그노도 서부 세계로 왔다.[99]

이 모든 현상의 실상은 미국 특유의 칼빈주의가 그 정신적 지주를 상실했다는 것이었다. 혁명이 일어나기 수십 년 전, 한 저명한 목사는 예정론 교리는 "내 신앙에 너무도 본질적이어서 그것이 없다면 쓸모 있는 조항이 도대체 있을지 모를 정도"일지라도, 사람들이 이 교리 변호를 주저하는 것을 보면서 한탄했다.[100] 세기가 바뀔 무렵 "매사추세츠는 유니테리안(Unitarian)이 분리되기 직전이었고 코네티컷의 주류파(establishment)는 분리주의자에게 둘러싸였다."[101]

장로회 사람들은 미국 혁명에 크게 공헌했다. 실제로 영국인들은 이를 "장로회 사람들의 폭동"으로 명명했고, 애국자들을 휘그당으로 간주했다. 이러한 기여를 했던 이유 중 하나는 장로회 정치 체제 내에 갖추어진 광대한 소통망 덕분이었으며, 이는 중요한 논제에 쉽게 집중할 수 있게 해주었다.[102]

---

97 B. K. Kuiper, *The Church in History*, p. 356.
98 Morton H. Smith, "The Southern Tradition," *Southern Reformed Theology*, ed. by David F. Wells (Grand Rapids: Baker House Books, 1989), p. 19.
99 Boettner, p. 382.
100 Smith, *Studies*, p. 47.
101 Berk, p. 65.
102 James G. Leyburn, "Presbyterian Immigrants and the American Revolution," in *Journal of Presbyterian History*, ed. by James H. Smylie (Philadelphia: Presbyterian Historical Society, 1976), vol. 54, no. 1 (spring 1976): p. 29 (이하 Smylie, *Journal*).

존 위더스푼 같은 저명한 장로회 사람은 국민은 불의한 정부에 저항할 권리를 가지며 통치자는 피통치자의 동의를 통하여 자신의 권력을 이끌어낸다고 가르쳤다.[103] 그럼에도 불구하고 그들은 "부패가 참기 어려울 정도가 될"[104] 때까지는 복종해야 한다고 충고했다.

그러나 마찬가지로 "왕이 정도 이상으로 잔인하게 날뛰고, 국가의 법률을 뒤엎을 때, 그에게 저항하고 그들의 자유를 지키는 것"[105]이 정당한 의무라고 주장했다. 독립 선언에 서명한 유일한 목사인 위더스푼은 "서명을 주저하는 것은 우리 스스로 노예 상태에 동의하는 것"[106]이라며 서명을 주저하는 사람을 설득했다. 장로교 목사인 윌리엄 테넌트 3세(William Tennent III, 1740-1777)가 사우스캐롤라이나의 여성에게 차에 대한 과세(Tea Tax)를 피하라고 경고한 것은 그들의 정치 참여의 실례다.

> 그대들이 차(茶)를 구입할 때 매 온스마다 그대들의 후손의 피로 값이 지불될까 두렵다.[107]

그들은 아무런 설명이 없는 과세는 약탈이라며 반대했다. 장로교인은 정치적 반대뿐 아니라 전쟁에도 크게 기여했다. 예를 들면, 콘 월리스(Cornwallis, 1738-1805)가 패배했을 때 "식민지 군대의 모든 대령은 한 사람을 제외하고 모두 장로교 장로였다."[108]

---

103 James L. McAllister, "Francis Alison and John Witherspoon: Political Philosophers and Revolutionaries," in Smylie, *Journal*, vol. 54- no. 1 (spring 1976): p. 43.

104 John Witherspoon, in "Presbyterians and the American Revolution," in Smylie, *Journal*, vol. 52, no. 4 (winter 1974): p. 356에서 인용.

105 John Witherspoon이 지지하는 1770 commencement debate proposition, Smylie, *Journal*, vol. 52, no. 4 (winter 1974): p. 357의 "Presbyterians and the American Revolution"에서 인용.

106 John Witherspoon, Paul Carlson, *Our Presbyterian Heritage* (Elgin, II: David C. Cook Publishing Co., 1973), p. 14.에서 인용.

107 William Tennent III, "To the Ladies of South Carolina," in the *South Carolina Gazette and Country Journal*, 2 August 1774, p. 1, reprinted in "Presbyterians and the American Revolution," in Smylie, *Journal*, vol. 52, no. 4 (winter 1974): p. 374.

108 J. R. Sizoo, quoted in Boettner, p. 384.

전쟁 후, 장로교인은 각 주의 국교회를 종식시키기 위해 다른 비국교도 교파와 제휴했다. 입법부에 제출한 제안에서 노회와 목사들은 각 주마다 여러 교파 중 하나를 택하여 한 교파에만 합법적 지위를 부여하거나 다른 교파를 희생하여 특권을 부여하는 것이 불합리함을 호소했다. 예를 들면 윌리엄 테넌트는 사우스캐롤라이나 의회에 "평등하게 대하거나 그렇지 않으면 아무것도 하지 않도록"[109] 해달라고 호소했다.

교회와 국가의 관계에 대한 개혁 요구에 부응해서, 미국의 장로교회는 1789년 **웨스트민스터 신앙고백**에 중대한 수정을 가하여 통치자가 근본적으로 도덕이나 종교 문제에 관한 어떠한 책무도 갖지 않도록 했다. 그뿐만 아니라 그것은 또한 **대요리문답**에서 거짓 종교에 대한 관용을 경고한 규정도 삭제했다(질문 109).[110]

제2차 각성 운동은 1800년대 초, 그 첫 열매인 예일대학교 총장 티모시 드와이트(Timothy Dwight, 1752-1817)의 학생 가운데 시작되었다. 이 학생들은 미(美) 전역을 돌아다니며 미국인이 분발하여 자유주의와 싸우고 청교도 언약에 대한 신앙을 회복하기 위하여 힘을 모으는 일에 관심을 기울이도록 했다. 드와이트의 노력은 성공적이었으나, 그가 칼빈주의를 약화시킨 일과 선교 공동체가 교회 사역을 수행하도록 격려한 일은, 뱀의 씨앗(dragon seeds)이었음이 입증되었다.[111]

이언 머레이(Ian Murray, 1931년생)는 이 각성 운동을 추적하여 켄터키까지 이르게 되었는데, 각성 운동은 바로 이곳의 야외 캠프 종교 집회를 통해 장로교인으로부터 시작하여 감리교도와 침례교도에게로 급속히 확산되었다.[112] 남부의 여러 주에서 부흥이 폭발적으로 확산되면서, 복음주의적인 기독교에

109　William Tennent III, "Speech on Dissenting Petition, Delivered in the House of Assembly, Charleston, South Carolina, Jan. 11, 1777," in David Ramsey, *The History of Independent or Congregational Church in Charleston...*, (Philadelphia: J. Maxwell, 1815), pp. 53-8, 60-4, reprinted in "Presbyterians and the American Revolution," in Smylie, *Journal*, vol. 52, no. 4 (winter 1974): p. 449.

110　"Presbyterians and the American Revolution," in Smylie, *Journal*, vol. 52, no. 4 (winter 1974): p. 474.

111　Berk, pp. 44-45, 85-90.

112　Murray, *Revival*, pp. 149-157.

영속적인 흔적을 남겼다.[113] 이러한 폭발적인 성장과 함께 교파 내에 더 많은 분열이 일어나서 새로운 소종파도 확산되었다.[114]

켄터키의 "장로교인들은 분열로 인해 사실상 각자 흩어졌다."[115] 또한 교육받은 목사의 필요에 대한 약화된 강조, 기적적인 은사에 대한 강조와 교회 구조의 단편화, "그때까지 모든 복음적 기독교인을 지배해 왔던 칼빈주의 복음 이해에 대한 총체적인 거부"[116] 등을 그 흔적으로 남겼다.

개인적 결단에 대한 알미니안적 강조가 하나님의 영원한 작정에 대한 성경적인 강조를 대체했다. 제단의 외침 같은 수많은 혁신 사항은 성경과 모순되게도 믿음의 선택이 먼저이고, 중생이 그 뒤를 따른다고 강조했다. 모든 강조가 내적인 행위보다는 외적인 행위에 있었고, 죄의 세력보다는 형벌에서의 구원에 있었다.[117]

점증하는 인구와 서부로의 팽창 필요성에 대해 검토하기 위하여, 장로교회는 역사적으로 칼빈주의 회중교회와 힘을 모으기 위하여, 1801년 **연합 계획**(a Plan of Union)을 채택했다. 연합의 결과는 이랬다.

① 이 시기 뉴잉글랜드의 교회를 특징짓는 "모호하고 건전하지 않은 신학의 점증적인 유행"의 확산

② 장로교회에 회중교회적 관습의 도입

이것은 당연히 대체적으로 **웨스트민스터 표준 문서**를 엄격하게 준수하는 일에서 이탈하는 것과 전체적인 교회 권징의 약화로 귀결되었다.[118]

1837년 이러한 변화에 상응하여, 보수적인 "**구학파**"(Old School)와 복음주

---

113 Murray, *Revival*, p. 173.

114 B. K. Kuiper, *The Church in History*, pp. 355-357; Murray, *Revival*, p. 173.

115 Murray, *Revival*, p. 170.

116 Murray, *Revival*, pp. 176-177.

117 Murray, *Revival*, pp. 365-371.

118 Smith, *Studies*, pp. 32-33에서 S. J. Baird, *A History of the New School and Of the Questions Involved in the Disruption of the Presbyterian Church in 1838* (Philadelphia, 1868), p. 166을 재인용.

의적인 "신학파"(New School) 진영으로 분열되었다. 구학파는 "성경이 침묵하는 곳에서 교회도 침묵해야 하며," "그리스도의 교회는 그 권한이 오직 그 회원의 경건한 믿음과 도덕적 행위까지만 미치는 하나의 영적인 공동체"[119]라는 철학을 견지했다. 이러한 철학은 공개적인 노예제 반대를 배척했는데, 이것은 당시 남부장로교회의 보편적인 입장이었다. 하지만 긍정적인 측면에서 장로교회(C.S.A.)는 그 복음주의적 주안점을 선포하고 선교 공동체보다는 교회 조직을 통하여 그 목적을 달성하려고 하였다.[120]

> 우리는 가시적으로 조직된 신자의 모임이라는 개념을 발전시키기 원했는데, 그것은 바로 주님의 일을 위하여 거룩하게 부름 받은, 공동체 혹은 협회(corporation)다. 그래서 우리는 결코 적절하게 해낸 적이 없던 것, 곧 장로교 정치 체제의 힘을 끌어내는 일을 할 것이다.[121]

점점 더 개인을 강조함으로써 초래된 가장 파괴적인 결과 중 하나는 교회에 대한 경시였다. 루이스 벌코프(Louis Berkhof, 1873-1957)는 "실제로 두 명의 핫지(Hodges)와 스미스(H.B. Smith)와 댑니(Dabney) 같은 우리 나라의 탁월한 모든 장로교 교의학자들이 저마다 교의학 저술에서 교회에 대한 어떠한 독립된 입장도 갖지 않고 있으며, 실제로 그에 대해 극히 작은 관심만 기울인다는 것은 상당히 특별한 일처럼 보인다"[122]고 주장했다.

남북 전쟁(the Civil War) 직후 북부의 구파와 신파 장로교 분파들(elements)의 연합은 "차이점을 해결하는 것이 아니라 차이점을 무시하고 흡수함으로써" 이루어졌다. 보다 보수적인 남부의 구학파(old school) 없이, 이러한 북부

---

119 Smith, *Studies*, pp. 33-35에서 Smith, *Studies*, pp. 33-35, *Minutes of the General Assembly of the Presbyterian Church U.S.A, 1838-1847*, pp. 376-388을 재인용.

120 Smith, *Studies*, pp. 40-41.

121 *Minutes of the General Assembly of the Presbyterian Church C.S.A*, *1861*, pp. 51-60, Morton Smith, *How is the Gold Become Dim* (Jackson: Steering Committee for a Continuing Church, Faithful to the Scriptures and Reformed Faith, 1973), p. 10(이하 Smith, *Gold*)에서 인용.

122 Louis Berkhof, *Systematic Theology* (Grand Rapids: Wm. B. Eerdmans Publishing Co., 1946), p. 553 (이하 Berkhof).

장로교단(미합중국의 장로교회)은 역사적인 칼빈주의에서 서서히 이탈하여 갔다. 이러한 이탈을 촉진시킨 것은 하나님을 창조주의 권좌에서 퇴위시킨 과학(예를 들어 진화론)과, 목사에게서 상담가의 자리를 빼앗은 심리학, 성경의 권위를 약화시킨 본문 비평의 신이론이었다. 현대 자유주의는 이러한 새로운 이론에 교리를 적응시키려는 선의의 노력에서 생겨났다.[123]

자유주의 신학교의 영향을 받아 북부 장로교인들은 1903년 자신들의 고백 기준을 완화했다. 그들은 하나님의 영원한 작정 교리(즉, 선택)를 "모든 인류에 대한 하나님의 사랑"의 교리와 "하나님은 어떤 죄인의 죽음도 원치 않으신다는 교리"와의 조화를 이루는 해석을 주장하는 선언문(Declaratory Statement)을 채택하였다. 개정 작업을 거친 결과로 중생하지 못한 사람의 선행은 더 이상 죄가 아니며 교황은 더 이상 적그리스도가 아니었다. 성령과 하나님의 사랑에 대한 새로운 장이 추가되었다.[124] 진리를 희생시켜 연합을 이루려는 이러한 추세는 비참한 결과를 초래할 것이다.

1910년 교회는 공공연하게 의문의 여지없이 확실한 믿음의 근본 요소를 무시하는 자유주의 성향의 목사들과 싸우기 위하여, 신앙의 5개 조항(예를 들면 성경의 무류성, 동정녀 탄생)을 "본질적이고 필수적인" 교리로 확인하는 선언문을 발표하였고, "다른 조항도 동일하게 그렇다"고 선언하였다.

슬픈 사실은 장엄하고 체계적인 웨스트민스터 신앙고백의 각 조항이 실질적으로 정통의 표준으로 적용되는 일이 중단되었다는 것이다. 설상가상으로 장로교 목사 1,000명이 이들 5개의 근본 진리를 인정하기를 거부하는 자유주의적 성명서인 **어번 선언문**(*Auburn Declaration*)에 서명했다.[125]

총회는 점증하는 자유주의적 여론에 대응하여, 1925년까지 만약 자유주의 여론이 교회의 헌법을 변경시킬 만큼 장로들의 동의를 얻지 못한다면, 신조의 모체(creedal maters)를 형성할(즉, 본질적인 요소를 결정하는 것) 권한을 전혀 갖지

---

123 Lefferts Loetscher, *The Broadening Church: A Study of Theological Issues in the Presbyterian Church since 1869* (London: University of Pennsylvania Press, 1954), pp. 5-13.

124 Ibid, pp. 42-47, 87-88; 1902년 PCUS는 사망한 유아도 은혜 언약 안에 있다는 믿음의 정당한 근거를 선언했다(Digest PCUS, p. 8).

125 Ibid, pp. 98-99, 120.

못한다고 결정했다. 실제로 미국 장로제도에서 참된 권위는 항상 장로회에 있었다. 몇 년 지나지 않아 자유주의자들이 통제권을 얻게 되자 교회의 보수적인 신학교를 약화시켰다.[126] 교회는 진리를 모욕하는 자들에 대해 반대를 원치 않으면서도, 교회 사법부 내의 보수주의자를 일치를 더럽히는 자들이라며 끈질기게 괴롭히기를 마다하지 않았다. 1930년 후반에 많은 보수주의자가 정통 장로교회를 설립하기 위하여 독립했다.[127]

미국장로교회(PCUS)로 더 잘 알려진 남부장로교회에서 일어난 투쟁은 유사한 과정을 따르긴 했지만 보다 서서히 이루어졌다. 1942년경 미국장로교회(PCUS)에서는 보수주의로부터 자유주의 교단으로의 돌아갈 수 없는 이동이 시작되었다. 그 보수주의적 본성을 보여 준 사례는 그 해 총회가 **자비 또는 필요의 법령들**(acts of mercy or necessity)을 적절히 감안함으로써, 전쟁 중에도 안식일을 준수할 것을 요구하는 한 통의 편지를 미국 대통령에게 보낸 일이었다.[128] 그 새로운 자유주의적 방향을 보여 준 사례는 그 해에 본질적으로 동일한 두 장의 신앙고백에 첨가된 것으로, 이는 북부 교회가 수십 년 전에 채택했던 내용이었다.[129]

정확히 5년 전에 미국장로교회(PCUS)는 **웨스트민스터 신앙고백**은 이미 성령의 사역에 대한 45개의 언급과 하나님의 일반적 사랑에 대한 14개의 언급과 그의 백성에 대한 하나님의 특별한 사랑에 대한 12개의 언급을 포함하고 있기 때문에 그러한 변화는 필요하지 않다고 선언했다.[130] 이러한 새로운 장들은 "세상에 대한 하나님의 사랑"과 선택에 대해서는 아무런 언급도 하지 않은 채, "모든 사람들이 구원받기를 바라신다"고 선언했다.

---

126 Ibid, pp. 134-135.

127 Morton H. Smith, "The Southern Tradition," *Southern Reformed Theology*, ed. by David F. Wells (Grand Rapids: Baker House Books, 1989), p. 19.

128 *A Digest of the Proceedings of the General Assembly of the Presbyterian Church in the United States* (Richmond: 1945), p. 248 (이하 Digest PCUS); Ernest Thompson, *Presbyterians in the South Volume Three: 1890-1972* (Richmond: John Knox Press, 1973), p. 494, vol. xiii of *Presbyterian Historical Society Publication Series*로 출간.

129 Digest PCUS, p. 4.

130 Minutes of the 1937 General Assembly of the Presbyterian Church U.S., Smith, *Gold*, pp. 233-241에서 인용.

이렇게 수정된 칼빈주의의 하나님은 사람들을 하나님 자신에게로 이끄시기 보다는, 사람들에게 제시된 복음을 받아들이라고 요청한다.[131] 이러한 변화는 성경에서 말씀하고 있듯이 "인류에 대한 그의 일반적 사랑"보다는 "그의 백성에 대한 특별한 사랑"을 강조하는 원래의 신앙고백에 나타난 칼빈주의를 약화시켰다.[132]

1950년대 후반에 신앙고백에 대해 보다 확대된 수정이 실패로 돌아갔을지라도, 미국장로교회(PCUS)는 **웨스트민스터 표준 문서**와 불일치하는 확장된 진술을 채택했다. 1972년 PCUS는 "기독교 신앙을 지배하는 유일한 권위"라는 성경의 지위를 부인하고 그것을 다수의 권위로 대체했다. 그 권위란 물론 성령의 지도를 따르는 것으로 "성경을 포함해서, 교회, 인간의 이성과 경험"이었다. 본질적으로 새로운 입장은 **웨스트민스터 표준 문서**에 나타났던 "성령께서 성경에서 말씀하신다"고 하는 대신 오직 성령만 사람의 양심을 지배한다고 확정했다.[133]

하나님의 주권과 성경의 권위에 대한 부정은 1973년에서 1974년 사이에 거기서 보수주의자가 빠져나와 새로운 교단인 미국장로교단(the Prebyterian Church in America)을 결성할 수밖에 없도록 하였다. 휘그당(the Whigs)에게서 자유롭게 되자, 남부의 주요 교단은 1983년 북부 교회와 연합하여 장로교회 (U.S.A.)를 결성하였다.

안타깝게도 1959년 조합개혁파장로교회(the Associate Reformed Presbyterian Church) 역시 두 개의 유사한 새로운 장(chapters)과 그 안에 암시되어 있는 수정된 칼빈주의를 채택하였다.[134] 신학의 정수(Marrow theology)와 그에 대한 본래의 분리주의자의 사랑은 이러한 변화를 위한 기초로 인용되는데, 그것은 종교 저작에 내재하는 애매함의 위험성을 보여 준다. 일 년 일찍 분리주의자들

---

131 *The Confession of Faith of the Presbyterian Church in the United States* (Richmond: Presbyterian Committee of Publication, w/revisions through 1944), new chapter on the Gospel, chapter X, section 2, p. 65 and new chapter on the Holy Spirit, chapter IX, section 3, p. 62.

132 Minutes of the 1937 General Assembly of the Presbyterian Church U.S., Smith, *Gold*, pp. 241에서 인용.

133 Smith, *Gold*, pp. 57-58, 26-29.

134 Ray King, *A History of the Associate Reformed Presbyterian Church* (Charlotte: the Covenant Life Curriculum, 1966), p. 100.

과 언약도의 후예와 연합장로교회로 이루어진 미국에서 가장 큰 교단이 자유주의적인 북부장로교회에 합류함으로써 그 세기 내내 이루어졌던 보수주의 원리에서의 이탈이 완결되었다.

장로교회 내부에서 일어난 위의 투쟁은 20세기 초 자유주의와 싸우기 위해 일어났던 **"근본주의"**(Fundamentalism)로 불리는 전국적인 운동의 부흥과 몰락을 반영했다. 『옥스포드 소사전』(The Concise Oxford Dictionary)은 근본주의를 "현대주의에 맞서, 개신교의 근본 요소로서 성경의 무류성과 신조의 문자 그대로의 수용과 같은 전통적인 정통 신앙에 대한 지지"[135]라고 정의한다. 비록 이 운동의 목표는 고상했을지라도, 오늘날의 일반적인 언어로 말하자면, 이 용어는 사실 "이성에 대한 불신과 조잡한 변증학과 노골적인 문화와 기이한 개인주의와 성직자직에 대한 무관심"[136]과 어울린다는 것이다. 불행하게도 패커(J. I. Packer)가 주장했듯이 근본주의는 신랄한 비판을 크게 받을 만하다.

> 그것은 지성적으로 빈약해졌고 문화는 의심스러워졌다. 기독교인의 사회적 증언에 대한 책임은 '사회 복음'을 퍼뜨리는 자에게 넘겨졌고, 근본주의는 그 관심을 복음주의적인 것과 개인적 경건을 배양하는 것으로 제한시켰다.

개혁의 불꽃이 분명하다해도, 20세기에는 자유주의와 싸운 거의 모든 전투에서 패배했다. 예컨대 신정통주의 신학자 칼 바르트(Karl Barth, 1886-1968)는 칼빈주의 선택 개념을 그리스도만 선택되었다는 개념으로 바꾸고, 인류는 그리스도를 통해서 선택되는 것이라고 했다. 이런 변화는 수정 칼빈주의의 본질이 돌연변이라는 것을 증명하는 셈이었다.

아아! 모더니즘에 대항하여 일어난 20세기의 대공세는 백병전의 양상을 띠고 있다. 전쟁터는 통신망이 거의 전부 끊겼고 효율적으로 조직된 전투 부대를 찾기도 쉽지 않다. 우리의 강력한 대포는 사용된 적이 없는 무기다. 총이 발사된다 하더라도, 포탄은 감히 다른 사람의 양심을 공격하지 못하게 고무로

---

135 J. I. Packer, *Fundamentalism and the Word of God* (Grand Rapids: Wm. B. Eerdmans Publishing Co., 1976), p. 29 (이하 Packer, *Fundamentalism*).

136 Packer, *Fundamentalism*, p. 36에 담긴 J. G. Machen의 유감에 대한 개관.

된 것이다. 위대한 자원과 우리나라의 정신은 잠들어 있으며 더욱 나쁜 것은 그 사용법을 아는 적의 손에 넘어갔다는 것이다.

교회일치운동(ecumenical movement)은 우리가 우리 진지를 떠나 적의 집중 공세 아래 손을 잡자고 청한다. 다른 사람은 보다 많은 배후 지원 조직을 만들어야 한다고 주장한다. 우리는 필사적으로 우리의 관용을 축소하고 더 많이 생각해야 한다. 우리는 복음주의 정통파에 속한 사람들이 생각하지 않는 자유주의적 비평에 능숙하게 대응했던 메이천(J. G. Machen)의 충고를 따를 필요가 있다.

> 그는 자유주의적 사고가 매우 피상적이며 그렇게 보일 것이라고 주장했다. 그리고 자유주의에 대한 참된 치유는 사람들이 (어떤 근본주의자들이 가정했던 것보다) 적지 않게, 더 많이, 더 깊이, 더 열렬히, 더 분명하고 비판적으로 생각하는 것이다.[137]

그래서 메이천의 도전을 받아들이고, 약간 진지한 사유를 해보자.

우리는 언약도에게 무엇을 배울 수 있을까?

이 질문에 답하기 전에 하나의 전제를 받아들여야 한다. 그 전제는 언약도의 목적은 **그들의 삶과 그들의 교회와 하나님의 형상을 닮은 그들의 상태를 세우는 것이라는 점**이다. 그것은 진정 오늘날 기독교인에게도 적절한 목적이기도 하다. 이러한 전제는 어떤 특수한 행동에 있어서 그들이 부족할 수 있음을 인정하지만, 그들의 목적은 우리의 목적이 되어야 한다. 이러한 전제에 따른 본질적인 귀결은 성경에는 기독교인과 교회와 국가를 지도할 수 있도록 명확하게 정의된 경계 표지가 있다는 것이다.

이러한 전제와 귀결을 가정하는 것이 타당한데, 그렇다면 우리는 언약도에게서 배우는 교훈을 어떻게 적용할 수 있을까?

다음의 분석을 통해서 개혁주의 기독교인과 교회와 국가라는 궁극 목표를 가지고 이러한 목적을 달성해 보고자 한다. 개혁에는 한계가 없다.

---

137 Packer, *Fundamentalism*, p. 35.

제9장 계속되는 투쟁 327

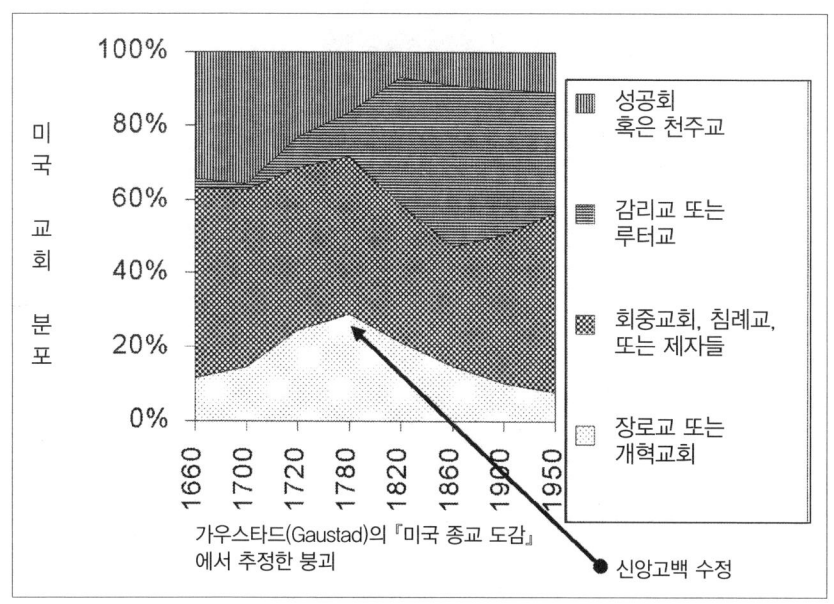

▲ 미국 교회 유형(전체 백분율)

▲ 순교자들

월래스의 검   드럼클록 용기병의 검
(알로웨이(Alloway) 출판사의 승인을 받음)

[통계표, 노래 및 검]

제3부

언약도에게서 배우는 교훈

① 모든 참된 기독교인은 언약도다. 성경의 중심 주제는 하나님의 은혜 언약이다.
② 교회는 제2차 종교개혁 시대와 사도 시대 동안 획득했던 진리 안의 일치를 재확립해야 한다.
③ 기독교인은 하나님의 백성이 되기 위한 언약적 의무와 직무를 최우선에 두어야 한다. 이것은 그리스도와 친밀해지는 것과 매일 그 관계를 개선할 것을 요구한다.
④ 기독교인은 성경에 나타난 직무를 다하여 모든 민족으로 제자를 삼고 세상의 빛과 소금이 되어야 한다.
⑤ 기독교인은 하나님과 언약을 맺어야 하고, 하나님의 말씀을 따라서 자신이 사는 국가와 교회와 사회를 개혁하기 위해 상호 언약을 맺어야 한다.

Our Covenant Heritage

제10장 | 언약도의 교훈
1. 언약이란 무엇인가?
2. 언약의 기원과 창시자
3. 언약의 당사자
4. 언약의 조건
5. 언약의 속성
6. 언약의 축복
7. 언약의 수단
8. 언약의 직무
9. 언약 밖에 있는 사람

제11장 | 교회를 위한 교훈
1. 말씀 - 교회의 표지
2. 말씀 - 명령된 설교
3. 말씀 - 명령된 성례전
4. 말씀 - 명령된 교회 권징
5. 말씀 - 진리 안에서 일치로 나타남

제12장 | 기독교인을 위한 교훈
1. 성화 - 두 부분
2. 성화 - 믿음의 은혜
3. 성화 - 사랑의 은혜
4. 성화 - 소망의 은혜
5. 성화 - 또 다른 은혜
6. 성화 - 열매
7. 성화 - 방편

제13장 | 시민을 위한 교훈
1. 교회와 국가 - 공동 의무
2. 교회와 국가 - 공동 시민

제14장 | 개혁
1. 개혁은 언약에 따른 의무이다.
2. 교회 개혁
3. 교회와 국가의 개혁
4. 기독교인의 개혁
5. 결론

제10장

언약도의 교훈

> 너희는 내 목소리를 들으라 그리하면
> 나는 너희 하나님이 되겠고 너희는 내 백성이 되리라(렘 7:23).

■ **교훈1** 모든 참된 기독교인은 언약도다. 성경의 중심 주제는 하나님의 은혜 언약이다

복음의 주요 사상은 잃어버린 개인의 구원이 아니다. 그것은 언약 백성에 대한 하나님 왕국의 점진적인 계시다. 스튜어트 로빈슨(Stuart Robinson, 1814-1881)은 자신의 책 『하나님의 교회』(The Church of God)에서 대담하게 성경의 중심 계시를 선포했다.

> 그것은 어제나 오늘이나 영원히 동일하신 한 분의 왕 예수 그리스도와, 오고 또 오는 세대에 본질적으로 한 주, 한 믿음, 하나의 세례를 갖는 공동체의 경륜의 역사다.[1]

---

1 Stuart Robinson, *The Church of God as an Essential Element of the Gospel and The Idea, Structure, and Functions Thereof* (Philadelphia: Joseph M. Wilson, 1858), reprinted by Greenville Presbyterian Theological Seminary in 1996, pp. 58-59 (이하 Robinson, *The Church of God*).

로빈슨은 개신교 사상의 진보와 태양계의 진화 개념을 비교하여 이러한 원리를 설명했다.

> 쯔빙글리파는 오직 하나님 말씀만이 양심에 대한 권위 있는 규칙이 될 수 있다는 진리를 그 체계의 중심 원리로 받아들이면서 거짓 복음에 반대하고 참된 복음(gospel)을 발전시켰다. 그러나 복음은 그 성향상 너무 쉽게 이성에 의해 왜곡되기 때문에 이 세상의 이성적인 인간을 높여서 영적인 체계의 중심으로 삼거나, 혹은 **가장 좁은 관점에서 보자면 구속 계획과 관련하여 고차원의 진리를 모호하게 할 수 있다.**
> 믿음을 통하여 은혜로 말미암아 죄인의 칭의를 그 중심 원리로 받아들이는 루터파 이론은, 코페르니쿠스적인 방법을 따라 참된 중심으로서 의로운 태양이신 예수 그리스도를 나타내며, 지상의 이성적 인간은 그리스도께 관심을 기울이는 모든 사람과 함께 그에게 이끌리어 그 주위를 도는 것이다.
> 칼빈은 쯔빙글리와 루터의 중심 진리가 진정 위대한 진리라는 사실을 인정하면서도, 라플라스(Laplace)와 현대인의 한층 더 광범위한 관점으로 이성적인 인간은 그의 참된 중심으로서 중재적인 의로운 태양 주위를 돌 뿐 아니라, 그 인간과 그의 중심적인 태양은 다시금 한층 더 심원한 중심이요, 창세 전에 영원한 비밀 속에서 확정된 하나님의 영원한 목적 주위를 돈다는 것에 주목했다.[2]

존 니베이(John Nevay)가 설교했던 것이 하나님의 언약에 대한 이러한 이해이며, 뉴밀른즈 지역에 살던 사람들로 하여금 하나님의 진리를 위해 자신들의 생명을 버리도록 이끌었던 것도 이러한 이해다. 니베이의 설교는 어째서 언약도가, 특히 뉴밀른즈시(市) 가까이 사는 사람들이 자기 생명을 기꺼이 드리려고 했는지에 대해 유일하게 만족스런 설명을 해 준다. 니베이는 비록 박해 초기에 네덜란드로 추방되었을지라도, 고향 교구에 그들과 함께 사는 동안 선포했던 52편의 은혜 언약에 대한 설교를 보냈다.

니베이는 이들 설교 49편의 중심 본문인 사무엘하 23:5에 대한 특별한 강

---

2 Robinson, *The Church of God*, pp. 36-37.

조와 함께 다윗의 마지막 말인 사무엘하 23:1-7 말씀을 이들 설교의 주안점으로 선택했다. KJV으로 번역된 이 구절은 다윗이 그의 인격적 실패에도 불구하고 하나님의 영원한 언약 축복에 대해 충분히 확신을 가졌다는 깨달음을 표현한다.

이들 설교를 검토하고 언약도에 대한 제임스 니스벳의 견해를 검토한 후에 필자는 언약도라는 명칭이 하나님의 언약적 약속에 충실한 자에게 적용된다는 확신이 생겼다. 니베이와 니스벳은 모두 언약과 언약도의 주제에 대해 말하지만 **엄숙 동맹**에 대해서는 전혀 말하지 않는다. 그들의 모든 초점은 하나님의 은혜 언약에 있다. 우리가 니베이의 설교에 나타난 메시지를 이해한 후에야, 무엇이 언약도로 하나님의 진리를 위해 모든 것을 희생하도록 동기를 부여했는지 알 수 있을 것이다.

필자는 본 장(章) 이후로 나오는 니베이의 설교를 읽고 나면 독자 역시 동일한 결론에 도달할 것이라고 확신한다. 필자는 독자 역시 모든 참된 기독교인은 언약도라는 전제에 동의할 것이라고 확신한다. 니베이 설교에 대한 다음의 개관을 읽기 전에, 이것이 독자의 삶과 세계관을 변화시킬 것이라는 점을 숙지하기 바란다. 아마 당신도 언약도가 될 것이다.

하지만 경고가 더 적절하겠다. 성령의 지도와 새롭게 하심을 따라서 성경과 묵상과 기도를 진지하게 검토해야만, 하나님의 은혜 언약의 심오한 신학적 보화를 발견하게 될 것이며 그 보상은 최고일 것이다.

1. 언약이란 무엇인가?

하나님의 은혜 언약은 성경의 중심 주제다. 이것은 아담이 행위 언약을 지키는 데 실패했을 때, 처음으로 아담에게 주어졌다. 구약성경과 신약성경은 동일한 언약의 상이한 경륜일 뿐이다.

1) 언약 일반

어떤 사람이나 사회가 아무런 기초도 없다면 그것은 비통한 상태다(시 11:3; 72:5; 렘 17:3-4). 환난의 때에 "한 가지를 확실하게 하는 것은 하나님 백성에게 커다란 유익이다." 이 한 가지란 그리스도가 "**백성에게 주시는 언약을 위한**"(*for a covenant to the people*, 사 13:6) 유일하게 "**확실한 기초**"(*sure foundation*, 사 28:16)라는 사실이다. 하나님께서 그리스도 외에 다른 어떤 기초도 뒤집으실 것임을 명심하라(겔 21:27). 니베이는 **언약**(*a covenant*)을 "약속과 연대를 통하여 어떤 조건과 조항에 대해 당사자 간 협정"으로 규정한다.

언약에 해당하는 히브리어 **베리트**(*berith*)는 "선택하다" 혹은 "여러 조각으로 자르다"라는 뜻으로 쓰인다. 그들은 언약을 체결할 때 희생물을 둘로 잘라 그 사이를 지나면서 언약 파기자에 대해 저주를 하였기 때문이었다"(창 15:1, 18; 시 89:3; 렘 34:18; 눅 12:46).

신약성경에서 언약에 해당하는 말인 **유언**(*Testament*, 히 7:22; 9:16)은 "양도," "유산"을 나타낸다. 그것은 하나님과 사람이 맺는 협정을 나타내며, 그 안에서 그리스도의 부요하심과 구원과 영원한 생명의 커다란 은혜가 의로워지기 위해 그리스도를 믿고 영접한다는 조건으로 사람에게 전가된다. 두 단어 모두 희생에 의해 이루어지는 언약을 가리킨다(시 50:5; 눅 22:20).[3]

하나님은 "사람과 두 개의 언약을 체결하셨다." 하나님은 **행위 언약**(*Covenant of Works*), 혹은 율법으로 불리는 첫 번째 언약을 아담과 체결하셨다. 그것은 인간을 "저주와 영원한 사망의 고통 아래" 철저히 복종하지 않을 수 없

---

3 Nevay, pp. 27-29. 이하 각주는 해당 단락의 자료를 말한다.

게 했다(창 2:16-17; 신 5:29; 겔 18:4; 롬 2:5; 6:14; 10:5; 갈 3:12).[4] 비록 율법이 "거룩하고 의롭고 선하다"(롬 7:12) 하더라도, 그것은 사망으로 인도한다(롬 4:15; 7:10). 은혜 언약(Covenant of Grace)으로 불리는 두 번째 언약, 곧 복음은 그리스도의 피로 가능해졌다(눅 22:20). 그것은 구원과 영생(딛 2:11)과 하나님과의 화평(사 54:10; 겔 37:26)과 화목(고후 5:9)을 가져온다. 첫 번째 언약이 속박으로 이끄는 반면 두 번째 언약은 자유로 이끈다(갈 4:22-24). 표10.1에서 보여 주는 것처럼 두 언약은 서로 다르다.

[표10.1 은혜 언약과 행위 언약 비교]

행위 언약	은혜 언약
행위를 요구한다(갈 3:12). 그러나 믿음도 요구한다.	믿음을 요구한다(행 16:31). 그러나 증거로서 행위가 요구된다(마 5:16; 빌 4:13; 딛 2:12).
행위는 약속에 앞선다.	행위는 믿음을 뒤 따른다(롬 16:26; 딛 3:8).
중보자 없음	예수가 중보자(히 9:15; 12:24)
사람의 힘과 타고난 의로움을 의지한다.	하나님의 능력(시 89:19)과 그리스도에게서 전가된 의에 의존한다.
행위에 근거한 상급	하나님의 은혜에 근거한 상급(롬 4:4)
깨질 수밖에 없으며 사망에 이른다.	영원히 견고하며 영생에 이른다.
율법의 저주 아래(율법 아래) 있다.	그리스도께서 언약 안에 있는 자를 위해 저주를 당하셨기 때문에 더 이상 저주 아래 있지 않다

그들은 둘 다 동일한 창시자(하나님), 동일한 당사자(하나님과 인간), 동일한 목적(하나님을 영화롭게 함), 동일하게 제공된 상급(영원한 은혜)을 갖는다는 점에서 비슷하다. 둘 다 조건적이며, 변하지 않고(렘 33:20; 마 5:17), "완전한 의를 요구하며"(롬 3:31; 고전 6:9), "저주 아래 속박한다"(신 27:26; 고전 16:22).[5] 요약하면 모든 성경은 은혜 언약을 말한다.

---

4 Nevay, p. 30.

5 Nevay, pp. 30-31.

시내산에서 공표된 언약은 행위 언약이 아닌, 은혜 언약이며 그것은 예표(types)로 율법의 공포(legal terrors) 속에서 베풀어졌다.

율법은 "우리를 그리스도께로 인도할 뿐"이다(출 24:6-7; 갈 3:24; 히 8:7-8).[6] 아무도 그 둘 아래 있을 수 없다. 은혜 언약 아래 있는 믿는 자들은 더 이상 **"은혜 아래가 아닌 율법 아래"**(롬 6:14) 있지 않은데, "그들을 거스르는 법조문"이 **"그리스도의 십자가에 못 박혔기"**(골 2:14) 때문이다.

믿는 자들이 더 이상 율법의 저주 아래 있지 않다 하더라도, 그들은 **"여전히 그리스도의 율법 아래"**(고전 9:21) 있으며 "왕이시며 율법의 수여자로서 그 아래"(약 4:12) 있다. 이것은 그리스도가 **"율법을 파괴하러 오신 것이 아니라 그것을 완성하러 오셨기"**(마 5:17) 때문에 사실이다. 그리스도는 율법을 준수하셨으며, 그것을 다른 사람에게 명하셨다.

그리스도 안에 있는 자들에게는 동일한 마음이 요구되어야 한다(빌 2:5).

바울은 **"속사람으로는 하나님의 법을 즐거워하며"**(롬 7:12), "율법은 거룩하고 계명도 거룩하고 의로우며 선하다"(롬 7:12)고 선언한다. 신약성경에서 마땅한 의무는 "율법의 권위로부터 요구된다"(고전 9:8-9). 율법을 거스르는 사람은 그리스도의 왕권을 거스르며(눅 19:14), "하나님에 대한 적대감"을 나타낸다. 마음에 기록된 법만 순종해야 한다고 주장하는 사람에 반대하여 니베이는 "마음에 있는 것은 완전한 규칙이 될 수 없는데," 그 이유는 마음이 거짓되기 때문(렘 17:9)이라고 논박했다. 우리는 기록된 말씀의 기준에 반대하는 사람의 마음을 조사해 보아야 한다.[7]

이러한 지식을 적용하고자 한다면 "거룩함을 좇으라. 율법이 그리스도의 율법임을 알려고 한다면 그것을 성취하라"(갈 6:2; 약 1:25). 하나님과의 언약 속으로 들어가는 사람은 선택을 통하여 그렇게 하며, 느헤미야 시대처럼 형벌을 각오하고 그렇게 한다.

---

6 Nevay, pp. 32-33.

7 Nevay, pp. 34-35.

다 그들의 형제 귀족들을 따라 저주로 맹세하기를 우리가 하나님의 종 모세를 통하여 주신 하나님의 율법을 따라 우리 주 여호와의 모든 계명과 규례와 율례를 지켜 행하여(느 10:29).

언약을 준수한 자들(즉, 그리스도 안에 있으면서, 언약을 준수하고 그 대가를 지불한 사람들)은 큰 상급을 받을 것이며, 언약을 깨뜨린 자들은 멸망할 것이다(눅 12:46).[8]

2) 신약성경과 구약성경

신약성경과 구약성경은 은혜 언약의 다른 경륜이다. 은혜 언약은 "영원 속에서 그리스도와 함께 이루어졌고," 성경의 약속을 통하여 점진적으로 계시되었다. 비록 두 경륜이 많은 점에서 공통적일지라도 차이점이 있다. 이 유사점과 차이점은 표 10.2[9]에 나온다.

비록 신약성경과 구약성경이 "새로운 언약"을 가리킨다 하더라도, 신약성경은 "시행 방식에 있어 새로운 언약일 뿐이다." 비록 옛 것은 새 것의 감추어진 그림자일지라도 그들은 "실제로는 동일하다"(사 42:6; 행 26:22; 엡 2:12-13, 20; 요일 1:1). 니베이는 옛 경륜은 율법의 행위와 은혜의 혼합물이라는 전제를 거부한다.

> 의로움을 위하여 아담의 믿음이 전가되었다(롬 4:9-11).

성경이 옛 언약의 파기에 대해 말할 때 그것은 "불신앙에 의해 깨어진" 것이다. 옛 언약에서 "약속의 땅"은 "하나님 백성을 위해 준비된 저 안식의 예표(type)"이기 때문에, 현세적인 약속은 그것을 별개의 언약으로 만들지 않는다. 간단히 말해, 그들은 "우리와 함께 동일한 영적인 양식을 먹지 않았고 동일한 영적인 음료를 마시지 않았다"(마 8:11; 고전 10:1-4).[10]

---

8 Nevay, pp. 29, 31, 33, 35.

9 Nevay, pp. 37-39, 40-44. 비록 Nevay가 모세를 옛 경륜의 중재자로 간주한다 하더라도, Rutherford는 정당하게도 Samuel Rutherford, *The covenant of Life Opened: or a Treatise of the Covenant of Grace* (Edinburgh, 1654), p. 80 (이하 Rutherford, *Covenant of Grace*)에서 그리스도에게 이런 칭호를 부여한다.

[표 10.2 옛 경륜과 새 경륜 비교]

옛 경륜과 새 경륜의 공통점
하나님의 자유로운 사랑과 선택에서 흘러나온다(신 7:7-8; 엡 1:5).
하나님과의 교제, 죄의 용서(시 32:1-5; 롬 4:6), 하나님의 자녀됨(렘 3:19; 갈 4:5) 등과 같은 동일한 큰 약속과 축복을 갖는다(레 26:12; 고후 6:16).
믿음을 하나의 조건으로 요구한다(합 2:4; 롬 4:11; 11:20).
동일한 믿음의 영을 갖는다(요 7:39; 고후 4:13).
동일한 생활 규칙과 상급을 갖는다(사 33:2; 약 4:12). 영생과 구원을 제공한다(사 45:17; 마 22:32; 눅 2:30, 32).
동일한 교회를 갖는다(고전 10:1-4; 갈 3:7; 6:16)
동일하게 선포된 복음(롬 1:2)과 동일한 언약을 갖는다(행 3:21).

옛 경륜의 본성	새로운 경륜의 본성
옛 것은 성부 하나님, 혹은 성육신하지 않은 성자에 의해 베풀어졌고, 모세에 의해 중재되었다(신 5:27; 히 3:5).	새 것은 육신을 입고 오신 예수 그리스도에 의해 선포되었고, 그리스도에 의해 중재되었다(히 9:15; 12:24; 3:6).
옛 것은 짐이 되고 어두웠다(행 15:10; 갈 4:2-3)	새 것에서 멍에는 쉽고 짐은 가볍다.
옛 것은 임할 사건의 그림자로서 보다 어둡다. - 영생(시 16:11; 17:15; 95:11; 단 12:2) - 그리스도(창 14:18; 신 18:18; 사 9:6) - 왕국(눅 1:31-33) - 칭의(출 24:7-8)	새 것은 보다 분명하다. - 여호와를 아는 지식이 세상에 충만할 것임이니라(사 11:9). - 달빛은 햇빛 같겠고(사 30:26) - 그들이 작은 자로부터 큰 자까지 다 나를 알 것이다(렘 31:34)
옛 것은 아무것도 완전하게 하지 못한다(히 7:18-19). 덜 효과적인 영을 갖는다(요 7:39; 갈 3:23; 4:6-70).	새 것은 성령, 믿음, 기쁨에 의해 특징지어지는 보다 효과적인 영을 갖는다. 말씀의 빛(요 1:9) 표준이신 그리스도는 분명하게 계시되었다(엡 4:13).
옛 것은 잠시 동안 한 민족에게만 주어졌다(히 9:10).	새 것은 모든 민족에게 주어졌다(롬 3:29). 새 것은 영원하다(계 14:6).

---

10 Nevay, pp. 38-39.

루더포드(Rutherford)는 덧붙여 말하기를 그리스도는 두 가지 모두의 반석이라고 했다(신 32:4; 고전 10:1-6). 왜냐하면 그들(모세와 함께 했던 사람들)은 그들을 따르던 영적인 반석에서 마셨으며 그 반석은 그리스도시기 때문이었다."[11] 칼빈도 다음에 동의한다.

> 언약은 실제와 본질에서 우리의 것과 매우 다르게, 모든 조상들과 체결되었지만 그것은 전적으로 하나의 동일한 것이며 다만 그 시행에서 다를 뿐이다.[12]

이러한 진리는 중요한 함축을 갖는다.

① "만약 옛 언약과 새 언약이 동일하다면, 구약성경을 거부해서는 안 된다"(롬 15:4; 엡 2:20; 딤후 3:15-16).

② 우리는 새 언약 시대에 사는 것을 기뻐해야 하며 **"그 큰 구원을 등한히 여기지 말아야 한다"**(히 2:3).

③ 무거운 멍에는 제거되었으므로, 우리는 "보다 담대하고 자발적인 사람이 되어서 영적인 희생을 드려야 한다"(벧전 2:5, 16).

④ 아브라함보다 더 밝은 빛을 가졌으므로, 우리는 기뻐하고(요 8:56), "빛의 자녀처럼 행하며"(롬 13:13), "성령으로 충만하고"(엡 5:18, 딤후 1:7), "열매가 풍성해야"(눅 12:48) 한다. 우리가 입을 넓게 연다면 하나님은 그것을 채우시리라 약속하신다(시 81:10).[13]

---

11 Rutherford, *Covenant of Grace*, p. 80.

12 Calvin, *Institutes*, sec. ii.10.2, p. 370.

13 Nevay, pp. 39, 40-43.

2. 언약의 기원과 창시자

삼위일체 하나님은 영원히 자비롭고 무한히 선한 언약을 제정하셨다. 그는 믿는 자가 받게 될 모든 선한 것을 포함하는 일련의 언약을 통하여 그것을 사람들에게 계시하셨다.

1) 언약의 창시자

삼위일체 하나님은 가장 신성한 신비 가운데 이를 삼위일체 사랑의 완성으로 제정하셨다.

> 영원한 계획과 영원한 지혜를 소유하셨으며, 영원한 사랑의 설계도를 갖고 이 협정을 만드셨고, 영원한 긍휼하심과 무한한 선하심이 밖으로 흘러넘치도록 고안하셨다. 성부는 세상을 매우 사랑하셨으므로 성자를 보내기로 작정하셨다. 성자는 아버지와 잃어버린 자를 매우 사랑하셨으므로 보냄 받는 일에 동의했다. 영원한 성령의 사랑은 매우 커서 보냄 받은 성자에게 기름을 붓고 필요한 것을 풍성히 공급했다.
> 성부는 성자를 위해 하나의 몸을 준비하셨고, 성자는 그 몸을 취하여 그것을 입으심으로 신성과 더불어 인성을 가진 단일한 인격이 되셨다. 그리고 성령은 그에게 그의 동류보다 뛰어난 기쁨의 기름을 부으셨다.[14]

제임스 니스벳은 회고록에서 이 큰 신비에 대해 숙고했다.

> 사복음서를 읽으면서 하나님의 무한한 지혜와 비할 데 없는 사랑의 놀라운 계획에 대해 중요한 것을 깨달았다. 그 계획이란 그의 아들을 보내어 하루살이 인생이 되게 하셔서 거룩하고 의로우신 하나님과, 부정하며 죄악된 죄인 사이에 평화와 화목을 이루셨다는 것이다.
> 과거의 약속과 같이, 이제 이러한 지혜롭고 신비로운 계획은 놀랍게도 성육신과

---

14 Nevay, p. 50.

비참한 고난 속에 나타났는데, 곧 하나님의 아들은 동정녀의 태로 잉태되어 부활하시고 승천하여 영광을 받으셨다. … 그리고 오! 내 영혼아! 나는 갈보리산 위의 그리스도의 십자가에 서서, 상반된 입장의 당사자가 각자 맡은 본분을 다하는 놀라운 집회를 바라보고 있다고 생각한다.

선택된 자의 죄를 위해 하나님의 어린 양의 희생을 요구하는 무한한 공의와 의로우심이 있다!

그에게 충분하고 완전한 만족을 약속하는 하나님의 무한하신 사랑이 있다.

저 비할 데 없는 약속으로 그의 인성(人性)을 지지하는 하나님의 무한하신 능력이 있다!

만족이 요구되는 범죄로 나타나는 택자의 모든 죄가 있다!

그리고 마치 인간을 구속하시려는 하나님의 큰 일을 좌절시키려는 듯 사납게 날뛰어 처형 집행을 조장하는 악마와 악인이 있다!

그리고 그의 영원한 영광을 위하여 무죄한 방식으로 모든 문제를 관장하는 하나님의 무한하신 지혜와 계산할 수 없는 주권이 있다!

그리고 값없이 베푸는 은혜의 머리에는 영원히 왕관이 씌어져, 그가 택하신 모든 아들과 딸에게 무한하고 상상할 수 없는 위로가 될 것이다. 하지만 마귀와 이렇게 비싸게 산(dear-bought) 구원을 고의로 거절한 모든 자에게는 끝없는 혼란이 계속될 것이다.[15]

하나님은 아담(창 3:15), 노아(창 6:18), 아브라함(창 17:1), 이삭(창 17:21), 야곱(창 25:10), 모세(출 19:5), 다윗(시 89:3), 솔로몬(시 89:36) 및 이스라엘(렘 31:31; 겔 37:26)과 맺은 일련의 언약을 통하여 사람들에게 점진적으로 언약을 계시하셨다. 인간은 그 풍성함의 깊이를 이해할 수도 없기(마 16:17; 골 1:21) 때문에 무한한 위엄과 사랑과 지혜와 솜씨와 능력을 가진 하나님만 언약의 창시자가 되실 수 있었다.[16]

---

15 Nisbet, *Private Life*, pp. 157-160.

16 Nevay, pp. 50-51, 다른 자료로 보충.

2) 언약은 이미 이루어졌다

니베이는 "믿는 자들이 받게 될 모든 선한 것은 이미 모두 언약에 의해 전달되었다"(눅 1:72)고 선언한다. 우리는 이러한 언약을 통해서만 모든 선한 것을 기대해야 한다. 하나님은 여러 가지 이유로 이러한 방식으로 인간을 대하기로 하셨다.

"그가 하나님이시며, 언약을 지키시는 신실한 하나님이시다"(신 7:9)라 계시하기로 하셨다. 그는 그렇게 "자신을 위하여 한 민족을 구별하시고"(출 19:5; 레 20:24; 시 4:3) 복종 아래 있게 하기로 하셨다. 하나님은 그렇게 자신이 거짓말할 수 없으며(히 6:17-18), 우리를 다른 맹세와 사랑하는 것에서 해방하실 수 있음을 증명하기로 하셨다(호 2:5, 19-20). 하나님은 그렇게 자기 백성을 명예롭게 하시고(신 26:18-19), 그리스도를 영광스럽게 하시고, 자기 영광을 나타내기로 하셨다.

> 하나님의 약속은 얼마든지 그리스도 안에서 예가 되니 그런즉 그로 말미암아 우리가 아멘 하여 하나님께 영광을 돌리게 되느니라(고후 1:20)[17]

그것은 영원하고 변할 수 없는 언약이다.

> 그것은 질서 있는 작정을 통해서 영원 속에서 이미 제정되고 협정이 맺어지고 결정되고 완성된 언약이다(삼하 23:5; 시 103:89; 시 8:22-23; 요 19:30).

성부는 영원부터 "언약을 위하여" 그리스도를 주셨다(사 42:6; 미 5:2). 그것은 "이제 제정되어야 할 것이 아니라, 선포되고 기억되고 지켜져야 한다"(느 1:5; 시 2:7; 3:7).[18]

우리가 이러한 교리를 적용하는 것이 매우 중요하다.

---

[17] Nevay, pp. 45-47.

[18] Nevay, p. 48.

① 이러한 언약에 참여하기 위하여 우리는 "그 안에서 주께서 우리의 하나님이 되시며, 그는 그리스도를 주시며 그 후 그와 함께 모든 것을 자유롭게 하실 계약에 동의"(롬 8:32)해야 한다.

② 그 선한 것을 받기 위하여 우리는 그 안에 있어야 하는데, 주님은 그의 비밀과 길을 오직 그를 경외하며 그의 언약을 지키는 자들을 위해 계시하시기 때문이다(시 25:10, 14).

③ 이미 언약이 확정되고 변하지 않는다는 사실로 위안을 삼으라. 걱정하지 말라. 주님은 "우리의 질병"(시 89:33)과 "우리의 타락을 치유하실"(호 14:4) 것이기 때문이다.

④ 이러한 사실에도 불구하고, 만약 우리가 "그것을 기꺼이 받아들이지 않는다면" 그것은 우리에게 공허할 것이고, 만약 그것을 거절한다면 그것은 무가치하거나, "우리는 그것으로 만족하지도 안식을 얻지도 못할 것이다"(눅 7:30; 요 1:12).

⑤ 기독교인은 하나님의 언약이 허락된 것이 우리의 장점에 근거한 것이 아니라는 점에서 위안을 삼아야 한다. 그 대신 "의심하는 기독교인의 마음을 기다리실 수 있는" 변하지 않는 하나님이 그것을 미리 정하신다.[19]

3. 언약의 당사자

성부와 성자는 언약을 제정하시고, 성자는 그 안에서 그들의 죄를 위하여 대가를 지불함으로써 그에게 주어진 택한 사람을 구속하실 것이다. 더욱이 택한 사람은 또 언약의 당사자이며, 돌이킬 수 없는 방식으로 그를 믿도록 되어 있고, 언약을 추구한다.

1) 성부와 성자

그것은 "성부와 성자 간에 시작 없이" 시작되었고, 그 언약이 요구하는 모

---

19 Nevay, pp. 47, 49-50, 51-52.

든 것은 "성부와 성자 사이에서 발견될 수 있어야 한다"는 것이다(사 42:6; 고전 15:22을 보라).[20] 그리스도는 "성부가 그와 함께 언약을 시작하게 되는 제일의 자손이다"(갈 3:16; 히 1:5). 또 그를 통하여 "우리는 삶을 얻게 된다"(고전 15:22). 모든 약속은 "먼저 그에게 이루어지고, 그 후에 우리의 정도에 따라 우리에게" 이루어진다. 예를 들면, "하나님이 그의 하나님이 되실 것이라는 본원적 약속(The Mother Promise)은 그에게 처음으로 이루어졌고(시 89:26; 요 20:17), 그리고 우리에게 이루어졌다"(렘 32:38).[21] 성부와 성자는 그 약속을 성취하기 위하여 친밀한 조화 속에서 일하신다.

> 성부는 성자에게 그토록 많은 사람을 주셔서 그 사람이 올 수 있도록 이끄신다. 성자는 그들을 환영하고 결코 그들을 버리지 않으신다(요 6:37, 44). 성부는 그들에게 성자를 주시고, 성자는 그들에게 그의 말씀을 주신다(요 17:6, 8). 성자는 그가 마지막 날에 그들을 들려 올릴 때까지 그들을 떠나지 않으신다(요 6:39-40).[22]

그의 백성을 구속하리라 언약하신 약속을 성취하기 위하여 그리스도는 "선지자(요 12:49)로 제사장(요 10:18)으로 그리고 왕(시 2:6)으로 섬기는 삼중직을 수행하고 담당하도록 하나님에게 받은 특별한 사명"이 있다. 이러한 목적을 위하여 성부는 성자에게 커다란 약속을 하셨다.

성부는 그에게 성령(사 11:1-2)과 도우심(사 42:4, 6)과 성공(사 55:5)과 왕권(시 110:1-2)과 영광(요 17:5, 24)을 약속하신다. "**사람의 모양으로 나타나신**" 성자는 "**자기를 낮추시고 죽기까지 복종하셔서 십자가에 죽으셨다**"(빌 2:8). 이로부터 그리스도는 "양 편의 중재자로서 사람에 대해서는 하나님을 대표하고, 하나님께 대해서는 사람을 대표한다." 그는 하나님의 사자(말 3:1)요, 증인(사 55:4)이요, 언약의 보증(히 7:22)이셨다.

마찬가지로 그는 "성부께 우리를 위한 보증이시다." 그는 우리 죄를 위하

---

20 Nevay, pp. 53-54.

21 Nevay, p. 54.

22 Nevay, p. 55.

여 대가를 지불하심으로써 "우리에게 새로운 마음을 주시고, 그 안에 그의 법을 기록하심으로써(렘 31:33; 겔 36:26) 우리로 주의 율례를 행하게 하시며(겔 36:27), 우리 마음에 그를 두려워하는 마음을 주셔서 그를 떠나지 않게 하신다"(렘 32:40).[23] 그는 백성을 위하여 성부와의 다면적인 언약 관계 속에서 중재자(히 12:24)로, 유언자(히 9:16-17; 10:4; 13:20)로, 대표자(히 2:13)로, 지도자(사 55:4)로 섬기신다.

이러한 큰 일을 고려할 때, 그의 백성은 언약의 "영원한 직무"를 수행하시는 큰 중재자의 도움을 입어 이러한 평화의 협정을 존중해야 한다.[24]

2) 택하신 자

> 그리스도는 언약의 유언자이심으로, 그가 죽음으로써 남기게 될 유산이 전달될 언약의 당사자가 있어야 한다(히 9:16).

이 당사자는 그를 믿도록 영원 전부터 택하신 자로 이루어지며(딤후 1:9) 그들은 모두 "언약을 지키는 자들이다"(시 25:10). 믿지 않는 자들은 "꺾이었다"(레 26:15; 롬 11:20).[25] 약속의 자녀는 아브라함에게 약속된 영적인 자손이다(롬 9:6-8; 히 2:13). 그들은 다윗과 요나단 사이의 사랑에서 보여진 측량할 수 없는 언약적 사랑의 열매다(삼상 20:17; 삼하 1:26). 하나님의 겸손한 사랑의 부요함이 우리를 겸손하게 한다. 우리가 악할지라도 그리스도는 우리를 상속자로, 왕으로, 하나님께 제사장으로 삼으시고(롬 8:17; 계 1:5-6), "벌거벗은 우리를 가리려고," "우리를 그의 언약의 옷으로" 덮으신다.

그렇게 하심으로써 "우리는 그의 것이 되며, 그는 우리의 것이 된다"(겔 16:8). 하나님의 언약적 사랑의 위대함을 깨달았을 때, 성경의 위대한 인물들은 깊은 감동을 받고 경탄스러운 놀라움과 겸손과 깊은 감사 속에서 주님의

---

23 Nevay, pp. 55-56.

24 Nevay, pp. 56-57.

25 Nevay, pp. 57-58.

처분에 복종하고 굴복했다. 아브라함이 어떻게 "엎드렸는지" 그리고 다윗이 **"주 여호와여 나는 누구이오며 내 집은 무엇이기에 나를 여기까지 이르게 하셨 나이까"**(삼하 7:18)[26]라고 외쳤던 것을 생각하라.

"아직 언약의 띠 아래로 들어오지 않은" 사람들로 "그렇게 하도록 촉구하고," "언약 안에 계시는 하나님께 자신을 양도하게 하라." 이러한 언약 안으로 들어가기 위해, 신자들은 자신을 무가치하게 여겨야 하며(눅 15:19), "옛 정욕과 사랑하던 것과의 언약을 깨뜨리고"(마 6:24) "언약의 조건을 따라야"(눅 9:23) 한다. 그들은 그리스도의 희생을 인정해야 한다(시 50:5; 히 9:26).

그들은 "즐겁게 들어가고 … 결코 다시 나오지 말아야 한다. 왜냐하면 그것은 결혼 언약이며 그 약혼은 영원하기 때문이다"(호 2:19). 그것을 지키는 사람들은 하나님께 특별한 보물이며 그들은 언약의 위반자를 간음보다 더 나쁜 것으로 생각한다. 그것을 지키는 데 도움이 되려면 "그것을 잘 이해하고" 시련과 영적인 문제 속에 빠지게 될 때 그것을 잘 활용하라.[27]

3) 오직 택하신 자만

다윗은 하나님이 선택하신 자 중 하나였다. 주님은 "나와 영원한 언약을 세우셨다"(삼하 23:5). 성부가 영원 전부터 사랑하신 사람이 있으며 그들의 이름은 어린 양의 생명책에 기록되어 있다. 성부는 "자기의 양들의 이름을 부르시는"(창 17:7; 사 43:1; 눅 10:20; 요 10:2; 롬 9:13; 계 13:8) 그리스도께 아브라함에게 약속했던 이들 자손을 주셨다.[28]

불행하게도 현대의 대다수 복음주의 교회들은 성경의 진리를 믿지 않는다. 그 대신 그들은 "모든 사람은 복음에 지시된 그리스도를 거절하거나 받아들일 수 있는 충분한 방법과 힘을 갖고 있다"고 주장하는 알미니우스의 견해를 수용한다. 이러한 견해에 따르면, 하나님은 모든 사람과 언약을 맺으시고 "모

---

26 Nevay, p. 59.

27 Nevay, p. 60.

28 Nevay, pp. 61-62.

든 사람에 대한 보편적이고 동일한 선의를" 가지시며 모든 사람을 위해 "가능한 구원"을 하신다. 이론상으로 모든 사람을 위한 그러한 가능한 구원은 만약 아무도 믿지 않기로 한다면 모든 사람의 멸망을 허용할 것이다.[29]

이와 대조적으로 개혁주의 견해는 그리스도가 일부를 위해서 죽으셨고 주님께서는 그들을 구원하기로 하셨으며, "일부에게 특별한 사랑을 보여 주셨다"[30]고 확신한다. 니베이는 예정론으로 불리는 개혁주의 견해에 대하여 다음과 같은 증거를 제시한다.

① 성부는 그리스도께 특별한 양을 주고 맡기셨는데 그들은 하나님의 말씀을 지키는 자들이며(요 17:6, 8) 그리스도께서는 그들을 위해 죽으셨다(요 10:11). 그리스도는 모든 사람을 위해서가 아니라 이들을 위해 기도하신다.

> 내가 그들을 위하여 비옵나니 내가 비옵는 것은 세상을 위함이 아니요
> 내게 주신 자들을 위함이니이다 그들은 아버지의 것이로소이다(요 17:9, 24).

사람들이 믿지 않는 이유는 그의 양이 아니기 때문이다(요 10:26).

② 그리스도는 성부께서 주신 자들을 잃어버리지 않으신다(요 6:37, 39; 10:11, 14; 13:1). 마찬가지로 그리스도는 자기 양이 아닌 자들을 버리셔야 한다(마 7:23; 25:32; 롬 9:11-12).

③ "모든 사람을 구원하기로 하시면서, 그것을 알지 못하고 죽는 (하나님 말씀을 전혀 듣지 못한) 사람에게 고통을 준다는 것은 하나님의 지혜와 공의"와 일치되지 않는다.

④ 알미니우스 철학은 언약 관계를 불가능하게 만드는 "맹목적인 거래를 그리스도께" 덮어 씌운다. 어떻게 목자가 자기 양을 알지 못하고, 남편이 그의 아내를 알지 못하며, 변호하는 자가 자신이 변호하려고 하는 자를 알지 못하는 것이 가능할까?

---

29 Nevay, p. 62.

30 Nevay, p. 62.

⑤ 알미니우스주의 신자는 "몸값은 지불되었으나 잡힌 자들은 풀려나지 않는다고 함으로써 이성과 공의에 철저히 모순이 되며 율법과 복음에도 모순이 된다." 이사야에 따르면 "여호와의 속량함을 받은 자들이 돌아오되 노래하며 시온에 이르러 그들의 머리 위에 영영한 희락을 띠고. …"(사 35:10; 또한 출 21:30; 벧전 1:18, 19, 21).

⑥ 그리스도는 잠재적 구원이 아니라 "완전한 구원"을 쟁취하신다. 그리스도가 "우리를 대신하여 자신을 주심은 모든 불법에서 우리를 속량하시고 우리를 깨끗하게 하사 선한 일을 열심히 하는 자기 백성이 되게 하려 하심이라"(딛 2:14; 또한 고전 1:30; 엡 5:25-27; 골 1:14). 그뿐만 아니라 "말씀 자체와 화목과 구속과 보증"은 알미니우스적 견해를 비판한다.

그리스도는 "노래와 영원한 즐거움을 가지고"(사 51:11) 그의 왕국으로 들어가며, "죄에 대하여 죽고 의에 대하여 살게 하려"(벧전 2:24; 또한 갈 1:4; 벧전 1:18)는 사람만을 구속하셨다. 이 중 아무도 멸망할 수 없다.

⑦ 신약성경에서 말씀하는 은혜의 모든 경륜(즉 선택, 양자됨, 성화)은 "일반적이고 미확정된 사람"에 대한 것이 아니라 "특별하고 확정된 사람"[31]에 대한 것이다. 니베이는 알미니우스주의의 오류가 "**모든**과 **세계**라는 단어의 잘못된 해석에 근거하고 있으며" 이러한 오해를 무너뜨려야 한다고 주장한다.

> 이 '모든'이라는 단어와 '세계'라는 단어는 성경에서 다양한 방식으로 사용된다. 세상이 그를 따른다(요 12:19)는 말은 유대 백성 대다수를 뜻할 뿐이다. 누가복음 17:27에서 **그들을 다 멸망시켰다**는 말은 모든 것과 모든 사람을 의미하지 않는데 여덟 사람은 구원받았기 때문이다.
> 세계와 전 세계는 때로는 비(非)유대인만을(요일 2:2), 때로는 악인만을(롬 12:2과 요일 5:19), 때로는 메시아와 그의 세계(요 3:16)를 나타낸다. 그리고 **모든**은 모든 종류의 사람을 나타낸다(요 1:16)[32]

---

31 Nevay, p. 62-64.

32 Nevay, p. 65.

니베이는 다양한 구절로 제시된 알미니우스적인 해석을 논박한다.

① 요한복음 3:16에서 세상이라는 말을 모든 사람을 뜻하는 것으로 간주하는 사람들에게 니베이는 이렇게 말한다.

> 성경에 나오는 그리스도의 사랑은 언제나 효과적이다. 그것은 영원히 장가든다(호 2:19). 그것은 그가 사랑하는 모든 사람들로 하여금 정복자를 능가하게 하는 사랑이다(롬 8:37). 그의 교회를 씻고 깨끗하게 하는 사랑이다(엡 5:25-27). 그것은 은혜를 통하여 영원한 위로와 선한 소망을 준다(살후 2:16). 그것은 그가 사랑하는 사람들을 왕과 제사장으로 만든다(계 1:5-6).

그리스도는 모든 사람을 위해서가 아닌, 그가 명령한 것을 행하는(요 15:13-14) 오직 그의 **친구들만**을 위해서 자신의 생명을 주셨다.[33]

② "한 의로운 행위로 말미암아 많은 사람이 의롭다 하심을 받아"(롬 5:18)라는 구절과 관련해서, 니베이는 이어지는 본문은 많은 사람을 가리키며 앞선 구절은 18절이 가리키는 사람에 한정된다고 지적한다.

③ "아담 안에서 모든 사람이 죽은 것 같이 그리스도 안에서 모든 사람이 삶을 얻으리라"(고전 15:22)는 구절에서 첫 번째 **모든**(All)은 모든 사람을 가리키나, 두 번째의 **모든**(All)은 간접적으로 17, 18절에 의해 그리스도의 부활을 믿는 자를 뜻하는 것으로 제한된다.

④ 요한일서 2:2처럼 모든 세상에 구원을 제공한다는 구절은 히브리서 7:25 같은 구절에 비추어 해석해야 하는데, 그것은 구원받은 자를 분명히 그리스도께서 그를 위해서 중보기도 해주는 자들로 제한하기 때문이다.

⑤ 디모데전서 4:10이 하나님을 "**모든 사람 특히 믿는 자들의 구주**"(딤전 4:10)로 언급하는 곳에서, 그것은 "중보자 그리스도를 뜻하지 않고, 영원한 섭리와 구원의 하나님을 뜻한다." 요약하면, 성경에서 모든 사람이 흔히 많은 사람을 가리키는 데 사용되는 만큼, 때로 모든 택자를 가리키는 데에도 사용된

---

33 Nevay, p. 66; 14절에 대한 언급이 첨가됨.

다(예를 들어, 마 20:28).[34]

그것은 특별한 사람과의 언약이기 때문에 "우리는 우리의 이름이 특별히 그 안에 있는지" 확인해 보아야 한다. "여호와를 자기 하나님으로 삼는 백성은 복이 있기"(시 144:15) 때문이다. 그렇다면 우리는 우리의 모든 그릇을 걸 수 있는 "단단한 곳에 있는 못"(사 22:23)을 갖고 있다.

니베이는 단단한 곳에 있는 못을 가진 사람의 다섯 가지 특징들을 제시한다.[35]

① 그들은 구원을 위해 그리스도만 의지한다. 그리고 그들은 예수 그리스도가 그들 안에 있음을 안다(롬 10:3; 고후 13:5).
② 그들은 하나님과의 언약을 지키는 데 주의한다(시 103:17-18; 119:106).
③ 그들은 죄와 맺은 언약을 깨뜨리고 모든 우상과 부정직을 버린다 (호 2:19-20; 고후 4:2).
④ 그들은 그를 주로 선택하고, 그들의 영혼은 세상 만물보다 그를 더 사랑하기로 한다(시 119:106; 아 1:7; 빌 3:8).
⑤ 그들은 "중보자 그리스도를 매우 많이 활용하며, 우리가 그의 이름으로 원하는 것을 구하고 간청한다."

이 언약 안에 있는 사람들은 그리스도께서 자기 제자들을 위해 하셨던 것처럼 감사해야 한다.

천지의 주재이신 아버지여 이것을 지혜롭고 슬기 있는 자들에게는 숨기시고 어린 아이들에게는 나타내심을 감사하나이다. 옳소이다 이렇게 된 것이 아버지의 뜻이니이다(마 11:25-26).[36]

---

34 Nevay, pp. 66-67.

35 Nevay, p. 67.

36 Nevay, p. 68.

4) 언약의 자녀

믿는 부모의 자녀는 언약의 당사자로서, 최소한 외적이고 가시적인 언약의 당사자다.

> 유아들, 최소한 그 중 일부는 은혜 언약과 구속 안에 있을 수 있으며 실제로 그렇다. 그처럼 그들은 영원 전부터 그리스도께 바쳐진 자 중에 있다.

이러한 주장을 지지하는 니베이의 논증은 다음과 같다.

① 어떤 특별한 유아는 피택자 가운데 있으며(렘 1:5; 눅 1:15; 롬 9:11, 13), 그들의 선택 여부가 여로보암의 자녀처럼(왕상 14:13) 부모의 죄에 달려 있지 않다는 점에는 의심의 여지가 없다.

② 하나님은 많은 어린이에게 긍휼을 약속하시며(출 20:6), 믿는 부모에게 울지 말고 자녀를 다시 보게 될 것을 소망하라고 위로하신다(렘 31:15-16; 마 2:7; 살전 4:13). 그들이 소망을 가질 좋은 이유는 "의인의 자손이 복 받은 자로 선포되기 때문이다"(시 37:26).

③ 그리스도가 그들과 하나님 나라를 동일시하기 때문이다(막 10:14). 비록 명백히 가시적인 하나님 나라이기는 하지만, 그리스도의 사랑은 그들에게 "그들이 또한 비가시적인 하나님 나라에도 속해 있다고 생각할 좋은 이유를 제공하고 있음"을 보여 준다.

④ "주님은 그의 사랑을 부모가 자녀에게 품는 사랑과 비교하신다"(시 103:13; 사 66:12-13; 마 23:37).

⑤ 그는 우리에게 그의 이름으로 어린이를 용납하라고 명하신다(마 18:5과 막 9:4을 비교하라).

⑥ 구약성경에서 아브라함과 그의 가족에게 약속이 적용된 것처럼 신약성경에서도 "모든 가족에게 이루어진 구원의 약속이 있다"(눅 19:9; 행 16:34). 니베이는 "그들이 종종 더 커다란 가족의 일부가 될 때, 어린이가 이러한 약속에서 배제되어야 할 이유가 전혀 없다"고 주장한다.

⑦ 하나님이 "아담과 그의 자손"과의 언약 안으로 들어가시기 때문에(창 3:15; 17:7), "그 자손에 속하는 것에서 어린 자녀를 배제하는 것은 비합리적이다."[37]
니베이는 이러한 지식의 두 가지 적용 사례를 제안한다.

ⓐ "유아로 죽은 자녀와 관련하여 믿는 부모를 위로할 근거가 있다."
ⓑ 어떤 어린이는 비가시적 교회의 회원이기 때문에, 그들을 가시적 교회에서 배제하는 것은 "죄일 수 있다는 것이다."

니베이는 성인의 상태를 확실하게 아는 것만큼이나 유아의 상태를 아는 것이 어렵다고 주장한다. 더욱이 어떤 어린이, 특별히 죽음 직전의 어린이는 이른 나이에 은혜의 징표를 나타냈다.[38] 니베이는 이러한 주제가 매우 중요하다고 생각하여, 또 다른 온전한 설교에 전념하는데, 이 주제에 대하여는 이 책의 후반부에서 다룬다.

4. 언약의 조건

은혜 언약은 하나님이 값없이 베푸시는 선물이다. 그러나 이것은 택자가 믿음을 가지고 예수께 와서, 그의 완전하심에 참여해야 할 것을 요구한다. 믿음은 은혜 언약 안으로 들어가기 위해 요구되는 유일한 조건이다. 그것은 결코 사람에 의해 획득되거나 공로를 통해 얻을 수 없다.

1) 조건적 언약

니베이는 "은혜 언약은 조건적이어서, 만약 조건이 이행되지 않는다면 그 안에 약속된 어떤 좋은 것도 기대할 수 없다"고 단호히 밝힌다. 그러나 그러한 대담한 주장은 즉각 제한하는 것이 중요하다.

---

37 Nevay, pp. 69-71.

38 Nevay, p. 71.

은혜 언약을 조건적이라고 부르는 동안, 각각 자신의 입장에서 그 조건을 동등하게 이행할 수 있는 당사자의 경우를 생각한다면, 우리는 이것을 조건이라는 말의 가장 엄밀한 의미로 이해하지 못할 수도 있다. 그러나 만약 조건이 이행되지 않는다면 이 계약은 성립될 수 없다는 점에서 조건적이라 할 수 있다. 그것은 마치, 이러한 일을 하면 이러한 상을 주겠노라고 부모가 자녀에게 약속을 하는 것과 같다.

그러나 그 아버지가 직접 자녀 안에서, 자녀에 의해서 그 조건을 이행한다. 하지만 그 조건이 이행되지 않는다면 그 계약은 유지되지 않는다. 그러나 그 아버지가 그 조건을 이행하기 때문에 공로를 주장할 근거는 전혀 없다. 그리고 모든 것은 값없이 주어진다. 그래서 다음의 사실은 참되다.

① 주님께서는 우리 없이 구원하지 않으신다. 그리고 우리는 두렵고 떨림으로 우리의 구원을 이루어가야 한다(빌 2:12).

② 그럼에도 우리는 구원을 받았고, 이때 모든 자랑은 배제된다(롬 3:27). 주님은 우리 안에서 행위 믿음(work faith)[39]뿐만 아니라 다른 모든 행위를 일으키신다. 화평을 주시는 분은 그분이시다(사 26:12).[40]

---

39 역자주—하나님의 은혜를 믿고 행하는 행위, 일, 선행을 의미. '행위 믿음'(work faith)은 하나님 은혜에 근거하여 이루어지는 행위와 동반된 믿음을 가리킨다. .

40 Nevay, p. 87.

[표10.3 조건적 언약에 대한 니베이의 변증]

반대 주장들	니베이의 반박
히브리서 9:15-17은 언약이 유언이고, 그래서 아무런 조건이 없는 것으로 언급한다.	그것은 "하나의 유언이다." 그러나 "15절에서 그 조건이 표현되는데, 곧 죽음을 조건으로 상속의 약속이 이루어지는 것이다. 그렇게 함으로써 범죄에 대한 구속을 받을 수 있게 되는 것이 틀림없다." 그의 유언은 하나님 말씀을 믿는 자를 위한 것임이 틀림없다(요 17:20, 24).
새 마음을 약속하는 에스겔 11:19과 36:25처럼 "이러한 언약 안에서 우리에게 주어진 절대적 약속이 있다."	니베이는 "우리에게 주어진 것들조차 그리스도 안에서 주어지며, 하나님의 약속은 얼마든지 그리스도 안에서 예가 된다"(고후 1:20)고 대답한다. 성경의 많은 약속은 분명히 조건적이다(예를 들어, 마 5:3-10; 롬 8:23; 10:10, 13). 니베이는 덧붙여 "조건은 하나님의 사역이시며, 그것은 언약을 받는 자가 아닌 언약하시는 분에게 적합하다. 주님이 제1의 당사자요, 그 후에 그들과 관계한다"고 말한다.
에스겔 36:25-27과 히브리서 8:10에 따르면, 하나님은 우리에게 새 마음을 주셔서 "내 규례를 지켜 행하게" 하신다. 이로부터 하나님은 모든 것을 행하심으로써 우리에게 행할 것을 전혀 남겨두지 않으신다.	니베이는 이에 대하여 세 가지로 답변한다. ① "조건은 언약을 제정하시는 하나님이 아닌, 그 안에 실제로 들어 있는 믿는 자들에 앞선다." ② "주님은 우리로 우리의 역할을 하게 하시고, 우리로 그것을 행하도록 하심으로써, 그가 모든 것을 담당하신다"(예를 들어, 렘 4:4; 겔 18:31; 엡 4:23). ③ 하나님께서 그 일을 하실지라도 우리는 여전히 중요한데 "죄악으로 무능력하다고 해서 도덕적 의무를 면하게 하지 않기 때문이며 신자가 복음 아래 복종하도록 되어 있기 때문이다."
은혜 언약을 조건적으로 만드는 것은 그것과 행위 언약을 혼동하게 함으로써 예수의 자유한 영을 속박한다.	조건은 다르다(즉, 행위 대[對] 믿음). "회개하고 복음을 믿으라"(막 1:15)는 표현과 "죄가 너희 죽을 몸을 지배하지 못하게 하라"(롬 6:12)는 표현은 하나님의 은혜를 요구한다(롬 6:14). 이를테면 "두렵고 떨림으로 너희 구원을 이루라"(빌 2:12)처럼, 우리가 행하는 것이 필수적이지만, 그것은 하나님의 사역으로 "너희 안에서 행하시는 이는 하나님이시니 자기의 기쁘신 뜻을 위하여 너희에게 소원을 두고 행하게 하신다"(빌 2:13). 주님은 이러한 사역을 우리에 대한 의무 때문이 아니라 그의 자유로운 약속을 따라서 행하신다.
조건은 영구적인 언약을 배제한다.	"그리스도의 신실하심은 우리의 신실함에 대한 보증이시며, 그러기에 언약은 실패하지 않는다."

따라서 이것이 조건적이라는 사실은 "이것이 은혜 언약, 즉 값없이 베푸시는 언약이라는 사실을 방해하지 않는다. 모든 것은 언약 안에서 은혜로 주어진다. 그리스도가 주어지고, 그와 함께 다른 모든 것들도 함께 주어진다"(롬

8:32; 계 22:17).[41]

니베이는 분명히 "절대적인 약속은 구원의 근거를 제시한다"고 설명한다. 그리고 그것은 "친밀함과 신실함과 지속적인 의존을 위한 좋은 근거를 제공한다." 그러나 "조건적인 약속은 조건을 깨달을 때, 확신을 낳고 확신을 강화한다. 주님께서 나를 위하여 그것을 한다고 말씀하실 때 그것은 절대적이다. 반면, 믿으라 그러면 살리라 한다면 그것은 조건적이다."[42]

복음이 **"수고하고 무거운 짐 진 자들아 다 내게로 오라 내가 너희를 쉬게 하리라"**(마 11:28)고 제안할 때, "그리스도께 오는 것은 조건이며, 그래서 그리스도께 온다는 것은 우리가 그를 필요로 한다는 것을 깨닫는다는 것이다." 이렇게 올 때 "그 계약을 경청해야 할 뿐 아니라, 예수께 와서 그의 물품을 구입하고 영접하고 먹고 마시고 그렇게 그의 부요함에 참여하는 것이 있어야 한다"(사 55:1, 3; 계 22:17). 간단히 말해, "사람에게 요구된 것으로 오는 것(coming)과 받아들이는 것(taking) 두 가지가 있으며, 사람은 그 계약을 흔쾌히 받아들이고 그것을 갈망해야 한다."[43] 니베이는 언약의 조건적 측면에 대해 여섯 가지 증명을 제시한다.

ⓐ "주님은 결코 어떤 피조물에 대해서도 절대적으로 생명을 약속하시지 않았다." 완전무결해 보이는 사람도(예를 들어, 사 43:25; 겔 35:21-22) "그리스도와 믿음 모두 포함시켰다."

ⓑ "언약의 이름과 본성이야말로 조건에 대한 합의를 나타낸다"(창 21:23-24, 31-32; 31:48-54).

ⓒ 성경은 계명에 대한 복종을 조건으로 언약을 약속한다(예를 들어, 신 7:11-12).

ⓓ 주님은 백성을 "언약의 띠 안으로" 이끄실 것을 약속하신다(렘 13:11; 겔 20:37).

ⓔ 성경이 언약을 지키거나 깨뜨리는 것에 대해 말할 때(시 25:10; 사 24:5), "그것은 언약의 조건으로 여겨진다."

ⓕ 언약이라는 말은 "하나님께서 약속하시는 것"을 의미할 뿐 아니라, "하나님께

---

41 Nevay, p. 88.
42 Nevay, p. 92.
43 Nevay, p. 87.

서 요구하시는 것"(창 17:7, 9)도 뜻한다. 특히 하나님은 언약의 조건에 대한 순종을 요구하신다(출 24:3, 7).[44]

하나님은 어째서 언약을 조건적으로 만드신 것일까?

① 어둠에 빠진 피조물을 빛 된 피조물로 변형시키는 것(즉, 조건을 명시하는 것)은 우리의 찬양을 받으시기에 합당한 주님의 영광을 나타낸다(벧전 2:9).

② 은혜는 무상일지라도, "불평을 그치게 하기 위하여 … 그 조건을 지키는지 깨뜨리는지에 따라 사람을 다루실 방법으로 베풀어짐으로써, 주님은 자신의 정의와 공평하심을 나타내실 수 있다"(겔 18:25; 마 20:13).

③ "성도 안에서 작용하는 조건은 그 계약의 확실성에 관한 더 낫고 강한 위로 근거다."[45]

그러므로 신자가 "하나님의 은혜를 확실히 붙잡기 위해 그 조건을 지키려고 애쓰는" 것과 "의의 면류관"을 받기 위해 애쓰는 것은 필수적이다. 이것은 그대가 **"선한 싸움을 싸우고"**(딤후 4:7), **"더욱 힘써 너희 부르심과 택하심을 굳게 하라"**(벧후 1:10)고 요구하며, 믿음을 통하여 최후의 약속을 추구할 것과(히 3:19-4:1), **"너희가 여호와와 함께 하면 여호와께서 너희와 함께 하실지라"**(대하 15:2)는 말씀을 기억할 것을 요구한다.[46] 니베이는 표 10.3에 나타난 대로 조건적 언약에 대한 여러 가지 잘 알려진 반대 주장에 대해 검토한다.

이러한 사실에서 신자들은 "조건적인 약속을 찾아내서 그대가 그 조건을 갖고 있는지를 조용히 시험해 보아야" 한다.[47]

너희는 믿음 안에 있는가 너희 자신을 시험하고(고후 13:5; 요일 3:18-19도 보라).

---

44 Nevay, pp. 88-89.
45 Nevay, p. 89.
46 Nevay, p. 89; 문맥상 히 4:1 때문에 3:19을 추가한 것.
47 Nevay, pp. 89-93.

베드로후서 1:5-9에서 베드로는 우리에게 이러한 태도로 행하라고 명령한다.[48]

언약의 조건적 측면은 언약 안에서 제시되는 자유로운 은혜와 모순되지 않는다. 그것은 "은혜에 의하여 믿음으로 말미암는다. 그것은 하나님의 선물이며 아무도 자랑하지 못하게 하기 위해서다"(엡 2:8-9). 우리는 다음의 진리에 의해 세밀하게 설명되고 있듯이, 은혜에 의하여 믿음을 통하여 구원받는다.

① "주님은 먼저 믿음을 주시고 그러고 나서 생명을 주시기로 하셨다"(요 6:63).
② "모든 조건적 약속은 복음의 약속이요, 그래서 은혜의 약속이다." 그들은 율법에 속한 것이 아닌데 "율법은 믿음에 속한 것도, 그래서 은혜에 속한 것도 아니기 때문이다"(갈 3:12).
③ "조건으로서 믿음"은 "철저히 자유롭게, 그리고 아무런 대가도 지불하지 않고도 은혜로 모든 것을 받는다"(칭의, 성화 및 영화).
④ "이러한 조건은 하나님께 영향을 미쳐 은혜나 영광을 주도록 만드는 원인이 아니며 결코 그런 적도 없고," 사역이 하나님의 은혜로 이루어지기 때문에 그것을 자랑할 이유도 없다.
⑤ "그로 하여금 기쁘게 언약을 조건적으로 만들고 그렇게 쉬운 조건으로 만드는 것은 은혜로운 행위며, 그 스스로가 조건을 수행하도록 하는 것은 또 다른 은혜로운 행위다."[49]

이러한 조건은 믿음이다. 이러한 진리를 이해하는 것은 기독교인으로 하여금 교리적 오류를 물리치고, 매일 은혜가 필요하다는 것을 이해할 수 있게 해준다.[50]

48　Nevay, p. 92.
49　Nevay, pp. 93-94.
50　Nevay, p. 94.

2) 믿음은 조건이다

존 니스벳은 칼빈주의자였으며 확실한 예정론 신봉자였다. 그의 믿음은 자기 자신이 아니라 철저히 하나님 안에 있었다. 니베이는 하나님에 의해 주어진 이러한 유형의 믿음을 은혜 언약의 조건이라고 생각한다.

현대 개혁주의 저술가들은 **조건**(condition)이라는 용어를 피하고, 그 대신 하나님이 아닌 사람이 원천적 작인이라는 어떠한 암시도 피하기 위해 **도구적 원인**(instrumental cause)이라는 용어를 사용한다. 니베이는 조건이라는 용어가 오해하기 쉽다는 점을 인정하고 항상 **도구**(instrument)라는 단어를 사용한다.

> 이것은 믿음을 도구가 아닌 조건으로 만드는 사람들에 반대한다. 그것은 사람 안에 있는 습관일 뿐, 그리스도에 영향을 미치는 것은 아니다. 그들은 언약을 율법적으로 만들며, 사람 안에 있는 어떤 것으로 만들거나 사람에게서 시작되거나 사람에 의해 수행될 수 있는 어떤 것으로 만든다. 믿음은 하나의 습관이 아니면 우리의 어떤 행위나 공로로 정의될 수 없으며 그리스도와 그의 의로우심을 이해하는 하나의 도구로 정의된다.[51]

조건이라는 용어에 대한 현대의 공포는 여러 가지 이유로 인해서 적절치 않다고 생각한다.

① 성경은 분명하게 믿음을 언약의 조건으로 규정한다(요 3:16; 롬 4:16; 10:9-10).
② "조건"이라는 용어는 "도구"라는 용어보다 사람들 마음에 하나님께서 그들에게 제공하는 믿음을 사용하여 그리스도와 친밀함을 누리기 위한 필요를 더 잘 전달한다. 그것은 구약성경의 틀림없이 조건적인 약속은 은혜 언약에 대한 것이며 히브리인에게 요구된 참된 조건은 믿음이었다는 사실을 더 잘 전달해 준다(히 3:19).
③ 니베이가 조건이라는 용어를 사용하는 것은 **웨스트민스터 신앙고백** 및

---

51 Nevay, p. 103.

대요리문답과 일치한다. **웨스트민스터 표준 문서**는 사람 안에 있는 어떤 조건도 하나님을 움직여 사람에게 믿음을 수여하도록 하게 할 수 없다는 점을 분명히 진술한다.

그러나 그들은 동일하게 칭의와 구원을 위해 (즉 암묵적인 조건으로) 믿음이 요구되며, "그리스도 안에 있는 사람의 관심을 불러일으키는 조건으로"[52] 믿음이 요구된다고 진술한다. 그러나 이것은 누군가를 의롭게 하는 "믿음의 은혜나 어떤 행위"가 아니고, "다만 하나의 도구로서 그리스도와 그의 의로우심을 받아들이고 적용할 뿐이다."[53]

④ 니베이가 살던 기간 동안 거의 모든 스코틀랜드의 신학자(예를 들어, Rutherford, Gillespie, Guthrie, Durham, Dickson)는 믿음을 은혜 언약의 조건적 측면으로 간주했고, 모든 사람은 이것을 하나님에 의해 수행되는 조건으로 간주했다.[54] 이러한 것은 잉글랜드 신학자(예를 들어 Flavel, Owen, Watson, Perkins)도 마찬가지다.[55] 나는 현대 신학자보다 이들을 더 신뢰한다.

존 플레이블(John Flavel, 1630-1691)은 잉글랜드 성직자의 실제 사례다. 플레이블은 언약적 연합이 오직 하나님의 능력으로 가능하다는 이유 때문에 "그것을 우리의 행위가 되지 않도록 만들지는 않는다"(요일 3:23; 빌 2:12-13)고 주장한다. 비록 이것은 칭찬할 만한 공로는 아니지만 하나님의 은사는 그 조건이 이행될 때까지 연기된다.

52　WCOF vii.3은 은혜 언약은 "그들에게 그에 대한 신앙을 요구하며 그럼으로써 그들이 구원받도록 한다"고 진술한다. WCOF xi.1 등에서는 하나님께서 사람을 부르시고 의롭게 하시는 것은 "사람들 속에서 이루어지거나 사람들에 의해 이루어진 어떤 것 때문이 아니라, 오직 그리스도 때문"이라고 가르친다. 그리고 그들의 의로움은 전가된 믿음 자체, 곧 믿는 행위나 그들에 대한 어떤 다른 복음적 순종에 의해서 이루어지는 것이 아니라"고 가르친다. WCOF xi.2 는 "이렇게 그리스도와 그의 의로우심을 받아들이고 의지하는 믿음은 칭의의 유일한 도구"라고 진술한다. *The Larger Catechism*, in *Westminster Standards*, Questions 73 and 32.

53　*The Larger Catechism*, in *Westminster Standards*, Question 73.

54　Charles Bell, *Calvin and Scottish Theology* (Edinburgh: The Handsel Press, 1985), pp. 76, 85, 93, 100, 113, 132.

55　John Flavel, "Vindiciarum Vindex," in *The Whole Works of the Rev. Mr. John Flavel*, 6 vols. (London: W. Baynes and Son, 1820), vol. 3, pp. 528-530 (이하 Flavel, *Works*); John Owen, "The Death of Death," *The Works of John Owen*, ed. William Goold, 10 vols. (reprint, Edinburgh: The Banner of Truth Trust, 1965) vol. 10, p.235 (이하 Owen, *Works*); Thomas Watson, *A Body of Divinity* (reprint, Edinburgh: The Banner of Truth Trust, 1974, p. 156 (이하 Watson, *Divinity*).

만약 은혜 언약이 전적으로 절대적이고 무조건적이라고 한다면, … 언약이라는 용어에 대하여 숙고하고 그 비용을 계산하거나 말로든 글로든 동의하는 것은 하나님과의 언약으로 들어가는 일에서 사람의 의무가 될 수 없다. 의지의 동의가 있어야 하지만 그 의지는 우선 값없이 주시는 그리스도의 사역인 구속을 통하여 온 전해질 수 있다.[56]

토머스 왓슨(Thomas Watson, 1686년 사망)에 따르면, 이렇게 관계된 사람은 겸손하고(벧전 5:5), 자발적이며(시 110:3), 성별된(신 7:6) 사람이다.[57]

앤드류 그레이(Andrew Gray)와 사무엘 루더포드(Samuel Rutherford)는 스코틀랜드 목사의 실제 사례다. 그레이는 "믿음은 약속된 것에 대한 조건이며, 그리스도는 신자에게 약속을 주실 뿐 아니라 그에게 그러한 조건을 제공하신다는 것이 분명한 사실이다"라고 진술한다.

너희들에게 믿을 수 있도록 은혜를 주셨다(빌 1:29).[58]

루더포드에 따르면 문제는 사람들이 "무지하게도 약속과 약속된 것을 혼동하고, 언약과 언약에 따라 주어지는 은혜를 혼동한다는 것"이다.[59]

그는 이렇게 주장했다.

약속은 믿든 믿지 않든 그들에게 절대적으로 주어졌다. 그러나 약속과 은혜 언약의 축복은 조건적으로만, 곧 그들이 믿을 때만 주어지고 베풀어진다. 그 약속은 절대적으로 주어진다. 그것은 조건적으로 주어진 것으로 인해 조건적이라고 불린다.[60]

---

56 John Flavel, "Vindicarum Vindex," in Flavel, *Works*, vol. 3, pp. 526-539.
57 Watson, *Divinity*, pp. 156-157.
58 Gray, *Works*, p. 137.
59 Rutherford, *Covenant of Grace*, p. 90.
60 Rutherford, *Covenant of Grace*, pp. 91-92.

현대 신학자인 루이스 벌코프는 관점에 따라 언약을 조건적인 동시에 무조건적인 것으로 언급한다. 그는 ⓐ **성경이 그렇게 말하기 때문에**, ⓑ **성경은 그 조건을 무시하는 사람을 경고하고**, ⓒ **하나의 협정이 언약의 두 당사자를 요구하기 때문에** 그것을 조건적인 것으로 언급하는 것은 받아들일 만하다고 주장한다.[61]

니베이는 동시대 사람들과 보조를 맞추어 믿음은 "언약의 조건으로 요구되는 유일한 것"이라고 대담하게 선언했다. 영원한 생명을 얻기 위해서 믿음과 신앙고백이 요구된다는 것은 분명하다(요 3:15; 롬 10:9-10). 믿음은 복음에 있어 핵심적 요소다. 하나님의 은혜가 그 원천이며(롬 4:16), 설교는 그 문을 열고(행 14:27), 순종은 그 결과이며(롬 16:26), 우리 영혼의 구원이 그 목적이다(벧전 1:9).[62]

성경은 분명하게 믿음을 조건으로 만든다.

① "이러한 언약에서 약속된 은사는 우리 안에서 얻을 수 없다"(요일 5:12).
② 어떤 인간의 공로로도 구원할 수 없다(롬 8:3; 갈 3:2).
③ 믿음은 하나님의 자유로운 은혜의 선물로서 그것에 대하여 하나님 홀로 찬양과 영광을 받으시기에 합당하시다(롬 4:16; 11:6; 고전 1:29, 31; 엡 1:6).
④ 신자는 믿음을 통하여 "언약의 모든 위대한 복"을 받으며(대하 20:20; 롬 4:16), 그에 따라 믿음을 활용하여 언약이 베푸는 은사를 누려야 한다(행 10:43; 롬 3:29-30; 4:13; 8:32; 고후 1:24; 갈 3:14).[63]

3) 믿음이 조건이라는 사실을 인식하는 것은 크게 유용하다

① 신자는 믿음을 통하여 "언약 안에 있는 사람의 복된 기업"(시 144:15)을 발견하고, 그 반면에 "그와 맺은 언약 안에 있지 않은 자의 비참함"(엡 2:12)도 발견한다.
② 믿음은 기독교인으로 하여금 "죄와 사탄과 자아와 맺은 언약을 깨뜨리게" 한다.

---

61 Berkhof, pp. 280-281.
62 Nevay, pp. 95-96.
63 Nevay, pp. 96-97.

③ 믿음은 "간절히 사모하는 마음을 불러일으키고 그 영혼은 밤낮으로 하나님을 갈망하여 찾는다"(사 26:8-9).

④ 믿음은 "주님은 자신의 잃어버린 죄인과 즐거이 언약을 맺으려 하신다"는 것을 보여 준다(잠 1:22-23; 사 55:1; 렘 3:4; 겔 33:11; 마 11:28).

⑤ 믿음은 신자들로 하나님과 화목하게 할 수 있다(고후 5:20).

⑥ 그것은 그가 "만족과 위로와 안정을 줄 수 있는 모든 것"을 가져오는 "왕의 아들과 우리의 혼인"과 같이, 그 영혼으로 "매우 진지하게 초대와 격려를 고려하도록 한다." 신랑은 "**내가 네게 장가 들어 영원히 살되 공의와 정의와 은총과 긍휼히 여김으로 네게 장가 들며 진실함으로 네게 장가 들리니 네가 여호와를 알리라**"(호 2:19-20)고 약속한다.

⑦ 믿음은 "믿는 것이 어떻게 해서 요구되는 모든 것인지를 보여 주며" 그것은 신자로 하여금 그리스도의 "멍에가 쉬우며, 그의 다스림은 달콤하며, 그의 섬김이 온당하다는 것"(마 11:29; 롬 12:1; 요일 5:3)을 알도록 한다.

⑧ 그는 믿음으로 그에게 오는 자를 "**결코 내쫓지 않을 것이다**"(요 6:37).[64]

우리는 하나님과 맺은 언약 관계를 "이러한 믿음을 활용하여 개선해야" 한다.

① 우리는 그리스도와의 친밀함이 올바르고 충분하다는 것을 확신해야 한다(히 10:22; 요일 3:19).

② 믿음은 "때를 따라 돕는 은혜를 얻기 위하여 은혜의 보좌 앞에 담대히 나아감으로써 이러한 복된 계약을 개선한다"(히 4:16).

③ 믿음이 영혼을 하나님께 집중한 후에, "그것은 사람들에게 저 위대한 교훈, 곧 하나님께 나아가는 방법을 가르칠 것이다." 믿음은 우리가 담당해야 할 의무를 보여 주며, 그것은 우리로 그의 힘(사 11:2; 눅 11:3; 고후 12:9)과 계명(시 119:66)과 영광(고전 10:31)을 구할 수 있게 하고, 방패가 되어 우리를 보호하며(엡 6:16), 하나님의 방법으로 우리를 격려한다(시 119:32; 히 11:25).

④ 우리는 우리가 범죄하고(요일 2:1), 은혜가 결여되고(갈 3:14), 믿음에서 떨어져 나가는 것을 두려워하며(딤후 4:18), 어떠한 의무를 수행해야(겔 36:27)

64　Nevay, pp. 97-99.

할 때는 믿음을 활용하도록 해야 한다.

⑤ 믿음은 우리에게 하나님의 위대한 행위를 인정하고 그에게 영광을 돌려야 할 것을 가르친다.

> 그는 그를 찬송하도록 우리를 지으셨다(사 43:21).

하나님께 영광을 돌리기 위해, 그를 찬양하고(느 9:5) 섬기고(시 116:16) 존경하고(느 6:3) 신뢰해야 한다(시 56:3). 우리는 또한 그의 권위에 굴복하고(사 66:2), 타락한 시대에 그를 나타내며(겔 44:15-16), 우리가 약속한 맹세를 지키고(겔 16:59), "항상 우리 자신의 무가치함을 깨닫고 살아야 한다"(대상 29:14).[65]

니베이는 우리의 구원의 조건으로 믿음을 고려하지 않는 것은 율법 폐기론적 오류라고 여겼다. 우리의 믿음은 "하나님과의 언약에 실제로 관계하는 것보다"(히 11:5-6; 또한 롬 3:22, 25; 갈 2:16; 빌 3:9을 보라), 우리의 칭의보다(롬 8:32), 우리의 구원보다(민 21:9; 요 3:14-15; 사 45:22), 그리스도의 의를 우리에게 전가하는 것보다(롬 4:3; 갈 3:6) 앞선다. 본질상 이 모든 은사는 하나님의 은혜 행위에 의존하며, "그것과 분리될 수 없고, 그것은 우리 안에 믿음을 일으키며 믿음으로 행동하게 한다."

> (그래서) 자기 이익을 지키기 원하는 사람은 영원 전에 그리스도와 맺은 언약 안에 머물러서는 안 되고, 일단 믿음을 갖기 위해 노력하고 나서 그것을 행하도록[66] 해야 한다. 그렇지 않으면 그들은 실제로 언약을 소유할 수 없고, 언약 안에 있을 수도 없을 것이며, 그 안에 들어 있는 위대한 것을 소유할 수도 없을 것이다."[67]

---

65 Nevay, pp. 99-101.
66 구원하는 믿음의 행위에 관하여, **웨스트민스터 신앙고백 XIV.2**는 이렇게 진술한다. "그리스도인은 믿음에 의해 하나님 말씀으로 계시된 것은 모두 참된 것이라고 믿는다. … 그 말씀은 명령에 대한 복종을 낳고, 경고의 말씀에 대하여 떨며, 금세와 다가올 내세를 위한 하나님의 약속을 받아들인다. 그러나 구원하는 믿음의 중요한 행위는 은혜 언약에 의하여 칭의와 성화와 영생을 위해 그리스도만 받아들이고, 영접하고, 의지하는 것이다."
67 Nevay, 101-102.

반면 니베이는 인간의 습관이나 행동이나 공로처럼 "조건은 우리 안에 있는 어떤 자격도 아니"라고 주장했다. 언약의 조건은 인간의 습관으로서의 믿음이 아니며 "그것은 행함으로서의 믿음이요, 그리스도를 이해하는 도구로서의 믿음이다." 그러한 믿음은 바울에 의해 가장 잘 표현된다.

> 내가 그리스도와 함께 십자가에 못 박혔나니 그런즉 이제는 내가 사는 것이 아니요 오직 내 안에 그리스도께서 사시는 것이라 이제 내가 육체 가운데 사는 것은 나를 사랑하사 나를 위하여 자기 자신을 버리신 하나님의 아들을 믿는 믿음 안에서 사는 것이라(갈 2:20).

이러한 사실에서 우리는 믿음을 통하여 하나님의 자녀로 살아가며, 그들은 믿음으로 행하고(고후 5:7), 믿음의 역사를 이루어 가는데(살전 1:3), "믿음을 행함으로써 그 안에 들어 있는 약속과 특권을 받아들이고 깨닫기 때문이다"(요 1:12; 히 11:13). 그러므로 언약을 준수하는 것은 고립된 행동이 아니라 매일 믿음으로 행하는 것인데 "이는 이러한 행위 속에 생명이 있기 때문이다."[68]

5. 언약의 속성

언약은 자유로우며 통합적이고 영원하며 질서가 잡혀 있고 확실하며 거룩하고 충분하다.

니베이는 사무엘하 23:5을 비롯한 성경 본문에서 언약의 일곱 가지 특성을 확인했다. 무상적(無償的)이며 매우 연합적이고 영구적이며 질서 정연하고 매우 확실하며 거룩하고 매우 충만하다. 그는 이 각각에 대하여 설교하면서 그 탁월성과 유용성에 대해 자세히 설명했다. 모든 것을 희생했던 뉴밀른즈의 언약도는 이 특성을 이해했다. 우리도 그래야 한다.

---

68 Nevay, 102-103.

1) 무상(無償)의 언약

주님께서 그의 백성과 맺는 언약은 무상이다.

> 오호라 너희 모든 목마른 자들아 물로 나아오라 돈 없는 자도 오라 너희는 와서 사 먹되 돈 없이, 값없이 와서 포도주와 젖을 사라(사 55:1; 또한 계 22:17을 보라).

그의 제안은 아무런 조건이 없다(창 17:2; 신 7:7-8; 삼상 12:22; 욥 22:2; 사 42:6). 그 무상성(無償性 freeness)에 대한 다음의 증거를 생각하라.

① 모든 측면에서 무상으로 베풀어진다. 선택(엡 1:4), 효과적 부르심[69](고전 1:26-28), 칭의(롬 3:24), 성화(계 21:6), 양자됨(롬 9:25; 엡 2:19) 등 모든 것(롬 8:32; 고전 1:12).

② 성경은 하나님께서 어떤 민족과 가정과 도시와 국가를 언약 안으로 불러들이고 다른 것은 그렇게 하지 않으신다는 것을 계시한다. 그는 자유롭게 맹인과 저는 자와 창녀와 죄인을 택하신다. 실제로 아무도 그것을 받을 만한 자격이 없다(롬 3:23).

③ "이러한 언약은 그것의 원천과 목적이라는 측면에서 무상적이며, 그것은 우리 안에 있는 가치나 의지가 아니라 하나님의 선하신 즐거움과 거저 주시는 사랑에서 생겨난다."

④ 그가 먼저 우리를 택하신다.

> 너희가 나를 택한 것이 아니요 내가 너희를 택하여 세웠나니(요 15:16).

⑤ 성부 하나님께서 먼저 값없이 우리에게 그의 아들을 선물로 주셨다(시 2:7-8).

---

69 효과적 부르심은 하나님께서 피택자를 죄와 비참의 상태에서 불러내서 성령의 사역을 통하여 복음 제시를 받아들일 수 있도록 하는 행위다.

⑥ "조건은 결코 무상성(無償性)을 방해하지 않으며, 그뿐만 아니라 믿는 자의 위반은 죄를 범하는 것이지만, 박탈을 초래하지는 않는다는 조항이 삽입된다"(시 89:28-38).[70]

그는 이를 다음과 같은 이유 때문에 무상적인 것으로 만든다.

ⓐ 절망 중에 있는 자에게 소망을 주기 위해,
ⓑ 그의 이름을 영화롭게 하기 위해,
ⓒ 그의 자손에게 언약을 보증하기 위해,
ⓓ 그것을 거절하는 자에게 어떤 변명도 하지 못하도록.

우리는 다음의 사실을 알아야 한다.

내가 나 된 것은 하나님의 은혜로 된 것이니(고전 15:10).

모든 것은 무상으로 주어진다.

그것은 병들고 쇠약한 영혼들에게 먼 나라로부터 들려오는 좋은 소식과 같다.

이에 대하여 우리는 겸손히 예수의 발 앞에 엎드려 찬양해야 한다.

여호와여 영광을 우리에게 돌리지 마옵소서 우리에게 돌리지 마옵소서
오직 주는 인자하시고 진실하시므로 주의 이름에만 영광을 돌리소서(시 115:1).

이렇듯 거저 주시는 사랑은 우리가 그를 사랑하고 "우리에게 보답할 수 없는 사람들"(눅 14:12-14)을 사랑하지 않을 수 없게 한다. 니베이는 "아! 생생하고 거저 주시는 따뜻한 예수의 사랑으로도 이길 수 없는 세상은 냉정한 세상

---

[70] Nevay, pp. 104-109.

이로구나"[71] 하고 끝을 맺는다.

2) 매우 일관성 있고 하나 되게 하는 언약

그것은 "매우 일관성이 있고, 한 부분이 치밀하게 다른 부분과 연계되어 있어서 아무것도 그 사이에 끼어들 수 없고, 아무것도 그 연결된 데서 분리되거나 해소될 수 없다."

> 누가 우리를 그리스도의 사랑에서 끊으리요(롬 8:35).

사람들 사이에 맺는 언약 관계는 실패할 수 있으나 하나님의 언약은 깨질 수 없다. 이러한 관계에서 그리스도는 친구요(아 5:16), 친척이요(요 19:25), 아버지요(사 9:6), 형제요(히 2:11), 신랑(엡 5:25; 계 21:9)과 같다. 이러한 언약적인 연합에서 우리는 매우 밀접하게 "한 영으로 주님과 합하여서"(고전 6:17), "오직 하나의 이름만 갖게 되었다." 간단히 말해 우리는 그리스도의 몸이요, 그는 우리의 머리시다(고전 12:12). 성경은 비유를 사용하여 이러한 관계에 대해 말씀한다.

① "기초와 건축"(벧전 2:4-5).
② "나무와 접붙인 가지"(롬 11:17).
③ "포도나무와 가지"(요 15:1).

이러한 연합에 대하여 그리스도는 명령하신다.

> 내 안에 거하라 나도 너희 안에 거하리라. 가지가 포도나무에 붙어 있지 아니하면 스스로 열매를 맺을 수 없음 같이 너희도 내 안에 있지 아니하면 그러하리라. … 나를 떠나서는 너희가 아무 것도 할 수 없음이라(요 15:4-5).

---

71 Nevay, pp. 109-112.

그것은 영적인 연합이요, 그 안에서 연합한 두 당사자는 한 영이다. 그 친밀함은 결혼 언약과 같다(호 2:19-20). 게다가 그것은 사랑 이외의 다른 어떤 것으로도 만족할 수 없는 그런 사랑이다.

> 그로 그의 입술로 내게 입맞추게 하라(아 1:2).

그 안에는 "서로의 기쁨"(아 2:3-5)과 "황홀한 마음"(아 4:9)과 "거룩한 놀람"(시 36:7)과 "골수와 살진 것을 먹음과 같이 만족함"(시 63:5)이 있다.[72]

니베이는 하나님과의 이러한 연합이 주는 의미에 대하여 숙고한다.

① 우리는 하나님과의 영적인 결혼 언약을 맺었기 때문에 "모든 고의적인 죄는 영적인 간음이요, 그럼으로 주님의 성령이 노하신다"(사 63:10). 마찬가지로 육적인 죄는 성령의 전을 더럽힌다(고전 6:15, 16, 19).
② 언약이 어떻게 "사람을 하나님께 가까워지게 하고, 하나님을 그들에게 가까워지게 하는지"를 고려하면서, 우리는 "그 안에 머물기를 열망해야 한다."
③ 그리스도와 우리의 관계에서 해야 할 "의무를 이해하고 고려해야 한다."
④ 하나님과 언약을 맺은 사람을 핍박하는 것은 큰 죄다.

> 그의 경건한 자의 죽음은 여호와께서 보시기에 귀중한 것이로다(시 116:15). "그의 눈동자를 범하고"(슥 2:8), "그의 품에서 어린 양을 낚아채고"(사 62:3), "그의 머리에서 왕관을 잡아 찢으며"(사 62:3), "그의 마음에서 도장을 빌리려"(아 8:6) 하는 자들에 대한 하나님의 진노를 생각하라.

⑤ 이 세상의 어떤 세력도 그리스도와 맺은 유대를 깨뜨릴 수 없다.
⑥ 우리가 그 안에서 하나님과 조화를 이루는 많은 관계 속에 들어 있는 의무에 대하여 자주 생각하라. 신자는 "저들이 모든 관계를 깨뜨리기 전에 이것을 깨뜨려야 한다."

---

72 Nevay, pp. 112-118.

⑦ "하나님을 가까이 하라"는 말을 기억하라. 그를 멀리하는 사람은 멸망할 것이기 때문이다(시 73:27-28).[73]

3) 영원한 언약(eternal covenant)

우리는 다윗처럼 주님이 "**나와 더불어 영원한 언약을 세우셨기**"(삼하 23:5) 때문에 기뻐한다. 그것은 생명과 긍휼의 언약이다.

> 너희는 귀를 기울이고 내게로 나아와 들으라 그리하면 너희 영혼이 살리라 내가 너희를 위하여 영원한 언약을 맺으리니 곧 다윗에게 허락한 확실한 은혜이니라 (사 55:3).

성경은 이것의 영원한 본성에 대하여 자주 증거한다(렘 32:40; 33:20; 겔 37:26; 히 13:20). 언약은 그것의 작정(시 103:17-18; 사 54:9-10; 딛 1:2)과 관련해서, 그 원천(즉, 긍휼; 사 54:10)과 관련해서, 그 후손(창 17:7; 사 59:21)과 관련해서, 그리고 "주여, 주는 대대에 우리의 거처가 되셨나이다"(시 90:1)와 같은 그것의 연속성에 관련해서 흔히 영원하다고 불린다. 어째서 언약이 영원한지에 대하여 다음과 같은 이유를 생각해 보라.

  ⓐ 하나님은 변함이 없으시다(말 3:6; 롬 9:16).
  ⓑ 그리스도는 우리를 위하여 영원한 구속을 쟁취하셨다(히 9:12).
  ⓒ 그리스도는 영원토록 우리를 위해 중보하신다(히 5:6; 7:25).
  ⓓ 성령은 매일 참회에 의해 우리를 새롭게 하신다.
  ⓔ 언약이 된 것들은 영원하다(예를 들어, 용서, 렘 31:34; 즐거움, 요 16:22).

그것은 "우리 입장에서 영원함이 틀림없다."

---

73 Nevay, pp. 118-120.

너희는 오라 잊을 수 없는 영원한 언약으로 여호와와 연합하라 하리라(렘 50:5).[74]

영원한 언약은 신자에게 큰 위로가 된다.

> 여호와의 인자하심은 자기를 경외하는 자에게 영원부터 영원까지 이르며 그의 의는 자손의 자손에게 이르리니(시 103:17-18).

우리는 이러한 언약에서 "깊은 위로와 구원의 우물"의 "넘치는 기쁨"을 길어낼 수 있다. 우리는 시간-제약적인 관점에서 이러한 언약의 유익함을 측량할 수 없다(사 55:8-9). 하나님의 언약의 지속되는 본성을 고려해 볼 때, 다른 사람과의 언약을 깨뜨리는 것은 큰 죄다.

> 그의 모범을 따라서 우리가 하나님과 사람 모두와 맺은 언약에 있어서, 우리는 충실하고 영구적이어야 한다는 것을 배울 수 있다.[75]

니베이는 이렇게 충고한다.

> 이 언약에 참여하는 모든 사람에게 두렵고 떨리는 문제가 있다. 이 계약은 시간적 것이 아니라 영원한 것이며, 이 문제는 영원한 중요성을 갖는 것으로 영원한 생명과 영원한 사망과 관계된다(사 33:14; 54:8; 롬 6:22).

언약에 참여하는 사람은 우리의 지상 생애와 달리 이것이 영원하며, 사람들에 대한 두려움을 치료한다는 것을 위안으로 삼는다.

> 나 곧 나이니라 너는 어떠한 자이기에 죽을 사람을 두려워하며 풀 같이 될 사람의

---

74 Nevay, pp. 121-125.
75 Nevay는 그의 책에서 바로 이 문단에서만 엄숙 동맹을 언급한다. Nevay는 그들은 "모든 민족 위에 있도록 명성을 얻고, 엄숙히 하나님께만 충실하기로 했으므로 자신의 언약을 주의해서 지켜야 한다"고 주장한다. Nevay는 지상의 어떤 권위도 이러한 유대를 해소할 수 없다고 주장한다.

아들을 두려워하느냐(사 51:12).[76]

4) 잘 정돈된 언약(Well-Ordered Covenant)

우리는 다윗처럼 잘 정돈된 언약을 기뻐한다.

> 하나님이 나와 더불어 영원한 언약을 세우사 만사에 구비하고 견고하게 하셨으니(삼하 23:5).

그 작정(시 31:19; 사 64:4)과 당사자와 은사(롬 8:32)와 계시의 방법(렘 3:15; 고후 4:7; 5:19; 엡 4:30)과 상급(잠 11:18; 롬 4:4-5; 히 10:35)은 모든 면에서 잘 짜여졌다. 그것의 불변성(욥 23:13; 약 1:17)과 무한한 지혜와 능력(사 28:29)과 사랑(벧전 4:8; 요일 4:16)과 긍휼과 지식(행 15:18)과 하나님의 평온함 등을 고려하면, 그것이 잘 정돈된 이유가 분명해진다.[77] 니베이는 이러한 지식에 대한 몇 가지 사용법을 제시한다.

> 깊도다 하나님의 지혜와 지식의 풍성함이여(롬 11:33).

① 이렇게 그것이 모든 것 속에 잘 정돈되었다면, 어디서든 그 질서를 변경시키려는 것은 극도로 주제넘은 짓이다. 그들은 특히 언약의 계획과 작정이라는 큰 일에서, 선택을 예지적 믿음과 사역에 달려 있게 하려고 한다.
② 모든 것이 이렇게 잘 정돈된 언약 안에 있게 하라. 그런 후, 올바른 질서를 따라서 그리고 그곳에서 사용할 수 있는 수단을 사용함으로써 약속된 것을 추구하도록 하라.
③ 언약은 정돈이 매우 잘 되어 있어 모든 조항이 상호 연계되어 있으며, 따라서 그 중 한 가지를 소유한 사람은 그 모두를 소유하게 된다.[78]

---

76 Nevay, pp. 125-129.
77 Nevay, pp. 129-135.
78 Nevay, pp. 135-137.

5) 언약의 확실성

언약은 사람에 의존하지 않으며, 하나님이 거짓말하실 수 없기 때문에 변경될 수도 없으며, "영원한 목적에 근거한 무한한 지혜의 결과"(시 33:11)라는 사실이 그것의 확실성을 증명한다. 언약이 확실한 이유는 그것이 주님의 의로우심과 공의와 긍휼과 능력과 선의와 진리에 의존하기 때문이다(창 17:1; 시 31:1; 40:11; 85:9-10; 눅 2:14; 고전 1:9; 10:13; 계 19:11). 예를 들면 이렇다.

> 만일 우리가 우리 죄를 자백하면 그는 미쁘시고 의로우사 우리 죄를 사하시며 우리를 모든 불의에서 깨끗하게 하실 것이요(요일 1:9).

하나님은 그것을 말씀하셨을 뿐 아니라(시 89:34), 그것을 기록하시고(호 8:12), 맹세하셨으며(시 89:35; 히 6:13, 17), 할례로 인치시고(롬 4:11), 보증으로 우리 마음에 성령을 부으셨다(고후 1:22). 그것은 "주께서 우리의 모든 일도 우리를 위하여 이루시기"(사 26:12) 때문에 확실하다.

더욱이 그의 자녀가 언약을 깨뜨리면, 그는 "회초리로 그들의 죄를 다스리며 채찍으로 그들의 죄악을 벌할 것이다. 그러나 그의 인자함을 그에게서 다 거두지는 아니하며 그의 성실함도 폐하지 아니할 것이다"(시 89:28-38). 그것은 확실하다. 그는 우리를 고치실 뿐 아니라 우리의 타락도 고치실 것이다(호 14:4). 간단히 말해, 그는 우리의 본분(part)을 확실하게 할 것이다. "나를 경외함을 그들의 마음에 두어 나를 떠나지 않게 하고"(렘 32:40; 요 6:39-40, 44, 54; 살전 4:17을 보라).[79]

언약의 확실성은 "신자에게 달콤한 위로와 강한 위로"다. 그것은 우리를 도와 "현재의 제도에 의해서가 아니라 그의 약속에 의해 하나님의 목적을 판단하게 한다."

> 내 육체와 마음은 쇠약하나 하나님은 내 마음의 반석이시요 영원한 분깃이시라 (시 73:26).

---

[79] Nevay, pp. 138-142.

그것은 확실하기 때문에 "우리는 언약의 내용을 기만적인 세상의 모든 불확실하고 헛된 것 위에 두어야 한다"(딤전 6:17).

언약에 의해 보증된 것 외에 확실한 것은 아무것도 없다.

그것을 확실하게 하시는 분이신 그리스도는 "단단한 벽에 박힌 못과 같다"(사 22:23). 확실한 언약은 "회의주의적 구도자와 알미니우스적 무관심을 저주하며, 종교를 불확실성으로 변경시키고, 이러한 언약을 느슨하게 하여 불확실하게 하는 모든 사람을 저주한다." "교회의 외형적인 설립과 번영을 위해서 주님께서 주셨던 확신"을 생각하라(사 62:8-9; 렘 32:41-42; 미 2:12-13). 요약하면, 그 약속은 "그들을 기다리는 일에 지치지 않기 때문에"[80] 확실하다.

6) 언약의 거룩함

은혜 언약은 거룩한 언약이다(단 11:28, 30; 눅 1:72-73). 그 창시자도 거룩하다. 보좌 가까이에 있는 자는 "밤낮으로 쉬지 않고, 거룩하다 거룩하다 거룩하다고 말한다"(계 4:8). 언약의 당사자는 거룩하다. 그리스도는 그 안에서 그들을 성화시킨다(고전 1:30). 그래서 그의 백성은 거룩하다(신 7:6; 28:9; 렘 2:3). 그 조건인 믿음도 거룩하다(유 20절). 그 약속도 거룩하다.

그는 그의 거룩한 말씀을 기억하셨다(시 105:42).

그 계명도 거룩하다(레 20:7; 벧전 1:15; 벧후 2:2). "우리가 어떤 불결한 것에서 떨어져 만지지도 못하게 하는" 그것의 부르심도 거룩하다(살전 4:7; 딤후 1:9). 그것의 효과는 한 민족을 거룩하게 한다(사 63:18; 겔 36:25; 고후 7:1). 우리로 "거룩한 것에 참여케" 하고, 하나님과 그의 교회와 교제케 하는 그 목적도 거룩하다(마 22:12; 요일 1:3).[81]

---

80 Nevay, pp. 143-146.
81 Nevay, pp. 146-149.

니베이는 이러한 지식을 위해 몇 가지 용례를 제시한다.

① "거룩함에 대해 그렇게 심하게 두려워해야 한다면 이상한 일이다. 만약 그 아름다운 면이 보이고, 그것이 가져올 축복이 믿어진다면, 그것을 추구하려 하지 않는 사람을 소경이거나 미친 것이라고 생각할 것이다. … 그들 중 아무도 언약의 더 좋은 축복을 맛보지 못할 것이며, 그들은 언약의 조건과 유대 아래 들어오지 못할 것이다."

② 거룩에 대한 사랑은 언약 안에 있는 사람의 확실한 표시다. 이러한 거룩함은 어떤 사람에게 "하나님을 위하여 자신을 구별하고," 주님을 섬기는 데 자신을 드리며(대하 30:8; 시 119:38), 자신의 영혼 속에 "은혜의 습관을 심고"(요 1:16; 고후 1:21; 요일 2:27), 거룩을 실천할 것(시 119:1; 사 35:8; 갈 5:22-23; 벧전 1:15)을 요구한다.

참된 거룩은 "진리와 만나야" 하고, 하나님의 거룩함을 모방하며(벧전 1:16), 한 편으로는 하나님의 영광을 위하여 초점이 맞추어지고(고전 10:31), 다른 한 편으로는 죄를 미워함으로써 증명되는(롬 7:24) 율법의 두 목록(살전 2:10; 딛 2:11-12)을 준수함으로써 나타나야 한다.

③ "하나님께 대한 순종이 없이는"(요일 1:3) 거룩함도 하나님과의 교제도 있을 수 없다.

④ 생활 속에서 거룩함을 거부하는 사람에 대해, 그리스도께서는 "이들 중 아무도 나의 잔치를 맛보지 못할 것"(눅 14:24)이라고 말씀하신다.

⑤ 주님께서 그의 언약을 깨뜨리지 않으실 것임을 확신하라.

⑥ "거룩함은 우리 모두가 그것 때문에 언약 속으로 들어오게 되었던 목적이고(is), 목적이었으며(was)"(사 43:21; 벧전 2:9), "우리가 하나님의 자녀라는 증거"였다.[82]

82　Nevay, pp. 149-154.

7) 언약의 풍성함

"영혼을 만족시키는 것"은 풍성함이며(렘 31:14), 다윗은 그 풍성함을 "나의 모든 소원"(삼하 23:5)으로 간주했다. 그 외의 다른 모든 것은 "그리스도의 헤아릴 수 없는 부요하심"과 그의 언약과 "비교하면 헛된 것"(시 39:5)이다.

> 그 안에는 밭에 숨겨진 그 보물이 있으며 그것을 기뻐하여 어떤 사람은 자기가 가진 모든 소유를 다 팔았다(마 13:44).

그 원천을 생각할 때 그것이 어떻게 충만하지 않을 수 있을까?

> 그것은 가장자리나 밑바닥이 없기 때문이다(롬 11:33-36; 엡 3:18-19).

하나님께서 친히 "모든 믿는 자의 상급이 되어주신다면"(창 15:1) 어떻게 그것이 충만하지 않을 수 있을까?

그리스도 안에 모든 충만함이 있으며(골 2:9), **"자기를 힘입어 하나님께 나아가는 자들을 온전히 구원하실 수 있다"**(히 7:25). 그의 모든 약속은 풍성하다. 용서(사 55:7), 지식(사 11:9), 은혜(롬 5:17), 평화(사 48:18), 즐거움(요 16:24). 그것은 어둠 속에서 비추는 빛이다(사 50:10). 그것은 믿음(히 10:22)과 순종(롬 16:26)과 마음의 만족에 충만하다. 그것은 좋은 것에 부족함이 없는 충만이다(시 84:11). **"충분히 주어지고 눌러지고 흔들어지고 차고 넘치는"** 상급으로 충만하다. 우리의 입을 아무리 넓게 열어도 채우지 못할 충만함이 있으나 언약 안에서는 그것을 채울 수 있다(시 81:10).[83]

니베이는 이러한 지식에 대한 여러 가지 용례에 대해 말한다.

① 만약 사람이 "이러한 계약에서 충만함과 만족이 무엇인지 안다면, 그들은 모든 다른 계약을 중단하고 이것에 전념할 것이다"(사 55:2).

---

83 Nevay, pp. 155-160.

② "형식에 치우칠 뿐 그 정신을 갖지 않은 목사와, 그 문자에 머물러 있을 뿐 그리스도와 그의 복음 언약 안에 있는 충만함을 알려고 하지 않는 사람은 가견적 교회를 초라한 무리로 만든다."

③ "만약 이러한 언약이 그렇게 충만하다면, 또 그 안에 모든 충만이 들어 있다면"(고전 4:8), 그것을 사랑하지 않는 사람들 속에는 커다란 죄와 광기가 들어 있음이 틀림없다."

④ 우리는 "**하나님의 모든 충만함으로 충만해지도록**"(엡 3:19; 4:13) 힘써야 한다.

⑤ "이러한 언약이 항상 그렇게 모든 방면에서 충만하다면 모든 것을 잃는다 해도 그것을 위해서라면 고난당할 만한 가치가 있다. 왜냐하면 모든 상실된 것은 그것의 충만함 속에서 풍성하게 보상되기 때문이다"(빌 3:7-8).

⑥ 그것의 풍성한 충만함을 구하라.

> 주를 찾는 자는 모든 좋은 것에 부족함이 없을 것이다(시 34:9-10).[84]

니베이는 또한 언약의 충만함에 대한 다윗의 평가를 검토했다.

> 이것이 나의 모든 구원과 나의 모든 소원이기 때문이다(삼하 23:5).

이러한 언약 안에 들어가거나 머무르기를 소원하는 사람은 "다윗처럼, … 그 안에 있는 모든 중대한 것에 대해 충분히 관찰해야" 한다. 그렇게 함으로써 그들은 "**이방인의 아들들을 이끌어 예루살렘의 성벽을 쌓게 할 것이며, 그들의 왕들이 예루살렘을 섬기게 하는 일**"(사 60:10)을 한층 더 잘 할 수 있을 것이다. 그렇게 하는 것은 그대의 멍에를 가볍게 하고, 그대의 영혼을 겸손하게 할 것이며, 그것은 "의무에 대한 커다란 격려"가 될 것이다. 만약 누군가 "**언약의 큰 일들을 진지하게 바라본다면**" 언약에서 멀리 떨어질 수 없을 것이다. 니베이는 다음과 같이 제안한다.

---

84 Nevay, pp. 160-163.

연약함은 언약 안에 있는 어떤 결함에 기인하는 것이 아니라, 그것에 대해 충분히 믿음으로 행하지 않는 데 기인한다.

우리는 창세기 13:17에서 아브라함이 약속의 땅과 관련하여 그 땅을 종과 횡으로 다녔던 것처럼 약속의 언약을 다루어야 한다. 우리는 모세가 신명기 34:1-2에서 비스가산 꼭대기에서 가나안 땅을 바라본 것처럼 멀리서 보는 것으로 만족하지 말아야 하며, 아주 가까이에서 깊고 면밀하게, 매우 열렬히 정탐하고 관찰하려고 힘써야 한다.

그렇게 해야 그것을 알 수 있게 되고 다른 사람들에게 그에 대한 올바른 평가를 내릴 수 있게 될 것이다. 다윗이 그랬던 것처럼 그것을 그들에게 추천할 수 있게 될 것이다.

이러한 언약을 그대의 모든 소망으로 만들기를 배우라. 그 안에는 가치 있는 것이 잔뜩 있기 때문이다. 그리스도가 그 안에 있으며, 그는 완전히 사랑할 만하며 아가 5:16 또한 "그는 매우 사랑스럽도다"[85]로 해석할 수 있다.

6. 언약의 축복

새 언약의 모든 축복은 약속 안에 있으며, 약속을 통해 우리에게 전달된다. 그 중요한 골자는 이것이다. 나는 너희 하나님이 될 것이다. 그 약속은 사람에게 의존하지 않으며, 약속은 사람을 그리스도의 형상으로 변형시킨다. 약속된 언약의 축복은 회개와 죄의 용서와 성화와 양자됨과 성도의 견인과 영생과 현세적 축복이다.

하나님의 언약은 **약속의 언약**(*Covenant of Promise*)인데, 그것의 모든 축복이 약속에 의해 우리에게 오기 때문이다(롬 9:4, 8; 행 3:25; 엡 2:12). 이들 약속은 매우 탁월하고 가치 있다(벧후 1:4).

주님의 약속 중 하나는 모든 하늘과 땅보다 더 가치가 있으며, 훨씬 더 가치가 있다(마 5:18).

---

85 Nevay, pp. 157-168.

성경은 또한 언약의 약속을 선하고(왕상 8:56; 사 39:8) 거룩하며(시 12:6; 105:42) 은혜롭고(시 45:2; 사 61:1, 2; 눅 4:22) 무상(無償)이며(롬 5:15-16; 갈 4:23, 26) 확실하고(렘 10:10) 풍성하며(롬 9:23; 엡 1:7; 빌 4:19; 약 2:5) 신실하고 참되다(렘 10:10; 고전 1:20; 계 3:14)고 한다.[86] 하나님께서 약속을 통하여 축복을 전하여 나타내시는 것은 다음과 같다.

① 타락한 인간을 이끌어 믿음과 인내와 겸손함을 가지고 그에게 나오게 한다.
② "그의 지혜와 능력과 선하심과 진리"를 나타낸다.

이러한 전달 방법은 신자에게 커다란 유익이 있다. 신자가 이생에서 받는 약속은 선금을 치렀으며, 그것은 신자에게 충분히 그 선한 공로를 제공하고, 신자를 주님께 사랑받게 하며, 주님의 보좌에 나아갈 수 있게 하며, 사람을 "하나님의 본성의 참여자로 만들고 세상의 오염을 피하도록 한다."

첫 약속마저 "사람을 지옥과 죽음과 마귀의 정복자로 만들 것"이며, "올바르게 이해된 하나의 약속도 사람을 천국으로 데려갈 수 있다."[87] 신자는 이러한 약속이 "시간 속에서 이루어지는 일이지만, 사람에 의해 수행될 수 있는 것에 의존하지 않는다"는 점을 감사해야 한다.

> 언약의 축복을 피조물 가운데 있는 어떤 것에 의존하게 만드는 그런 교리는 기독교인에게서 약속과 성취될 축복에 의해 소유하게 될 모든 중요한 이익을 강탈해 갈 것이다.

신자는 성경의 일반적인 약속(예를 들면 창 15:1; 롬 8:28)과 구원 약속(예를 들면 렘 31:31-38; 32:37-42; 겔 36:24-31)과 고난과 시험의 때를 위한 특별한 약속과, 끝으로 현세적 축복에 대한 약속을 간직해야 한다.[88]

언약의 모든 축복을 요약하는 한 가지 약속이 있다.

---

86 Nevay, pp. 173-175.

87 Nevay, pp. 176-177.

88 Nevay, pp. 179-180.

나는 너희의 하나님이 될 것이다.[89]

그것은 "모체 약속, 말하자면 그 자궁 속에 다른 모든 축복을 포함하는 위대한 약속이다." 니베이에게 어떤 다른 것도 이 약속과 비교할 수 없다.

① "'내가 내 모든 선한 것을 네 앞으로 지나가게 하고'라는 출애굽기 33:19의 약속 안에 많은 것이 들어 있다. 오! 그러나 이 말씀 안에는 훨씬 더 많은 것이 들어 있으니, 성부는 우리 것이요(고후 6:18), 성자도 우리 것이고(호 2:19-20), 성령도 우리 것이며(요일 3:24), 만물이 다 우리의 것이다"(고전 3:21).
② "그와 같은 바위가 없으시며"(삼상 2:2), 그는 언약을 지키시는 데 비길 데 없으시다(왕상 8:23).
③ "그는 살진 것으로 그 영혼을 만족시키시며, 그의 백성을 좋은 것으로 만족케 하신다"(렘 31:14).
④ 그와 언약을 맺은 사람에게 "그는 은혜와 긍휼을 베푸시며 어떤 좋은 것도 거절치 않으신다"(시 84:11).
⑤ "물을 찾으나 아무 것도 찾지 못한 가난한 자와 궁핍한 자에게" 그는 "**광야가 못이 되게 할 것**"(사 41:17-18)을 약속하신다.
⑥ 그는 양처럼 길을 잃고 방황할 때에도 우리를 구원하실 것이다(시 119:176).
⑦ "그의 약혼은 영원하며"(호 2:20-21), 그의 포도원인 교회는 우리 것이다(아 8:12; 사 27:2). 간단히 말해, "그들은 진정으로 행복한 백성이며, 그들의 하나님은 주님이시다"(시 33:12; 73:25).[90]

실제로 모체 약속은 언약을 통합하는 줄거리(thread)다. 그것은 구약과 신약의 성도에게 주어진 동일한 언약적 약속이다(창 17:8-9; 레 26:12; 렘 31:33; 32:36-40; 겔 11:19-20; 34:23-31; 슥 13:9; 고후 6:16).[91]

---

89 Nevay, p. 181; 출애굽기에서 발췌한 약속. 7:7; 렘 32:38; 겔 38:27; 고후 6:17.
90 Nevay, pp. 181-186.
91 Rutherford, *Covenant of Grace*, p. 75.

존 머레이(John Murray)가 이러한 "반복적인 후렴," 즉 성경의 중심적 계시는 "하나님과 우리의 관계"를 "종교의 왕관이요, 목표 곧 하나님과의 연합과 교제"로 묘사한다는 것에 주목한 것은 올바른 일이었다. 이러한 교제는 바로 다름 아닌 요한계시록 2:13의 약속으로 만족한다.

> 내가 들으니 보좌에서 큰 음성이 나서 이르되 보라 하나님의 장막이 사람들과 함께 있으매 하나님이 그들과 함께 계시리니 그들은 하나님의 백성이 되고 하나님은 친히 그들과 함께 계셔서(계 21:3).[92]

니베이는 다음에 언약의 축복 각각에 대해 언급하면서 그들의 귀중한 가치와 그들에 대한 신자의 권리를 기술한다. 이들 축복은 참회와 죄 용서와 성화와 양자됨과 견인과 영생과 현세적 축복이다. 뉴밀른즈의 언약도가 그리스도를 통하여 이러한 축복을 추구했다는 것은 결코 뜻밖이 아니다.

1) 참회

언약의 첫 번째 축복은 참회다. 그것은 "복음의 부르심에서 제일 먼저 요구된 것이며(막 1:15) 고귀하신 성자께서 주시는 복음의 첫 번째 축복이다(행 5:31)." 세례 요한이 이것을 선포하였고(마 3:1-2) 사도들이 이방인의 회심에서 처음으로 이것에 주목했다(행 11:18). 이것은 탁월한 축복이다.

> 애통한 자는 복이 있나니(마 5:4).

다음의 성경 진리는 그 탁월함을 증언한다.

① 그것은 "사람을 어둠의 상태에서 빛의 상태로 이끈다"(골 1:13).
② "온전하고 복된 삼위일체 하나님"은 마음이 상한 자를 위로하신다(사

---

92 John Murray, *The Covenant of Grace* (Phillipsburg: Presbyterian and Reformed Publishing Company, 1988), pp. 31-32 (이하 Murray, *Covenant of Grace*).

40:1-2; 61:1, 3; 고후 7:5).

③ 주님은 "**통회하고 마음이 겸손한**"(사 57:15) 자들과 함께 거할 것과 소생케 하실 것을 약속하신다.

④ 성경은 참회하는 자에게 큰 축복을 약속한다. 그것은 기쁨의 약속이다(시 126:5-6; 사 35:10; 눅 6:21). "**그들의 슬픔은 기쁨으로 바뀔 것이다.**" 그리고 "**그들의 기쁨은 충만할 것이다**"(요 16:20, 24). 그것은 환난에서 건질 것(시 34:17-18)과 지식(시 35:9)을 약속한다.

> 그것은 치료를 약속한다: "내 이름으로 일컫는 내 백성이 그들의 악한 길에서 떠나 스스로 낮추고 기도하여 내 얼굴을 찾으면 내가 하늘에서 듣고 그들의 죄를 사하고 그들의 땅을 고칠지라"(대하7:14).

⑤ 그와 반대로 완고함은 강퍅한 마음과 하나님의 진노에 이르게 한다.

⑥ 언약의 희소성과, 사람들에게 "꾸며대며 위조하도록" 가르치는 사탄과의 대립은 그것의 탁월성을 증명한다.

⑦ 언약은 탁월한 열매를 갖는다. "부드러운 마음과 온유함", "타인과 짐을 나누어짐" 및 "죄를 경계함."[93]

언약은 "예언되고 약속된 것"이다(렘 50:4-5; 겔 20:43; 36:26; 슥 12:10). 참회는 하나님의 은혜를 통해서 이루어져야 한다. 그것은 "회심 행위뿐만 아니라 회심의 거의 모든 것을 촉진시키는 것이며 최소한 회심에 이르게 한다. '**회개하라 그리고 돌이키라**'"(행 3:19을 보라). 성경은 회심(사 1:27)과 우리의 죄에 대해 슬퍼하는 마음(고후 7:9)과 통회하는 마음(시 51:17)과 너그러운 용서(사 55:7)와 위로(사 57:18)를 약속하며, 이들은 회개를 요구한다. 요약하면, 복음에 따른 회개는 축복이 약속된다.

무릇 시온에서 슬퍼하는 자에게 화관을 주어 그 재를 대신하며 기쁨의 기름으로

93　Nevay, pp. 190-193.

그 슬픔을 대신하며 찬송의 옷으로 그 근심을 대신하시고 그들이 의의 나무 곧 여호와께서 심으신 그 영광을 나타낼 자라 일컬음을 받게 하려 하심이라(사 61:3).[94]

복음에 따른 참된 회개는 우리의 죄가 하나님과 그리스도의 보혈과 인격과 그 뜻에 잘못을 저지르고 모독한 사실에 대해 매우 슬퍼한다. 그리고 그것은 우리 안에 "죄에 대한 혐오뿐만 아니라 철저한 증오심을 불러 일으켜" 죄를 떠나게 한다. 우리의 죄가 회개하기에는 너무 크다고 사탄이 말할 때, 그에게 그리스도께서 "나와 같은 사람을 회개할 수 있도록" 죽으셨다고 말하라.

회개는 선물이며, 그래서 그것은 그것이 제공될 때 받아야 한다는 점을 기억하라.[95]

믿음과 회개에 대한 성경적 모델에 대한 어떠한 왜곡도 교회에 커다란 해악을 끼친다. 예를 들어, 언약의 사람들이 그날의 죄악과 실수를 나열하는 것은 칭찬받을 만하지만, 어떤 면에서는 도에 지나칠 위험이 있다. 칼빈은 그 실제적인 해로움을 표명한다.

그들이 지나치게 그들의 죄를 나열하는 일에 집착하는 동안, 그들은 숨은 히드라(hydra)인 그들의 은밀한 죄와, 그것에 대해 깨닫게 될 때 비참한 감정이 들게 하는 내적인 오염을 망각할 수 있기 때문이다. 그러나 고백의 가장 확실한 방법은 우리의 죄를 인정하고 자백함으로써, 우리의 이해를 초월할 만큼의 깊은 심연에 이르는 것이다. 이런 방법으로 우리는 **"주여, 나를 불쌍히 여기소서, 나는 죄인이옵니다"**(눅 18:13)라고 했던 세리의 고백을 보아야 한다.[96]

---

94 Nevay, pp. 194-196.
95 Nevay, p. 197.
96 Calvin, *Institutes*, sec. iii.4.18, p. 549.

2) 죄의 용서

그 언약의 두 번째 축복은 죄 용서다. 그 성경적 명칭은 무거운 짐을 벗는 것(히브리어)이요, 죄인된 상태에서 해방되는 것(그리스어)을 뜻한다. 용서하는 일에서 하나님은 우리의 죄를 모두 덮으시고(시 32:1), 완전히 가리고(사 43:25), 용서하여(시 32:2), 그것들을 등 뒤로 던져(사 38:17) 바다 깊은 곳으로 버리심으로(미 7:19) 부지런히 찾을지라도 더 이상 볼 수 없고(민 23:11), 찾을 수 없게 하신다(렘 50:20). 니베이는 회개하지 않은 자의 상태를 "회개하지 않은 죄는 먹구름처럼(사 44:2) 그 영혼을 덮어 어둡게 하며, 말하자면 구름으로 하나님을 가리어 기도가 그것을 뚫고 지나갈 수 없게 되나(애 3:44), 죄가 일단 용서가 되면 그 구름은 소멸된다"[97]고 한다.

이것은 탁월한 축복으로 성경은 이것을 축복받은 상태(blessedness, 롬 4:6-8)라고 한다. 그로부터 모든 다른 축복이 생겨난다. "기독교인이 믿음으로써 얻게 되는 모든 선한 것은 **죄사함**(*remission of sins*)이라는 한 단어로 정리된다"(행 10:43). 이것의 탁월함은 그 창조자인 예수님과 이것의 원천인 은혜 속에서 보인다(출 34:6; 롬 8:32; 엡 1:7; 딛 2:12).

타락과 하나님께 대하여 저지른 크고 악한 죄를 고려해 볼 때, 그 탁월함은 놀라운 축복인 죄사함의 본질에서도 보인다. 죄사함의 본질은 무상이고(사 48:9, 11; 롬 5:16), 충만하며(시 86:5, 15; 103:3), 아무런 공로도 없다. 죄는 우리를 더럽히고 가치를 떨어뜨리며 우리를 하나님에게서 분리시킨다(사 59:1-2). 그러나 하나님은 타락한 자까지 용서하시고 치유하신다(시 145:14; 렘 3:22; 겔 34:16; 호 14:4).[98]

이것은 약속된 언약의 축복이다. 실제로 이것은 언약의 중요한 항목 중에 있는데(렘 31:34; 33:8; 겔 36:25, 29), 그 안에서 그는 "**죄악을 용서하고, 그의 유산 상속자의 죄를 간과하신다**"(미 7:18). 이것의 약속된 본성은 그리스도께서 그 대가를 지불하셨으므로 자비로우신 아버지(고후 1:3) 하나님께서 죄인을 어떻게 용서하시는지를 고려하면 분명해진다.

간단히 말해, "죄용서 외에 죄인을 구원할 방법은 전혀 없다." 값없이 용서

---

97 Nevay, p. 200.
98 Nevay, pp. 201-203.

하는 것은 그리스도의 직무로(사 55:1; 요 7:37), 그 안에서 "성자는 그가 원하는 자들을 살리시며 그들을 살리는 첫 번째 원동력은 용서를 베푸는 자비다"(요 5:21). 그의 용서를 베푸시는 자비의 무한한 본성을 나타내는 것은 **일곱 번씩 일흔 번이라도**(마 18:22) "서로 용서하라"는 그의 명령이다.

용서에 대한 올바른 이해에 여러 가지 용례가 있다.

① "그것은 잘못을 용서하고 형벌을 내리지 말아야 한다고 주장하는 가톨릭 교도에 반대한다."

② 그것은 "의심하는 기독교인에 대한 위로다. 무상으로 베푸는 용서는 마치 죄가 원래 없었던 것처럼 죄를 제거한다."

③ "화목이 없다면 축복도 없으며 죄 용서가 없다면 화목도 있을 수 없다."

④ 모든 축복이 그것에 달려 있다면 우리는 반드시 그것을 소유하지 않으면 안 된다. 비록 그리스도께서 그것을 이루셨다 해도 그것은 회개를 요구하며, 그것은 우리가 이 세상을 사는 동안 짓는 죄의 결과로부터 우리를 자유롭게 하지 않는다. 그것은 또한 옛 죄가 "죽은 사람의 유령처럼 우리에게 다시 일어날" 때, 용서받은 사실에 대한 생생한 느낌을 익히게 되는 데 도움이 된다.

⑤ 우리는 다음 같은 경우 죄가 용서되었음을 확신해도 좋다.

ⓐ 그의 언약 안에서 행하고(시 103:17-18)

ⓑ 그를 매우 존경하고(눅 7:47)

ⓒ 죄에 대하여 죽고(롬 8:13)

ⓓ "찔림 당하신 그리스도를 슬퍼하고"(슥 12:10)

ⓔ 다른 사람을 기꺼이 용서하고(마 6:14)

ⓕ 우리의 죄를 솔직하고 철저히 고백하고(요일 1:9)

ⓖ 하나님께 대한 거룩한 두려움을 갖고 있다면

⑥ 자신의 죄가 너무 커서 용서받을 수 없다고 생각하는 사람은 성경을 통해 위로를 받아야 한다.

여호와께서 말씀하시되 오라 우리가 서로 변론하자 너희의 죄가 주홍 같을지라도 눈과 같이 희어질 것이요 진홍 같이 붉을지라도 양털 같이 희게 되리라(사 1:18).

⑦ 그것은 하나님에게서 오는 선물이며, 그것이 없다면 평안도 축복도 없다. 하나님은 우리의 모든 죄를 알고 계신다. 그러므로 우리는 우리의 죄를 찾아내고 인정하고 고백해야 하며 "죄를 담당하시는 구속의 희생물로서 그리스도를 성부께 모셔 와야 한다."

⑧ 그 약속은 다음과 같은 의무를 요구한다.

너는 내 앞에서 행하여 완전하라(창 17:1).[99]

3) 전가된 의

언약의 세 번째 축복은 그리스도의 전가된 의다.
"하나님은 긍휼을 베푸셔서 아무 죄도 없는 그리스도를 우리를 대신하여 죄로 삼으셨다"(고후 5:21).
그래서 "그의 의는 언약에 의해 우리에게 넘겨지고 전가되었다"(고전 1:30).
이러한 과정은 다음과 같이 생겨난다.

① 우리는 본질상 죄인으로서 하나님의 진노의 대상이다. 이런 사실을 이해할 때, 우리는 "죄를 보복하시는 하나님"에게서 우리 자신을 구원할 수 있는 어떤 정상적 방법도 없는 저주받은 상태로 여기게 된다. 자기를 의롭게 하기 위한 가장 좋은 행동조차 "겉만 번지르르한 죄악일 뿐"이며, 그것은 "하나님 앞에서 가증스러운 것"(눅 16:15b)으로, 아담과 하와가 무화과 나뭇잎으로 가렸던 것처럼 하나님 앞에서 우리의 벌거벗은 상태를 가리는 데 사용하는 더러운 의복일 뿐인 것이다.

② 복음의 권고를 통해 우리는 "그의 이름을 믿는 사람 숫자만큼, 자기를 잃

---

99 Nevay, pp. 200-201, 203-204, 206-207.

어버린 죄인의 죄가 모두 그리스도에 의해 지워졌는데," 그가 우리의 죄 때문에 스스로 희생당하셨고 우리의 죄가 지불해야 할 대가를 완전히 지불하셨기 때문이다.

③ 우리는 그리스도와 성부 사이에 이루어진 언약에 의해 "그리스도께서 죄를 위하여 그 영혼을 드리실 것임과, 바로 그 점을 고려해 볼 때 성부 하나님은 그의 자손과 그의 영혼의 고통을 보심으로 만족이 되실 것임에 합의가 이루어졌다"(사 53:10, 11)는 사실을 배워서 알고 있다.

④ 우리는 "믿음으로 이러한 언약에 동의하는 사람은 누구나 그리스도의 지불금이 모두 그들의 것으로 간주되며 그가 이루어낸 의가 그들에게 전가되어야 한다는 사실을 배워서 알고 있다."

⑤ 비참한 죄인이 이 모든 사실과, 언약의 모든 항목에서 잘 정돈된 언약에 대해서 그리고 그 핵심을 이루는 그리스도에 대해서 깨닫는다면, 그는 믿음으로 그 사실을 단단히 붙잡을 것이고, 또 의를 위해 그리스도께 자신을 던지고 … 예수로서 뿐만 아니라 주로서 그리스도께 자신을 드릴 것이다."

⑥ 그런 후에야 비로소 의가 전가된다.[100]

> 그때에 성부 하나님께서는 심판자로서, 그가 죄인을 용서하셨으므로 그에게서 아무런 잘못도 찾을 수 없기에, 죄인이 해방되었다고 선언하시며, 그를 그의 사랑하는 자 안에서 용납하셨다(엡 1:6). 그것은 성부께서 그의 장자의 옷으로 철저하고 완전하게 덮은 그를 성자 안에서 발견하시기 때문이다. …
> 그는 지금 그리스도 안에서 하나님께 속한 자로 발견되는 바, 그가 가진 **의는 율법에서 난 것이 아니요 오직 그리스도를 믿음으로 말미암은 것이니 곧 믿음으로 하나님께로부터 난 의다**(빌 3:9). 그래서 로마서 3:5, 21, 22에서 말씀하는 하나님의 의는 성도의 의가 되며(계 19:8), 그리스도의 의는 전가되어 언약적 의미에서 우리를 하나님의 의가 되게 한다.[101]

전가된 의는 탁월한 축복이다.

---

100 Nevay, pp. 209-215; Nevay는 8단계를 나열하고, 이를 명료히 하기 위해 6단계로 축약한다.
101 Nevay, p. 211.

① 그것은 불결한 의복 같은 사람에게서 난 의가 아니라 점도 없는 어린 양이신(벧전 1:19) 그리스도에게서 난 의다.

② 그 의의 탁월한 점을 생각해 보라. 그것은 치유하며(말 4:2), 올이 고운 실(亞麻絲)같이 순결하고 측량할 수 없으며, 갑옷처럼 보호한다(고후 6:7).

③ 그 탁월한 효과를 생각하라. 그것은 우리를 하나님과 화목하게 하고 "우리 안에 평안과 정숙함"을 조성한다.

> 공의의 열매는 화평이요, 공의의 결과는 영원한 평안과 안전이라(사 32:17).

의와 평안이 있는 곳에 기쁨이 생겨난다(롬 14:17). 그리스도는 그것을 소유한 자에게 의의 면류관(딤후 4:8)을 약속하신다.

④ "이러한 의의 탁월함은 그것을 거부하는 사탄의 사악함 속에서 나타난다. 그리스도의 전가된 의에 의한 은혜로운 칭의에 대해 이보다 더 모순적인 진리는 있을 수 없다."

⑤ 그것은 "복음의 완전한 실체다." 의는 언약 안에 약속된 축복이며 교회에 주시는 큰 위로다.[102] 성경이 "하나님의 은사"에 대해 말씀할 때, 그것은 그의 의이며(요 4:10), 생명수와 같은 것이다. 예레미야는 교회가 "주 우리의 의"(렘 33:6), 곧 그의 이름을 부를 것이라고 약속한다.

> 그 사랑은 내 위에 깃발이로구나, 그리고 왕관이 그 머리에 있구나(아 2:4; 3:11).

다니엘은 **"허물이 그치며 죄가 끝나며 죄악이 용서되는"**(단 9:24) 영원한 의를 예언한다. 그리스도의 의는 언약에 의해 그의 백성의 의가 되며(사 49:8; 고전 1:30; 고후 5:21), 그 의는 믿음에 의해 주어진다.[103]

의가 없는 사람은 "하나님 앞에 서는 그날에 벌거벗은 채 발견될" 것이다. 의를 얻은 사람은 사람들의 판단을 두려워할 필요가 없는데, 주님만이 판단하

102　Nevay, pp. 201-214.

103　Nevay, pp. 215-216; 아가 본문 추가된 것 참조.

시기 때문이다. 축복은 그것을 귀하게 생각하는 사람에게만 있다.

> 의에 주리고 목마른 자는 복이 있나니 그들이 배부를 것임이요(마 5:6).

그러한 의는 "유혹을 강하게 막아주는" 진정으로 언약 안에 있는 축복이며 "하나님께 담대히 나아가도록" 한다.

> 그들이 그리스도와 그의 의로 옷 입을 때 그들은 얼마나 담대히 앞으로 나아갈 수 있던가? 하나님께서 그들을 의롭다 하셨으므로 그들을 비난할 것이 전혀 없기(롬 8:33) 때문이다. 설령 어떤 실패를 한다 해도, 그들은 성부 앞에서 변호자가 있다(요일 2:1).[104]

4) 성화

언약의 네 번째 축복은 성화다. 성경에 따르면 믿음과 행위는 불가분 관련되어 있다. 참된 믿음은 그 마음에 기록된 법에 복종하면서, 그의 마음이 기뻐하기까지 새롭게 하여, 새 피조물로 변화시킨다(롬 7:22; 엡 4:23; 골 1:13; 3:10).

이러한 성화 사역에 의해, 우리 마음과 정신과 의지 속에는 명령된 것을 행하고자 하는 하나의 성향과 경향이 있다. 그리고 이렇게 새겨진 마음은 전인(全人)에 영향을 주고, 방향을 바꿔 행동하게 하고 복종과 성화의 길을 가게 한다. 그래서 그 사람을 보는 모든 사람은 그의 삶과 대화를 통해 그가 변화된 사람이라는 것을 명확하게 분별할 수 있다.[105]

그것은 탁월한 축복이다. 그것은 "한 거룩한 사람을 그 자체로 축복이 되게 할 뿐 아니라, 다른 사람에게도 축복이 되게 할 것이다"(창 12:2). 그것은 "약속뿐만 아니라 계명도 그 죄인의 즐거움으로 만들고(시 119:92, 143), 평화를 가

104　Nevay, pp. 211-212; 214-217.
105　Nevay, pp. 218-219.

져올 것이다"(살전 5:23). 그것은 우리를 하나님의 형상과 일치시키고 "우리의 영혼이 하나님의 생명으로 살아가게 한다."

성화는 거룩함을 낳으며 "가장 탁월한 축복인데, 그 이유는 온갖 축복을 지니고 있는 모든 약속이 성화에 동반되기 때문이다." 성화된 사람은 "축복의 비가 쏟아지지만," 성화가 안 된 사람의 목구멍은 "열린 무덤"(시 5:9)과 같다. 성화에서 비롯되는 거룩함은 "모든 일에 유익하며"(딤전 4:8), 그것을 가진 사람에게 모든 것을 순수하고 깨끗하게 한다(딛 1:15).[106] 그 탁월함을 나타낼 때, 거룩함의 기준은 완전함이다(마 5:48; 벧전 1:16).

성화에서 나오는 거룩함은 하나님께서 약속하신 언약의 축복이다.

> 은혜라는 식물도 거룩함이라는 식물도 사람의 정원에서 자라지 않고 위에서 생겨난다(약 1:17).

하나님은 성화를 약속하시고(레 20:7-8), 그에게로 이끌어 성민이 되게 하신다(신 28:9).

> 제사장 나라, 거룩한 백성(출19:6).

그는 그들 속에 자기 영을 두어, 그들에게 법과 그 안에서 하나님을 두려워하는 마음을 가진 새 마음을 주실 것이라고 약속하신다(렘 31:33; 32:40; 히 8:10; 10:16; 겔 36:25-27). 그 약속은 개인적일 뿐 아니라 공동의 성화를 위한 것이다.

> 그때에 내가 여러 백성의 입술을 깨끗하게 하여 그들이 다 여호와의 이름을 부르며 나를 한 가지로 섬기게 하리니(습 3:9).

그 약속은 그의 율례를 지켜 행하고(겔 36:27), 거짓을 말하지 않는(습 3:13) 사람을 위한 것이다. 이러한 약속에 대하여 하나님께서 우리를 어떻게 택하

---

106 Nevay, pp. 216-220.

시고(엡 1:4), 구속하심으로(눅 1:75) 경건에 속한 모든 것을 우리에게 주셨는지(벧후 1:3)를 생각하라. 어떻게 본질적인 거룩함이 하나님의 영광을 위한 것이며(겔 36:20-21), 그 분과의 교제를 위한 것인지를 생각하라.

하나님께서 어떻게 그것을 맹세하시고, 그리스도께서 그것을 위해 고난받으시고, 그것을 위해 기도하셨는지, 그리고 성령께서 우리 안에서 그것을 낳기 위해 어떻게 활동하셨는지를 생각하라. 그것은 하나님의 일이므로, 그는 그것을 소홀히 하지 않으실 것을 확신하라.

> 언약에 의해 하나님을 위해 준비된 백성이 되고(눅 1:17), 우리의 남편 그리스도를 위해 꾸민 신부가 되며, 이들 중 아무도 거룩함이 결여될 수 없음을 인식하라. 그래서 만일 후자가 약속될 수 있다면, 전자 또한 약속될 수 있을 것이다.[107]

니베이는 이러한 지식의 여러 가지 용례를 제안한다.

① 성화는 "결코 쉬운 일이 아니기 때문에" "그것을 소유하고 증진시키기 위해 노력해야" 한다.
② 신자가 거룩함과 완전에 있어서 진보가 일어날 때 죄는 더욱 뚜렷해진다.

> 오! 그러나 죄는 영적이면서 바르게 분별하는 눈을 가졌음에도, 병든 분위기의 얼굴을 가지며, 순결은 평안을 가져오지만, 악인에게는 아무런 평안도 없으며, 그들은 큰 파도가 이는 바다 같아서 평온하지 않을 때 그것은 진흙과 오물을 밀어 올린다.

③ 비록 신자들이 이 땅의 모든 소유를 잃는다 해도 "그들은 겸손과 거룩함으로 근사하게 옷을 입었으며, 하늘에 계신 그 아버지의 뜻을 행하는 것을 음식과 음료로 삼아 부족함이 없을 것"이라는 사실을 깨닫고 위로를 받아야 한다.
④ 하나님께서는 언약하신 약속을 소홀히 여겨 우리 영혼을 황량한 들판으로 만들지 않으시고 "꽃이 만발하게"(사 35:2) 하실 것을 확신하라.

---

107 Nevay, p. 225.

⑤ 만약 "우리는 어째서 그렇게도 거룩함이 적은가"라고 의아해 한다면, "이것을 약속에서 너무 적게 끌어내기 때문이고 물이 없는 우물에서 물을 긷기 때문이다."[108]

성화의 중요성은 니베이가 다음 장에서 다루고 있는 52편의 설교 중 거의 절반을 이 주제에 관하여 설교했다는 것을 고려해 볼 때 분명해진다. 청교도의 특징은 그리스도의 변화시키는 성화 사역에 대한 강조였다. 그들은 "만약 성화가 더 진척되지 않는다면, 그것은 살아있지 않기 때문"이라고 주장했다.[109]

5) 양자됨

본질상 "우리는 저주 아래 태어났고," "육신적 자녀." 다행히 신자의 상태는 그들이 "양자의 영을 받을" 때 변화되고, "하나님의 상속자가 되며, 그리스도의 공동 상속자로 합류된다"(롬 8:17). 양자됨이라는 단어는 법적인 단어로 "어떤 사람을 한 가족에게서 데려다가 다른 가족으로 삼는 것이다." 한 번 "그리스도의 의"를 받아들이면, "그들은 즉시 사랑받는 자녀로 주님께 입양되고, 그 소유가 되어 "아빠 아버지"라 부른다"(롬 8:15). 그들도 다윗처럼 놀라움 속에서 양자된 사실 앞에 선다.

> 나는 누구이오며, 내 생명은 무엇이길래 내 아버지의 가족은 이스라엘 중에 있는데, 내가 왕의 사위가 될 수 있사옵니까(삼하 7:18).[110]

"이것을 믿는 자가 택함을 받았던 낮은 상태에서, 혹은 높여진 높은 상태에서 이것을 고려해 볼 때" 이것은 탁월한 은혜이다. 이렇게 높아진 상태의 탁월함은 이것의 ⓐ **위엄**, ⓑ **자유**, ⓒ **특권**으로 입증된다.

---

108 Nevay, pp. 220-226.
109 Watson, *Divinity*, p. 242.
110 Nevay, pp. 393-394.

우리는 양자됨을 통하여 왕, 제사장, 정복자(롬 8:37), 하나님의 아들(요 1:12; 고후 6:18) 및 왕의 아들의 신부(마 22:2)의 존귀함을 얻는다. 우리는 "성부와 성자와 모든 충성된 신자(요일 1:3)와 모든 거룩한 예언자와 사도와 순교자와의 교제"(요일 1:3) 속으로 들어간다. 그대 안에 성령을 거하게 하시고, 하나님 안에 그대가 거하게 하시는 것보다 더 큰 존귀함이 어디에 있을까?[111]

양자됨은 "지금까지 계속되었던 가장 비천한 포로 상태와 노예 상태에서 우리를 자유케 한다." 그것은 "무서워하는 종의 영"(롬 8:14,15)에서, 그리고 사람의 속박에서(고후 7:13) 우리를 해방한다. 그것은 다윗이 구했던 것이며, "자원하는 심령을 주어 우리를 붙드신다"(시 51:12). 그리스도 안에서 자유케 된 사람은 "진정으로 자유롭다"(요일 1:3).

그것을 통하여 우리는 "가장 존귀한 자의 자녀"가 되는 놀라운 특권을 받으며, 우리는 "하나님 성품의 참여자"(벧후 1:4)가 된다. 이러한 특권은 그리스도의 이름으로 일컬음을 받는 것(사 63:19)과 기도를 통하여 하나님 보좌에 담대히 나아가는 것(엡 3:12)과 성부의 사랑의 징계(애 3:31; 히 12:6)와 교회 의식에 참여하는 것과 "하늘 아버지의 보호"를 포함한다. 하나님은 "암탉이 병아리를 품듯이 그의 날개 아래(마 23:37) 소유된 자를 모으신다." 그것은 간단히 말해 "모든 약속의 상속자"[112]가 되는 놀라운 특권이다.

위에서 언급한 성경 구절로 입증되듯이 양자됨은 언약으로 약속된 축복이다. 그 이상의 증거를 대자면, 그가 자기 백성에게 주셨던 약속을 생각해 보라. 그들의 아버지가 되시고(렘 31:9), 그들에게 은총과 간구하는 심령을 부어 주시며(슥 12:10), 그들에게 하늘을 유산으로 주시고(벧전 1:4), "진노의 자녀"인 우리의 본성에 하나님의 양자가 되는 은사가 주어지는 것 등은 약속된 축복임에 틀림없다.[113]

양자됨에 대하여 숙고하는 것은 기독교인으로 "자기 소망을 굳게 하고, 두

---

111 Nevay, pp. 395-386, 399.

112 Nevay, pp. 396-398.

113 Nevay, pp. 399-400.

려움을 몰아내며, 그들의 사랑을 고무하고, 그들의 인내와 끈기를 만들어 내도록" 돕는다. 양자됨의 은혜를 받은 사람은 세 가지 특징을 갖는다.

① 은혜와 간구의 영
② 기도 속에서 나타나는 믿음과 회개의 영
③ 하나님을 아버지로 공경하는 것(말 1:6)

이러한 특징을 가진 사람은 그 존귀함을 보존하고 "그 자유를 증진시키고" 하나님의 양자된 특권을 사용하도록 힘써야 한다.[114]

6) 견인

"끝까지 견디는 자만 구원받게 될 것"이기 때문에 견인은 "최고의 축복"이다. 성경은 다양한 방법으로 견인을 표현한다.

① "그리스도 안에 거하는 것"(요 15:4)
② "하나님 안에 거하는 것"(요일 4:13)
③ "믿음의 선한 싸움을 싸우는 것"(딤후 4:7)
④ "두렵고 떨림으로 우리의 구원을 이루는 것"(빌 2:12)
⑤ "우리의 공적을 그대로 있게 하는 것"(고전 3:14)
⑥ "끝까지 견고하게 되는 것"(고전 1:8)

성경은 또한 그것이 "말씀 속에서"(요 8:31), "믿음과 동일한 고백 속에서"(행 14:22), "하나님의 은혜 속에서"(행 13:43), "시험 중에 계신 그리스도와 함께"(눅 22:28), 그리스도 "복음의 소망 속에서"(골 1:23) 계속될 것을 보여 준다. 그의 안에 거하고 그의 말씀 안에 있는 사람들 속에만 그리스도가 거하실 뿐이다. 그렇게 행하는 사람만 그의 제자이며 그들만 열매를 맺는다.[115]

---

114 Nevay, p. 399.

115 Nevay, pp. 401-402.

그것은 탁월한 축복이다.

> 하나님의 뜰에 거하는 사람은 복이 있다.
> 지혜는 그 얻은 자에게 생명 나무라 지혜를 가진 자는 복되도다(잠 3:18).

견인이 없는 자는 다른 어떤 축복도 행복도 가질 수 없다. 그들은 "개가 그 토하였던 것에 돌아가는 것과 같다"(벧후 2:22). 그것은 기독교인의 시련(벧전 1:7)의 본질이요 방편으로서, 그것을 통해 우리의 힘이 새로워지고 사탄이 상하게 된다(롬 16:20). 견인은 "가장 먼 데까지 이르는 은혜의 활동이다." 그 안에서 우리는 "영광스러운 소망을 생동감 있게" 하며, "우리 영혼을 어린 양을 위해 꾸며진 신부"가 되게 한다.

이기는 사람은 **"생명나무 열매"**와 **"숨겨진 만나"**를 먹을 것이고, **흰 돌과 흰 옷과 새 이름을 가질 것이며, "둘째 사망을 이길 것이고," "그들의 이름이 지워지지 않을 것이며," "그리스도와 함께 보좌에 앉을 것**"(계 2:1-3:21)[116]이라는 약속을 받는다. 그것의 탁월한 보상은 구원이다(마 10:22). 구원의 가장 좋은 표는 견인이며, 우리는 거기에서 "그리스도와 함께 참여한 자가 된다"(히 3:14).[117]

성경은 맨 처음부터 견인을 맹세되고 약속된 축복으로 소개한다.

> 여자의 후손은 네 머리를 상하게 할 것이요(창 3:15).

이러한 표현 방법은 성경 전체를 통하여 계속된다. 그들은 **"여호와의 집에 심겼음이여 우리 하나님의 뜰 안에서 번성하리로다"**(시 93:13-14). 그들은 "**시냇가에 심은 나무**"(시 1:3) 같고, "**반석 위에 지은 집**"(마 7:24)과 같다. 신자들은 **"구원을 얻기 위하여 믿음으로 말미암아 하나님의 능력으로 보호하심을 받았다"**(벧전 1:5). "**그는 능히 그들을 보호하사 거침이 없게 하신다**"(유 1:24).

더 심화된 증거를 원한다면, 하나님의 예정 계획(롬 8:28, 30)과, 우리를 위

---

116 Nevay, p. 403.

117 Nevay, pp. 402, 404.

한 그리스도의 중보(롬 8:34-35)와, 우리를 버리지 않겠노라는 그의 약속(삼상 12:22)과 성령 안에서 그의 인치심(엡 4:30)과 끝까지 견디는 자를 위한 면류관의 약속(계 2:10) 등을 생각해 보라. "사람 안에는 꾸준함이 없기" 때문에, 기독교인은 "그리스도와의 불가분적인 연합"(호2:19)과 하나님의 변치 않는 사랑(말 1:6)과 그가 영원히 언약하신 약속(사 54:9-10)과 아무것도 우리를 그의 사랑에서 끊을 수 없으리라는 그의 맹세(롬 8:35) 속에서 위로를 받아야 한다.[118]

니베이는 이러한 교리에 대한 여러 가지 용례를 찾았다.

① 견인은 "시작을 잘 할 뿐 아니라 불어오는 폭풍에도 끝까지 달려가는 것"을 필요로 한다. 그러나 그것은 "우리 자신의 것이 아니며, 하나님과 우리 안에 거하시는 그리스도의 것이다." 이러한 사실에서 "우리는 당연히 의와 생명과 영광의 썩지 아니할 세 가지 면류관을 얻기 위한 경주처럼 앞으로 나아가고 나아가져야 한다"(고전 9:24-25; 딤후 4:8; 약1:12; 벧전 5:4).

② 만약 우리가 은혜의 상태에 있지 않다면 아무것도 남아 있지 않을 것이다(고전 3:15).

③ 만약 견인이 축복이라면, "악을 끝까지 고집하는 것은 얼마나 저주스러운 일인지"를 생각하라.

④ 사람들이 끝까지 견디지 못하는 주요 원인은 "견인이 얼마나 탁월한 것인지를 모르기 때문이다"(욥 17:9).

⑤ 견인이 없는 사람은 자신이 하는 모든 일에서 불안정하다(약 1:8).

⑥ 견인을 갈망하는 사람은 "진정한 은혜로 뿌리내린 원리, 이를테면 믿음, 사랑 등에 의해 그것을 지속해야 하며, 도우시는 은혜의 힘을 매일 간구함으로써(엡 6:10), 그리고 그리스도의 성령의 도우심으로(빌 1:19) 견인을 유지해야 한다." 그들은 "마음을 지켜야 하며"(잠 4:23), "많이 기도해야 하며"(엡 6:18), 좋은 목적과 열의를 유지해야 하며(갈 4:18), 신실치 못한 회개를 주의해야 하며(고후 7:10), 자기 부인을 실천해야 하며, "주님의 다시 오심을 계속 지켜보아야 하며"(약 5:9), "항상 앞을 향하여 달려가야 한다"(빌 3:14-15).

---

118 Nevay, pp. 405-407.

⑦ 성도가 타락하는 것은 가능한 일이 아니다. "하나님의 씨가 남아 있기 때문이다"(요일 3:9).

⑧ 견인의 특징은 "견디어 내려는 최고의 열성적인 노력," "뿌리내린 은혜의 내적 원리를 따라 행동하고 걸어가는 것," "견인 방법"의 면밀한 사용, "배교하는" 자들(시 101:3)의 행위를 "마음속 깊이 미워하고 진정으로 혐오하며," "훌륭한 감시자"로 만드는 "거룩한 두려움," 매일의 진보, 유혹을 물리치고 하나님께 의존하리라는 결심, "과거의 일은 잊어버림," 세상에 대하여 자아를 못박음(갈 6:14) 등이다.[119]

7) 영생

영생은 "영원한 즐거움"(시 26:11)이다. 영생은 "우리가 얼굴과 얼굴을 보고 하나님께서 우리를 아신 것처럼 우리도 온전히 알게 될 때, 하나님에 대한 완전한 지식과 완전한 즐거움이 생겨나는 축복된 상태다(고전 13:12)." 영생은 "복된 소망"(딛 2:13)으로 불리며, 성경을 통해서만 알 수 있다.

> 주 외에는 자기를 앙망하는 자를 위하여 이런 일을 행한 신을 옛부터 들은 자도 없고 귀로 들은 자도 없고 눈으로 본 자도 없었나이다(사 64:4; 고전 2:9).[120]

영생은 탁월한 축복이다. 성경은 영생을 우리의 이해를 초월하는 "놀라운 영광"(고후 4:17; 벧후1:17)으로 언급한다. 영원한 생명에서 우리는 "모든 악에서 해방"되며(갈 1:4), "개인적으로 하나님의 아들과 연합되고," 그분과 가장 가까운 연합, 교통, 부부 관계의 교감을 갖는다(요 17:21; 고전 1:9; 히 2:16; 계 21:9). "우리는 활동할 때" 더 이상 "신체의 방해를 받지 않을 것이다." 그때엔 우리의 "낮은 몸이 그리스도의 영광스러운 몸에 순종할 것이다"(빌 3:21). 성자는 우리를 성부께 인도하실 것이다.

---

119 Nevay, pp. 402, 404-405, 407-409.

120 Nevay, pp. 410-411.

볼지어다, 나와 및 하나님께서 내게 주신 자녀라 하셨으니(히 2:13).

우리는 우리의 눈으로 "그리스도 안에서 하나님을 볼 것"이며(욥 19:27; 사 33:17), 영원히 "현존하시는 하나님과 즐거운 교제"(잠 8:3)를 가질 것이다. 우리는 "천사와 성도의 무리"(히 12:23)와 싫증나지 않는 영원한 교제를 가질 것인데, 그것을 "결코 흩어지거나 헤어지지 않는 완전한 사랑 속에서 만나게 될 것이다."[121] 영생은 약속된 언약의 축복이다.

> 주께서 생명의 길을 내게 보이시리니 주의 앞에는 충만한 기쁨이 있고 주의 오른쪽에는 영원한 즐거움이 있나이다(시 16:11).

그 언약은 생명의 언약이며(말 2:5), 그것은 그리스도의 구속의 목적이다(딤후 1:10). 영생은 우리의 소명과 칭의의 목적이며, 그것은 거룩과 성화와 회개와 신앙의 목표다(행 11:18; 롬 6:22; 딛 3:7; 벧전 1:1, 3-5). 그리스도가 그 창시자이며(요일 5:20), 성령은 그 사역자이고(요 4:4), 하나님은 그 보상이다.

그리스도께 "영원한 왕국과 제사장직"(시 110:4; 단 7:13-14)이 약속이 되었고, 우리에게는 그를 통하여 "영원한 의"가 약속되었다(단 9:24; 롬 5:20). "산자의 하나님"은 그의 은혜를 통하여 어떤 이에게는 더 이상 죽음이 없는 영원한 생명을 주기로 약속하신다(시 31:15; 호 13:14; 마 22:32; 계 21:3).[122]

니베이는 우리가 이런 지식을 활용할 것을 제안한다.

① 우리는 영생과 거기에 이르는 길과 방법에 대해 매우 소중히 여기고, 이것을 추구하는 일에 "용의주도하고 정확하며 열성적"이어야 한다.

② 죄를 포기하지 않고 그리스도와 가까워지지 않은 사람은 이런 자산(estate) 밖에 있을 것이다.

---

121 Nevay, pp. 412-414.

122 Nevay, pp. 416-417.

개들은 성 밖에 있으리라(계 22:15).

슬픈 사실은 많은 사람이 "지옥에 가려고 큰 수고를 한다는 것"이다.
③ 영생을 가진 사람의 특징은 기꺼이 모세의 선택을 하는 것(히 11:25-26), 살아 있고 순결한 소망(벧전 1:3; 요일 3:3), 천국을 추구하고 거저 주시는 칭의에 의존하는 마음, "내부의 왕국"을 나타내는 대화, 그리고 하나님의 영광을 위하여 이루어지는 영적인 사역 등이다.
④ 우리는 은혜의 상속자로 살고 죽어야 하며 "이 땅에서 큰 일이 아닌 영원한 것을" 구해야 한다(렘 45:5).
⑤ 우리는 "세상에서 많은 것을 가졌으면서도 이러한 영원한 것을 결여하고 있는 사람을 불쌍히 여겨야 한다."
⑥ 니베이는 "비록 가견적 교회의 경계 안에 있고 거기 거주한다 하더라도, 그것 없이 사는 사람이 얼마나 많은지" 숙고한다.
⑦ 영생을 얻고자 하는 사람, 그리고 자신이 하나님 나라에서 얼마나 멀리 떠나 있는지를 이해하는 사람은 그리스도를 바라보며(행 5:31), 스스로 "믿음으로 말미암는 그 의의 상속자"(딤전 6:12; 히 11:7)라고 변론해야 한다.

그들은 그리스도 안에서 행하고(요 14:6), 날마다 세상에서 벗어나기를 연구함으로써 그의 조언을 구하며(시 139:24; 143:10), "그것을 위해 기꺼이 견디어 내며"(롬 8:18), 선한 양심을 지키기 위해 애쓰며(행 24:15-16), "영원과 믿음과 소망과 사랑과 인내와 그 밖의 것에 대해 받은 은혜를 활용해야 한다."[123]
영생의 축복에 대한 니베이의 교훈은 존 니스벳의 임종 시 증언에 의해 입증되었듯이, 공허하지 않으며 존 니스벳은 그 증언을 가장 위대한 보물로 간주했다.

> 자! 그와 같이 주님과의 교통 속에 있기 때문에, 내가 죄와 사망의 몸에 남아 있는 것에서 자유롭게 될 때까지, 세상과 그 안에 있는 모든 것에서 자유롭게 될 때까지, 또한 이 본능적인 삶에서 자유로워질 때까지, 또 그에게 사로잡힐 때까지, 그

---

123 Nevay, pp. 411, 414-418.

리고 썩지 않고 더럽혀지지 않고 사라지지 않을 그의 영원한 유산 속에서 그와 함께 할 때까지 …

나는 괴롭다. 내가 영원히 머물 곳, 그곳에서는 나는 더 이상 아무런 죄도 짓지 않을 것이며, 더 이상 유혹을 받지 않을 것이며, 더 이상 그가 숨으신다는 느낌도 없을 것이며, 성령의 현존과 그의 영광스러운 얼굴빛을 거두시는 일도 없을 것이며, 나는 그와 언제나 함께 할 것이며, 그를 그 자체 그대로 볼 것이며, 그를 세세 무궁토록 섬길 것이다![124]

8) 현세적 축복

현세적 축복은 "일반적인 관심사이며, 주님께서는 이를 모든 사람에게 나누어 주신다."

> 여호와께서는 모든 것을 선대하시며 그 지으신 모든 것에 긍휼을 베푸시는도다(시 145:9).

언약을 사모하는 자는 부가적으로 "외부의 악에서 자유로워지고"(시 34:4, 19), "모든 선한 것을 누리게 되는"(딤전 6:17) 축복을 소유한다.[125]

현세적 축복은 "본래 선한 축복이다. 그러나 성부의 손에서 베풀어질 때 더욱 탁월해진다."

"그러한 보물은 … 고갈될 수 없다."

그것은 그리스도가 이루어낸 것의 일부이며, "사랑의 줄"(호 11:4)로서 하나님의 영광을 설명해 준다. 그것은 "우리를 회개와 생명과 건강으로 이끌기 위해"(롬 2:4) 주어진다. 또 그것은 "즐거운 마음으로 헌신하도록 돕는 것이며"(고후 9:7) 자선을 베풀 수 있도록 해주는 보물이다."

비록 하나님께서 모든 인류에게 현세적인 축복을 베푸신다 해도, 그것은 신

---

124 John Nisbet, "Dying Testimony," p. 17.

125 Nevay, pp. 419-420.

자에게 언약적 축복이며, 신자는 불신자보다 더 달콤한 것을 끌어내서 더 귀중한 목적을 위해 사용한다.[126]

하나님은 그것들을 그의 언약을 간직하는 자에게 언약의 일부로 약속한다(레 26:3-11; 신 7:12-13; 8:18; 시 115:5; 겔 34:25, 27; 호 2:18, 21-22). 하나님은 우리를 악에서 해방하시고, 고난당할 때(렘 30:17; 고후 1:5) 우리를 보호하실 것을 약속하신다. 현세적 축복은 우리의 필요에 따라 베풀어지고(벧전 1:6), 우리의 다양한 선을 위해 요구되며(신 8:2-3; 롬 8:28; 히 12:9-10), 우리의 힘이 되도록 선택된다(렘 46:28; 고전 10:13). 그는 우리의 아버지로서 우리의 필요를 아시며, 우리에게 그리스도와 모든 것을 주셨다(마 6:32; 롬 8:32). 그는 "전인(숱人)과 그의 언약을 체결하였다"(마 22:32; 롬 8:32). 그는 자기의 부양 가족을 돌보지 않는 것을 큰 죄로 간주한다는 사실로 위로를 삼으라(딤전 5:8). 주님은 선하시다.

> 주는 선하사 선을 행하시오니(시 119:68).

그의 현세적 축복을 더 좋은 것을 위한 착수금으로 생각하라.[127]

니베이는 우리가 이러한 지식을 활용할 것을 제안한다.

① 기독교인은 일반적인 축복으로 자신의 축복을 평가해서는 안 된다.
② 그들, 특히 언약 밖에 있는 사람은 자신의 축복을 사용하여 하나님을 영화롭게 해드리지 않으며, 자신에게 축복이 아닌 저주가 있음을 보게 될 것이다(말 2:2).
③ 가난에 머무르겠다고 맹세하는 사람은 하나님의 축복을 무시하는 것이다.
④ "네가 네 손이 수고한 대로 먹을 것이라 네가 복되고 형통하리로다"(시 128:2).
⑤ 그것을 "복된 마음과 예수의 편에 있는 우리를 위해 열려진 샘"으로 여기기를 배우라.
⑥ 하나님께서 현세적 축복을 약속하셨다는 사실을 위안으로 삼으라

126　Nevay, pp. 420-421.
127　Nevay, pp. 422-424.

(시 37:25).

⑦ "현세적 축복을 소유하고자 하는 사람, 특히 진정으로 그것을 자신의 것으로 소유하고자 하는 사람"은 그리스도께서 드리는 기도의 모범을 따라(마 6:11; 또한 렘 31:12; 눅 15:17을 보라) "언약 속으로 들어가서 거기에서 그 축복을 가져와야 한다."

그렇게 함으로써 우리는 "하나님께 순종하고 섬기고 그와의 언약을 지키며, 모든 것에 대해 그를 의지할"(시 37:3; 사 1:19) 필요성을 알게 된다. 우리가 기억할 것은 그가 우리의 필요를 가장 잘 아시며, "필요하고 적절한 것"(딤전 6:8)만 약속하신다는 것이다.

⑧ "우리는 속 사람으로만 아니라 겉 사람으로도 하나님을 섬겨야 하는데, 하나님이 양면을 보유하고 계시기 때문이다."[128]

많은 현대 기독교인이 영적이지 않은 현세적인 축복을 위해 하나님께 의지하는 것을 잊어버린다. 앤드류 그레이(Andrew Gray)가 주목했듯이 그것은 불행한 일이다.

> 우리의 일용할 양식(즉, 현세적 약속들)을 위해 그를 신뢰하는 것보다, 영생(즉, 영적인 약속들)을 위해 그리스도를 신뢰하는 것이 더 쉽다.[129]

9) 성화의 열매와 방법

성화의 열매는 평안과 확신과 기쁨과 위로와 하나님과의 교통이다. 성화의 방법은 말씀을 듣는 것과 성례를 준수하는 것과 기도와 찬양이다. 이러한 주제에 대한 니베이의 설교에 대한 간략한 요약은 이 책의 다음 절에 포함되어 있다.

---

128 Nevay, pp. 420, 422-425, 426-427.

129 Gray, *Works*, p. 118.

7. 언약의 수단

언약 안에 있는 모든 좋은 것은 하나님과 사람 사이의 유일한 중보자이신 그리스도를 통해서 전달된다. 그는 중보자로서 예언자, 제사장, 왕의 3중직을 수행하신다.

그리스도는 "하나님과 인간 사이의 유일하신 중재자시다"(딤전 2:5). 그를 통하여 "언약 안에 있는 모든 좋은 것"이 전달된다. 니베이는 이러한 주제를 다섯 항목으로 분류해서 논의한다.

① 모든 언약의 체결은 **구속의 사중적 사역**을 수행하시는 중보자에 의해 이루어진다.

ⓐ 사람으로 하나님과의 언약 속으로 들어갈 수 있게 하는 것
ⓑ "그것을 받아들이도록 그의 마음"에 영향을 주는 것(창 9:9; 행 11:21)
ⓒ 그가 "언약의 의무 사항을 수행할 수 있도록" 하는 것(겔 36:26-27)
ⓓ 그로 하여금 그리스도를 "영화롭게 하고, 그리스도가 계신 곳에 있도록" 하는 것(히 2:10)

언약의 양 당사자와 연합되어 있는 "한 중보자의 손에서" 하나님께 나아가는 것이 가능할 뿐이나.[130]

② 중보자는 "상충하는 두 당사자를 조정하는 중재인(middle person)"이다. 이런 사실에서 "중보자에 의한 화목"은 최초의 교제, 불화, 연합을 위한 분투, 및 상호 간 화목을 요구한다.

③ 오직 그리스도만 "하나님인 동시에 사람"으로서 "하나님과 사람 사이에서" 일할 수 있기 때문에 중보자다.

---

130 Nevay, pp. 428-429.

이 중보자는 ⓐ 진노의 짐을 감당하고(롬 1:4),

　　　　　 ⓑ 그 대가를 지불하며(행 20:28),

　　　　　 ⓒ 그의 영을 수여하고(갈 4:6),

　　　　　 ⓓ 사탄을 정복하며(눅 1:68-69),

　　　　　 ⓔ 구원과 안식을 줄 수 있는(히 4:8-9) 완전한 하나님이시다.

이 중보자는 ⓐ "율법을 수행하시고"(갈 4:4),

　　　　　 ⓑ 우리의 이름으로 중재하시며(히 1:3),

　　　　　 ⓒ 자비하신 대제사장이 되시고(히 4:15),

　　　　　 ⓓ "우리의 양자됨을 위한 길을 열어 주시는"(갈 4:5) 완전한 인간이시다.

　죄가 전혀 없으신 사람이신 그리스도만 하나님을 기쁘시게 해드리며 우리가 용납될 수 있게 하신다. 그는 모세처럼 "홀로 산에 오르셨다." 그는 말씀이 육신이 되어 "우리의 하나님이 되시고 우리의 동류(kinsman)"가 되셨다. 오직 그분만이 "온전히 구원하실"(히 7:25) 수 있다.

　이로부터 "우리는 결코 그가 없이는 하나님께 나아갈 수 없으며," 모든 것을 그의 이름으로 구해야 한다(요 16:23-24). 이러한 교리는 다른 어떤 이름으로 하나님을 부르려는 사람을 책망한다. 마리아, 성인, 천사의 이름으로 하나님을 부르는 것은 헛된 일이다. 왜냐하면 죽은 자는 우리를 알지 못하며 우리를 구원할 수도 없기 때문이다(사 63:16을 보라).[131]

　④ 중보자이신 그리스도만 3중직의 직무를 수행할 수 있다. 그리스도는 예언자로서 "그의 아버지의 뜻을 계시한다." 그분만이 "하나님의 마음을 알고, 우리는 그로부터 그것을 소유해야 한다"(신 18:15; 요 1:18; 3:2, 13; 행 3:22; 고전 1:24; 2:16; 히 3:1). 그는 제사장으로서 "멀리 떠나 원수가 되었던 우리를 그의 육체의 죽음으로 말미암아 화목하게 하사 우리를 거룩하고 책망할 것이 없는 자로 아버지 앞에 세우고자 하신다"(고후 5:19; 골 1:20-22; 히 7:16-19). 그는 왕으로서 우리를 통치하시고 우리의 구원에 관한 모든 일을 행하신다. 그는 "그의 교회를 위해 인간의 왕국에서 다스릴 뿐 아니라"(단 4:17), 그의 교회 안에서

131　Nevay, pp. 430-432.

다스리며 그의 조상 다윗의 왕좌에 앉으신다"(눅 1:31).

그의 우주적 왕국은 모든 세대를 걸쳐 확장되며, 모든 사람을 지배하고 그의 교회에 대한 모든 일을 지배한다(단 7:14; 마 22:42-44; 엡 1:21-22). 그의 영원한 왕국은 "영혼과 양심을 넘어 보다 특별하고 내적인 것으로 간주되어야 하며," 그것은 "그 안에 있는 모든 사람에게 영원한 행복과 평화를 가져다 준다"(단 2:44; 롬 14:17; 계 1:18). 우리가 그의 주재권(Lordship)을 받아들이고, "모든 일에서 그를 인정할 때," 그것은 "구원의 방법에 관한 하나님의 마음"을 갖는 것과 같다.[132]

⑤ 성부는 창세 전에(계 13:8) 중보자로 섬기도록 그리스도를 지명하고(히 3:2), 공급하고, 엄숙히 권한을 부여해서(사 61:1) 보내셨다(히 10:5). 그리스도는 "심판자로"(요 5:22), "사자로"(말 3:1), 보증으로(히 7:22), "왕으로, 머리로, 남편으로 그리고 더욱 왕과 변호자처럼" 이 사역을 수행하신다. 그러므로 우리는 이러한 친구가 만든 언약을 신뢰할 수 있다.[133]

8. 언약의 직무

하나님은 우리가 그의 백성이 되어야 할 것을 명령하신다. 이것은 죄로부터 실제적이고 진심어린 결별, 그리스도를 실제로 가까이 하는 것, 우리 자신을 하나님께 굴복하고 의지하기와 우리의 성화와 하나님의 영광을 위하여 언약의 약속을 충분히 활용하기 등을 요구한다.

"언약의 축복이, 나는 너희의 하나님이 되리라는 하나의 약속으로 이루어지듯이, 언약의 모든 직무는 너희는 내 백성이 되리라"(렘 31:33)는 하나의 약속으로 간단하게 파악된다. 이것은 하나님 앞에서 행할 때 완전하지 않은 어떤 것도 요구하지 않으신다(창 17:1). "거룩함과 의로움 속에서 두려움 없이 하나님을 섬기는 것"과 "깨어서 의롭고 경건한" 태도로 사는 것.[134]

---

132 Nevay, pp. 432-435.
133 Nevay, pp. 435-436.
134 Nevay, p. 437.

1) 제1의 중요 직무

언약 아래서 우리의 직무는 모든 사람이 개인적으로, 그리고 교회는 교회로서 "그 안으로 들어가는" 것이다. "이스라엘이 어떻게 진지하게 이 언약 안으로 들어갔는지"(신 29:10-12), 그리고 어떻게 "유다의 선한 왕들이 종종 타락한 후에 그것을 새롭게 하였는지"를 생각하라.

성경은 하나님과의 언약 관계로 들어갈 것을 약속하고 명령한다.

> 너희가 나를 나의 아버지라 하고 나를 떠나지 말 것이니라(렘 3:19).
> 그들이 내 이름을 부르리니 내가 들을 것이며 나는 말하기를 "이는 내 백성이라" 할 것이요 그들은 말하기를 "여호와는 내 하나님이시라" 하리라(슥 3:19).
> 네게 맹세하고 언약하여 너를 내게 속하게 하였느니라(겔 16:8).

그러므로 주님의 백성은 "특별히 그리고 인격적으로 그와의 언약 속으로 들어가서 그를 소유해야 한다." "언약의 목적은 우리를 특별한 백성으로 삼는 것이고"(레 20:6; 신 7:6), 우리에게 그렇게 되라고 명령한다.

> 너희는 내 백성이 되리라.

이러한 "상호적이고 가장 친근한 연합과 교제"는 "언약 안에서 그리스도와의 실제적인 친밀함"을 요구한다.

> 그는 우리 안에 계셔야 하고, 우리는 그 안에 있어야 한다(요 17:21).

이러한 목적을 위하여 "그가 언약을 위하여 백성에게 보내졌다"(사 42:6). 언약 안에서 그와 친밀하지 않은 것은 반역이다.

> 그의 계명은 이것이니 곧 그 아들 예수 그리스도의 이름을 믿고(요일 3:23).

니베이는 그리스도와 친밀해지는 이러한 의무가 무엇이며, 방법과 이유가 무엇인지를 설명하는데, 이것은 어떤 것으로도 대체할 수 없다.[135] 그는 처음으로 하나님과의 언약 속으로 들어가는 것이 **무엇인지를** 설명한다.

(1) "그리스도와의 친밀함을 방해하는 이런 모든 것과 실제적이고 진정한 결별이 있어야 한다." 간단히 말해, 우리는 "세상과 죄에 대해 … 이혼 증서"를 주어야 한다. 이것은 "매우 비천해져서, 그들이 예전에 사랑하던 것을 따르면서 당하게 되는 비참한 상황을 깨닫게 된 사람에 대한 위로"다.

비록 "이러한 이혼이 그렇게 완전하고 공식적이진 않더라도, 우리가 그리스도에 이르기까지," 이것은 "갈망이 되고, 결심이 되며, 노력이 기울여져," 우리를 "모든 다른 남편"과 이혼하도록 해야 한다(고후 11:2).[136]

(2) 다음 네 가지 믿음의 행위에 의해 입증된 "실제적인 친밀함이 있어야 한다."

① "그 약속의 진리에 대한 동의"가 있어야 한다. "그를 믿는 자마다 멸망하지 않고 영생을 얻게 하려 하심이라"(요3:16). 이러한 동의는 "율법과 선지자들의 글에 기록된 것을 다 믿으며"(행 24:14).

② 우리는 단지 믿어야 할 뿐 아니라 **"그리스도의 능력"** 을 받아들이고 "**하나님의 자녀가 되어야**"(요 1:12) 한다. 이러한 사실은 우리가 "마음을 열고"(행 16:14), "손을 내밀어 영생을 붙잡으며"(딤전 6:12), "의에 주리고 목마름으로써"(마 5:6) 그 약속과 그 안에 있는 그리스도를 기꺼이 받아들일 것을 요구한다.

③ 우리는 그 약속을 의지하고 시편 2:12과 37:5에서 명령된 바, **주님을 신뢰해야** 한다. 우리는 "깊은 바닷 속으로 빠져들어갈 때, 물에 빠져가는 사람처럼 약속의 줄 위에서 모험해야" 한다.

④ 우리는 "온전히 친밀하지 않는 것은 전혀 친밀하지 않은 것과 같기 때문에," **온전한 확신**을 가지고 행동해야 한다. 철저히 종결을 짓지 않으면, "우리는 관절에서 떨어져 나간 신체 일부처럼, 직무를 감당하는 일에서 철두

---

135 Nevay, pp. 437-439.
136 Nevay, pp. 439-440.

철미하게 무능할 것이고, 아무런 생명도 능력도 없이 행할 것이다."
우리는 우리의 죄가 너무 크다는 생각에 방해를 받지 말아야 하는데, 이는 "죄악이 클수록, 주님은 더 큰 영광을 받으실 것이기" 때문이다(시 25:11; 34:6).[137]

(3) "우리 자신을 하나님 앞에 굴복하고, 내드리는 것"이 있어야 한다. 우리는 "우리 자신을 주님께 드리고, "우리 자신을 하나님께 산 제물로" 드려야한다(대하 30:8; 롬 12:1; 고후 8:5). "내 사랑하는 자는 내게 속하였고 나는 그에게 속하였도다"(아 2:16).[138] 이것은 속이는 자에게는 두려움이요, 저주다(말 1:14).

(4) "믿음과 소망과 사랑과 인내"를 가지고 "하나님을 의지"해야 한다. "우리 아버지 집을 잊어야 하고(시 45:10-11), 우리의 모든 그릇이 그리스도 위에 걸려야 하며(사 22:24), 그에게 "순종해야 한다"(호 3:3). "언약 안에 머물고 언약을 지키기를 원하는" 사람은 … "그를 주님으로 의지해야 한다."[139]

(1) 어떻게 하는가?

언약 안으로 들어가는 것은 "지식을 가지고 이루어져야"(렘 31:34) 하는데, 이는 하나님께서 "눈 먼 것과 저는 희생물"을 거절하시기 때문이다(신 15:21). 그것을 하되 즐겁게, 마음을 다해서 하라(대하 15:15). "분명하고 확실하고 명료하게" 하라(시 16:2). 그리고 집을 짓거나 전쟁을 할 때처럼(눅 14:28, 31), 좋은 충고와 분별력 있는 뜻을 가지고 하라. 그것을 번복할 수 없도록(히 10:38) 철저하게 "마음과 뜻과 정성을 다해서" 하도록 하라.

니베이는 우리 기독교인의 행실에서 "생명이 없고 타락하는" 이유는 "그리스도와의 친밀함을 이루는 태도에서 약간의 결함이 있고 온전하지 못하기" 때문이라고 주장한다. 그러므로 "그럼에도 그것을 해야만 하는" 사람이라면 "올바른 태도로 금식과 기도로 이를 시작해야" 한다.[140]

---

137 Nevay, pp. 440-442.
138 Nevay, pp. 442-443.
139 Nevay, p. 444.
140 Nevay, pp. 444-445.

(2) 왜 하는가?

하나님의 언약 안으로 들어가는 것에는 많은 유익이 있다. 그것은 우리의 영혼을 "죄의 지배에서 해방하고"(롬 6:14), 우리를 "하나님과의 밀접한 연합과 교통"(요 14:23) 속으로 인도한다. 그것은 우리를 도와(시 89:19, 26) 확실한 구원(시 91:14-16)과 위로(시 91:12)와 염려에서의 해방(빌 4:6)과 두려움과 의심에서의 해방(마 14:23)과 유혹에 대한 보호와 하나님의 언약적 돌보심에 따른 모든 축복, 간단히 말해서 진실로 모든 것(고전 3:21-23)을 제공해 준다.

의심에 대한 가장 좋은 치유는 "믿음으로 행하는 것"이다. 그리스도와 친밀하지 않은 사람은 "타락의 능력 아래" 있으므로 "모든 유혹에" 굴복한다. 그들은 "염려와 두려움으로 가득 차" 있고, "하나님에게서 떠나" 살고 있으며, "그리스도와 약속에 대한 최소한의 관심조차" 없다. 설상가상으로 "언약 안으로 들어가기를 미루는 것은 날마다 점점 더 무기력하게 만든다." 기다리지 말라. 욥에 대한 엘리바스의 충고를 들으라.

> 너는 하나님과 화목하고 평안하라 그리하면 복이 네게 임하리라(욥 22:21).[141]

2) 제2의 중요 직무

하나님의 언약 안으로 들어가는 사람은 언약 안에 포함되어 있는 약속을 충분히 활용할 수 있어야 한다. 니베이는 그 언약을 증진시키거나 활용하는 세 가지 방법을 제시한다.

(1) 약속과 그리스도와 하나님을 활용하라.

이것은 "약속의 자녀"에게 주어진 약속의 언약이다(엡 2:12).

① 우리는 "그것들을 배워서 알아야 한다." 표 10.4는 언약의 약속에 대한 모범을 제공한다.[142]

---

141 Nevay, pp. 444-446.

142 Nevay, pp. 447-448.

② "우리는 또한 그것을 마음에 간직하고 기억해야 한다. 약속은 우리의 근본적인 권리다. 그에 대해 전혀 알지 못하는 것은 전혀 기억하지 못하는 것과 같다(히 12:25). 약속을 바르게 기억함으로써 우리는 이 약속을 존중하고 보존하고(욥 22:22), 이에 따라 살도록 해야 한다. "실천은 기억의 가장 멋진 기술이다."

③ 우리는 약속을 기억해야 할 뿐 아니라, 사도와 교부처럼, 약속을 실제로 적용해야 한다. 적용하는 것은 "영접하는 것"(요 1:12)과 먹고 마시는 것(요 6:53-54)과 문을 여는 것(아 5:2)이요," "앞에 있는 푯대를 잡으려고 달려가는 것"(빌 3:13-14)을 포함한다. 적용할 때, 우리의 영혼은 주님을 따르며(시 63:8), "그리스도를 우리 어머니의 집으로" 모셔 와서 "그로 그냥 가지 않도록"(아 3:4) 해야 한다.

④ 올바른 적용은 "말씀에 대한 진지한 고려, 그것이 계시되도록 기도하는 것, 그것을 우리의 상황과 비교하는 것, 그것을 의지하는 것, … 그리고 그 조건과 직무 모두 주목하는 것"을 요구한다. 그것은 또한 적절한 곳에서(수 1:5-6; 히 13:5) "일반적인 약속을 특수하게 적용하고(왕상 8:37; 40:2; 대상 20:8, 10), 특수한 약속을 일반적으로 적용할 것"을 요구한다.

그것은 "약속을 그 적절한 질서와 복종 속에서 수행되는 것으로 간주할 것"(렘 9:10; 겔 36:37; 마 6:33)과 "기도의 근거와 규칙을 만들 것"(창 32:9, 12)을 요구한다. 기도 속에서 "일시적인 것은 조건적으로만 추구해야 한다"(막 10:30).[143]

그리스도를 활용하라. "그가 우리에게 온 것은 언약을 위함이다"(사 49:8). 우리는 "그의 이름과 자격으로"(사 9:6) 그의 본성(딛 2:13; 히 2:17)과 언약 관계(고전 1:30)와 직무(사 55:4; 미 4:2; 엡 5:25; 히 2:11)와 그의 부활(롬 8:34)을 활용해야 한다.

그리스도는 "우리 믿음의 대상이실 뿐 아니라"(요일 3:23), "믿음의 주요 온전케 하시는 분"(히 12:2)이라는 것도 기억하라. 따라서 우리는 모든 약속을 위하여 그를 활용해야 하는데, 그 약속은 그 안에서 **예**이며 **아멘**이기 때문이다(고후 1:20). 특히 우리는 "들어가는 것"(요 10:7)과 거하는 것(요 15:7)과, 모든 영적이고(엡 1:3), 현세적이고(잠 3:16), 영원한(요 10:28) "언약적 축복"[144]에 대

---

143 Nevay, pp. 448-449.

144 Nevay, p. 449.

한 약속을 활용해야 한다.

[표10.4 약속의 유형]

약속의 유형	예시
성자에 대한 원천적 약속	시 2:6-10; 110; 사 42:1-9
모체적 약속	겔 36:28
성자의 약속	사 9:6
성령의 약속	눅 11:13
위대한 복음 약속	요 3:16
일반 약속	시 84:11; 롬 8:28
절대적 약속	렘 31:31-35; 32:38-41; 겔 11:19-20; 36:25-29
조건적 약속	사 45:25; 55:1-6
특수 약속	여러 특수한 경우(예를 들어, 잠 3:9-10)

성부를 활용하라. 이것은 우리에게 하나님께서 화목케 하시고(고후 5:9), 이 끄시며(요 6:44), 의롭게 하시고(롬 8:33), 양자삼으시며(고후 6:18), 우리를 성화하시고, 영화롭게 하실 때, "모체적 약속(mother promise)을 충분히" 활용할 것을 요구한다. 그의 모든 속성과 "그 안에서 그것에 의해 자신을 나타내시는 모든 사역과 방법"(예를 들어, 말씀, 시 119:59; 예배, 138:2; 사역, 145:17)을 활용하라. 간단히 말해 "하나님을 활용하라."

이르시되 무릇 사람이 할 수 없는 것을 하나님은 하실 수 있느니라(눅 18:27).

이것은 "담대하게 그러면서도 겸손한 두려움으로" 이루어져야 한다(사 25:9; 엡 3:12; 계 14:7). 어거스틴처럼, "주여, 당신이 바라시는 것을 주소서. 그리고 당신이 뜻하시는 것을 바라소서"[145]라고 기도하라.

---

145 Nevay, pp. 449-450.

(2) 언약에 정식으로 참여하라.

우리는 공식적으로 언약을 "상호 간의 약정이요, 계약"으로 활용해야 한다. 그것을 통해서 지존자가 어떻게 우리와 언약을 유지하시는지, 그리고 또 우리가 그분과 어떻게 언약을 유지하는지를 기억해야 한다. 언약의 모든 속성을 활용하기를 힘쓰라(예를 들어, 언약이 무상[無償]이므로 자기 의를 중단하라. 그리고 언약이 확실하므로 모든 상황에서도 소망을 붙들라). 모든 "하나님의 약속은 우리의 의무를 요구하며, 우리의 의무는 무엇보다 그의 약속이다"(겔36:27).[146]

(3) 언약의 목적을 활용하라.

우리는 영적이고 현세적인(시 27:1-2, 9) "모든 구원"을 위해, 그리고 우리의 모든 소원을 위해(시38:9) 언약을 활용해야 한다.

① 우리의 주된 소망은 하나님을 영화롭게 하는 것이어야 하며, 그것은 언약을 충분히 활용할 것을 요구한다.

> 그런즉 사랑하는 자들아 이 약속을 가진 우리는 하나님을 두려워하는 가운데서 거룩함을 온전히 이루어 육과 영의 온갖 더러운 것에서 자신을 깨끗하게 하자
> (고후 7:1).

② 우리의 초점은 "하나님을 즐거워하는 것이요, 그와의 연합과 교제를 즐거워하는 것이다."

③ "자족하는 상태"를 얻기 위하여 "언약에서 만족을 이끌어내는 것"이 필요하다.

④ 우리는 "그가 특별한 보배처럼 그의 백성을 얼마나 존귀하게 여기는지"(출 19:5; 아 7:6; 사 62:3; 애 3:24; 겔 7:20; 슥 9:16; 말 3:7; 롬 8:17)에 대해 감사해야 한다. 언약의 위대한 목적을 생각하라.

> 언약의 위대한 목적이 어떻게 하나님을 우리의 것으로 만들 수 있는지, 그리고 어

---

146 Nevay, pp. 450-451.

떻게 그분 안에 있는 모든 것을 우리를 위한 것으로 만들 수 있는지, 어떻게 그의 사랑을 우리의 위로를 위한 것으로 만들 수 있는지, 어떻게 그의 진리를 우리를 위한 보증으로 만들 수 있는지, 어떻게 그의 능력을 우리의 보호를 위한 것으로 만들 수 있는지, 어떻게 그의 거룩함을 우리의 성화를 위한 것으로 만들 수 있는지, 그리고 어떻게 그리스도를 우리의 것으로 만들 수 있는지, 그 안에 있는 모든 것인 그의 자비와 공로와 그의 모든 확실함을 우리의 것으로 만들 수 있는지, 어떻게 성령의 모든 것을 우리의 것으로 만들 수 있으며, 어떻게 그의 활동과 인치심과 교제를 우리의 것으로 만들 수 있는지를 생각하라.[147]

니베이는, 언약에 관심이 있는 것처럼 꾸미지만, 하나님과의 언약 관계를 개선하려는 어떤 노력도 하지 않는 사람을 꾸짖는다. 예를 들어 "다른 사람보다 나는 상황이 더 안 좋아"라고 변명하는 사람에게 니베이는 "모든 성도는 다른 사람의 십자가가 아닌 자기의 십자가를 져야 하는데, 다른 사람의 십자가는 그와는 잘 맞지 않을 것이기 때문"이라고 반박한다. 자신의 봉사가 하나님께 쓸모없다고 생각하는 사람에게 니베이는 "작은 것에도 충성한 사람에게 어떻게 상급이 있을 것인지를 기억하라"(눅 19:17)고 답한다.

보다 안정된 상태가 될 때까지 기다리려고 하는 사람에게 니베이는 "이 세상에서 가장 안정된 상태에 있는 사람은 헛될 뿐"(시 36:5)이라고 답한다. 주님이 자기에게 귀를 기울이지 않는다고 변명하는 사람에게 니베이는 "마음의 조용한 움직임까지도 주 앞에서는 큰 소리의 속삭임"이라고 충고한다. 쉽게 말해 우리에게는 아무런 변명거리가 없는 것이다.[148]

요약하면, 우리는 특별히 세 분야에서 "언약을 개선하는 것을 배워야" 한다.

① "죄를 억제하고 범죄치 않게 하는 하나의 굴레로서, 그리고 의무에 대한 속박으로서"(레 18:4; 수 24:17-18; 스 9:13)

② "죄를 더 무겁게 만드는 것에 대해서"(암 3:2; 롬 2:4)

---

147 Nevay, pp. 451-452.
148 Nevay, pp. 452-455.

③ "하나님을 찬양하기 위해서"(사 60:6; 벧전 2:9)[149]

언약도는 이러한 의무를 "그리스도와 친밀해지기"라고 말했는데, 앤드류 그레이(Andrew Gray)가 이 주제에 대해 설교를 많이 했다. 그레이는 일단 우리가 그리스도와 친밀해지면, 우리는 그를 놓아버리거나(아 3:4), 근심케 하거나(아 3:5), 제한해서는(아 2:7) 안 된다고 경고했다.

그 대신 우리는 그를 활용해야 하며(욥 23:3), 아무 것도 그를 방해해서는 안 되며(욥 23:4), 그를 즐거워하며(아 8:1), 겸손히 그와 함께 동행해야 한다(미 6:8).[150] 언약 안에 있는 사람은 "기독교인에게 요구되는 의무가 아니라, 약속으로 전환된 의무가 있다"[151]는 사실을 앎으로써 위안을 삼아야 한다.

그레이는 일찍 죽었는데, 흥미롭게도 죽기 전 2년 동안 설교한 것이 전부였다. 그의 설교를 읽는다면, 누구나 하나님의 부르심을 순종하지 않을 이유를 찾기 어려울 것이다.

9. 언약 밖에 있는 사람

사무엘하 23:6-7에서 다윗은 언약 밖에 있는 사람을 "벨리알의 아들"(sons of Belial)이라고 부르며, 그들이 얼마나 "위험하고 절망스러운 상태로" 사는지 묘사한다. 그들과 관계하는 사람은 누구나 "쇠와 창으로 보호받아야 할 것이고, 그들은 가시 뽑히듯 뽑혀, 그 자리에서 불에 타버릴 것이다."

언약의 약속은 "자신의 뜻대로 하는 왕이자, 동시에 자신의 뜻에 속박된 노예인 벨리알의 아들들에겐 공포다."[152] 그들이 "가시"로 불리는 것은 맞다. 그들이 저주를 받을 것이고(창 3:18; 사 34:5에서 주님의 저주를 받은 백성은 이두매처

---

149 Nevay, p. 455.
150 Gray, *Works*, pp. 424-426.
151 Gray, *Works*, p. 119; 렘 31; 32; 겔 11:36도 보라.
152 Nevay, p. 456-457.

림), "그들이 하나님의 백성의 영원한 올무요 가시며"(수 23:13), "그들이 모든 선행과 선을 위한 행동을 중단시키고 질식시키며," "그들의 땅은 가시 외에는 아무 열매도 맺지 못하기"[153] 때문이다. 그들은 "전혀 다룰 수 없는 사람들이며," "그들을 손으로 붙잡기는 불가능하다."[154]

언약을 지키는 자는 벨리알의 아들들에 대해서 아무것도 두려워하지 않는데, 그것은 사탄의 힘은 하나님의 능력에 비하면 아무것도 아니기 때문이다. 비록 이러한 가시를 "사람의 손으로는 제거할 수 없을지라도, 주님은 이를 뽑아내서 적절하게 처리하실 수 있기 때문이다."[155] 믿는 자의 초점이 언약의 약속에 있어야지, 가시에 있어서는 안 된다.

> 약속의 말씀은 선한 동료이며, 영원한 언약의 가슴은 충분해서 그들에게서 풍부하게 젖을 짜낼 수 있고, 그 풍성한 영광으로 인하여 즐거워할 수 있다 (사 66:11을 보라).

제임스 니스벳은 자신의 회고록에서 이러한 절망적인 상태에 빠져 있는 그들의 운명에 대해 숙고한다.

> 오! 지옥은 얼마나 절망스러울까?
> 그곳에서는 거룩하시고 죄를 보응하시는 하나님의 맹렬한 책망이 그들의 양심을 찔러 고통스럽게 하여, 항상 쉬지 못하며, 그 몸 안에는 결코 죽지 않는 벌레가 있을 것이며, 그 고통은 영원히 끝나지 않으리라!
> 이 모든 것을 생각할 때, 비참하게 잃어버린 아담의 아들과 딸이 떠안고 있는 책무는 얼마나 크고 다양한가!
> 과연 누가 확실하게 그리스도를 통하여 하나님과의 연합과 교제를 누릴 것이라는 소망을 가질 수 있을까. ...[156]

153　Nevay, p. 458.
154　Nevay, pp. 458-459.
155　Nevay, p. 460.
156　Nisbet, *Private Life*, pp. 160-161.

제11장

교회를 위한 교훈

> 내가 예루살렘을 기억하지 아니하거나 내가 가장 즐거워하는 것보다 더 즐거워하지 아니할진대 내 혀가 내 입천장에 붙을지로다(시 137:6).

- **교훈 2** 교회는 제2차 종교개혁과 사도 시대에 보유했던 진리 안에서의 일치를 재확립해야 한다. 스코틀랜드 신앙고백은 참된 교회의 세 가지 표지를 밝힌다

  ① 하나님 말씀에 대한 참된 설교
  ② 성례전의 올바른 집행
  ③ 정당하게 집행되는 교회의 권징[1]

진리 안에서의 일치는 교회가 이러한 표지를 보유하기를 요구한다. 다음 단원에서는 스코틀랜드 장로교회가 어떻게 이러한 표지를 보존하고 명백하게 실현했는지를 살펴볼 것이다.

---

1 *The confession of faith professit, and beleuit, be the Protestantes within the realm of Scotland* (Edinburgh: Jhone Scott, 1561), (이하 *The Scottish Confession of Faith*).

1. 말씀 – 교회의 표지

이러한 표지는 하나님 말씀이라는 공통의 토대와 진리 안에서 일치의 보존이라는 공통의 목적을 공유한다. 이들 표지는 개략적으로 그리스도의 삼중직에 상응한다(선지자, 제사장, 왕). 이 표지는 교리와 예배와 정치의 가장 근본적인 측면을 나타낸다. 이것들은 그리스도의 지상명령에 담긴 세 가지 명령인 제자삼는 것, 믿는 자에게 세례를 베푸는 것, 그리스도께서 명령하신 모든 것을 가르치는 것(마 28:19-20)을 반영한다.

불행하게도 개혁교회의 다양한 신앙고백과 신조마다 이들 표지에 관한 견해가 다르다. 칼빈과 미국장로교회의 현대 **교회 예식서**(*Book of Church Order*)는 이들 표지 중 처음 두 표지만 밝힌다. 하지만 **암시적으로나마** 권징의 절대적 필요성을 말하고 있다.[2]

웨스트민스터 신앙고백과 **대·소요리문답**은 가견적 교회에 대한 정의 속에서 실현된 한 가지 표지만을 예시하는데, 가견적 교회는 "참된 신앙을 고백하는 전 세계에 사는 모든 사람과 그 자녀로 이루어진다"[3]고 한다. 제임스 배너맨(James Bannerman, 1807-1868)의 말에 따르면 "참된 신앙고백은 참된 교회의 본질적인 표지다."[4] 외견상의 불일치에도 불구하고 이들 교회의 표지에 대한 선언은 일치한다.

표지의 적용은 표지가 적용되는 취지와 용어 자체가 가진 의미에 좌우된다.

(1) 적용은 교회라는 단어가 사용되는 의미에 의존한다.

성경이 교회라는 단어를 사용한 용례를 보면 다음과 같다.

---

2 *The Book of Church Order of the Presbyterian Church in America* (Atlanta: The Office of the Stated Clerk of the General Assembly of the Presbyterian Church in America, Fifth edition), Section 2-2 (이하 *PCA BCO*). 권징에 대한 PCA의 강조는 그리스도의 왕국의 합법적 정치에 굴복하는 개별 교회 규정으로 입증된다.

3 *WCOF*, cahpter xxv.2, p. 107.

4 James Bannerman, *The Church of Christ*, 2 vols. (Edinburgh: The Banner of Truth Trust, 1974 edition), vol. 1, pp. 59-61 (이하 Bannerman, *Church of Christ*).

① 신앙을 고백하는 사람들과 그의 자녀들(가견적 교회)
② 택함받은 자들(비가견적 교회)
③ 특정 교회
④ 특정 교회들의 연합
⑤ 교회 구성원을 대표하는 교회의 직원[5]

19세기 스코틀랜드 목사인 제임스 배너맨은 성경은 **교회**라는 용어를 이 모든 의미로 적용한다고 주장했는데 이는 정당한 것이었다. 그러나 장로교 체제만이 이 다섯 가지 용례 전체에 부합하는 유일한 참된 체제다. 회중교회는 ②, ③의 의미를 사용하는 교회에 대해서만 말하며, 가톨릭 교회는 ①, ③, ⑤의 의미를 사용하는 교회에 대해서만 말한다.[6]

현대에 이르러 **교파**를 지시하면서 교회라는 용어를 사용하는 것에는 성경적인 근거가 전혀 없다. 성경에서, **공동의 정치 아래 있는**(under common government) 특정 교회의 연합은 주요 도시마다 존재했다. 이들 교회는 참된 신앙고백에서 일치하면서 집단으로 하나의 참된 교회, 그리스도의 유일한 신부(신부들이 아닌)를 형성한다. 그러므로 올바른 질문은 특정 교회가 참된 교회의 일부인가 하는 것이다. 비록 특정 교회나 교파가 참된 교회의 일부가 아닐 수 있으나, 그 구성원 중 많은 수는 비가견적 교회에 속할 수 있다.

(2) "교회로 존재하는 데 필수 요소가 무엇인가 하는 것은 교회로서 완전에 이르는 필수 요소가 무엇인가 하는 것과 매우 다르다."[7]

어떤 교회도 완전하게 참되지는 않다. 제임스 배너맨은 참된 교회를 위한 검사를 두 단계 방식으로 적용했다. 우리는 먼저 참된 신앙을 고백하는 모든 사람을 인정해야 한다. 그렇게 했더라면 그 당시와 오늘날 많은 개신교회에서 가톨릭 교회를 배제하였을 것이다.

배너맨은 다른 교회와의 "연합 혹은 협력"에 참여하기 위한 보다 엄격한 검

---

5 Bannerman, *Church of Christ*, vol. 1, pp. 6-14.

6 Bannerman, *Church of Christ*, vol. 1, pp. 16-17.

7 Bannerman, *Church of Christ*, vol. 1, p. 56.

사를 적용했다. 배너맨이 보기에 연합을 위해서 교리와 예배와 정치에 있어서 무언가 불법적인 것을 실천하거나 고수해야 한다면 어떤 교회와도 연합은 불가능했다. 예를 들어, 배너맨은 회중교회나 잉글랜드 국교회에 합류할 수 없었을 것인데, 그것은 성경이 승인하지 않은 교회 정치 체제 아래서 섬길 것을 요구하기 때문이었다.

잉글랜드 국교회의 엄격하지 않은 교리, 곧 "로마교회와 합리주의도 포괄할 만큼 광범위한 신조"는 또 다른 장벽을 세웠다. 배너맨의 교회인 스코틀랜드자유교회가 스코틀랜드 장로교회와 연합해야 하는지의 문제는 더 복잡했다.

두 교회는 교리와 예배와 정치에 있어서 건전한 규정을 공유했으나 목사 임명권 문제에서는 차이가 있었다(국가의 교회 재정 지원). 신앙고백은 목사 임명권에 대해 침묵했고 배너맨은 그것을 악한 일로 간주했다. 비록 그가 이의를 제기하면서 교회 연합에는 동의했을지라도, 그는 목사 임명권을 지지하는 교회에서 직원이 되기를 거부했을 것이다.

(3) 비록 "내면의" 영적인 문제가 더 중요할지라도, "외적인" 규례 역시 중요했다.

일반적으로 **규례**는 "그리스도께서 그의 교회에게 자신의 중보와 언약의 은혜를 베풀어 주시는 외적이고 통상적인 수단"이다. 말씀 선포, 성례 준수, 기도, 감사, 교회 정치와 권징, 경건한 금식, 언약과 맹세, 시편 찬송, 교리 문답 교육, 가난한 사람을 위한 재정 마련, 사람들에게 축복을 나누는 것, 교회 직원 임명 등이 그 예에 해당한다.[8]

제임스 우드(James Wood)의 최후 증언에 의해 증명되었듯이, 스코틀랜드의 언약도는 어떤 규례를 위해서든 자신의 생명을 기꺼이 바치고자 했다.

> 그러나 (교회 정치보다) 더 중요한 규례가 얼마든지 있다고 해도, 어떤 규례라도 그에 관한 신앙고백을 위해 자기 생명을 버릴 정도의 가치는 있다.[9]

---

8 *Westminster Standards*, pp. 44, 246, 191-193.

9 James Wood, "The Testimony of James Wood," in Stewart, *Naphtali*.

"성도의 모임과 온전케 함"[10]이라는 목적을 성취하기 위해서 교회에는 모든 규례가 있어야 한다.

비록 이것이 필요하다 하더라도 이들 외적인 규례는 어떤 것도 그리스도와 그의 말씀을 떠나서는 전혀 가치가 없다. 이와 같이 모든 규례는 유일한 표지인 **참된 믿음** 안에서 구현된다. 규례를 온전히 지키는 것은 이 땅 위에서는 일어나지 않을 것이기에, 어떤 교회가 이 모든 규례를 실행하지 않는다고 해서 위선이라고 판단해서는 안되는 것이다.

웨스트민스터 신앙고백은 "복음의 교리가 가르쳐지고 채택되고 규례가 수행되고 그 규례 안에서 공적 예배가 거의 순수하게 이루어짐에 따라 특정 교회는 … 거의 순수하다"[11]고 주장한다.

(4) 참된 교회는 외적인 준수 이상을 요구한다. 그리스도가 현존해야 한다.

미국인 목사인 제임스 램지(James Ramsey, 1814-1871)는 계시록의 일곱 교회와 연관된 두 개의 상징(촛대와 별)에서 참된 교회가 갖출 두 가지 표지를 추론해냈다. 그는 촛대에서 첫 번째 표지를 끌어냈다.

> 금촛대와 그 빛은 교회를 그 조직과 규례와 거룩한 모범에 의해 어두운 세상에 생명의 빛을 발하는 것으로 표현한다.[12]

그 빛은 교회가 빛의 외적인 원천인 예수 그리스도께 의존하는 동안에만 계속해서 빛날 수 있다. 촛대의 외적인 형태만 갖추었다면 그것은 참된 교회가 아니다. 그것은 교회가 그 모든 발언과 의식(儀式) 특별히 그 예배의 근거를 오직 성경에만 둘 때, 그리고 그 구성원이 "진리를 실현하는 거룩한 삶"[13]을 살 때 가장 빛난다. 비록 일곱 개의 교회 중 많은 교회가 많은 가시적인 결함을 나타냈을

---

10 *WCOF*, chapter xxv.3, p. 108.

11 *WCOF*, chapter xxv.4, p. 109.

12 James Ramsey, *The Book of Revelation* (Edinburgh: The Banner of Truth Trust, 1995 reprint), p. 99 (이하 Ramsey, *Revelation*).

13 Ramsey, *Revelation*, pp. 81-84.

지라도, 그들에게 있던 그리스도의 빛은 그들을 참된 교회로 표시했다.

램지는 그리스도의 오른손에 쥐고 있던 별에서 두 번째 표지를 이끌어냈다.

> 별은 … 주님이 교회에 주시는 빛이나, 행사하는 영향력을 나타내는 것이지, 교회가 주거나 행사하는 것을 말하는 것이 아니다.

램지는 "그들 중에 행하시면서 교회의 모범과 가르침의 불꽃을 소중히 여기시고 밝게 빛나게 하시면서, 그의 오른손으로 일으켜지고 지탱되는 사자(使者)들에게 **권위**"를 부여하셨다. 별빛은 결코 교회나 그 구성원에게서 나오거나 그에 의존하지 않았다. 그것은 "오직 그리스도에게서 그 빛과 영향력을" 끌어낸다. 개별 교회에는 교회의 권위를 오직 그리스도에게서만 끌어내는 교회의 직원과 목사를 대표하는 유일한 사자(messenger)만 있다.

> 분명히 그의 유일한 권위에 굴복함으로써 그를 머리로 인정하지 않는 그런 공동체는 결코 그리스도의 가견적 왕국에 속했다고 주장할 수 없다.

교회 직원은 "왕의 대리자로 행하면서, 오로지 그가 명령한 것만을, 그리고 그가 명령한 모든 것을 가르치고 강조"해야 한다. 그리스도는 그들을 그의 오른손으로 붙드신다. 교회 구성원은 성경에 제시된 은사와 자격 조건을 갖추었음을 증명하는 직원을 뽑을 책임이 있다. 강조점은 직무 담당자가 아니라 기능에 있는 것이다.[14]

(5) 말씀에 순종하는 것이 이들 각 표지의 유일하게 유용한 척도다.

그리스도가 현존한다는 증거는 우리 가운데 거하는 말씀이다. 용어 자체(예를 들면, 성례전)는 말씀과 떨어져서 아무런 의미가 없다. 참된 교회는 "**우리가 다 하나님의 아들을 믿는 것과 아는 일에 하나가 되어 온전한 사람을 이루어 그리스도의 장성한 분량이 충만한 데까지 이르리니**"(엡 4:13)를 끊임없이 강조한다.

---

14 Ramsey, *Revelation*, pp. 99-111.

2. 말씀 – 명령된 설교

참된 설교는 하나님의 모든 계획을 열심히 성실하게 분별력을 가지고 전하여 인간의 죄악된 조건을 드러내는 것과 유일한 치유책(즉, 그리스도)을 전하는 것과 그리스도인에게 요구되는 의무를 설명하는 것을 포함한다. 그것은 마땅히 공적인 예배의 맥락에서 이루어져야 한다.

제임스 니스벳은 신실한 주의 종들이 전하는 참된 말씀을 듣고자 하는 열망 때문에 "창자가 말려 들어갔다"[15]고 말할 정도였다. 제임스 니스벳을 설득하여 잉글랜드 국교회로 돌아오게 만들었던 것은 다름 아닌 말씀에 대한 참된 설교였다. 이러한 사실에도 불구하고 제임스는 잉글랜드 국교회에서 교리의 순수성과 말씀에 대한 참된 설교에서 퇴보를 목격했는데, 그것은 오늘날까지 계속되고 있다.

제임스가 주목한 점은 다음과 같다.

> 언약에 참여했던 스코틀랜드 장로교회가 교리와 예배와 권징과 정치에 있어서 수용한 원리를 목사들이 매우 올바르게 판단했다. 이런 판단과 매우 경건하고 모범적인 생활과 대화가 있는 곳에서 복음은 가장 확실한 성공을 거두었다.

그럼에도 불구하고 온전한 순수성을 결여한 교회에 합류하기로 한 제임스 니스벳의 결정은 위대한 종교개혁자의 결정과 일치하며 제2차 종교개혁의 원리와도 일치한다. 비록 잉글랜드 국교회가 **엄숙 동맹**과 제2차 종교개혁의 결과를 거부했다 하더라도 제임스는 거기에 합류할 수밖에 없었는데, 그것은 참된 교회의 표지를 지니고 있기 때문이었다.

그렇게 하면서도 제임스는 제2차 종교개혁의 근본적인 원리를 거부하지 않았다. 그가 거부했던 것은 **엄숙 동맹**을 성경과 동일한 수준에 두고자 하는 시도였다.

그러나 현대 교회의 질병은 대부분 제2차 종교개혁에서 이탈한 것 때문에 생겼다는 것에는 의심의 여지가 없다. 니베이(Nivay), 그레이(Gray), 두르햄

---

15 James Nisbet, *Private Life*, pp. 224-225.

(Durham) 같은 언약에 참여했던 목사의 저술과 설교는 현대 교회의 설교에 크게 유익이 될 만한 교훈이 많다. 니베이는 말씀은 설교되어야 할 뿐 아니라 언급되고, 노래로 불리고, 들려야 함을 강조했다.[16]

니베이의 동료인 제임스 두르햄은 『요한계시록 주석』(*Commentary upon the Book of Revelation*)에서 "설교에 관한 몇 가지 일반적인 견해"를 밝혔는데, 다음 단원에서 개관하겠다. 앤드류 그레이(Andrew Gray)는 스물네 살의 나이로 죽기 전 2년 동안 설교했던 인물로 그는 오랫동안 지속될 설교 유산을 남겼는데, 그것은 그리스도와 친밀해져야 할 필요성을 강조하는 것이었다. 이들 설교를 검토하면서 언약도 설교가의 여섯 가지 주요 특징에 주목하고자 한다.

1) 범위-하나님의 전 계획(The Scope-The Whole Counsel of God)

언약을 준수하는 목사들의 설교는 하나님 말씀에 있어서 참되다.

(1) 하나님 말씀은 그들의 길잡이다.

존 낙스는 신명기 4장을 바꿔 말하면서 대담하게 교회는 하나님 말씀을 그것의 근본적인 길잡이로 사용해야 한다고 선포했다.

> 그대의 주(主) 하나님께 그대의 눈에 좋아 보이는 것을 하지 말라. 오히려 주(主)이신 그대의 하나님이 그대에게 명령하신 것, 그대로 하게 하시는 것, 거기에 아무것도 더하지 말고 거기서 아무것도 제하지 말라.[17]

우상에 대한 그들의 태도가 이러한 원리를 적용하는 예가 될 것이다. 낙스에게 있어 우상 숭배는 "하나님을 믿는 종교에서 인간의 마음이나 두뇌를 숭배하는 것"이었다. 이것은 "우리 생각에는 우리 자신의 고안물이 선하고 칭찬할 만하며 즐거운 것이라고 여겨서, 그것이 하나님 앞에서 옳다"는 신념을 포

---

16 Nevay, p. 11.

17 John Knox, *John Knox's History of the Reformation in Scotland*, ed. William Croft Dickenson (London: Thomas Nelson and Sons, 1949), vol. i, p. 91.

함한다. 그것은 또한 "하나님을 영화롭게 하고 섬기기는 하지만, 명시적인 하나님의 말씀에 의해 명령되지 않는 무언가"를 포함한다.[18]

그가 이렇게 생각했던 이유는, 길갈산에서 사울의 희생 제사(삼상 13:8-14)와 사울이 아말렉 족속의 양과 소를 진멸하기를 거절한 것(삼상 15:13-23)과 나답과 아비후가 다른 불을 드린 것(레 10:1-7)에 대해 하나님이 기뻐하지 않으셨던 것 때문이었다. 이 모든 경우 범법자들은 하나님의 말씀보다는 자신의 판단에 근거해서 하나님께 희생을 드렸다.

녹스는 "하나님의 모든 율법에 일점도, 의식도, 법령도 바꾸거나 거기에 더하지 말고 명령된 것을 부지런히 지키라"[19]고 여호수아가 받은 훈계에 주의할 것을 상기시킨다.

(2) 언약을 준수하는 목사는 모든 설교에서 온전한 복음의 메시지를 제시했다.

두르햄은 이것이 그리스도께서 보이신 모범(pattern)이라고 말했다.

> 우리는 주 예수께서 신앙에 관하여 온전한 전(全) 교리와 신앙의 예식(practice)을 만드시고, 한 눈에 우리의 죄성과 해악을 일람할 수 있게 하셨으며 이들이 치유될 수 있는 방법을 보여 주셨음을 알고 있다.

마찬가지로 사도의 설교에서도 "대개 복음의 개요가 포함된다."[20] 언약신학의 틀은 앞 장에서 논의했듯이 복음 메시지의 모든 측면과 관계된다.

(3) 그들은 구약성경과 신약성경을 모두 설교했다.

두르햄에 따르면 "율법과 복음은 함께 설교하고 강조해야 한다."[21] 역사적인 개혁주의 설교와 현대의 개혁주의 설교의 중요한 차이점은 현대의 설교가 구약성경과 언약신학을 소홀히 한다는 점이다. 많은 사람이 신약성경의 그리

---

18 Peter Lorimer, *John Knox and the Church of England* (London: Henry S. King & Co, 1875), pp. 56-59 (이하 Lorimer, *John Knox*).

19 Lorimer, *John Knox*, p. 61.

20 Durham, *Revelation*, vol. 1, p. 263.

21 Durham, *Revelation*, vol. 1, p. 262.

스도면 충분하다고 생각한다. 니베이의 설교에서 입증되듯이 언약도는 은혜 언약이 복음이며, 구약성경과 신약성경 모두 같은 언약이라고 믿었다.[22] 그들에게 "구약성경에서 증거가 되는 것은 올바르게만 적용된다면 신약성경의 모든 것과 같다."[23] 이러한 구약성경에 대한 강조는 그리스도의 가르침과 일치한다(마 5:17-18을 보라).

많은 기독교인이 궁극적 권위는 성경이 아니라 그리스도라고 주장하며, 그래서 "그의 생애와 가르침과 조화를 이루는 것만" 받아들여야 한다고 생각한다. 이러한 주장이 결함이 있다고 말하는 패커(J. I. Packer)의 주장이 타당하다.

> 만약 우리가 구약성경을 대하는 그리스도의 태도를 거부한다면, 우리는 실제로 그리스도가 기독교를 오류 위에 세웠다고 말하는 셈이 된다.[24]

칼빈은 보다 직접적으로 신·구약성경 위에 교리를 세워야 할 필요성을 강조한다.

> 그러면 이것이 확실한 공리가 되게 하자. 율법과 예언서, 사도의 저술 외에 교회 안에서 얻을 수 있는 하나님의 말씀은 전혀 없다.[25]

(4) 그들은 건전한 교리를 설교했다.

길레스피(Gillespie)와 "모든 개신교 정통 저술가에게" 참된 교리와 신앙을 보존하는 일은 "하나이며 진정으로 참된 가견적 교회의 주요 표지가 되었다." 건전한 교리가 빠진 설교는 헛된 것이다. 진리의 길을 버리는 것은 우리로 하여금 "산이나 들로 방황하게 하며 우리의 안식처를 잊게 만들 것인데," 이는 "하나의 오류가 백 가지 오류를 낳고, 백 가지 오류는 천 가지 오류를 낳기 때문이다." 우

---

22 Ernest Kevan, *The Grace of Law: A Study of Puritan Theology* (Grand Rapids: Guardian Press, 1976), pp. 119-121 (이하 Kevan, *The Grace of Law*).

23 Richard Byfield, "Temple Defilers Destroyed," *A Short Treatise Describing the True Church of Christ and Evils of Schism* (London: Ralph Smith, 1653), pp. 38-39 (이하 Byfield, *Temple Defilers*).

24 Packer, *Fundamentalism*, p. 60.

25 Calvin, *Institutes*, sec. iv.8.8, p. 394.

리는 성경을 탐구하고 "경계함"으로 "모든 것을 증명"해야 한다. 왜냐하면 일단 진리에서 벗어나면, 우리는 마치 유사(流砂)에 빠진 사람과 같기 때문이다.

> 거기서 빠져 나오려고 씨름할수록 더 빠져들어간다.

길레스피는 "사람들은 오류보다는 진리에서 더 신속하게 **빠져나간다**"고 경고한다. 그는 바울의 경고를 반복한다.

> 너희 중에 파당이 있어야 너희 중에 옳다 인정함을 받은 자들이 나타나게 되리라 (고전 11:19).

> 이단은 가견적 교회 내의 어떤 사람이나 일부 사람들에 의해 자의적으로 주장되고 파당적으로 유지되는 중대하고 위험한 오류로서, 필연적으로 성경에 근거하고 성경에서 끌어낸 몇 가지 중요하고 실제적인 진리와 상충된다.[26]

길레스피는 근본적 진리를 "일반적으로 개혁교회의 신앙고백에서 그리고 개혁교회의 보다 완전하고 큰 요리문답에서 표현되는 모든 진리"로 규정한다. 비록 길레스피가 진리에서 벗어난 모든 사람을 이단으로 간주하지는 않았을지라도, "가장 혐오스러운 이단"이란 성경 이외의 다른 신앙고백에 동의하라고 주장하지는 않으면서 "성경 말씀에서 필연적으로 도출되는 모든 진리에 동의하려 하지 않는"[27] 사람이라고 생각했다.

낙스는 버윅(Berwick)에 있는 그의 옛 회중에게 보내는 편지에서,[28] "만약 어떤 사람이 일부 중요하고 핵심적인 요소에서 그대들이 고백하는 교리에서 벗어난다면, 그를 저주 가운데 버려두라"고 충고한다. 특별히 다음은 그가 열거한 목록이다.

---

26 Gillespie, *Treatise*, pp. 58, 60, 47, 49.

27 Gillespie, *Treatise*, pp. 47, 49.

28 Lorimer, *John Knox*, pp. 69-71; 257-259.

① 만약 어떤 사람이, 하나님의 무한한 선하심과 순전한 자비하심에 의해서가 아니라, 하나님을 감동시켜 드림으로써 우리를 택정하시도록 해야 한다고 다른 사람들을 가르친다면,

② 예수 그리스도 이름 외에, 하늘이나 하늘 아래 구원을 주는 어떤 다른 이름이 있다고 한다면,

③ 오직 믿음 외에도, 우리를 의롭게 하고 죄에 따른 진노와 저주에서 사함받는 다른 방법이 있다고 한다면,

④ 먼저 우리가 선한 나무가 되고, 그 후에 그에 따라 열매를 맺는 것 이외에 다른 선행의 뜻이나 목적이 있다고 한다면,

⑤ 어떤 사람이 하나님 외에 기도할 대상이 있다고 가르친다면,

⑥ 오직 우리 주 예수 외에도 하나님과 인간 사이에 중보자가 있다고 한다면,

⑦ 세례와 주의 식탁 또는 신비한 성찬 외에 더 많거나 다른 성례가 집행되도록 주장하거나 요구한다면,

⑧ 만약 죄사함과 육체의 부활을 부인하고, 믿음으로 우리 마음에 뿌려져 모든 죄에서 우리를 깨끗케 하시는 그리스도의 피 안에서 우리에게 속한 영원한 생명을 부인한다면, 그래서 단번에 완전히 드려진 저 봉헌물 외에 더 이상 또는 어떠한 다른 희생물도 필요치 않으며, 그것을 통해 철저히 성화되고 완전해진다는 것을 부인한다면,

⑨ 어떤 사람이 한 번 고난당하신 그리스도의 죽음 이외에 죄를 위하여 어떤 다른 희생이 필요하다고 한다면, 또는 그리스도의 죽으심이 인간에게 적용될 수 있으려면, 하나님의 선물이요 따라서 사람은 공로를 통해서 영광을 받을 아무런 이유도 없게 되는 바 오직 믿음에 의해서가 아닌 다른 방법을 필요로 한다면,

⑩ 그럼에도 누군가 선행을 참된 기독교인의 고백에 필요하지 않은 것으로 여겨 그 유익함을 부정한다면,

이런 주장을 하는 자들이나 교사들 혹은 이런 교리를 견지하는 자들이 마치 하나님께 속한 듯이 여겨 회개하지 않는다면 이들로 저주를 받게 하라.

유감스럽게도 많은 현대의 개신교 교파는 이러한 본질적인 교리를 포기했다.

이러한 원리가 없다면 현대의 교회 일치 운동은 종말을 맞이할 것이다. 구원을 "믿음만으로"가 아닌 "믿음" 위에 기초를 두는 것과 같이, 이러한 원리를 희석시키려는 시도 역시 종말을 고할 것이다. 루더포드는 믿음의 대상을 표현하는 신조뿐만 아니라, 우리 소망의 대상(예를 들면, 주의 기도를 따라)과 십계명에 포함된 "하나님과 이웃에 대한 사랑"의 대상에 의해서도 근본적인 원리를 규정했다.[29]

(5) 그들은 지속적인 개혁에 전념했다.

어떤 교회가 교리적으로 완전에 도달했다고 생각한다면 그것은 스스로를 속이는 것이다. 또 그 교리를 지지하지 않는다면 그 교회는 다른 교회를 속이는 것이 된다. 금세기까지 스코틀랜드 장로교회는 교회 직분자에게 "모든 교리"[30]를 인정하고 믿고 주장하고 유지하고 실천하고 지키도록 요구했다.

이와 대조적으로 미국장로교회(PCA)는 직분자에게 "교리 체계"를 수용하고 채택하도록 요구했다. 둘 중 어느 접근법도 완전하지 않다. 적절한 접근은 전체의 표준(whole standard)을 채택하는 일과 그것이 계속해서 성경적 타당성을 갖추어야 한다는 요구를 결합하는 것이다. 이러한 접근에서 사람들은 어떤 예외 조항을 두고, 그것을 가르치지 않겠다고 약속하고, 말씀 연구와 교회 법정을 통하여 갈등을 해결하기 위하여 부지런히 힘써야 한다. 교회는 "공동으로 선언되거나 승인된 것만"[31] 고백해야 한다.

참된 개혁은 교회 예식과 교리를 끊임없이 성경과 비교할 것을 요구한다. 우리는 **스코틀랜드 신앙고백**의 초안을 작성했던 존(John)이라는 이름을 가진 여섯 사람이 언급했던 대로, 만약 성경과 명백하게 불일치하는 것으로 입증된다면 우리의 신앙고백을 수정해야 한다. 어떤 하나의 표준을 결코 수정할 수 없도록 확정하는 것은 그 표준을 성경과 동일한 수준에 두는 것이다. 반면, **웨스트민스터**

---

29 Rutherford, *Peaceable Plea*, p. 226.

30 J. Ligon Duncan, "Owning the Confession: Subscription in the Scottish Presbyterian Tradition," PREMISE vol. ii, no. 1 (January 28, 1995), p. 5, online 〈http://www.capo.org/premise/archieve.html〉.

31 T. David Gordon, "The Church's Power: Its Relation to Subscription" PREMISE vo. ii, no. 1 (January 28, 1995): p. 5.

표준 문서는 수 세기에 걸쳐 검증되어 왔으며, 외견상 아무리 좋은 의도를 가졌다 하더라도, 그것에 수정을 가하는 것은 하나님의 진리의 중요한 측면을 무시하게 된다는 것이 역사를 통해서 입증되었다.

요약하면, 언약을 준수하는 사람의 설교는 하나님 말씀에 충실했다. 존 니스벳 같은 많은 순교자는 최후 증언에서 이러한 원리를 확증했다.

> 나는 구약성경과 신약성경을 의심의 여지가 없는 하나님의 말씀으로, 신앙과 생활 양식의 오류 없는 표준으로, 경건과 참된 거룩함의 길에서 원리와 실천을 위한 견고한 토대로 여기고 그 진리를 고수하며 죽노라.

그는 또한 **웨스트민스터 표준 문서**는 성경 안에 담긴 교리를 구현한다는 자신의 믿음을 선포했다.[32]

2) 방법 – 열심과 신실함과 지식으로

언약을 준수하는 목사들, 특별히 개신교 목사들의 설교 스타일은 현대 목사들이 검토해 보아야 할 모범을 제공한다. 알렉산더 스멜리에(Alexander Smellie)는 항의자들과 결의에 참여하는 자들[33]의 설교하는 스타일에서 뚜렷한 대조를 능숙하게 묘사했다:

> 그러나 스멜리에는 결의자들(Resolutioners)의 침착하고 정확한 설교에 대하여 언급하면서, 예전에는 그것을 말할 때, 귀에 거슬리고 대체로 복음을 조잡하게 만든 불협화음이 있었다고 한다. (항의자였던) 그는 이젠 조금도 칼빈주의의 영향을 끌어내린다고 느끼지 않는다.
> 그는 하나님의 은혜를 지나치게 크지 않도록, 그리고 지나치게 접근하기 쉽지 않도록 하려고 음절을 조정하지 않는다. 그는 마치 종달새처럼 … 마치 메시지를

---

32 John Nisbet, "Dying Testimony," p. 18; 딤후 3:16; 1:13; 히 6:1.
33 역자주—장로주의 옹호자 중 1650년 결의를 지지하는 그룹.

전할 때 감당할 수 없는 기쁨으로 두근거리던 베들레헴의 천사처럼 하늘 위로 솟아오른다.

'보라 내가 온 백성에게 미칠 큰 기쁨의 좋은 소식을 너희에게 전하노라.'[34]

두르햄은 설교 방법에 대한 여러 가지의 충고 사항을 제시한다.

설교는 모든 것에 "하나님의 인"이 있으며, "질서정연한 방법"으로, 그리고 "친절하면서도 천상적이고 분명하면서도 친근감 있는 어투로"[35] 제시되는 서신서 형태를 따라야 한다.

목사는 "자신의 메시지가 받아들여지도록 열심을 냄으로써, 결국 그들이 구원받도록 해야 한다. 따라서 메시지가 거절되지 않도록 사람들을 초대하고, 권고하고, 간청하고, 이의를 제기하면서 설득력 있게 이런 원리를 따라야 한다." 목사는 "사람들을 하나로 모이게 하여, 그리스도와 혼인시키려는 단 한 가지 소망만"[36]을 가져야 한다.

설교는 "주님의 메시지"로서 "담대하고 권위있게" 전달되어야 한다. 설교는 "하나님에 대한 안목으로 착수되고 시작되어야 하며," "그 중점은 계속 주님께 놓여져야 한다." 오직 성령께서만 "그것을 효과적으로 만드실 수 있다."[37]

성실함, 열심, 지식 등은 청교도와 언약도 설교의 특징이었다. 지식은 마음의 언어이며, 성실함은 양심과 마음의 언어이고, 열심은 의지의 언어다. 제임스 멜빌레(James Melville, 1535-1617)는 낙스의 설교가 생애의 거의 마지막이 되었을 때조차 "매우 적극적이고 활기차서 마치 강단을 내리쳐서 산산조각 내어 날려 보낼 것 같았다"[38]고 말했다. 이와 대조적으로 제임스 두르햄과 조나단 에드워즈는 설교를 침착하게 전하면서도 같은 효과를 냈다.

34　Smellie, p. 35.
35　Durham, *Revelation*, vol. 1, pp. 263-264.
36　Durham, *Revelation*, vol. 1, p. 265.
37　Durham, *Revelation*, vol. 1, p. 265.
38　McCrie, *John Knox-abridged*, p. 192.

이러한 접근의 공통점은 무엇인가?

이들 설교자들은 모두 한결같이 온 마음을 다하여 메시지를 믿었으며, 어떤 구실이나 핑계도 대지 않았다. 그들은 하나님이 보시는 앞에서 하듯이 성실하게 적극적으로 복음을 설교했다(고후 2:17).[39] 그들은 활시위의 화살을 정확히 사탄의 심장을 향해 조준했다. 자기 방패는 옆에 내려놓고 더 힘을 주어 활 시위를 잡아 당겼다.

이렇게 활기찬 설교는 지식을 갖추고, 교육을 제대로 받은 목사를 요구한다. 잉글랜드 장로 제도가 실패했던 이유 중에는 비국교도들이 왕정복고 이후 수십 년간 대학 교육을 받지 못했기 때문이다.[40] 이언 머레이(Iain Murray)는 종교개혁에서 교육받은 목사의 중요성을 강조한다.

> 16세기에 교황 체제를 흔들어서 로마교회에서 수많은 추종자를 떠나게 했던 것은 참된 교리의 권위였다. 그것은 17세기 부흥의 시대에 설교했던 사람들이 다녔던 에딘버러, 글래스고우, 케임브리지의 대학교에서 이러한 교리에 대한 신앙심 깊은 연구에서 비롯되었다.[41]

3) 문제 – 인간의 죄악된 조건

목사들이 "사람들의 상실된 상태를 보여 주고 거기서 회복이 절실함을 주장하는 것"[42]은 제임스 니스벳의 소박한 소망이었다. 루터는 "명백히 드러난 모든 죄와 불신앙을 책망함"[43]으로 로마서를 쓰기 시작한 바울이 세운 모범을

---

39 Nevay, p. 312.

40 Alexander Drysdale, *History of the Presbyterians in England: Their Rise, Decline, and Revival* (London: Publication Committee of the Presbyterian Church in England, 1889), p. 493 (이하 Drysdale, *Presbyterians in England*).

41 Murray, *Puritan Hope*, p. 232.

42 James Nisbet, *Private Life*, pp. 224-225.

43 Martin Luther, "Letter of St. Paul to the Romans," in *Word and Sacrament*, vol. 35, *Luther's Works*, edited by Helmut T. Lehmann (Philadelphia: Muhlenberg Press, 1960), 서문, p. 372 (이하 Luther, *Romans*).

따르라고 목사들을 격려했다. 루터에게 있어 설교자의 첫 번째 의무는 "성령의 살아있는 열매도, 그리스도에 대한 믿음의 열매도 아닌 모든 것을 책망하고 죄로 여김으로써, 사람들로 하여금 자기 자신과 자기 자신의 비참함을 깨닫게 만들어 겸손하게 도움을 구하도록 하는 것"[44]이다.

제임스 두르햄은 목사들이 자신들의 메시지를 청중의 특별한 필요에 맞춤으로써 그리스도의 모범을 따르도록 격려했다. 예를 들면, "교리적인 오류나 실천적인 가증스러운 추문"에 (아무런 책망도 받지 않았기 때문에) 개의치 않았던 라오디게아 교회는 "언약의 본성과 그리스도에 의한 칭의"에 관한 약(藥)이 절실했다.

> 말하자면 오류를 두들겨 부수고 모든 불경스러운 것을 몰아내는 것은 마귀 왕국의 외루(外壘)를 삼키는 것이다. 그러므로 이들을 정복하고 나면, 주요 포대는 독선과 위선과 오만 등을 조준하게 되고, 영혼은 그리스도를 간절하고 열성적이며 진지하게 받아들여 거룩함을 배울 수 있게 될 것이다. 이러한 거룩함이 없다면 공식적인 고백은 걸림돌이 될 뿐이다.[45]

두르햄은 설교자에게 자기 설교의 초점에 관한 다른 (요약된) 조언을 제시했다.

> 목사들은 "교회와 자신이 설교하는 사람들의 상황에 스스로 맞춰야 한다."
> "부정한 다수를 위협하거나 이들과 다투는 것보다, 경건한 사람을 비난하거나, 한 사람 베드로를 저지하는 것이 더 어렵다."[46]
> 설교자는 "청중의 수준에 맞춰야 하고, 이로써 청중 스스로 자신이 타락한 자라는 것을 깨닫게 해야 한다."[47]
> 목사들은 그 본질이 역겹고, 해로운 결과를 내며, "필연적으로 교회를 어려움에 빠뜨리는"[48] 오류를 타파해야 한다.

---

44 Luther, *Romans*, 서문, p. 372.
45 Durham, *Revelation*, vol. 1, p. 263.
46 Durham, *Revelation*, vol. 1, p. 260.
47 Durham, *Revelation*, vol. 1, p. 265.
48 Durham, *Revelation*, vol. 1, p. 261.

"우리가 육체를 갖고 사는 동안 우리 주님이 실천하신 것을 고려해 본다면, 하나님 나라에 이르는 길이 좁아서, 나중되었던 많은 사람이 처음이 될 것이기에 위선을 경계해야 한다는 것이 주님에게서 가장 자주 나오는 주제임이 드러날 것이다."[49]

"주님은 깨닫기 어려울 만큼 지나치게 고차원적이고, 숭고하며, 모호한 것을 주장하지 않으신다. … 그는 가장 평범하고, 분명하며, 이론의 여지가 없는 신앙의 의무, 즉 회개와 자기 검증과 신앙과 열심을 강조하신다."[50]

목사들은 라오디게아 교회에 하신 그리스도의 설교 모범을 따라야 한다. 거기서 주님은 "그들의 죄악되고 위험하고 위선적인 상태에 눈을 뜨게 하시고," "무지한 자기 만족을 때려 부수시고," "바른 치료법을 제시하시고," "금과 흰 옷을 입수할 수 있는 조건을 설명하시며," "매우 부드러우나 열정적으로 그것을 재촉하신다."[51]

4) 치료 – 그리스도와의 친밀함

목사는 죄인에게 그리스도와 친밀해져야 할 필요성을 전해야 한다.[52] 복음을 효과적으로 전달하기 위해서는 메시지가 단순히 훈련된 목사에 의하여 교리를 전달하는 것을 넘어서는 것이 중요하다. 인간 상황의 절망스러운 현실과 비할 데 없는 그리스도의 탁월하심이 전달되고 대조되는 것이 중요하다. 이점에서 앤드류 그레이보다 나은 사람은 거의 없다.

윌리엄 트위디(William Tweedie)에 따르면, 그레이의 모든 설교는 그리스도에게로 이끄는 설교다. 그레이는 "그리스도에 관하여 설교하지 않고 그리스도 자신을 설교한다." 마찬가지로 청중에게 "믿음의 적절한 기초를 이해하고 자신의 눈을 신뢰해야" 한다고 주장했던 조나단 에드워즈는 그리스도의 비교할 수 없는 가치에 대해 이렇게 강조하는 것에 공감했다. 이것은 절대로 필요

---

49 Durham, *Revelation*, vol. 1, p. 261.
50 Durham, *Revelation*, vol. 1, pp. 261-262.
51 Durham, *Revelation*, vol. 1, p. 262.
52 Durham, *Revelation*, vol. 1, p. 262.

한데, 그 이유는 "사람의 의지를 사로잡고, 마음을 끌어내며, 참된 회심을 이룬 삶에서 참된 구원받는 믿음을 시작할 수 있으려면 그리스도의 거룩한 아름다움을 보아야 하기 때문이다."[53]

대부분의 청교도 설교는 그리스도의 아름다움에 관하여 이러한 관점을 보여 준다. 존 플레이블(John Flavel)은 "예수 그리스도는 사람이 주목할 수 있는 가장 사랑스러운 분"[54]이라고 주장했다. 존 오웬(John Owen)은 "이 세상에서 어느 정도 그리스도의 영광을 보지 않는 사람은 이후에도 그것을 볼 수 없을 것"[55]이라고 말했다.

제임스 니스벳이 그리스도의 아름다움에 대해 이러한 관점을 보았던 것은, 비가 내리는 가운데 제임스 런윅(James Renwick)이 설교하는 것을 듣고, 강단에서 존 앤더슨(John Anderson)이 설교하는 것을 들었을 때였다. 더욱이 16세기와 17세기 스코틀랜드를 사로잡았던 구름 같은 증인 가운데 볼 수 있는 그리스도의 역사를 보고서 이에 관심을 갖게 되었다.

5) 결과 – 말씀의 적용

언약도의 부요함은 설교에 나오는 교리뿐만 아니라 적용되는 교리에도 있었다. 그들에게 성화는 구원만큼 중요했는데 사람이 다른 사람 없이 존재할 수 없기 때문이다. 성화에 대한 그들의 두드러진 강조 때문에 다음 장 전체는 이러한 주제로 할애되었다. 제임스 멜빌레는 낙스의 설교에 관하여 이렇게 말했다.

> 그가 적용했을 때, 그는 나를 흥분시키고 떨게 만들었기 때문에 나는 펜을 들어

---

53 Jonathan Edwards, "True Grace Distinguished from the Experience of Devils," in *The Works of Jonathan Edwards*, 2 vols. (Edinburgh: The Banner of Truth Trust, reprinted 1976), vol. 2, p. 48 (이하 Edwards, *Works*).

54 John Flavel, *Christ Altogether Lovely*, in Flavel, *Works*, vol. ii. pp. 214-224. Flavel은 아 5:16; 시 14:2; 73:26; 잠 8:11; 골 1:19; 고전 1:30; 욥 3:21을 인용한다.

55 John Owen, "Meditations and Discources Concerning the Glory of Christ," Owen, *Works*, col. 1, p. 288.

글을 쓸 수 없을 지경이었다.[56]

칼빈은 적용의 중요성을 강조했다.

> 우리의 신조가 포함되어 있는 교리에 첫 번째 자리를 내어 준다. 그것으로 우리의 구원이 시작되기 때문이다. 그러나 그것은 가슴으로 스며들어 행동으로 나타나야 하며, 그렇게 해서 우리를 변형시킬 수 있어야 하는데 이는 열매가 없는 것으로 드러나지 않기 위해서다.[57]

니베이는 매번 설교를 마치면서 신자들이 설교에 적용할 수 있는 여러 가지 특수한 방법을 나열하였다. 두르햄은 설교가에게 적용에 관하여 여러 가지 조언을 제시한다.

> 목사의 주요 자격은 말씀을 올바르게 나누고, "영적인 지혜와 신중함을 가지며," 그것에 대해 보편적인 적용을 해나가는 것이다. 목사는 책망과 칭찬을 섞어서 위선자를 흔들 수 있어야 하나, 연약한 심령에 상처를 주는 일은 피해야 하고, 확신은 강화해야 한다.[58]
>
> 그 "적용은 당면 문제에 따라 감동적이고 마음을 찌르며 설득력이 있어야 하고, 그래서 청중의 양심에 치중해야 한다." 이 때문에 "일반적인 것에 안주해서는 안 된다. 왜냐하면 주님은 특히 모든 서신서에서" 구체적으로 죄, 특히 내면의 죄를 언급하고 증거를 제시하시기 때문이다.[59]
>
> 목사는 "청중의 교화"에 적합하도록 말씀을 적용시켜야 하며, "한 가지만 집착하거나 한 가지에만 머물러서도 안 된다."[60]

---

56 McCrie, *John Knox-abridged*, p. 192.
57 Calvin, *Institutes*, sec. iii.6.4, p. 4.
58 Durham, *Revelation*, vol.1, pp. 260-261.
59 Durham, *Revelation*, vol.1, p. 261.
60 Durham, *Revelation*, vol.1, p. 261.

6) 배경 – 예배

설교는 개인 예배와 묵상으로 이어지는 공예배 상황에서 가장 효과적이다. 청교도와 언약도에게 설교는 예배의 중심 요소였다. 생기가 넘치는 설교, 공적인 예배와 안식일의 적절한 준수를 대신할 수 있는 것은 없었다.

> 국가 전체의 행복은 이러한 거룩한 시간의 사용이나 남용에 영향을 받을 것이다.[61]

이러한 예배는 말씀을 말하는 것과 노래하는 것과 말씀 듣기 등을 요구한다.

(1) 언약도는 말씀을 증거했고 말씀을 묵상했다.

이 문제에 관하여 제임스 니스벳이나 존 니스벳을 비롯한 여러 언약도의 이야기를 읽는 것보다 말씀을 전하는 데 더 좋은 모범을 찾기란 어려울 것이다. 존 니스벳은 임종 시 스스럼 없이 유언으로 남기는 모든 주장에 근거를 대느라 끝이 없어 보이는 성경 말씀의 근거 본문을 인용하였다.

> 그렇게 많이 인용한 것을 두고 나를 떠올리지 않게 하라. 왜냐하면 내게 성경은 어린 시절부터 신성하고 거룩한 입술의 살아있는 말씀이기 때문이다. "내가 어떻게 구원받을 수 있을까?" 부르짖을 때, 그리고 "어떻게 주님의 길을 알 수 있을까?," "그래서 내가 그 길로 갈 수 있을까?"라고 말할 때, 그의 말씀은 "내 발에 빛이요, 내 길에 등"이었으며, 그것은 이 성경 말씀에 나타난 그대로 나를 격려했다(사 55:1-8; 렘 3:13-14, 22-23; 31:18; 호 14:1; 요 6:35; 계 3:20; 22:17). …
> 내가 죄와 사탄과 세상과 싸울 때, 그리고 나의 구원의 가장 큰 원수인 나 자신의 악하고 속이는 마음과 싸울 때, 그의 말씀은 나에게 버팀목과 기둥 같았다.[62]

말씀은 이런 기독교인의 입술에 항상 있어야 했다. 이들의 언어는 아가서에

---

61 John H. Primus, *Holy Time Moderate Puritanism and the Sabbath* (Macon, Georgia: Mercer University Press, 1989), p. 180.

62 John Nisbet, "Dying Testimony," p. 15.

묘사되고 있는 사랑의 관계를 반영하였으며, 이것이 이 시대부터 많은 설교의 원천이었다. 앤드류 그레이가 주장한다.

> 기독교인은 그리스도의 입술과 그리스도의 손과 그리스도의 발에 입 맞추고 감싸 안는 데 힘써야 한다. 발에 입 맞추는 것은 사랑의 실천이요, 그의 손에 입 맞추는 것은 복종의 실천이요, 그의 입술에 입 맞추는 것은 그와의 교통과 친교를 실천하는 것을 뜻한다.[63]

언약도에게 아가서는 그리스도와 그의 신부인 교회와의 사랑의 관계를 비유적으로 묘사한다. 현대 주석가는 이 책을 성적인 사랑을 노래하는 것으로 보고 회피하거나 잘못 해석한다. 이러한 해석의 변화가 드러나는 증거로 **제네바성경**(*Geneva Bible*)과 **신제네바성경**(*New Geneva Bible*) 사이의 철저한 차이에 주목해 보기 바란다.

비유적 해석을 신뢰하지 않는 사람은 제임스 두르햄이나 매튜 핸리(Mathew Henry, 1662-1714)의 아가서 주석을 읽어 보아야 한다. 그런 후에 아가서의 상징이 풍부하게 담긴 시편 45편과 루터의 가장 유명한 찬송가에 사용되었으며 "처녀들"을 위한 노래로 분류된 시편 46편을 읽어 보기 바란다. 그러면 모든 의심이 사라질 것이다.

현대 기독교가 실패하는 이유로 현대 기독교가 아가서를 오해하거나 아가서에 대해 무지하기 때문이라고 말하는 것이 가능한 것일까?

더욱이 이들은 말씀을 묵상했다. 청교도인 토머스 왓슨(Thomas Watson)은 "율법을 따라 되새김질하지 않는 짐승은 부정하다"는 예를 인용하면서 "경건한 묵상으로 되새김질하지 않는" 사람은 정결하지 않은 사람으로 간주될 수 있다고 추론한다. 그는 "묵상은 나무의 뿌리로 흘러 들어가 흠뻑 적시는 비와 같아서 열매를 맺게 한다"고 주장했다. "거룩한 묵상의 불"은 우리 영혼을 따뜻하게 만들고, 우리 마음에 신성한 진리를 인치는 도구다. 그것은 개혁을 낳는다.

---

63 Gray, *Works*, p. 66.

내 길을 굳게 정하사 주의 율례를 지키게 하소서(시 119:59).[64]

(2) 언약도는 말씀을 말하고 묵상할 뿐만 아니라 말씀을 노래했다.

사무엘하 23:1에서 다윗은 "이스라엘의 노래 잘하는 찬송 작가"[65]로 언급된다. 시편은 스코틀랜드 순교자들에게 커다란 위로와 즐거움이었고, 언약을 준수한 순교자에 대한 연구는 필연적으로 학생을 시편에 대한 소중한 기쁨으로 이끈다. 이 시기 프랑스 순교자들은 시편을 노래하는 데 매우 열성적이었기 때문에, 이들의 사형 집행자들은 이들이 처형당하러 가는 중에 노래하지 못하도록 이들의 혀를 째서 갈랐다.

> (실제로) 시편을 노래하는 것은 교회가 가장 순수했던 시절의 관습이었다. 그것은 사도행전에 기록되어 있고 … 세상의 황제에게 박해를 당한 모든 시대마다 그들이 자주 행한 일 중에 위대했던 행동은 시편을 노래하는 것이었다.[66]

윌리엄 비니(William Binnie)는 교회사를 통하여 "시편이 사람들이 손에 지니고 있던 유일한 책이었다"는 사실에 주목했다.[67] "신약성경에는 거의 어떤 다른 책보다 시편을 인용한 증언이 더 많이" 있다. 그리고 시편에는 "감미로운 내용"이 많아서 묵상에도 좋고 "교회의 공적인 훈육"[68]에 사용하기에도 좋았다. 루터에 따르면 시편에서 "한 두 명의 성도가 했던 것이 아닌, 모든 성도의 머리되신 분이 하셨던 것, 모든 성도가 아직도 하고 있는 것"[69]을 발견한다.

니베이는 예배에서 설교하거나 노래하기 위한 유일하고 적절한 원천으로 성경을 꼽았다. 그러므로 그는 시편을 노래하는 것을 복음 규례라고 생각했

---

64 Thomas Watson, *Heaven Taken by Storm* (Morgan, Pennsylvania: Soli Deo Gloria Publications, 1997 edition), pp. 28-29 (이하 Watson, *Heaven Taken by Storm*).

65 Nevay, p. 1.

66 Nevay, p. 8.

67 Binnie, *Psalms*, pp. 386-387.

68 Nevay, p. 7.

69 Martin Luther, *Revised Edition of the German Psalter, A. D. 1531*, Binnie 번역, *Psalms*, 서문, p. 396.

고, 시편을 노래하는 일에 반대하여 배제하는 사람들의 논증을 효과적으로 논박했다. 니베이는 에베소서와 골로새서가 시와 찬송과 신령한 노래의 사용을 요구한다고 주장하는 사람에게 이렇게 같은 표제가 시편을 분류할 목적으로 사용되고 있다고 대답했다. 요한계시록에 사용된 노래가 시편과 다르다고 주장하는 사람에게는 "그 중 많은 것이 시편에서 왔다"고 답했다.

게다가 요한계시록 14:3에서 말하는 새로운 노래는 단순한 말이 아닌, 새로운 노래를 부르게 될 "새로운 마음과 새로운 피조물"을 가리킨다.[70] 어거스틴(Augustine)은 니베이처럼 시편만 찬송하는 사람이었고 북아프리카 교회가 "엄숙하게 예언자의 신성한 노래를 부르는 반면, 그들(도나투스파)은 인간의 감정을 담은 시편을 노래함으로써 그들의 열광하는 마음에 불을 붙인다"[71]는 사실에 주목했다.

이 주장의 다른 측면과 관련하여 여러 현대 개혁파 저술가는 성경적 논증을 통해서 시편 외에 다른 것을 노래하기를 열심히 주장한다. 한편으로 시편만 노래할 것을 요구하는 것은 교회 내에서 크게 분열을 야기해 왔던 논제였지만, 예배에서 부르는 노래는 어떤 것이든지 성경적이어야 한다. 현대에도 시편만 노래하는 것은 아니기 때문에 이 주제에 주목하게 될 것이다.

예를 들어, 필자는 최근에 언약도에 속한 사람들이 노래하면서 죽었던 그 시편에 대하여 현대의 교회 찬송가를 자세히 조사해 보았다. 그들의 가장 인기 있던 곡인 **순교자들**(*Martyrs*)은 완전히 사라졌다. 마치 기도가 성경에 근거할 때 더욱 교화적인 것처럼 노래도 마찬가지다. 하나님의 말씀을 단순하고 보통률(common meter tune)로 부를 수 있는 능력은, 사적 기도이든 공적 기도이든 커다란 축복이고 위안이다.

가족 기도에서는 다윗의 시편을 가지고 사용할 수 있도록 "베들레헴 작은 골"(*Little Town of Bethlehem*), "나 같은 죄인 살리신"(*Amazing Grace*), "몬테주마 궁정"(*Halls of Montezuma*), "아름다운 미국"(*America the Beautiful*) 같은 보통률의 곡을 개선해 왔고 다른 사람도 그렇게 하도록 권했다.

---

70 Nevay, pp. 8-10.

71 Binnie, *Psalms*, p. 383에서 인용.

시편을 말하고 노래하는 사람들은 시편이 36개 이상의 상이한 "나는 하리라" 같은 약속을 담고 있기 때문에, 자신들이 노래하는 모든 시편을 통해 스스로 언약적 맹세를 새롭게 한다. 그 중에서 12회 이상 반복되어 나타나는 가장 빈번한 두 약속은 하나님을 찬양하는 것이고 시편을 노래하는 것이다. 이 두 약속이 그렇게 반복되고 있다는 것이 놀랄 일이 아닌 것은, 인간의 주요 목적이 하나님을 영화롭게 하는 것이요, 그를 영원히 즐거워하는 것이기 때문이다.

더욱이 교회가 시편을 알지 못하고는 그리스도를 온전히 알 수 없는데, 이는 그리스도가 시편 안에 풍부히 나타나는 바, "특별히 시편 2, 16, 22, 45, 72, 100편에서 그렇다."[72]

루터는 기독교인이 "우리 영혼이 이 푸석한 만나를 싫어한다"며 소리 지르던 광야의 유다 백성과 얼마나 닮았는지를 표현함으로써 시편과 만나를 동일시했다. 게다가 루터는 만나를 싫어하던 유대인이 역병이 나서 죽었다고 경고했다.[73]

(3) 언약도와 청교도는 올바르게도 이러한 실천을 생사의 문제로 여기고 말씀에 귀기울였다.

그들의 주장에 따르면, 우리가 덜어도 기억하지 못하는 이유는 "하나님께서 듣는 일에 주의를 기울이지 않는 사람을 징벌하여 망각하기 때문이다."[74] 니베이에게 말씀을 올바르게 경청하는 것은 "영적인 선을 위하여 그를 섬기는 하나님의 규례요, 우리가 의존할 수 있게 하는 은혜였다." "우리의 무가치함과 그리스도의 탁월하심과 유용하심"에 대해 매일 배우도록 이끄는 올바른 경청은 다음과 같은 것을 요구한다.[75]

① 우리는 우리의 마음을 준비하고(행 10:33), 우리의 무지를 인정하며(사 2:3), 듣

---

72 Nevay, p. 7.

73 Martin Luther, *Revised Edition of the German Psalter, A.D. 1531*, Binnie번역, *Psalms*, 서문, p. 399.

74 Watson, *Heaven Taken By Storm*, p. 17.

75 Nevay, pp. 374-377; Nevay가 올바른 경청에 대해 기술한 것과 경청하는 귀의 표징으로 서술한 것을 종합 정리한 것이다.

기를 소망하고(벧전 2:2), 기도를 활용해야 한다(시 119:18).

② 우리는 들을 귀를 가지고 말씀하시는 것을 경청해야 하고, 마치 우리에게 직접 말씀된 것처럼 경청해야 한다(잠 2:1-2, 10). 이것은 우리가 "그것이 마치 사람의 말인 것처럼 가볍게 들어서는" 안 되고, 그것을 하나님 말씀으로 들어야 하며, 그 말씀이 우리 귀에 들리도록 해야 할 것"을 요구한다(눅 9:44; 살전 2:4). 말씀의 달콤한 맛을 소중히 간직하는(시 119:103) 겸손하고 열성적이며 갈망하고 분별력 있는 경청이 있어야 한다(욥 34:3).

③ 우리는 믿음(히 4:3)과 유순함(약 1:21)과 두려움(사 66:1-2)과 사랑(살후 2:10-11)으로 메시지를 받아야 한다. "경청은 우리의 힘에 달려 있지 않으며," 오히려 "가장 편안한 말씀" 앞에서 떠는 것이어야 한다.

④ 우리는 실천에 옮기고자 하는 진실한 목적(시 119:11; 약 1:22)과 정직한 마음으로(눅 8:15) 말씀을 받아야 한다. 이러한 사실은 "그것을 수행하겠노라고 맹세하고"(시 119:106), "명령된 것을 좌로나 우로나 치우치지 않으며"(신 5:22-23), 그 말씀이 마치 생명인 것처럼 교훈에 착념할 것을 요구한다(잠 4:13; 8:33).

올바르게 경청하는 것이 탁월한 이유는 "하나님의 다른 어떤 현현보다 말씀에 더욱 탁월한 요소가 있기" 때문이고, "이렇게 경청할 때 여러 큰 약속을 얻기" 때문이다(시 138:2; 잠 1:8-9; 34:10; 사 55:3; 요 5:24, 25). 그것은 "회심시키는 말씀"(시 19:7)이요, "영적인 힘을 증진시키는" 수단이며(행 20:32), 영생의 원천이고(시 119:30; 사 57:19; 요 6:68; 행 5:20; 13:26), "고난당할 때" 위로이며(시 119:50), "이것으로 모든 것이 거룩해진다"(딤전 4:5). 말씀을 들을 기회를 놓치는 것은 "마음이 완고하다는 증거"다(마 13:13; 눅 16:31; 요 3:19; 고후 4:3; 히 6:7-8).[76] 이것은 언약에 따라 약속된 축복이다.

> 내가 그들에게 내 말을 들려주어, 그들이 나를 경외함을 배우게 하며(신 4:10).
> 듣는 자가 귀를 기울일 것이며(사 32:3).

---

76 Nevay, pp. 376-377.

그것은 믿음과 순종과 배움과 성공과 바른 예배와 구원과 성화가 약속된 거저 주시는 은사다(사 29:24; 55:10-11; 말 1:10; 롬 10:17). 니베이는 이렇게 결론 내린다.

> 만약 올바른 경청이 언약의 축복이라면, 복음을 설교하는 일도 언약의 축복이다. 왜냐하면 우리는 설교자 없이 들을 수 없기 때문이며(롬 10:14), 복음 설교와 설교자에게 원수가 되는 자들은 은혜 언약의 원수이기 때문이다.[77]

7) 설교 – 전체 종합

우리는 니베이의 설교에서 많은 것을 배울 수 있다. 그는 설교마다 위에 언급한 원리를 적용한다. 그는 말씀에 반하는 모든 진술을 시험하고, 본질적인 부분을 변호할 때 수많은 성경 구절을 인용한다. 니베이의 설교는 실로 내용이 다차원적이어서 죄인에게 분노하게 하고, 주린 자에게는 꿀을 주고, 초심자에게는 젖을 주고, 성도에게 고기를 준다.

개인적으로 각 설교는 청중의 마음을 소화할 수 있는 거룩한 진리에 초점을 맞춘다. 그것은 청중에게 총체적으로 하나님의 전체 계획에 대한 완벽한 이해를 제공하고, 그들의 생활에 성경을 어떻게 적용해야 할지에 대한 실제적인 조언을 준다.

더욱 중요한 것은 니베이의 설교가 인간이 처한 상황과 그리스도의 탁월성을 뚜렷이 대비시켜 제시한다는 점이다. 성화와 구원 모두 믿음에 의존한다. 이 둘은 그리스도와 친밀하지 않을 경우 처하게 될 **곤경**과 사랑하는 그리스도와 친밀하게 되어 그의 언약 축복과 참된 아름다움을 영원히 누릴 수 있다면 소유하게 될 **풍성한 유산** 사이의 차이를 파악할 것을 요구한다.

다윗의 유언 중 마지막 구절을 다룬 니베이의 설교는 이러한 곤경을 분명하게 보여 준다. 사무엘하 23:5은 복음에 대한 요약이다.

---

77 Nevay, pp. 378-379.

내 집이 하나님 앞에 이같지 아니하냐 하나님이 나와 더불어 영원한 언약을 세우사 만사에 구비하고 견고하게 하셨으니, 나의 모든 구원과 나의 모든 소원을 어찌 이루지 아니하시랴(삼하 23:5).

본문에서 다윗은 지상의 집의 상황에 대하여 애통해 하나, 하나님의 영원한 언약에서 큰 위로를 얻는다. 니베이는 사무엘하 23:5의 첫 부분에서, "다윗이 자신의 조건과 상황에 대하여 음미한 것에서" 네 가지 원리를 끌어낸다.

(1) 신자는 "자신의 조건과 상황에 대해 탐색할 때, 현재의 상황과 조건을 자신의 과거의 처방과 비교해야 한다." 신자는 "하나님께서 그리스도 예수 안에서 우리에게 베푸셨던 모든 선한 섭리와 무엇보다 언약적 긍휼하심과 모든 영적인 축복을 기억해야 한다." 우리는 신자의 모든 죄악까지 심판을 받게 된다는 사실에도 극히 주의해야 한다.

"내가 땅의 모든 족속 가운데 너희만을 알았나니 그러므로 내가 너희 모든 죄악을 너희에게 보응하리라 하셨나니"(암 3:2).

(2) 신자는 "자신의 상황과 조건을 탐색할 때, 마음과 생명을 다해 규칙을 따르고" 자신의 생활을 말씀에 일치시키고자 한다(약 1:23-25을 보라). 이러한 사실은 우리에게 "그 엄격한 규칙에 따라 우리의 모든 삶을 엄밀하게 검사할 것과 우리의 삶이 정확히 그 규칙을 따르고 조화를 이루고 있는지 진지하게 고려할 것"을 요구한다.

(3) 우리의 상태에 대한 올바른 평가는 사람 앞에 있지 않고 하나님 앞에 있다. 오직 하나님께서만 우리의 마음과 은밀한 죄악을 아신다.

"만약 우리가 하나님과 바른 관계를 갖고 하나님 앞에 서 있다면, 사람 앞에서도 쉽사리 잘못할 수 없다."

"우리의 영원한 상태는 이 세상에 있는 것에 따라 평가된다."

우리는 탐색하는 일에서 우리의 마음을 신뢰하지 말고, 성경과 다음 세 가지 물음으로 우리의 탐색을 지도해야 한다.

① 그 안에 그리스도에 대한 내용이 있는가?
② 그 안에 그리스도에 대해 무엇이 얼마나 많이 들어 있는가?
③ 그것은 기도와 관련하여 우리와 어떻게 관계되는가?

(4) 우리는 "그것이 어떻게 우리 집과 관계되는지 탐색해 보아야 한다." 우리는 "그의 집은 주님을 바라보고 주님께 충성하겠노라"했던 여호수아의 모범을 따라야 한다.

"네 양 떼의 형편을 부지런히 살피며 네 소 떼에게 마음을 두라"(잠 27:23)는 말씀을 기억하라. 이것은 매우 중요한데, "만약 하나님의 사역과 예배가 가족 가운데 확인되지 않는다면, 그것이 어떻게 교회와 조화를 이룰 수 있겠는가?"[78]

니베이는 다윗이 자신의 집에 대해 내렸던 판단과 관련하여 다음의 원리를 끌어낸다.[79]

(1) "진지한 탐색을 해 본다면, 완전한 사람도 자신이 하나님과 갖는 관계가 마땅히 그래야 하는 것만큼 그렇게 올바르지 않다는 것을 깨닫게 될 것이다."
(2) "가장 질서가 잡힌 가정에서도 많은 것이 잘못될 수 있는데, 그 이유는 사탄이 경건한 공동체의 큰 원수이기 때문이다." 따라서 "경건한 가정을 위해 기도를 많이 하되 그들의 머리를 위해 해야 한다." 우리는 항상 "교육이 죄를 제한하고 억제한다 하더라도 그것을 치료할 수 없으며 그렇게 할 수 있는 것은 오직 은혜뿐"이라는 것에 주의해야 한다.
(3) "우리가 언약을 단단히 붙잡기에 앞서, 잘못했던 것과 잘못하고 있는 것에 대한 건전하고 명백한 뉘우침이 있어야 한다." 이런 진실한 복종은 죄를 "혐오하고 버리며," "그리스도에 대한 절대적 필요"를 알게 되고, "그리스도를 지극히 존경하고, 영혼이 그를 기꺼이 영접하기를" 요구한다. 사람들은 "언약의 피로 축복을 받기 전에 스스로 물 없는 구덩이에 빠진 죄인임을 깨달아야 한다"(마 11:28). 또

---

78 Nevay, pp. 19-23.
79 Nevay, pp. 23-26.

한 니베이는 다음과 같이 상세하게 설명한다.

"사람이 자신에 대해 혐오감을 느껴야 그리스도께 올 수 있다. … 예수께 오지 않고는 언약에 이를 수 없고 상을 받지 않고는 그리스도께 올 수 없다. 그리고 그 영혼이 비천해져야(잠 27:7) 그리스도의 상을 받을 수 있다. … 모든 죄에 대해 기꺼이 결별하기 전에는 언약 안에서 그리스도와 가까워질 수 없으며, 영혼이 죄와 결별하기 전에는 죄가 영혼에 고통을 줄 수밖에 없다. … 사람들이 자족하기를 꿈꾸는 것은 자연스럽지만 … 잘못에 대한 건전한 뉘우침은 헛된 확신 때문에 그들을 쳐서, 기쁘게 언약으로 향하게 할 것이다."

(4) 다윗의 경우처럼, "자아를 상실한 사람들이 언약을 붙잡는 일에 죄가 방해가 되지 않도록 해야 한다."

여호와께서는 너희를 자기 백성으로 삼으신 것을 기뻐하셨으므로 그의 크신 이름을 위해서라도 자기 백성을 버리지 아니하실 것이요(삼상 12:20, 22).

"언약은 죄인들을 추방하기 위해서가 아니라 붙잡아 주기 위하여 만들어졌다"는 사실에 위로를 받는다.

"언약 안에는 두 가지의 커다란 규약 혹은 조항"이 있다.

"너희는 와서 사 먹되 돈 없이, 값없이 와서 포도주와 젖을 사라. … 그가 너그럽게 용서하시리라"(사 55:1, 7에서).

"내가 그들의 반역을 고치고 기쁘게 그들을 사랑하리니"(호 14:4).

니베이는 "그리스도께 마음을 고정시킨다면, 타락을 소멸시키고 거룩함을 촉진시키는 덕을 그리스도에게서 찾게 될 것"[80]이라는 권면으로 마무리한다.

---

80 Nevay, pp. 25-26.

3. 말씀 – 명령된 성례전

성례전은 그리스도가 그의 교회에 영적으로 선사하시는 인치는 예식이요, 성화의 방편이다. 주의 만찬은 그의 백성을 구속하고 계속해서 교제해 나갈 것이라는 하나님의 약속을 상징한다. 세례는 은혜 언약에 대한 제자의 권리를 상징한다. 부모는 그 언약적 의무로 자녀를 훈련시켜야 한다. 그러나 하나님만 구원하신다.

1) 성례전

스튜어트 로빈슨(Stuart Robinson)은 성례전의 본질에 대해 말했다.

> 게다가 유일한 성례가 가견적 교회 자체를 창조하는 영원한 과정의 도구가 되는 것처럼, 그 외에 다른 성례는 그의 택하신 언약 백성을 구속하실 것이라는 위대한 약속의 영구적인 증거다.[81]
>
> (그래서 성례전은) 하나님의 언약적 약속을 하나의 그림이나 가시적인 말씀으로 나타낸다.[82]

니베이는 성례전을 성화의 방편으로 생각한다. 성례전은 "언약의 놀라운 축복이 우리 앞에 차려진 음식"이다. 각 성례에는 "표징(sign)에 해당하는 외적인 것이 있는가 하면, 표징되는 내적이고 영적인 것도 있다." 이러한 것들은 "그리스도와 그 안에 있는 큰 축복을 나타내며," "언약을 확인하고, 그리스도 안에 있는 우리의 이익을 보증하며," 그의 백성을 따로 떼어 놓는 "공적이고 구별적인 표시" 역할을 하며, "기독교인이 그리스도와 그를 예배하는 일에 진지하게 참여하도록 하는 의식(儀式)이다"(롬 6:3-4; 고전 10:16).[83]

본질적으로 성례전에 대한 개혁교회의 관점이 갖는 주요 특징은 그의 교회

---

81 Robinson, *The Church of God*, p. 113.

82 Augustine, Calvin 번역, *Institutes*, 14.6, vol. 2, p. 495.

83 Nevay, pp. 380-381.

가운데 임하는 그리스도의 영적 임재에 대한 강조다. 그리스도가 영적으로 임재하기 때문에 성례전의 왜곡은 특별히 그리스도를 모욕하는 것이다. 이런 이유로 우리는 성례전에 올바른 태도로 접근해야 한다.

> 우리는 하나님의 말씀과 성령의 빛을 우리 영혼의 집으로 갖고 들어와, 우리의 마음과 의지와 사랑을 살펴보아야 하며, 그리스도께서 들어오셔야 하기 때문에, 성례전에서 그의 모든 대적, 우리의 죄를 밀어서 문으로 보내야 한다. ― 루더포드[84]

> 개인은 자기 속으로 깊이 들어가, 첫째, 마음의 내적인 확신을 가지고 그리스도에 의해 이루어진 구원에 의지하는지, 그리고 입술의 고백으로 그것을 시인하는지를 생각해야 하며, 둘째, 순결하고 거룩한 열망으로 그리스도를 모방하려고 갈망하는지, 그의 모범을 따라 형제들에게 자신을 내어 주고, 공통적으로 그리스도를 소유하고 있는 사람들과 함께 스스로를 절제할 준비가 되어 있는지, 스스로 그리스도에 의해 존귀히 여겨지듯이 모든 형제를 그의 몸의 지체로 존귀히 여기는지, 지체를 좋아하는지, 지체를 소중히 여기고 변호하고 돕고 있는지를 생각해야 한다. … ― 칼빈[85]

> 성례전을 단순한 증표가 아닌, 하나님께서 그리스도를 나타내기로 약속하신 것으로 활용하라. 그리고 성례전을 활용하여 그리스도에 대한 그대의 관심을 확증하라. 그리고 자기 안에 있는 어떤 덕에 의해서가 아니라, 규례와 성령의 역사에 의해 영적인 축복을 전하는 방편으로 활용하라(마 26:26, 28; 요 6:63; 고전 11:24-25). ― 니베이[86]

---

84 Beveridge, *Scottish Church*, p. 142.
85 Clavin, *Institutes*, sec. iv.17.40, vol. 2, p. 598.
86 Nevay, jp. 380.

2) 주의 만찬

니베이는 이러한 성례전을 "신자에게 영적인 축복을 보증해 주고, 신자의 영적 성장이 진전되게 하며, 신자의 헌신이 깊어지게 하고, 그 속에서 신자가 자신과 그리스도의 친밀한 교통의 유대를 맹세하는 그의 죽으심에 대한 기념"으로 정의한다. 최초 제자들의 경험에서 확증되었던 것처럼, 성례전의 축복이 즉각적으로 나타나지 않는다는 것은 말할 필요도 없다.[87]

스코틀랜드 장로교인에게 주의 만찬은 회심 의식이 아니라, 주님과의 교통 속에서 신앙을 고백한 기독교인이 공유했던 의식이었다. 웨스트민스터 총회에서 가장 큰 논쟁 중 하나는 주의 만찬[88]이 진행되는 동안 유다가 거기 있었는가 하는 질문이었다. 길레스피(Gillespie)와 당시의 스코틀랜드 장로교인들은 그렇지 않다고 주장했다.[89] 그들은 어린이와 중생하지 않은 사람 같은 자기-검증을 할 수 없는 사람을 배제한 것은 그들의 유익을 위해 필수적이었다고 믿는다.[90]

마찬가지로 그들은 드러내 놓고 신성을 모독하는 사람도 배제했다.

> 추문이 들리는 신성모독적인 사람에게 성찬식을 허용하는 것은 설교된 말씀이 거짓임을 보여 주는 것이고, 말씀이 결속시킨 사람들을 다시 흩어지게 한다.[91]

그들은 또한 그러한 사람과 교류하는 것은 교회에 죄를 가지고 들어오는 것이라고 믿었다. 공동체 사람들은 박해 기간 동안 신실하지 않은 목사와 교류하지 않은 것에 대해 이런 이유를 들었다. 그러나 길레스피는 언급되고 있는

---

87 Nevay, pp. 381-382.

88 누가의 설명을 제외하고 모든 복음서가 최후의 만찬에 대해서 주의 만찬에 앞서 공동 식사가 있었다고 설명한다. 요 13:30은 유다가 그 조각을 받고 떠났다고 말씀한다(즉, 공동 식사). 누가는 선별해서 질서 정연하게 연대기적으로 설명하면서, 주의 만찬을 먼저 제시한다.

89 George Gillespie, *Aaron's Rod Blossoming* (London: Kings Arms in Paul's churchyard, 1646), pp. 436-475 (이하 Gillespie, *Aaron's Rod*).

90 Gillespie, *Aaron's Rod*, pp. 504-519.

91 George Gillespie, *Aaron's Rod*, Summary of contents for book 3, chapter 15.

추문이 난 사람들을 "참된 회개를 증명할 어떤 증거도 없는"[92] 사람들로 확언하는 일에는 신중을 기했다. 더군다나 그는 기독교인이 어떻게 이러한 추문이 난 사람의 범죄에서 자유로울 수 있는지에 대해 기술했다.

> 만약 범법자에게 주어지는 책망에 의해, 그리고 추문이 난 사람이 주의 만찬에 참여하지 못하게 제한하도록 권위와 힘을 가진 사람에게 제출되는 탄원에 의해, 기독교인이 비공식적으로 조정에 나섰다면, 그들은 자신의 양심을 따른 것이고, 비록 어떤 추문이 난 사람의 성찬식 참여가 허용된다 하더라도 그들은 죄책감 없이 성찬에 참여할 것이다. 왜냐하면 그런 사람(추문이 난 사람)은 성찬식에 참여함으로써 죄를 범하는 것이지만, 자격을 갖추고 성찬을 받는 사람까지 그들의 죄에 동참하는 것은 아니기 때문이다.[93]

이런 개인을 성찬식에 참여하도록 허용한 죄로 인해, 교회 권징을 실행하는 일에 실패하는 것에 대한 책임은 교회 직원에게 있다.[94] 교회 구성원의 책임은 탈퇴하는 것이 아니라, 견뎌내는 것이며 교회 직원에게 책임을 묻는 것이다. 길레스피는 평소대로 신중한 방식으로 중요한 조건을 덧붙인다.

> 개혁되고 잘 구성된 교회에서도 이런 일이 일어날 수 있다는 말이다. 그러나 박해 때문이든, 아니면 당국의 강력한 반대나 유력한 신성모독적인 대중 때문이든, 성찬식이 집행될 수 없는 곳에서는 다음과 같은 위로를 받을 뿐이다.
> "의에 주리고 목마른 자는 복이 있나니 그들이 배부를 것임이요"(마 5:6).[95]

언약을 준수하는 사람은 하나님의 말씀이 가르치는 그대로 성만찬의 준수를 강조한다. 비록 "의식의 외적 형태"가 "중요하지 않다"[96]하더라도 그것은

---

92 Gillespie, *Aaron's Rod*, pp. 541-542.
93 Gillespie, *Aaron's Rod*, pp. 540-541.
94 Gillespie, *Aaron's Rod*, p. 541.
95 Gillespie, *Aaron's Rod*, p. 541.
96 Calvin, *Institutes*, sec. iv.17.43, vol. 2, p. 599.

성경에 근거해야 한다. 그리스도는 분명히 포도주를 사용하셨고, 사도들도 포도주를 사용했으며 **웨스트민스터 신앙고백**(the Westminster Confession of Faith)은 특별히 이러한 성찬식에서 포도주 사용을 요구한다. 이러한 관습은 20세기 초반에 미국에서 금주법(the Prohibition law)으로 귀결된 근본주의가 일어날 때까지 계속되었다. **핫지**(Hodge)**의** 『**조직신학**』(Hodge' Systematic Theology)에서 확인되었던 것처럼, 이전 세기에서는 포도주의 대체물로 포도즙을 사용하는 것은 생각할 수 없는 일이었다.

> 우리가 오늘날 소수의 기독교인을 배제시키는 일에 대해서는 교회에서 결코 문제가 된 적이 없었다. ⋯ 관용에 대한 열심 때문에 주의 만찬에서 포도주를 배제했던 초기의 교회의 사람들은 물로 대체할 만큼 충분히 일관성이 있었다.[97]

그러므로 장로교인 중에서 포도즙만 사용하는 것은 비교적 최근의 변화다. 어째서 현대의 문화와 오해가 교회의 예식을 결정하도록 둘 것인가?

포도주를 사용하는 것이 죄악이라면 그리스도께서는 가나에서 죄를 저지른 셈이다. 게다가 포도주 이외에 다른 것을 사용한다면 그것은 개혁주의 교리를 위반하는 셈인데, 그것은 성경이 예배시에 요구하는 것만 허용하기 때문이다.

더욱이 성찬을 받는 사람에게 빵과 포도주를 가져오는 현대 개신교의 예식은 실제로 초기 독립파 교회에서 유래된 관습이다. 스코틀랜드의 초기 장로교인은 성찬을 받는 사람은 식탁 주위에 앉아야 한다고 믿었다. 그리스도께서 제자와 함께 하셨던 것처럼 목사도 그들과 함께 앉았다. 성찬을 받는 사람은 그들의 동료 기독교인과 함께 진짜 빵을 자르고 진짜 포도주를 마셨다. 천주교와 개혁교회의 주의 만찬을 준수하는 일의 차이점에 관하여 낙스는 이렇게 기록했다.

> 그들은 의식(儀式)이 서로 달랐는데, 주의 만찬에서 목사와 회중이 모두 한 식탁에 앉았고, 그들 간에 우열이나 차별도 없었으며, 제자들과 함께하신 예수 그리스도와 죽으신 후에 사도들의 예배 의식을 증언하는 습관에서도 아무런 차이가 없기

---

97 Charles Hodge, *Systematic Theology*, 3 vols. (Grand Rapids: Wm. B. Eerdmans Publishing Company, 1977 reprint), vol. 3, p. 616.

때문이다. 그러나 사제들은 천주교 미사에서 스스로 제단에 자리를 잡는다. 그렇다고 그것이 그들에게 바울이 모든 사람은 질서 있게 단정히 행하라고 명령했노라는 변명을 허용하는 것은 아니다.

그들은 감히 예수 그리스도의 만찬이 질서도 없고 단정하지도 않았다고 말할 수 있을 만큼 담대한 것일까?[98]

이것이 초기 잉글랜드 청교도와 스코틀랜드 장로교인의 관습이었다. 토머스 베이컨(Thomas Bacon, 1512-1567)은 그 영향을 이렇게 기록했다.

> 오! 나는 이곳 잉글랜드에서 거룩한 성찬식이 진행될 때, 사람들이 설교를 들은 후, 주의 식탁에 앉아서 … 슬프게 울며, 마음 깊이 통회하고, 그의 아들 그리스도의 죽으심과 다른 축복에 대해서 우리 주 하나님께 너무 많이 무정했고, 감사치 않았음을 슬프게 탄식하는 것을 얼마나 자주 보았던가. … 나는 성찬을 받았던 사람들이 후에 실천을 통해서 보여 주었던 놀라운 경건함을 목격했노라. 태도가 얼마나 많이 변화하는 것인가![99]

낙스는 "신앙의 중요한 내용"과 "미래에 심화될 개혁의 희망"에 대한 모든 문제에서 잉글랜드 국교회와 의견의 일치를 보이는 예식상의 차이에 대해 문제 삼지 않았다.[100] 성찬식을 하는 동안 앉을 것인지 무릎을 꿇을 것인지에 대한 낙스의 강력한 신념에도 불구하고, 무릎을 꿇지 않는 것이 불법이 된다고 했을 때 그는 버윅(Berwick)에 있는 자신의 오랜 회중에게 위정자에게 복종하고 성찬식을 하는 동안 무릎을 꿇으라고 조언했다.

> 나는 주의 만찬을 하는 동안 앉을 것인지, 무릎 꿇을 것인지 하는 그 한 가지 문제를 주장하느라 그리스도와 그리스도의 참된 교리에 동의하는 다른 모든 중요한 핵심 신앙을 두고 위정자에게 항의하지 않았다. 그리고 한동안 회중 속에서

---

98 Lorimer, *John Knox*, p. 37.
99 Lorimer, *John Knox*, p. 32.
100 Lorimer, *John Knox*, pp. 156, 158.

연합과 평화가 유지될 수 있도록 공동 질서를 깨뜨리거나 문제를 일으키지도 않았다. …[101]

더욱이 그는 개혁을 추구하는 사람들이 개혁을 희망하는 교회에서 발견되는 유사한 결함을 참고 견디는 모범을 보였다. 교회를 내부에서 개혁하는 것은 청교도의 특징이 되었다. 낙스는 성찬식을 하는 동안 무릎 꿇기를 거부했다고 해서, 런던에 있던 그를 따르던 사람 몇을 위정자가 1년 이상 감옥에 보내고 나서 1년 후에 이런 견해를 밝혔다. 그는 한 서신에서 예루살렘에서 정결 예식을 따랐던 바울이, 베드로가 이방인을 잘못 취급하였을 때 그들에게 베드로의 말을 듣는 것을 중단하라고 요구하지 않았던 모범을 상기시켰다. 그는 그들에게 권고했다.

> 하나님께서는 복장 등에 대한 견해에서 우리와 일치하지는 않는 거짓 선지자와 이단에 대해 저주하는 것을 금하셨다. 그들도 아직은 교리의 본질과 예수 그리스도 안에 있는 구원을 설교하기 때문이다.[102]

그럼에도 불구하고 낙스는 이러한 화해 정신에 한계를 그었다. 그는 개혁의 희망 없이 동조하는 것은 지지하지 않았다.

3) 세례

니베이는 세례를 "교회 안으로의 진지한 가입과 입회의 규례"로 간주했다. 그리고 "우리는 한 성령에 의해 모두 한 몸으로 세례를 받았다"(고전 12:13)고 간주했다. 그는 또한 그것을 "은혜 언약의 인침이요, 은혜 언약 안에 있는 우리의 모든 권리를 우리에게 확증해 주는 것"(막 1:4; 롬 4:11; 6:3-4; 골 2:11-12; 딛 3:5)[103]으로 간주했다. 세례는 언약도에게 "중생의 놋대야였다. 그것은 칭의의

---

101 Lorimer, *John Knox*, pp. 156-157.
102 Lorimer, *John Knox*, pp. 234-235.
103 Nevay, p. 381.

인침일 뿐만 아니라 성화의 인침이다."[104] 이러한 철학과 일관되게 니베이는 그것을 "성화의 방편"에 포함시켰다.

이러한 은혜가 분리될 수 없기 때문에 오늘날 이러한 강조를 다시 하는 것이 매우 긴요하다. 유감스럽게도 혁명이 끝난 후 남은 자들은 이러한 진리를 매우 위험하고 극단적인 것으로 여겼는데, 성례전 의식을 진행하는 동안 그리스도의 행위보다 개인 언약을 지나치게 강조했기 때문이다.[105]

패트릭 워커(Patrick Walker)는 공동체에 속했던 초기 목사 중 한 사람이 혁명이 종식된 후 10년 이상이나, 모든 문제에서 자신이 가진 극단적인 견해를 따르지 않는 이들의 자녀에게 세례 베풀기를 거부했다고 이야기했다.[106] 기억하다시피, 존 니스벳의 고난은 그가 자녀에게 세례를 받게 하려고 했을 때 시작됐다.

존 니스벳이 이러한 성례전의 언약적 측면에 대한 그의 믿음 때문에 겪었던 희생을 우리도 감수해야 할까?

그렇지 않다면 우리의 신앙과 실천의 근거를 연구할 필요가 있다. 아마도 우리는 실생활에서 구약성경을 점점 배제시키고 있는 것 같다. 하나님께서 아브라함과 맺었던 언약은 아브라함뿐만 아니라 그의 후손과 가문과 맺은 것이기도 했다(창 17장을 보라).

출애굽기 12장에서 각 개인이 아닌 각 가정이 양을 바쳤다. 신약성경에서 (행 16장) **"구원을 받으려면 어떻게 해야 합니까?"** 라고 물었을 때, 대답은 **"주 예수를 믿으라 그리하면 너와 네 집이 구원을 받으리라"** 였다. 실제로 아담, 노아, 모세, 다윗과 맺은 언약은 각각 받는 자뿐만 아니라 그 가족과 후손과 사회에도 영향을 미쳤다. 다음은 하나님이 주신 약속이다.

> 나의 영을 네 자손에게, 나의 복을 네 후손에게 부어 주리니 그들이 풀 가운데 솟아나기를 시냇가의 버들 같이 할 것이라(사 44:3-4).

---

104 Nevay, p. 218.

105 J. A. Ross Mackenzie, "The Covenant Theology-A Review Article," in *Journal of Presbyterian History* (Lancaster, Pa.: Department of History of the United Presbyterian Church in the U.S.A., 1966), vol. 44, p. 204.

106 Walker, *Six Saints*, 1, p. 144.

요약하면, 구약성경과 신약성경의 "유아-씨"(infant-seed)는 동일한 언약을 공유하기에 동일한 복을 받아야 한다.[107] 그러나 칼빈이 주목했듯이 언약 표지인 세례가 구원을 보증하는 것은 아니다.

> 하나님께서 모든 세대에 걸쳐 성도의 자녀에게 긍휼을 베푸실 것이라고 약속하실 때, 이것은 위선자의 헛된 확신에 어떤 도움도 주지 않는다.[108]

칼빈의 진술을 입증하는 것이 시편 103:17-18인데, 17절에서는 자녀에게 약속이 제공되는 반면, 18절에서는 성취가 "**그의 언약을 지키고 그의 법도를 기억하여 행하는 자**"에 한정된다.

4) 유아 세례를 위한 근거

니베이는 주장한다.

> 누군가 공평하게 조사하고 부지런히 성경 말씀을 탐구한다면, 의심의 여지없이 유아도 외적이고 가견적인 복음 언약 아래 있고, 그 안에서 언약 당사자가 된다는 것이 드러날 것이다. 유아도 분명히 가견적 교회의 구성원이다.

족장에게 한 약속이 자손에게도 적용되듯이(사 59:21), 또한 이방인에게도 적용된다. 왜냐하면 이젠 유대인과 이방인 간에 아무런 차이가 없기 때문이다(롬 10:11-12; 골 3:11). 간단히 말해 아브라함의 축복은 분명히 우리의 것이다(창 17:7, 19; 갈 3:14-17).

니베이는 유아가 외적인 언약 안에 있다고 말한다.

---

107 John Flavel, "Vindiciarum Vindex," in Flavel, *Works*, vol. 3, pp. 544-545.

108 John Calvin, *Commentary on a Harmony of the Evangelists, Matthew, Mark, and Luke*, William Pringle번역, 눅 1:50, vol. 1, p. 56 (이하 Calvin, *Harmony*).

① 자녀를 "가견적 왕국의 일부가 되는 것에서 배제시킬 수 없다." 왜냐하면 "그들 역시 백성이기 때문이다"(레 25:41-42).
② "이스라엘의 어린 자도 하나님과 언약을 체결하는 당자로 간주된다." 이들이 당시에도 구성원이었다면 지금도 구성원이다(신 29:10-12; 고전 10:1-3).
③ 옛 경륜에서 "낳은 지 8일째 되는 아이는 언약 안에 있는 것으로 간주되었다"(창 17:12-13).
④ "교회의 울타리가 없어지는 것은 가장 두려운 경우다. 그것은 하나님이 없어지는 것이고 소망이 없어지는 것이다"(마 15:26; 엡 2:11-12).
⑤ 그것은 "그때와 지금 동일한 언약이었고"(신 30:6, 11-14; 롬 5:5-10), "할례는 오늘날 복음에서 설교하는 믿음에 의한 그와 동일한 칭의에 대한 인침이다"(롬 4:11).
⑥ "정직한 자들의 후손에게 복이 있으리로다"(시 112:2).
⑦ "유아는 세상, 즉 사탄의 가시적 왕국에 속하거나 그리스도의 왕국에 속하거나 둘 중에 하나로 말해야 한다. 제3의 상태는 없다."
⑧ "옛 언약과 새 언약은 본질적으로 동일하다. 그래서 본질적인 특권도 동일해야 한다."
⑨ "유아를 배제하는 것은 유대인의 길에 걸림돌을 두는 일"일 것이다.
⑩ 성경은 "이 약속은 너희와 너희 자녀에게 하신 것이라"(행 2:29)고 약속한다. 하지만 앞서 말했듯이, 이것은 자녀에 대한 개별적인 보증이 전혀 아니다.
⑪ 한 가족 안에 있는 구성원을 믿는 것은 그 가족 내에 있는 다른 사람을 시인하는 것이다(고전 7:13-14).
⑫ "그리스도는 그에게 어린이가 오는 것을 금하는 사람에게 노하신다"(마 19:14).[109]
⑬ "그리스도는 신약의 경륜뿐만 아니라 구약의 경륜에서도 교회의 머리셨고, 만약 그곳에서 누군가를 더 낫게 하지 않는다면, 결코 교회에서 특권을 취하지 않으셨다."
⑭ "가견적 교회는 모든 세대에 동일하다"(고전 12:13).

---

109 Nevay, pp. 72-75.

⑮ 아이들의 교육은 성경 전체를 통하여 구속력 있는 의무이며, 그것은 명령에 굴복한 사람에게 많은 것을 약속한다(창 18:19; 엡 6:4).
⑯ 교회의 특권을 제한하는 것은 "복음의 본성과 반대된다."[110]

니베이는 유아 세례에 대한 전반적인 반대에 대해 답한다. 세례는 육신의 자녀가 아니라 하나님의 자녀에게만 베풀어져야 한다는 사실에 반대하는 사람들에게, 니베이는 "유아가 교회의 회원인 것은 본성으로가 아니라 약속의 자녀로서 그렇다"고 대답한다. 자녀는 회개할 수 없다거나 요구되는 의무 사항을 수행할 수 없다는 반대에 대하여, 니베이는 "부모는 자녀를 합법적으로 하나님께 이끌 수 있는데" 그것은 언약에 약속되었기 때문이라고 한다(신 29:10-13).

주의 만찬에서 세례받은 어린이를 배제하는 것은 모순적이라는 반대에 대해, 니베이는 성경은 잔을 마시기 전에 자신을 시험할 것을 요구한다고 답한다(고전 11:28). 성경은 유아 세례에 관하여 분명하게 말하지 않는다고 주장하는 사람에게, 니베이는 삼위일체 같은 많은 다른 영적인 진리도 마찬가지로 이해하기 어렵다는 것과, "유아 때부터 그리스도의 학교에" 출석하는 것에 어떤 해로움도 찾아보기 어렵다는 점을 상기시킨다. 성경은 사람들이 제자가 되자마자 세례를 베풀 것을 요구하는데, 사실 어린이는 제자다.[111]

니베이는 교회의 모든 구성원이 그 고백을 확신할 수 있는 사람으로만 세례를 베푸는 것을 제한하는 재세례파의 관행에 대해 어떤 성경적 근거도 없다고 믿었다. 이와 동일한 이유로 니베이는 굳이 물속에 잠길 필요도 없다고 보았다. 뿌리고, 붓고, 씻는 것에 대한 성경의 근거가 물속에 잠기는 것보다 더 많다.

즉 **"맑은 물을 너희에게 뿌려서"**(겔 36:25; 또한 사 44:3; 고전: 6:11; 딛 3:5: 히 10:22; 벧전 1:2을 보라). "그 두 사람이 물가로 갔다" 같은 진술이 필연적으로 물속에 잠기는 것을 함의하는 것은 아니다. 이러한 사막 지역에는 물이 거의 없었기 때문이다. 성경이 주의 만찬에서 빵이나 포도주의 양을 측정하지 않듯이

---

110 Nevay, pp. 72-77.

111 Nevay, pp. 78-82.

"세례에서 물의 양을 정하지 않는다."¹¹² **웨스트민스터 신앙고백**은 공평하게도 물에 잠기는 것을 허용하면서도, "물을 붓든 뿌리든 어떤 방식으로 하든 세례는 정당하게 이루어진다"¹¹³고 밝히고 있다.

5) 부모의 의무

부모는, 세례 시에 표명했던 대로, 언약 안에서 자녀를 양육할 의무가 있다. 니베이는 어린이 교육에서 부모의 중요성을 식물 성장에서 비의 중요성과 동일시한다.

> 교리는 부드러운 잔디 위에 내리는 비처럼 어린이에게 전달되어야 한다(신 32:4).

그러나 부모는 "만약 하나님께서 자라게 하지 않으신다면, 심는 것과 물주는 것이 자라게 할 수 없으며, 그럼에도 의무를 수행하면 축복을 기대할 수 있다는 것"을 알아야 한다. 심판 날에 "그대의 자녀가 자신들이 받은 나쁜 교육 때문에 그대를 저주하는 소리를 들어야 하는" 고통을 상상해 보라.

이 사실과, "보라 나와 및 여호와께서 내게 주신 자녀들이"(사 8:18)라고 말하는 즐거움을 비교해 보라.¹¹⁴ 그 언약적인 성경 이해를 가진 종교개혁 전통 안에는 다윗이 추천한 양식을 따라 가정 안에서 어린이 경건 훈련의 필요성이 내재되어 있다.

> 우리가 이를 그들의 자손에게 숨기지 아니하고 여호와의 영예와 그의 능력과 그가 행하신 기이한 사적을 후대에 전하리로다. 여호와께서 증거를 야곱에게 세우시며 법도를 이스라엘에게 정하시고 우리 조상들에게 명령하사 그들의 자손에게 알리라 하셨으니 이는 그들로 후대 곧 태어날 자손에게 이를 알게 하고 그들은 일어나 그들의 자손에게 일러서(시 78:4-6)

---

112 Nevay, pp. 82-84.

113 *WCOF*, chapter xxviii.3.

114 Nevay, p. 85.

제1 권징서는 교회에서 주일 오후에 청년 교리 교육에 전념할 것을 요구할 뿐 아니라, "모든 가장에게 기독교 원리 속에서 자녀와 종과 가족을 가르치거나 가르침을 받으라고 명령해야 하며, 그에 대한 지식이 없다면 아무도 주 예수의 식탁에 참석하는 것을 허용해서는 안 된다"[115]고 했다.

이러한 요구는 지식의 결핍으로 인해, 또 자녀를 가르치는 데 실패함으로써 주의 만찬에 참여하는 것이 허용되지 않았던 성인에게도 적용되었다. 스코틀랜드의 관습은 계속해서 초기 미국장로교회에도 영향을 미쳤다는 증거가 있다.

> 목사는 주일날 교회에서 공적인 신앙 봉사로 교리 문답서를 가지고 질문을 했다. 항상 교회의 장로와 각 가정의 가장에게 먼저 질문을 하고, 그 다음에 젊은 구성원과 종에게 질문했다. 이 훈련은 결코 간단하지 않았고 항상 철저했다.[116]

제임스 니스벳은 매주 교리 문답을 암송했노라고 기록하고 있다. 만약 어른들이 제임스의 모범을 따른다면, 어린이에게 교리 문답서를 가르치는 문제는 해결될 것이다. 제임스는 스스로 "하나님을 경외하고 섬기면서, 최선을 다해 교육하고, 마음을 다해 주님과 주의 길에 충성하면서, 그 안에서 자신에게 모범이 될 정도로 훌륭한 부모님에게 태어난 것"을 하나님께 감사드렸다.[117] 제임스는 자기 아버지의 모범에 관하여 이렇게 기록한다.

> 가족의 예배와 관련해서, 아버지는 박해로 인해 중단될 때를 제외하고는 가정 예배를 빼먹는 경우가 전혀 없었다. 나는 아버지가 자기는 어려서부터 예배를 드려왔고, 아침과 저녁에 하나님을 예배하는 것을 빼먹는 가정이 결코 하나님의 축복으로 번성할 수 없다고 말하는 것을 자주 들었다.[118]

---

115 *First Book of Discipline*, Head 9, pp. 185-186.

116 H. A. White, *Southern Presbyterian Leaders* (New York, 1911), pp. 55-56; Smith, *Studies*, pp. 48-49.

117 Nisbet, *Private Life*, p. 141.

118 Nisbet, *Private Life*, p. 126.

4. 말씀 – 명령된 교회 권징

교회는 죄에서 분리될 필요성과, 뉘우치는 죄인을 용서하고 회복시킬 필요를 전하는 성경적 권징을 실행할 책임이 있다. 성경적인 교회의 정치 형태는 단 한 사람의 장로가 아닌, 복수의 장로를 보유한다. 오직 그것만이 교회 내에 평화와 통일과 권징을 가능하게 한다.

1) 권징

칼빈이 교회의 세 번째 특징으로 권징을 언급한 것은 아니지만 낙스와 스코틀랜드 장로교회는 이것을 강조했다. 비록 그것이 교회의 존재를 위해 본질적인 것은 아니지만 그것은 교회의 목적을 위해서는 본질적이었다.[119] 칼빈이 인간적인 순수함으로라도 인간적인 방법으로 평가되는 어떠한 교회의 표지에도 반대하려 한 것은 정당하다.[120]

그럼에도 불구하고 칼빈은 교회에 대한 생명력 있는 권징을 고려했다.

> 그리스도의 구원 메시지는 교회의 영혼과 같다. 그래서 그 훈육은 몸의 지체가 각자의 위치에서 결합되게 만드는 근육과도 같다.[121]
>
> (교회 정치에 관하여) 그러므로 누구든지 우리가 말하는 이러한 질서와 정치 형태를 없애려 하거나, 그것을 별로 중요하지 않은 것으로 폄하하는 사람은 교회를 황폐하게 하고 파멸과 파괴를 꾀하는 것이다.[122]

칼빈과 사도 바울 모두 그리스도께서 목자와 왕이 아닌 교회는 어떤 교회든지 피하라고 촉구한다. 그의 자녀는 "낯선 사람의 목소리를 알지 못한다."[123]

---

119 Rutherford, *Peaceable Plea*, pp. 287, 301.
120 Wilhelm Niesel, *The Theology of Calvin* (Grand Rapids: Baker Book House, 1980 edition), Harold Knight 번역, p. 198.
121 Calvin, *Institutes*, sec. iv.12.1, vol. 2, p. 453.
122 Calvin, *Institutes*, sec. iv.3.2, vol. 2, p. 317.
123 Calvin, *Institutes*, sec. iv.2.4, vol. 2, pp. 306-309; 요 18:37; 10:14, 4, 5.

그러므로 같은 정도로 권징도 하나의 표지다. 권징의 규정을 부인하는 것은 다른 규정까지 약화시킨다.[124]

교회는 사도적 교회가 제정한 성경의 권징을 회복할 필요가 있다. 도표 11.1은 요약된 형태로 초기 스코틀랜드 장로교회에 의해서 **제1 권징서와 파면과 공개적 회개의 규례**(*The Order of Excommunication and of Public Repentance*)에서 선포된 범죄 및 관련 징벌의 분류를 서술한 것이다. 이러한 지침은 "구"약과 "신"약의 실천 사이에 세심한 균형을 제공하고, 뉘우치는 죄인을 용서하고 교회로 회복시킬 필요성뿐만 아니라 죄에서 분리할 필요성도 강조한다. 현대적 기준으로 보면 지나치게 가혹하다 하더라도, 이들은 교회의 권징에 대한 성경적인 교훈을 요약적으로 보여 준다.

이들 지침과 현대 미국장로교회(PCA) **교회 헌법**(*Book of Church Order: BCO*)에 포함된 것을 비교해 보면 뚜렷한 차이가 많이 나타난다. 예를 들면, **교회 헌법(BCO)**은 죄의 범주간 경계를 흐리고, 권징의 기초가 된 빛바랜 경계 표지에 교회를 맡긴다.

그에 반하여, 낙스는 할 수만 있으면 권징을 적용하기 위한 성경적 토대를 찾으려 했다. 예를 들면, 낙스의 접근 방법은 "구약성경"에서 중대한 처벌을 받을 만한 범죄는, 그 죄가 반항적으로 범해지고 그 죄인이 공개적으로 뉘우쳐서 회복될 때까지는 "신약성경"에서 파면에 해당한다는 비유를 적용하는 것처럼 보인다. 현대 교회는 하나님의 말씀에 근거한 존 낙스의 교회 권징 지침에서 많은 것을 배울 수 있다.

2) 권징을 무시하는 범죄

권징이 스코틀랜드 장로교회의 특징이었음에도 불구하고, 1651년 크롬웰이 권좌를 차지했을 때 스코틀랜드 총회는 적절한 권징을 무시하는 것을 하나님이 진노하시는 원인 중 하나로 규정했다. 특히 그 총회는 다음과 같은 이유를 인용했다.

---

124 Durham, *Revelation*, vol. 1, p. 84.

① 목사와 장로의 목사 안수에 관한 통제 결여
② "교회의 견책과 공개적인 뉘우침에 대한 철저한 경시와 조롱"
③ 주의 만찬에서 "추문이 나고, 주의 만찬에 대해 무지한 사람"을 배제하지 못한 것
④ 교제에서 "계속적으로 대범하게 신성모독적인 사람을 다수 머물게 하는 것"[125]

만약 이런 것이 주님이 1651년에 진노한 원인이었다면, 오늘날에도 대체로 주님의 진노 원인이 된다는 것은 확실하다.

존 블랙케이더(John Blackader)가 제시한 사례는 권징에 있어서 스코틀랜드 개혁에 전형적인 것이다. 존 블랙케이더가 1653년 목회를 시작했을 때 먼저 권징을 회복하는 것부터 시작했다. 그는 남용되고 있던 장로의 직무를 회복하는 것으로 시작했다.

그의 지도와 상호 간의 동의 아래 그 회기에서는 조사 과정을 통해 많은 수의 장로를 12명으로 축소시켰다. 그러고 나서 그는 회중에 초점을 맞추었다. 주일에 두 번, 주간에 한 번의 설교를 통하여 교회는 곧 부흥이 되었다. 그는 또한 "공동체와 가정 기도를 위한 모임과 기독교인 협회를 세웠다." 권징은 빈번한 가정 심방과 격년제 교리 교육 훈련 및 활발한 교회 재판을 통하여 이루어졌다.[126]

---

125 General Assembly of 1651, "Causes of The Lord's Wrath Against Scotland, Manifested in the Late Sad Dispensations," (이하 Guthrie, *Wrath*). reprinted from the Edition of 1653 in Gillespie, *Works*, vol. 2, pp. 11-17. 실질적으로 James Guthrie 혹은 Archibald Johnson에 의해 쓰였다.

126 Crichton, *Memoirs of Blackader*, pp. 35-41.

[도표11.1 초기 장로교회 권징 일람]

주제와 자료	사적, 또는 공적인 범죄	공적인 범죄	중요한 공적인 범죄
파면과 공개적 회개의 규례 (1569)와 제1 권징서 (1560)에 나타난 범죄 유형별 사례	실례로는 악의에 찬 헛된 말, 버릇없는 동작, 경청하는 일과 설교하는 일에서 태만, 주의 만찬 거절, 탐욕과 자만하는 표정, 사치스럽고 야한 복장 등	실례로는 간음, 술 취함, 욕설, 저주, 비난, 말다툼, 교회 질서에 대한 통속적인 멸시, 안식일을 지키지 않는 것, 가난한 자를 억압하고 속이는 것, 이웃에 대한 공개적인 중상모략과 오명 씌우기, 파벌, 불화의 씨를 뿌리는 것	주요 범죄자는 고의 살인자, 간음자(법적으로 형을 선고받은 자), 마법사, 마녀, 마술사, 뱀 부리는 자, 어린이를 해하는 음료수를 주는 자(낙태시술자), 공공연한 신성모독자. 천주교로 개종한 자와 위증자도 포함된다. 목사에 대해서는, 이단의 죄와 영구적 공민권 박탈의 죄를 추가
교회 구성원에 대한 처벌	비밀로서 소수에게만 알려져 있다면, 개인적으로 훈계하라. 죄인이 회개하지 않으면, 목사가 훈계하고 두 세 사람과 함께 심방해야 한다. 그런 후에 필요한 경우 회중에게 말하라(마 18). 공개적이라면 회기 이전에 법정에 출두하라. 공개적인 회개가 요구된다면 교회에 회개를 공언하라. 회개하지 않는다면 회개할 시간을 주도록 하라. 뉘우치지 않는다면 뉘우칠 수 있도록 기도할 것을 교회에 권고하고 친구들에게 도움을 청하라. 뉘우치지 않는다면, 회개 이전에 부르라. 반항적이라면(교회 권위에 복종하려 하지 않는다면) 제명하라.		세속의 처벌이 끝날 때까지, 또는 범죄자가 공개적인 회개를 통하여 순종할 때까지 제명하라. (1) 희생자 친족의 합당한 요구를 만족시키라. (2) 회기 기간 동안 조사하라. (3) 시간이 지난 후, 죄인이 누추한 복장을 하고 교회 문에서 3주간 죄를 고백한다. 모든 사람이 만족한다면, 유대를 회복하라(교회는 이런 것을 "당연히 부인할 수 없다").
교회 직원에 대한 처벌	훈계하라. 가족의 죄에 대해 책망하라.	회개한다면, 한동안 물러나게 하라(유예하라). 교회는 20일 후에 다시 부르라.	영구적으로 면직시키라.
행정 당국에 의해 요구되는 조치	범죄는 세속적 수단(죽음)에 의해 처벌되지 않지만, 수치스러운 것이며 교회를 거스르는 것이다. 교회가 먼저 조치해야 한다.		검으로 징계할 수 있다. 국가가 먼저 조치해야 한다. 그렇지 않을 경우, 교회는 권징을 실행해야 한다.

3) 교회 정치

권징의 효과적인 수행은 성경적인 교회 정치와 병행된다. 적절한 교회 정치가 없는 교회는 시장(市長) 없는 시(市)와 같다.[127] 성경에 따르면 장로회 정치 형태만 이러한 목적에 부합한다. 왜냐하면 그것은 초대 교회에 사도 바울에 의해 확립된 형태이기 때문이었다. 초기 기독교 도시에 주교가 있었다 해도 그 직원은 장로와 동등한 한 사람이었다. 제롬(Jerome)의 말에 따르면, "주교는 장로와 동일하다."[128] 성경 전체를 보면 결코 "장로" 한 사람이 아니라 "장로들"이 교권을 행사했다.[129] 불행하게도 시간이 지남에 따라 사도 정치 형태는 암브로시우스(Ambrose)가 묘사한 대로 퇴보했다.

> 고대의 회당이나 훗날의 교회에는 장로라는 제도가 있어 그의 조언 없이는 어떤 일도 이루어질 수 없었다. 그런데 이 제도가 사라지게 되었는데, 누구의 잘못인지는 모르겠다. 교사의 태만이나 교만이 아니라면 말이다. …[130]

이렇게 성경적 정치가 이루어지지 않고 뉴잉글랜드 회중교회파 사람들의 운명이 결정되었고, 현대 교회까지 위협하게 되었다. 19세기 남장로교회 신학자인 제임스 쏜웰(James Thornwell, 1812-1862)은 장로주의의 핵심 문제를 교회 조직 자체라고 주장했다.

> 하나님께서는 우리에게 교리를 주셨던 것만큼이나 진정으로 교회 정치를 주셨다. 그리고 교리에 무엇이나 더할 수 없는 것같이 교회 정치에도 무언가를 더할

---

127 Calvin, *Institutes*, sec. iv. 11.1, vol. 2, p. 438.
128 Jerome quoted in Calvin, *Institutes*, sec. iv.4.2, vol. 2, p. 328.
129 Robinson, *The Church of God*, pp. 65-68, 98-100; Robinson은 출 3:15-16; 4:29-31; 12:3, 21; 14:7-11; 17:5-6; 신 17:9-12; 왕하 6:32; 렘 26:8, 17; 겔 8:1; 행 15:4, 6, 22, 23; 16:4; 엡 1:4-23; 4:4-16; 5:23-24, 25-32; 롬 12:4-8; 고전 12:27-28; 골 1:18; 딤전 4:4-12; 5:17; 히 13:3-17; 살전 5:12을 인용한다.
130 Ambrose, Clavin, *Institutes*, sec. iv.11.6, vol. 2, p. 444에서 인용.

권한이 우리에겐 없다."[131]

"교회가 빠지게 될 가장 큰 위험이 목회자에게서 비롯될 것이라고 그리스도와 사도가 얼마나 자주 예견했는지"[132]를 고려해 본다면 장로를 복수로 세우는 이유가 분명해진다. 그래서 교회 정치를 강화시키는 한 가지 중요한 방법은 장로를 신중하게 선발하는 것이다. 교리적 건전성을 보증하기 위하여 칼빈은 "교회를 다스리는 사람은 누구나 가르치기도 해야 한다고 주장하는"[133] 관례를 만들었다. 낙스의 초기 스코틀랜드 장로교회는 장로를 해마다 선출하였기 때문에 아무도 그 직무를 당연한 것으로 받아들이지 않았다.

그러나 건전한 원리를 너무 좁게 적용함으로써 오류가 생겨날 수 있다. 장로회가 초기 미국 역사에서 경쟁할 수 없었던 이유 중에는 훈련된 목사가 부족한 것도 있었다. 초기 스코틀랜드 장로교회에서 충분한 수의 목사가 수급될 때까지 여러 교회를 관리하고 양육하는 감독 같은 일시적인 감독 직무가 이러한 어려움을 피하는 방편이었다. 낙스는 주교나 감독직에 반대하지 않았다. 그는 한 장로가 다른 장로 위에 군림하는 직무 남용에 반대했다.

반면, 장로회 정치 형태를 온전히 적용하는 데 실패한 것이 잉글랜드 장로제도에 파괴적인 영향을 미쳤다. 크롬웰 시대부터 국교회를 시행한 것은 분명히 장로 정치의 적절한 실행을 좌절시켰다. 그럼에도 불구하고 참된 성경적 개념에 충실하지 못했다는것이 진정한 잘못이었다.

잉글랜드 장로교회 교회 내부의 권징과 목사의 교리적 순결성에 대한 강조가 결여된 것은 알미니우스주의와 아리우스주의(Arianism, 성자와 성령이 성부에 종속되었다는 믿음)와 18세기 중엽까지 유니테리안주의로 귀착된 수정 칼빈주

---

131 James Hensley Thornwell, *The Collected Writings of James Henley Thornwell*, ed. John B. Adger and John L. Girardeau, 4 vols. (Richmond: Presbyterian Committee of Publications, 1871-1889), vol. iv, p. 218 (이후 Thornwell, *Collected Writings*로 인용); Ludger G. Whitlock, Jr., *James Henry Thornwell*, in *Southern Reformed Theology*, ed. David Wells (Grand Rapids: Baker Book House, 1989), p. 66.

132 Calvin, *Institutes*, sec. iv.9.3, pp. 404-405.

133 John Calvin, *The Necessity of Reforming the Church*, in *Selected Works of John Calvin* (Grand Rapids: Baker Book House, reprint 1983), Heny Beveridge 번역, vol. 1, p. 170 (이하 Calvin, *Necessity*).

의의 채택으로 귀결되었다.

1719년에 런던의 비국교도들이 목사들에게 삼위일체 같은 근본적인 문제에 대해서도 신앙고백적 표준에 충실할 것을 요구하는 데 실패한 책임은 독립파가 아니라 장로교 목사들에게 있었다. 잉글랜드 장로교회가 장로직에 대한 강조를 하지 않았던 것이 이런 사태에 이르게 한 원인이었음이 틀림없다.[134] 이름뿐인 장로회나 개혁교회를 본다는 것은 슬픈 일이다. 다행히 지금은 회복되는 중이다.

비록 현대 기독교인이 교회 정치의 중요성을 망각했을지라도, 존 니스벳은 생명을 바쳐 이것을 옹호할 가치가 있는 것으로 간주했다.

> 모든 미신적인 완고함과 피에 물든 잔인성을 가진 천주교와, 천주교의 근원인 주교제와 그런 위계질서에 의존하는 모든 것에 저항하고, 천주교를 부정하는 일을 위해 죽을 수 있다.

권징과 교회 정치 없이는 진리 안에서의 일치도 불가능하다.[135]

5. 말씀 – 진리 안에서 일치로 나타남

교회 내의 분열과 분리와 논쟁은 큰 악이며, 모든 기독교인과 교회는 진리만이 아닌, **진리 안에서 일치**를 이루기 위해서라도 힘써야 한다.

1) 진리 안에서의 일치

제임스 쏜웰(James Thornwell)은 장로회주의의 첫째 원리는 일치라고 선언했다.[136] 사도 바울 역시 일치를 높이 평가했다. 길레스피는 일치에 관하여 "참된

134　Drysdale, *Presbyterians in England*, pp. 346-541.

135　John Nisbet, "Dying Testimony," p. 19.

136　Thornswell, *Collected Writings*, vol. iv, p. 135.

개혁교회나 개혁 중인 교회에서 분리되거나 떨어져 나와 새로운 교회를 모으는 것은 하나님 말씀에 최소한의 근거도 없는 것"[137]이라고 선언했다." 칼빈 역시 교회의 일치를 "어떤 식으로든 파괴하는 모든 사람에게 저주"[138]를 선언했다. 그러나 그의 경고는 참된 교회를 떠난 사람에게만 적용된다.[139] 달리 말하자면, 성경 외의 어떠한 다른 것에 근거한 일치는 그릇된 일치라는 말이다.

교회에 가장 큰 도전은 진리를 고수하는 동시에 일치를 유지하는 것이다. 요한계시록의 첫 두 장에 나오는 촛대 비유에서 진리 안에서의 일치에 관한 세 가지 일반 원리를 도출할 수 있다.

① 촛대로 묘사되는 각 교회는 실제로 공통의 교회 정치 아래서 공통의 증언으로 연합된 수많은 특수 회중으로 이루어져 있다.

② 많은 도시 국가 교회(각각 촛대로 묘사된다)는 그 가운데 계시는 그리스도로 하나가 된다. 그리스도께서 일치를 이루기 위해 사용하는 적극적인 요인은 다음과 같다.

　ⓐ 그의 영의 현존
　ⓑ 그의 말씀의 진리(그의 입에 있는 양날검)
　ⓒ 그의 사자들의 권위(그의 오른손에 있는 별들)

③ 교회는 외적 형태와 순결성에서 차이가 있다. 교회의 구성 요소가 진리 안에서의 일치에 핵심적인 것은 아니다.

우리는 진리 안에서의 일치를 위해 언약을 준수하는 남은 자의 투쟁에서 많은 것을 배울 수 있다. 특히 우리가 할 수 있는 질문은 "제임스 니스벳이 아버지와 다른 사람들이 자신의 생명을 바쳐 지켰던 원리에 충실하지 않았던 목사

137　Gillespie, *Treatise*, p. 56.
138　Calvin, *Necessity*, vol. 1, p. 214.
139　Calvin, *Necessity*, vol. 1, p. 214.

가 이끄는 교회에 합류한 것이 바른 선택인가"하는 점이다. 비록 제임스의 비망록이 중요한 통찰을 주기는 하지만, 같은 딜레마에 직면했던 다른 사람에게서도 배울 수 있다.

그 사례가 바로『교회 성찬식 연구』(Church Communion Inquired Into)라는 제목으로 상세한 논문을 남겼던 알렉산더 쉴즈(Alexander Shields)였다. 쉴즈는 박해 기간 중 남은 자들의 입장을 대변하고 보호하는 사람이었다. 그러나 박해가 끝난 뒤에는 교회를 재결합시키는 데 앞장선 지지자였다.

쉴즈는 제임스 니스벳처럼 진리와 일치 모두를 위해 증언했다. 쉴즈는 수십 년 전에 항의자와 혁명자 간의 분열을 치유하려 했던 제임스 두르햄이 활용했던 논증을 여러 가지 제시했다. 쉴즈의 충고는 제임스의 시대만 아니라 오늘날에도 적용될 수 있다.

(1) 성경은 분명히 신자에게 "평안의 매는 줄로 성령이 하나 되게 하신 것을 힘써 지키라"(엡 4:3)고 명령한다.

> 진리를 사랑하는 자의 연합과 일치를 위한 노력이 절대적으로 필요하다. 그래서 연합을 힘써야 하는지 자체는 논란이 될 수 없으며, 안식일을 지키고 설교하고 기도해야 하는지도 더 이상 논란이 될 수 없는 것은 성경이 항상 이를 명령하고 권하고 강조하기 때문이다. 사실 성경의 어떤 것도 이보다 더 자주 분명히 강조되는 것을 찾아볼 수 없다.[140]
>
> 만약 교회가 하나라면, 분파나 분열된 종파는 하나인 교회를 이질적인 부분으로 구성된 다수로 보거나, 갈라져 나온 교회를 한 교회의 일부가 아니라 하나로 조밀하게 붙어 있던 것을 떼어낸 것일 뿐이라고 추론하는 것이다.
>
> 그것은 잘 정돈된 언약의 축복인 선택의 축복으로 약속되었다. … 내가 **그들에게 한 마음과 한 길을 주어**(렘 32:39) … 그렇다! 그것은 우리 주 예수 그리스도께서 중보기도 가운데 기도하셨다. 그의 중보기도는 오늘까지 계속되는 중보기도의

---

[140] Alexander Shields, *Church-Communion Inquired Into* (Edinburgh: William Ceray, 1747), p. 4 (이하 Shields, *Communion*).

모범이다(요 17:11, 21, 23).

쉴즈는 "만일 주의 깊게 관찰한다면" 일치를 "이루려 한다면, 쉽게 놓쳐서는 안 되는" 세 가지 의무 사항을 열거한다.

> 만약 더 많은 사랑이 있다면, 차이점들에도 불구하고 더 많은 연합과 더 많은 교류가 있을 것이다.
> 화목, 일치, 상호 수용은 성경에서 많이 권면하고 거듭 가르치는 것이다. … 그리고 이러한 화목을 다른 방법으로 얻을 수 없다면, 서로 용서가 있어야 한다. … **만일 다툼이 있다면 서로 참아주고 용서하는 것을 은혜받은 새 사람**(골 3:13)이라는 증명으로 추천한다. 그리스도께서 우리를 용서하셨듯이, 우리 또한 그래야 하며 … **그리스도께서 우리를 받아 하나님께 영광을 돌리심과 같이 여러분도 서로 받아야 한다**(롬 15:6).
> 그리스도는 우리를 어떻게 받으셨을까?
> 우리가 완전히 깨닫고 개혁될 때까지는 아예 받지 않으시는 것일까?
> 그리스도는 우리가 지은 모든 구체적인 죄와 부지 중에 범한 죄까지 모두 고백해야 우리를 받으시는가?
> 그렇지 않다. 흠도 많고 무척 어리석은 우리를 받으시기를 기뻐하지 않으셨다면 결코 우리를 받아들이지 않으셨을 것이다. 그렇다면 많은 경우에, **평안의 매는 줄로 성령이 하나 되게 하신 것을 힘써 지키는**(엡 4:2-3) 길은 겸손과 온유와 인내와 사랑으로 서로를 받아 주는 것이다.
> 평안과 평안함을 구하고 따르며 발휘하려는 노력이 크게 요구되고 칭송받는다. … 진리의 결핍뿐 아니라 평안의 결핍도 우리가 가진 소금의 맛을 잃게 할 것이다.[141]

---

141 Shields, *Communion*, pp. 5, 7.

(2) 쉴즈는 종교개혁자나 사도처럼 교회 내의 "분열과 논쟁과 불화는 큰 악"[142] **이라고 주장했다.**

제임스 두르햄이 분열의 죄를 잘 묘사했다.

> 기독교를 더 해롭게 만들고, 복음을 더 열매 없게 만들며, 우리 주 예수의 나라의 발전과 유익을 더 저해하는 것보다 주 예수 그리스도의 복된 이름을 더 비난받기 쉽게 하는 것은 없을 것이다. 한마디로 모든 선한 것을 차단시키는 데 이보다 더 한 경우는 없으며, 단 한 번의 문호 개방으로 모든 악한 것이 교회 안으로 들어오게 하는 것도 없다.[143]

분열은 전형적으로 "분열의 근원인 좌로든 우로든 치우쳐 하나님의 바른 길에서 떠남으로" 생겨나는 하나님의 심판이다. 그것은 해로운 오류의 악순환으로 귀결되고, 다양한 원인을 막으려 하면 분열은 더 심해진다. 분열은 무지와 농담과 이기심과 인격적 공격과 만사를 혐오스러운 빛 속으로 던지는 것과 다른 사람의 성실을 의심하는 것과 다른 사람의 말을 결함 위에 세워진 것으로 취급함으로써 악화된다.

반면 모든 일치가 성경적으로 건전한 것은 아니다. 쉴즈는 "죄와의 연합이 아니라 지금 돌아와 의무를 수행하는 죄인과의 연합"을 추구했다. 그는 "우리의 의무를 방해하거나, 증언하는 일을 방해하거나, 우리를 죄에 연루시키거나, 우리로 죄를 변명하도록 강요하거나, 비난받은 죄를 인정하게 하거나, 이미 승인된 의무를 비난하는" 연합을 제안하지 않는다. 그는 "개악(改惡)이 아닌 개혁 가운데 연합"[144]을 호소한다.

(3) 쉴즈는 두르햄의 『추문에 관한 논문』(*Treatise Concerning Scandal*)에서 많은 논증을 끌어냈다.

두르햄은 근본적인 원리에서 차이가 없다면 연합을 이룰 수 있다고 주장했

---

142 Shields, *Communion*, p. 11.

143 Durham, *Scandal*, p. 312.

144 Shields, *Communion*, pp. 21-22.

다. 일반적으로 분열을 허용하는 근거로는 교리상의 이단, 예배에서의 우상 숭배, 그리고 정치에 있어서의 횡령, 독재, 분열 같은 것이 포함된다.

연합을 이루는 데 있어 양 당사자는, 죄를 포함하거나 죄를 승인하는 것이 아니라면 상호 겸손해야 한다. 더욱이 가장 올바르거나 권위를 가진 당사자는 바울의 예를 따라 "가장 겸손해야" 한다. 예를 들면, 어거스틴은 "잘못된 것에 대한 동의나 찬성이 아닌 모든 구체적인 일"[145]에 대해서는 기꺼이 도나투스파에게 양보하려 했다.

한쪽 당사자가 잘못에 대해 회개하기를 거부하는 경우, 그것은 비교리적인 쟁점이 분열을 야기하는 실례가 된다. 비록 "죄의 고백이 범죄를 제거하는 가장 좋은 길이라 하더라도" 그것이 연합을 위해 항상 필요한 것은 아니다. 성경은 "모든 과거의 죄를 고백하는 것"을 교회에 입회하거나 잔류하는 조건으로 요구하지 않는다.

더욱이 잘못을 저지른 사람이 자기 죄를 확신하게 되기까지는 오랜 시간이 소요되며 "분열의 방법이 아니라 일치하는 방법으로 고백하게 하는 경우가 더 많다." 더욱이 잉글랜드 국교회에서 쟁점을 해결하기 위한 적절한 토론은 칼빈과 어거스틴에 의해 강조된 것으로 교회 법정 안에서 이루지는 것이다.

> 당회가 악덕을 교정하는 것이 신중하지 못하더라도 개인은 교회에서 바로 나오지 말아야 한다.[146]

쉴즈는 분리를 위한 근거는 상황에 따라 변한다고 주장했다. 예를 들면, 개혁된 교회보다 개혁 중인 교회에 더 큰 관용이 필요하다. 개혁된 교회는 그 교리와 의식이 제2차 종교개혁의 원리와 일치되는 교회로, 언제나 개혁되는 교회다. 법정이 운영되지 않는 상황에서, 회개하지 않은 죄인과 목사에게서 떠나는 것이 필요할 것이다.

쉴즈는 박해 기간 동안 신실치 못했던 목사들이 있는 교단에서 떠나는 것

---

145 Durham, *Scandal*, pp. 324-328; Shields, pp. 24-33.
146 Calvin, *Institutes*, sec. iv.12.11, vol. 2, p. 460.

은 그 죄가 사라지고 고백될 때까지를 조건으로 허용된다고 주장했다. 『유용한 변명』(Informatory Vindication)이라는 책에서 쉴즈가 인용한 이유, 곧 박해 기간 동안 목사에게서 떠날 수 있는 모든 이유에는 "교회가 깨어진 상태, 타락한 상태, 교회가 배교하고 문제투성이인 상태에서"라는 구절이 포함되어 있다. 교회를 떠날 수 있는 이유는 교회 법정을 보유한 혁명종결교회(Revolution Settlement Church)에는 더 이상 적용되지 않았다.[147]

(4) 쉴즈에 따르면 만약 누군가 떠날 수 있다는 내용의 성경 지침을 스코틀랜드의 혁명 종결 이후(以後) 교회 목사들에게 적용한다면, "추문은 그들과 교류하는 일에 영향을 미치지 않으나 … 범죄는 떠나는 것에 영향을 미친다."

"논란의 핵심"은 박해 기간 동안 믿음을 지키지 않았고, 이 점과 관련한 자신의 죄악에 대해 참회하려 하지 않으면서도, 교회 교리와 예배와 권징과 정치의 참된 원리를 고수하는 목사와 교류할 수 있는지다.[148] 혁명종결교회 목사들과 교류하는 것을 옹호하는 그의 논증은 다음과 같다.

① 앞서 논의되었던 개혁가들에 의해 일반적으로 허용된 분리의 근거는 혁명종결 후 목사들에게는 더 이상 적용되지 않았다. 그러므로 이들 목사들과의 교류는 "직접적으로든 간접적으로든 그들이 범했던 죄에 대한 승인의 표시"로 간주될 수 없다. 어떤 것도 "그리스도에게서 위임을 받고, 장로회로부터 안수를 받음으로 규칙에 따라 소명을 받고, 사람들이 뽑은 장로교 목사를 승인하고 그들과 연합하는 것"[149]을 배제하지 않는다.

② 판단과 의식의 차이는 범죄한 사람이 잘못을 인정하지 않을 때에도 분리 근거가 아니다. 바울과 바나바는 요한 마가를 두고 의견이 달랐을지라도, 서로 사역을 지지했다. 예루살렘 회의는 비본질적인 차이 때문에 분열하기 보다는 인내와 겸손을 촉구했다. 아굴라는 교리적 잘못에도 불구하고 아볼로를 격려하

---

147 Shields, *Communion*, pp. 33, 27-28, 23-24.
148 Shields, *Communion*, pp. 24, 41, 42.
149 Shields, *Communion*, pp. 24-26.

고 바로잡아 주었다.¹⁵⁰ 성경은 차이가 있어도 계속 친교와 겸손을 권한다. "믿음이 연약한 자를 너희가 받되 그의 의견을 비판하지 말라"(롬 14:1; 롬 15:1, 7도 보라).

오직 우리가 어디까지 이르렀든지 그대로 행할 것이라(빌 3:16).

③ 쉴즈는 "동료 예배자의 범죄는 그것이 직원이든 개별 신자든, 또 그 범죄를 참회하지 않는다 해도, 예배와 교우에게서 분리시킬 충분한 이유가 아니라는 점"에서 두르햄이나 루더포드와 의견이 같았다. 더욱이 쉴즈는 "교리와 예배와 권징과 정치에 있어서 많은 부패한 것(이것들은 앞서 분리를 위한 근거로 확인되었던 것을 배제한다)이, 참회도 개혁도 안 된 채 그대로 허용되고 받아들여지는 교회의 목사나 신앙고백자와도 연합과 친교가 가능하다"고 주장했다. 그는 구약의 사례를 인용한다.

한나는 엘리의 아들들이 타락했어도 예배를 계속했다. 아론이 타락했어도 회중은 갈라지지 않았다. 에스라 시대에 제사장들이 외국인 아내를 취했을 때에도 백성은 친교를 깨뜨리지 않았다. 고린도 교회에 있었던 교리(죽은 자의 부활을 부정하는 것), 예배(우상 신전에서 먹는 것, 주님의 식탁의 가치를 떨어뜨리는 것, 여러 방언으로 말하는 것), 권징, 정치("변절자를 용인하고, 그리스도께서 그들을 위해 죽으신 약한 자"를 죽이는 것)의 부패를 떠올려 보라.

그러나 바울은 이러한 추문이 "책망이나 참회를 통해 제거되지 않았다"는 사실에도 불구하고 여전히 그들과의 성찬식 교제를 유지했다. 갈라디아에서는 교리와 예배와 권징과 정치에 있어 "아무런 참회도 없이" 한동안 타락이 계속되었다. 많은 결점에도 불구하고 요한계시록에 나오는 아시아의 일곱 교회에 분리하지 말고 극복하라는 지시가 내려졌다. 그리스도 시대에 유대 교회의 타락을 생각하라. … 그러나 "그리스도와 그의 제자들은 그들의 절기에 참여했고 성전으로 갔다. … 그는 나환자들에게 제사장에게 가라고 명했다. … 그리고 두 렙돈을 성전 헌금궤에 드리는 가난한 과부를 칭찬했다." 마찬가지로 "성전을 떠나지 않고 밤낮으로 금식과 기도로 하나님을 섬겼던" 의로운 시므온과 안나의 예를 생각하라. 쉴즈는 "이러한 경건한 교류가 죄가 아닌 이유는 그들

---

150 Shields, *Communion*, p. 48.

이 이러한 타락에 합류하지 않았고 이에 대해 슬퍼하며 이들을 거역하여 증언하였기 때문"[151]이라고 결론 내렸다.

④ 이런 이유로 쉴즈는 만약 사람의 죄가 분리 근거라면 우리는 우리 스스로나 가족과도 교류할 수 없다고 추론했다. 더욱이 "한 사람에게서 떨어져 나오는 것은 모든 사람에게서 떨어져 나오는 것이다. 왜냐하면 교회가 하나뿐이기 때문이다. 만약 우리가 어떤 공동체와 교류한다면 우리는 전체 지체와 교류하는 것이다"(고전 10:17; 12:13).[152]

(5) 쉴즈는 혁명종식교회에 합류하기를 거부했던 것에 대하여 공동체 사람들이 제기한 반대에 답한다.

쉴즈는 이러한 반대를 논박하면서 혁명 종식 후의 상황과 관련해서만 그랬을 뿐이라고 한다. 왜냐하면 이런 논증이 박해 기간 동안 분리를 정당화하기 위해 자주 사용됐기 때문이다. 이들 논증은 분리를 위한 합법적인 근거였다. 그러나 쉴즈가 증명하고 있듯이, 교회 구성원의 지위(churh fellowship)를 유지하기 위해 힘쓸 합법적인 근거도 있다. 필요하다면 같은 주제에 대해 제임스 두르햄이 한 말도 넣었다.

① 남은 자들은 스스로 예레미야의 권고를 따르고 있다고 주장했다.
"그들은 네게로 돌아오려니와 너는 그들에게로 돌아가지 말지니라"
(렘 15:19).

대답: 쉴즈는 사면된 자들의 변절은 핍박과 함께 중단되었다고 주장한다. 이 성경 구절에 대하여 예레미야는 계속 설교하고 제사와 절기와 성전 규례에도 참여하면서(렘 28) 탈퇴에 대해서는 암시도 하지 않는다.[153]

② 남은 자들은 죄악을 참회하지 않는 교회에 대한 하나님의 진노를 두려워했다 (잠언 28:3을 보라: 렘 23:22-23).

---

151 Shields, *Communion*, pp. 55-57, 62-65.
152 Shields, *Communion*, pp. 65-67.
153 Shields, *Communion*, pp. 68-69.

대답: ⓐ 죄의 고백이 하나님과의 교제나 교회의 구성원이 되는 일에 본질적인 요소는 아니다.

ⓑ "목사가 하나님과 교제하지 않더라도, 청중은 하나님과의 교제를 가질 수 있다."

ⓒ 그의 이름으로 모이는 사람들은 "그의 현존에 대한 기대를 가질 수 있다." 더욱이 일치는 커다란 축복이다(시 133).[154]

③ 남은 자들은 에스겔 44:13, 15을 인용하면서, 면죄부와 함정 수사를 수용했던 목사들이 그리스도의 특권을 너무 심하게 모독해서 더 이상 목회에 적합하지 않다고 믿었다. 남은 자들은 제임스 두르햄의 말을 인용해서 진리를 떠난 목사들을 "더 이상 그리스도의 대사나 그리스도의 양떼를 보살피는 목자로 간주할 수 없다"고 주장했다.

대답: 이것이 아마 가장 크게 변절했던 일부 목사에게 해당할 수 있으나 모든 목사에게 해당하는 것은 아니다. 이 구절에서 부정한 제사장은 직무상 강등되기는 했으나 파면되지는 않았다. 사법부에 의해 파면될 때까지는 목사를 강등된 것으로 여겨서는 안 된다. 두르햄의 관심은 "그들이 그러한 변절을 계속하고 있다면"[155] 적용될 뿐이다.

우리는 바울이 때때로 "교회의 연합에 대한 관심" 때문에 책망을 삼갔다는 것(예를 들면, 갈 5:12과 고후 10:4, 6)을 기억해야 한다. 교회의 유익을 위하여 책망을 삼갈 때(즉, 고후 12:19처럼 교화하는 것) 두르햄은 사람을 기쁘게 하는 것보다, "기독교적 분별"과 그리스도의 명예가 교훈하는 행위를 이끌어야 한다고 충고한다.[156]

④ 남은 자들은 스스로 교리를 왜곡한 목사들에게서 물러나야 한다고 주장했다 (예를 들면, 잠 19:27).

대답: 쉴즈는 우리가 그릇된 교사, 특히 "천주교와 주교제와 교회국가주의(erastianism)"에 분명하게 반대하지 않는 사람을 피해야 한다는 데 동의한

---

154 Shields, *Communion*, pp. 69-71.
155 Shields, *Communion*, pp. 72-74.
156 Durham, *Scandal*, pp. 64, 390-391.

다. 그러나 혁명종식교회 목사들은 이러한 잘못에 반대했다.[157]

⑤ **남은 자들은 "우리는 그들 중에서 나와 따로 있고 부정한 것을 만지지 말아야 한다"(고후 6:14, 17)고 외쳤다.**

대답: 쉴즈는 이러한 구절이 "우리는 깨끗하지 않은 것들과 어울러서는 안 된다. … 하지만 우리는 불결하지 않은 복음 규례에 참여할 수 있다"[158]를 입증한다는 것에 동의한다.

목사들의 죄나 실패와 관련된 분열을 피하기 위해서 두르햄은 때로 사법부가 "목사를 교회일치라는 유익을 위하여 특정 직위에서 물러나게 하는 것"[159]도 필요하다고 제안한다. 가장 좋은 해결책은 "교회 안에서 분열에 버금가는 것으로 교회의 가장 큰 역병"이라 할 수 있는 마땅히 비난할 만한 것에 반대하는 열심"이다. 존경할 가치가 없는 목사를 파면시키려는 열심을 야기하는 그런 정신은, 가치 있는 것을 향한 "온유함과 절제"를 기르는 정신과 동일한 정신이다.[160]

⑥ **남은 자들은 성경을 인용하면서(렘 23:14-16; 겔 13:10-14, 18, 22; 22:25, 28) 자신의 변절을 변명, 호도, 정당화하려는 목사들의 말을 듣기를 거부했다.**

대답: "변절한 사실을 호도하는" 사람들은 "그들이 변호하는 죄에 대한 징벌로 소멸될 위험에 처해 있다." 더욱이 에스겔서에서 예배 가운데 "건축가와 미장이 중에 경건한 자가 없어졌다"거나, 에스라서에서 성벽을 재건하는 데 죄를 지은 제사장과 함께 일하기를 거절했다는 증거도 전혀 없다.[161]

⑦ **성경(렘 14:14-16)은 그릇된 예언자의 말을 듣는 자를 징벌할 것을 약속한다. 따라서 우리는 하나님의 진노를 피하기 위해서 부정한 목사를 물러나게 해야 한다.**

대답: 비록 "파탄이 나고 쇠퇴하는 교회 안에서 이런 부정이 분리의 근거가 된다 하더라도" 쉴즈는 문제가 되는 목사도 이제는 부정하지 않다고 대답한다. 성경이 정말 말하고자 하는 것은 주님이 "그들의 그릇된 예언을 성취하지 않으며,

---

157 Shields, *Communion*, pp. 74-75.
158 Shields, *Communion*, pp. 75-78.
159 Durham, *Scandal*, pp. 393-399.
160 Durham, *Scandal*, pp. 399-408.
161 Shields, *Communion*, pp. 79-80.

죄악된 백성에 대한 위협적인 심판을 서두르신다"는 것이다.

쉴즈는 더 나아가 "만약 진정으로 탈퇴를 허용한다면, 그것은 거짓 예언에서 탈퇴해야 한다"고 주장한다. 호세아서 2:2은 우리에게 이러한 부정에 반대해야 할 것을 요구한다. 우리가 항의하는 것은 "죄악에 대한 충분한 사면"[162]이다.

⑧ 남은 자들은 박해 기간 동안 자신의 목회 직무를 져버린 목사를 그리스도께서 양떼를 버리고 도망한 "삯꾼이요, 낯선 자"로 간주했다(요 10:5, 12). 데살로니가후서 3:14에서 바울은 기독교인에게 믿음이 견고하게 서 있지 않은 자들과 사귀지 말라고 경고한다.

대답: 그리스도는 그의 양들에게 문으로 들어오지 않는 사람(잘못된 대리자)과 낯선 사람(잘못된 교리)의 말을 듣지 말라고 경고한다. 더욱이 "양떼를 놓고 도망한 사람이라고 해서 모두가 반드시 삯꾼이나 낯선 자인 것은 아니다." 그래서 도망갔던 목자가 돌아올 때 그들에게 귀를 기울이고, 심지어 "마땅히 해야 할 의무인 자신의 잘못을 참회하지 않는" 사람에게도 귀를 기울이는 것이 우리의 의무다.

이러한 원리가 요한과 마가를 다루는 바울의 태도에서 입증된다. 쉴즈는 합법적으로 설교하는 목사를 물리칠 수 없다고 주장한다.[163]

⑨ 바울은 로마서 16:17에서 남은 자들은 기독교인에게 분열을 야기하는 자를 피하라고 권면한다.

대답: 쉴즈는 양편 모두 박해 기간 동안 분열에 대한 죄책이 있으나, 성경(롬 14; 15)은 특히 약한 형제의 행동으로 갈등이 생겨날 때 평화를 도모하는 일에 힘쓸 것을 가르친다. 필요한 경우 범죄한 개인에게서 물러나야지 "교회 성찬식"[164]에서 물러나서는 안 된다는 것이다.

⑩ 남은 자들은 바울이 불순종하는 기독교인을 피하라고 권고하였기 때문에, "교회에서 불명예스러운 무질서를 탈퇴할 충분한 근거"로 간주했다(고전 5:11; 살후 3:6, 14).

---

162 Shields, *Communion*, pp. 81-82.
163 Shields, *Communion*, pp. 82-84.
164 Shields, *Communion*, pp. 84-86.

대답: 바울은 우리가 회개할 줄 모르는 죄인과 세속적, 개인적 교류를 피할 것을 요구하지만, 교회와의 교류를 거두는 것은 "교회 헌법 안에서 교회의 결정을 따라야 한다." 그래서 재판관이 없다면(즉, 파탄된 교회 상태) 교회의 분리를 허용할 수 있으나, 교회 법정의 조치가 있기 전에는 허용할 수 없다.[165]

두르햄은 덧붙여 사람에 대한 불만이 분열의 근거가 될 수 없다고 한다(예를 들어, 유다도 열두 제자 중 하나였다). 교회 정치의 실패(예를 들어, "몇몇 타락한 직원과 회원을 용서하는 것")는 "교회를 교회답지 않게 만드는"[166] 잘못이 아니다.

⑪ 남은 자들은 부정한 목사의 오염이 너무 커서 "그의 손으로 하는 모든 활동과 그가 제공하는 것이 부정하다"라고 주장했다(학 2:12-14). 그래서 남은 자들은 "떡에 참여하는 자가 한 몸이기 때문에"(고전 10:16-17) 그들과 교제하는 것은 죄악에 참여하는 것이라고 추론했다.

남은 자들은 또한 에베소서 5:7-11을 인용했는데, 그 구절은 신자에게 비도덕인 사람과의 협력과 친교를 피하라고 가르친다.

대답: 쉴즈는 "직분자의 타락에 항의하면서도 의식에서 친교를 나누는 것은 모든 세대에게 주의 종의 관습에 크게 부합한다"고 논박한다. 학개 2장에서 "직분자의 부정함이 그들이 다루는 모든 것을 오염시키지만," "깨끗한 자에게는 모든 것이 깨끗하다"(딛 3:15). 에스라서 3:5-6에서 "선지자도 친히 이들 동일한 제사장들과 함께 의식에 참여했다."

고린도전서 10장에서 바울은 신자에게 "고린도 교회"가 아닌 우상 숭배에서 떠나라고 명령한다. 에베소서 5장에서 바울은 우리에게 "누구와도 죄에 참여하지 말라"고 가르친다. 그러나 특별히 그들이 자신들의 죄를 버린다면 "의무를 수행하는데서 우리는 죄인과 함께 할 수 있다고 가르친다."

간단히 말해, "직분자의 부정함이 타인에 대한 규정을 오염시키지 않는다." 어거스틴은 유사한 태도로 박해 기간 동안 그들의 성경을 포기했던 사람에게서 분리를 주장했던 도나투스파 사람들에게 대답했다.

---

165 Shields, *Communion*, pp. 86-88.
166 Durham, *Scandal*, pp. 314-320.

"누군가 그들과 함께 죄를 범하거나, 또는 죄를 범하는 그들을 돕고 방조한다면, 그는 그들과 함께 죄를 범하는 것이 된다. 그러나 그가 참여하지도 않고, 돕거나 방조하지도 않는다면, 그는 범죄에 참여한 것이 아니다."[167]

⑫ 남은 자들은 "자신들의 죄를 고백하지도 버리지도 않는" 자가 하나님의 진노의 대상이라고 주장했다. 이스라엘 사람들은 실제로 구성원의 죄로 인한 형벌로 고통당했다(수 7; 사 9:16; 사 43:27-28; 렘 14; 15; 16; 애 4:13; 겔 13:10-11, 14; 22:25-31).

대답: 죄를 범한 목사나 회원과 교류하는 것은 만약 다음과 같은 방식 중 어느 것에서 그들의 죄에 동참하고 있다면 죄악되다.

범죄하도록 돕는 것, 그것을 조언하고 조장하는 것, 그것을 묵인하고 찬사를 보내는 것, 그것에 동의하거나 굴복하는 것, 그것을 묵인하고 꾸짖지 않는 것, 그것을 저지하거나 반대하지 않는 것.

반면에 우리가 다른 사람에게 죄를 경고하지 않고, 그들의 죄에 대해 슬퍼하지도 않고, 그들의 죄에 참여하려는 어떠한 욕망도 억제하지 않는다면 그것은 범죄이며, 이탈하는 것은 보증되지 않는다.

죄의 정도와 그와 관련된 처벌은 참여의 성격에 따라 다양하다. 예를 들면, 이단, 우상 숭배, 타인을 죄짓게 만드는 것, 피흘리는 것과 같은 죄에 연루된 사람들과 교제를 갖는 것은 죄악이다. 그러나 개인적인 추문, 교회의 근본적이지 않은 타락에 참여하는 것은 죄가 아니다. 그렇지 않았다면 "선지자들은 그들에게 물러나라고 명령했을 것이다."[168]

⑬ 남은 자들은 교회가 개선의 여지가 없다는 것과, 죄악된 변절에 반대했던 이전의 증언을 망각할까 두려워했다.

대답: 쉴즈는 그들이 더 이상 이탈할 이유를 적용할 수 없기 때문에 이의를 제기하면서 교류를 통해 그들의 증언을 계속할 수 있다고 주장한다. 쉴즈는 그들에게 "분열의 불편함이 훨씬 더 클 수 있음"을 고려하라고 간청한다.

쉴즈가 볼 때 어떤 기독교인도 교회의 교류 없이 개인적인 생활을 해나가는

---

167 Shields, *Communion*, pp. 88-91.
168 Shields, *Communion*, pp. 91-94.

것은 가능하지 않았다(시 26:8; 27:4; 42:1-2, 4; 43:3-4; 63:1-2; 84:1-4, 10; 89:15; 122:1-4). 쉴즈는 그들에게 "만약 모든 추문과 변절과 타락을 참회되지 않는다면" 교회는 얼마나 오랫동안 "불화하고 분열하고 분리될 것인지"[169] 생각하라고 간청했다.

⑭ 쉴즈는 또한 세속 정부에게 총회를 해산할 수 있도록 하고, 충성 선서(Oath Allegiance)를 요구할 수 있도록 허용하는 "이러한 교회 헌법과 의식"에 관한 반대에 대답한다.

대답: 쉴즈는 그들은 "어떤 것에도 굴복하도록 요구받지 않으며, 그 대신 우리의 선조와 모든 개혁 교회가 기쁘게 굴복했던 바로 그것에 굴복하도록 요구받는다"고 대답한다. 그는 "죄악된 연약함이 교회의 일부 특권과 자유를 침해 받도록 양보한다는 것"을 인정하면서도, 이러한 것이 교회를 분리할 근거라고 생각하지 않는다.

그러나 개혁에 참여한 목사들이 교리에서 이단을 요구하고 예배에서 우상 숭배를 요구하거나 정치에서 독재를 요구한다면, 분리하는 것이 가능하다.(예를 들면, 성찬식과 목회에 죄가 되는 조건을 강요하는 것).[170]

요약하면, 상처를 입히는 분열에 대한 가장 좋은 방어책은 "교회 정치와 질서를 계속 유지하는 것"이다. 충고는 단순하다.

① "분열을 경멸할 만한 것으로 보이게 하는" 교회 정치에 대한 존중을 회복하라.
② 다가올 모든 세대가 겪어야 할, 분열 뒤에 일어날 불행을 생각하라. 그리고 분열을 피하기 위하여 근본적인 것을 제외하고는 모든 일에서 겸손하라.[171]

그럼에도 불구하고 박해 기간 동안 쉴즈 자신이 입증한 것처럼 분리를 위한 합법적인 근거가 있다. 더욱이 대다수가 근본적인 진리를 이탈할 경우, 그곳

---

169 Shields, *Communion*, pp. 94-98.
170 Shields, *Communion*, pp. 98-110.
171 Durham, *Scandal*, pp. 425-432.

에서 분리해 나오는 소수는 죄가 없다.¹⁷² 성경은 잘못된 교회에서 나오라고 명령한다.

> 내 백성아, 거기서 나와 그의 죄에 참여하지 말고 그가 받을 재앙을 받지 말라 (계 18:4).

2) 다른 언약도의 견해

혁명종식 후, 남은 자들과 달리 언약을 준수한 많은 순교자들은 기독교의 자비와 진리뿐 아니라 일치를 유지할 필요성을 정확하게 이해했다. 이러한 순교자인 존 윌슨(John Wilson)은 우리가 "교회의 적에게 충성하는 것"보다 그리스도의 참된 교회에 더 큰 해를 끼치는 것도 없음을 상기시킨다. 그러나 바로 이런 사람이 사면파를 관대하게 대하라고 충고한다.

> 나는 그들의 눈이 그 악을 지켜볼 수 있을 만큼 눈이 떠지지 않은 그런 사람들에 대하여 진정으로 부드럽게 대하기를 원한다.¹⁷³

존 니스벳은 수기에서 어떻게 진리와의 일치가 가능한지를 묘사한다.

> 이제 나에 대하여 많이 퍼져 있는 오보에 관해서 말하자면, 시간을 넘어 영원 속으로 죽어가는 사람으로서, 주님은 그릇된 원리에 이끌리는 사람을 따라가도록 나를 방치하지 않으셨다고 단언한다. 나만큼은 영혼을 가진 그들에 대해서 상냥하게 대하는 것이 나의 의무라고 항상 생각했다. 왜냐하면 내가 어떤 기준에서든 옳았고, 그들이 그러한 잘못된 태도에 빠져드는 이유를 알지 못했기 때문이었다. 나는 어떤 사람이 다른 사람에게 욕하고 소리 지르는 것을 견딜 수 없었는데, 우리가 본질적으로 모두 같다는 것을 알고 있었기 때문이다.

---

172 Rutherford, *Peaceable Plea*, p. 255.

173 Thomson, *Cloud*, pp. 313-314.

인격적인 결함을 이유로 목사든 교수든 교류하기를 거절하는 사람이라면 누구나 조심하도록 하자. … 그러나 죄악에 관여하는 것을 합법적인 것이라고 주장하는 목사나 교수와 교류하는 것은 하나님 말씀에 배치되는 길을 가는 것이어서 하나님에게 반대되는 것으로 드러날 것이다. 그는 거룩하신 하나님이시다. 그리고 하나님의 이름을 부르는 모든 사람은 악에서 떠나야 한다.[174]

존 니스벳은 임종시 유언에서 일치를 촉구했으나 그리스도께서 받으실 만한 태도로 진리를 보존해야 한다고도 했다.

사랑하는 친구들이여! 논쟁과 비난을 삼가라. 서로 동정하고 사랑하라. 이는 그의 명령이기 때문이다. 내가 그로 인해 자주 새 힘을 얻곤 했던 그대들의 부드럽고 우정 어린 모임과 권장할 만한 모임을 계속하라. 진리를 옹호하고 부정한 것에 반대하는 증언을 수행하기 위해 그들 속에서 떠들썩하게 논의되고 있는 것을 성경의 빛으로 방향을 잡아 주고, 지식을 갖춘 온건한 열심으로, 인내와 겸손이 겸비된 온유한 정신으로 다루어지도록 하라.

항상 그대들이 가진 믿음의 이유를 말할 준비를 하고, 세상에 대해, 그대들 자신에 대해, 그리고 그대들의 육신의 생명에 대해 부인할 준비를 하라. 하나님께서 그의 섭리 가운데 그대들을 불러 자신을 위해 생명을 버리라고 요구하실 때, 그것을 기쁘게 순종하라. 그리고 팔을 벌려 우리의 친밀하신 주 예수의 십자가를 기꺼이 포옹하라. 그가 자신의 죄 때문에 전쟁을 보내지는 않으시기 때문이다. 그대들의 규칙과 격려를 위해, 내가 그대들이 연구하도록 남겨줄 다른 구절과 함께 다음 성경 구절을 붙잡으라(사 3:9; 8:17, 20; 말 3:16-18; 4:2; 갈 5:19-26; 6:7-10; 엡 6:10-17; 빌 1:27-29; 히 3:10-11; 10:21-39; 12:11-15; 유 3; 계 10:11; 14:1-5).[175]

이 발췌문은 요한과 야고보가 결국 동일한 견해를 가졌음을 확실하게 보여

---

174 John Nisbet, Howie, *Worthies*, pp. 506-507에서 인용.

175 John Nisbet, "Dying Testimony," p. 21.

준다. 진리와 일치 모두 필요하다.

3) 교회에 대한 적절한 관점

청교도와 언약도 사람들은 그리스도의 몸인 교회를, 개별 기독교인들이 영화롭게 하고 고무하고 지지해야 할 "신령한 기관"으로 간주했다. 그들은 아브라함처럼 고교회론을 가지고 있었다.

> 이는 그가 하나님이 계획하시고 지으실 터가 있는 성을 바랐음이라(히 11:10).

이러한 고교회론은 최소한 여덟 가지 방식에서 현대적 견해와 다르다.

(1) 그들의 고교회론은 그리스도 안에 연합된 교회를 내포한다.
"사도적 교회 구성원 간 연합의 핵심적 유대"는 이들 개인이 그리스도와 나누는 교류가 아니다.
"이들은 그리스도 안에서 하나 되고, 스스로 하나 되었다고 느낀다."
이러한 결론을 증명하는 것은 사도행전의 첫 열두 장에 나타난 교회에 대해, **교회들**(churches)이 아니라 **하나의 교회**(church)로 취급하는 배타적 언급이다.[176] 이런 주제와 관련하여 제임스 배너맨(James Bannerman)이 주장한다.

> 고립된 기독교인은 모순된 언동보다 더 나쁘다. 그는 불합리한 사람이며 하나의 교회에서 신자의 교제를 명하신 하나님의 명시된 법령에 맞서는 것이다.[177] … 동일한 교리에 대한 공동의 신념과 동일한 규정에 대한 동일한 관습으로 하나된 기독교인의 순전히 자발적인 유대라는 생각은 하나님의 명령이라는 생각과 완전히 대립된다.[178]

---

176 Douglas Bannerman, *The Scripture Doctrine of The Church Historically and Exegetically Considered* (Grand Rapids, Baker Book House, 1976 edition), pp. 434-436.

177 Bannerman, *Church of Christ*, vol.1. 1, p. 20

178 Bannerman, *Church of Christ*, vol.1. 1, p. 21.

제임스 두르햄은 교회가 이미 구약 시대와 사도 시대에 일치되어 있었기 때문에 그리스도께서 교회의 일치를 해체하셨다고 말하는 것은 이상한 교리라고 주장했다.

> 개체 교회는 전체의 일부분으로 간주될 수 없으며, 전체를 우선으로 간주해야 한다. … (개체 교회는 단지) 하나의 뿌리에서 나온 다양한 가지일 뿐이다.[179]

(2) 비가견적 교회에 대한 그들의 고교회론은 비가견적 교회에 대한 의무가 개체 교회에 대한 의무보다 우선할 것을 요구했다.

비록 언약도가 교회 모임에 참여하는 사람 가운데 언약 맹세를 장려했다 할지라도 그것은 교회 회원이 그리스도와 맺는 언약을 고백할 것을 요구한 것일 뿐이다. 은혜의 언약은 회원 사이에 맺는 언약이 아니라 그리스도와 맺는 언약이라는 점이 회원의 모든 의무에 대한 유일한 도덕적 근거가 된다.[180]

그러나 그들은 "정통적인 신앙고백을 맹세하고 동의하는 것을 합법적인 것"으로 간주했는데, 그것은 성경에 계시된 하나님의 은혜 언약과 일치하는 근본적인 특징을 포함하고 있다. 루더포드는 건전한 교리를 보존하고 배교를 막기 위해 교회 직원에게 이러한 언약 맹세를 요구해야 할 것이라고 보았다. 루더포드는 구성원들이 이처럼 하지 않을 이유가 전혀 없다고 했는데, 이는 그리스도께서 그의 양을 부르셔서 "참된 신앙을 위하여 죽을 수도 있게" 하시기 때문이라는 것이다(눅 21:15-16; 행 7:57-58; 빌 1:20-21; 계 12:11).[181]

"성례전에 대한 권리"를 가지며, "그리스도의 신부이자 신비한 몸"이고, "그리스도를 그 머리로" 가지며, "성령의 전"인 것은 가견적 교회가 아니라 비가견적 교회다. 그들은 기독교를 믿는다고 고백하는 모든 사람을 언약의 상속자 안에 포함시키는 (즉, 가견적 교회) 회중파교회(Congregationalist)의 믿음을 잘못된 것으로 보았다.[182]

---

179 Durham, *Revelation*, vol.1, pp. 540-541.
180 Rutherford, *Peaceable Plea*, pp. 92-109, 118.
181 Rutherford, *Peaceable Plea*, pp. 131-139.
182 Rutherford, *Peaceable Plea*, pp. 242-267.

(3) 그들의 고교회론은 가견적 교회의 역할을 강조하는데, 그리스도께서 가견적 교회를 위해 그 왕국의 법령과 열쇠를 주셨기 때문이다.[183]

개인이나 특정 회중이 아닌 가견적 교회는 그리스도의 지상명령을 수행하도록 책임을 지닌 최우선적 기관이다. 그리스도께서는 교회를 통해서 일하시기 때문에 교회 없이 교회 사역을 맡은 사람은 그리스도가 주시는 축복을 기대할 수 없다.

스코틀랜드 장로교인에게 그리스도의 교회의 권리는 순교할 가치가 충분한 이유가 된다. 마찬가지로 웨스트민스터 목사들은 가견적 교회 밖에서는 "어떤 정상적인 구원 가능성도 없다"(행 2:27)[184]고 믿었다. 개별 기독교인이 아니라 교회가 "진리의 기둥과 터"요, 그리스도의 지상명령을 수행하는 능력이 부어진 기관이며, "그의 왕국으로 들어가는 열쇠"[185]를 쥐고 있는 기관이다.

반면, 교회는 그리스도의 대체물이 아니요, 그리스도와 사람 사이에 서 있는 것도 아니다. 비록 성령께서 모든 기독교인에게 베푸시는 선물이라 하더라도, 성령은 하나의 영이며, 그리스도와 성부와 하나이시다. 장로교 형태의 정치만이 개인에게 교회 권력을 공동으로 수행하는 직원을 선택할 수 있도록 허용함으로써 개인의 역할과 교회 역할 사이에 적절한 균형을 이룬다.

오늘의 시대가 성경에서 말씀하는 교회의 역할과 교회 정치를 경시한다는 것을 고려해 볼 때, 지난 두 세기 동안 여러 위원회와 초교파적인 기관과 선교협회를 통하여 하나님의 사역을 성취해 온 흐름이 커다란 필요를 채우기에는 역부족이었다는 사실이 정말 놀라운 일일까?

초기에 미국장로교회(PCA)는 제1차 총회의 개막 연설에 나타난 적절한 비전을 붙잡은 것처럼 보였다.

> 우리 정부의 조직과 해당 부분에 직접적이고 즉각적으로 책임이 있는 집행기관에 의지하는 것이 우리의 목표이다. 우리는 교회를 감독만이 아닌, 하나의 대리인

183　Rutherford, *Peaceable Plea*, pp. 289-295.

184　*WCOF*, chapter xxv.2, pp. 107-108.

185　딤전 3:15; 마 28:19-20; 16:18.

으로 만들기를 소원한다. 우리는 가견적으로 조직된 믿는 자의 모임이 주님의 일을 하기 위해 거룩하게 부름받은 그런 공동체 혹은 단체라는 생각을 발전시키기를 소원한다.[186]

CSA[187] 장로교회는 처음부터 같은 단어를 사용했다. 유감스럽게도 각 주 사이에 벌어진 전쟁 이후로, 장로교회는 대부분 점차 교회 내부에서 영적인 주안점을 채택하였다. 교회는 점차적으로 교회를 "구성원의 특권을 모아놓은 것 이상의 권한은 전혀 없는 개인의 집합에 지나지 않는 것"[188]으로 간주하는 인본주의적 관점을 받아들였다.

교회를 자신이 속한 공동체로 간주했던 청교도나 언약도와 달리 현대 기독교인은 교회를 더 이상 이상적인 공동체로 간주하지 않는다. 우리의 선조는 교회를 하나의 **집회**(assembly) 이상으로 생각했는데, 그것은 해산될 때도 여전히 존속했기 때문이다. 교회가 **회중**(congregation) 이상인 것은 한 장소에 모인 **사람의 집합**(collection of people)을 넘어서기 때문이다. 교회가 단순한 **성도의 집합**(collection of saints) 이상인 것은 구성원 가운데 가라지도 많이 있기 때문이다. 무엇보다 교회는 자원자의 모임을 넘어선다.[189] 그들에게 **공동체**(society)라는 말 만큼은 성경이 교회를 언급하는 모든 다양한 의미에 적절하게 적용된다.[190]

법인 조직(incorporation)이라는 쟁점은 교회가 정도를 얼마나 멀리 벗어났는지를 보여 주는 좋은 사례다. 현대의 여러 교회가 소송을 일삼는 공동체의 공격을 피하기 위해 법인이 되었다. 미국에서는 법인으로 만들기 위해, 교회가

---

186 제1회 PCA 총회에서 행해진 창립 연설, "A Message to all Churches of Jesus Christ throughout the World from the General Assembly of the National Presbyterian Church," in *PCA Digest Position Papers 1973-1993* (Atlanta: Presbyterian Church in America, 1993), Part V, p. 10에서 인용. 이 연설은 한 세기 앞서 장로교회 CSA 설립 연설에서 발췌한 것이다.

187 역자주—CSA(남부연합)는 Confederate States of America의 약자로 남북전쟁 때, 남부 동맹의 11개 주를 가리킨다.

188 제15회 총회(1987)의 "Biblical, Historical, and Contemporary Concpts of Church/State Relations," *PCA Digest Position Papers 1973-1993* (Atlanta: Presbyterian Church in America, 1993), Part V, p. 116에서 인용.

189 Byfield, *Temple Defilers*, pp. 3-7.

190 Byfield, *Temple Defilers*, p. 5.

자기 권한을 비과세 법인의 권한 정도로 제한시키는 데 동의해야 한다. 그것은 통일법 26장 F조에서 규정하는 "501항 (c) (3)의 취지 **내에서 오로지** 종교, 교육, 자선의 목적을 위해서**만** 조직된 것"[191]이다. 이러한 법인은 구성원에게 기금을 전달하거나, 실제로 입법에 영향을 미치거나, (성명을 내는 것도 포함하여) 방식을 불문하고 정치 과정에 참여하는 것이 허용되지 않는다.[192]

더욱이 교회는 501(c)(3)의 지침에 따라 자기 권한을 미래의 구체적인 변경 사항까지 제한하는 데 (조건 없이) 동의해야 한다. 설상가상으로 교회를 정부의 용어를 사용하여 규정하는 것이 허용되었다. 이것은 자유주의의 주요 속임수다. 예를 들면, 교회는 비과세 교육기관에 적용되는 연방 정부의 규칙과 규정을 따르게 된다. 비록 이러한 규정이 비과세 법인에 적용될 수 있겠지만, 이는 교회의 전도 내용까지 속박한다. 글자 그대로 말하자면, 이는 교회의 봉사 활동, 교회의 사회적 영향, 교회의 예언적 증언을 심각하게 제한시킨다. 비록 구체적인 위반에 교회가 즉시 비과세 혜택을 상실하는 것은 아닐 지라도, 이에 대한 위반은 거짓과 약속 위반이 된다.

많은 교회가 구성원마다 따로 활동함으로써 사회적 병폐에 대해 공개적으로 말할 권리의 상실을 합리화하고 있다. 그래서 미국 교회는 하나둘씩 그들의 창조자인 국가의 수장권 아래에 놓인 법인으로 조직화되었다. 이것은 교회의 역할에 대한 미국의 시각이 얼마나 크게 추락했는지를 보여 준다.

글자를 숫자로 바꾸어서(즉, f=6, c=3) 세법상 근거 조문(26장 F조 501항 [c][3])을 풀어 보면, (26×6) + 501 + (3×3) = 666이 된다. 비록 국세청 지침이 이러한 제한 규정을 모든 교회에 적용한다는 취지라고 해도, 헌법은 의회로 하여금 종교의 자유로운 활동을 제한하는 것을 금지하고 있기 때문에 반드시 그렇게 하라는 법적인 요구가 명백하게 진술된 것도 아니다.

1,900년을 넘는 기간 동안 세속 황제가 존중해 온 천부적인 비과세의 지위를 지키기 위한 싸움을 하기보다는, 대부분의 교회가 이러한 권리를 국가에 양도하기로 결정했다. 더 좋은 해결책은 교회의 영향을 제한하려 시도하는 이

---

191 James E. Ostenson, Incorporation of PCA Churches-Exhibit A, "Articles of Incorporation of First Presbyterian Church, Inc., A Non-profit Corporation."

192 US Code Title 26 Section 501 (c)(3). 교회에 적용되지 않는 조문은 생략함.

러한 국가 교회(에라스투스파)와 싸우는 일일 것이다.

(4) 그들의 고교회론은 낙관적이고 호전적인 견해다.

교회의 가장 좋은 시절은 과거가 아니라 미래에 있다고 생각하는 것이다. 그것은 지상명령을 그저 영혼을 구원하는 것이 아니라 민족을 살리라는 명령으로 간주한다. 성경이 모든 민족을 제자 삼으라고 할 때, 각 민족의 대부분을 그리스도 왕국의 구성원(즉, 그의 교회의 구성원)으로 개종시키라는 말이다.

우리 장로교 선조들은 다윗이 여부스인에게서 시온산을 빼앗은 것에 근거해서, "그리스도에게는 교회가 아니라 영적인 점령으로 얻은 것이 있다"[193]고 주장하면서 이러한 목표를 열렬히 추구했다. 이들은 교회의 소망을 포기하는 것을 그리스도의 왕국을 포기하는 것으로 보았다. 월터 챈트리(Walter Chantry, 1938년생)는 "왕국"과 "교회"는 "성경적 어법으로 불가분하게 함께 엮여 있다"고 한다. 그리스도는 "교회와 왕국의 사상을 단단히 결부시킨다."[194]

(5) 그들의 고교회론은 균형 잡힌 견해다.

잉글랜드 내전 중 장로교 설교가였던 스튜어트 로빈슨(Stuart Robinson)은 이렇게 주장한다.

> 개신교 종교개혁의 극단적인 두 흐름은 교회의 중요성을 기독교의 필수 요소로 확대하여 기독교 교리의 위대한 진리를 배제하는 정도에 이르거나, 아니면 교회를 배제할 정도로 교리적 진리를 확대하는 것이었다.[195]

교회에 대해 계속되어온 과소평가는 교회 일치 운동 교리에 대한 과소평가

---

193 Byfield, *Temple Defilers*, p. 12.

194 Walter Chantry, *God's Righteous Kingdom* (Edinburgh: The Banner of Truth Trust, 1980), pp. 142-146.

195 Stuart Robinson, *Theology Without a Church*, 1:20, October 29, 1863, Preston Graham, Jr., "The Spirituality Doctrine of the Church in the Border States During America's Civil War," PREMISE vol. iv, no. 2 (June 30, 1997): p. 5에서 재인용.

만큼이나 치명적이다. 어떤 경우든 교회와 교리의 왜곡된 관점은 교회가 그 사명을 수행하는 데 방해가 된다. 더욱이 로빈슨은 다음과 같이 주장한다.

> 지금까지 전달된 모든 계시와, 지금까지 지시된 모든 규례와, 하나님과 맺은 모든 약속과 언약은 인간으로서든 민족을 형성하는 것으로서든 인간에 대하여(to) 인간과(with) 맺어진 것이 아니라 교회에 대하여(to) 교회와(with) 맺어진 것이었다. 교회는 하나의 유기체로 조직되거나 생각되는 하나의 몸이다.[196]

(6) 그들의 고교회론은 성경, 특히 시편에 근거한다.

현대에 들어 교회에 대한 관심이 결여된 한 가지 이유는 아마도 시편에 대한 강조의 결여 때문일 것이다. 윌리엄 비니(William Binnie)는 그의 책, 『시편』(*The Psalms*)에서 "하나님의 집에 대한 강렬한 열망이 모든 시편에 공통적"임을 언급한다.

비니는 당시(19세기 후반)의 기독교인도 시편을 노래했는데, 시편의 절반은 개인적 경건에 대한 다양한 실천을 표현했으나, 그들에게 시온을 기억하라고 하는 나머지 절반은 그들 마음 속에서 우러나오는 공감을 그리 크게 불러일으키지는 못했던 점을 통탄스러워 했다. 비니는 예수께서 "우리 아버지"와 더불어 시작하는 주의 기도에서 탄원의 절반이 개인적인 것이고, 나머지 절반은 "이 땅에서 하나님의 영광에 대한 일반적 관심과 관계 있으며, 먼저 세 개의 공적인 탄원이 나타난다"는 점에 주목했다. 개인 예배든 공예배든 기도에 대한 이러한 완전한 모범은 기독교인에게 하나님 왕국에 최우선으로 관심을 기울일 것을 요구한다.

> 내가 예루살렘을 기억하지 아니하거나 내가 가장 즐거워하는 것보다 더 즐거워하지 아니할진대 내 혀가 내 입천장에 붙을지로다(시 137:6).[197]

---

196 Robinson, *The Church of God*, p. 67.

197 Binnie, *Psalms*, pp. 292-299.

(7) 그들의 고교회론은 예배의 순수성으로 귀결된다.

니베이가 주의 기도를 판에 박힌 예배의 일부분으로 포함하기를 거절한 것은 예배의 순수성에 대한 니베이의 헌신을 보여 주는 실례다. 초기 미국 장로교인 중 일부(예를 들면, 원래 사우스캐롤라이나 올드왁쇼[Old Waxhaw]에 있던 나의 고향 교회 사람들)는 얼마 동안 이런 습관을 계속 이어갔다.[198]

나 자신도 순수한 예배에서 이탈했던 것은 가슴 아프다. 안식일의 순수성에 관하여, 최근까지 스코틀랜드 장로교회는 "근사하게 보낸 안식일은 … 이 땅에서 하늘의 날이 되는 것"으로 생각했다. 그들은 주일 하루 종일 기뻐하지 않는 사람을 하나님의 자녀인지 의심하곤 했다.[199]

(8) 그들의 고교회론은 그리스도를 왕으로 주장한다.

스튜어트 로빈슨은 교회의 객관적인 신조인 "우리는 십자가에 못 박히신 그리스도를 전한다"는 조항과, 교회의 주관적인 경험인 "광야 교회와, 교회의 정치인 장로 조사위원회를 통하여 조직된 공동체를 통치하는 왕으로서의 메시아" 등은 성경 전체를 통하여 계속 유지된다고 단언했다. 로빈슨은 이 세 가지 중 마지막이 가장 중요하다고 주장했다.

그리스도의 예언적, 구속적 기능은 그리스도의 왕권을 현실로 만든다. 이 땅의 나라와 시민은 적절한 형태의 교회 정치를 맹렬하게 공격하는데, 그것은 그리스도를 사람이 아닌 왕으로 간주하도록 만들기 때문이다. 언약도의 싸움은 교회에 대한 그리스도의 통치를 위한 것이었다.[200]

---

198 Ernest Thompson, *Presbyterians in the South: 1607-1861* (Richmond: John Knox Press, 1963), vol. 1, p. 72.

199 M'Cheyne, pp. 251, 595, 597.

200 Stuart Robinson, "The Churchliness of Calvinism," *Report of Proceedings of the First General Presbyterian Council convened in Edinburgh, July 1877* (Edinburgh: Thomas and Archilbald Constable, 1877), pp. 62-68.

제12장

기독교인을 위한 교훈

> 믿음이 없이는 하나님을 기쁘시게 하지 못하나니 하나님께
> 나아가는 자는 반드시 그가 계신 것과 또한 그가 자기를 찾는
> 자들에게 상 주시는 이심을 믿어야 할지니라(히 11:6).

■ 교훈 3: 기독교인의 언약적 의무와 본분은 무엇보다 하나님의 백성이 되는 것이다

믿음, 소망, 사랑이라는 기독교인의 세 가지의 커다란 덕목은 성경에서 함께 나오는 경우가 많다(롬 5:2-5; 고전 13:13; 갈 5:5-6; 엡 4:2-5; 골 1:4-5; 살전 1:3; 5:8; 히 6:10-12; 10:22-24; 벧전 1:3-8; 21-22).[1] 칼빈은 이 세 가지 은사에 관해서 "우리가 이 세 가지 은사 가운데 훈련받는 것 외에, 모든 목회가 두어야 할 목적이 어떠해야 하는지"[2]에 대해 언급한다. 『믿음, 소망, 사랑 편람(便覽)』(Handbook of Faith, Hope, Love)에서 어거스틴은 이 세 가지 축복의 중요성을 기술한다.

---

1 Simon J. Kistemaker, *New Testament Commentary, Exposition of the First Epistle to the Corinthians* (Grand Rapids: Baker Books, 1993), p. 470.

2 John Calvin, *Calvin's Commentaries: The First Epistle of Paul the Apostle to the Corinthians*, John Fraser 번역 (Grand Rapids: Wm. B. Eerdmans Publishing Company, 1976), p. 282.

다른 무엇보다 추구해야 할 것은 무엇인가?

다양한 이단의 관점에서 볼 때 무엇보다 피해야 할 것은 무엇인가?

이성은 어디까지 종교를 지지할까?

이런 문제가 오직 믿음에만 관련된다고 한다면 이성에는 무슨 일이 일어날까?

우리의 노력의 시작과 끝은 어디인가?

모든 설명 중 가장 포괄적인 설명은 무엇인가?

보편적 신앙에 대한 가장 확실하고 명백한 토대는 무엇인가?

만약 당신이, 진정으로 우리가 무엇을 믿어야 하는지, 무엇을 희망해야 하는지, 무엇을 사랑해야 하는지를 안다면 이 모든 물음에 답할 수 있을 것이다. 왜냐하면 이 것이 종교에서 추구해야 할 중요한 것(진정 유일한 것)이기 때문이다. 여기에서 돌아서는 사람은 그리스도의 이름에 완전히 낯선 사람이거나 이단일 것이다.[3]

앤드류 그레이 같은 언약도 목사들은 이들 은사 상호 관계의 중요성에 대해 말했다.

믿음은 약속으로 만족하고, 소망은 약속된 것으로 만족할 것이지만, 엄청난 사랑의 은혜는 약속하는 사람으로 만족할 뿐이다. 사랑은 가치 있고 고귀한 분이신 예수 그리스도를 자신의 팔로 안는다.[4]

이러한 은사를 기준과 지도 원리로 갖추고 있었으므로, 언약도는 태양처럼 빛났다. 그들의 개혁적인 신앙은 지성적 신조일 뿐만 아니라 생생하고 균형 잡힌 신앙이었다. 이들 세 가지에 초점을 맞추지 않는 종교개혁은 참된 종교개혁이 아니다. 이 세 가지 은혜는 넓은 맥락에서 볼 때 하나님께서 기독교인을 당신의 형상대로 짓기 위해 사용하셨던 성화 과정의 일부다.

---

3 Saint Augustine, *The Enchiridion, Addressed to Laurentius; Being a Treatise on Faith, Hope, and Love*, in *A Select Library of the Nicene and Post-Nicene Fathers of the Christian Church*, ed. Philip Schaff (Grand Rapids: Wm. B. Eerdmans Publishing Company, 1980), vol. 3, p. 237 (이하 Augustine, *Enchiridion*).

4 Gray, *Works*, p. 62.

(비록 각 은사를 독자적으로 검사한다 하더라도) 흠 없는 어린 양의 선물은 매우 조화롭게 연계되어 있기 때문에, 그들은 그의 몸에 입은 옷과 같고, 솔기도 없으며, 나누어질 수도 없는 옷이었다. 그렇게 하나님의 뜻에 의하여 주어진 예수 그리스도의 온전한 선물을 제외하고 우리는 그 안에서 어떤 부분이나 몫도 가질 수 없다.[5]

이번 장은 니베이의 설교 등에서 성화에 관해 무엇을 배울 수 있는지를 탐구할 것이다. 니베이의 설교는 모두 구조가 동일하다.[6]

① 정의(定義)
② 탁월함
③ 약속
④ 은혜의 사용

하나님의 은혜를 적용하려는 그들의 강렬한 열망을 살펴보면서 배우는 교훈은 지금도 있는 영생에 대한 기대보다 크다. 우리는 은혜와 그 축복 근저(根底)에 놓여 있는 하나님의 긍휼의 필요성과 놀라움을 붙잡아야 한다. 성화를 추구하는 것은 우리로 하여금 날마다 이러한 진리를 뼈저리게 느끼게 한다.

1. 성화 – 두 부분

우리로 그리스도의 형상을 따르게 하는 성화의 언약적 축복은 우리의 커다란 연구와 사역과 꿈이어야 한다.

언약도는 성화를 본질적인 것으로 보았다. 니베이는 이 두 부분을 "금욕"과 "새로운 복종"으로 언급했다.

---

5 Gray, *Works*, pp. 340-341.
6 요약하는 과정에서 어느 정도 강조와 재배치를 할 자유가 허락된다.

1) 금욕

니베이는 회심은 "전인의" 변화요, 그의 "모든 부분과 힘"의 변화라고 강조한다. 그러나 "사람의 모든 부분과 힘 안에는 새로워지지 않는 부분이 남아 있다." 신자들 안에는 "매일 육체와 영이라 불리는 새로워지지 않는 부분과 새로워진 부분 간의 투쟁과 전투가 일어난다." 금욕은 "옛 사람과 그의 행위들"에 대한 매일의 파괴요, 그렇게 함으로써 우리는 "율법과 죄의 지배"(롬 8:2)를 극복하고 승리를 얻으며 "죄를 중단하기 시작한다"(벧전 4:1).[7] 금욕은 "포도나무의 가지를 쳐서 더 많은 열매를 얻게 하는 것"이며 우리에게 "우리의 유산에 대한 열망"을 형성하게 한다. 그것은 "기독교인의 희귀하고 부요한 보석인 기독교적 만족"[8]으로 귀결된다.

> 사탄에 대한 승리의 기쁨이 있다. 우리는 금욕하면서 주님의 전투를 한다. 그래서 우리는 주와 함께하고 주를 위한다. 그래서 약속은 이렇다. 만약 우리가 그와 함께한다면, 그도 우리와 함께하실 것이다(대하 15:2)[9].

하나님은 승리를 약속하신다.

> 죄가 너희를 주장하지 못하리니(롬 6:14).

> 죄에 대한 승리는 성부에 의하여 약속되고 성자에 의해 착수되며 성령에 의하여 이루어진다.[10]

이 주제에 대한 니베이의 설교도 탁월하지만, 앤드류 그레이의 설교는 타의

---

7 Nevay, pp. 227-229.

8 Nevay, pp. 232-233.

9 Nevay, p. 233.

10 Nevay, pp. 234-235.

추종을 불허한다. 그레이는 "우리가 그리스도와 함께 죽지 않는다면 그와 함께 왕 노릇할 수 없기"[11] 때문에 금욕을 본질적인 것으로 간주했다. 기독교인이 자기 욕망의 지배와 자기 마음의 기만성을 극복하고, 기만자를 직시하며, 믿음에서 성장하고, 하나님과 친밀한 교제를 나누며, 죄에 대한 혐오감과 미워하는 마음을 발달시키고, 요한계시록 2:17에 약속된 숨은 만나(그리스도의 다정하심)를 받을 수 있는 것은 오직 적극적인 영적 전쟁을 통해서 뿐이다.[12]

기독교인이 "손가락을 내밀어 꿀을 맛보고 나서 그의 눈이 밝아지는 것"[13]은 오직 그의 적을 추격하는 일에서만 가능하다. 자연인은 이런 전쟁에 실패한다. 그는 내적인 죄보다는 외적인 죄에 관여하며, 하나님의 거룩하심을 나타내기보다는 하나님의 심판을 피하려고 싸우고, 죄를 극복하기 보다는 억누르려 하며, 고난이 올 때만 반응하고, 하나님을 의지하기보다는 자신의 힘을 사용하여 씨름하기 때문이다.[14] 죄를 극복하는 데 실패하는 근본 원인은 불신앙이다.[15]

그레이는 기독교인이 죄를 극복하기 위해 붙잡아야 할 세 가지 통찰을 확인한다.

① 시편 78:29-30에서 선포되고 있는 것처럼 "그대의 욕망을 만족시키기 보다는 극복하는 것이 더 쉽다."
"그들은 마음의 소원을 가졌으나 그들의 욕망에서 멀어지지 않았다."
② "살아계신 영원하신 하나님과 싸우기보다는 그대의 욕망과 싸우는 것이 낫다."
③ "죄의 달콤함을 맛보는 그대는 하늘의 달콤함을 맛볼 수 없다."
"우리 영혼이 끊임없이 죄 속에 있는 죄성의 영향 아래 있으면서" 자기 검증과 연구와 은밀한 기도를 통하여 죄를 극복하는 것이 필요하다.

---

11 Gray, *Works*, p. 322.
12 Gray, *Works*, pp. 317-318, 333-336.
13 Gray, *Works*, p. 334.
14 Gray, *Works*, pp. 313-317.
15 Gray, *Works*, pp. 338, 319-320.

죄는 금식과 기도 외에는 나가지 않는다.[16]

사탄은 미묘한 기만을 통하여 우리의 두드러진 강한 욕망에 반응하도록 유혹함으로써 우리를 밀까부르듯 한다.

그가 우리를 그리로 데려가려고 애쓰는 함정은 가공의 하나님, 일시적 쾌락, 헛된 것들로 된 미끼로 꾸며져 있다.

그레이는 "그대가 그대의 결함을 파괴하지 않는다면, 그 결함이 그대를 파괴할 것"[17]이라고 주장한다. 승리는 기독교인에게 자신의 원죄(육체)와 자신의 현저한 죄(질병)와 죄로 빠져드는 동기(욕망)를 극복할 것을 요구한다.[18]

그레이는 "기독교인은 유혹을 극복할 수 있도록, 그리스도께서 통치자들과 그 권세를 정복할 때 소유하셨던 것과 동일한 힘, 곧 사탄에게 영향을 미칠 수 있는 힘을 갖고 있다"(엡 1:19-20)고 조언한다. 그레이는 죄를 극복하기 위해 이 힘을 사용하기 위한 여러 가지 제안을 내놓는다.

① 기독교인은 은밀한 기도와 경계를 함으로써 이 힘을 사용해야 한다.

시험에 들지 않게 깨어 기도하라(마 26:41).

② 기독교인은 "예수 그리스도의 고난과 죽음과 사랑에 대해 많이 묵상해야" 한다.

주의 인자하심이 내 목전에 있나이다(시 26:3a).

③ 기독교인은 신앙을 훈련해야 한다.

---

16 Gray, *Works*, pp. 340-348.
17 Gray, *Works*, pp. 348-356.
18 Gray, *Works*, p. 365.

> 예수께서 하나님의 아들이심을 믿는 자가 아니면 세상을 이기는 자가 누구냐
> (요일 5:5).

믿음은 "그가 나타나실 때 그리스도인에게서 우상의 영광과 광채가 사라지게 되는 예수 그리스도의 탁월하고 가치있는 덕을 발견한다."

④ 예민한 감수성을 가지고 언제라도 "그리스도의 심판 보좌 앞에 설 것을 생각하면서" 욕망을 극복해야 한다.[19]

⑤ 기독교인은 욕망의 첫 번째 징표를 극복하고 악이라면 어떤 모양이라도 피해야 한다.[20]

⑥ 금욕은 세상에 대한 우리의 사랑을 극복하리라는 결단을 통해 "끊임없이 매일 실천되어야" 한다. 만약 우리가 "하나님 안에 있는 헤아릴 수 없는 탁월하심에 대해 경건하게 묵상하고 영적으로 주목하는 일에 전념한다면" 이것이 크게 도움이 될 것이다.

> 만약 사람의 영혼이 일단 그를 바라보는 데까지 고양될 수 있다면, 세상에서 굴욕을 당하는 것이 그렇게 어렵지는 않을 것이다.[21]

그레이는 "사람은 죄에 대한 감각과 확신에 대해 죽어야 한다"는 율법폐기론적 오해에 반대한다.

> 그것은 한 기독교인 안에 있는 새로운 사람을 죽이는 것이다.[22]

---

19 Gray, *Works*, pp. 356-361; 행 17:31.
20   Gray, *Works*, pp. 365-372.
21 Gray, *Works*, p. 375.
22 Gray, *Works*, p. 335.

2) 새로운 복종

성화의 다른 부분은 새로운 복종이다. 그것은 "**누구든지 그리스도 안에 있으면 새로운 피조물**"(고후 5:17)이 될 것을 요구한다. 니베이는 이러한 새로운 피조물은 마음을 다해 하나님을 경외하고 복종한다고 주장한다.[23] 이러한 새로운 복종은 "매일 신선한 영적 공급"(빌 1:19)을 필요로 하며, 온전한 복종과 순결과 거룩을 얻고자 하는 "진지한 노력"을 필요로 한다.[24]

(우리는) 성화를
① 잘 연구하여 그것을 알 수 있도록 해야 하며
② 그것을 우리의 큰 사역으로 삼아 그것을 실천할 수 있도록 해야 하고
③ 그것을 크게 소망함으로써 그 안에 있는 완전함에 도달할 수 있도록 해야 한다.[25]

새로운 복종은 많은 행복의 원천이며 탁월하고 약속된 축복이다.

여호와를 경외하며 그의 계명을 크게 즐거워하는 자는 복이 있도다라고 선포한다(시 112:1).
오! 하나님과 동행하는 것은 가장 탁월한 일이며, 하나님과 그리스도의 형상과 모습을 소유하고 성령 안에서 행한다면(롬 7:6) 그 안에 담긴 행복은 이루 말할 수 없으리라.[26]
그 행복은 하나님의 뜻을 아는 데 있지 않고, 행하는 데 있다.[27]
그렇다면 유혹과 그들에게 쏟아질 심판 대신 많은 축복을 원하는 모든 사람으로 하여금 축복이 임하는 길을 선택하게 하라. 그것은 거룩함의 아름다운 방법인 은

---

23 Nevay, pp. 236-237.
24 Nevay, pp. 237-238.
25 Nevay, p. 238.
26 Nevay, p. 238.
27 Nevay, pp. 239-240.

혜로운 복종의 길에 있다.[28]

주님이 계속해서 그를 인도할 것이고, 그는 물댄 동산 같이 될 것이며, 그 물이 끊이지 않는 물의 샘 같을 것임이 신자에게 약속되어 있다. … 그리고 에스겔 11:19-20에서 그는 그들 속에 그의 영을 부어 주실 것과 그들로 그의 율례 안에서 행하게 하실 것과 그들이 그의 판단을 지켜 행할 것이라고 약속하였다.[29]

니베이는 "만약 사람들이 그리스도를 사랑하고 그의 계명을 지키면 그리스도께서는 그것을 그들이 그의 제자라는 확실한 증거로 여기신다"(요 14:15)고 밝힌다. 새로운 복종은 깨끗한 양심을 찾고 있으며, 죄에 대항하여 싸우고, 특별히 은밀한 죄에 대하여 그러하며, 하나님의 영광을 위하여 일하고, 하나님과의 교제와 사람과의 교제를 갈망하며, 그리스도를 맨 앞에 두고 자주 그 영혼을 시험받게 한다.[30]

2. 성화 – 믿음의 은혜

믿음은 우리가 모든 다른 언약적 축복과 약속을 불러오는 구원하는 은혜요, 성화하는 은혜다. 그것은 신자를 그리스도의 형상으로 변화시켜, 하나 되게 하는 띠로서 교회를 위해 봉사한다.

순교자가 죽어가면서 남긴 증언에서 하나님께 드린 가장 중요한 찬양은 그의 은혜로 자신을 구원해 주신 것에 관한 것이었다. 존 니스벳은 하나님께서 "그의 마음을 결심시키셨다"는 것과 그로 복종하게 하셨다는 것을 의심하지 않았다.

나 자신에 관하여 말하자면, 그가 영원한 복음 속에서 나의 왕으로, 제사장으로, 선지자로 바쳐졌을 때, 나는 주 예수 그리스도를 가까이 하고 그를 믿기로 굳게

---

28 Nevay, p. 231.

29 Nevay, p. 241.

30 Nevay, p. 244.

결심함으로써, 그 선하심이 흘러 넘치시며 무한히 긍휼하신 주 여호와를 기쁘게 해드렸다. 이렇게 나를 정복하고 사로잡아 주님께 복종하게 하는 것은, 진정으로 값없이 주시는 은혜 언약에 나타난 대로, 다름아니라 선택하신 사랑의 열매라는 사실이 다음의 성경 구절에 명백하게 드러날 것이다.

> 출 33:19; 시 45:1-9; 55:22; 57:2; 59:16-17; 68:18-20; 89:33-34; 110:3; 잠 4:18; 8:30, 32-36; 28:13; 사 53; 미 11:29; 요 1:1-15; 6:36, 39; 18; 롬 1:16; 3:24-25; 4:6; 5:1-2, 17; 8:17, 29-30, 35-36; 9:11, 15-16; 8:1; 14:17; 고전 1:9; 고후 5:1, 19; 10:4; 갈 2:16; 엡 1:13-14; 3:17; 4:23; 빌 1:6; 3:9-10; 골 1:27; 살후 2:13; 딤후 1:9; 딛 3:5-6; 히 9:14; 12:23; 벧전 1:5; 요일 5:13; 외에도 더 많은 구절이 있다.

> 그의 성령의 능력과 임재에 의해 주님께서는 이러한 사실을 효과적으로 확신케 하고, 회심케 하며, 강화시켰고, 나를 주님의 소유가 될 수 있게 하였으며, 행복할 때나 불행할 때나 좋은 소식이 오거나 나쁜 소식이 오거나를 막론하고 주님을 위하여 살 수 있게 해주었고, 내가 시간을 벗어나서 영원으로 발을 내디딜 때 내 영혼에 너무도 많은 온화한 기운을 솟아나게 해 주는 것이었다. … **내가 선한 싸움을 싸우고 나의 달려갈 길을 마치고 믿음을 지켰던 것은 그리스도에 의해서다** (고전 1:30; 딤후 4:7).[31]

믿음은 "언약의 본질적인 조건"일 뿐 아니라 "성화의 사역에서 사용되며, 힘있게 나타나며, 그 안에서 일등성(星) 별로 빛나는 은혜의 선물이다."[32] 그것은 "성화의 일부분"에 불과한 것이 아니고 바로 성화의 토대다.

---

31 John Nisbet, "Dying Testimony," pp. 12-17.

32 Nevay, p. 254.

1) 믿음은 탁월한 은혜다.

"그것은 말하자면 다음의 증거로 입증되듯이, 우리의 탁월한 자비와 모든 좋은 것의 뿌리다."

① "그것에 의해 우리는 하나님을 사랑하게 되고 그것을 유지하게 된다." 그것에 의해 우리는 의로워지고 "하나님의 자녀가 된다"(롬 5:1; 갈 3:26).
② "믿음으로 말미암아 그리스도께서 너희 마음에 계시게 하시옵고 너희가 사랑 가운데서 뿌리가 박히고 터가 굳어져서"(엡 3:17).[33]
③ 그것은 "마음을 정화하고"(행 15:9) "약속에서 생명과 덕을 끌어낸다"(고후 7:1).
④ 우리가 서고(롬 11:20), 살고(히 10:38), 자라고(고후 5:7), 기독교인의 행실 속에서 보호받게(벧전 1:5) 하는 방편이다.
⑤ "그것은 우리가 세상에 대해서 뿐 아니라, 모든 적에 대해서 완전한 승리를 거둘 때까지 모든 전투에서 싸운다"(요일 5:4).
⑥ 그것은 "모든 은혜의 공동 저수지로서 근원으로부터 채워져서 그로부터 모든 다른 것이 공급을 받게 된다."
⑦ 비록 우리는 하나님의 긍휼하심을 입을 가치가 전혀 없지만(창 32:10), "믿음은 기적을 낳으며 불가능을 가능하게 한다."
⑧ "모든 고귀하고 탁월한 약속은 믿음으로 성취된다"(갈 3:14,16).

우리는 믿음에서 죄의 용서(행 13:39)와 기도 응답의 확신(마 21:22)과 평안과 안전(사 26:3), 기쁨과 위로(롬 15:13), 번영과 정착(대하 20:20), 최고의 긍휼(시 32:10)과 "이후의 영생"(요 3:16, 36)[34] 등을 끌어낸다.

---

33 Nevay, p. 255.

34 Nevay, pp. 255-256.

2) 믿음은 약속된 언약의 축복이다.

① "성경은 그것을 약속한다"(사 10:20; 17:7; 51:5; 렘 3:19; 습 3:12; 마 12:21; 요 6:37).
② "성경은 그것을 선물이라고 말한다"(엡 2:8; 벧후 1:1). 믿음은 설교로부터 오고 설교는 값없이 주시는 선물이다(롬 10:14).
③ "믿는 것은 은혜로 말미암고"(행 18:27; 요 1:16), "**예수는 믿음의 주요 또 온전하게 하시는 이시다**"(히 12:2).
④ 그것은 하나님의 역사이지 우리의 역사가 아니기 때문에 약속이 되어야 한다.

> 아버지께서 이끌지 아니하시면 아무도 내게 올 수 없으니(요 6:44).
> 아무도 거듭나지 않고는 믿을 수 없으며(요 1:13), 우리가 믿는 성령은 자유로운 성령이시다(요 3:8).

⑤ 사도는 믿음을 증진시키기 위해 자신이 아니라 하나님을 바라보았다(눅 17:5).
⑥ 믿음은 신자의 근본일 뿐 아니라 교회를 위해 "하나 되게 하는 띠"이기도 하다.
⑦ "말하자면 그것은 다른 은혜가 그 위에서 성장하게 되는 뿌리"[35]이기 때문에 논란의 여지가 없는 언약의 축복이다.

3) 니베이는 이들 교리에 대해 다음의 용례를 제시한다.

① 이러한 믿음이 없는 사람은 지옥으로 갈 운명이다(눅 12:46; 계 21:8).
② 믿음의 탁월함을 고려할 때 그 교리를 왜곡하거나 "그것을 열렬히 주장하지 않는"(유 3) 것은 끔찍한 일이다.
③ 믿음은 "**능히 악한 자의 모든 불화살을 소멸하는**"(엡 6:16) 방패처럼 영적

---
[35] Nevay, pp. 259-260.

전쟁에서 크게 쓸모 있다.

④ "이런 믿음을 소유하기를 힘쓰라." 그 필요성과 큰 약속을 생각하라. 그 탁월한 대상이신 그리스도를 생각하고, 다른 은혜에서 그것의 지지하는 역할을 생각하라.

⑤ 그대가 가진 어떤 믿음이든지 거기에 감사하라. 그것은 더 많은 약속을 소유하기 때문이다.

무릇 있는 자는 받아 넉넉하게 되되(마 13:12).

⑥ 그대의 믿음이 건전한지를 힘써 확인하라. 건전한 믿음의 표시는 "죄를 사랑하는 데서 마음을 정화하는 것," 하나님을 사랑하는 것(갈 5:6), "성도를 성도로서" 사랑하는 것(엡 1:5), 우리가 하는 모든 것에서 하나님을 기쁘게 해드리는 것(골 1:10), "거룩의 모든 방법"을 사용하는 것(잠 8:34)과 기울인 수고에 합당한 열매를 맺도록 연구하는 것(히 6:7-8) 등을 포함한다.

보다 특별하게 말하자면, 증거는 "그를 위해 모든 것을 부인하는 것," "선행에 대한 보상보다는 하나님의 뜻을 행하기를 더 좋아하는 것," 우리 자신을 매일 시험하는 것, 사역이 늘어가는 만큼 겸손함도 늘어가는 것, 복음의 확산을 즐거워하는 것, 열심히 기도하는 것, 자기를 추구하는 일을 피하는 것을 포함한다.

⑦ 이런 믿음을 발견했다면, 성화 사역에서 이 믿음을 "매우 신중하게 유지하고" 실천하는 것이 "우리가 이어서 해야 할 일이다."[36]

⑧ "믿음이 없이는 하나님을 기쁘시게 하지 못하나니 하나님께 나아가는 자는 반드시 그가 계신 것과 또한 그가 자기를 찾는 자들에게 상 주시는 이심을 믿어야 할지니라"(히 11:6).

⑨ 그것은 "그리스도를 택거나 거절하는 것이, 사람의 의지에 달려 있도록 만드는 오류가 얼마나 공허하고 사악한지를 보여 준다." 사람의 "쉽게 변하는 의지"는 통탄스러운 "믿음의 토대"다.

⑩ 믿음을 "하나의 선물이 아닌 사역으로" 보는 사람에 대해 견책하는 것은

36　Nevay, pp. 256-259.

합당하다. 그 대신 그들은 그것을 "하나의 언약적 축복"과 "성령의 사역"으로 보아야 한다.

⑪ 기독교인에게 믿음은 "가장 값진 보석이요, 영적인 건축에서 가장 유용한 도구"다. 우리는 믿음을 가지고 모든 다른 축복을 불러올 수 있다.

⑫ 믿음을 하나님을 예배하는 데 사용하기 위한 값없이 주시는 선물로 힘써 구하면서, 겸손과 주림과 갈망을 갖고 약속으로 나아감으로써 이러한 믿음을 증진시키기를 추구하라.[37]

4) 니베이와 언약도는 믿음과 그리스도와 약속을 불가분하게 상호 연관되어 있는 것으로 보았다.

성경에서는 믿음과 그리스도와 약속만이 **보배롭다고** 불린다. 언약도 앤드류 그레이는 믿음을 이렇게 말한다.

> 믿음은 말하자면 두 개의 복된 눈을 갖는다. 이 중 하나는 그리스도를 주목하고 다른 하나는 약속을 주목하고 그 약속에 고정된다.[38] … 일단 그대 영혼이 믿음과 사랑으로 그리스도와 친밀해지도록 하라. 그러면 담대함을 가지고 약속과도 친밀해질 것이다.[39] …
> 우리는 (약속을 통하여) 하나님의 성품에 참예한 자가 되는데, … 그리스도가 누워 계신 집으로 인도하는 별이요, 약속에 의하지 않고는 그리스도께 나아갈 길이 없기 (때문이고, … 이들 약속은) 영혼 속에 그리스도의 형상을 그리는 연필[40](이기 때문이다) … .

약속에 초점을 맞추는 것은 우리가 **값비싼 진주**(*Pearl of Great Price*)이시며 믿

---

37 Nevay, pp. 260-262.
38 Gray, *Works*, p. 135.
39 Gray, *Works*, p. 128.
40 Gray, *Works*, pp. 116, 157.

음의 첫 번째 대상이신 그리스도를 볼 수 있도록, 그리고 친밀해지도록 돕는다.[41] 그리스도가 없다면 "믿음은 헛된 것이다."[42] 그리스도는 신성하고 탁월하며 보배로운 존재다.

> 그리스도 앞에는 영혼을 정복하는 덕이 있으며 그리스도의 아름다움 속에는 마음을 사로잡고 압도하는 힘이 있다.[43]

그러나 아름다움을 위하여 고려되는 그리스도가 아니라, 십자가에 못 박히신 그리스도가 우리의 직접적인 믿음의 대상이시다.[44]

믿음에 대해 언약도가 갖고 있는 이해의 풍성함은 현대 기독교인의 이해의 일천함을 보여 준다. 단지 영생의 약속만을 바라는 많은 현대 기독교인의 믿음과 달리 언약도는 믿음을 하나님의 약속과 모든 명령된 의무를 영구적으로 묵상하고 바라보는 것으로 간주했고, 또한 "끝까지 견디어 낸 자를 위해 복된 영원한 면류관"이 예비된 것으로 간주했다.[45]

3. 성화 - 사랑의 은혜

거룩한 생활이 절대적으로 필요한데 하나님께서는 우리에게 무엇보다 그를 기뻐하고 그에게만 순종하고자 하는 새로운 마음을 부어 주시기 때문이다. 우리를 향한 그리스도의 말로 다할 수 없는 과분한 사랑은 다른 사람에 대한 우리의 사랑에 반영된다. 그리고 그것은 용서하는 데서 가장 높은 표현에 도달한다.

어거스틴은 "구원하는 믿음은 … 사랑을 통해 역사하는 믿음뿐 … 이니라" (갈 5:6b)는 점에 주목한다.

---

41 Gray, *Works*, pp. 116, 64.
42 Gray, *Works*, p. 174.
43 Gray, *Works*, pp. 45, 48.
44 Gray, *Works*, p. 30.
45 Gray, *Works*, p. 33.

우리가 누군가가 좋은 사람인지 물을 때 그가 무엇을 믿는지, 혹은 무엇을 소망하는지를 묻는 것이 아니라 그가 무엇을 사랑하는지를 묻는 것이다."[46]

하나님의 사랑의 은사는 우리로 하나님과 다른 사람을 사랑할 수 있게 한다. 우리가 아무리 부지런히 교리를 순종하고 이해하고자 한다 해도, 우리 안에 하나님에 대한 사랑이 없다면 모든 것이 헛되다(요 5:37-42을 보라). 성경은 때로 사랑의 은혜를 "**자비**"(*charity*)로 표현한다. 칼빈은 자비를 그의 교회의 교화를 위한 하나님의 은사라고 부른다.

> 모든 다른 은사가 그 자체로 아무리 탁월하다 하더라도, 그런 은사도 자비에 복종하지 않는다면 아무런 가치가 없다.[47]

니베이에 따르면, 사랑은 "영혼에 대한 애정이며 그것을 통해 사랑은 바람직하고 적절한 선을 추구하고 거기에 착념하게 된다." 그것은 "사람이 자신과 본성에 맞는 것을 사랑하는 자연적 사랑"이 아니다. 그것은 "자연적인 것에 경계를 그어주고 규제하는 영적인 사랑으로 사랑을 더 높이 오르게 하며, 올바른 통로로 달리게 하고, 올바른 대상과 목표를 향하도록 한다."[48] 영적인 사랑의 궁극 목표는 "하나님과의 연합과 교제이며" 그것은 5중적 본성을 갖는다.

① 하나의 좋은 것을 확정하고 의존하게 되는 선택적이고 의존적인 사랑은 하나님에게서 비롯된다.
② 그리스도 안에 있는 하나님의 사랑(마 3:17)과 하나님(시 37:4)과 하나님의 말씀 안에(시 119:92, 143) 있는 신자의 사랑과 같은 기쁘고 자족적인 사랑.
③ 하나님과 신자 간(요일 4:19)의, 사람과 그 친구 간의(잠 27:9, 17) 사랑 같은 우호적인 사랑, 상호 간의 사랑.

---

46 Augustine, *Enchiridion*, chapter 18, p. 243; chapter 31, pp. 247-248.
47 Calvin, *Institutes*, sec. iii.2.9, vol. 2, p. 477.
48 Nevay, p. 283.

④ 성직자(benefice)의 사랑, 혹은 아낌없이 주는 사랑. 인간에 대한 하나님의 사랑이 그러하고 우리의 사랑도 상호 간에 그러해야 한다.

⑤ 동정적인 사랑. 죄인들에 대한 하나님의 사랑이 그러하다(시 103:13). 그리고 이러한 죄인은 다른 사람을 향하여 나아가야 하며 특별히 고난 중에서(욥 6:14) 이러한 사랑으로 우리의 원수를 대해야 한다.[49]

사랑은 탁월한 것이다.

① "사랑의 하나님"(요일 4:7-8, 16)이 되시는 사랑을 만드신 분의 탁월하심을 생각하라. "사랑스러운 예수," 곧 그 대상을 생각하라. "우리 주 예수 그리스도를 변함없이 사랑하는 모든 자에게" 임하는 은혜(엡 6:24), 곧 그 결과를 생각하라. 영원히 지속되는(고전 13:13) 그 본성을 생각하라. 믿음과 소망이 큰 가치가 있다 하더라도, "우리가 더 이상 믿음과 소망이 필요 없어질 때에는 사랑만 남는다."

② 성경은 사랑에 관해 탁월한 약속을 많이 한다. 보물(잠 8:21), 안전과 보존(시 145:20), 보장된 구원(시 91:14), 영생과 왕국(약 1:12), 및 그리스도의 현존(요 12:26). 그리스도는 "나를 사랑하는 자는 내 아버지께 사랑을 받을 것이요 나도 그를 사랑하여 그에게 나를 나타내리라"(요 14:21)고 약속하신다.

③ 그 탁월함은 그를 사랑하는 사람들에 대한 하나님의 사랑에서, 그리고 그를 사랑하지 않는 사람의 비참함에서 명백해진다.

> 그는 하나님이시요 신실하신 하나님이시라 그를 사랑하고 그의 계명을 지키는 자에게는 천 대까지 그의 언약을 이행하시며 인애를 베푸시되(신 7:9).
> 하나님을 사랑하는 자들에게는 모든 것이 합력하여 선을 이루느니라(롬 8:28).
> 만일 누구든지 주를 사랑하지 아니하면 저주를 받을지어다(고전 16:22).

④ "사랑은 한 영혼에게 가장 필요한 것 중 하나다. 그것은 한 영혼의 생명이

---

49 Nevay, p. 284.

며 그 영혼의 안식이다. 사랑 없이 영혼은 행복할 수 없다."
⑤ 사랑은 "영원토록 하나님을 가장 충만하게 누리는 것"이다.

그리스도께서 믿는 자들을 어떻게 빛 가운데 살게 하며, 그들을 생존하게 하며, 그들과 함께 살아가고, 그들 안에서 그의 사랑을 완전하게 하는지를 생각하라(요일 2:10; 3:14; 4:12, 16). 원수에 대한 사랑조차 탁월하다. 그는 의로운 자와 불의한 자에게 비와 햇빛을 공급하신다. 그는 우리를 용서하신 것처럼 우리가 그들을 용서할 것을 요구하신다. 그리고 우리가 그들을 사랑하고 돕기를 요구하신다.[50]

사랑은 다음 증명에서 보여지듯 약속된 언약의 축복이다.

① 새로운 마음이 약속되었다. 따라서 주님을 사랑하는 마음이 약속된다.
왜냐하면 우리가 본성으로는 하나님이 미워하는 자이기 때문이다(롬 1:30).
② 이미 입증한 것 같이 믿음이 약속된다.
지금 믿음은 사랑으로 역사한다(갈 5:6).
③ 복종이 약속된다. 그리고 사랑은 그것의 원천이며, 사랑의 달콤한 구속(고후 5:14)은 예배로 나타난다(렘 8:2).
④ 사랑하며 약혼하는 것도 약속된다(호 2:16, 19-20). 그리고 그리스도 편에서의 부부의 사랑은 언제나 그에 대한 우리의 사랑을 보증한다.
⑤ 그는 그의 사랑 가운데서 머물 것(습 3:17)과 사랑은 반드시 사랑을 낳을 것이라고 약속했다.
⑥ 하나님과 그리스도에 대한 지식이 약속되었다.
그리고 그들을 안다면 누가 그들을 사랑하지 않을 수 있을까?
⑦ 은혜와 영광과 모든 좋은 것이 약속되었다(시 84:11).
그리고 모든 영적인 축복도 약속이 되었는데(엡1:3), 그 중에 사랑은 없어야 하는 것일까?

---

50 Nevay, pp. 285-287.

⑧ 기름 부음같이 그리스도의 이름을 쏟아 붓는 것이 약속되었다.
그렇다면 처녀들이 그를 사랑하지 않을까(아 1:3-4)?
⑨ 금욕이 약속되었다. 그래서 자기애를 몰아냄으로써, 건전한 사랑을 건넨다.
⑩ 주님께서 그의 백성의 기업이 될 것이라고 약속하였고(렘 10:16).
그들은 사랑이 없이는 그 기업을 차지할 수 없다.
⑪ 성령이 약속되었고(학 2:5), 사랑은 성령의 열매 중 하나이며,
열매 중 첫 번째로 간주된다(갈 5:22).
⑫ 하나님을 사랑하는 사람에게는 하늘이 약속되었다(고전 2:9).[51]

니베이는 이러한 교리에 대한 용례를 여럿 나열한다. 청교도와 언약도와 제임스 니스벳이 어떻게 이러한 지식을 적용하는지 보여 주는 사례가 적절한 곳에 포함되어 있다. 영적인 사랑의 5중적 본성은 이러한 용례에 대한 논의를 체계화하기 위한 지침으로 도움이 된다.

(1) 하나님의 사랑은 우리로 그를 선택하고 그를 사랑하게 한다.

하나님의 "사랑은 그 자체에 대한 보응이다." 기독교인은 "참된 기독교적 사랑이 무엇인지 알기를 배우고, 그것과 욕망을 구별하고, 그것을 정의로우시고 가장 중요한 대상이신 하나님께 고정하는 법을 배워야" 한다.

우리를 그의 사랑으로 향하도록 재촉하여 "그에게 얼마나 탁월한 것과 바람직한 것이 있는지," 그가 어떻게 고난당하시고 우리를 위해 큰 일을 하셨는지(갈 2:20), 그리고 "우리가 언약에 의해 어떻게 그를 사랑하게 되었는지"를 생각하라. 특히 "그가 어떻게 먼저 우리를 사랑하셨는지"[52]를 생각하라. 존 오웬(John Owen)은 우리 사랑의 토대는 우리에 대한 그리스도의 사랑이라고 주장한다.

> 우리는 말로 다할 수 없는 그의 사랑으로 인한 거룩한 놀라움 속에서 우리 자신이 잃어버렸던 존재임을 발견할 때보다 그리스도께 더 가까워지는 경우는 없다.[53]

51　Nevay, pp. 290-291.

52　Nevay, p. 284.

53　Jan Anderson and Laurel Hicks, *Introduction to English Literature* (A Beka Book: Pensacola,

제임스 니스벳의 회고록은 죄를 보응하시는 하나님의 무한하신 사랑과 이러한 사랑을 아는 자의 의무 사항에 관한 끝없어 보이는 생각으로 가득 차 있다.

> 죄악을 용서하시고 그의 백성의 죄와 허물을 간과하시며 긍휼하심을 기뻐하시기 때문에 그의 진노를 영원히 품지는 않으신 당신 같은 신이 누구이옵니까?
> 오! 내 영혼아!
> 영원하신 여호와로 그와 같이 놀라운 계획에 착수하도록 움직이는 구속적 사랑의 자애로운 긍휼하심이 얼마나 광대하고 무한히 넓은가! …
> 이것은 밑도 끝도 없는 사랑이었다!
> 여기에 영원토록 천사와 사람에 대한 영원한 경탄과 흠모가 있다. …
> 오! 그대 내 영혼아!
> 내 안에 있는 모든 것들아, 그를 바라보고 포옹하고 놀라워하고 사랑하고 그에게 찬사를 보내어라! 아멘.
> 오! 무한한 사랑이여! …
> 하늘에 있는 그대 천사들아! 그리고 땅에 거하는 그대 모든 거민들아!
> 진노의 바다에 뛰어들어 헤엄쳐서, 계속 나아가 그의 구속의 팔로 감싸 안은 모든 택자들과 함께 포로들을 영광스럽게 승리로 이끌어가는 사람, 그리스도 예수를 바라보라!
> 사람의 자녀의 마음속에 많은 다른 영적인 역병과 더불어 매우 깊은 무신론과 반항이 없을 수 있을까?
> 그들은 아주 오랫동안 셀 수 없이 많은 친절한 초대에 저항해 왔고, 그렇게 많은 영의 두드림에 저항해 왔으며, 그렇게 많은 철 채찍으로 길을 잃고 방황하는 양을 집으로 몰아오는 그 많은 회초리와 고통과 박해에도 저항해 왔다.
> 놀라운 수고가 따르는 무한한 사랑은, … 인내와 … 헤아릴 수 없는 높이와 … 넓이와 … 깊이를 필요로 하는도다!
> 오! 주님!
> 당신 무한한 사랑의 하나님은 당신의 비천한 종들을 찾으시고 당신의 여종의 아

1996), pp. 336-339 (이하 Beka).

> 들을 구원하시옵니다!
> 저로 길을 벗어나 어리석음에 빠지지 않게 하옵시고, 당신의 성령을 슬프게 하지 않게 하옵소서!
> 비록 항상 저로 하여금 이러한 영광스러운 구속자와 그가 이루신 구속의 몫을 요구할 수 있도록 하신다 하더라도, 저로 언제나 당신의 사랑과 믿음과 두려움과 겸손과 자기 부정과 모든 다른 은혜를 실천하게 하옵소서. 아멘.[54]

니베이는 사랑의 은혜에 대한 지식을 "이러한 참된 사랑에 대하여 아무것도 갖지 않은 사람에게는 책망이요, 두려움"이라고 하였다.

> 그들이 율법이나 복음에 대하여 아무것도 모른다는 것이 얼마나 부끄러운 일인가. 사랑은 복음을 수행하는 것이요, 율법을 완전케 하는 것이다.

율법의 총합이 마가복음 12:30에 표현되었는데 **사랑**이라는 단어 하나로 요약된다. 그러므로 "하나님에 대하여 아무것도 모른다는 것"은 얼마나 당혹스런 일일까. "하나님이 사랑이시기 때문이다." 그를 사랑하는 사람에게는 모든 것이 합력하여 선을 이루지만, 그를 사랑하지 않는 사람에게는 모든 것이 악화된다.[55]

(2) 하나님의 사랑은 우리를 이끌어 그를 사랑하고 갈망하며 기뻐하게 한다.

니베이는 권고한다.

> 참된 왕을 사랑하는 모든 사람들로 사랑을 힘써 얻게 하고, 그것을 가장 좋은 은사로, 보다 탁월한 길로 열렬히 갈망하도록 그대의 마음을 북돋우라"(고전 12:31). … (우리의 사랑은) 그것에 잘못된 것은 어떠한 것이라도 우리 마음의 아주 가까이에 생겨나서는 안 될 만큼 부드러운 사랑이어야 한다. 우리의 사랑은 사람들이 하나님의 법을 지키지 않기 때문에 그의 눈에서 눈물이 시냇물처럼 흘렀던 다윗의

---

54 Nisbet, *Private Life*, pp. 160-165.

55 Nevay, p. 284.

사랑처럼 그렇게 부드러운 사랑이어야 한다(시 119:136).[56]

청교도인 존 플레이블(John Flavel)은 언약도의 많은 설교와 비슷하게 그리스도의 사랑에 관한 위대한 설교 "진정 그는 모든 것이 사랑스럽도다"(아 5:16)를 썼다. 플레이블은 그리스도는 "사람의 영혼이 주목할 수 있는 가장 사랑스러운 분"이라고 주장하면서 그리스도의 사랑과 인간의 사랑을 대조했다. 그리스도를 떠난 다른 모든 사랑스러움은 부차적이고 상대적이며 점점 약해지고 소멸하며 유혹하고 제한적이며 불만족스럽다.[57]

> 기독교인은 저 금빛 보이지 않는 그의 사랑의 줄로 그리스도와 연합되어 그리스도 외에 모든 것의 상실을 인내심을 가지고 견디어낼 수 있다.[58]

런윅은 "그리스도를 사랑하지 않는 자는 진정으로 그를 알지 못하기 때문"이라고 말했다. 런윅은 술람미의 사랑하는 자(그리스도)에 대한 요구를 인용함으로써 기독교인의 사랑의 깊이를 묘사한다.

> 너는 나를 도장 같이 마음에 품고 도장 같이 팔에 두라 사랑은 죽음같이 강하고 질투는 스올같이 잔인하며 불길같이 일어나니 그 기세가 여호와의 불과 같으니라. 많은 물도 이 사랑을 끄지 못하겠고 홍수라도 삼키지 못하나니 사람이 그의 온 가산을 다 주고 사랑과 바꾸려 할지라도 오히려 멸시를 받으리라(아 8:6-7).[59]

언약도 목사는 자신의 설교를 아가서에 관한 것으로 가득 채웠다. 불행히도 현대 개혁교회 지도자들은 "연속적인 비유로 사랑의 약속을 말하는"[60] 이 책

---

56 Nevay, p. 287.
57 John Flavel, "Christ Altogether Lovely," in Flavel, *Works*, vol. ii, pp. 214-224.
58 Gray, *Works*, p. 392.
59 Patrick Walker, "The Life and Death of Mr. James Renwick," Walker, *Biographia*, pp. 264-265.
60 Nevay, p. 292; 아 1:7; 2:8-10, 16; 3:1, 4; 5:2, 4-6; 6:2, 3; 7:10, 11.

을 무시한다.

제임스 니스벳은 그리스도의 사랑을 이해하였을 때 언약도가 얼마나 압도 당했는지를 묘사한다.

> 어떻게 주님께서 그들로 주님의 얼굴빛을 보고 기뻐하도록 하셨는지, 그리고 어떻게 주님께서 그들로 그들의 유일한 상급으로서 주님을 기뻐하게 하셨는지를 안다는 것은 매우 놀라운 일이었다.[61]
> 소중하고 친절하며 긍휼이 가득한 주님께서 그들을 소유하시고, 도우심으로 그들로 하여금 그리스도의 얼굴에 나타난 그에 대한 지식과 그의 영광과 그의 십자가의 아름다움과 친절함을 발견하고는 거기에 매혹당하여 환희로 기뻐 뛰게 하시며, 압도당하게 하시고, 자주 그들로 하여금 몹시 놀라 어쩔줄 모르게 하셨다는 것이 얼마나 놀라운가!
> 그래서 작은 생채기를 마음에 두지 않듯, 그들은 죽음에 대해서, 그리고 사람들이 그들에게 하는 말이나 그들에게 행하는 것에 대해서 마음에 두지 않았다. 반대로 그들은 놀라움과 경탄을 가지고 이렇게 외치고 이러한 목적으로 외쳤다. …
> 놀랍도록 선하신 우리 하나님께서 우리로 지금 그의 구속적 사랑 안에 있는 그 아름다움을 보게 하셨기에 … 우리는 우리의 자녀와 우리의 아랫사람 중 가장 비천한 자와 함께 할 때처럼, 그들에게 말할 때처럼 원수의 위협이나 우리에 대한 대중의 눈길을 두려워하거나 당황하지 않노라!
> 오! 참된 신앙이여!
> 하나님의 선하신 뜻이여!
> 그리스도의 친밀하신 구원이여!
> 지지하고 위로하는 은혜의 성령의 능력이여!
> 누군가 우리를 주목할수록 우리 마음의 용기는 더욱 증진되고, 우리는 위협을 받을수록 사람들이 우리에게 행하는 바를 두려워하지 않노라!
> 우리는 가장 강하게 공격을 당해도 죽음을 두려워하지 않노라!
> 우리는 몇 번이고 영원히 그리스도를 사랑하기를 배워 그를 위해서라면 어떤 죽

---

61 Nisbet, *Private Life*, pp. 208-209.

음도 감수할 수 있기에, 부단히 그리스도를 누릴 수 있고, 몹시 기쁜 그의 아름다움과 무한히 가치 있는 왕권은 우리로 어려움을 이겨내도록 하시기에 그리스도 없이 더 이상 살 수 없게 되었노라. …

주 예수여 속히 … 오시옵소서! …
오! 당신의 상냥함이여! 당신의 따뜻함이여!
벌거벗은 자에 대한 그의 안아주심이여!
당신은 성도의 영광스러운 왕이시오!
민족 중에서 높이 찬양받으실 왕이시옵니다!
오! 탁월하고 비할 데 없으시며 뛰어난 당신 예수여!
오! 지극히 사랑스러우신 나사렛 예수!
성부의 영원하고 동일하시며 언제까지나 계속되는 기쁨이여!
오! 우리의 영혼이 당신을 사모하오며 … 경애하오며 … 기뻐하나이다!
우리 영혼은 한 분 하나님, 성부, 성자, 성령, 곧 삼위 속에 계신 한 분, 한 분 속에 계신 세 위격을 온전히 즐거워하기를 갈망하나이다!
오! 누가 당신 같으시오며, 누가 범죄를 용서하오며, 누가 당신 백성의 범죄를 간과하시며, 누가 당신의 노를 품지 않겠나이까?
당신은 자비를 기뻐하시기 때문이옵니다! …
그는 우리에게 살아나라, 살아나라 말씀하셨나이다! …
원수요, 그를 거역한 반역자였던 우리에게조차 … 그러나 오! 우리, 우리조차, 그의 언약의 피로 풍성히 용서하셨고 은혜롭게 용서하셨으며, 우리를 그에게 가까이 극히 가까이 이끄셨사옵나이다.
오! 주여, 이것이 사람의 일이옵니까?
아니, 아니옵니다. 그럴 수 없사옵니다.
그것은 사람의 일도, 천사의 일도 아니고, 놀라운 역사를 이루시는 하나님의 길이요, 방법이라는 것을 우리 영혼은 잘 알고 있습니다. …
오! 주께 구속받았으니, 그 은혜를 놀라워하고 그를 찬양하라! …
누가 우리를 위해 이 모든 말할 수 없이 선한 일을 하였사오며, 누가 우리를 택하여 그와 그의 멸시받은 진리를 위해 십자가를 지고, 신앙을 고백하며, 피흘리며,

죽으며 승리의 증언을 하게 하셨나이까?

그 안에서 그의 오른손의 능력으로 우리가 싸우고 죽고 이겨내기 때문입니다.

오! 소중하고, … 사랑스러우며, … 밝고 소망스러운 그리스도의 십자가! …

그래서 위험을 무릅쓰고 진정으로 그의 십자가를 지고자 하는 그대 모든 이들이여, 그가 그의 능력으로 그대들과 모두를 품을 것이며, 그대들이 마치 그 모든 일을 한 것처럼 보응하여 주시리라. 그가 우리에게 그렇게 행하셨고, 우리 뒤를 따라오는 사람을 결코 더 나쁘게 대하지 않으시리라. …

오! 우리 영혼은 공평하시고, 비할 데 없이 공평하신 하나님이시자 사람이신 주 예수 그리스도와 그의 소중한 십자가의 아름다움으로 인하여 매우 기쁘나이다! …

우리 영혼은 기뻐하고, 즐거움으로 뛰오르며, 이 생명나무의 새롭게 하는 그늘 아래 안전해지나이다. 그리스도, 오직 그리스도와 그의 십자가는 풍성한 기업이요, 소중한 기업이요, 탁월한 기업입니다.

오! 우리 머리의 모든 머리털 하나까지 그를 위해 죽은 사람이었습니다! …

그의 언약의 길에 관심을 기울이고 그를 위해 생명을 잃은 모든 생명이 그 안에서 발견될 것이며, 그에게 구원을 받으며, 그에 의해 구속을 받아 영원한 생명의 면류관을 쓰게 될 것이기 때문입니다.

사랑스러운 교수대여! …

그대는 영원히 축복받은 우리 영혼에게 따뜻하고 끝없는 포옹을 받는 노정(路程)이라오.

오! 우리 영혼의 능력은 하늘만큼 넓고 땅만큼 광활하여 하늘과 땅에 충만한, 소중하고 사랑스러운 그리스도를 많이 받아들이고 즐거워하였나이다!

오! 그를 찬양하라!

오! 우리 영혼아 찬양하라!

찬양하라!

찬양이 합당하도다!

죽음아! 덤벼라!

시간과 공간이 길에서 달아나는구나.

보배롭고 보배로우신 예수 그리스도여 오시옵소서!

사랑스러운 그리스도시여 오시옵소서!

지체하지 마소서!

우리는 기꺼이 당신을 위해 죽어 당신 안에서 당신과 함께 살고자 하나이다.[62]

(3) 하나님의 사랑은 우리를 이끌어 그와 그의 성도와의 친교와 교류를 열망하도록 한다.

서로 사랑하는 것은 예수님의 제자에게 드러나는 중심 특성이다.

> 너희가 서로 사랑하면 이로써 모든 사람이 너희가 내 제자인 줄 알리라(요 13:35).

이러한 사랑은 개인적으로 다른 사람을 위한 사랑일 뿐만 아니라 집단적으로 그 자신을 위한 사랑이기도 하다. 니베이에 따르면 성도에 대한 사랑은 여러 가지 특징이 있다. 그것은 모든 성도에 대한 것이고, 성도 외에 누구에게도 높은 존경과 기쁨을 나타내지 않으며(시 16:3), 그것이 증가할수록 그리스도의 형상에 더욱 부합하며, 그것은 우리 안에 있는 성령의 열매를 나타내고(고전 13:4-5) 아낌없이 베푼다.[63] 언약도에 대한 제임스 니스벳의 기술은 참된 형제 사랑에 대한 탁월한 그림을 제공한다.

> 상호 간에 기독교적 조언과 거룩한 충고를 함으로써, 그리고 그 앞에 모든 것이 발가벗겨진 것처럼 나타날 주님 앞에서 모든 거룩한 신중함과 올바른 행실을 통해서 서로에게 모범이 됨으로써, 서로를 격려하여 사랑하게 하고 선행하도록 그들이 얼마나 많이 애썼는지 알게 된다는 것은 매우 놀라운 일이었다.
>
> 그들은 자신들 앞에 항상 그를 모시고 그에 대한 깊은 감동 아래 살며, 그들 영혼에 행하신 하나님의 선하심에 대한 그들의 경험을 서로 자유롭게 전함으로써 이 일을 했다. …
>
> 모든 위기와 고통 속에서도 그들은 서로를 위로하고 격려하기 위해,

---

62 Nisbet, *Private Life*, pp. 213-222.

63 Nevay, pp. 287, 289.

① 주님의 길은 항상 즐거우며,
② 그의 모든 길은 평화이며,
③ 그의 십자가는 소중하고 쉽고 밝고 명예로우며,
④ 그들이 사랑하고 소중히 여기는 주님께서

그들을 위하여 해 주시는 장식은 지금까지 그들이 십자가를 짊어짐으로써 치러야 했던 모든 빚과 비용 이상으로 갚아 주셨노라고 말할 수 있었다.
이런 이유로 그들은 사도 바울과 함께 이렇게 소리쳤다.

① 우리는 항상 문제를 만나지만 낙심하지 아니하며,
② 당황스러운 일을 만나도 좌절하지 아니하며,
③ 박해를 당해도 버린 바 되지 아니하며,
④ 버려져도 멸망하지 않는다.

이런 이유로 우리는 약해지지 않으며, 우리의 겉사람이 후패하더라도 속사람은 날로 새롭다. 왜냐하면 우리가 잠깐 동안 겪는 가벼운 고난으로 인해 우리에게 훨씬 더 크고 영원하며 가치 있는 영광이 주어질 것이기 때문이다. 그와 동시에 우리는 잠시 있다가 사라질 보이는 것을 바라보지 않으며, 영적이고 영원하며 현재의 믿음에 의해 보이고 누려지는 것을 바라본다.
따라서 저 귀중하고 고난 받는 자들은 서로 짐을 져 주는 자들이요, 서로 진심어린 지지자다. 한편 다윗처럼 그들도 서로에게 "하나님을 두려워하는 그대 모든 이들이여 이리 오라. 내가 그대들에게 그가 내 영혼에 행하신 것을 말하리라"고 했다. 그리고 어느 때든 저 십자가를 짊어진 자들이 낙심하면, 그들은 그 고난 받는 동료에게 자신들이 겪었던 일을 말해 주었던 것으로 알려졌다.
그들 모두 홀로 그곳으로 달려가 그 사람을 위하여 빛과 조언과 위로를 구하며 주님께 부르짖었고, 그 불평하는 사람이 모든 동료 중 최상의 상태가 되기까지 결코 멈추는 법이 없었다. 그래서 그들의 입술은 그들을 위한 그의 낮추심에 대하여 불평보다는 주님의 선하심을 인하여 훨씬 더 자주 그에 대한 찬양으로 가득찼다.
그렇다. 고통스런 환경에도 불구하고 그들 중 어떤 이도 불평하는 경우가 거의 없었다. 오히려 갈렙처럼 그에게 명령한 모든 것을 행하고, 주를 영화롭게 하는 좋은 소식을 가져옴으로써 주님을 충실히 따랐다.

그리고 그들은 종종 "보라! 내가 여기 있노라, 내게 원하시는 대로 하시게 하여, 그를 영화롭게 하라"고 말했다.

오! 나의 영혼아!

주님께 감사드리옵나니, 전능하신 야곱의 하나님을 자신들의 탁월한 검과 활로 삼아 분투하며 십자가를 지는 동료와 나는 언제나 함께 했었사옵니다![64]

불행하게도 혁명 종식 후 공동체의 사람들은 이러한 사랑을 나타내는 데 실패했다. 그 대신 그들은 "기독교의 원리"와 "참된 선"을 무시한 채, "논쟁을 위한 논증을 만들어내는 데" 대부분의 시간을 보냈다. 극단적인 개혁자들은 동료 기독교인과 그리스도의 교회에 대한 사랑 이상의 추상적인 원리와 개인적 경건을 강조함으로써 교회를 무시하였고, 결국 교회를 저급한 거룩함의 악순환에 빠져들게 만들었으며, 기독교 원리에 대한 충성을 후퇴시켰다.

비록 우리가 형제의 죄에 대하여 비판할 수밖에 없는 상황이라 하더라도, 그러한 비판을 할 때는 모든 사람이 죄를 범하였고 하나님의 영광에 이르지 못한다는 사실을 인정하면서 비판이 이루어져야 한다. 존 낙스가 죄에 대하여 담대히 지적할 수 있었던 것은 그가 자신의 죄악된 본성을 공개적으로 고백하였기 때문이었다. 낙스는 어느 서신에서 자기 장모에게 이러한 태도에 대하여 증거하고 있다.

비록 내가 나 자신에게 비참한 결함이 있다는 것과 그런 모습이 결코 없지 않을지라도, 모든 부류의 사람들에게 죄가 현저하게 만연하고 있는 것을 보았기 때문에 강퍅한 반역자에 대한 하나님의 경고를 외치지 않을 수 없었습니다.

그렇게 외칠 때에도 (비록 하나님은 내게 결코 악의도 없고 내가 강퍅한 죄인이 아니라는 것도 알고 계셨을지라도) 내가 간혹 상처를 받은 것은 나 자신도 많은 일에서, (비록 사악한 완고함은 논외로 치더라도) 심지어 내가 다른 사람을 꾸짖는 바로 그 모든

64　Nisbet, *Private Life*, pp. 208-211.

일에서도 나 자신마저 죄를 범하고 있으며 잘못이 있다는 것을 알기 때문이었습니다.

어머니, 내가 이런 것을 씀으로 현재의 내 모습과 다르게 나 자신의 품위를 떨어뜨린다고 생각하지 마십시오.

그러나 사실 나는 내가 글로 표현할 수 있는 것보다 더 악한 사람입니다. 당신은 내가 결코 육으로는 간음자가 아니라고 생각하실 것입니다. 사실 그렇습니다. 그러나 마음은 더러운 정욕에 물들어 있습니다. … 나는 외적으로는 결코 우상 숭배를 하지 않지만 나의 사악한 마음은 나 자신을 사랑합니다. 나는 손으로는 결코 사람을 죽인 살인자가 아니지만 나는 내가 할 수 있었고, 했어야 했던 관대함을 베풀어 빈궁에 처한 형제를 돕지 않았습니다. … 그래서 결론적으로 보자면 내 마음은 하나님의 법에 나타난 하나님의 거룩한 뜻과 일치하지 않게 완전히 악으로 오염되어 있습니다.[65]

낙스는 자기를 아는 사람을 사랑했고 낙스 역시 그들의 사랑을 받았는데, 이는 사람들이 낙스를 "하나님의 면전에서 자신의 죄 때문에 벌벌 떠는" "평범한 형제"로 여겼기 때문이었다.[66]

하나님의 긍휼하심과 공의로우심에 대한 이러한 깊은 이해는 기독교인 간에 사랑의 유대를 위한 기초다. 기독교인은 **"모든 겸손과 온유로 하고 오래 참음으로 사랑 가운데서 서로 용납"**(엡 4:2)하라는 명령을 받는다.

신앙을 이유로 참된 교회에서 독립하는 사람들은 그런 것을 소유하지 않는다. 이러한 그릇된 신앙에 관하여 스피로스 조디레이트(Spiros Zodhirates)가 한 말이 있다.

> 사람들이 그들의 동료를 표준으로 자신을 판단할 때 그들은 밝고 현명하지만, 그들의 지혜를 하나님의 지혜와 비교하면 그것이 얼마나 무가치한지를 알게 된다.[67]

---

65 Lorimer, *John Knox*, p. 42.
66 Lorimer, *John Knox*, p. 155.
67 Spiros Zodhiates, *The Epistle of James and the Life of Faith*, vol. 2, *The Labor of Love* (Grand Rapids: Wm. B. Eerdmans, 1959), p. 173.

우리의 사랑은 모든 사람에게 미쳐야 한다. 사랑이 영혼을 주고 영혼을 용서하기 때문이다. 기독교인은 가난한 사람의 필요를 채워주는 것 뿐만 아니라 그 동료에 대해서도 한층 더 중요한 의무를 갖는다.

> 이 목표 중 어떤 것도 다른 사람에 의해 우리에게 저질러진 죄를 진심으로 용서하는 일보다 더 큰 것은 없다. ―어거스틴

어거스틴은 성경이 우리에게 용서를 요구할 뿐 아니라, 특별히 우리의 지시를 받는 사람을 바로잡아 주고 기도하고 꾸짖고 제한하고 적절하다고 간주되는 규율을 집행할 것을 요구하고 있다고 주장한다.[68] 특히 그리스도께서는 바리새인이 십일조를 드리는 일에 세심함에도 불구하고 "하나님의 정의와 사랑"을 무시하는 것에 대하여 꾸짖으시고 그들에게 "자선을 베풂으로써 그들에게 속한 모든 것을 깨끗하게 하라"[69]고 이르셨다.

(4) 풍성하신 하나님의 사랑의 본성은 우리 안에 하나님의 영광을 위한 선한 의지와 그의 백성의 선을 위한 선한 의지와 복종에 대한 열의를 불러일으킨다.[70]
니베이에 따르면 기독교 사랑의 표지 세 가지다.

① 하나님을 기쁘시게 하려는 거룩한 노력
② 그의 뜻을 행하는 즐거움
③ 그 영혼과 하나님 사이의 소중한 대화를 방해할 수 있는 모든 것에 반대하는 열심과 경계심[71]

성경은 하나님에 대한 우리의 사랑을 증명하는 오직 한 가지 길이 있음을

---

68 Augustine, *Enchiridion*, chapter 19, p. 243.
69 Augustine, *Enchiridion*, chapter 20, p. 244.
70 Nevay, p. 289. Nevay는 선한 의지에 대한 사랑과 사랑의 풍성한 본성에 관하여 논하지만, 특히 두 개념을 연결시키지는 않는다.
71 Nevay, p. 288.

밝힌다.

> 너희가 나를 사랑하면 나의 계명을 지키리라(요 14:15).

모든 율법은 "**사랑**이라는 한 단어로 성취되고 요약된다. 그리고 그 '**사랑은 율법의 완성이다**'"(롬 13:10).[72] 이렇게 요구된 복종은 단순히 율법의 문자에 대한 복종이 아니라, 우리에 대한 하나님의 사랑을 생각할 때 마음속에서 생겨나는 그런 복종이다. 이러한 복종은 모든 덕의 근원이요, 보호자요, 원천이다.[73]

어리석게도 현대의 많은 기독교인은 그리스도께서 하나님의 율법에 대한 복종의 필요성을 제거하였다고 생각하기 때문에 계명을 무시한다. 오직 그의 계명을 지킴으로써 우리가 하나님을 알게 되고 우리 안에서 하나님의 사랑이 완성되며 우리가 그의 것임을 알게 된다(요일 2:3-6). 따라서 언약도와 청교도는 거룩한 삶이 절대적으로 필요하다고 믿었다.

우리는 그와 같이 행해야 한다. 언약도와 청교도는 복종에 대한 상대주의적인 접근을 취하는 현대 기독교인과 달리 사랑과 복종을 통하여 인생의 주요 목적에 대한 **웨스트민스터 소요리문답**의 정의를 성취하였다.

> 하나님을 영화롭게 하고 하나님을 영원히 누리기 위하여 (우리는) 하나님의 눈이 무엇을 중요하게 여기시는지를 깨달아야 한다.[74]

언약도와 청교도는 사도 바울을 따라 극단적인 율법주의(선한 행위를 통하여 구원받는다는 교리)와 율법폐기론(신자들에게 적용할 율법은 없다는 교리)을 거부한다.[75] 어니스트 케번(Earnest Kevan)은 율법과 구원의 관계에 대한 청교도의 관점에 대해 말한다.

---

72 Nevay, p. 284.
73 Augustine, Calvin, *Institutes*, sec. ii.8.5, vol. 1, p. 320에서 인용.
74 Spiros Zodhiates, *The Epistle of James and the Life of Faith*, vol. 1, *The Work of Faith* (Grand Rapids: Wm. B. Eerdmans, 1959), p. 139.
75 Kevan, *The Grace of Law*, p. 22.

청교도는 율법이 하나님께서 세상을 심판하고, 경건하지 않은 자들을 저주하시는 표준이라는 사실을 알고 있지만, 또한 그것이 사람들의 자기 과신을 죽이며, 자신들의 죄와 오염을 드러내고 이들을 그리스도께로 몰아가기 때문에, 그 구원적 사용에 대해서도 잘 알고 있다. …

청교도는 믿는 사람의 길인 율법에 대해 복종하는 일과, 구원의 목표로서 율법을 성취하는 일에 여념이 없다. 그래서 하나님의 율법은 청교도에게 축복과 기쁨에 다름 아니며 그것은 구원의 교리에 속한다.[76]

제임스 니스벳이 언약도를 기술하려고 할 때 언약도를 주님께서 모든 생각과 행동에서 주님의 말씀에 대한 참된 순종의 정신을 갖도록 축복하신 사람들로 묘사하면서 시작한다.

> 나는 그들 중 소수를 제외하곤 언약도가 다음과 같은 이유로 주님을 몹시 사랑하는 사람들이라고 생각한다. 언약도는 하나님의 은혜로 종교개혁에서 얻었던 모든 요소를 마음과 뜻을 다하여 지지할 수 있을 만큼 도움을 입었기 때문이었다. 종교개혁을 통해서 얻었던 요소는 반(反)기독교적 어둠과 오류와 미신에서 하나님의 모든 말씀에 따른 원리와 실천에 대한 장로교 언약의 방법에 이르기까지 온전함과 복음적 단순성을 갖고 있었다.
> 언약도는 그것에 대해 매우 충성스러웠기 때문에 아무것도 잃지 않았으며, 아무도 즐거움을 찾아 떠나지 않았다. 그들은 또한 어떠한 죄악된 굴종으로 자기들이 사랑하는 주님과 주님의 의로운 뜻을 부인함으로써 자신의 양심을 더럽히는 일도 하지 않았다. 또한 언약도는 어떠한 비도덕적인 행위를 통해서도 자신의 생활과 교제를 더럽히지 않았다.
> 언약도는 오히려 주님 안에 있는 그들의 빛을 따라 정직하게 살았다. 그들은 견고하면서 진지했고, 양심적으로 무엇을 선택하고 거절해야 할지를 심사숙고 했으며, 결코 혈과 육을 따르지 않았고, 하나님의 말씀 안에서 하나님께 물었으며, 건전한 신앙의 판단을 따랐다.

---

76 Kevan, *The Grace of Law*, p. 265.

특히 무엇이 의무이고 무엇이 죄인지에 관하여는 웨스트민스터 신앙고백을 고려했다. 언약도는 자주 금식했고 고기와 음료와 의복 등에서 동물에 대한 모든 과도하고 불필요한 남용을 절제하였다. 그들은 궁핍에 처한 사람에게 매우 친절하고 동정적이었으며, 초대 교회처럼 대부분 모든 소유를 공동으로 하였다. 그리고 그들은 이러한 관대함을 종종 스스로 판단할 능력이 없는 사람들에게도 확대했고, 심지어 때로는 분명한 적에게도 확대했다.

그래서 기독교의 원리와 정직한 실천에서 비롯되는 언약도의 빛은 모든 사람 앞에 비추어졌고, 그것은 생각할 줄 아는 편견 없는 사람이라면 누구나 그들로 인해 하나님을 찬양하게 만들었다. 그 빛은 강한 확신으로 가장 악한 적에 감명을 주었고, 그들에게 가장 큰 고통을 불러 일으켜 때때로 그들이 가장 핍박했던 사람과 그들의 길을 칭찬하게 만들었다.[77]

미수에 그친 복종은 우리로 하나님을 사랑하게 만들었다. 우리에게 요구되는 복종은 결코 사람의 일이 아니다. 그것은 우리 안에서 행하시는 그리스도의 일이다. 청교도는 외적인 굴복이나 예수 그리스도의 구원의 은혜에서 떠난 도덕에 반대했다.

> (청교도는) 하나님에 대하여 이루어진 복종은 마음에서 나와야 하며, 그렇지 않으면 하나님이 조금도 받지 않으실 것이라고 믿었다.[78]

율법은 구원하는 믿음 없이는 아무 가치도 없으며, 심지어 "육신적인 이유로 죄를 더 짓도록"[79] 조장할 수도 있다.

믿음이 없는 도덕은 "많은 사람이 무감각하게 파괴에 이르도록 미끄러지는 부드러운 베개"와 같아서 어떤 지속적인 변화도 가져오지 못한다.

---

77 Nisbet, *Private Life*, pp. 203-204.

78 John Dod and Robert Cleaver, *A Plaine and familiar Exposition of the Ten Commandments* (London: 1603), pp. 8-9.

79 Jeremiah Burroughs, *The Saints Treasury* (London: 1654), p. 95.

가장 높은 온도까지 데워진 물이라 하더라도 여전히 물일 뿐이다.[80]

도덕이 복음과 따로 떨어져 존재한다는 생각은 우리 사회의 치명적인 오류다. 그것은 인본주의의 주요 이단이며, 바로잡지 않는다면 우리 나라를 파괴할 것이다.

(5) 하나님의 사랑은 우리를 이끌어 죄인을 동정하게 하고 그 구원을 바라보게 한다.

하나님의 진리만이 유일한 치유책이기 때문에 하나님 말씀에 반대되는 믿음을 용인하지 않는 것은 우리의 사랑을 확증한다. 제임스 니스벳은 관용의 결과를 분명하게 예견한다.

> 나는 작년에 교황 제도와 그릇된 종교에 문호를 개방하면서 받아들인 사악한 관용 정책을 거부한다. 그것은 주님께서 긍휼히 여기셔서 막아주시지 않는다면 모든 참된 신앙의 철저한 전복으로 나타날 것이다."

대학 시절에 고향 교회를 방문했던 어느 주일에 나는 이러한 교훈을 직접 배웠다. 하나님의 심판에 관한 주일학교 메시지에 대해, 나는 "그러나 하나님은 사랑의 하나님이시다!"라고 대답했다. 교사 글린 알렉산더(Gleen Alexander)는 나에게 하나님의 사랑과 심판은 불가분 관계라는 것을 보여 주면서, 나의 오도된 진부한 의견을 입 다물게 만드는 성경 구절을 가지고 신속하게 반박하였다. 그것은 증언이었고 그런 사람의 살아 있는 증거였는데, 그들의 사랑은 반쪽 진리를 초교파적으로 수용하기 보다는, 진리를 나눔으로써 나타났으며 그것은 20대 후반에 나를 교회에 합류하도록 이끌었다. 교회는 파멸로 이끄는 반쪽 진리에 대한 교회일치적인 포용보다는 이런 종류의 사랑을 필요로 한다.

---

80 Thomas Edwards, *Baxterianism Barefac'd Drawn from literal Transcript of Mr. Baxter's* (London: 1699), pp. 153-158.

코넬리우스 반틸(Cornelius Vantil)의 말에 따르면 "사랑의 매"라는 냉철한 현실은 "참된 교회 일치 운동은 아브라함의 믿음을 소유하지 않은 사람을 그리스도의 교회에서 배제할 것을 요구한다"는 것이다.[81] 언젠가 토머스 왓슨(Thomas Watson)은 이렇게 말했다.

> 하나님에 대한 사랑은 오류를 반박하는 증거를 사랑하는 것이다. 충만한 사랑의 마음이 결여되어 있으므로 사람의 머리는 오류로 가득 차 있다. 그리고 부도덕한 견해는 거룩한 사랑의 결핍에서 비롯된다.[82]

제임스 니스벳은 언약도가 어떻게 하나님의 진리를 획득하고 진리에 대한 사랑을 보여 주었는지를 묘사한다.

> 진리에 대한 이러한 존귀한 모험가와 충성스러운 구름 같은 증인은, 은혜를 힘입어 강하게 그리고 고귀하게 대가를 치르고, 자기를 부정하며, 그들의 존귀한 주요, 구세주를 포옹하고, 스스로를 구별하며, 그에게 … 굴복하고, 그를 위하여, 그리고 당시에 매우 부정되고 경멸을 받던 그의 귀중한 진리를 위하여 십자가를 짊어지기로 각오했다. …
> 그들이 이 세상에서 순례의 길을 가는 동안, 주님과 주님의 섭리는 그들을 이끌어 많은 궁핍과 피곤함과 나쁜 소식과 기쁜 소식뿐 아니라 셀 수 없이 복잡하고 연속되는 환난을 견디도록 하였다. … 주님은 … 가장 크고 지독한 시련으로 그들을 겸손하게 하고 시험하며 시련을 겪게 하고 그들을 은혜로 성숙케 하셨다. …
> 그 시련은 그들을 잔인한 적의 수중에 떨어지게 하는 것이었고, … 그들을 무섭고 끔찍한 모습으로 죽게 할 것이라고 위협하는 통치자와 위인 앞에 세우는 것이었다.
> 그러나 오! 그때
> 주님의 위대한 이름에 영광스럽게도, 주님의 의로우신 뜻에 영화롭게도,

---

81 Van Til, p. 231.

82 Thomas Watson, *A Divine Cordial*, in W. W. Woodward, *A Pious Selection* (Philadelphia: W. W. Woodward, 1815), p. 112.

그들의 영혼에 어떤 작은 위안이나 위로도 없었을지라도,
주님뿐만 아니라 그들에게도 원수가 되는 모든 자들에게 수치스럽고 혼란스럽게도,
친절하고 긍휼하신 하나님이신 주님께서 얼마나 놀랍고 은혜롭고 확실하게 그들을 지지하고 인정하고 도우셨던가!
그들은 그 적의 면전에서 크게 자유롭고 담대하게, 극히 정숙하고 평온한 마음으로, 온갖 위험 가운데에서도 주님의 경멸당하고 유린당하는 진리의 모든 부분에 대한 진실하고 변함없는 충성을 선언했다.
그들은 그 진리의 지극히 작은 부분이라도 이를 위해 많은 생명을 바치고 피흘릴 만큼 가치가 있다고 여겼다. 그리고 그들은 진정 지극히 사소하게라도 적들과 어울리거나 연루되지 않았으며, 오히려 개혁된 언약도 스코틀랜드 장로교회가 수용한 원리에 가장 충실했던 사람 중에 속해 있었고, 하나님께 가장 특별하게 인정받은 사람이었다는 사실은 주목할 만한 것이다.
그들이 경애하는 주님께서 그들에게 견뎌낼 수 있는 은혜를 주시거나, 혹은 모든 위험에 맞설 수 있는 은혜를 베푸심으로 그들을 인정하고 도우신 것은 얼마나 놀라운 일이었던가!
주님과 주님의 뜻에 대한 그들의 사랑의 힘은 너무 큰 것이어서, 그들의 사랑은 미혹을 받아 자연적인 생명을 사랑함으로써 주님을 부인하고 주님의 원수와 연합할 수 없었다. 도리어 그들은 그를 위하여 모든 것을 버리고 잃고자 하였다.
그들이 경애하는 긍휼하신 주님께서는 그들을 인정하고 도우심으로, 그에 대해 거룩하고 사랑하고 공경하는 경외감을 갖게 하셨고, 또 항상 그들의 마음을 다스리시되, 특히 시련과 유혹이 극에 달하여 큰 위험에 빠졌을 때 그들의 마음을 다스리셨던 것이 얼마나 놀라운 일인가!
그래서 그들은 조금이라도 하나님의 원수와 연루되거나, 유혹에 이끌리는 일로 주님의 크신 이름을 불명예스럽게 하거나, 스스로 양심에 상처를 주거나, 의로운 자의 세대에 걸림돌이 되거나, 사악한 일을 하는 원수를 더욱 강퍅하게 할까 몹시 마음을 졸였다.
그들은 스스로에게 또 서로에게 말했다.

① "작은 것에 충성하지 않는 사람은 큰 것에도 충성하지 않을 것이다."
② "이미 세운 것을 무너뜨린다면, 스스로를 범법자로 만드는 것이다."
③ "사람 앞에서 주님과 주님의 진리를 고백하지 않는다면 그리스도께서도 그 사람을 그의 아버지와 천사 앞에서 인정하지 않을 것이다."
④ "생명을 사랑하거나, 그보다 더 좋아하는 어떤 것을 사랑하는 사람은 그에게 아무 쓸모도 없는 사람이다."

따라서 범죄하는 것과 고난당하는 것 중에서 선택해야 할 때, 옛적에 성도들에게 전달되었던 믿음을 위해 열심히 싸우는 것이 그들이 감당해야 할 의무라고 판단한 것은 현명한 처사였다. 그리고 현명하게도 그들은 영적이고 영원한 것을 잃기보다 잠시 있다가 사라질 것을 잃는 편이 낫다고 판단했다.[83]

(6) 니베이는 다음의 방법을 사용하여 약속에서 사랑을 찾아내는 것이 기독교인의 의무라고 주장한다.

① 기도가 "영혼을 담대하게 하고 하나님과 친밀해지게 만들기 때문에 우리는 기도해야 한다." 그리고 "기도는 죽어가는 사랑의 불꽃을 휘저어 불을 켠다."
② 우리는 "죄악에 대해 생생한 감각"을 유지해야 한다.
③ 우리는 "주님을 배워서 알아야 한다. 우리가 그를 알수록 그를 더 사랑하게 된다."
④ 우리는 "우리에 대한 그의 사랑을 확신하도록 힘써야 한다."[84]

하나님께서 우리 스스로가 만든 사랑을 잘 받으실 것이라고 생각하는 것은 크게 어리석은 일이다. "하나님을 기쁘시게 해드리는 사랑은 그가 베푸시는 사랑이다."[85]

그 자녀에게 베푸시는 하나님의 약속된 사랑은 항상 효과적이다. 니베이와

---

83 Nisbet, *Private Life*, pp. 211-214.
84 Nevay, p. 291.
85 Nevay, p. 292.

제임스 니스벳은 다음과 같은 숙고를 통해 나타나고 있듯이, 그가 택하신 백성을 향한 하나님의 약속하신 사랑이 어떻게 해서 결코 실패하지 않고 그들을 변화시킬 수 있는지에 주목했다.

> 그들은 죄악된 방법으로 자기 재물을 보존하기보다 그것을 상실하는 것을 기쁘게 받아들였으므로, 주님께서 얼마나 크게 그들을 도우셔서 죄를 이기고, 마음의 모든 역병을 이기며, 세계를 상실하게 만드는 모든 유혹을 이기게 하셨는지를 깨닫는 것은 매우 놀라운 일이었다.
> 그들의 부모와 친척은 그들이 잠시 동안 죄악의 즐거움을 누리기보다 주님과 주님의 영광스러운 길을 위해 증언하는 일에 모세처럼 하나님의 백성과 함께 고난 당하기를 택했다는 이유로 그들에게 극도로 분노했다.
> 그런데 주님께서 그들을 어떻게 도우셨기에, 그들에게 극도로 분노했던 부모와 친척의 성난 얼굴을 이겨낼 수 있게 하셨을까?
> 자기를 부인하고 십자가를 진 이 모든 고귀한 사람은 주님의 힘과 주님의 전능하신 능력으로 극복해냈다. 그들은 그의 도우심으로 그들의 잔인한 적의 위협적인 분노와 죽음에 대한 공포를 이겨냈다.[86]
> 그들이 경애하는 긍휼하신 주님께서 그들을 인정하고 도우심으로 그들을 성화하고, 새롭게 하며, 은혜와 자비를 강화하셨던 것이 얼마나 놀라운가!
> 그래서 그는 전능한 능력으로 그들을 도와 죄와 죽음의 몸을 이기게 하셨다. 주님은 그들을 묶고 있는 죄악의 속박을 친절하게 푸셨고, 그들의 죄악의 족쇄를 신속하게 차버리셨으며, 새로운 기운이 생겨나도록, 그의 화목한 얼굴을 신속하게 비추게 하셨다.
> 하지만 그들은 내면의 죄악과 영적으로 낙심시키는 것과 유기의 어두운 그늘과 수고롭게 투쟁하지는 않았다. 하지만 그들을 구조하여 밖으로 끌어내기 위해 값없이 주시는 은혜와 풍성한 자비가 크고 신속하게 베풀어졌다. 그 점과 관련하여 지혜로우신 하나님께서는 그들을 위해 달리 하실 일을 갖고 계셨다.
> 그것은 주님의 교회를 통치하시는 왕과 머리가 되시는 그리스도의 말로 표현할

---

86 Nisbet, *Private Life*, pp. 208-209.

수 없는 특권에 대하여 사악한 자가 자행하는 신성모독적인 침해에 대해 반대하고, 그를 위해 선한 고백을 증언하는 것이었다. 그들은 은혜를 통해 도움을 입어, 매우 즐거운 마음으로 변함없이 그렇게 고백했다.

· 그들이 경애하는 친절하며 긍휼하신 주님께서 용서하시는 은혜와 자비하심과, 그들에게까지 미치는 그리스도 안에 있는 그의 탁월하고 구속적인 사랑의 감각, 곧 그토록 부드러우며 영혼을 만족시키는 감각으로 그들과 동행하셨다는 것이 얼마나 놀라운가!

적의 수중에 빠져 있는 동안, 적의로 가득찬 적의 비난과 조롱과 야유와 잔인한 위협에서 생겨나는 극단적인 시련을 겪는 동안, 그들의 짧은 시간은 대부분 그들의 죄를 사해 주신 하나님을 높이고 감사하고 찬양하는 데 드려졌다. …

이런 일을 위해서, 그들은 기독교인 친구와 경건한 동료를 초대하여 하나님을 거듭 찬양하였는데, 이는 하나님께서 그들을 위하여 은혜로, 은혜롭게 낮아지심으로 많은 일을 행하셨기 때문이었다. 진정으로 복종하는 일에서, 그의 분명한 영광을 주장하고 지지하는 일에서 그를 위해 너무 작은 것밖에 못했던 그들은 서로 자주 이렇게 말하였다.

"오! 우리가 우리 머리털만큼 목숨이 많다면, 주님을 섬기는 데 이 목숨을 모두 기꺼이 바칠 것이고, 우리의 가장 소중한 피로 주님의 보배로운 진리를 인칠 것이며, 그를 위해 증언할 것이고, 원수의 죄악된 침해를 비판하여 증언하리라."[87]

4. 성화 – 소망의 은혜

소망은 하나님 안에서 즐거움과 기쁨을 낳고, 주님에 대한 신뢰를 낳는다. 우리의 소망은 영생에 이르기까지 제한되지 않아야 한다. 그것은 또한 대 명령과 유대인의 구원과 그의 교회의 영화를 성취하기 위한 것이어야 한다.

제임스 니스벳은 소망의 은혜에 대한 언약도의 견해를 잘 표현했다.

---

87 Nisbet, *Private Life*, pp. 215-216.

그것은 어린 양의 피로써 성령에 의해 내 영혼에 효과적으로 적용된 하나님의 변치 않는 완전한 자족성으로, 나의 유일한 근원이시며 영광의 소망이시다. … 그는 영적인 심령에 어울리는 유일한 목표이시기 때문이다. 왜냐하면 남자와 여자의 마음을 채우고 만족시킬 수 있는 피조물은 달리 전혀 없기 때문이다.[88]

니베이는 로마서 8:24을 인용하면서 소망을 "그가 약속하셨던 바, 하나님에게서 말미암은 보이지 않는 것에 대한 확실하고 인내심 있는 기대"로 규정한다. 소망은 믿음과 같이 약속을 바라보며 이 두 은혜는 상호 관련되어 있다.

> 우리가 성령으로 믿음을 따라 의의 소망을 기다리노니(갈 5:5).

소망은 또한 폭풍을 만날 때 커다란 위로의 원천이다.

> 소망은 모든 폭풍을 타고 다닌다. 그것은 확실하고 안전한 영혼의 닻이다.

그것의 목표는 **그리스도 안에 있는 하나님**이시며(딤전 1:1), 그것의 수단은 **약속이고**(행 26:6), **그리스도**(골 1:27)시다. 그것의 결과는 **영혼을 잠잠케 하는 것**(시 42:5, 11)이며, **심령을 깨끗하게 하는 것**(요일 3:3)이다.[89]

(1) 소망은 탁월하고 유용한 은혜다.

① 성경은 소망을 선하며(살전 2:16) 더 낫고(히 7:19) 복되며(딤전 2:13) 생생하고(벧전 1:3) 확실하며 안전한(히 6:19) 것으로 권한다.
② 앞서 논의했듯이 시편에서 말씀하는 소망의 세 가지 대상이 탁월하다는 것을 생각하라(즉, 그리스도의 말씀 안에 있는 소망과 주권과 자비). 이들 대상은 그리스도와 함께 영원히 사는 것에 대한 소망의 궁극적 목표와 함께 **예수 그리스**

---

88 Nisbet, *Private Life*, p. 248.
89 Nevay, pp. 263-264.

도와 그의 복음 안에 있는 소망(골 1:15; 딤전 1:1)을 가리킨다.[90]

③ 소망의 본성을 생각하라. 그것은 "우리가 이 소망을 가지고 있는 것은 영혼의 닻 같아서 튼튼하고 견고하여 휘장 안에 들어가나니"(히 6:19)라고 말씀하기 때문이다.

④ 소망에 대한 탁월한 여러 용례를 생각하라. "하나님께서 스스로 물러가심으로 싸움에서 어떤 은혜도 도무지 소용없을 때 소망이 필요하다"(시 43:5). 그것은 "하나님 안에서 즐거움과 기쁨을 낳는다"(롬 12:12; 히 3:6). 그것은 "우리를 부끄럽게 하지 않는다"(롬 5:5). 그것은 주님의 일에서 크게 격려한다.

> 그러므로 내 사랑하는 형제들아 견실하며 흔들리지 말고 항상 주의 일에 더욱 힘쓰는 자들이 되라 이는 너희 수고가 주 안에서 헛되지 않은 줄 앎이라(고전 15:58).

⑤ 소망의 탁월한 동료인 인내를 생각하라. 그것은 우리를 하나님 안에서 안식하게 하고 그리스도를 기다리게 한다(시 37:7; 살후 3:5).

⑥ 구원의 투구로서 그것이 어떻게 우리의 머리를 영원히 보호하는지 생각하라(엡 6:17).

⑦ 성경의 여러 탁월한 약속은 소망과 연관되어 있다.

> 여호와 자기 하나님에게 자기의 소망을 두는 자는 복이 있도다(시 146:5).

⑧ 그리스도와 함께 하는 영원한 삶의 탁월함을 생각하라(골 1:3; 딛 3:7).

⑨ "소망 없이 살다가 죽는 사람의 비참함"[91]을 생각하라.

(2) 소망은 약속된 언약의 축복이다.

① 다윗은 그의 소망을 하나님께 두었다.

---

[90] Nevay, p. 265; Calvin, *Institutes*, sec. iii.9.5, vol. 2, p. 29.

[91] Nevay, pp. 265-266.

내 어머니의 젖을 먹을 때에 의지하게 하셨나이다(시 22:9).

② 소망은 소망의 하나님으로 말미암는 은혜를 통한 언약의 약속이다(롬 15:13).
③ 복음은 "더 나은 소망을 가져온다"고 말한다(히 7:19).
④ "그리스도는 죽음에서 살아나셨으며, 우리가 소망을 갖도록 높아지셨다"(벧전 1:21).
⑤ 성경은 은혜와 믿음과 확신과 중생과 영원한 생명과 힘과 자족과 즐거움과 모든 선한 것을 약속한다. 이러한 것은 소망과 떨어질 수 없다(시 84:11; 사 40:31; 아 3:24; 롬 4:16; 7:24; 살전 5:8; 살후 2:16; 히 12:2; 벧전 1:3).
간단히 말해서 거짓말을 하실 수 없는 하나님은 세상이 시작되기 전 영원한 생명 속에 있는 이 소망을 약속하셨다(딛 1:2).[92]

(3) 니베이는 이러한 교리에 대해 다음의 용례를 제시한다.

① "약속도 소유하지 못하고, 자신들을 위한 그리스도도 소유하지 못한" 사람에겐 아무런 소망도 없다.
그들의 소망은 거미줄과 같아서(욥 8:14) 결국 소멸된다. 더욱이 그것은 "언약 없이 사는 사람에게는 공포"인데, "그들은 하나님도 소망도 없는" 슬픈 상태에 처하기 때문이다.

> **질문**: 도움을 청하기 위해서 누구에게 달려갈 것인가?
> **대답**: "이는 헛되니 우리는 우리의 계획대로 행하며 우리는 각기 악한 마음이 완악한 대로 행하리라 하느니라"(렘 18:12)고 대답한다.

② 그리스도와 그의 약속 안에 있는 소망인 참 소망을 갖는 법을 배워야 한다.

그대가 다가올 위대한 일, 곧 이러한 영원한 것에 대한 소망을 갖는다면, 외적이

---

92 Nevay, pp. 268-270.

고 사라질 것에 대한 소망은 무용한 것으로 보일 것이다.[93]

③ 그대의 소망이 참된 것인지 시험해 보라.

    A. 소망은 하나님을 기업으로 볼 뿐이다(아 3:24).

    B. 소망은 육체에 대해 어떠한 확신도 없으며, 그리스도 예수만 기뻐한다(빌 3:3).
       …

    C. 소망은 특별하고 견고한 확실성을 가지며, 의심할 수 없는 성경의 진리에 의존한다(롬 15:4). … 소망은 참되다. 신자의 소망은 흔들릴 수 있으나 (닻을 내렸기 때문에) 결말은 보다 확실하게 고정될 것이다.

    D. 소망은 사람이 만들어 놓은 커다란 방해 속에서도 영혼을 지키고 진리에 더 가까이 가게 한다(시 119:23, 81-82, 161; 사 8:17). …

    E. 소망은 구원일 뿐만 아니라 성화다. 소망은 정화시키는 본성이다(요일 3:3). …

    F. 소망은 영혼 속에 평온을 가져오며, 영혼의 많은 만족과 즐거움을 가져온다. 그래서 소망 안에는 인내와 기쁨이 있다(살전 1:3; 히 3:6).

    G. 소망은 희망해야 할 것을 나타내며 너무 탁월해서 다른 모든 소망을 헛되고 공허한 것으로 만든다. 소망은 그에 대하여 사랑하는 마음과 그를 추구하는 열망을 정화시킨다.

    H. 소망은 영혼을 소생케 하며 다른 것이 실패할 때 신선하고 새로운 힘으로 영혼을 회복시킨다(시 73:26).

    I. 소망은 참된 곳에서 근신과 결합될 것이다(벧전 1:13). …

    J. 뿌리내리고 기초가 튼튼한 소망은 매우 다양한 경험의 딸이다(롬 5:4).[94]

④ 그대는 "소망에 의해 스스로를 제어하는 것"이 필수적이다. "왜냐하면 소망은 호흡만큼이나 필수적이어서 그것 없이 살거나, 일할 수 없기 때문이다." 그대가 소망을 얻게 될 때, 그것을 "힘써 키우고 유지하라."

---

93 Nevay, pp. 264-265, 270.

94 Nevay, pp. 267-268.

⑤ 소망은 "은혜 언약 안에서 살고 죽는 사람에게 견고한 위로의 문제"다. 그들이 아무리 두려워 하더라도 "언약의 하나님 안에서 모든 일이 선한 소망의 근거를 나타내며 선한 소망의 문제이기 때문이다." 그의 은혜와 자비의 풍성함을 생각하라(사 43:25; 엡 2:4). 그의 "무한한 능력"(롬 4:21)과 "틀림없는 진리"(딤후 2:13)와 "무한한 이해와 자비"를 생각하라. 그분만 "우리의 모든 문제를 어떻게 해야 가장 유익하게 다룰지"(벧후 2:9)를 아신다.

⑥ "예수를 피난처로 삼고 그에게 피한 사람이, 자기 안에 절망스러운 생각을 숨기는 것은 얼마나 두려운 죄인가!"

그러한 도피는 "어리석게도 하나님을 비난하는 것이고," "죄와 사탄을 하나님보다 더 강하게 만든다." 욥도 이런 잘못을 범하지 않았음을 주목하라(욥 1:22). 절망하는 사람은 은혜의 수단(예를 들면, 말씀을 경청하는 것)을 받을 수 있도록 적절히 준비할 수 없다.

⑦ "자신 안에서, 자신의 능력 안에서 소망을 갖는" 사람은 더욱 위험하다. 다른 사람은 "하나님이 이들의 모든 확신을 거절하실 것"임을 확신했다. 이사야의 말씀은 "주께서 그의 손으로 하신 일을 선하게 대하실 것"이라고 주장하는 사람을 꾸짖는다.

> 백성이 지각이 없으므로 그들을 지으신 이가 불쌍히 여기지 아니하시며(사 27:11).

마찬가지로 잘못하여 그 소망을 교회의 특권 속에 두거나(렘 7:4; 롬 2:28), 하나님의 자비하심에 대한 그릇된 이해에 소망을 두는 사람에게(눅 16:25) 성경은 지옥을 제공할 뿐이다.

> 간단히 말해서, 하나님이 자비로 "베푸시는 것을 거절하는 사람에게는 자비가 없다." 내가 너희에게 말하노니 전에 청하였던 그 사람은 하나도 내 잔치를 맛보지 못하리라 하였다 하시니라(눅 14:24).[95]

---

95 Nevay, pp. 268, 270-272.

(4) 복음 안에 있는 소망

앞서 논의했듯이, 언약도와 청교도는 복음의 진보에 관한 낙관주의적인 전망을 견지했다. 리처드 카메론(Richard Cameron)은 죽기 직전에 시편 46:10 설교에서 모든 민족을 제자 삼음으로써 이러한 진보에 대한 소망을 표현했다.

> 진리로 인하여 위험에 처한 그대는 걱정하지 않는다. 우리 주님께서는 이방인 중에 높임을 받으실 것이다. 그러나 많은 사람이 "우리는 그가 모든 악한 자를 그 왼손에 붙잡는 마지막 날, 큰 날에 그가 높임 받으실 것을 알고 있다"고 말할 것이다.
> 그렇다. 그러나 그는 "내가 세계 중에서 높임을 받으리라"(시 46:10)고 말씀하신다. 그는 땅에서 높임을 받으셨다. 그러나 그의 일을 가장 놀랍게 높이는 것을 우리는 아직 보지 못했다. 하나님의 백성은 이미 완전히 높아졌다. … 그렇다. 스코틀랜드 장로교회는 매우 높다. … 그러나 우리가 보았던 이 모든 높임은 다가올 것에 비하면 아무것도 아니다.[96]

기독교의 미래에 대한 이러한 낙관적인 견해는 **후천년주의**(*postmillennialism*)로 불린다. 후천년주의자는 많은 성경의 예언이 성취되는 그리스도의 재림 전 1,000년의 기간(반드시 1,000년일 필요는 없다)이 있을 것이라고 주장한다. 웨스트민스터를 따르는 목사와 청교도와 언약도가 후천년주의자로서 유대인의 구원과 성경에 약속된 이방인의 수가 찰 것을 믿었다는 것에는 의심의 여지가 없다. 니베이가 말한다.

> 복음을 설교하는 데 있어서 유대인이 들어오고 이방인의 수가 찰 때, 그리스도 왕국이 더욱 영광스러울 것이라는 점은 성경을 알지 못하는 사람조차 크게 의심하지 않을 것이다.[97]

---

96 Richard Cameron, Kerr, *Sermons*, p. 457에 나오는 설교.

97 Nevay, pp. 434-435.

제임스 두르햄은 자신의 『요한계시록 주석』에서 후천년주의적 전망을 적절하게 제시한다.[98] 두르햄은 개신교 종교개혁의 성공은 천년기의 시작을 나타내며 거기에서 순교한 증인의 증언을 가진 사람이 다스릴 것이라고 주장한다.[99] 이러한 황금기는 일곱 개의 진노 대접이 쏟아져 적그리스도를 완전히 파멸시킬 때 변화와 함께 점진적으로 일어날 것이다.

다른 후천년주의적 해석은 다른 날짜를 매우 다양하게 제시한다. 아마도 약속된 황금기를 방해하는 것은 모두 현대에 만연한 기도와 소망의 결핍일 것이다.

사탄이 우리의 기대를 약화시키고자 하는 것이 진정 놀랄 일인가?

청교도와 언약도의 낙관주의에 대한 반대는 현대에 만연되어 있는 전천년주의적 철학의 염세주의다. 전천년주의자 다비(J. N. Darby)에 따르면 이 세상

---

[98] Durham, *Revelation* (1680 edition), vol. 2, pp. 326-328, 332-333, 342-343, 349, 395-396, 460-462, 468-469.

[99] 후천년주의 견해는 요한계시록에서 봉인과 나팔과 대접은 세 개의 다른 기간을 나타낸다고 주장한다. Durham은 증인의 죽음과 부활, 계 11장의 일곱 번째 나팔과 계 15장의 성전 개방과 20장의 사탄의 결박은 천년기를 시작하는 동시적 사건으로 본다. 봉인은 로마 제국과, 그와 연관된 박해를 통한 복음의 확산을 나타낸다. 나팔(8-11장)과 여인에 대한 박해(12-13장)는 천년기 이전 1,260년 기간 동안 참된 교회에 대한 적그리스도의 박해를 나타낸다. Durham은 **웨스트민스터 신앙고백**의 견해에 동조하여, 가톨릭 교황에 의해 유형화된 거짓 교회가 적그리스도라고 주장한다. 이러한 가정 아래 그는 증인의 부활은 개신교 종교개혁의 승리를 나타낸다고 주장한다. Durham은 천년기 통치를 기독교인이 개신교 순교자의 증언을 지지하는 기간으로 간주한다. 그리스도는 개인적으로 다스리지 않고 그의 성도를 통하여 다스린다. Durham은 1,260년이라는 기간의 시작은 적그리스도의 권력 쟁취에 해당한다고 생각한다. 그는 그것을 주후 300년(로마가 기독교를 주후 313년에 도입하였다) 후에 있어야 할 것으로 간주한다. 그러므로 그는 천년기 통치의 시작은 스코틀랜드처럼 참된 교회 국가의 회복과 더불어 1,560년경 시작된 것으로 간주한다. Durham은 또한 일곱 번째 나팔 후에 풀려진 하나님의 진노의 일곱 대접에 의해 적그리스도와 그의 추종자가 더욱 약해질 때 천년 기간에 황금기가 일어날 것이라고 주장한다. 비록 현재의 배교가 이러한 결론과 모순되는 것처럼 보일지라도 즉각적이거나 끊임없는 성공에 대한 약속은 전혀 없다. 엘리야가 깨달았던 것처럼, 우리는 현세적 증거에 의해 하나님 왕국의 상태를 판단하지 말아야 한다. 기껏해야 천년 기간 동안 교회는 세상을 극복하는 하나의 훈련소(계 18:4)일 뿐이다. 힘은 숫자에 의해서가 아닌 진리의 순수성에 의해 측정된다. 우리는 단순히 여러 검을 가지고 이기는 것이 아니라 유일한 하나의 검, 곧 말씀으로 이기는 것이다. 파멸된 악인은 많다(계 14). 참된 복음이 확산될 때, 큰 저항을 예상하라. Durham은 대접을 로마가톨릭교회와 일반적으로 그릇된 종교에 파괴적인 것으로 해석한다. 제1, 제2의 개신교 종교개혁은, 적그리스도의 땅(즉, 그릇된 교리)과 바다(즉, 의식들)와 물의 근원(즉, 그릇된 복음)에 쏟아진 첫 번째 대접이 아닌가? 유대인의 구원은 새로운 나라인 이스라엘에 의해 나타나는 바, 진행 중인 것이 아닌가? 더 나아가, 세 개의 불결한 영(계 16)인 용, 짐승, 거짓 선지자는 천년 기간을 나타낸다. 이러한 것이 바로 주님의 권위와 자비와 말씀에 대한 사탄의 공격이 아닌가?

에서 복음의 승리에 대한 희망을 가질 이유가 전혀 없다.

> 선의 계속적인 증가를 소망할 것이 아니라, 악의 증가를 예상해야 한다.[100]

이언 머레이(Ian Murray)는 전천년주의가 예루살렘에서 시작되는 그리스도의 1,000년 지상 통치(부활한 성도와 함께 지상에 물리적으로 돌아오신 후)를 공고히 하기 위해 교회는 그리스도의 재림이 이루어질 때까지 아무런 미래도 가질 수 없다고 가정하기 때문에, 전천년주의적 개념을 소망의 빛이 소멸된 것이라고 부른다.

히브리서 9:27 본문 하나만으로도 그것을 충분히 논박할 수 있다. 전천년주의적 개념의 유일한 근거는 언약도와 청교도에게는 이질적인 성경 본문에 대한 과도한 문자적 해석뿐이다. 니베이는 말한다.

> 나는 천년기 신봉자들이 그렇게도 자주 내세우는 요한계시록 20:4이 성도들이 그리스도와 함께 다스릴 것이라고 말하고 있는 것이지, 그들이 그와 함께 지상에서 다스릴 것이라고 한 것은 아니라는 점을 분명히 한다.[101]

다른 견해는 천년기가 그리스도의 부활과 함께 시작되었다거나, 예언이 예루살렘의 멸망으로 성취되었다고 주장한다. 비록 기독교인이 예언에 관한 견해가 서로 다르다 하더라도, 그리스도께서 그 성도의 마음속에서 다스리신다는 사실을 인정하지 않는 해석이라면 그것은 오류다.

이 지상에서 천년의 영광스러운 기간조차 영원한 삶이라는 대양에서는 단지 하나의 물방울에 지나지 않는다. 그러므로 기독교인은 결코 주와 함께 영원히 살아가는 참된 소망에 대해 망각하지 말아야 한다. 그럼에도 불구하고 그리스도는 하나님의 왕국이 임하도록 우리에게 기도하라고 명하시며 **그의 뜻이 하늘에서 이루어진 것처럼 땅에서도**(막 6:10) 이루어지도록 기도하라고 명하신다. 이것이 우리의 기도가 되어야 한다.

---

100 J. N. Darby, Murray, *Puritan Hope*, p. 201에서 인용.
101 Nevay, pp. 434-435.

5. 성화 – 또 다른 은혜

다른 성화의 은혜는 우리의 정신을 다스리는 지식과, 우리의 마음을 묶는 신실함과, 우리의 의지에 불을 붙이는 열심과, 자기 부인을 이끄는 절제와, 하나님과의 교제를 가능하게 하는 거룩한 두려움과, 적절한 관계를 가능하게 하는 의로움과, 모든 은혜를 적절히 전하는 겸손함과, 우리를 그리스도에게 순응하게 하는 온유함과, 견인을 가능하게 하는 인내를 포함한다.

니베이는 아홉 개의 또 다른 성화와 구원의 은혜에 대한 설교에 전념했다.

1) 지식은 우리 마음을 다스린다

성경에 따르면 "구원하는 지식은 귀하고 측량할 수 없는 축복"이며 그것은 "믿음의 기초를 놓는다"(고후 4:13-14). 그것은 지혜와 하나다.[102] 그것의 토대는 진리이고 진리는 그리스도의 가장 중요한 사명이다.

> 내가 이를 위하여 태어났으며 이를 위하여 세상에 왔나니 곧 진리에 대하여 증언하려 함이로라(요 18:37a).

진리는 그의 말씀 속에서 발견된다.

> 너희가 내 말에 거하면 참으로 내 제자가 되고 진리를 알지니 진리가 너희를 자유롭게 하리라(요 8:31-32).

그리스도께서는 "무릇 진리에 속한 자는 내 음성을 듣느니라"(요 18:17b) 약속하신다. 존 니스벳의 유언과 제임스 니스벳의 회고록에서 볼 수 있듯이 말씀은 그들이 변함없이 집중하고 있는 문제였다.

언약도는 다윗이 "내가 주의 법을 어찌 그리 사랑하는지요 내가 그것을 종일

---

102 Nevay, pp. 236-237.

작은 소리로 읊조리나이다"(시 119:97)라고 했던 것처럼 진리를 추구했다. 그들은 하나님의 진리의 가장 작은 부분까지도 그들의 목숨을 바쳐 변호했다. 청교도인 윌리엄 거놀(William Gurnall)은 사탄의 주요 목표는 그 진리를 우리에게서 강탈해가는 것이라는 점을 우리에게 상기시킨다.

이것을 목적으로 사탄은 "그릇된 교사의 모습으로 뱀처럼 다가오며," "잔인한 박해자의 모습으로 사자처럼 다가온다." 그러므로 기독교인은 스스로 진리로 무장하고 "진리에 대한 진지한 사랑으로 마음이 불타오르도록"[103] 힘써야 한다. 청교도와 언약도는 진리는 신자를 성화시키는 데 실패할 수 없다고 믿었다(수 23:14; 겔 36:25-27; 요 8:32; 17:17; 엡 4:21-23).[104]

성경은 지식을 "가장 바람직하고 탁월한 것으로" 드러낸다.

> 사탄은 선악을 아시는 하나님처럼 되는 것보다 사람에게 더 큰 유혹이 없다는 것을 알았다(창 3:5).

(1) 그것은 탁월한 언약적 축복이다.

① 가장 높은 지식은 하나님의 지식이다. 그것은 "하나님과 우리 자신을 알고, 그래서 우리가 그에게 찬사를 보내고 경배하듯이 그를 알고자 하며, 우리가 우리 자신을 혐오하듯이 우리 자신을 알고자 한다"(고전 2:10-12).

② 그것만이 신자들에게 하나님의 형상대로 갱신하기 위한 모델을 제공한다(골 3:10).

③ 그것은 "과연 영혼의 눈이고 봄의 빛이다."

④ 어떤 지식이 영생을 주는 지식에 비할 수 있을까?

⑤ 진리의 지식이 없다면 "비참함 외엔 아무것도 없는데, 이러한 빛을 갖지 않은 사람은 넘어지지 않을 수 없기"(요 11:10) 때문이다.

---

103 Gurnall, *Complete Armour*, pp. 293, 309.

104 William Gurnall, *The Christian in Complete Armour; A Treatise of the Saints' War against the Devil*, 2 vol, (Edinburgh: The Banner of Truth Trust, 1979 reprint), vol. 1, p. 315 (이하 Gurnall, *Complete Armour*).

⑥ 그것은 만족할 수 있는 유일한 지식이다. 모든 다른 "지식은 근심을 더한다"(전 1:18).

⑦ 예수의 진리는 "가장 내면을 파고드는 지식"(엡 4:2)이다.

⑧ "지식은 믿음을 위한 토대다"(고후 4:13-14).

⑨ "위대한 것들은 이러한 지식에 의해서 약속된다." 장수와 같은 현세의 축복(잠 3:13, 16; 24:14), 은혜와 평강이 더욱 많아지는 것 같은 영적인 축복(벧후 1:2), 영원한 생명과 행복.

지식은 "지혜는 그 얻은 자에게 생명 나무라 지혜를 가진 자는 복되도다"(잠 3:18).[105] 지식은 크게 약속된다. "물이 바다를 덮음 같이 여호와를 아는 지식이 세상에 충만할 것"(사 11:9; 합 2:14)이며 모든 사람이 주를 알게 될 것이다(렘 31:34).[106]

(2) 이는 다음의 사실로부터 분명해진다.

① 주님은 죄인과 온유한 자(시 25:8-9)와 어리석은 자(잠 9:4)를 가르치시리라 약속하신다.

② 그는 그들에게 그의 언약(시 25:12)과 그를 경외함(렘 32:39)과 모든 것(요일 5:20)과 성경(요 10:4)을 가르치시리라 약속하신다.

③ 그는 그들 마음에 그의 법을 기록하시고(렘 31:33) 그의 영을 부어 주시며(잠 1:23) 모든 것을 기억나게 하실 것(요 14:26)을 약속하신다.

④ 진리에 대한 지식은 구하는 자에게 하나님께서 주시는 약속된 언약적 축복이다.

    A. 우리가 잃어버린 것은 하나님의 형상의 일부다. 이에 대해 우리가 새로워져야 하나님이 우리를 소유하실 것이다.(엡 4:23; 골 3:10).

    B. 그것이 약속에서 나오지 않는다면 그것을 소유할 수 없는데 우리의 이해력이 어두워져 흑암 자체이기 때문이다(엡 5:8).

---

105   Nevay, pp. 246-247.

106   Nevay, p. 250.

C. 우리는 언약으로 하나님의 자녀다. 그래서 빛이 우리에게 허락될 것이 틀림없다.

D. 언약은 결혼 언약이다. 그래서 그리스도와 그의 신부 사이에 감추었던 비밀이 드러날 것이다(요 15:15). 어딘가 그리스도께서 제자들에게 말씀하셨던 바, "내가 아버지께 들었던 모든 것을 너희에게 알게 하였다."

E. 지식은 영혼의 양식이며, 목자들은 이러한 매우 필요한 양식을 분배하는 일을 할 것이라고 약속되었다. 그것은 욥에게 더욱 그랬다(욥 23:12).

F. 하늘이 약속되었다. 그리고 이러한 지식은 하늘 문을 여는 필요한 열쇠 가운데 하나다(눅 11:52).

G. 성화는 지식 없이 이루어질 수 없는데, 그것은 진리에 의해(요 17:17) 존재하기 때문이다. 지식이 없다면 마음도 선해질 수 없다(잠 19:2). 지식의 결핍은 담대히 죄를 짓게 만들어 영광의 주를 십자가에 못 박기까지 한다(고전 2:8). 심지어 지식 없는 열심은 무가치하다(롬 10:2).

H. 그리스도는 이런 목적을 위하여 선지자로 기름부음을 받았으므로 그의 백성에게 지식을 가르친다(신 18:15; 사 61:1).[107]

(3) 니베이는 이러한 교리에 다음의 용례를 제시한다.

① 우리는 이러한 지식을 결여하고 있는 사람의 비참한 상태를 깨달아야 한다. 이러한 지식이 없다면, 사탄의 권세와 영원한 불의 저주 아래서 사람들이 비참함과 어둠의 생활을 할 수밖에 없다(시 14:1-4; 행 26:18; 엡 4:18; 살후 1:7-8). "이러한 지식의 결여는, 특히 빛이 비추이는 곳에서 하나님의 논쟁(God-controversy)을 위한 특별한 근거가 된다"(시 76:1; 호4:1).

② "만약 이러한 지식이 매우 탁월한 것이라면, 사람들에게서 지식의 수단을 빼앗아가는 일에 힘쓰는 사람의 죄는 얼마나 큰 것인가?"

③ "우리는 소리를 질러 지식을 구하고 목소리를 높여 지혜를 찾아야 하며, 은을 구하듯 그것을 찾고, 숨겨진 보물을 찾듯 그것을 찾아야 한다. 이 지식을

---

107 Nevay, pp. 250-251.

찾으라. 이 지식만이 사람과 짐승을 진정으로 차이 나게 하기 때문이다. 지식의 결핍으로 사람은 저 깨닫지 못하는 짐승같이 된다"(시 32:9; 잠 2:3-4; 사 1:3).

이러한 지식을 얻기 위하여 우리는

A. 거룩을 배우고(잠 8:9; 14:6),
B. 육적인 지혜를 부인하며(잠 26:12),
C. 기도를 통해 하나님을 찾고(딤후 3:16),
D. 지혜 있는 자에게 배우며(잠 15:12; 말 2:7),
E. 겸손과 근신(롬 12:3)과 매우 중요한 것으로
F. 알고 있는 바를 실천(요 7:17)해야 한다.

구원얻는 지식의 증거는

A. 은혜의 수단을 통하여 지식을 더하기를 소원하고(시 1:2; 잠 1:5),
B. 마음으로 말씀 깨닫기를 결심하며(히 10:24),
C. 맡은 직무를 하나님의 뜻에 따라 실천하고(요 13:17; 살전 4:3),
D. 지식이 더해감에 따라 겸손함도 더해가며(잠 30:2),
E. 경건함을 따라 예수님의 말씀과 교리의 교훈에 충실하고,
F. 하나님의 형상으로 변화(고후 3:18)하는 것이다.[108]

④ 이러한 교훈은 "지식의 수단을 갖고는 있으나 아무런 지식도 갖지 않은 사람에 대한 책망이요, 무서운 것이다." 특히 그것은 마음의 지식보다 책을 찾는 사람에 해당한다. "거룩함의 실천으로 향하지 않은 모든 지식은 헛것이다"(겔 12:12).

⑤ 비록 우리가 성경의 비밀을 찾는다 할지라도 하나님과 그의 아들 예수 그리스도에 순종하게 만드는 그런 지식을 찾아야 한다. 이러한 지식의 유일한 원천은 그리스도시다. "믿는 자들을 위하여 지혜와 지식의 모든 보화가 그리스도 안에 쌓여 있다"(골 2:3).

⑥ 이러한 지식을 얻기 위하여 우리는 "먼저 언약 안에 있어야 하며 하나님

---

108 Nevay, pp. 248-250.

과의 언약 관계 속에 있어야 한다." 우리는 그리스도를 "첫 선물로 생각해야 한다. 진정으로 그리스도가 선물로 받아들여지고 나면, 다른 선물도 확실하게 기대가 될 것이다"(롬 8:32).

그의 이름으로 구할 때, 우리는 "약속에서 그것을 이끌어내야 한다. 왜냐하면 언약 속에 있는 모든 것이 약속에서 오기 때문이다." 그리고 우리는 "그것을 갖거나 그것을 취득하기 위하여, 손에 지불할 대가를 갖고 나오지 않고 빈 손으로 나가, 그것을 은혜로 주시는 선물로 받아야 한다"(고전 8:2). 마지막으로 니베이는 언약 밖에 사는 사람에게 묻는다.

> 그렇다면 이것이 없다면, 모든 지식이 어떻게 그들에게 도움이 될 수 있을까?

지혜를 얻지 못하고 죽는 것은 슬픈 일이다(욥 36:12).[109]

2) 거룩한 두려움이 하나님과의 교제를 가능하게 한다

거룩한 두려움을 이해하기 위하여, 거룩한 두려움이 아닌 것이 무엇인지를 아는 것이 중요하다. 그것은 "죄가 없을 수도 있는 자연적 두려움"이 아니다(히 5:7). 그것은 그리스도의 멍에를 피하거나 하나님의 길을 피하는 죄악된 두려움이 아니다. 그것은 마귀가 갖고 있는(약 2:19) "오직 속박된 영의 결과와 열매이기 때문에 진노와 형벌에 따른 두려움"도 아니다(롬 8:15). 그것은 "사람을 하나님에게서 피하게 만드는" 두려움도 아니다(계 6:16-17). 그것은 올무에 빠뜨리는(잠 29:25) "하나님보다 사람을 더 생각하는 두려움"도 아니다.

그것은 "하나님에 대한 거룩한 두려움으로 하나님께서 성경에서 명령하시고 추천하시는 하나님에 대한 거룩한 두려움이며, 당연히 다른 두려움은 금지된다"(출 20:20; 사 8:12-13).

---

109 Nevay, pp. 251-254.

(1) 거룩한 두려움은 다음과 같은 속성을 갖는다.

① "그것은 하나님의 심오한 위엄과 능력과 완전하심에 대한 인상에서 비롯된다"(창 28:16-19; 31:42, 53). "그것은 하나님의 위대하심뿐 아니라 선하심을 두려워한다"(호 3:5).

② 그것은 주로 예배를 드리는 것(시 89:7; 말 3:16)과 심판의 집행(계 14:7)과 "어떤 희귀한 사역을 행하심"에서 나타난다.

③ "이러한 두려움은 대부분 죄에서 비롯되며 하나님을 거역하는 데서 비롯된다"(잠 13:13).

④ "그것은 주님의 노여움과 진노를 두려워한다"(시 90:11). 그것은 "주로 하나님과 그의 사랑에서 분리되는 두려움"으로, "우리의 행실을 보다 조심스럽고 신중하도록" 하고, 우리의 직무에 근면하게 한다.

> 우리 하나님은 소멸하는 불이시니(히 12:29).

그의 진노를 생각하라. 그러나 그 목적은 우리로 무엇보다 우리의 정당한 징벌과 죄책과 비참함을 생각하도록 하는 것이 아니라 그의 자비하심을 바라보도록 하는 것이다.[110]

니베이는 거룩한 두려움은 탁월하고 유익한 언약의 축복이라고 주장한다.

> 여호와를 경외하며 그의 계명을 크게 즐거워하는 자는 복이 있도다(시 112:1; 115:13; 128:1).

하나님은 그것을 소유한 사람만을 받아주신다(행 10:35). 다음의 구절은 그 탁월성을 증명한다.

A. 그것은 **지식과 지혜의 근본이다**(시 111:10; 잠 1:7).

110　Nevay, pp. 273-253; 말 3:16이 추가적으로 언급된다.

B. 그것은 깨끗하며 영원히 계속된다(시 119:9).

C. 그것은 사람의 마땅한 본분이다(전 12:13).

D. 그 안에는 견고한 의뢰가 있나니 그 자녀들에게 피난처가 있을 것이다(잠 14:26).

E. 그것은 죽음의 올무에서 벗어나는 생명의 원천이다.

F. 재산이 적은 사람이 여호와를 경외할 때, 여호와를 경외하지 않는 큰 재산을 가진 사람보다 더 부요케 된다(잠 15:16).

G. 하나님을 경외하는 자는 족하게 지내고 재앙을 당하지 않는다(잠 19:23).

H. 다른 은혜는 여호와를 경외함으로써 예배에서 적절히 정돈되어 나타나고, 바로 그런 방면에서 보존된다.

I. 여호와를 경외함으로써 그 마음은 하나님을 떠날 수 없게 되고(렘 32:40), 여호와를 예배하는 데서 여호와를 경외하는 것은 확대된다(사 60:5). 그러나 더 나아가 이 은혜의 탁월함은 그것에 대하여 주어지는 많은 완전한 약속에 의해 나타난다(시 33:18-19; 34:7, 9-10; 103:11, 17; 11:10; 147:11; 잠 10:27; 말 2:5; 3:16; 행 10:35). ···

J. 이러한 두려움이 결여되어 있으며 경건하지 않은 사람에게 초래될 모든 고통과 재앙을 추가하라.[111]

거룩한 두려움은 약속된 언약의 축복이다.

그들이 해가 있을 동안에도 주를 두려워하며 달이 있을 동안에도 대대로 그리하리로다(시 72:5).

그것은 예레미야서 32:39-40에서 보다 완전하게 표현되어 있다.

내가 그들에게 한 마음과 한 길을 주어 자기들과 자기 후손의 복을 위하여 항상 나를 경외하게 하고 내가 그들에게 복을 주기 위하여 그들을 떠나지 아니하리라 하는 영원한 언약을 그들에게 세우고 나를 경외함을 그들의 마음에 두어 나를 떠나지 않게 하고(렘 32:39-40)..

---

111 Nevay, pp. 276-277.

거룩한 두려움이라는 약속된 축복이 없이 다가오시는 하나님을 상상해 보라. 그것은 바로 하나님의 이름(창 31:42, 53)이고, 모든 사람의 본분(전 12:13)이며, 견인의 유일한 수단(요 8:35)이고, 바로 지식의 근본(잠 1:7)이다. 그것은 우리 마음을 두려움에서 지켜 주는 것이며(시 112:7-8), 하나님 앞에 점도 없이 우리 얼굴을 들 수 있게 한다(욥 11:15). 그것이 없다면 사람은 교만하고 대단히 어리석은 자다(잠 14:16). 간단히 말해 그것이 없다면 "하나님을 예배할 수도 없고 교제할 수도 없다"(신 6:13; 말 1:6, 11; 행 10:35). 거룩한 두려움은 바로 왕국의 법이다(히 12:28). 그러므로 그것은 약속된 것이 틀림없다.[112] 천사들이 그것을 소유한 사람을 둘러싸고(시 34:7) 하나님은 그들에게 언약의 비밀을 보여 주신다(시 25:14).[113]

(2) 니베이는 이러한 교리에 대해 다음의 용례를 제시한다.

① 자연적인 두려움과 거룩한 두려움을 혼동하지 말라.
② 기독교인은 "아들의 두려움과 종의 두려움"을 구분해야 하며, 전자를 택하고 후자를 버려야 한다." 더욱이 사람을 두려워 말라.

> 몸은 죽여도 영혼은 능히 죽이지 못하는 자들을 두려워하지 말고 오직 몸과 영혼을 능히 지옥에 멸하실 수 있는 이를 두려워하라(마 10:28).

③ 기독교인은 "이 거룩한 두려움을 소유하기 위해 연구해야 할 뿐 아니라, 그것을 매일 주님께 갖고 나와서 그의 높으심과 거룩하심과 위대하심과 선하심에 대한 새로운 인상을 얻음으로써 마음속에 항상 유지해야 한다.
오! 이러한 두려움은 마음을 위한 좋은 동무요, 존귀한 보호자다."[114]
④ 그것이 없는 사람에게 하나님은 약속하신다. "**두려움이 물같이 그에게 닥**

---

112 Nevay, pp. 279-281.

113 Nevay, p. 47.

114 Nevay, pp. 273-275.

칠 것이다"(욥 27:20).

⑤ 거룩한 두려움을 소유한 사람은 "항상 그것에 감사하면서" 매일 그것을 값비싼 보물처럼(잠 23:17; 사33:6) 지키고 보호하는 데 큰 수고를 해야 한다.

⑥ 이런 거룩한 두려움을 결여하고 있는 사람은 두려워할 이유가 있다(시 53:5). "번영 속에서도 파멸자가 그들에게 임할 것이기 때문이다." 반면에 이러한 두려움을 소유함으로써 사람들은 모든 다른 두려움에서 해방을 받는다(요일 4:18).

⑦ 그대가 만일 "하나님을 하나님으로 두려워하기를 배우지 않는다면, 그대는 그를 하나님으로 영화롭게 해드릴 수 없다." 우리는 "그의 능력"(욥 37:23; 시 76:7; 렘 5:22)에서, "그의 통치를 위하여"(욥 25:3; 시 99:1; 렘 10:7), "그의 영광스러운 사역에서"(합 3:16), "그의 심판에서"(시 119:118-120), "베풀어 주신 그의 모든 선하심과 자비하심을 위하여"(시 130:4; 렘 5:23-24) 하나님을 두려워하는 것을 배워야 한다.[115]

⑧ 거룩한 두려움을 가진 사람은 이러한 특징을 갖고 있다.

    A. 그들은 "하나님 보시기에 모든 악한 것을 피한다"(잠 3:7; 16:6).

    B. 그들은 죄, 특히 은밀한 죄(창 39:9; 욥 31:23, 27; 시 139:21; 잠 8:13; 렘 2:11-13)에서 떠나고 그것을 삼가며 미워한다.

    C. 그들은 자기가 이룬 것에 안주하지 않으며, 그 대신 완전한 복종을 구하고 **두렵고 떨림으로 자기의 구원을 이루려고 한다**(빌 2:12; 또한 고후 7:1을 보라).

    D. "그들은 사람을 두려워하지 않는다"(마 10:28).

    E. 그들은 공적인 예배와 개인적인 예배(스 9:4)에서 하나님의 말씀을 존중하고 영광을 돌린다.

    F. 그들은 하나님의 거룩한 이름을 마음 깊이 경외한다(왕상 8:43; 말 1:14).

    G. 그들은 자기의 "마음과 눈과 방법"에 대해 경계를 늦추지 않는다(잠 4:23-27).[116]

---

115 Nevay, pp. 279-280.

116 Nevay, pp. 281-282.

3) 열심은 우리 의지를 불타오르게 한다

어거스틴은 "큰 열심이 마음에서 타오르지 않는다면" 사랑과 소망과 믿음의 은혜를 적용하는 것이 어렵다고 가정했다.[117] 이런 시각에서 니베이는 열심을 정의한다.

> 그것은 거룩한 불이다. 그것은 하늘에서 오며 하늘을 향하여 움직인다. 그것은 모든 사람을 하나님의 일에서 사자로 만들고, 그가 소유한 어린 양으로 만드는 것이다. … 그것은 거룩한 하늘의 지혜의 지도를 받아, 사람의 내면에 있는 모든 것을 자극하여 불타오르게 하며, 하나님을 복종하고 예배하는 일에서 사람의 노력을 북돋는다.
>
> 그것은 … 특별히 모세(출 32:19-20)와 비느하스(민 25:7-8)가 그랬듯이, 한 사람의 소명의 범위 내에서 모든 합법적인 수단에 의해 하나님의 명예를 보존하고 증진시키고 지지하는 데서 나타난다.[118]

(1) 그것은 탁월한 축복이며 그것을 소유한 자에게 하나님은 상을 베푸신다 (민 25:11-13; 왕하 10:30).

① "그것은 주님의 왕의 복장, 밝게 빛나는 의복이다. 이사야서 59:17에서 그는 열심을 입어 겉옷으로 삼으신다."

② "그것은 한편에서는 그리스도께 음식이나, 반면 그것은 그를 또 하나의 음식으로 삼킨다"(요 4:34와 요 2:17을 비교하라).

③ 바울은 "항상 선한 것에 의해 깊이 영향받는 것이 좋다"고 권고한다.

성경은 우리에게

ⓐ "말씀 안에서, 말씀에 관하여"(시 119:97; 눅 24:32; 행 16:14; 18:25),

---

117 Augustine, *Enchiridion*, chapter 1, p. 237.

118 Nevay, pp. 292-293.

ⓑ 주님을 공손히 섬기는 것(롬 12:11)과 기도(약 5:16)와 회개(렘 31:19)와 자비(순수한 마음으로 뜨겁게 서로 사랑하는 것[벧전 1:22])에서 특히 "진리를 위한 대단히 열성적인 주장에서"(유 3) 뜨거운 열심을 보이라고 명령한다.

④ "사람이든 사물이든 하나님께 최고인 것이 가장 탁월하다."

열심은 하나님을 위한 특별한 길에 있다. 그의 명예를 위하여(민 25:13), 그의 집을 위하여(시 69:9), 그의 백성을 위하여(고후 11:2), 그의 왕국을 위하여(눅 13:24), 그를 예배하는 것, 즉 그것을 정화하고 회복하는 것을 위하여(왕상 19:10), 선한 사역을 통해 그를 영화롭게 하기 위하여(딛 2:14). 그것은 주님을 위하여 모든 악한 자에 반대하는 것으로 다윗이 그러했다(시 26:5; 119:138-139).
그리고 특별히 위선자(마 23:33)와 거짓 교사(슥 13:3; 빌 3:18)와 우상 숭배자(신 13:6, 8; 왕상 18:40)와 미신(행 17:16)과 … 안식일을 범하는 자(느 13:17, 21)와 그런 자를 징계하지 않는 자(삿 21:5, 10)와 하나님의 백성의 모든 원수에 반대했다(삼상 11:1, 2; 17:10, 48).

⑤ "이러한 은혜의 탁월함은 라오디게아 교회처럼 그것을 결여하고 있는 비통함으로부터 나타난다"(삼상 2:12, 29-30; 살후 2:10-11; 계 3:16).
⑥ "그것은 우리의 봉사를 받아들일 수 있게 한다"(약 5:16).
⑦ "그것은 어떤 면에서 하늘을 침노하는 그런 은혜다. 그것은 **천국으로 침노를 당하게 하고, 침노하는 자는 빼앗는다**"(마 11:12).
⑧ "그것에 대하여 주어진 아름다운 약속이 많다"(계 3:19-21).[119]

(2) 그것은 다음 증거로 확증되는 바, 약속된 언약의 축복이다.

① 자연인은 신앙의 일에 대해 아무런 열심도 가질 수 없기 때문에 그것은 약속에 의해 나타나야 한다.

---

119 Nevay, pp. 294-296.

② "열심은 약속이 된 강렬한 사랑과 복종의 행동에 다름 아니다."

③ "우리는 언약으로 보증된 주님의 열심을 가지며," 그의 열심은 "사람들의 열심에 불을 붙인다"(사 9:6-7; 37:31-32).

④ "참된 신앙은 그것 없이 목적을 달성할 수 없다. 힘쓰지 않고는 그 정문을 들어갈 수 없을 것이다. 그리고 힘쓰는 것은 열심을 실천하는 것에 다름 아니다"(눅 13:24).

⑤ "경건한 근심이 약속되며 그 안에 있는 특별한 요소가 열심이다"(고후 7:11).

⑥ 극심한 박해를 받을 때(사 24:14-15) 우리가 하나님을 영화롭게 할 것이 약속된다."

⑦ "견인이 약속되며, 그것은 열심 없이 존재할 수 없다."

⑧ "한 백성을 사서 자기 것으로 삼아, 선한 일에 열심하도록 하는 것은 그의 구속 사역에서 그리스도의 큰 계획이었다"(딛 2:14).

⑨ 제단 위의 향은 복음의 열심을 예시했다(출 40:5).

⑩ 성경과 복음은 열성적으로 그것을 약속하고 명령한다(사 2:2-3; 롬 10:19; 계 3:19).[120]

(3) 니베이는 이들 교리에 대한 다음의 용례를 제시한다.

① 유다의 종교개혁자의 열심과 비교해 우리 시대의 열심의 결여를 슬퍼하라. 우리는 우리의 차가운 마음에 슬퍼해야 한다.

② 열심을 추구하되 거짓 열심을 주의하라. 참된 열심은 "인간 자신의 두뇌의 산물"과 "인간 자아의 위대한 일"(렘 45:5)이라기보다는 "하나님의 위대하고 선하신 것"에 초점을 맞춘 "사랑에서 솟아난다."[121]

③ 열심 없이 기독교인이 되는 것은 불가능하다. "은혜는 열심이 사라진 잠자는 상태나 죽은 상태가 아니다."

④ 그대가 열심의 특징을 갖고 있는지 스스로를 점검해 보라.

---

120 Nevay, pp. 298-299.

121 Nevay, p. 294.

A. 지식을 따르고(롬 10:2),

B. 힘을 다하며(전 9:10),

C. 부지런히(행 18:25),

D. 우리 자신의 일에서는 유순하나

　하나님의 일에서는 뜨거우며(민 12:3과 출 32:19를 비교하라),

E. 말뿐 아니라 행동에서도,

F. 모든 죄를 미워하는 일에서 일정하며,

　모든 직무를 환영하는 일에서 공평하고(마 7:4; 23:23),

G. 사악함과 오류와 신성모독(계 2:2, 4)에 대하여 용납하지 않으며,

H. 성실하며,

I. 다른 은혜와 일관되게 행동해야 한다

　(예를 들어, 고후 12:20-21에서와 같은 겸손).

⑤ 이러한 사실은 "악하고 맹목적인 열심"[122]을 가진 사람에게는 일종의 공포의 대상이다.

⑥ 성경은 열심을 구하는 사람에게 그것을 주시리라고 약속한다. 더 나아가 하나님의 교회를 위한 더 큰 열심을 가진 강력한 시대가 앞에 있다.

⑦ "그것을 소유하고자 하는 모든 사람은 그것을 소유하기 위하여 언약 안에서 그리스도께 나아가야 한다. 약속 안에 계신 그리스도는 그것을 소유하고 계시다. 그것을 소유할 수 있는 어떤 다른 길도 존재하지 않는다. 그것은 값비싼 보물이요, 추구할 가치가 있는 값비싼 보물이다."

⑧ 열심을 추구하는 사람은

　ⓐ "열심과 반대되는 모든 것(예를 들어 타락에 빠져드는 일)을 피하도록 연구해야" 한다.

　ⓑ "주님의 선하심에 대하여 많이 자주 생각하라."

　ⓒ "그러한 것들이 불충분함을 부끄럽게 여기라." 더 나아가 열심을 계발하기 위

122　Nevay, pp. 296-297.

하여 모든 은혜의 수단들을 사용해야 한다(예를 들어, 말씀을 경청하고, 열심 있는 사람들과 친분을 유지하며[철이 철을 날카롭게 한다], 활력이 넘치는 목사 아래서 생활하는 것).[123]

1662년에 추방된 많은 청교도 목사 중 하나인 토머스 왓슨은 기독교인이 하늘의 왕국을 침노하여 차지할 필요성에 대해 강조했다(마 11:12). 그렇게 하기 위해서 기독교인은 거룩한 맹렬함으로 **진리**와 **구원**을 추구할 필요가 있다.

왓슨은 진리를 "그 왕국에서 가장 좋은 의용군(militia)"으로 간주하고 구원을 "생사의 문제"로 간주했다. 천국을 침노하여 차지하려면 기독교인은 그들의 모든 직무(예를 들어, 기도, 묵상, 반성, 안식일 준수, 말씀 읽기와 듣기)를 거룩한 맹렬함으로 열성적으로 수행할 필요가 있다.[124]

그러한 거룩한 맹렬함에는 이런 것들이 필요하다.

ⓐ 불굴의 의지(시 119:106)
ⓑ 활기찬 애정(시 42:4)
ⓒ 힘찬 분투

청교도에게 게으른 사람과 악한 사람 사이에는 아무런 차이가 없었다.

너 악하고 게으른 종아(마 25:26).[125]

현대 사회는 진리와 근면을 사회의 보루로 여겼던 청교도의 이상을 오랫동안 무시해 왔다.

---

123 Nevay, pp. 299-300.
124 Watson, *Heaven Taken by Storm*, pp. 1-37.
125 Watson, *Heaven Taken by Storm*, p. 52.

4) 절제는 자기 부인을 가리킨다

절제는 "결코 작은 은사가 아니다. 만약 그것이 올바르게 실천된다면, 그것은 자신에 대하여 올바른 관리를 하는 데 있어서 사람이 감당해야 할 대부분의 직무를 포함할 것이다"(딛 2:11-12). 절제는 "사람을 규제하고 불법적인 것들에 대한 강한 욕망을 느끼지 않도록 제한하고 합법적인 것에 대한 그의 욕구를 조절한다." 절제는 감정을 조절하고 "진지하게 살게 할 뿐 아니라 진지하게 생각하도록 만든다."

그것은 사람의 기분을 진정시키고, 영적인 훈련을 위해 사람을 좋은 틀과 상황 속에 두는 "기독교인의 탁월한 은사요, 장식"이다. 성경은 고귀한 동료들을 그것에 위탁한다. "그것은 앞에 불침번을 세우고 뒤로는 선행을 남긴다. 근신은 그 둘 모두에 좋은 영향을 미친다"(딤전 3:2, 11).

성도들에 의해 나타난 절제를 생각하라(예를 들어, 다니엘은 자신을 지켜 우상에 바쳐졌던 음식을 먹지 않았다[단1:8]). 절제가 결핍되면 사람이 어떻게 개와 돼지로 변하는지를 생각하라. 절제가 어떻게 "사람으로 하여금 면류관을 얻기 위해 투쟁하는 능력 속에 있게 하고"(고전 9:25) "그리스도의 다시 오심을 기다리는 올바른 자세를 갖추게 하는지"(눅 21:34-36)를 생각하라.[126]

절제는 약속된 언약의 축복이다. 그것은 약속된 금욕의 일부이며 "복음의 중요한 목표 중 하나"(딛 2:11-12)다. 성경은 그것을 명령한다(살전 5:6; 벧전 1:13). 명령된 것이 무엇이든지 간에 그것은 약속된다. 절제가 없이는 건강, 생명, 새로운 마음 같은 다른 약속된 축복과 모든 것이 가능하지 않을 것이다.[127]

니베이는 이들 교리에 대해 다음의 용례를 제시한다.

① 즐거운 것이 유혹이 될 수 있음을 주의해야 한다.
② 불법적인 것보다 "합법적인 것의 남용에 의해 더 많은 것이 파멸할 수 있기"

---

126 Nevay, pp. 306-307.
127 Nevay, p. 309.

때문에 주의해야 한다. 절제를 결여함으로써 여러 권력자가 실패했다(잠 7:26).[128]

③ 참된 절제는 언약 안에서만 발견된다. 언약 밖에 있는 사람은 어떤 일에서는 절제하는 것을 배울 수 있으나 "다른 일에서는 절제하지 못한다는 것이 드러날 것이다."

④ 그대가 참된 절제의 특징을 갖고 있는지 시험해 보라.

그것은 "부도덕함과 세상 욕망"(딛 2:12)의 부인과 육체를 따라 사는 대신 "하나님의 뜻을 따라 사는 것"(벧전 4:2-4)과 "몸의 행실"을 근절(根絶)시키는 것(롬 8:13)과 즐거운 것을 "마치 갖고 있지 않은 것처럼"(고전 7:29-31) 사용하는 것도 포함한다. 절제할 줄 아는 사람은 "물을 먹기 위해 무릎을 꿇지 않은"(삿 7:6) 기드온의 용사처럼 행동한다.[129]

⑤ 방종의 특징을 알아두라. 그것은 지나치게 탐닉하고 호기심이 많고 꼴사납고 지나치게 자주 즐거움을 따른다.[130]

⑥ 그토록 절제가 없는 이유는 극히 소수의 사람만 언약 안에 있기 때문이다.

⑦ 절제를 구하는 사람은 "은혜 언약 안으로 향해야 하고, 약속된 그리스도에게서 끌어내야 한다."

그것을 얻기 위해서는 "세상에 대한 사랑을 억제해야"(요일 2:15)하고, "눈을 부릅뜨고"(창 3:6), 세상 일의 공허함과 헛됨을 판단해야 한다(전 1:1-2). 그것을 원하는 사람은 "시작은 하지만, 결과가 없는 쾌락과 육체적 즐거움을 지켜보기를 배우라"(롬 6:21). 부패한 것이 그들을 사로잡는 것에 주의하라(롬 7:23). 그리고 "지혜로운 사람은 절제하며, 어리석은 사람은 그렇지 않다는 것"을 깨달으라. 우리는 "가장 선한 것을 추구하는" 우리의 소망에 초점을 맞추는 법을 배워야 한다.[131]

---

128 Nevay, pp. 306-307.
129 Nevay, pp. 307-308.
130 Nevay, p. 308.
131 Nevay, p. 310.

5) 의로움은 적절한 관계를 증진시킨다

니베이는 그리스도의 전가된 의와 "사람 사이에" 존재하는 의로움을 구분한다. 사람 사이에 존재하는 의도 그리스도의 전가된 의를 반영한 것이다. 여기에서 니베이가 말하는 의로움은 또한 성경에서는 정의와 평등으로 불리며, 아브라함이 그의 "전쟁에 동행한 자"를 대하는 것(창 14:24)과 야곱이 라반을 대하는 것(창 30:33)에서 예시된다.

의로움은 "사람이 서로 갚아야 할 것을 지불할 수 있게 하는" 은혜다(롬 13:7). 이러한 의로움은 "모든 사람이 자신에게 분배되어야 하는 그 몫을 갖게 해주는 분배적 정의"[132]에 의해 잘 실행된다.

의로움은 "**오직 정의를 물 같이, 공의를 마르지 않는 강 같이 흐르게 하는**"(암 5:24) 탁월한 은사다. 이에 상응하여 "정의가 쓸개로 바뀌며 공의의 열매가 쓴 쑥으로 바뀔"(암 6:12) 때 그것은 비참한 재앙이 된다. 성경은 의로운 땅이 번성할 것이며(시 72:2-3, 7) 의로운 왕이 번영을 이룰 것(렘 22:15)을 약속한다. 그리스도는 의를 사랑하며(시 45:7) 희생보다 정의를 더 받아들일 만한 것으로 여기며(잠 21:3), "정의가 광야에 거하여" 그것을 "아름다운 밭"으로 만들 것(사 32:15-16)을 약속한다.[133]

의로움은 하나의 약속된 언약의 축복이다. 그리스도는 "**그의 거룩한 산 모든 곳에서 해 됨도 없고 상함도 없을**"(사 11:4, 9; 또한 사 32:1과 60:17-18을 보라) 의로운 통치를 확립할 것을 약속하신다.

① 그것은 약속에 의해 이루어져야 하는데, 사람이 본성적으로 의롭지 않기 때문이다(습 3:5).
② 외적인 평화가 약속된다.

> 그들이 다시는 전쟁을 연습하지 아니하고 각 사람이 자기 포도나무 아래와 자기

132　Nevay, pp. 301-302.
133　Nevay, pp. 303-304.

무화과나무 아래에 앉을 것이라(미 4:3-4).

③ 예배에서 영광스러운 광채가 약속된다.

네 백성이 다 의롭게 되어 영원히 땅을 차지하리니(사 60:20-21).

④ "모든 압박에서 풀려날 것이 약속된다"(사 54:14).
⑤ "성도들의 왕이신 그리스도는 정의로우시고(슥 9:9), 그래서 그는 언약에 의해 그의 백성을 그렇게 만드실 것이다."
⑥ "사랑이 약속된다. 그리고 사랑이 있는 곳에서 그것은 사람 사이에서 수행되어야 할 모든 직무를 수립할 것이다."[134]

니베이는 이러한 교리에 대해 다음의 용례를 제시한다.

① 불의한 자는 "공동체와 인류의 적이며, 그래서 그들은 주님께 가증스럽다"(신 25:16). 언약 밖에서 사는 것은 비참한데, 언약 밖에는 의로움이 없기 때문이다.
② 의로움은 "하나의 덕이 아니라 은사로 얻게 되고, 사람의 지각으로 학습되는 것이 아니라 성령에 의해 주입된다."
의로움은 "모든 일에서 모든 사람에게 정의롭고 공평한 것을 행하는 것으로, 주님께서 그것을 명하셨기 때문만이 아니라 … 예수님에 대한 사랑 때문에 그렇게 해야 하며 하나님의 영광을 위하여 해야 한다."
③ 의롭지 않은 사람은 공적이든 사적이든 교제에서 결코 탁월할 수 없다.
④ "우리 안에 있는 정의로움에 관하여 올바른 성향을 갖출 수 있도록 힘쓰자." 그렇게 하기 위해 우리는 자기를 부인하고, 세상에 대해서는 우리 자신을 십자가에 못 박아야 한다. 그리고 "죄가 우리를 지배하지 못하게 하자."
⑤ 우리는 "언제든 사람에 대해서 정의로워야 하며 하나님께 불의하지 않

---

134 Nevay, pp. 304-305.

은 것처럼 사람에게도 정의로워야 한다."

⑥ 그렇게도 의로움이 없는 단 한 가지 이유가 있다. 그 이유란 "대부분의 사람이 의로움을 얻기 위해 약속에 참여하지 않는다는 것이다."

⑦ "언약 안에 있는 이 은혜를 주님께 구하자." 그리고 의로움을 실천하도록 연구하자. 이것은 우리가 의롭고 정직하게 행하고, 황금률(마 7:12)에 따라 행하며, 다른 사람을 이용하지 않고, 언약과 계약을 준수할 것을 요구한다.[135]

비록 그리스도인이 그리스도를 반영한다 하더라도, 우리는 "우리 자신의 의로움과 우리의 믿음의 대상되시는 그리스도의 의로우심을 혼동"해서는 안 된다는 앤드류 그레이의 경고에 주의를 기울여야 한다.[136]

6) 신실함은 우리 마음에 의무를 지운다

신실함은 "다른 은사에 생기를 불어넣는 것으로서 다른 은사를 온전하고 항구적인 것으로 만든다."[137] 그것은 많은 이름을 갖고 있다. 진리(시 51:6), 온전함(시 78:72), 온당함(시 119:80), 순전함(행 2:46), 진실함(고후 1:12), 올바름(잠 15:21), 곧음(잠 4:25), 완전함(골 4:12), 정직함(눅 8:15).[138] 신실함은 "탁월하고 복된 것이다."

> 마음이 청결한 자는 복이 있나니 그들이 하나님을 볼 것임이요(마 5:8).

① 신실함은 "사람으로 '진리 안에서 거룩함'(엡 4:24)을 갖기 위하여 하나님의 마음을 구하게 한다"(삼상 13:13-14).

② "신실함을 가진 사람은 주님의 기쁨이다"(대상 29:17; 시 11:7; 잠 11:20; 12:22).

---

135 Nevay, pp. 301-303, 304-305.
136 Gray, *Works*, p. 65.
137 Nevay, p. 311.
138 Nevay, p. 312.

③ 신실함은 하나님께서 아브라함에게 주신 언약의 명령이고, 그 기준은 완전함이다.

너는 내 앞에서 행하여 완전하라(창 17:1).

④ 신실함은 봉사와 헌신의 가치에 대한 참된 척도다(고전 13:3). 과부의 작은 헌금을 받으시고, 미가서 6:6-8에서 큰 봉헌물을 거절하시는 것을 비교하라. 신실함의 참된 증거는 사랑이다.
⑤ 신실함이 없다면 어떤 봉사도 열납될 수 없다(사 66:2-3).
⑥ "현세적 축복이 크게 있다"(대하 16:9; 시 37:18-20, 37; 112:2; 잠 2:7; 14:11; 22:11).
⑦ 신실함의 탁월함은 "하나님 보시기에 가장 가증스러운"(사 65:5) "위선의 비천함"과 대조될 때 가장 쉽게 이해된다.[139]

신실함은 언약으로 약속된 축복이다. 하나님은 우리 마음의 할례를 행하심으로 우리가 **"마음을 다하며 뜻을 다하여 하나님 여호와를 사랑하게 하실 것"**(신 30:6)을 약속하셨다.[140] 이런 목적을 위해서 주님은 "그의 백성의 일을 진리로 지도하시고"(사 61:8), 그들에게 온전한 마음을 주어 그를 알고 구하게 하시며(렘 24:7), 그들의 마음속에 그의 법을 기록하시고(렘 31:33), 그들을 연단하여 깨끗하게 하실 것(말 3:3)을 약속하신다.

온전한 삼위일체 하나님은 이러한 약속을 성취하시는 일에 관여하신다. 성령은 우리의 마음속에서 진리로 행하신다. 그리스도는 진리와 신실함으로 우리와 약혼하신다. 성부는 거룩한 교제 가운데 우리 안에 우리와 함께 거하실 것을 약속하신다.

하나님은 우리에게 진실함과 진리로, 마음의 순전함과 온전한 믿음으로, 사랑 안의 신실함으로 그를 섬기고 순종할 수 있도록, 또 그렇게 하도록 요구하신다. 하나님이 완전하신 것처럼 완전하고, 주님과 바르게 동행하는 사람만

---

139 Nevay, pp. 313-314.
140 Nevay, p. 317.

이 "그의 거룩한 산에 오를 것"(시 15:2; 24:3)이다. 타락한 인간은 "속이는 화살같이" "심히 부패하였기"(렘 17:9; 호 7:16) 때문에 이러한 것이 약속으로 주어진다는 것은 정당한 일이다. 신실함이 없다면 "우리의 모든 영적인 갑옷은 헐거울 것인데, 신실함은 모든 것을 견고히 매는 진리의 띠이기 때문이다"(엡 6:14).[141]

니베이는 이러한 교리에 대해 다음의 용례를 제시한다.

① 신실한 사람은 마음의 할례를 행한 내면적 유대인이어야 한다.

> 영에 있고 율법 조문에 있지 아니한 것이라 그 칭찬이 사람에게서가 아니요 다만 하나님에게서니라(롬 2:29).

② "신실하고 완전한 사람이 매우 적다는 사실을 괴로워하고 슬퍼하고 비통해 하는 것이 우리의 의무다."

③ 신실하지 않은 사람이 말하고 행하는 것은 어떤 것도 받아들일 수 없다. 혐오스러운 위선이 자리를 잡도록 두는 것은 비통한 일이다.

④ 신실함을 찾는 사람은 하나님을 기뻐하고 하나님의 기쁨이 된다. 모든 직무를 행할 때 그들은 하나님을 바라보고 사람을 보지 않기 때문이다.

이러한 신실함의 특징은 "주님 앞에서 행하는 우리의 길과 선한 사역"을 "우리의 크고 중요한 목적"(골 3:23)으로 가지며, 최후 심판에서 발견될 사람처럼 모든 일을 행하고(눅 12:43), 빛 가운데서 사랑하고 행하며(요 3:21), "사람에서 뿐 아니라 은밀한 중에" 우리의 직무를 수행하고(마 6:6), "역경(逆境)의 때처럼 순경(順境)의 때에도" 성실하며(욥 1:5, 8), 그가 그 얼굴을 숨기실 때에도 주님을 기다리고(사 8:17), "악은 어떤 모양이라도" 버리며(살전 5:22), 죄를 변명하고 숨기기보다는 고백하고 버리고(잠 28:13), 예배를 정성껏 준비하며(대하 12:14을 19:3과 비교하라), 자아가 우리 직무의 목적이 되지 않게 하고(사

---

141 Nevay, pp. 317-318.

58:3), 우리를 살펴 위선과 숨은 죄를 찾아내며, 큰 계명뿐 아니라 가장 작은 계명까지라도 지키는 것(마 5:19)을 포함한다.[142]

⑤ "그대를 살펴서 이러한 바르고 완전한 마음이 거의 없거나 전혀 없음을 발견한다면, 그대는 그대의 위험한 상태에 대하여 슬퍼해야 한다. 그러나 신실함은 성실할 필요도 없이 쉽게 얻을 수 있다." 신실함을 약속하셨으니 얼마나 위안이 되는가.

⑥ 신실함이 없는 사람의 기도와 부르짖음은 아무런 소용이 없으며 하나님을 화나게 할 뿐이다(사 1:11-16).[143] 설령 우리가 옳다 해도, 신실함이 없다면 그것은 아무것도 아니다. 그 마음이 온전했던 아사의 불완전한 업적을 받으신 것(왕상15:14)과 그 마음이 온전치 않았던 아마샤의 훌륭한 업적(대하 25:2)을 비교해 보라.[144]

⑦ 우리가 신실하게 행하여 그의 마음에 들 수 있다고 생각한다면 그것은 어리석은 일이다. 왜냐하면 신실함은 하나님에게서만 나오기 때문이다.

⑧ 하나님이 그대에게 요구하시는 신실함과 진리를 그대에게 주겠노라 하신 약속을 통해 하나님에게서 신실함을 얻도록 하라. 우리는 하나님께서 신실함을 얼마나 기뻐하시는지(시 51:6), 그리고 그가 "우리 마음을 살피시고 얼마나 신실함을 찾으시는지"(계 2:23) 항상 주의를 기울여야 한다.[145]

제임스 두르햄은 자신의 저서 『땅위에 있는 하늘』(Heaven Upon Earth)에서 우리의 양심으로 알고 있는 하나님의 사자가 어떻게 우리의 모든 행동을 감시하고, 진리를 따르는 데서 벗어나면 어떻게 경고하는지를 묘사한다. 하나님은 진리를 매우 중요하게 여기시므로 진리에 대한 증인 셋을 말하신다.

내가 그리스도 안에서 참말을 하고 거짓말을 아니 하노라, 내 양심이 성령 안에서

---

142 Nevay, pp. 315-317.
143 Nevay, pp. 318-319.
144 Gurnall, *Complete Armour*, p. 337.
145 Nevay, pp. 319-320.

나와 더불어 증언하노니(롬 9:1).¹⁴⁶

사람의 양심은 성령에 의해 조명되고 직접 하나님께 복종한다. 그러므로 양심이 말씀과 일치되는 한에서, 사람은 그의 양심을 따라야 한다. 그것은 우리의 본분이자 "거룩함을 증진시키는 수단"이며, 항상 우리의 "**양심으로 하나님과 사람을 거슬러 범죄하지 않도록**"(행 24:16) 지킨다.¹⁴⁷ 두르햄은 우리의 행위에 대하여 자주 숙고하라고 충고한다.

> 우리가 세상에서 특별히 너희에 대하여 하나님의 거룩함과 진실함으로 행하되 육체의 지혜로 하지 아니하고 하나님의 은혜로 행함은 우리 양심이 증언하는 바니 이것이 우리의 자랑이라(고후 1:12).

양심은 앞과 뒤뿐만 아니라 안에도 눈을 가진 짐승과 같다(계 4:6). 그것과 대화함으로써 우리는 다윗처럼 "**내가 내 행위를 생각하고 주의 증거들을 향하여 내 발길을 돌이켰사오며**"(시 119:59)라고 말하게 되는 것이다. 우리는 마음의 정원에 영적인 씨앗을 심어야 할 뿐 아니라, 잡초를 뽑아내야 한다.¹⁴⁸

7) 겸손은 다른 은사를 가능하게 한다

"생명으로 인도하는 문은 좁고 길이 협착하다. 자아가 큰 사람은 들어갈 수 없다." 겸손은 "어떤 점에서는 다른 모든 은사의 기초라 부를 수 있으며, 가장 작아 보이지만 가장 작게 사용되는 것이 아니다." 그것은 압살롬의 거짓된 겸손이 아니다(삼하 15:2-7). 그것은 "마음의 겸손이고(골 3:12) 마태복음 5:3에 나오는 심령의 가난함이다." 겸손한 사람은 자신을 "하나님 앞에서" 그리고 사람들 앞에서 "아무것도 아닌 것"으로 여긴다(창 18:27; 욥 42:6; 잠 30:2-3; 엡 3:8).

146　James Durham, *Heaven Upon Earth* (Edinburgh: Andrew Anderson, 1685), pp. 147-165 (이하 Durham, *Heaven Upon Earth*).

147　Durham, *Heaven Upon Earth*, pp. 1-15.

148　Durham, *Heaven Upon Earth*, pp. 184-233.

그것은 사람들로 "육체에 대한 확신을 포기하게" 하며, "값없이 주시는 은혜에 자신을 철저히" 맡기고, 하나님을 예배하며 하나님과 대화하는 일에서 적절한 태도를 견지하게 하며, 주님께서 그에게 부과한 어떤 십자가나 멍에에도 절대적으로 굴복하게 한다.[149]

(1) 겸손은 하나의 탁월한 은사다.

① 하나님은 겸손과 회개하는 심령을 귀하게 여기신다(시 138:6; 사 66:2).
② 예수님은 이러한 은사에 뛰어나셨고, 그것은 그의 멍에를 짊어지는 사람(마 11:29) 누구에게나 요구된다.
③ 겸손은 다른 은혜의 기초가 되는데 "그것은 영적인 건축에 놓이는 기초석이며, 더 많은 은혜를 주시는 주님은 겸손한 자에게 은혜를 주시기 때문이다"(약 4:6; 벧전 5:5).
④ "겸손이 없다면 어떤 은혜도 신실하지 않으며, 그것은 모든 은혜의 참된 특성이다."
⑤ "하나님을 찾고 그의 진노를 되돌리는 것이 필요하다"(대하 12:7). 겸손은 "진노의 날에 숨을 장소로 가장 적합한 온유함을 낳는다."
⑥ 겸손은 사람들의 시샘에 따른 고통에서 우리를 보호한다.
⑦ 겸손한 자에게는 귀중한 약속이 많이 주어진다(대하 7:14; 욥 5:11; 시 25:9; 잠 3:34; 18:12; 22:4; 마 11:25).
⑧ 겸손은 만족으로 이어진다.
⑨ 겸손은 사람을 좁은 길로 가도록 준비시킨다.
⑩ 겸손은 "하나님께 빚진 자인" 기독교인에게 어울린다.
⑪ "겸손을 소유한 사람은 모든 수단으로 교화된다."
⑫ 겸손의 탁월함은 "악과 자만의 무가치함"과 대조될 때 분명해진다.[150]

149　Nevay, pp. 320-341.

150　Nevay, pp. 322-324.

겸손은 "**산마다, 언덕마다 낮아지며**"(사 40:4; 눅 3:5)라는 말씀처럼, 저 모든 사람에게 약속된 언약의 축복이다. 그뿐 아니라 "**모든 무릎이 꿇을 것이다**"(사 45:23).

(2) 다음의 증거는 겸손이 약속된 것임을 입증한다.

① 사람은 본성상, "겸손이 주어지지 않고서는"(말 3:15) 겸손할 수 없다.
② 성경은 "하나님이 겸손한 자에게 은혜를 주신다"고 말씀한다.
③ 하나님은 "**통회하고 마음이 겸손한**"(사 57:15) 사람과 영원히 함께 거할 것이라고 약속하신다.
④ "금욕이 작정되어 있고, 겸손은 그것의 적절한 결과이며 증거다."
⑤ 그리스도를 영접하는 사람은 명예를 얻는다. 명예는 겸손을 통해서 온다(잠 4:8; 22:4).
⑥ "그를 따름에 있어서 중요한 것은 겸손 안에 들어 있다"(롬 8:29; 고전 15:19). 그리스도의 겸손을 생각하라(빌 2:7-8).
⑦ 신앙은 겸손한 은사요, 죄인으로 하여금 스스로를 몹시 싫어하게 한다(겔 16:60-63; 36:31; 롬 3:27).
⑧ 그리스도는 높아지기 전에 낮아지셨다.
⑨ 회개는 사람을 낮아지게 한다.
⑩ 구원의 약속은 겸손한 자에게 주어진다(욥 22:29).[151]

(3) 니베이는 겸손의 교리에 대해 다음의 용례를 제시한다.

① 겸손이 희귀할 수밖에 없는 것은 사람이 본성적으로 하나님을 존중하지 않으면서 스스로를 남보다 높이고자 하기 때문이다.
② "자만은 은혜와 거룩함의 큰 원수이지만, 겸손은 친구요, 은혜와 거룩함을 고양시키며, 하나님과 겸손히 동행하고, 사람과 싸우지 않도록 가르친다."
③ 겸손은, 번영하고 힘이 생겼을 때, 또는 화가 났을 때가 시험하기에 가장

---

151 Nevay, pp. 326-328.

좋다. "바람이 없으면 바다조차 평온해진다."

④ 교만한 사람은 "하나님 보시기에 가증스러운 자"인데, 교만한 자는 "어떤 다른 은혜도 없기 때문이다." 니베이는 교만의 큰 위험성을 정확하게 기술한다.

> 교만은 하나님에게서 그에게 돌려야 할 모든 것을 강탈하며, 사람에게서 하나님과 하나님으로 기인되는 것을 강탈한다. 교만은 하나님을 대적하며 하나님은 그것을 대적한다.[152]

⑤ 주님은 겸손한 자를 존중하시지만, 사람은 사도들에게 한 것처럼 겸손한 자를 멸시한다(고전 4:13).

⑥ 겸손이 없다면 "어떤 다른 은사도 존재할 수 없거나 잘 자랄 수도 없는데, 그들이 비록 높은 곳에서 생겨나고 그 꼭대기가 구름 위에까지 이른다 할지라도 그들 모두 낮은 땅에서 자라기 때문이다."

⑦ 그대가 겸손하다면 즐거워하고 감사하라.

> 일반적으로 사람은 이외에 다른 은사에서도 뛰어나고자 하기 때문이다.[153]

⑧ 그대가 이러한 은혜를 가졌는지 알아보라. 하나님에 대한 겸손의 특징은 이렇다.

    A. 우리의 무가치함에 대한 인정(사 40:17; 46:6)
    B. 매사에 순종(삼상 3:18; 시 39:9)
    C. 하나님의 자비를 찬양(창 32:10; 대상 29:14)
    D. "하나님의 방식과 역사에서 드러나는 거룩한 경이"(욥 42:3; 롬 11:33-34)
    E. 하나님의 위엄을 깨닫고 우리의 면류관을 그의 발 앞에 던지는 것(계 4:10)
    F. 예배 가운데 하나님 경외(전 5:1-3)

---

152 Nevay, p. 324.
153 Nevay, pp. 322-324.

G. 그리스도의 모범을 따라(요 13:14) "하나님을 위한 가장 훌륭한 봉사" 담당

사람에 대한 겸손은 하나님에 대한 겸손에서 생겨난다. 그러므로 그것은 유사한 특징을 갖고 있다(예를 들어, 타인의 비난과 경멸을 견디는 것).[154]

⑨ 하나님은 "거만함을 물리치신다. 하늘 문은 협착하여 그들은 스스로를 낮추지 못한다."

⑩ 겸손은 "언약의 약속으로 향하는 자에게" 약속된다.

⑪ "약속 위에서 기도하라, 그러면 주실 것이다."

이러한 약속은 우리에게 "하나님의 지존하심과 위엄과 능력에 대하여 숙고하고"(벧전 5:5), 거만한 마음을 가진 자의 두려운 상태에 대해 생각하며, "자주 우리 자신의 죄성과 연약함과 무가치함에 대하여" 주목하고, 우리가 가진 모든 것이 그의 자에서 온 것임을 인식하고(고전 4:7), 성도의 겸손을 생각하며, "얼마나 우리는 비이성적인 사람에게조차 마땅히 해야 할 일에서 부족했는지"를 깨달으면서 "그들에 대하여 생각할 것"을 가르친다.[155]

앤드류 그레이는 우리에게 기독교인은 "그 얼굴이 빛이 났고, 그것을 알지 못했던"[156] 모세의 겸손을 소유해야 한다고 상기시킨다.

8) 온유함은 우리로 그리스도를 따르게 한다

온유함은 "그리스도의 성령의 은사이며, 성령의 사람은 그것으로 온화해지며 그의 모든 몸가짐은 부드럽고 온화하다. 온유함이 마음속에 있을 때는 부드러움으로, 생각 속에 있을 때는 청결함으로, 사랑 안에서는 온건함과 침착함으로, 성향에서는 선한 기질로, 모든 몸가짐에서는 상냥함으로," 영혼의 어떠한 불법적인 반역에 대해서도 시편 42:11의 "**내 영혼아 어찌하여 내 속에서**

---

154 Nevay, pp. 325-326.

155 Nevay, pp. 327-329.

156 Gray, *Works*, p. 64.

불안해 하는가"라는 다윗의 말로 대응한다. 신자는 "하나님의 말씀을 받음으로"(약 1:21), "그의 멍에를 메고"(마 11:29-30), "징계 아래에서 잠잠히"(욥 40:4) 함으로써 하나님에 대한 온유함을 나타낸다.

실제로 이러한 구절은 온유함을 그의 말씀을 받고 그의 멍에를 메기 위한 하나의 요건과 동일시한다. 신자는 그리스도에게 드러나는 것으로 우리가 따라야 할 "온유함의 완전한 모범"을 본받음으로써 사람에 대한 온유함을 나타낸다. 그리스도께서는 왕(마 11:29)으로서, 엄격한 교사(슥 9:9)로서, 악한 자들을 심판하는 어린 양(계 6:15-16)으로서 온유함을 나타내셨다. 그리스도는 "침묵 속에서"(사 53:7) 뿐 아니라 "말씀 속에서"(요 8:48-49)도 온유함을 보여주셨다. 그리스도께서는 보복하는 대신(눅 9:54-55) 그를 박해하는 자를 위하여 눈물을 흘리셨고(눅 19:41), 그를 고소하는 자에게 온유하게 대답하셨다(요 18:22-23; 벧전 2:23).[157]

그것은 탁월한 언약의 축복이라고 할 수 있는데, "그리스도에 의해 온유한 자들은 복이 있다고 선포되었고"(마 5:5), 하나님께서는 온유함에 대해 크게 상을 베푸실 것(벧전 3:4)이기 때문이다. 온유함은 생애와 죽음에서도 "그리스도에 대한 가장 생생한 묘사다." 그리스도는 "온유함을 가르치시고, 그런 후에 온유한 자를 가르치신다"(시 25:9).

그러므로 온유함은 "하나님의 선민이 된 자의 특징"이다(골 3:12). 그것은 "자신을 잘 제어할 수 있게 한다." 온유함에 대한 다른 성경의 약속은 복음(사 61:1), 자비(시 76:8-9; 사 11:4), 안전함(습 2:3), 아름답게 함(시 149:4), 하나님과 즐거운 교제(사 29:18-19; 57:15)를 포함한다. 그 탁월함은 그와 대립되는 분노, 쓰디씀, 떠들썩한 소리와 같은 악덕에 비교해 보면 가장 잘 이해될 수 있다.

> 그러므로 모든 더러운 것과 넘치는 악을 내버리고 너희 영혼을 능히 구원할 바 마음에 심어진 말씀을 온유함으로 받으라(약 1:21).[158]

157　Nevay, pp. 330-331.

158　Nevay, pp. 331-333.

온유함은 약속된 언약의 축복이다. 성경은 예를 들면 "이리가 어린 양과 함께 살며"(사 11:6-9)와 같은 "새로운 마음과 새로운 영"을 약속한다. 택자는 온유한 "그리스도를 따르도록 예정되어" 있다(마 11:29; 롬 8:29). 그것은 약속된 성령의 열매다(갈 5:23). 우리의 자연 조건은 무자비하며, 선과 심하게 대립되기 때문에(롬 1:31; 딤후 3:3) 온유함은 약속으로 받아들여야 한다.

니베이는 이러한 교리에 대한 다음의 용례를 제시한다.

① 온유함은 엘리가 그의 범죄한 아들들을 다루던 부드러운 방법이나, 성문에서 압살롬이 보인 친절하고 예의 바른 몸가짐에서나, 시편 107:12에 나오는 박해받고 낙담한 심령 속에서는 발견되지 않는다. 온유함은 "은혜의 성령에 의해 이루어지는 하나의 은혜롭고 평온한 마음 상태다."

② 하늘과 예수의 모범에서 온유함을 구하라. "온유한 마음은 유일하게 위대한 마음이다. 온유한 마음은 자신과 다른 것을 다스린다"(잠 16:32).

③ 온유함을 결여한 사람은 "자신의 주인이 될 수 없고, 다른 사람에 대해 쓸모도 없다."

④ 온유함은 "금보다 더 시급하게 찾아야 한다." 하늘의 원형의 모범을 따라서, 우리는 인내심(출 34:6), 관대함(골 3:13), 화목함(딛 3:3), 타인을 교화하는 마음(딤후 2:25) 등을 계발해야 한다. 우리는 분노를 조절하고(약 1:19), 다른 사람의 짐을 지며(갈 6:2), 부드러운 방법을 사용하고(고전 4:21), 대립된 관계를 부드럽게 하며(계 2:3), 그리스도의 멍에와 십자가와 책망을 즐겁게 짊어지는 것을 배워야 한다.

⑤ 온유함의 증거에 대하여 우리 자신을 시험해 보아야 한다. 그것은 "사람의 권익에 대해서는 많은 결과를 낳지만 하나님에 대해서는 아무런 결과도 낳지 않는다." 비록 자신의 문제이기는 하지만, 모세는 "지면에서 가장 온유한 사람"이었으나(민 12:3), 하나님의 일에서는 아무 결과도 낳지 않았다(출 10:26).

온유함은 "죄에 대해서는 결연히 반대하지만," "우리의 형제를 부끄럽지 않게 하고 회복시킨다"(갈 6:1). 그것은 사람의 평화를 깨칠 것을 두려워한 나머지, 의무를 소홀히 하는 법이 없다. 그것은 "진리, 관대함, 믿음, 절제, 거룩한 두려움 등과 결합한다"(시 45:4; 갈 5:22-23; 벧전 3:15).

⑥ 자연인이 "자신의 본성이 얼마나 황폐한지를 볼 수" 있다면, 온유함을 구할 것이다. 그러나 소경이기 때문에 그들은 온유함에 대해 아무것도 알지 못한다.

⑦ 약속에 의하지 않고도 온유함을 얻을 수 있다고 생각한다면 그것은 어리석은 일이다. 사람들은 "기독교인의 온유함을 흉내내도록 가르침을 받는다." 그러므로 "그들이 제멋대로 할 때 그들은 이리임이 드러날 것"임에 주의하라.

⑧ 온유함은 "거친 기질을 소유하고 그것을 억제하려고 애쓰는 그런 기독교인에게는 하나의 위안이다." 기독교인은 낙담할 필요가 없다. "만약 신실하게 온유함을 구한다면" 얻도록 약속되어 있기 때문이다.

⑨ 온유함을 갈망하는 사람은 온유함에 대한 약속을 추구함으로써 은혜 언약 안에서만 온유함을 찾아낼 수 있다.

"약속에 대한 믿음을 통해 심령이 굴복되어 평온한 온유함에 이른다"(시 62:1, 5; 사 39:8)는 점을 주목하라. 그것은 우리로 다윗처럼 **"내가 잠잠하고 입을 열지 아니함은 주께서 이를 행하신 까닭이니이다"**(시 39:9)라고 반응하게 하고, 엘리처럼 **"이는 여호와이시니 선하신 대로 하실 것이니라 하니라"**(삼상 3:18)라고 반응하게 한다. 그것은 우리에게 "그리스도를 따르는 것이 필요하다"고 가르친다(요일 4:7).[159]

9) 인내는 연단을 낳는다

인내는 소망의 "동무요, 절친한 친구"다.[160] 인내는 "하나님과 우리 자신에 대한 지식에서 흘러나올 뿐만 아니라, 믿음, 소망, 사랑에서 흘러나오는 은사다. 우리는 인내에 의해 십자가를 지며 어려운 직무를 조용하고 즐겁게 변함없이 감당할 수 있게 된다."[161] 인내는 때때로 참을성이나 오래 견디는 것으로

159　Nevay, pp. 321-338.
160　Nevay, pp. 266-267.
161　Nevay, p. 339.

불리며, "그 안에서 다른 은사의 활동이 온전해진다"(롬 5:3-4). "우리에게 일어난 모든 일에 대해" "하나님에게서 온 것으로" 생각하고(행 14:22) "주님은 토기장이시오, 우리는 진흙"이라고 이해할 때, 인내는 "우리로 잘 견딜 수 있도록 가르친다." 믿음의 진리와 소망의 기대와 사랑의 위로에서 흘러나오기 때문에 인내는 즐겁게(골 1:11-12) 변함없이(눅 9:23; 약1:4) 견디어낸다. 인내는 3중적 대상에 주의한다. 기독교인이 인내로 얻는 것은 다음과 같다.

A. 모든 것을 자신의 뜻대로 행하시는 하나님을 주목하게 하고(욥 1:20-21),
B. "하나님을 화나게 하는 일과 사람을 하나님의 손에 있는 막대기와 지팡이"로 간주하게 하며(사 10:5)
C. 고난에서 생겨나는 모든 직무를 "하나님의 뜻을 행하는 것"(히 10:36)으로 간주하도록 한다.

이에 따라 인내는 불평하지 않으며(고전 10:10), 보복하지 않고(롬 12:17, 19), 또는 직무를 회피하지 않는다(히 10:38).[162]

인내는 하나의 탁월한 은사다. "은혜의 탁월함은 바로 이 은사 안에 있으며 인내는 자신과 모든 일에 대한 승리다. 사람은 인내를 통해 자신의 영혼을 얻게 된다"(눅 21:19).

인내는 "그리스도의 복종의 완전함"이다(벧전 2:21, 23). 그러므로 인내는 또한 성도와 선지자의 복종이기도 하다. 인내를 소유한 사람은 "부족함이 없으며"(약 1:4), 어떤 고난도 견디며(딤후 2:3), 모든 것을 참으며(벧전 4:19), 모든 것을 상실하는 일을 견디며(빌 3:8), 인내가 "모든 방면에서 유용하다는 것"을 깨닫게 되며, 인내가 동반하는 모든 은사 또한 소유하게 된다(딤전 6:11; 딤후 3:10; 벧후 1:6).

끝까지 견디는 자는 구원을 얻을 것이다(마 10:22).

---

162 Nevay, pp. 339-340.

인내의 탁월함을 이해하려면 성급함이라는 악을 검토해 보라.[163]

인내는 약속된 언약의 축복이다(사 40:29-31; 43:2; 롬 15:5; 빌 1:29; 약 1:4-5). 자연인의 상태를 고려해 보면(롬 1:29), "인내는 주어져야 하는 것이며, 그렇지 않으면 우리는 인내를 소유하지 못한다."[164]

인내는 다른 약속된 축복의 약속된 열매요(예를 들면, 약 1:3의 믿음), 하나님의 징계하는 손의 열매요(렘 30:11), 기독교인이 만나는 시련의 열매요, 정직한 심령 속에 심은 씨의 열매요(호 14:8), 성령의 열매다(갈 5:22).

니베이는 이러한 교리에 대한 다음의 용례를 제시한다.

① "우리가 인내에 대하여 말했던 바를 따라서 인내는 매우 필요한 은사로 쉽게 알려질 수 있을 것이다." 그러나 "모든 고난이 인내인 것은 아니다."

② "인내가 올바른 종류의 것인지 우리들 각자 우리의 인내를 시험하도록 하자." 인내는 "하나님을 위대한 당사자로 삼으며, … 우리의 직무를 큰 일로 삼아야" 한다.

③ 인내가 결여된 사람은 손실을 크게 입는데, 믿음과 인내는 함께 연계되어 있으므로(계 13:20) 그들 또한 믿음을 결여하기 때문이다.

④ "이러한 은사를 높이 존중하라. 그리고 그것을 신중하게 구하라. … 영적으로 거만한 자보다 영적으로 환자가 더 낫기 때문이다"(전 7:8).

⑤ 그대가 이러한 인내를 소유하고 있는지 시험하여 알아보라. 인내의 특징은 징계를 무시하지 않으며(히 12:5), "예수 그리스도 이름으로 최악의 일을 견뎌낼 마음의 준비"(행 21:13), "우리의 본분을 저버리지" 않겠다는 결심(히 12:12-13), 어려움을 "기꺼이 즐겁게" 견디고(히 10:34), "하나님에게서 어떠한 징조도 없을 때"(욥 13:26; 합 3:17-18)도 한결같음 등이다.[165]

⑥ 인내는 "언약 없이 사는 자에게 공포이며, 이들은 이러한 가장 필요한 은

---

163 Nevay, pp. 341-342.

164 Nevay, pp. 344-345.

165 Nevay, pp. 343-344.

사인 인내에 대해 아무것도 소유할 수 없다."

⑦ 인내는 연단을 통하여 약속으로 얻게 된다. "이러한 인내는 내적인 결단이나 자아를 괴롭게 하는 일이 아닌, 그리스도의 좋은 군사로서(딤후 2:3) 시련의 때를 참을성 있게 견디어내는 데 있다."

⑧ 인내 없이 "자기 자신의 주인이 될 수 없으며, 자기 자신의 영혼을 얻을 수도 없다." 그뿐만 아니라 그의 마음은 "어떤 좋은 것으로도 안정을 얻을 수 없다."[166]

인내를 가지고 말씀의 좋은 씨를 지킨 사람은 약속된 열매를 맺을 것이다(눅 8:15).[167] 신자는 기도(마 26:41; 약 5:13)와 우리가 겪는 문제의 원인을 묵상함으로써(사 10:5-6; 시107:11, 12, 17, 34; 히 12:5-6) 인내 속에서 성장한다. 우리는 이러한 숙고를 통하여 하나님의 섭리의 손길이 역사하는 것을 보게 되고, 우리의 죄악된 반역의 결과를 깨달으며, "죄를 억제하고," "은혜를 증진시키며, 하나님과 우리 자신에 대한 지식을 증진하게"[168] 된다.

앤드류 그레이는 고난을 당하는 기독교인에게 인내하도록 권하면서 "오! 하지만 그가 비스가산 정상에 앉아서 약속된 땅을 바라볼 때, 기독교인은 인내로 주의 징계를 견뎌내야 할 것"[169]이라고 덧붙인다.

6. 성화 – 열매

평안과 확신은 사람으로 자아 보전을 넘어 진리 보존을 할 수 있게 한다.
기쁨과 위로는 성화하는 은사와 하나님과의 교제에서 맺어지는 열매다.

---

166 Nevay, p. 346.
167 Nevay, p. 345.
168 Nevay, p. 347.
169 Gray, *Works*, p. 383.

1) 평안

여기서 니베이가 말하는 평안은 일시적이거나 영원한 평안의 축복이 아니라 영적인 평안의 축복이다.

> 이것은 하나님의 평안으로 불리는데, 그것은 하나의 은사로서 하나님에게서 오며, 당사자되는 하나님과 함께 오기 때문이다(롬 5:1).

그리스도께서 평안을 사셨기 때문에 자기 평안이라 부른다. 바울의 말에 따르면 **"그는 우리의 화평이시다"**(엡 2:14). 그것은 "흔히 양심의 평안이라 불린다." 평안은 이중적 특성을 갖는다.

① **칭의의 평안**은 "그리스도와의 친밀한 교제와 조용히 그리스도를 의지"하는 데서 생겨난다.
② **성화의 평안**은 "죄에 대한 승리"[170]에서 비롯되는 용서의 감정에서 생겨난다.

평안은 매우 탁월한 축복이어서 하나님께서는 평안을 자기 이름, 곧 **"평강의 하나님"**(히 13:20)으로 주장하시며, 그리스도는 그것을 **"평안을 너희에게 끼치노니"**(요 14:27), 곧 자기 유산으로 주장하신다. 평안의 탁월함에 관해서 그 기준과 목적을 생각하라.

> 그리하면 모든 지각에 뛰어난 하나님의 평강이 그리스도 예수 안에서 너희 마음과 생각을 지키시리라(빌 4:7).

고난당하는 동안 어떻게 "그것이 말하자면 가슴 깊은 속에서 부드럽게 노래하는 새인지"를 생각하라. "천국의 상징"으로 깨끗한 양심과 "지옥의 상징으로 자기를 저주하고 고통을 주는 양심"의 차이를 생각하라. 모든 것과 화목

---

170 Nevay, p. 348.

한 참된 평안(욥 5:23)과 "그것이 결여된 악"의 차이를 생각하라.

> 내 하나님의 말씀에 악인에게는 평강이 없다 하셨느니라(사 57:21).[171]

그것은 성경에 풍부하게 약속되어 있는 그의 백성인 교회에게 주시는 언약의 축복이다(시 29:11; 85:8; 사 54:10, 13; 57:19; 슥 9:10).

> 여호와께서 이와 같이 말씀하시되 보라 내가 그에게 평강을 강 같이, 그에게 뭇 나라의 영광을 넘치는 시내 같이 주리니 너희가 그 성읍의 젖을 빨 것이며 너희가 옆에 안기며 그 무릎에서 놀 것이라(사 66:12).

복음은 평안의 복음이며(롬 8:15) 평안은 "그리스도의 죽음의 약속된 결과"(사 53:5; 엡 2:13-14)다. 양자됨, 거룩함, 기쁨, 악한 양심에서 벗어나도록 뿌림을 받은 마음, 이신칭의 등은 모두 약속된 것이다. 이들은 평안 없이 존재할 수 없다. "상처 입은 양심이 하나님 이외의 어떤 의사도 알지 못하는"(시 147:3; 호 6:1) 것처럼 "선한 양심은 평안이다"(벧전 3:21).[172]

니베이는 이러한 교리에 대한 여러 가지 용례를 제시한다.

① 우리는 "이러한 평안을 모든 평안 이상으로 존중하기를 배워야" 하며, 그것을 결여한 "어떤 평안도 사랑하지 말아야" 한다. 자신의 정욕과 하나님의 원수로 평안을 삼으려는 사람은 이러한 평안을 알지 못한다.

② 온전한 평안은 이렇다.

ⓐ "저 속죄의 피에 대한 믿음으로써 얻어지며"(출 30:10; 레 17:11; 롬 5:11)
ⓑ "의로움의 열매"(히 12:11)인 "거룩한 영에 의해 유지된다."

---

171 Nevay, pp. 349-350.
172 Nevay, pp. 351-352.

이들 두 가지에서 "우리는 참되고 가장 즐거운 평안의 샘과 강물을 갖게 된다."

③ 이러한 평안이 없는 사람은 사방에서 무서운 것을 보게 된다(욥 18:11).

여호와께서 말씀하시되 악인에게는 평강이 없다 하셨느니라(사 48:22).

언약 밖에 사는 사람은 하나님이나 사람에게서 평안을 찾지 못한다. 이런 이유로 우리는 "언약 안에 있는 자가 유혹을 받아서 이러한 달콤한 평안을 결여하고 있을 때" 그들을 불쌍히 여겨야 한다.

④ 참된 평안의 특징에 대해 그대 자신을 시험하라.

    A. 그것은 "우리 안에 있는 어떤 것으로부터 나타나지 않으며, 스스로 자라지 않고 천상에 기원을 둔다."
    B. 그것은 "믿음의 결과다"(롬 5:1).
    C. 그것은 "죄를 견디지 못한다." 순결은 평안에 앞서야 한다(약 3:17).
    D. 그것은 "거룩한 두려움 속에 평안이 있다고 믿기 때문에 무장한 채 잠든다."
    E. 그것은 사탄에게서 끊임없이 공격받는다.
    F. 그것은 "타인의 죄를 묵인하지 않을 것이다"(레 19:17).[173]

⑤ "심하게 괴로워하며 흔들리는 양심"은 위로를 받아야 한다. "주님은 그의 백성에게 말씀하실 수 있고 또한 말씀하실 것이다."

⑥ 언약을 통하여 평안을 구하라. 이것을 다음과 같이 하라.

    A. "먼저 의로움을 구함으로써"(사 32:17)
    B. "평화의 왕이신 그리스도를 가까이"함으로써
    C. "평안을 가로막을 수 있는 모든 죄를 피함"으로써
    D. 평화의 갈라진 틈을 신속하게 조정함으로써

---

173 Nevay, pp. 349-350.

E. "평화의 아들들과 교제함"으로써[174]

2) 확신

평안과 확신은 "언약의 위대한 축복"이다. "평안은 그 영혼으로 닻을 내리고 안전하게 정박하게 하고, 확신은 닻을 튼튼하고 견고하게 하기 때문에" 그들은 혼연일체가 된다.[175] 확신은 믿음의 반석 위에서 "하나님 앞에서 우리로 확신을 갖도록 해 주는"(요일 3:19) 은사다. 이러한 "확신은 믿음이 아니라 그 열매다."

> 믿음은 하나의 행동으로 그것을 통해서 그리스도를 발견하며, 먹이를 찾는 독수리처럼 그에게 날아가 그를 의지한다. 그리고 그것은 또 하나의 행동인데, 그것을 통해 그리스도와 일치가 이루어져 왔다는 것을 확실히 알게 된다.
> 한편으로 그것은 직접적인 행동으로서, 그 대상인 그리스도께 곧바로 나아간다. 다른 한편 그것은 이루어진 것에 대하여 성찰하며, 모든 것이 확실한지를 조사한다. 그리고 그것이 확실하다는 것을 알게 되면 그것은 큰 담대함과 확신을 갖는다 (엡 3:12).[176]

확신은 약속된 언약의 축복으로 "우리 영혼으로 의심을 이기게 하고"(롬 8:33-35), "참된 기독교적 강인함을 낳는다. 그리고 그 기독교적 강인함을 통해서 영혼은 문제에 대해 단련되고, 직무에 대해 깨어 있게 되며, 더 강화된다." "누군가가 자신이 믿는 자를 알게 될" 때(딤후 1:12), 그는 하나님을 기쁘게 해 드리고 순종하기를 원한다(요일 3:19, 22).

확신은 약속된 언약의 축복이다. 하나님은 그의 백성이 "**힘을 얻고 더 얻어 나아갈 것**"(시 84:7)과 그 의로움 때문에 "**평안과 확신**"(사 32:7)을 얻게 될 것을 약속하신다. 다윗과 바울같이 성경의 성도는 이러한 약속된 확신을 얻었다.[177]

---

174 Nevay, pp. 352-353.

175 Nevay, p. 347.

176 Nevay, p. 353.

177 Nevay, pp. 354-355.

니베이는 이러한 교리에 대한 여러 가지 용례를 제시한다.

① 올바른 확신은 "확실한 이해와 건전한 소망과 거짓 없는 믿음에서 생겨 나야 한다."

② 우리는 예수를 아는 것만으로 만족해서는 안 된다. "확실하게 체험적으로 알아서 … 예수 안에 있어야 한다."

③ 확신은 믿음이 없는 자에게 두려움이다(살후 3:2). "그들은 의심하며 살아가고 … 절망 속에서 죽는다."

④ "소망은 우리에게 생명을 얻게 할 뿐만 아니라 풍성히 얻게 하기에"(요 10:10) 확신을 구해야 한다.

⑤ 확신은 "약속에 대한 믿음을 통해서"만 생기기 때문에 확신은 "이러한 언약 속에서 약속을 따라서" 구해야 한다.[178]

그러한 확신은 언약도로 하여금 진리를 위해 기꺼이 죽을 수 있게 하였는데, 그들의 마지막 말은 "자기를 보존하려면 비굴함을 무릅쓰고 진리를 보존해야 한다"는 것이었다.[179] 어거스틴은 우리 믿음을 적극적으로 시인하는 것의 중요성을 강조했다.

> 자! 그대가 적극적인 시인을 빼앗아 간다면, 그대는 믿음을 빼앗아간 것이다. 왜냐하면 적극적인 시인이 없다면 그것은 아무것도 믿는 것이 아닐 것이기 때문이다.[180]

찰스 스펄전은 "어떤 것도 진리에 대한 믿음만큼 사람을 덕스럽게 하지 않는다"고 주장했다. 더욱이 그는 "가까운 장래에 그릇된 삶을 살지 않는다면

---

178 Nevay, pp. 354-355.

179 Nevay, Thomson, *Cloud*, p. 371.

180 Augustine, *Enchiridion*, chap. 7, pp. 238-239.

그릇된 믿음을 가질 수 없다"고 주장했다.[181]

확신은 탁월한 축복이지만, 망상과 착각 혹은 육체적 확신에 근거된 잘못된 확신은 저주다. 앤드류 그레이에 따르면 많은 사람이 자신의 확신을 다음 열 가지의 그릇된 기초 중 하나에 의존시킴으로써 스스로 기만에 빠진다.

번쩍이는 빛과 즐거움, 수많은 기독교 봉사, 율법의 준수, 한 가지 특수한 죄에 대한 혐오, 모든 죄에서의 해방, 기도 또는 지식의 은사, 양심의 평안, 타인의 인정, 교회 의식의 준수, 외적인 행복.[182]

이와 달리 그레이는 참된 확신을 가진 사람의 특징을 밝힌다. 그들은 "하나님과의 교류와 교제"(시 63:1; 아 2:16-17; 7:10-11)를 열성적으로 추구하며, 천국이 최종 목적지임을 알고 있다. 그들은 하나님을 찬양하는 일에 전념하며(시 118:21) 그리스도와 그의 권리를 매우 존중한다(아 2:3). 그들은 겸손하다(엡 3:8).

그들은 하나님의 뜻(시 40:8; 119:115)과 그의 명령을 행하기를 기뻐한다. 그들은 "주께서 그들을 거듭나게 하사 산 소망이 있게 하신다"(벧전 1:3)고 확신하며, "내 사랑하는 자는 내게 속하였고 나는 그에게 속하였다"(아 2:16)고 선언한다.[183]

3) 기쁨

청교도와 개혁파는 "기쁨이 불경건한 즐거움과 모순"[184]된다고 믿었다. 기쁨은 "믿음과 성화의 열매이며," 우리를 구속하신 주 예수 그리스도(롬 5:11)를 통해서 오는 신령한 기쁨이고, 하나님 안에 있는 기쁨이다. 기쁨은 "성령의 기쁨으로 불린다"(살전 1:6).

기쁨은 탁월한 은사다. 기쁨은 "그 안에 축복의 골수를 갖고 있으며, 시인은 "골수와 기름진 것을 먹음과 같이 나의 영혼이 만족할 것이라 나의 입이 기쁜

181　Spurgeon, *Defense*, vol. 1, p. 175.
182　Gray, *Works*, pp. 197-200.
183　Gray, *Works*, pp. 203-205.
184　Richard Baxter, *End of Doctrinal Controversies which have Lately Troubled the Churches by Reconciling Explication, without much Disputing* (London: 1681), p. 205.

입술로 주를 찬송하되"(시 63:5)라고 노래한다.[185] 성경은 기쁨을 계속되는 기쁨(시 84:4)과 "기름진 것으로 인한 기쁨"(사 25:6)으로 기술한다.

그 창조자는 성령(롬 14:17)이시고, 그 "목적은 하나님과 그의 아들 예수 그리스도시다"(빌 3:1, 3). 그리스도께서 그의 안에 거하려 하신 이유는, "내 기쁨이 너희 안에 있어 너희 기쁨을 충만하게 하려 함이라"(요 15:11)였다. 기쁨은 마음을 예배하기에 적합한 "올바른 상태에 있게 한다"(약 5:13). 기쁨이 없는 사람은 놀람과 패망의 잔을 받는다(겔 23:33). 성경은 위대한 일과 기쁨을 연관시킨다.

① 그리스도를 발견하는 것(마 2:10; 28:8)
② 하나님을 위한 봉사를 수행하는 것(신 28:47)
③ 그리스도를 위해서 고난을 받는 것(빌 2:17)
④ 영혼을 구원하는 것(사 61:10)
⑤ 기도를 드리는 것(빌 1:4)
⑥ 말씀을 전하는 것(행 13:51-52; 빌 2:18)

성경은 그 탁월함을 제시한다. 그것은 "크고"(눅 2:10), "넘치며"(유 24), "말할 수 없고"(벧전 1:8), "영원한"(사 61:7) 기쁨으로 불린다. "주님으로 인하여 기뻐하는 것이 너희의 힘이니라"(느 8:10)는 말씀처럼 기쁨은 백성의 힘이며 "주인의 즐거움에 참여하는"(마 25:23) 자들의 영원한 상태다.[186]

기쁨은 하나님이 약속하신 은사다. 그것은 "약속된 하나님 나라의 중요한 일 중 하나"(롬 14:17)이며, "약속된 성령의 주요 열매 중 하나"(갈 5:22)다. 성경은 구원, 믿음, 소망, 기독교적인 삶, "유혹을 끝까지 견디는 것"을 약속한다. 이들은 기쁨이 없다면 있을 수 없다(느 8:10; 시 51:12; 롬 12:12; 빌 1:20). 기쁨은 "모든 은사의 꽃이요, 상급"이다.[187]

이 교리에는 용례가 많다.

185　Nevay, p. 357.
186　Nevay, pp. 357-359.
187　Nevay, pp. 360-361.

① 참된 영적 기쁨을 분간하는 법을 배우라. 기쁨은 "하늘에서 내려온 타오르는 불이요, 성령의 연료"다.
② "기쁨을 높이 평가하라." 기쁨은 "하늘 문 이상인데, 기쁨이 믿는 자의 문 안에 있는 하늘이기 때문이다. 기쁨이 없이는 어떤 축복도 없다."

  A. "경건한 슬픔을 기쁨으로 전환시키고"
  B. "의로움을 위하여 그리스도를 선용하며"
  C. "약속을 따라 믿음으로 행하고"
  D. "신중하게 교회의 의식을 따르며"
  E. "이전의 모든 좋았던 경험을 기억함"으로써 기쁨을 소유하고자 힘쓰라.

③ 그대가 다음의 특징을 기준으로, 기쁨을 소유하고 있는지 시험해 보라. 기쁨은 "지식과"(전 2:26), "자원하는 심령"(시 51:12)과 다른 은사(거룩한 두려움, 사랑, 평안, 오래 참음, 관대함; 시 2:11; 갈 5:22)와 "결합되어 있다." 기쁨은 "극히 내적이며 그 모든 근원을 하나님 안에 두고 있다"(시 87:7). 기쁨은 "순수하고 혼합되어 있지 않다." 기쁨은 계속될 것이며(요 15:11), "주님의 법과 계명은 이러한 기쁨을 소유한 자에게 노래가 될 것이다"(시 119:54).[188]

④ 그대 안에 기쁨을 망치거나 방해하는 것을 조장하지 말라. 그대 안에 있는 기쁨의 "뿌리와 근원"을 찾으려 하지 말라. 그렇게 함으로써 그대는 "자신의 순간적인 섬광 속에서 행하게 될" 것이기 때문이다.

⑤ 신자는 낙담하지 말아야 하는데, 그것은 "슬퍼하는 자에게도"(사 61:3) 기쁨이 약속되어 있기 때문이다. 반면에 기쁨을 갖지 않은 자는 "그 자체가 기쁜 기독교인의 삶에 대하여 반감을 일으킨다." 더욱이 "기쁨을 갖지 않는다면 우리는 아마 자책하게 될 것이다. 왜냐하면 **그 길은 즐거운 길이요 그의 지름길은 다 평강이기**"(잠 3:17) 때문이다.

⑥ 기쁨은 언약에서 찾아야 한다. 왜냐하면 "**너희가 기쁨으로 구원의 우물에서 물을 길을 것이기**"(사 12:3) 때문이다.[189]

---

188 Nevay, p. 359.
189 Nevay, pp. 360-361.

4) 위로

위로 또는 위안은 "하나님의 백성"(사 40:1)에게만 기인하는 "완전하고 소중한 언약의 축복"이다. 특별히 위로는 약한 심령을 가져서 의기소침하고 슬퍼하는 자를 위해서만 있는 것이다(사 61:2; 호 2:15; 고후 7:6). 위로는 "영혼을 위한 강장제이거나 치료제"다. 그러나 위로의 말은 "그것이 치료의 효력을 발휘할 수 있기 전에, 먼저 귀에 들리고 받아들여져야 한다."

위로는 탁월한 축복이다. 온전한 삼위일체 하나님이 위로를 베푸는 일에 관여하신다. 하나님은 위로를 계획하시고(사 51:12; 고후 1:3), 성령은 위로를 전하시며(요 14:16, 26; 행 9:31), 그리스도는 위로를 주신다(눅 2:25; 빌 2:1).

위로는 "마음을 안정시키는 일, 영을 회복시키는 일, 직무에 전심전력하게 하는 일 등 같은 효과를 가져오는" 탁월한 축복이다. 위로가 어떻게 심령을 고양시키고(시 94:19; 사 50:4), 고난을 이기며(고후 1:5), 하나님과 자신을 즐거워하도록 하는지, 그리고 위로가 어떻게 말씀 전파를 통해서 생겨나는지(행 15:31; 롬 15:4; 고전 14:3)를 생각하라.

더욱이 위로의 탁월함은, 위로를 받지 못해 "슬픔과 낙심에 빠진 비참함"을 생각할 때 드러난다.[190]

하나님은 자기 백성에게 위로를 약속하신다(사 40:1; 51:3; 57:18; 66:13; 렘 31:13). "그리스도의 위대한 약속"은 "그가 보혜사를 보내신다는 것"(요 15:26)이다. 성경의 성도는 위로의 약속을 믿었다(예를 들면, 시 23:4의 다윗처럼). 성경은 은혜, 소망, 사랑, 믿음을 약속한다. 이것들은 위로 없이 존재할 수 없다(롬 1:12; 빌 2:19; 살후 2:16).[191]

이 교리에는 다양한 용례가 있다.

① "결코 낙심한 적이 없는" 사람을 위로하지 말라. 언약 밖에 있는 사람에

---

190 Nevay, pp. 361-363.

191 Nevay, p. 364.

게는 아무 위로도 없다.

② "적절한 시기에" "진정한 질병"에 대해 온전하고 합당한 위로를 신중히 적용하라.

③ 위로를 하찮게 여기는 사람을 책망하라.

④ 위로를 주는 것을 갈망하라. 이런 것은 "세상에서 가장 희귀하고 가장 값비싼 강장제"이기 때문이다. 위로는 우리 영혼이 짓밟히고, "가장 낮은 구덩이에서 건져 올릴" 때까지는 그 가치를 알기 어렵다(시 86:13).

⑤ 그 안에 위로가 풍부하게 들어 있는 은혜 언약에서 위로를 구하라.[192]

존 니스벳의 동시대인 존 번연(John Bunyan, 1628-1688)은 잉글랜드를 여행한 후에 설교 중단을 거부했다는 이유로 투옥되었을 때 저술된 그의 책, 『천로역정』(*Pilgrim's Progress*)에서 커다란 소망의 위로를 표현했다. 번연의 이야기의 주인공인 기독자는 큰 강을 건너려 할 때 소망 씨 덕에 구조를 받았다.

> 그래서 소망 씨는 물 위로 형제의 머리를 내밀도록 애를 썼다. 그렇다. 이따금씩 그는 머리가 물 속으로 빠져 들어가곤 했고, 그러면 잠시 뒤 그는 반쯤 죽었다가 다시 소생하곤 했다. 소망 씨도 "형제여, 나는 문에서 우리를 영접하기 위하여 기다리고 있는 사람들을 보고 있다오"[193]라고 말하면서 애써서 그를 위로하곤 했다.

소망과 위로의 원천은 하나님의 언약의 약속에 대한 믿음이며 그 약속은 박해를 받는 동안 기독교인에게 커다란 위로가 된다. 제임스 니스벳은 언약도와 함께, 이것이 시련과 고난을 이겨내야 하는 기독교인을 위한 "은혜로 잘 정돈된 언약의 글"이라고 믿었다.

> 하나님은 언제나 고통을 당했으나 죄는 없는 자녀를 하나 가지셨다.[194]

192　Nevay, pp. 362-364.

193　John Bunyan, *The Pilgrim's Progress* (Westwood, New Jersey: Barbour and Company, 1985), p. 182.

194　James Nisbet, Extract from "Ebenezer in a Furnace," in Nisbet, *Private Life*, pp. 273-274 (이

제임스 니스벳은 문제가 생겼을 때 피난처 하나님께 피하였고 주님께서 그의 언약의 약속을 성취하실 것을 위로로 삼았다.

> 나에게 일어날 수 있는 가장 크고 충격적인 고통은, 주님의 모든 존귀한 증인(히 11:1-2)이 내 앞에서 헤쳐 나갔던 비참한 시간의 단편과, 그들이 마셨던 마라의 쓴 물뿐이라는 사실이다. 온갖 고통을 당하면서도, 나는 주의 백성을 위한 안식이 남아 있다고 계속 상기하곤 했다(히 4:9; 계 21:4). 그의 백성 누구도 그 안식에 이르지 못한 사람이 없었는데, 안식은 그들에게 맹세된 유산이었기 때문이다.
> 은혜롭게도 주님께서는 믿음과 인내와 경험을 위해 수많은 소중하고 적절한 약속을 통해 그의 백성이 고통스러운 환경과 반복되는 시련에 잘 적응하기를 기뻐하셨으며, 특히 유혹을 받을 때에는 언제든지 안식을 주고 공급하기를 기뻐하셨다.[195]

이스라엘의 강하고 약한 자녀 모두가 건너기까지, 하나님의 언약궤를 멘 제사장의 발(수 4:10-11)이 요단 가운데 굳게 서 있었듯이, 이들 제사장과 그 언약궤의 영광스러운 실체이신 우리의 자비롭고 신실하신 대제사장 그리스도 예수께서도 죽음의 요단 강 한 가운데에 서서, 손으로 신호를 보내어 그의 모든 자녀가 안전하게 영광의 즐거움 속에서, 새 예루살렘으로 들어가게 하신다.[196]

> … 위대하시고 지혜로우신 여호와께서는, 그의 백성이 광야에서 지체하는 것이 당연하다는 것을 아시기에, 은혜롭게도 크고 적절한 격려를 통해 그의 백성이 고통스러운 환경과 자주 반복되는 시련에 적응하도록 하시기를 기뻐하셨다. 그리고 그러한 격려는 믿음과 인내와 먹고 안식하는 경험을 위해 이루어졌으며, 그들에게 많은 크고 귀중한 약속으로 주어진 것이었다.
> 창세기부터 요한계시록까지 하나님의 모든 책이 놀랍게도 값비싼 진주와 친절한 위로라는 달콤한 잔으로 장식되어 번쩍번쩍 빛나고 있다. 그 대부분 생명나무처

하 Nisbet, "Ebenezer").

195 Nisbet, "Ebenezer," pp. 274-276.
196 Nisbet, "Ebenezer," p. 276.

럼 하나님의 무한히 자비하신 마음에서 흘러나와 죄인에게로 내려온다.

그 가지는 열두 가지 모양의 새롭게 원기를 회복시켜 주는 열매가 주렁주렁 열려 있어, 의기소침한 사람과 그 아버지의 왕국으로 향하는 여행에서 피곤에 지친 여행객의 원기를 북돋아 주고 위로한다.

그것을 통해 영혼을 확장시켜 주는 위로를 받을 때, 그들은 때때로 거룩한 담대함과 자신감 넘치는 확신의 높은 곳까지 올라 외친다.

"아무것도 우리를 그리스도 예수 안에 있는 하나님의 사랑에서 끊을 수 없다. 죽음이나 생명이나, 권세자나 능력이나, 현재 일이나 장래 일이라도 …

오! 사망아 너희 쏘는 것이 어디 있느냐?

오! 사망아 너희 승리가 어디 있느냐?"[197]

5) 하나님과의 교제는 최후의 가장 좋은 열매다

"최후의 가장 좋은 열매는 … 하나님과의 교제다."

이러한 교제에서 신자는 하나님과 동행, 동거하고(창 5:22; 6:9; 고후 5:15; 요일 4:13), 하나님은 그들 안에서 행하시며 동거하신다(레 26:12). 성부와 그리스도의 교제는 하나님과 기독교인의 교제를 위한 모범을 제공한다.

"그리스도는 성부의 기쁨이셨고, 그리스도와 성부 사이에는 가장 아름다운 교제가 있었다."

마찬가지로 하나님과 신자 사이에도 매우 달콤한 교제가 있다(시 37:4; 잠 8:30).

이러한 친밀한 교제는 영에 의한 연합을 요구하며 **"주와 합하는 자는 한 영이다"**(고전 6:17). 그것은 상호 간의 의사소통과 교류를 필요로 한다(사 64:1-2; 빌 3:20). 그것은 상호 간의 신뢰를 요구한다.

"그리스도는 신자를 종이 아닌 친구로 여기신다."

그것은 상호 간의 겸손을 요구한다. 하나님은 **"내가 그들의 반역을 고치리라"**(호 14:4) 약속하신다. 사람은 **"자신을 부인해야 할 것"**(마 16:24)이다. 그것

---

197 Nisbet, *Private Life*, pp. 155-157; 롬 8:38, 39; 고전 15:55.

은 상호 간의 친밀함, 즐거움, 부드러운 대화와 함께 부르는 찬양을 요구한다. 모세는 얼굴을 뵙고 하나님께 말씀드렸다(출 33:11). 하나님은 "**신랑이 신부를 기뻐함 같이**"(사 62:5) 믿는 자를 기뻐하신다.

> 배우자가 그를 기뻐한다. '입은 심히 달콤하니 그 전체가 사랑스럽구나'(아 5:16).[198]

그것은 탁월한 축복이다. "**그를 가까이 하는 백성**"(시 148:14)이 되는 것은 고귀하고 탁월한 명예다. 삼위일체 하나님과의 교제는 탁월한 것이다. 성부는 언약을 통해 우리의 유익을 위하여 모든 것을 하리라 맹세하시고(요일 4:8), 성자는 달콤하게 그리고 영원히 "우리를 그의 동반자가 되게 하시며"(히 3:14; 또한 잠 8:30도 보라; 요 17:21, 23), 성령은 "가장 내면적이고 직접적인 유대" 속에서 우리에게 관여하신다.

그것은 "신자를 하나님의 왕으로 만든다."

지혜자와의 대화가 사람을 개선시킨다면 "하나님과의 그 비슷한 대화를 나누는 것은 훨씬 더 그렇지 않겠는가?"

이러한 유대를 가진 사람은 하나님께 담대하게 나아간다(창 18; 출 33:9-23; 대하 20:7; 사 41:8). 그들은 "마음속에 있는 모든 것을 그에게 말씀드릴 것이고 기도 속에서 그로부터 큰 일을 기대할 것이다." 그들의 얼굴은 모세가 그랬던 것처럼 빛날 것이고 그들의 영혼은 "**하나님과의 교제로 인한 즐거움으로 결코 지치지 않을 것이다**"(마 17:4).

아무것도 "그리스도와 그의 신부와의 교제"에 비할 수 없다. 그는 그녀에게 한 묶음의 몰약을 붓고, 밤새도록 그녀의 가슴 사이에 기대고, 손으로 그녀의 머리를 쓰다듬으며, 오른손은 그녀를 안는다(아 5:13; 2:6). 사람들이 나누는 어떤 교제도 이보다 만족스러운 것은 없다.[199]

그것은 약속된 언약의 축복이며, 그 축복 속에서 "하나님은 그들 안에서 그들과 동행하시며, 그들은 그와 동행할 것이다"(출 25:8; 레 26:11-12; 시 68:16;

---

198 Nevay, pp. 365-367.
199 Nevay, pp. 368-370.

132:13-14; 미 4:5; 고후 6:16; 계 3:4). 성부 하나님, 우리의 머리와 남편이신 성자, 우리의 보혜사 성령과의 교제는 약속에 의해 이루어져야 하는데, 이는 자연 상태의 인간은 하나님을 떠나 있기 때문이다.

성경은 거룩과, 죄의 용서와, 그리스도와의 일치를 약속한다. 이들은 모두 하나님과의 교제를 필요로 한다. 더욱이 주님은 직접적으로 그것을 약속하신다. 그는 그의 백성에게 그의 이름을 알리실 것이며 그의 백성을 결코 떠나거나 버리지 않으실 것이다(히 13:5).[200]

니베이는 이러한 교리에 대해 여러 용례를 제시한다.

① 하나님과의 교제를 갖지 않던 사람이 이 교제에 대해 알게 된다면, "이것 외에는 어떤 것도 택하지 않을 것이고, 하나님과의 교제에 들어설 때까지 결코 마음이 편하지 못할 것이다."

② 하나님과의 교제를 갈망하는 사람은 거룩함을 사랑해야 하는데 "이 귀한 교제는 거룩함의 열매이기 때문이다. 죄는 영혼을 하나님과 분리시키지만, 거룩함은 영혼이 하나님을 가까이 하게 만들고, 하나님을 영혼에 가까이 하게 한다." 간단히 말해, "거룩함은 하나님의 형상이며, 하나님은 거룩함 보기를 기뻐하신다."

③ "하나님과의 교제를 위해서 만들어진 자신의 불멸의 영혼을 헛되고 악한 것에 허비하고 그 마음을 쏟는 사람의 비참함과 광기"를 주목하라. 하나님과의 교제가 없는 사람은 "소망 없이 죽는다"(엡 2:12).[201]

④ 그대가 하나님과 나누는 교제가 이러한 특징이 있는지 점검하라.

그것은 "그리스도에 대한 분명하고 명백한 지식과 언약 안에서 그리스도와의 친밀함"을 갖추어야 하며," 이 교제는 "그 섬세한 부분을 고무하고 기뻐하는 교제를 통해 "하나님에 대한 영적인 이해"를 가져야 한다. 이 교제는 "율법을 기뻐하고"(롬 7:22), 하나님께 "담대히 나아가는 것"을 나타내야 한다. 이 교

---

200 Nevay, pp. 371-372.

201 Nevay, pp. 367-370.

제는 "악한 자의 유대에는 반감을 나타내고 성도의 유대에는 진정한 기쁨"(시 16:2-3)을 가져야 한다. 이 교제는 "하나님과의 교제를 누리고 하나님의 나타나심을 사랑하고 사모한다면(딤후 4:8),[202] 다른 모든 것을 기꺼이 포기할 마음"을 가져야 할 것이다." 안타깝게도 이러한 교제에 방해가 있다면, 마음이 동요할 것이다(아 5:6).[203]

⑤ 우리는 언약의 약속을 통하여 그것을 구해야 하고, "열매 없는 어둠의 일에 참여함"으로, 또는 잘못된 교리나 예배 관습을 따름으로(고전 10:20; 엡 5:5-6, 11), 이 교제를 깨뜨려서는 안 된다.

우리가 그리스도와 성령과 나누는 교제는 그의 삶과 죽음을 따르는 것과, "그에게서 흘러나오는 빛과 생명을 끌어내는 것"(빌 2:1; 3:10; 골 2:6)과 "고난 당하는 그의 성도와의 교제를 유지할 것"(벧전 4:14)을 요구한다.[204]

7. 성화 – 방편

기도와 찬양은 다른 모든 축복의 문을 여는 탁월한 언약의 축복이다.

니베이는 성화의 네 가지 방편을 열거한다.

① 말씀 듣기
② 성례의 준수
③ 기도
④ 찬양

이 절에서는 결코 적지 않은 가치를 가진 마지막 두 개의 방편에 대해서 다

---

202 Nevay, pp. 370-371.
203 Nevay, pp. 368-370.
204 Nevay, pp. 370-372.

룬다. 비록 남은 자들이 하나님의 섭리로 말씀 듣기와 성례 준수를 박탈당했던 박해 기간 동안 해를 당하였을지라도 그들은 찬양과 기도를 통하여 하나의 교회로 살아 남았다. 앞서 살펴보았듯이 제임스 니스벳의 개인적인 회고록은 이러한 두 성화의 방편이 **언약도**가 보존하고 규정했던 충분한 증거다.

1) 찬양

찬양은 "감탄과 경배로 주님의 탁월하신 일을 나타내고 기리는 것"이다. 이렇게 하나님을 찬양하는 것은 이따금씩 대개 "그의 덕을 나타내거나(벧전 2:9), 주님을 사랑하거나, 주님에 대한 신앙을 고백함으로(시 18) 표현된다." 때때로 찬양은 또한 하나님을 칭송하는 것(롬 15:11), 송축하는 것(시 145:21), 영화롭게 하는 것, 격찬하는 것(사 24:15), 높여 드리는 것(시 99:5)으로 표현된다. 적절한 찬양은 "전인(全人)을 요구하며, 하나님의 심판을 존중하는 것, 기억을 간직하는 것, 결단할 수 있는 의지, 하나님을 기뻐하는 애정, 말하는 혀, 그의 모든 탁월하신 일과 값없이 베푸시는 선의를 나타내는 생활 등을 요구한다."[205] 찬양은 탁월하고 선하며 즐거운 것이다(시 52:9; 54:6; 135:3).

① 찬양은 하나님의 기쁨이요, 하나님이 거주하시는 장소다(시 22:3).
② 찬양은 천사의 직무다(사 6:1-3).
③ 찬양은 올바른 상태에 있는 사람의 행위다(약 5:13).
④ 찬양은 직무가 모든 방면에서 잘 수행되게 하는 기름이다.
⑤ 찬양은 모든 송축으로부터 자라나야 하는 열매이며 꽃이다.
⑥ 찬양은 영원히 계속되는 선이요, 영원히 계속될 일이다.
⑦ 찬양이 올바르다면 그것은 주님의 목적이요, 그리스도의 목적이요, 영혼의 목적이다.
⑧ 찬양은 위대한 복음의 제물 중 하나다(히 13:15).
⑨ 많은 약속이 찬양으로 이루어진다(삼상 2:30; 시 67:5-6).

205　Nevay, p. 389.

⑩ 이러한 직무의 탁월함은 그것을 갖지 않은 사람들의 비참함을 생각할 때 두드러진다.[206]

(1) 찬양은 언약되고 약속된 것이다

이 백성은 내가 나를 위하여 지었나니 나를 찬송하게 하려 함이니라(사 43:21).

"그 문들을 찬양이라고 부르게 될 교회 안에서 많은 찬양이 있을 것이다"(사 60:18). 성경은 즐거움, 구원, 소망, 성령, 그의 백성 가운데 하나님의 임재를 약속한다. 이들은 찬양과 함께 있어야 한다(시 22:3; 42:11). 하나님의 영광은 찬양의 큰 목적이며(시 50:23), 찬양 자체가 "그의 구속 사역 속에 있는 그리스도의 큰 목적"이다. 성경은 이를 풍성히 약속한다(시 22:26; 66:2; 102:18; 145:4; 사 561:11; 롬 15:1).[207]

(2) 니베이는 이러한 교리에 대해 다음의 용례를 제시했다.

① 참된 찬양이 무엇인지 고려할 때, "그를 알지도 못하고 존경하지도 못하는 사람은 그의 이름을 헛되이 가질 수밖에 없다는 것이 분명하다." 더욱이 그가 받으시는 것이 찬양이기 때문에, 그들은 마땅히 드려야 할 것도 드릴 수 없다.

② 찬양은 우리의 중대한 직무이며, 이에는 "하나님을 높이 생각하고, 우리 자신을 낮게 생각하는 것이 요구된다." 모든 의무 중에서도 찬양이 가장 기대가 된다. 찬양은 "우리를 하나님의 제사장으로 삼으며," "찬양을 통해서 하나님이 영광을 받으시고, 우리의 뜻도 하나님의 뜻에 부합하게 된다." 그러나 "그 빚을 결코 갚을 수 없다 할지라도, 기꺼이 갚고자 하는 것은 용인된다."

③ 우리는 우리의 찬양이 참된 것인지 조사해야 한다. 건전한 찬양의 특징은 많은 자기 부인, 강한 결단에서 나오는 감사, 견고한 마음, 충만한 영, 부드

206　Nevay, p. 390.

207　Nevay, p. 391.

러움이다. 또한 "하나님에 대한 집중을 동반하는 새 포도주 같은 끊임없이 솟아오르는 열의"가 있어야 한다.

④ 그 안에 찬양의 영이 풍부한 언약의 약속으로 위로를 삼고 그것을 의지하라.[208]

제임스 니스벳은 회고록 모든 면을 찬송으로 채웠는데, 그것은 대부분 그의 개인적 헌신으로 이루진 것이다.

그가 장로교인이었다는 사실에 주목하라.

오늘날 장로교인은 하나님에 대한 사랑을 표현하는 데 니스벳과 동일한 언어를 사용하는가?

아니면 "엄격한 장로교인들"이라는 이름에 진정 걸맞는가?

그리스도를 찬양하는 것은 우리의 입술에 계속되어야 한다.

2) 기도

존 번연은 기독교인에게 "자주 기도하라"고 권고했다. 기도는 영혼에 대한 방패요, 하나님께 드리는 희생이요, 사탄에게는 채찍이기 때문이다."[209] 찰스 스펄전은 "무릎을 꿇을 때 신자는 천하무적이 된다"[210]고 선포했다. 니베이에 따르면 성경은 다양하게 기도를 묘사한다.

> 기도는 주의 이름을 부르는 것이다(창 4:26). 기도는 눈물을 흘리면서 탄원함으로써 하나님과 씨름하는 것이다(창 32:24; 호 12:4). 기도는 소원과 탄식을 하나님 앞으로 가져오는 것이다(시 38:9). 기도는 하나님의 얼굴을 구하는 것이다(시 24:6). 기도는 마음과 육체가 살아계신 하나님께 부르짖는 것이다(시 84:2). 기도는 구하고 찾고 두드리는 것이다(마 7:7). 기도는 약해지지 않는 것이요, 끈질기게 요구하는 것이며, 밤낮으로 부르짖는 것이다(눅 18:1, 4-5, 9).
> 간단히 말해 기도는, 그의 뜻대로(요일 5:14), 성령의 도우심을 입어(롬 8:26), 그리

---

208 Nevay, pp. 390-391.

209 Beka, pp. 336-339.

210 Charles Spurgeon, *The Greatest Fight in the World* (Pasadena: Pilgrim Publications, 1990), p. 5.

스도 이름으로(요 16:23), 죄를 고백하며(시 32:5), 하나님의 자비하심에 대해 감사를 드림으로(빌 4:6), 우리의 바라는 것을 하나님께 아뢰는 것이요, 그 앞에서 마음을 쏟는 것이다(시 62:6).[211]

기도의 탁월함은 우리가 하나님과 대화하는 수단이요, 약속을 따라 하나님의 도움을 입는 수단이라는 점에서 알 수 있다. "기도는 그의 생애에서 그의 사역의 중요한 부분이었고, 지고한 방식으로 그의 사역은 지금도 계속되고 있다"(히 7:25).[212]

기도를 통하여 우리는 중대한 것을 얻는다. 건강(사 38:14-15, 21), 힘과 담대함(삿 16:28; 행 4:29), 자녀(창 25:21), 공적인 은사(왕상 3:9-12), 물체를 정복하는 힘(수 10:12), 원수에게서 구원됨(삼하 15:31; 왕하 6:18, 10; 대하 20:12-17; 느 1:11; 단 3:25; 행 12:5, 7).

기도하는 사람에게는 많은 약속이 주어진다. 기도하는 사람에게 "만물은 거룩하며"(딤전 4:5), 사탄은 패배하고, 기쁨, 수용, 번영, 평안, 구원이 약속되며(시 122:6-7; 사 56:7; 롬 10:13), 구하는 자에게 성령이 주어지고(눅 11:13), 사람이 기도에서 시인한 것은 무엇이든지 그에게 그대로 될 것이다.[213]

기도는 "약속된 언약의 탁월한 축복이다." 하나님은 "당신의 백성이 기도할 때, 응답하실 것"을 약속하신다(렘 29:12).

> 그들이 울며 돌아오리니 나의 인도함을 받고 간구할 때에 내가 그들을 넘어지지 아니하고 물 있는 계곡의 곧은 길로 가게 하리라(렘 31:9).

그는 "내가 은총과 간구하는 영을 부어 줄"(슥 12:10) 것도 약속하신다. 기도가 선물임에 틀림없는데, 그것은 "우리가 마땅히 빌 바를 알지 못하기"(롬 8:26) 때문이다. 이런 이유로 기도에 필요한 것이 약속된다. 성경은 우리를 도우시

---

211 Nevay, p. 384.
212 Nevay, p. 384.
213 Nevay, p. 385.

는 성령과 우리를 능하게 할 믿음(롬 10:14)과, 기도하여 힘을 얻을 수 있게 하는 복종을 약속한다. 기도는 우리를 유혹에서 보호하고(마 26:41; 계 3:10), 어려움에서 건져 주시며(시 50:15), 하나님과의 교제와 예배를 누릴 수 있게 해 주는 수단이다(사 66:23). 실제로 "기도는 하나님에 대한 온전한 예배를 위해 봉사하게 하며"(사 56:7), "우리는 기도에 의하지 않고는 그 약속을 활용할 수 없다"(사 43:25-26; 겔 36:37).[214]

이 교리의 유용함을 생각하라.

① 하나님께서는 자기 백성을 고난에서 구원하기에 앞서 백성에게 진지한 기도를 요구하신다(출 14:15; 사 1:15; 렘 11:14).

② 우리는 열심히 마음을 다하여 성령이 명하시는 대로 기도해야 한다. 기도하는 사람은 하나님의 뜻과 일치해야 하며, 그럴 때 비로소 우리는 인내하고 복종하며 기다릴 수 있다.[215]

③ 기도는 "하늘의 모든 보화에 이르는 열쇠"이며 "기도에 의하지 않고서 우리는 어떤 약속도 선용할 수 없다."[216] "우리가 기도할 마음을 갖는다면(삼하 7:27), 하나님은 응답하고자 하실 것이다." 하나님께서 기도에 응답하신다는 사실이 항상 나타나지 않는다 하더라도, "신자의 기도에서 그 중요한 목적은 항상 응답받는다. 그 목적이란 하나님의 영광과, 교회의 유익과, 기도하는 사람에게 가장 좋은 것 등이다."

④ 영과 말과 능력과 집중력이 부족하기 때문에 기도하는 데 적합하지 않다고 느끼는 사람에게 니베이는 다음과 같이 조언한다.

> A. 때때로 씨름하는 것이 필요하며 하나님이 택하신 자녀에게 주시는 탄식하는 성령을 기다리는 것도 필요하다.

---

214 Nevay, p. 387.
215 Nevay, p. 387.
216 Nevay, pp. 385, 387.

B. "기도를 수행하는 것은 말이 아니다. 때때로 신음뿐일 때도 있다"(사 38:14; 롬 8:23). "하나님은 말을 필요로 하지 않으신다. 기도의 제물은 상한 심령이다"(시 51:17).

C. "기도는 완전함 때문이 아니라 그리스도 때문에 상달된다."

D. 다른 집중할 부분. "성령의 도우심이 가까이 있다. … 다른 점에서 좋다 하더라도, 만약 그것이 현재의 직무에 관계가 없다면 어떤 생각도 허용해서는 안 된다."[217]

⑤ 언약 밖의 사람에게는 기도하는 일이 아무런 소망도 주지 못하는데, 그 이유는 "아무도 성령이 아니고서는 예수를 주라 부를 수 없기 때문이다"(고전 12:3).[218]

⑥ "바르게 기도하고자 하는 사람은 언약 속에 들어가서 그곳에서 기도를 끌어와야 하며 그 안에서 중보자에게 나아가야 한다. 그는 기도하는 법을 가르치시고(눅 11:1), 기도를 위해 약속으로 나아가고, 그런 후에 다시 기도와 함께 약속으로 나아가는 법을 가르치신다. 그리고 이는 소중하고 축복된 일이 될 것이다."

⑦ "기도하는 일이 쉽다고 생각하는 것"은 어리석다. "그리스도께서 하나님과의 많은 교제 가운데 기도하신 것처럼(눅 9:29)[219] 기도하지 않는다면, 기도는 우리의 손 안에도 마음에도 존재하지 않는다."

소망은 기도를 통하여 기독교인의 삶에서 그 모습을 나타낸다. 기독교인이 기도할 때 확신을 갖고 하나님께 나아가려면 "그의 말씀 속에서 소망을 가졌던"(시 119:49-50) 다윗처럼, 말씀 속에 들어있는 약속을 믿어야 한다. 앤드류 그레이에 따르면, 기독교인은 "그의 손에 있는 특수한 약속"을 취해서 "그것을 하나님께 제시하고, 이 약속을 이루어 주시옵소서"라고 말해야 한다. 왜냐하면 하나님은 자기 이름을 부정하지 않으시며 신실하실 것이기 때문이

---

217 Nevay, pp. 386-387.
218 Nevay, p. 388.
219 Nevay, pp. 388-389.

다."[220]

그레이는 주님께서 그의 약속을 성취하신다는 것을 깨닫는 경험을 통해 우리의 영혼에는 주님의 사랑에 대한 거룩한 인상이 남게 되고, 그것은 하나님의 위엄을 발견하고 이해하게 하며, 우리의 마음과 하나님에 대한 관심을 강화시키고, 소망과 영적인 즐거움이 생겨나게 한다고 주장한다(시 28:7).[221]

그레이는 기도는 하나님의 신성에 대한 깊은 인상을 가지고, 겸손과 뉘우치는 마음으로, 하나님께서 기도를 들으신다는(시 65:2) 믿음과 확신을 가지고 열정적으로(시 39:12) 중단 없이 드려야 한다(살전 5:17)고 주장했다.[222]

그레이는 기도의 장애물을 밝힌다.

A. 우리의 정욕을 위하여 기도하는 것(약 4:13)
B. 마음의 혼란을 가지고 기도하는 것(시 66:18)
C. 형식적이거나 냉담하게 기도하는 것(말 1:14)
D. 씨름하지 않고 기도하는 것
E. 창조자로서의 성령이나(욥 37:19) 중보자로서의 그리스도(마 22:12)를 힘입지 않고 기도하는 것
F. 성령에 의해 인도받을 때 기도하지 못하는 것
G. 겸손한 영으로(벧전 5:5) 기도하지 못하는 것[223]

다윗은, 기도 속에서 주님을 구하는 사람은 **"주의 집에 있는 살진 것으로 풍족할 것이라 주께서 주의 복락의 강물을 마시게 하실 것이다"**(시 36:8)라고 약속한다. 하나님의 성을 기쁘게 하는 것도 기도를 통해서다(시 46:4).[224]

제임스 니스벳은 니베이와 그레이의 충고를 마음으로 받아들였다. 제임스 니스벳의 회고록에서 가장 놀라운 특징은 그가 끊임없이 기도 속에 있는 것처

---

220 Gray, *Works*, pp. 160-161.
221 Gray, *Works*, pp. 163-165.
222 Gray, *Works*, pp. 222-225.
223 Gray, *Works*, pp. 228-235.
224 Gray, *Works*, pp. 237-242.

럼 보인다는 것이다. 아마도 여러 번 죽음의 위기에서 가까스로 모면한 것이 그의 내면에 살아계신 하나님 안에 있는 산 소망을 생겨나게 했을 것이다. 그의 회고록에서 밝히듯이, 니스벳이 유년 시절에 직접 목격했던 언약도의 기도는 그의 영혼을 돌이킬 수 없을 정도로 위로하고 고양시켰다.

원수의 분노와 잔혹함을 피하기 위해 이곳저곳으로 급하게 피하고 이동하는 경우를 제외하고는, 그들이 시간을 사용하고 개선하는 방법은, 자신의 죄와 다른 사람의 죄를 슬퍼하고 애통하면서 주님께 간절하고 열렬하게 기도하는 데 시간을 보내는 것이었다.

그들은 그렇게 하여 하나님의 진노를 누그러뜨림으로 하나님의 화가 사라지고, 하나님의 말씀 속에서 그들에게 보여 주셨던 본을 따라 주님은 한 남은 자를 불쌍히 여기시고 용서하시고 일으켜 이 땅에서 그를 섬기는 씨앗이 될 수 있게 하셨다.

이 점에 있어서, 그들은 마치 막무가내로 "오! 그가 돌아오시리라!"고 자주 부르짖기라도 하는 것처럼, 애처롭고 열성적이며 끈질기게 주님께 매달렸다.

오! 그가 돌아와서 능력과 빛과 생명으로 그의 일을 부흥케 하고, 모든 결함과 오류와 좌우로 치우친 데서 그들을 빠져나오도록 도우시기를!

그들은 주님이 능력으로 그들과 그 사람들과 그의 소유된 백성을 도와 소생케 하고, 새롭게 하며, 욕망을 억제하고, 강하게 하며, 위로하고, 보존하는 은혜와 자비를 베푸시기를 기도했고, 그들이 모두 마귀와 세상과 육체에서 비롯되는 모든 시련과 유혹을 받을 때 꿋꿋함을 잃지 않고 끝까지 견뎌낼 수 있기를 기도했다. 그들은 하나님의 도우심으로 충분히 구비되어 죄에 대항하여 피 흘리기까지 싸울 수 있도록 기도했다.

또한 그들은 은혜를 통하여 항상 도움을 입고 그 안에서, 그를 향하여, 그를 위하여 살 수 있도록 기도했다. 그들은 주님이 은혜와 자비로운 방법으로 그들 안에서, 그들에 의해, 그들에게서 자신을 영화롭게 하심으로, 그들이 크게 도움을 입어 참되고 신실하며 정직한 마음으로 그를 위하여 살 수 있기를 기도했다. 그리고 기도하도록 부름을 받을 때, 충성스럽고 변함이 없이 그를 위하여 죽을 수 있기를 기도했다.

눈물이 시내가 되어 흘렀도다!

거룩하고 열렬한 영혼의 숨결이여!

죄로 죽을 몸으로 인해 얼마나 무겁고 비통한 신음 소리를 냈던가!

그들은 주님과 얼마나 힘 있게 씨름하여, 마침내 주께서 그 얼굴을 그들에게 비추고, 자비롭게 이 땅에 돌아오셨던가!

그들은 스스로를 심판하고 스스로를 저주하였도다!

개인의 죄와 공동의 죄와 국가의 죄에 대해 얼마나 애통해 했던가!

그들을 구원하고, 그들 안에서 모든 기능이 살아나도록 얼마나 하나님의 영을 구하고, 빛과 진리를 구했던가!

… 아무리 큰 대가를 치른다 하더라도, 다른 어떤 것을 위해서가 아닌, 바로 주님과 그의 길을 위해 얼마나 거룩하고 변함없기를 결심했던가!

… 그의 은혜의 충만함에 참여하는 자가 되기 위해 얼마나 거룩하고 변함없는 압박과 투쟁을 했던가!

… 그래서 일이 잘 돌아가게 되었을 때 그들의 얼굴에는 얼마나 빛나는 아름다움이 있었던가!

감동적인 연민의 정을 얼마나 갈망했던가!

즐겁고 커진 목소리에도, 그들의 뺨에는 여전히 눈물이 비처럼 흘러내리고 있었도다!

마치 하나님의 영에 의해 받아 적게 한 것처럼, 무게 있고 전에 생각해 본 적이 없는 문장과 표현이 그들의 입에서 계속 나오자, 그 광경을 목격한 사람들이 얼마나 크게 놀랐던가!

주님이 그들을 만나기에 합당한 것으로 여기시는 위급한 섭리의 상황에 처할 때, 지금까지 그에게서 조언을 받기 위해 얼마나 간절하게 주께 탄원했던가!

그래서 그들은 많은 시간을 때로는 온 종일을, 때로는 밤새도록, 때로는 3일 밤낮을 주님께 간절히 기도하는 일과, 그와 씨름하는 일에 모든 시간을 드렸다. 이따금씩 성경의 한 부분을 읽고, 시편을 노래하며, 24시간에 한 번씩은 고기와 음료로 그들의 신체의 원기를 회복했는데, 이런 일은 자주 있기도 했고 뜸하기도 했다.[225]

---

225 Nisbet, *Private Life*, p. 204.

기도에 관하여 그리고 고난의 시기에 기도로 돌아가야 할 필요에 관하여 제임스 니스벳의 수기에서 발췌한 내용은 이러한 경험이 삶을 변화시키는 데 미치는 영향을 입증한다.

주께서 내 기도에 진정으로 응답하시되, 침묵으로 응답하시든 아니면 의로우심 속에서 끔찍한 일로 응답하시든 나의 의무는 여전히 깨어서 열렬한 기도와 탄원으로 계속해서 주님에게 부르짖는 것이다. 나는 주님이 언약의 피로써 나를 그에게 가까이 더욱 가까이 이끄셔서, 믿음으로 주님이 자신에 대해 성경에 계시하셨던 모든 것이 주님의 백성에게 향하고 주님의 백성을 위한 것이 되기를 기도한다.[226]

우리는 히스기야가 산헤립의 신성모독적인 편지를 갖고 기도했던 것처럼 해야 한다. 히스기야는 한마디도 대답하지 않고 그것을 주님 앞에서 펼쳤다. 그렇게 기도와 탄원으로 우리의 모든 필요한 사항을 하나님께서 아시도록 하는 것은 우리의 본분이기도 하다. 그래서 마침내 주님은 우리의 대화를 기쁨으로 끝내시고 우리를 축복의 땅으로 옮기신다.[227]

주님의 때에, 주님은 달콤하고 사랑스러운 목소리를 듣게 하시며 사람들에게 말씀하신다.

"두려워 말라. 내니라, 나는 그대들의 고난의 파도를 밟고 와서, 그대들을 구원하고 해방하느니라."

이와 같이 주님은 백성의 기도에 자주 응답하신다.[228]

---

226 Nisbet, "Ebenezer," pp. 268-269.

227 James Nisbet, "Letter on the Great Difference Between Stoic Silence and Christian Composure," in Nisbet, *Private Life*, p. 280.

228 Nisbet, "Ebenezer," pp. 270-271.

제13장

시민을 위한 교훈

> 주께서 지으신 모든 민족이 와서 주의 앞에 경배하며
> 주의 이름에 영광을 돌리이다(시 86:9)

■ **교훈 4**: 우리는 성경에서 말씀하는 직무를 수행하여 모든 민족으로 제자를 삼아 세상의 빛과 소금이 되게 해야 한다.

우리는 교회와 국가의 관계에 있어서 언약도의 성공과 실패에서 많은 것을 배울 수 있다. 앞으로 보겠지만 기독교 국가, 전투적 교회, 복종하는 시민이 되려는 그들의 목적에는 아무런 잘못이 없다. 그들의 실수를 반복하는 것을 피하기 위해 현대 교회가 이들의 목적까지 버린 것은 불행이다. 다행히도 하나님의 왕국은 승리할 것이다. 그러므로 기독교인은 교회와 국가의 적절한 관계를 이루기 위해 노력해야 한다.

1. 교회와 국가 – 공동 의무

도덕적 주체인 국가는 그 권위를 하나님에게서 끌어내며, 그리스도를 영예롭게 하고, 그리스도의 교회를 보호하는 일에 주의하면서 하나님의 말씀에 따라 선을 증진시키고 악을 처벌해야 한다.

혁명 종식은 역사적으로 하나의 전환점이었다. 혁명 종식 후 1년이 지났을 때, 성경 다음으로 가장 영향력 있는 저작 중 하나인 존 로크(John Lock)의 『인간 오성론』(*Essay Concerning Human Understanding*)이 이성과 계몽주의 시대의 막을 열었다. 사람은 더 이상 진리를 절대적인 것으로 지각할 수 없게 되었다. 각 개인 스스로가 하나님이었다. 이러한 새로운 시대는 연합된 교회의 총체적인 해체를 목격했을 뿐만 아니라, "하나님의 권위와 지도에 더 이상 복종"[1]하지 않고 스스로 통치하는 근대 국가도 수립했다.

17세기 후반부에는 "서구 천년 최초로 종교적으로 중립적인 문화를 대규모로 조직하기 위한 계획적인 시도가 이루어졌고, 그 문화는 기독교에 대해 독립적인 정치, 경제, 윤리, 지성적 구조를 지닌 것이었다."[2] 그 최종 결과는 내외적으로 교회가 원수들과 체결했던 기록되지 않은 평화 조약으로 오늘날까지 지속되고 있다.

교회와 국가의 관계는 스코틀랜드 장로교회에 소중했다.[3] 결론적으로 스코틀랜드 장로교회를 둘로 분열시켰던 쟁점은 세속 지도자가 갖추어야 할 성경적 자격 요건의 필요성에 관한 것이었다. 플로렌스 맥코이(Florence McCoy)는 언약도에 대하여 이렇게 논평한다.

> 지상에서 하나님의 도성이 실현된 적은 없다. 스코틀랜드 목회자의 탁월함은 그들이 이를 시도해 보았다는 것이다. 비극은 이들이 실패했다는 데 있지 않다. 실패는 필연적이었다. 비극은 그들이 스쿤(Scone)이라는 곳에서 자신들의 언약도 왕에게

---

1 Greg L. Bahnsen, *Theonomy in Christian Ethics* (Nutley, New Jersey: The Craig Press, 1977), p. 4.
2 James H. Nichols, *History of Christianity 1650-1950: Secularization of the West* (New York: Ronald Press Co., 1956), p. 6.
3 Buchan and Smith, *Kirk in Scotland*, p. 55.

왕직을 수여했을 때부터 이미 실패였다는 사실을 알지 못했다는 점이다.[4]

그들은 뷰캐넌(Buchanan)의 경고에 주의를 기울였어야 했다.

> 왕은 국민의 이익을 대변하기 위해서 창조되었으며, 하늘로부터 유래된 어떤 것도 선한 왕보다 큰 축복이 될 수 없으며, 나쁜 왕보다 더 나쁜 저주도 없다.[5]

언약도는 자신이 선택한 왕이 교회의 기초를 파괴하기 시작했을 때, 하나님에게서 오는 더 뛰어난 축복 대신 저주를 받아들였다. 언약도가 자신의 언약을 간과하고 예수 그리스도보다 지상의 왕에게 더 의존했을 때 그토록 심하게 넘어진 것이 놀라운 일은 아니었다. 언약도는 칼빈의 말에 주의를 기울였어야 했다.

> 지상의 모든 원리가 복음을 유지하기 위해 연합될 수 있다 하더라도, 여전히 우리는 그것을 우리 소망의 기초로 삼지 말아야 한다.[6] ―존 칼빈

언약도의 잘못은 왕이 자기들의 언약을 수행하기를 원한 것인가? 솔직한 대답은 교회가 정치적 영역에 영향을 주려 해서는 안 된다는 것이리라. 예수께서 말씀하시지 않았던가?

> 내 나라는 이 세상에 속한 것이 아니니라(요 18:36a).

예수님의 영적인 왕국은 이 세상에 속한 것이 아니라는 말은 사실이다. 그러나 예수님의 왕국은 세상에 영향을 미쳐서는 안 된다고 결론을 내리는 것은 성경적으로 합당하지 않다. 신자는 세상의 "소금"과 "빛"으로 부름을 받았기

---

4 McCoy, *Robert Baillie*, p. 138.

5 Buchanan, *Rights*, p. 267.

6 John Calvin, J. H. Merle D'Aubigne', *History of the Reformation in Europe in the Times of Calvin*, (1876 edition), vol. 7, p. 41, Introduction to Murray, *Puritan Hope*, p. xii에서 재인용. 시 118:9도 보라.

때문이다. 영향을 미치는 가장 중요한 방편은 기독교 지도자를 통한 것이다. 솔로몬은 시편 72:1-17에서 그리스도 왕국의 20가지 특권을 나열한다(즉, 하늘과 땅에 있는 그의 교회).[7] 그리스도 왕국의 많은 특권과 약속은 경건한 위정자와 위정자가 자기 국민에게 제공하는 큰 축복까지 포함한다. 비록 경건한 위정자가 그리스도 왕국의 핵심은 아니라 하더라도, 그들은 분명히 그리스도께서 자기 백성을 축복하도록 하시는 외피다.

비록 스코틀랜드 장로교회가 국가에 대하여 지나치게 많은 것을 요구함으로써 실수를 범했을지라도, 현대 교회는 그와 반대로 너무 적게 요구한다. 이는 훨씬 더 나쁘다.

국가와 세속 지도자는 하나님께 어떤 의무를 지는 것일까?

교회는 국가를 기독교 국가로 변형시키려고 노력해야 하는 것일까?

이러한 물음에 답하기 위해 교회와 국가의 관계에 대한 성경의 필요조건을 검토하는 것이 필요하다.

다음의 다섯 가지 원리는 이러한 필요조건을 구현한다. 이 중 첫째 원리는 교회와 국가의 분리 필요성을 주장한다. 다른 네 가지 원리는 상호 간의 의무 사항을 만족시키기 위한 필요성을 주장한다. 각 원리를 논의할 때, 잉글랜드 내전 이전의 장로교회 목사인 제임스 쏜웰(James Thornwell)은 정밀 검사(sanity check) 기법을 제시한다. 쏜웰이 제시한 이 분명하고 성경적인 지침은 교회와 국가 관계에 관한 수많은 견해 속으로 모험적으로 뛰어드는 사람에게는 반가운 것이었다.

1) **원리 1**: 교회와 국가는 영원히 구분되며 혼합될 수 없는 본성과 목적을 갖는다. 하지만 양자는 서로 많은 의무를 지고 있다.

대부분의 개혁 고백서는 교회와 국가가 기원과 대상과 목적과 원리와 직원과 수단이 전혀 다르다는 점을 강조한다. 누구도 권력 분리의 필요성에 이의를 제기하지 않는다.

---

[7] David Dickson, *A Commentary On The Psalms* (Edinburgh: The Banner of Truth Trust, 1985 reprint), pp. 437-442.

교회는 내적이고 영적인 실체인 반면, 국가는 외적이고 일시적인 실체다. 둘은 철저하게 독립 분리되어 기능할 수 있고 또 그래야 한다. 모든 면에서 각 당사자는 타자의 주 영역을 침해해서는 안 된다. 위정자들은 복음을 말하면 안 된다. 목사들은 검을 휘두르면 안 된다. 타자의 본체의 중요한 영역에 대한 침해나 방해는 양자에게 치명적이다.

모든 개혁 고백서가 상호 독립을 요구한다 하더라도, 그들은 **제2 권징서**에서 설명하듯이 하나님께 대한 교회와 국가의 상호 의무 사항을 강조한다.

> 위정자는 설교도 성례 집행도 하지 말아야 하고, 교회의 견책(譴責)을 집행해서도 안 되며 그것이 수행되는 방식에 대해서도 명령해서는 안 된다. 반면 목사에게는 말씀이 명령하는 규칙을 준수하도록 명령하고 위반 사항은 세속 수단으로 처벌해야 한다. 목사는 세속 재판권을 집행하지 않으나 위정자에게는 말씀을 따라 그것이 어떻게 집행되어야 하는지를 가르친다.[8]

세속 자료 역시 분리의 필요성을 강조한다. 미국 초기 역사 기간 동안 알렉시스 드 토크빌레(Alexis De Tocqueville, 1805-1859)는 미국의 교회와 국가의 관계를 분석했다. 그의 많은 판단과 계획은 오늘까지 적용 가능하다. 토크빌레는 국가에 영구적인 속박을 공고히 하는 종교의 커다란 위험성에 주목했다.

> 그것은 홀로 불멸을 소망할 수 있을 것이다. 그러나 덧없는 권력에 연계되어 있기 때문에 그들의 운을 따르게 되며, 권력을 지탱하는 순간적인 정열과 더불어 쇠퇴하는 경우가 많다.

토크빌레는 또 경고한다.

> (종교가 이러한 협정을 맺음으로써) 미래를 위해 현재를 희생시키게 되고, 아무런 권한도 갖고 있지 않은 권력을 차지함으로써 그것의 합법적인 권위마저 위험에 빠

---

8 *The Second Book of Discipline* (1578), chapter 1, sec. 21; Robinson, *The Church of God*, pp. xxi-xxii.

뜨린다.

종교는 국가와의 협정을 통하여 미래 세대를 손상시키거나 오도할 수 있는 법률상의 변화를 겪게 되며, 협정을 맺지 않은 다른 국가와 국민을 소외시키게 된다. 종교가 "세상 정욕과 혼합되는" 진정한 위험성이 있으며 그것은 참된 종교의 적과 맺는 협정으로 귀결될 수도 있다. 토크빌레에게 초기 미국의 모델은 교회와 국가 간의 유일하게 적절한 관계이며, 미국 종교의 위대한 힘은 "교회와 국가의 완벽한 분리"[9]에 기인한다.

비록 토크빌레가 두 권력의 분리에 찬사를 보내고 있다 하더라도 교회와 국가 관계에 종교가 미치는 매우 중요한 영향에 대해서도 인식하고 있었다. 토크빌레는 비록 종교가 "정부에 직접 개입하는 경우가 전혀 없다 하더라도" 종교는 "미국 정치 제도 중 으뜸"이라고 말했다. 토크빌레는 이런 점을 설명하면서 증인이 하나님을 믿지 않기 때문에 판사가 그 증인을 퇴장시킨 법정의 사례를 기술했다. 그 판사는 말한다.

> 하나님의 존재를 믿지 않는 사람이 살고 있다는 것을 알지 못하겠다. 이러한 믿음은 정의로운 법정에서 모든 증언을 제재할 수 있고, 기독교 국가에서 그러한 신앙이 없는 증인에게 증언이 허락될 이유를 전혀 모르겠다.[10]

토크빌레는 또 충고한다.

> 만약 종교가 민주주의적인 시대에 살아남기를 원한다면 그들이 영적인 영역 안에 머무는 것으로 충분하지 않다.[11]

불행하게도 지난 3세기 동안 교회와 국가 간의 상호 협정과 관련하여 완벽

---

9 Tocqueville, pp. 295, 297-298.

10 Tocqueville, pp. 292-293.

11 Tocqueville, p. 445.

한 역전이 일어났다. 오늘날 국가는 하나님 대신 국민을 권력의 유일한 원천으로 간주한다. 오늘날 교회는 하나님의 적과 화해한다. 교회와 국가 모두 언약도가 소중히 여겼던 상호 협정을 폐기했다. 이런 이유 외에 이들 상호 협정이 성경적 요구 사항이라는 이유로 인해 사회에서 이러한 중요한 진리를 빼앗아 갔던 완만한 쇠퇴 과정을 조사해 보는 것이 필요하다.

비록 교회와 국가가 서로 해명해야 할 상호 간의 책임을 갖는다는 개념이 현대적 정서에는 낯설지라도 혁명 종식 전의 스코틀랜드 장로교인(예를 들면, Knox, Melville, Henderson, Rutherford, Gillespie)의 신앙과는 완벽하게 부합된다. 웨스트민스터 총회에 파견된 스코틀랜드 행정관들이, 현대 교회와 "미국적인" 제도를 특징짓는 소위 종교 평화와 끝없는 관용에 불리한 증언을 했을 것이라는 점에는 의심의 여지가 없다.

조지 길레스피(George Gillespie)는 "그들의 위대한 다이아나, 곧 양심의 자유"라는 이름으로 교회 내의 권징을 허용하는 것을 거부하고, "관용을 추구하는 일에서" 분파를 지원하는 사람은 "하나님과 자신의 양심 앞에서 이런 일에 대해 답해야 할 것"[12]이라고 경고했다. 길레스피는 기독교인 위정자는 다윗의 모범을 따라야 할 것이라고 주장했다.

> 내가 이 땅의 모든 악인을 멸하리니 악을 행하는 자는 여호와의 성에서 다 끊어지리로다(시 101:8).[13]

그러나 길레스피는 조심스럽게 밝힌다.

> 하나님께서는 이스라엘 진영을 거룩하고 깨끗하게 하실 것이다(신 23:9-14). 하나님은 누구로부터 깨끗하게 하시는 것일까?
> 그것은 악한 이방인에게서가 아니라 … 악한 이스라엘 백성에게서다.[14]

---

12 Gillespie, *Treatise*, p. 82.

13 Gillespie, *Treatise*, p. 74.

14 Gillespie, *Treatise*, p. 82.

사무엘 루더포드는 자신의 저서 『위장된 양심의 자유에 반대하는 자유로운 논쟁』(Free Disputation Against Pretended Liberty of Conscience)에서 로저 윌리엄스(Roger Williams, 1604-1683) 같은 초기 미국인이 주장한 종교적 자유를 비판했다.

> 그래서 미국인 중에서 가장 거친 천주교 신자가 자신의 작은 도시와 큰 도시의 평화를 안전하고 확실하게 지킨다. 그런 곳에서는 영적으로 신성한 평안은 없다.
> 많은 종교의 관용은 평화와 모순된다. 왜냐하면 그 중 하나가 유일한 참된 진리이고, 남은 것 모두 틀린 길이 될 것이기 때문이다. 대립적인 두 후손들의 혼합, 곧 뱀의 후손과 여자의 후손은 평화와 대립되어야 한다. 그리고 연합과 교회의 평화를 호소하는 바울은 많은 종교가 관용적이어서 평화와 대립된다고 생각한다.
> 평화는 신약성경에서 명령되었으며, 다양한 종교의 관용에 대해서는 한마디도 언급하지 않는다. 사실 그런 관용이란 여자의 후손과 뱀의 후손 사이의 불일치의 발생지인 것이다. …[15]

미국처럼 더 변명의 여지도 없을 만큼 대립을 포기한 곳은 없었다. 초기 미국에서 교회와 국가는 분리되고 구별되고 대등한 조직체였다. 뉴잉글랜드의 초기 식민지에서 영향력 있는 목사였던 존 커튼(John Cotton, 1584-1652)은 양 당사자 간의 상호 역할과 상호 독립을 주장하면서 "위정자의 권위, 백성의 자유, 교회의 순결"이 "서로를 강하게 지지한다"[16]고 주장했다.

불행하게도 초기 미국인은 교회와 국가의 헌법에서 일어난 변화를 통하여 이들 상호 간의 협정을 포기했다. 미국 헌법 제정자들은 이러한 상호 협정을 누락시키고자 하지는 않았을지라도 그것을 대담하게 선포하지도 않았다.

---

15 Samuel Rutherford, *A Free Disputation Against Pretended Liberty of Conscience* (London: Andrew Cook, 1649 edition), pp. 331-334 (이하 Rutherford, *Free Disputation*).

16 John Cotton, "Copy of Letter from Mr. Cotton to Lord Say and Seal in the Year 1636," in John Norton, *The Life and Death of Mr. John Cotton, Late Teacher of the Church of Christ, at Boston in New England* (London, 1658), p. 417 (이하 Norton, *Cotton*).

종교 제도의 해악이 생기지 않도록 경계하려는 걱정 때문에 … 그들은 실제로 그 나라의 정부에서 여호와를 추방했다.[17] —제임스 쏜웰

따라서 교회적인 동시에 세속적인 절충된 헌법은 교회와 국가의 적절한 관계의 회복을 방해했다.

앞서 언급했듯이 1789년 미국장로교회는 **웨스트민스터 신앙고백**에 중대한 수정을 가함으로써 도덕적이거나 종교적인 화제에 관하여 위정자의 책임을 크게 약화시켰다. 위정자의 직무에 관한 **웨스트민스터 신앙고백** 23장 원본은 위정자에게 이렇게 요구한다.

> 질서를 유지해 일치와 평화가 교회 안에 유지되게 하고, 하나님의 진리가 순수하고 온전하게 보존되게 할 것이며, 모든 신성모독죄와 이단이 억제되고, 예배와 권징에서 모든 타락과 남용이 금지되거나 개혁되며, 하나님에 관한 모든 의식이 온당하게 확립되고 처리되고 준수되도록 할 것.
>
> 그것의 더 나은 결과를 위해서, 그는 노회를 소집하고 거기에 참석하며 노회에서 집행되는 것이 무엇이든지 하나님의 마음에 부합되도록 규정하는 권한을 갖는다.

이와 대조적으로 수정본은 위정자에게 다음과 같이 요구할 뿐이다.

> 기독교의 특정 종파를 다른 종파보다 더 선호하는 일없이 우리 주님의 교회를 보호함으로써, 모든 교회의 사람이 폭력이나 위험이 없이, 완전하고 자유롭게 의심의 여지가 없는 자유를 가지고 자기들의 종교 직무의 모든 부분을 누릴 수 있도록 할 것.
>
> 그리고 예수 그리스도께서 그의 교회에 정규적인 정치와 권징을 명하셨듯이, 국가의 어떠한 법도 자신의 신앙고백과 신앙을 따라 기독교 종파의 자발적인 회원 사이에서 자발적으로 그에 대한 정당한 집행을 허용하는 것이든 방해하는 것이

17　James H. Thornwell, "Relation of the State to Christ," in Thornwell, *Collected Writings*, p. 555 (이하 Thornwell, "Relation of the State to Christ").

든 간섭하지 말아야 한다.
사람들과 그들의 모든 백성의 명성을 보호함으로써, 아무도 종교나 비신앙을 이유로 다른 사람에 대하여 모욕하거나 폭력을 행사하거나 학대하거나 상해를 끼치지 않도록 하는 것이 위정자의 직무다. 그리고 모든 종교와 교회의 모임이 훼방을 받거나 방해받지 않고 개최될 수 있도록 질서를 유지하는 것이 위정자의 직무다.

수정된 고백이 여전히 국가의 중요한 의무를 여러 가지 강조하고 있기는 하지만 그것은 점진적으로 책임을 포기하고 있음을 예증한다. 현대의 여러 장로교회는 이러한 변화를 인식하지 못한다. 많은 사람이 이러한 변화는 국가 교회에서 교회를 보호하는 데 필요하다고 믿는다.

그러나 헤더링턴(Hetherington)은 이런 주장을 반박한다.

> 만일 오늘날 일부가 발견한 체하는 국가 교회의 오점이 신앙고백에 담겼다고 여겼다면, 스코틀랜드 장로교회 총회는 절대로 신앙고백을 비준하지 않았을 것이다.[18]

신앙고백은 그리스도를 교회의 머리라고 분명하게 말함으로써, 그리고 위정자는 "천국 열쇠의 권세를 가진 것으로 생각해서는 안 된다"[19]고 분명히 선포함으로써 이러한 결론을 입증하고 있다. 말씀에 충실한 것보다 관용을 더 높은 덕으로 간주하는 이러한 수정된 신앙고백이 초기 종교개혁자에 의해 이해된 칼빈주의 원리와 불일치한다는 것에는 논란의 여지가 없다.[20]

신앙고백의 변화는 미국의 헌법과 권리장전을 형성하던 때와 동일한 시기에 생겨났다. 이러한 시민 법률 문서의 내용은 결코 세속 사회에서 종교를 근본적으로 배제하지는 않았다. 이러한 문서에 대한 적절한 해석을 하려면, 이들 문서가 기독교인의 국가에 의해서 만들어진 것으로, 주권을 가진 국가 간

---

18 Hetherington, *Westminster Assembly*, p. 307.

19 Bannerman, *Church of Christ*, vol. i, pp. 174-175; *WCOF*, chapter xxx.1 and xxiii.3, pp. 101, 120.

20 Leyburn, *Scotch-Irish*, p. 146.

조약을 나타낸다는 사실을 인식하는 것이 필요하다.

이 점과 관련해서 제임스 쏜웰은 정확하게 "(헌법에 의해 승인된) 의회의 권리는 주권을 가진 주(states)의 양보일 뿐"[21]이라고 주장했다. 쏜웰이 연방 정부가 "자신이 종이라는 사실을 망각하고 주인이 되기를 염원할 수 있다"는 사실에 관심을 기울인 것은 온당한 일이다. 쏜웰은 수치를 모르는 연방 정부에 의해 현재 유린된 참된 목적을 파악했다.

> 연방 원리와 주권을 가진 주(州) 사이의 결합은 자유로운 제도를 대규모로 유지할 수 있는 유일한 장치이다. 이러한 결합은 한 대륙에 자유를 보장할 수 있으며 그것은 세계를 지배할 수도 있을 것이다.[22]

제임스 메디슨(James Madison, 1751-1836)이 동의했다.

> 여러 주(州)에 대해서 유보된 권력은 일상생활에서 국민의 생활, 자유, 재산과 주의 내적 질서, 개선과 번영과 관계된 모든 대상에까지 확대되었다.[23]

그들의 의도에도 불구하고, 세속적이며 교회적인 신조에 있어서 우리의 헌법 제정자가 이룬 표현의 중립성은 교회와 국가 모두를 파괴하는 기초를 닦았다.

2) **원리 2**: 국가는 하나님을 자기 권위의 원천으로 인정하지 않으면 안 된다.

교회는 이러한 의무에 관하여 국가를 가르치지 않으면 안 된다. 둘은 하나님의 영광과 공동의 선을 증진시킨다는 공동 목적을 갖는다.

21　James H. Thornwell, "Sermon on National Sins: a fast day sermon, preached in the Presbyterian Church, Columbia S.C., Wednesday, November 21, 1860," in Thornwell, *Collected Writings*, pp. 526-527 (이하 Thornwell, "National Sins").

22　Thornwell, "National Sins," pp. 527-529.

23　James Madison, "Federalist Paper no. xlv," *The Federalist Papers*, ed. Clinton Rossitner (New York: Penguin Books, 1961), pp. 292-293.

정부는 국민이나 하나님에 대하여 책임이 있을까?
교회는 인류에 대하여 아무런 의무도 없는 것일까?
사람의 도덕적 책임은 사회의 책임으로 이어지지 않는가?

이러한 질문은 교회와 국가 사이의 관계에 대한 모든 논쟁의 중심에 있다. 이러한 질문에 답하기 위해 우리는 국민에 대해서만 책임이 있는 정부의 중요성을 이해해야 한다. 하나는 세속적이고 다른 하나는 교회적인, 두 당국의 일은 이러한 어려운 쟁점에 대한 통찰을 준다. 다수의 견해는 자유를 그 위에 세우기에는 깨지기 쉬운 기초다.

불행한 사실은 토크빌레가 기록했던 미국이 이제 더 이상은 존재하지 않는다는 것이다. 토크빌레 시절에는 기독교가 다수의 견해였다.

> 미국에서는 다수가 엄청나게 큰 담으로 사고를 둘러쌌다.

토크빌레는 다수의 "저항할 수 없는 권력"은 "계속되는 사실이고, 그것을 선용한다는 것은 우연일 뿐"이라고 경고했다. 더욱이 그는 다수의 독재적 본성과 권력에 대해 경고했다.

> 한 사람의 절대 군주가 지배하는 폭정은 영혼을 움직이기 위해 서투르게 그 몸을 공격한다. 그러한 공격을 피한 영혼은 그것을 멋지게 극복한다. 그러나 폭정의 작용 원리와 전혀 다른 민주공화국에서, 몸은 그대로 두고 직접 영혼을 향하여 공격한다.[24]

토크빌레는 "만약 미국에서 자유가 상실된다면, 그것은 소수를 절망으로 몰아가 그들로 물리적인 힘에 호소하도록 강요하는 다수의 전능한 힘 때문"이라고 생각했다.

24　Tocqueville, pp. 255-256.

정치적인 유대가 느슨해질 때 도덕적 유대가 강화되지 않는다면, 한 사회가 어떻게 파멸되는 것을 면할 수 있을까?
그리고 만약 어떤 국민이 하나님께 복종하지 않는다면, 무엇이 국민으로 하여금 스스로의 주인되게 할 수 있을까? —토크빌레

현실은 기독교가 더 이상 다수의 종교가 아니라는 것과 이러한 추세는 우리의 "소중한 종교의 자유"에 대해 비참한 결과를 가져올 것이라는 점이다.
쏜웰은 주장했다.

> 우리 선조의 근본적인 오류는 그들이 진리의 완전한 진술을 위해 하나의 편견을 받아들였다는 것이다. (그들은) 사람의 형편에 대해서는 분명하게 알고 있었지만, 하나님의 입장, 곧 모든 의로운 정부는 하나님의 섭리이며, 위정자는 자신의 책무를 수행한 것에 대하여 하나님께 답변해야 하는 하나님의 목회자[25](라는 사실을 깨닫지 못했다.)

토크빌레처럼 제임스 쏜웰도 순수 민주주의(국민에게만 책임지는 정부)의 커다란 위험성에 대해 경고했다. 그는 우리의 자유에 대한 가장 큰 위협 중의 하나는 "우리의 제도가 순수 민주주의로 빠져 들어가는 경향"[26]이라고 경고했다.
적절하게 구성된 정부에서 대표자는 "실제로 국민의 뜻이 무엇인지를 확인하기 위해서가 아니라, 마땅히 해야 할 것을 확인하기 위하여 임명된다."[27] 국민이 그들을 임명한다. 법이 그들을 인도한다. 마치 참된 교회가 하나님의 법에 의해 지배되는 교회인 것처럼, 참된 국가는 법에 의해 지배되는 국가다.
쏜웰은 각자의 방향에서 교회와 국가의 침식지(浸蝕地) 사이에 높은 벽을 유지하면서도 성경에 충실한 교회와 국가 간의 계약의 필요성을 유지하는 본래의 남부장로회 전통의 모범을 보여 주었다. 그는 "결코 강단의 교훈에

---

25 Thornwell, "Relation of the State of Christ," p. 550.

26 Ibid.

27 Thornwell, "National Sins," p. 534.

세속적인 정치학을 끌어들이지 않았고, 자신의 권리를 돌보도록 그것을 가이사에게" 맡겼다고 진술했다.

쏜웰은 자신에게는 "상원 의원에게 국가의 헌법을 설명할 수 있는 어떤 권한도" 없다고 논하면서, "국가적 정치적 영역에서 죽은 자로 죽은 자를 장사하게 해야 한다."[28]고 주장했다. 위의 인용문을 문맥에서 끄집어내는 것은 쉬울 수 있다고 해도 요지는 언약도처럼 쏜웰도 국가에게 그 성경적인 의무를 수행할 책임이 있다고 주장했다는 점이다. 쏜웰은 다음과 같이 말한다.

> 하나님에 대한 의존성을 인정하지 않거나, 그 기능과 직무에서 하늘에서 주시는 사명을 이해하지 못하는 국가는 자신의 존재를 위한 법을 배반하는 것이다.
> 사람 안에 있는 종교적 요소를 고려하지 않고 그 존재 목적을 수행하고자 하는 국가 자신의 팔을 마비시키는 것이다. 아무 종교도 갖지 않은 국민은 법을 제대로 수행할 수 없다.
> 한 국가가 진정으로 복종적이기 위하여 종교를 가져야 하며, 복종을 하나의 살아 있는 원리로 전환시키는 것이 홀로 참된 종교인 것처럼, 그리고 어떤 종교도 인정하지 않는 국가가 창설될 수 없는 것처럼 모든 종교를 인정하는 국가도 창설될 수 없다는 것은 분명하다. 그 법을 승인하려면 어딘가에 통합 센터를 가져야 한다.[29]

국가가 하나님에 대하여 책임이 있다는 결론은, 사탄이 국가를 지배하고 있다는 재세례파 사상과 직접적으로 모순된다.[30] 재세례파에 따르면 국가는 하나님께 반역적이고, 국가에 책임을 지우지 않는 교회 역시 그렇다.

국가는 도덕적 주체로서 자신의 죄에 대해 책임이 있다. 따라서 그것은 죄를 고백해야 한다. 쏜웰은 잉글랜드 내전 전날 밤에 핵심적인 문제와 이러한 딜레마에 대한 유일한 해결책을 자세히 설명했다.

28　Thornwell, "National Sins," p. 511.
29　Thornwell, "National Sins," pp. 514-517.
30　John Eidsmoe, *God and Caesar: Christian Faith and Political Action* (Westchester, II: Crossway, 1984), pp. 13-14.

우리는 너무 영리해서 그 적절한 의미에서 죄의 개념을 개인의 영역으로만 제한시킬 수 없으며, 또한 죄를 전적으로 사적이고 개인적인 것으로 간주해서 국가의 행정 실책에 대해서 아무 말도 할 수 없다고 여기지도 않는다. 그러나 국가가 도덕적 기관이고 하나님께 책임이 있으며 도덕적이고 영적인 목적을 위해 존재한다면 그것은 확실히 범죄할 수 있다. 그것은 또한 죄에 따른 형벌을 감수하게 될 것이다. …

죄는 용서받거나 처벌받아야 한다. 죄는 고백되거나 버리든가 해야 하며, 그렇지 않다면 그것은 죽음에 이르게 할 것이다. 죄는 언제나 번성했다가 멸망한 모든 제국의 파멸 원인이었다. … 그러므로 기독교 국민으로서 오늘날 우리가 수행하기 위해 힘써야 할 첫 번째 의무는 겸손함과 뉘우침으로 우리 국가의 죄악을 고백하는 것이다.[31]

쏜웰은 니베이가 박해받은 남은 자들에게 했던 충고에 동의할 것이다.

그대들은 자신뿐만 아니라 타인의 죄에 대해 슬퍼한 일은 참 잘한 일이었소. 그들을 위해 슬퍼하지 않는다면 그들의 죄가 그대들의 것이 될 것이오. 특히 그대들은 복음 안에서 그대들에게 아무런 열매도 없다는 것에 대해 슬퍼해야 할 것이오.[32]

3) 원리 3: 국가는 하나님의 말씀을 따라 선을 증진시키고 악을 처벌해야 한다.

바울(롬 13:1-5)과 베드로(벧전 2:13)는 국가가 악을 처벌하고 선을 증진시켜야 할 것을 분명하게 가르친다. 문제는 국가에게 선악을 규정할 자유가 있는지, 또는 국가가 하나님의 말씀에서 이 법률을 도출하는 것이 필요한 일인지 하는 것이다. 칼빈 같은 개혁가는 모두 도덕법(십계명)은 교회와 사회를 위해서도 실제로 잔존해야 한다고 주장했다.

---

31 Thornwell, "National Sins," pp. 521-523.
32 Nevay to Old Congregation in Scotland, Oct. 22, 1669, Nevay, p. 472.

도덕법은 … 모든 나라와 모든 시대의 사람을 위해 규정된 참되고 영원하며 의로운 규칙이다.[33]

그에 반해서 많은 현대의 기독교인은 바울이 로마법을 저주하지 않고 거기에 호소했으므로, 국가가 그들의 법을 도덕법에 따라 맞추지 말아야 한다고 주장한다. 그러한 추론은 다음과 같은 사실을 무시한다.

① 바울은 열성적으로 왕과 국가를 회심시키려 했다.
② 선악은 사람이 아닌 하나님의 말씀에 의해 규정된다.
③ 바울과 베드로는 국가가 선을 증진시키고 악을 처벌할 것을 요구했다.
④ 성경은 분명하게 그리스도를 모든 권세를 지배하는 권위 속에 둔다.

이스라엘에게 주어진 경고는 말씀이 공개적으로 선포된 모든 나라에 적용된다.

이스라엘 자손들아 여호와의 말씀을 들으라 여호와께서 이 땅 주민과 논쟁하시나니 이 땅에는 진실도 없고 인애도 없고 하나님을 아는 지식도 없고(호 4:1).

칼빈은 세속 정부의 목적은 "공적인 형태의 종교가 기독교인 중에 존재하고, 인간성이 사람 속에 있게 하는 것"이라고 말했다. 정부는 질서를 유지하고 사람들로 자신들의 필요를 채울 수 있도록 할 뿐만 아니라 반드시 "어떤 우상숭배나, 하나님의 이름을 거역하는 어떤 신성모독이나, 그의 진리를 거스르는 어떤 중상(비방)이나, 종교를 거스르는 다른 범죄가 생겨나서 그 백성 사이에 퍼지지 않도록"[34] 해야 한다. 칼빈은 위정자의 중요한 의무 사항을 역설했다.

하나님의 말씀에 의해 기술된 위정자의 직무, 곧 그의 본성은 두 가지 율법 목록에도 미친다. 그래서 모든 사람에게 동정이 가장 중요한 관심사가 되지 않는다면

---

33 Calvin, *Institute*, sec. iv. 20.15, vol. 2, p. 663.
34 Calvin, *Institute*, sec. iv. 20.3, vol. 2, p. 653.

어떤 정책도 성공적으로 자리 잡을 수 없다는 사실과 하나님의 권리를 무시하면서 사람만을 고려하는 그런 율법은 불합리하다는 사실을 인정했다. … 기독교인 군주와 위정자가 이 직무에 관심을 기울이지 않는다면 그 무성의함으로 인해 수치를 당할 것이다.[35]

비록 대부분의 국가가 두 번째 목록(사람에 대한 의무)을 강제하거나, 최소한 그 목록 대부분을 그렇게 해야 한다는 데 동의한다 하더라도, 첫 번째 목록(하나님께 대한 의무)의 위반에 대해 국가가 나서서 처벌할 필요성을 주장한 칼빈이나 개혁자에 동의할 사람은 거의 없을 것이다. 개혁자에게 첫 번째 목록의 죄는 두 번째 목록의 죄보다 사회에 훨씬 더 큰 해악을 초래한다. 예를 들면, 칼빈은 우상 숭배에 대해 이런 생각을 가졌다.

(우상 숭배를 범한) 죄 때문에 하나님께서는 자신이 선택한 백성을 그렇게 자주 징계하셨다. 하나님은 그 백성을 검과 역병과 기근과 모든 종류의 재앙으로 고통당하게 하셨다. 이 죄 때문에 특히 이스라엘의 첫 번째 왕국 이스라엘과 이후 유다 왕국도 황폐화되었다.[36]

칼빈에게 있어 관용을 방해하는 정부보다 훨씬 더 나쁜 것이 있다. 칼빈은 당연히 교회와 국가에게 다음과 같이 행동할 것을 요구한다.

개는 그 주인에게 폭력이 가해지는 것을 보면 즉시 짖는다.
우리는 하나님의 신성한 이름이 그렇게 불경스럽게 명예가 더럽혀지는 것을 볼 때 침묵할 수 있을까?
그럴 경우, "주를 비방하는 비방이 내게 미쳤나이다"(시 69:9)[37]라는 말이 어떻게 가능할 수 있을까?

---

35 Calvin, *Institute*, sec. iv.20.9, vol. 2, pp. 657-658.
36 Calvin, *Necessity*, vol. 1, p. 188.
37 Calvin, *Necessity*, vol. 1, p. 189.

아무것도 합법적인 것이 없는 왕 밑에서 사는 것은 진정 나쁜 일이지만, 모든 것이 합법적인 왕 밑에서 사는 것은 훨씬 더 나쁘다.[38]

적당함이라는 허울 좋은 것이 있다. 그리고 관용은 매력적인 풍모를 가진 자질이며, 찬사를 받을 만한 것처럼 보인다.

그러나 우리가 어떤 위험 속에서도 준수해야 하는 규칙은 불경건한 신성모독으로 하나님의 신성한 이름이 공격을 받고, 그의 영원한 진리가 마귀의 거짓말에 의해 은폐되며, 그리스도가 모욕을 당하고, 그의 거룩한 신비가 더럽혀지며, 불행한 영혼이 잔인하게 살해당하고, 교회가 치명적인 상처를 입으며, 궁지에 몰려 몸부림치며 괴로워하게 되는 것을 결코 참지 않는 것이다.

이러한 것은 온유함이 아니며 모든 다른 것보다 앞세워야 할 것에 대한 무관심일 것이다.[39]

비록 도덕법이 모든 사람에게 구속력을 갖는다 하더라도, 도덕법을 위반하는 것에 대한 구약성경의 처벌이 지금까지도 구속력이 있는 것일까? **웨스트민스터 신앙고백**에 따르면 처벌은 이스라엘 민족으로 명시된 사람보다는, 성경에 명시되어 있는 사람에 대한 "보편적인 공평"과 비교할 수 있어야 한다.[40] 스코틀랜드가 1560년에 간음 같은 죄를 처벌하기 위해 혹독한 형벌을 법으로 제정했을 때에도 이 법률은 "대부분 세속적인 위정자에 의해 무시되었고, 그 법률의 집행은 [녹스의 **제1 권징서**를 따라] 새로 창설된 교회 법정에 넘겨졌다."[41]

요약하면, 이스라엘 민족의 사법적 법률은 소멸되었고 다만 도덕법은 그렇지 않았다. 각 국가는 존 커튼의 충고에 주의를 기울여야 한다. 그는 뉴잉글랜드의 초기 식민지 법률은, "모세의 율법에서 비롯된 사법적인 법률이 도덕적으로 공평하다면(즉, 항구적이고 보편적이라면)," 그것에 근거할 것을 제안했다.[42]

쏜웰의 국가 개념이 갖는 본질은 국가가 **도덕적 주체**(a moral agent)라는 것이

---

38 Calvin, *Institutes*, sec. iv.20.10, vol. 2, p. 661.
39 Calvin, *Necessity*, vol. 1, p. 198.
40 *WCOF*, chapter xix.4, p. 81.
41 Graham, *the Civil Sword*, p. 237 (abstract).
42 John Cotton cited in Norton, *Cotton*, p. 22.

다. 따라서 그것은 죄의 결과에 영향을 받으며 "개인에게 적용되는 동일한 제재 규정 아래 도덕법에 복종할 의무가 있다."[43] 그러나 국가는 성경을 적용할 때 주의를 기울여야 한다.

쏜웰은 세속의 문제에 성경을 적용하는 데 있어서 두 가지 지침을 제시했다.

(1) 국가는 성경을 참된 것으로 인정해야 한다는 것이다.

쏜웰에 따르면 성경 원리를 수용한다는 것은 "국가가 그것이 참된 것임을 믿고 그 교훈과 일치하여 그 행동과 입법을 규제한다"[44]는 것을 뜻한다. 국가는 "성경에 계시된 하나님의 뜻에 맞지 않는"[45] 법률은 어떤 것도 통과시키지 말아야 한다. 이상적으로 말하면, 국가는 법이 아니라 제재 규정을 따라 행해야 한다.[46] 그러나 성경은 "국가를 위한 실제적인 헌법이 아니며, 그 관계에서 교회와 조화를 이루는 것뿐이다."

(2) 쏜웰은 국가가 성경을 수용하게 만드는 공식은, "성경이 금하는 것은 어떤 것도 하지 않는다"여야 할 것이라고 제안한다.

국가는 소극적이고 제한적인 권한을 가질 뿐이다. 국가는 사람의 양심 위에 군림할 권한이 전혀 없다.[47] 쏜웰에 따르면 시민이 평화롭고 "공공의 안녕에 해를 끼치지 않는 동안에는 어떤 인간 권력도 시민의 견해를 규제하거나 시민의 행동을 억제할 권한이 없다."[48] 그는 "어떤 사람의 양심이든 그것에 폭력을 가하는" 법률에 반대하였고, "안식일의 신성함"[49] 같은 종교의 외적인 제도를

---

43 Thornwell, "National Sins," pp. 521-522.
44 Thornwell, "Relation of the State to Christ," p. 552.
45 Jack P. Maddex, "From Theocracy to Spirituality: The Southern Presbyterian Reversal on Church and State," *Journal of Presbyterian History* (Philadelphia: Presbyterian Historical Society, 1976), vol. 54, no. 4 (winter 1976): p. 445 (이하 Maddex, "Presbyterian Reversal").
46 Thornwell, "National Sins," p. 519.
47 Thornwell, "Relation of the State to Christ," pp. 552-554.
48 Thornwell, "Relation of the State to Christ," p. 552.
49 Thornwell, "National Sins," p. 518.

보호하는 법률은 지지했다.

쏜웰은 위정자는 "두 돌판의 보존자요, 변호자요, 보호자이긴 하지만, 심판자도, 성경의 해석자도 아니다"[50]라고 주장하는 조지 길레스피에 동의할 것이다. 매튜 헨리(Matthew Henry)의 말에 따르면 국가의 목적은 "참된 신앙의 보존이지 선전이 아니다."[51] 루더포드는 기독교 사회에서 위정자가 검을 사용하는 목적은 사람을 강제하여 하나님에 대한 봉사로서 "외적인 예배나 선행"을 하게 만드는 것이 아니라, 사회에 대한 봉사로서 사람들을 해악에서 보호하는 것이라는 점에 동의할 것이다.[52]

로마법에도 결함이 있었지만 그리스도와 사도의 복종을 방해하지 못했다. 그러나 국가가 하나님의 율법에서 벗어나는 정도에 따라 그것은 기독교인의 평화와 자유에 대한 위협이 된다. 우리의 목표는 그리스도를 통하여 그리스도 왕국의 20가지 약속된 축복(시 72:1-17을 보라)을 성취하는 것이고, 그중 많은 것에 경건한 위정자와 예배 의식이 포함된다.

제임스 프라우드(James Froude)는 역사적으로 칼빈주의가 시행된 최초의 표시는 "도덕적인 죄(sins)와 법률적인 죄(crimes)의 구별을 없애고 도덕법을 개인뿐만 아니라 국가에 대해서도 규칙으로 만든 것"[53]이었다는 사실에 주목한다. 오직 칼빈주의만 "죄로 물든 모든 땅을 무시무시한 대포로 쓸어버리는 포병부대를 창설한다."[54]

---

50 Gillespie, *Aaron's Rod*, p. 250.

51 Mathew Henry, Greg L, Bahnsen, "M. G. Kline on the Theonomic Politics: An Evaluation of His Reply," *The Journal of Christian Reconstruction*, vol. 6, no. 2, winter (1979-1990)에서 인용.

52 Ruterford, *Peaceable Plea*, pp. 51-57.

53 Froude, *Calvinism*, p. 13.

54 Henry Ward Beecher, *Leading Thoughts of Living Thinkers*, McFetridge, *Calvinism in History*, p. 121에서 재인용.

4) **원리 4**: 국가는 예수 그리스도를 명예롭게 하고, 인정해야 하며, 기독교 원리를 따라 그 제도와 행위를 형성해야 한다.

성경은 그리스도가 그의 교회를 위한 만물의 머리이심을 분명하게 가르친다(엡 1:21-22; 벧전 3:22). 국가는 "그의 아들에게 입맞추라. 그렇지 아니하면 진노하심으로 너희가 길에서 망하리니 그의 진노가 급하심이라"(시 2:10, 12)고 말씀하는 성경의 의무를 망각했다.

하나님은 모든 권위를 그리스도께 주셨기 때문에(마 28:18) 그리스도를 인정하는 것이 국가의 의무다. 그렇게 하지 않는 국가는 하나님의 진노 아래 놓이게 된다. 반면에 세상의 빛과 소금이 되어 국가에 대해 책임이 있는 교회가 책임에 실패할 경우에는 더 큰 책망을 받게 된다.

대다수 개혁자가 주장한 두 왕국 이론은 교회와 국가 간의 이러한 중요한 관계를 가장 잘 설명한다. 이 이론에 따르면, "그리스도는 교회의 법령에 의해 법령 안에서 한 왕국을 관리하시며, 한 왕국은 교회의 법령 없이 하나님의 능력에 의해 관리된다." 그리스도는 한 왕국에서 하나님의 영원한 아들로서 "성부께서 하셨던 대로 만물을 주관하시고 지배하신다. … 그와 아버지는 하나이시기 때문이다." 그리스도는 다른 왕국에서는 중재자로서 그 택자들을 통치하신다. 이러한 이원적 통치는 중요한 질문을 야기한다. "기독교인 위정자는 그리스도를 중재자로 그리고 교회의 왕으로 섬겨야 하는 것일까?"

길레스피는 이렇게 대답한다.

> 확실히 그는 그래야 할 의무가 있고 또 그래야 한다. 그리고 하나님은 그가 그렇게 하지 않는 것을 금하신다. 그러나 어떤가? 위정자 … 로서가 아닌, 기독교인으로서 …[55]

루더포드는 기독교인 위정자는 중재자 그리스도가 아니라 왕이신 그리스

---

55 Gillespie, *Aaron's Rod*, pp. 198, 200, 187.

도게 복종해야 한다는 점을 분명히 밝힌다. 비록 위정자라는 직업이 그리스도의 영적인 왕국을 증진시킬 수는 없을지라도,[56] 두 왕국은 공동의 목적, 곧 하나님의 영광을 공유한다. 제임스 니스벳은 이들 두 왕국의 중요한 관계를 명확하게 설명한다.

> 그 어깨에 정사를 짊어진 그리스도는 그의 영적인 왕국의 진흥과 그의 백성을 위해 그의 섭리적 왕국을 지혜롭게 관리한다.[57]

성경이 전형적으로 하나님의 왕국에 대해 말할 때 그것은 교회(지상에 있든 하늘에 있든)를 뜻하며 그리스도는 그것을 위해 만물을 통치하신다.

쏜웰에게 참된 문제는 국가와 교회의 관계가 아니라 국가와 그리스도의 관계다. 비록 쏜웰이 하나에 의한 다른 것의 지배를 공고히 하는 것에 반대한다 하더라도 그는 분명히 기독교 정부를 지지한다.

> 국가는 그 국민의 종교적 특성을 통하여 그것의 종교적 특성을 실현한다. 그리고 국가는 기독교적이며 또 기독교적이어야 하는데, 그 모든 국민은 복음의 원리에 의해 결정되고 또 결정되어야 하기 때문이다.[58]

간단히 말해, 국가는 예수 그리스도를 인정해야 한다. 쏜웰은 "한 국가가 일반적으로 하나님의 지존하심을 인정하는 것"으로는 충분치 않으며 "그것은 또한 그의 아들의 지존하심도 인정해야 한다"고 주장했다. 예수는 "열방의 통치자요, 왕 중의 왕이요, 주의 주이시다."[59] 쏜웰은 "그 국가의 종교는 그 헌법에서 구현되며," 그 국가가 하나의 종교를 갖는 것(예를 들어, 기독교)은 합법적이라고 주장했다. 중립 상태는 불가능하다. 위정자는 신앙을 고백하지 말아

---

56 Rutherford, *Free Disputation*, p. 331.
57 Nisbet, "Ebenezer," p. 272.
58 Thornwell, "National Sins," p. 517.
59 Thornwell, "Relations of the State to Christ," p. 551.

야 하며(심지어 유대인이 위정자일 수도 있다), 다만 기독교가 "그 나라의 종교"⁶⁰라는 사실을 인정하기만 하면 된다. 더욱이 국가는 기독교 원리에 부응하여 제도를 형성해야 한다.

비록 쏜웰이 언약도가 했던 만큼 교회를 보호하는 일을 추구하지는 않았다 하더라도, 이 주제에 관한 그들의 믿음이 일관성이 없어서 그런 것은 아니었다. 두 사람 모두 국가를 도덕적 주체로, 그리스도를 왕으로 인정하고 기독교를 보호하는 데 책임이 있다고 주장했다. 쏜웰은 그리스도께서 주의 집에 대해 열심을 품으셨던 것처럼, 그릇된 국가가 아니라 그릇된 교회에 대한 공격에 초점을 맞추었다. 오로지 세속적인 사회의 외적 요소만 공격하는 것은 주님이 이 땅에서 행하셨던 길이 아니었다. 그러나 주님의 침묵이 승인을 뜻하는 것은 아니다.

쏜웰은 국가를 위한 유일한 해결책은 복음이라고 주장했다. 그러므로 기독교인은 기독교 제일의 목적에서 벗어나는 갈등을 피해야 한다. 복음의 능력은 내적인 사람을 변화시키고 궁극적으로 외부 세계를 변화시킬 수 있는 유일한 힘이다. 이러한 변화는 교회라는 배경 속에서 일어날 수 있으며 개혁은 하나님의 백성과 함께 시작해야 한다. 쏜웰은 교회가 강력한 개혁 운동과 봉사 단체에 대해 지원하는 것을 반대했는데, 그것은 그러한 행동이 부적절해서가 아니라 사실 교회가 감당해야 할 책임이었기 때문이었다.⁶¹

잉글랜드 내전이 끝나고, 고통스러운 재건 과정 중에서 불행하게도 남부장로교회파 사람들은 교회와 국가 관계에 대해 점점 더 영적이고 고립된 관점을 채택하였다. 그들은 잉글랜드 내전 시기의 장로교 목사였던 스튜어트 로빈슨(Stuart Robinson)의 철학을 채택하였는데, 로빈슨은 교회와 국가의 접촉을 허가하지 않았다.

남부연합에 의해 궁지에 몰리고 쓸데없이 간섭하는 연방정부에 의해 이용당했던 남부장로교인에게는 이렇듯 정치에 무관심한 교리가 매력적이었다. 이러한 교리는 노예 매매에 편리한 도덕적 구실을 제공했을 뿐 아니라 남부와

---

60 Thornwell, "Relations of the State of Christ," p. 554.

61 Maddex, "Presbyterian Reversal," p. 441.

북부 장로교회원의 종국적인 재결합을 위한 원동력을 제공했다. 이렇게 하여 정치에 무관심한 남부장로교회의 전통이 생겨나게 되었고 몇 십 년 지나지 않아 역사가들은 역사를 고쳐 쓰면서 그러한 교리를 쏜웰과 잉글랜드 내전 이전 신학자의 탓으로 돌렸다.[62]

흥미롭게도 언약도와 분리파의 후손인 미국 교회는 남부 교회와 달리 노예 제도에 침묵하지 않았다. 실제로 어떤 이는 급진적인 폐지론자였다. 조합교회회의(associate synod)라는 분파는 그 회원에게 노예 소유를 금지했다가 결국 남부에서 사라졌다. 또 다른 분파인 조합개혁교회(Associate Reformed Churches)는 마지못해 노예 소유를 허용했다. 그들은 비록 성공하지는 못했으나 노예를 훈련시켜 아프리카를 복음화하고자 했다. 그들은 또 노예가 읽기를 배우는 것을 금지하는 법안에 항의했으나 남부의 주요 교회는 침묵했다.[63]

비록 현대 남부장로교회 철학에 찬사를 보낼 만한 것이 많다고 해도 쏜웰의 명료한 사고에는 한참 부족하다. 더욱이 교회와 국가 모두에 상세한 의무를 선언하지도 못한다. "그리스도는 왕으로서 그의 어깨에 정사를 메었다"고 말하지 않는데, 니베이는 바로 이를 두고 사면파(The Indulged)를 경고했다.[64] 지금도 문제되고 있는 것처럼, 낙태 같은 하나님의 도덕법에 대한 명백한 위반이 나타나는 도덕적 쟁점에 대하여도 공개적인 입장을 밝히지 못한다.

요약하자면 쏜웰은 자신의 제안이 "국가 교회와 관련된 유일한 요소"를 뜻하는 것은 아니라고 주장했다.[65] 그의 모든 제안은 국가와 교회의 관계라기보다 국가와 그리스도의 관계를 다룬 것이다. 비록 현대 기독교인이 포기하긴 했지만 교회와 국가에 대한 쏜웰의 견해는 추천할 만하다.

---

62 Maddex, "Presbyterian Reversal," pp. 446-453.
63 Fisk, *High Church Tradition*, pp. 75-80.
64 Nevay, p. 471.
65 Thornwell, "Relation of the State to Christ," p. 555.

5) **원리 5**: 하나님이 어느 국가를 기독교 국가로 변화시킬 때, 국민, 국가, 교회는 참된 종교를 공고히 하고 보존하겠다고 맹세해야 한다.

이런 문제에서 국가가 해야 할 일이 있을까?

이런 논쟁적인 질문이 쏜웰과 언약도 간의 교리 차이의 핵심에 놓여 있다. 쏜웰은 앞서 언급한 것을 넘어 또 그 이상의 국가 역할에 대해서도 반대할 것이다. 보다 예방적인 국가의 역할은 약속의 땅에서 타당할 뿐이라는 것이 분명하다. 그러한 땅은 인간의 작품이 아닌 하나님의 작품이다.

교회가 진리 안에서 일치를 이룰 때까지 국가는 그것을 시도해서는 안 된다. 진리 안에서 일치를 이룰 때까지 그릇된 종교와 싸우는 것은 각자의 자리와 위치에서 모든 기독교인이 해야 할 일이다.

스코틀랜드 장로교회의 목표는 말씀의 완전한 승리였다. 그들에게 있어, 참된 종교를 증진시키려는 열망을 가진 지도자가 있는 기독교 국가는 바라던 대로 하나님이 주시는 축복이었다. 아사와 히스기야의 성경적 모범에 근거한 스코틀랜드 장로교회는 위정자가 종교를 개혁하고, 참된 종교를 보호해 주기를 기대했다. 낙스의 주도로 **1560년 스코틀랜드 신앙고백**(*Scottish Confession of Faith of 1560*)은 국가 위정자의 책임을 명확하게 규정했다.

> 우리는 대체로 종교의 보존과 정화가 가장 중요하게 연관되어 있다고 주장한다. 그래서 위정자들은 세속 정책을 위해 임명될 뿐만 아니라, 참된 종교를 유지하기 위해, 그리고 어떤 종류의 우상 숭배와 미신이든지 그것을 억제하기 위해서도 임명된 것이다. 다윗(대상 22-26), 여호사밧(대하 17:6; 19:8 등), 히스기야(대하 29-31), 요시야(대상 22-26) 등은 자신들이 가진 열심 때문에 크게 인정받았는데, 이런 위정자라면 사람들이 알아볼 것이다.[66]

웨스트민스터 신앙고백을 따르는 목사들은 이러한 철학에 공감한다. **대요리문답 108문**은 "모든 거짓된 예배를 부인하고 미워하며 각자의 위치와 소명

---

66 *The Scottish Confession of Faith*, chapter 24, Paragraph 2.

에 따라 거짓된 예배와 모든 우상 숭배의 기념물을 제거할 것"[67]을 요구한다. 간단히 말해 잘못된 종교와 싸우는 것이 모든 기독교 시민의 의무다.

제임스 배너맨(James Bannerman)에 따르면 "종교를 일부라도 없애 버리면 지구상에 살아 남을 사회는 단 하나도 없을 것임은 어떤 입장에서도 인정하는 바다(하지만 한 세기 후에는 더 이상 사실이 아닌 것이 드러났다). 그리고 그 **참된 종교**가 없다면 어떤 사회도 행복하게 존속할 수 없을 것이다(이것은 언제나 참되다)." 배너맨은 **참된 종교**를 이렇게 말한다.

> (참된 종교는) 법에 대한 복종과 존중을 보증하기에 충분한 유일한 힘으로서, 인간 사회의 불일치 요소를 하나로 결속시키고, 사람 사이에 평화를 줄 수 있는 유일한 끈(이다.) … (그래서) 위정자는 자신의 관심사로 그리고 국가가 언제나 그것을 위해 존재하게 되는 원대한 목적을 위하여 종교를 보호하는 것을 국민을 위하여 감당해야 할 첫째 의무로 삼아야 한다.[68]

불행하게도 현대 기독교인은 이런 꿈을 상실했다. 실제로 우리의 조상은 자신들이 사회를 위한 이상적 기준을 **참된 종교**에서 **종교**로 격하시키면서 이를 상실했다. 우리가 그 과정에서 했던 일은 **종교**를 위한 필요를 철저히 제거한 것이었다.

우리는 "모든 사람을 불러 회개케 하시는 하나님의 오래 참으심을 무시하는 사람의 최후가 어떠한지를 매일 지켜보기 위한 거울"[69]로서 이스라엘의 운명을 생각하라고 잉글랜드에 선포했던 낙스의 경고를 계속 무시하고 있다.

낙스의 충고는 오늘날 국가와 국가 지도자에게 전혀 쓸모없는 것일까?

어째서 성경은 기독교인을 향해 왕에게 증언하라고 요구하는 것일까?

그것은 왕을 구원하기 위한 것일까?

아니면 열방을 구원하기 위한 것일까?

하나님께서 이스라엘을 심판하신 확실한 증거가 우리에게 외쳐 경고한다.

---

67 The *Westminster Larger Catechism*, in *Westminster Standards*, Question 108, p. 193.

68 Bannerman, *Church of Christ*, vol. 1, p. 131.

69 Lorimer, *John Knox*, p. 217.

하나님께서는 얼마나 더 오랫동안 우리나라 같은 나라를 참으실 것인가?

언약도가 구상했던 국가의 보다 예방적인 역할은 중요한 안전장치를 요구한다. 이러한 안전장치가 있다면 기독교 국가 개념은 실행 가능하다. 그러나 안전장치가 없다면, 기독교 국가는 실패할 것이다.

(1) 국가는 영적인 일에 대해 권한을 행사하지 말아야 한다.

어떤 사람은 언약도가 개혁에 대한 열망 때문에 국가에 권력을 허용함으로써 너무 멀리 나갔다고 주장한다. 스튜어트 로빈슨은 스코틀랜드 장로교회의 가장 큰 실수는 그들의 교회에 대한 교리가 아니라 국가에 대한 교리 때문이라고 주장한다.[70] 로빈슨은 "교회의 일과 어느 정도 동등하게 영적인 일에서도 국가에 권한을 허용하는 것은 그들의 순수한 복음적 교회론을 점점 타락시키는"[71] 누룩이라고 주장한다.

비록 언약도가 교회에 영향을 주는 문제에 관하여 국가에 큰 권한을 허용할지라도 그것은 영적인 일에 관한 것이 아니었다. 조지 길레스피의 말에 따르면, 위정자는 "교회의 외적인 일에 전념하고" 목사는 "정부의 내적이거나 영적인 일에 전념한다."[72] 여기에 관련된 외적인 일이란 다음과 같다.

① 거룩한 공동체와 세속적인 사회에도 속하는 일에 관한 규칙(예를 들어, 결혼)
② "참된 종교와 교회에 치명적인 적"에 대한 억제
③ 참된 종교의 보존
④ "부패하고 타락했을 때" 참된 종교의 회복
⑤ 사회법 위반자의 처벌
⑥ 사회질서 한계 내에서의 종교 회의
⑦ 목사의 수급과 적절한 지원[73]

70　Robinson, *The Church of God*, p. 58.
71　Robinson, *The Church of God*, pp. 127-128.
72　Gillespie, "One Hundred and Eleven Propositions Concerning the Ministry and the Government of the Church," (Edinburgh: Robert Ogle and Oliver and Boyd, 1844 reprint), p. 13, in Gillespie, *Works*, vol. 1 (이하 Gillespie, "Propositions")
73　Gillespie, "Propositions," pp. 12-16.

스코틀랜드 개혁자들의 활동 시기에는 사실 이러한 권한이 위정자의 손에 있었다. 개혁자들은 외적인 문제에서 만큼은 이러한 권력을 기꺼이 인정하였다. 웨스트민스터 신앙고백은 위정자에게 외적인 업무에 대한 "수단"을 허용하면서 이런 문제에 사법권은 허용하지 않으며, 다만 교회의 사법권을 침해하지 않으면서 위정자에게 허용된 방법으로 자격이 주어지고, 목표로 두어야 하며, 달성해야 할 목표"[74]를 명시한다.

예를 들면, 그들이 위정자에게 교회 회의를 소집할 권한을 승인했다 하더라도, 그들은 교회 회의를 엄격하게 영적인 업무(교회의 배타적인 영역)로 제한했다. 그들은 세속 권력을 그 나라에서 하나의 참된 교회를 상호 지원하는 것으로 간주했고, 그들은 이러한 권력을 부정하는 것이야말로 참된 종교와 국가의 평화를 유지하는 데 직접적인 위협이라는 것을 깨달았다.

요약하면, 국가는 영적인 문제에 관해 아무런 권한도 없었다. 교회와 국가는 분리되고 독립된 채 남아 있었고, 구약성경에서 그랬던 것처럼 양자는 각자 자기 영역에서 봉사하였다.

(2) 통치자는 성경에서 분명하게 명령하고 예언하고 규정한 대로 자신의 의무를 수행해야 한다.[75]

루더포드는 어떻게 구약성경의 모범이 "당시에는 선하고 거룩한데 지금은 나쁜 것일까?"[76]에 대해 숙고했다. 그는 "이스라엘과 유다의 족장과 경건한 군주가 통치자와 군주로서 행할 의무가 있었던 것은 신약성경의 모든 왕이나 군주에게서 볼 수 있는 것처럼 그리스도의 특권을 부여받은 모범이었던 그런 통치자로서 행할 의무는 아니었다"고 보았다.

예를 들어, 모든 가나안 족속을 정복하는 일에서 다윗과 여호수아의 구체적인 행동은 전형적인 것이었다. 차지한 성읍에 있는 사람과 짐승을 완전히 멸하는 것(신 13장) 같은 다른 행동은 의식적이거나 사법상으로 일시적인 특성을

---

74 Shaw, *Exposition of the Confession*, p. 270.

75 Rutherford, *Peaceable Plea*, pp. 145, 209-218.

76 Rutherford, *Peaceable Plea*, p. 275.

띈다. 그럼에도 불구하고 대부분의 경우에 합법적인 통치자가 했던 것은 "자연법상으로 대체로 공평했다."[77] 예를 들어 위정자가 해야 할 일은 그릇된 종교의 "산당"을 박멸하는 것(eliminate)이 아니라 내쫓는 것(remove)이었다.[78]

구약성경의 성도가 비록 "더 엄격한 감독"을 받긴 했어도, "검이 양심을 위협하여 지금보다 더 엄격하게 한 것은 전혀 아니었다." 루더포드는 그리스도의 침묵과 온유함은 위정자로 하여금 악인을 처벌하는 것을 금한다고 주장하는 것, 바로 "그렇게 하는 것 외에 다른 길이 없다"[79]고 밝혔다.

루더포드는 기독교인 위정자 뿐 아니라 교회도 영혼을 미혹하고 다양한 신앙을 은밀하게 암시하고 종교적인 문제에서 의심을 야기하고 소망과 성경의 위로를 파괴하고 이단을 제거하는 모든 수단들을 금지하는 것에서 사람들(그들의 영혼)을 보호해야 한다고 주장했다. 왜냐하면 이러한 것은 "하나님께 속한 것이 아니기"[80] 때문이다.

그렇게 하는 것은 모든 기독교인이 각자의 위치와 부르심 속에서 감당해야 할 의무다. 현대의 정신은 종교의 비-근본적인 요소가 중요하지 않으며, 근본적인 요소는 논란의 여지가 있어서 그것을 받아들이기 쉽지 않다고 여긴다. 개혁주의 믿음에 따르면 근본적인 것이 인식될 수 있을 뿐 아니라, 더욱이 비근본적인 것도 인식 가능하며 근본적인 것 못지 않게 중요하다. 한층 더 그러할 뿐 아니라 또한 그 못지 않게 중요하다.

모든 기독교인에게 거짓 교사를 받아들이지 말라는 명령(요한이서)은 기독교인 위정자를 포함하여 모든 기독교인이 그렇게 판단할 능력이 있음을 암시하지 않는가?[81]

위정자는 말씀과 거기에 담겨 있는 명백한 원리를 강조해야 한다. 위정자가 영적인 일에 개입하는 것을 막기 위해서 스코틀랜드 장로교회는 교회와 국가 모두에게 책임의 한계를 명확하게 밝혔다. **제2 권징서**는 각 당사자가 상대에

77　Rutherford, *Peaceable Plea*, pp. 177-188.

78　Rutherford, *Peaceable Plea*, p. 484.

79　Rutherford, *Peaceable Plea*, pp. 189-209, 292.

80　Rutherford, *Peaceable Plea*, pp. 145-177.

81　Rutherford, *Peaceable Plea*, p. 319.

게 책임을 묻는 방법을 분명하게 강조한다.

> 세속 권력은 영적인 것을 수행하도록 명령하고, 그 직원은 하나님 말씀을 따라 행하도록 해야 한다. 영적인 권력은 기독교인 위정자에게 정의를 실행하고 악을 처벌하며 그들의 한계 내에서 교회의 자유와 안정을 유지하도록 요구해야 한다.[82]

위정자는 영적이지 않는 문제를 적절하게 통제하며 말씀을 강조할 뿐이다. 니베이와 언약도는 히스기야와 요시야가 실천했던 것에 대해 설명하면서, 위정자는 "발견된 책에 기록된 것에 따라 행동하는 것"(왕하 22:12-13, 18; 23:3, 24; 대하 34:21) 외에 목사를 제한해서는 안 된다고 주장했다.[83]

정반대로, 위정자는 그릇된 교사를 제한해야 한다(왕하 23:5).[84] **웨스트민스터 신앙고백** 1789년 수정판의 가장 해로운 측면은 교회와 국가의 공동 지침으로서 말씀을 부정한 것이었다.

(3) 국가가 아니라 교회에 참된 종교를 수립할 책임이 있다.

국가는 그것이 말씀과 일치한다면, 교회에 의해 확립된 기독교를 보호할 책임이 있다. 쏜웰과 언약도는 아마도 위정자는 교회를 위한 "양부"(養父)가 되어야 한다는 데 동의할 것이다(사 49:23).[85] 그 둘 모두 진정한 위험은 한 국가가 교회를 위한 양부가 되기보다는 아버지로서 행동하려 할 때라는 점에 동의한다. 이사야는 그리스도의 권리를 유린하는 국가 교회가 지배하는 것을 분명하게 반대한다.

> 왕들은 네 양부가 되며 왕비들은 네 유모가 될 것이며 그들이 얼굴을 땅에 대고 네게 절하고 네 발의 티끌을 핥을 것이니 네가 나를 여호와인 줄을 알리라 나를

---

82 *The Second Book of Discipline* (1578), chapter 1, sec. 17; Robinson, *The Church of God*, p. xxi.
83 John Nevay to the Congregation fo Loudoun, Oct. 22, 1669, in Nevay, pp. 470-471.
84 John Nevay to the Congregation fo Loudoun, Oct. 22, 1669, in Nevay, pp. 470-471.
85 Rutherford, *Lex, Rex*, p. 105; 사 49:23.

바라는 자는 수치를 당하지 아니하리라(사 49:23).[86]

혁명 종식 후 공동체 사람들에 의해 제기된 주요 주장 중에는 교회가 아니라 국가가 장로제를 수립했다는 우려였다. 역사는 교회에 미치는 국가 교회 제도의 영향이 갖는 위험성에 대한 언약도의 우려가 옳았음을 증명한다(예를 들어, 목사 추천권).

미국에서는 교회가 국가가 보호할 수 있는 통일된 기독교를 수립하는 데 실패했다. 제임스 배너맨은 적절한 관계를 보증하는 데 필수적인 두 가지 중요한 규칙을 제안한다.

① 교회는 신앙고백 위에 세워져야 한다.
② 국가는 "교회의 자유와 권력"[87]을 합법적으로 인정해야 한다.

이런 조건 하에서 그리고 법에 의해 확증된 국민의 뜻을 따라, 국가는 앞서 언급된 초판 **웨스트민스터 신앙고백**에 기술된 참된 종교를 보존하고 개선하기 위한 조치를 취할 수 있다.

종교가 국가로부터 어떤 지지도 받지 않는 것이 낫다고 주장하는 사람은 국가가 중립적일 수 있다는 망상에 시달린다. 중립적이라고 공언된 국가보다 종교에 더 위험한 위협은 거의 없다. 그러한 교회 제도는 앞서 언급한 쏜웰의 개념을 파괴하지 않는 한에서는 바람직하다. 다시 말해 기독교회를 개혁하는 것은 기독교 국가에 필수적이다.

나라들은 네 빛으로, 왕들은 비치는 네 광명으로 나아오리라(사 60:3).[88]

---

86 Buchan and Smith, *Kirk in Scotland*, p. 65.

87 Bannerman, *Church of Christ*, vol. 1, p. 112.

88 사 60:3. Al Hembd, "Josiah, Erastianism, and National Covenanting," online, part 3, page 2 of 7.

(4) 교회와 국가는 기독교 사회의 외벽을 쌓는 일에서 자유롭게 협력할 수 있을 것이다.

그러나 사원을 재건축하거나 지지하는 일을 국가가 지원하려고 한다면 반드시 교회의 지도를 따라야 한다. 국가는 항상 교회와 별개로 머물러 있어야 하며, 결코 교회 안에서 권력을 행사하지 말아야 한다. 교회와 국가의 역할을 이해하기 위해, 구약성경과 신약성경이 얼마나 유사하고 얼마나 다른지를 검토해 보는 것이 필수적이다.

구약성경(슥 4장)은 교회(여호수아)와 국가(스룹바벨)의 지도자를 상징적으로 등대로 표현되는 유대 교회를 기르는 두 감람나무로 묘사한다. 언약도는 포로 이후 성전 재건을 위해 스룹바벨(위정자)과 여호수아(대제사장)가 보여 준 협력적인 노력(에 5:2; 학 2:15)을 본 따, 교회와 국가의 협력적 노력을 통해 교회를 개혁하고자 했다. 그 후 수십 년이 지난 뒤, 느헤미야를 비롯한 유능한 제사장은 그와 유사한 협력을 통하여 외벽을 재건하는 데 협력했다.

제임스 두르햄을 포함하여 많은 언약도 사람들은 이러한 관계가 기독교 국가에서 교회와 국가 관계의 이상을 예시하는 것이라고 말했다.

그에 반해서 신약성경(계 11장)은 이 관계를 상징적으로 두 감람나무와 두 촛대로 묘사한다. 이러한 묘사는 외적인 형태에서만 다를 뿐이다. 비록 세속적인 문제와 섭리적인 문제에 대한 그리스도의 지배가 뚜렷이 보이지 않는다 하더라도 그것은 계속해서 존속한다. 구약성경에서도 교회를 보살피는 것은 지상의 제사장과 왕의 힘이 아니었다. 하나님은 그 일이 이루어진 것은 **"힘으로 되지 아니하며 능력으로 되지 아니하고 오직 나의 영으로 되느니라"**(슥 4:6)라고 분명히 선포하신다.

그러나 그리스도는 사람을 통해서 일하신다. 구약성경과 신약성경의 교회에서 교회와 국가는 각각 권한이 뚜렷한 한계를 지닌 별개의 것이다. 왕되신 그리스도가 일치를 위한 유일한 기초다. 에스라 시대에 교회와 국가가 협력해서 성전을 건축하였다 하더라도 제사장들이 그 일을 감독했다(스 3:8-9).

국가는 변절한 교회에서만 개혁이 가능했고(예를 들어, 의회라 부른다) 그 후엔 촉매제 역할만 했다. 느헤미야 시대처럼 일단 성전이 재건되고 나자 교회와 국가는 외벽(기독교 사회를 위한 국가의 입법과 유사함)을 재건하는 데 협력했다. 오직 그런 후에야 한 국가의 국민이 언약에 대한 맹세를 해야 한다.

(5) 피통치자의 동의와 하나님의 인도하심 속에서 기독교 국가는 참된 종교를 공고히 하고 보호할 것을 서약해야 한다.

자신의 양심이 말씀에 순응하기까지 사람은 결코 평안하지 않을 것이다. 비록 하나님 한 분만 우리 양심의 주인이라 하더라도, 하나님은 우리의 양심 속에 세속적 권위와 교회적 권위의 한계를 정하신다.

이러한 한계를 부정하는 것은 하나님을 부정하는 것이다.[89] 하나님과 언약을 맺은 국가에서 각자의 위치를 따라 각 사람이 지키겠다고 맹세한 언약의 조건을 수행하는 것이 합법적이다.

예를 들면, 그러한 조건을 오직 언약을 맺었던 사람에게만 공신력 있게 제한시키는 것이 합법적이다(시 75:10). 이러한 입장을 지지하여 아사가 그의 어머니를 우상 숭배 때문에 폐위시켰는데(대하 15:16), 다만 그는 그 나라가 언약했던 것을 따라 그렇게 했던 것임에 주목하라. 그러므로 언약이 체결된 나라에서 항의자들이 기독교인 지도자를 요구한 것은 정당한 것이었다.

루더포드에 따르면 이교도에게 기독교 신앙을 받아들일 것을 강요하는 것이 합법은 아니라 하더라도, 그들이 "하나님의 백성의 영혼에 해악을 끼치고 미혹하는 신성모독적인 행위를 퍼뜨리는 것"[90]을 금하는 것은 합법이다.

웨스트민스터 표준 문서에 공표된 지침은 언약을 준수하는 기독교 국가를 위한 것이었다. 이러한 지침은 존 칼빈에게서 유래되었다. 칼빈은 신앙을 공언하는 기독교인 중에서 "만약 우리가 전혀 다른 신앙을 고백한다면, 아무런 합의도 없게 될 것"을 우려하였기 때문에, 통치자들에게 여러 가지 분파의 발생을 "조사하기 위한 권징"을 준비하라고 촉구했다.

칼빈은 만약 교회가 수많은 분파로 분열된 경우 "치유책을 찾는 것이 아무런 소용도 없게 될 것"[91]을 두려워했다. 칼빈은 이것을 피하기 위해 지도자들

---

89 Bannerman, *Church of Christ*, vol. 1, pp. 159-170; *WOCF*, chapter xx.4, p. 87.

90 Rutherford, *Free Disputation*, p. 250.

91 John Calvin, *Necessity*, vol. 1, pp. 221-222.

에게 "거룩한 동맹으로 연합할 것"을 촉구했다.

> 주의 이름의 영광이 우리 안에서 아무런 손상도 입지 않은 채 남게 되고, 그의 나라는 진보하며, 그 홀로 우리를 참된 예배로 안내할 수 있게 하는 순수한 교리가 충분히 생명력 있게 번성하도록 힘쓰는 일 이외에, 사람이 더 깊은 관심을 느껴야 할 것은 아무것도 없고, 또한 하나님께서 우리에게 그보다 강한 열심을 나타내기를 원하시는 것도 없다.
> 만약 하나님께서 자기 이름을 전달하심으로 왕들을 영화롭게 하여 왕들이 지상에서 하나님의 영광을 위한 보호자와, 변호자가 될 수 있다는 것을 깨닫는다면, 그들은 얼마나 더 많이 이러한 일에 관심을 기울여 계획하고 착수하고 완수할 것인가?[92]

이미 때를 놓쳐 치유책을 찾는 것이 헛되다 하더라도, 그리스도를 영화롭게 해야 하는 국가의 책임은 여전히 남아 있다. 낙스는 언약을 맹세할 필요성에 대해서 칼빈보다 더 강조했다.

> 그가 그의 언약의 말씀으로 어떤 왕국, 나라, 지역, 도시를 보호하실 때마다 그들에게 자비로우신 안내자요, 교사요, 보호자요, 아버지가 되신다. 그리고 그는 그 한결같은 사랑과 말씀 안에 들어 있는 부성적(父性的) 사랑을 결코 버리지 아니하신다. … 마침내 그들이 그의 앞에서 얼마나 무가치한지를 철저히 고백할 때까지.[93]

스코틀랜드 언약도를 고무하고 영감을 주어 **엄숙 동맹**을 착수하게 했던 것은 바로 언약적 관계에 대한 이토록 숭고한 생각이었다.

기독교인은 언약에 참여해야 하는 것일까?

그 대답은 분명히 '그렇다'이다. 진정한 질문은 기독교인이 영원한 나라에

---

92 John Calvin, *Necessity*, vol. 1, p. 228.

93 John Knox, Lorimer, *John Knox*, p. 215에서 인용.

합류할 것인지 아니면 분리될 것인지 하는 것이다. 바울은 분명하게 우리에게 무법자들과 연합하지 말라고 가르쳤다.

> 너희는 믿지 않는 자와 멍에를 함께 메지 말라 의와 불법이 어찌 함께 하며 빛과 어둠이 어찌 사귀며(고후 6:14).

그러므로 기독교인이 본질적으로 기독교인이 아닌 국가와 동맹을 맺는 것은 기독교인에게 적절하지 않다. 지금의 미국이 기독교 국가가 아니라는 것은 의심의 여지가 없다. 오늘날 상황은 기독교인의 국가가 하나님을 영화롭게 하도록 계약이 맺어졌던 스코틀랜드의 상황과는 완전히 다르다.

길레스피는 오늘날 우리가 동료 시민들과 언약을 맺으려 시도하는 것을 권하지는 않을 것이다. 길레스피는 "부분적으로는 세속적이고 부분적으로는 종교적인 혼합된 계약을" 만드는 것은 불법이라고 주장했다. 그는 하나님께서는 "하나님의 백성을 올무에 빠뜨리는 일을 피하도록" 이스라엘 민족이 가나안 족속과 계약을 체결하는 것을 금하셨다(출 23:32; 삿 2:2; 왕상 11:2; 시 6:8; 106:35; 겔 16:26)고 주장했다. 길레스피는 하나님께서 유다가 북왕국을 포함하여 하나님을 믿지 않는 나라와 군사 동맹을 체결하는 것을 금하셨음을 우리에게 상기시킨다(대하 19:2과 25:7-8을 보라). 길레스피는 고린도전서 5:10-11을 인용하면서 이러한 금지는 어느 정도 "불명예스러운(뉘우치지 않는) 기독교인"에게도 적용된다고 강조했다.

비록 우리가 이교도와 교제할 수 있을지라도(그 교제가 멍에를 지우거나 우리를 구속하지 않는다면), 형제라고 주장은 하면서도 뉘우치지 않는 죄인인 "그런 사람들과는 식사도 함께 하지 말아야" 한다. 길레스피는 불신자와의 혼합된 연합은 우리에게 악한 일을 가르치고, 우리를 커다란 유혹에 노출시키며, 하나님께서 거룩한 사람에게 베푸시는 가능성이 있는 일을 우리에게서 빼앗아 가며, 우리의 언약에 대한 헌신을 깨뜨리도록 유혹한다고 주장했다. 그 결과로 생기는 불순종은 위험한데, 이는 하나님께서 거역하는 자와 죄인을 깨끗케

하는 데 전념하시기 때문이다.[94]

시민 대다수가 기독교인이라 할지라도 계약은 다른 위험성을 야기한다. 제임스 거드리(James Guthrie)는 『스코틀랜드에 대한 주님의 진노의 원인』(*Causes of the Lord's Wrath against Scotland*)에서 "하나님의 목적과 백성"을 왕에게 위임했을 때, 그가 여전히 "하나님을 몹시 화나게" 만들었던 언약에 대한 "이전의 반감과 적의를 유지하고 있었다"고 주장한다.[95] 결론적으로 스코틀랜드에서 실패로 끝나게 만들었던 것은 언약 개념이 아니라 신앙심이 없는 사람들과의 연합 때문이었다.

■ 요약

기독교 국가는 하나님에게서 나오는 약속된 훌륭한 축복으로서 우리는 이를 구해야 할 것이다. 기독교인이 하나님과 언약을 체결하는 것은 적절한 일이지만, 기독교 국민이 비도덕적인 국가와 언약을 체결하는 것은 부적절한 일이다.

엄숙 동맹을 맺었던 언약도는 올바른 균형을 찾았다. 그들은 하나님의 권리가 교회와 세속 영역에도 확장되어야 한다고 믿었다. 그들은 지상명령의 목표는 열방의 회심이라는 꿈을 갖고 있었다. 그들은 **"세상은 교회를 위한 발판일 뿐"**[96]이라고 가르치는 성경을 올바르게 이해했다. 그들은 하나님의 약속(예를 들어, 시 72:8-11; 사 65:16-25; 슥 14:16-21; 계 11:15) 안에서 사자가 어린 양과 함께 눕게 되는 새로운 세계 질서에 대한 약속을 보았다. 그들은 그러한 조건은 그 왕국의 진보가 필연적으로 낳은 결과라고 믿었다.

그 정사와 평강의 더함이 무궁하며(사 9:7a).

그 왕국의 진보는 부탁을 통해서 이루어진다.

---

94 Gillespie, *Treatise*, pp. 71, 82, 74, 78.
95 Guthrie, *Wrath*, p. 29.
96 Charles Spurgeon, *Sermons of Rev. C. H. Spurgeon* (New York: Sheldon & Company, 1872), Series 9, p. 180.

> 내게 구하라 내가 이방 나라를 네 유업으로 주리니 네 소유가 땅 끝까지 이르리로다(시 2:8a).

그들은 약속의 땅으로 들어가서 전 세계가 구원 얻을 때까지 또는 그리스도가 다시 오실 때까지 열방을 회심시키고 우상과 싸우기를(물론 영적인 무기만을 사용하여) 멈추지 않을 것이다. 이것이 왕 찰스가 그들을 죽인 이유이고, 현대의 장로주의가 그 선조의 음성을 알지 못하는 이유다.

그들은 교회가 영적인 존재이며 그 모든 권력은 영적인 것이라고 강하게 믿었다. 현대 장로교회와 차이가 있다면 그들은 하나님의 영은 후퇴하지 않고 전진한다고 믿었다는 점이었다. 하나님의 적들과 평화롭게 지내는 현대의 기독교인과 달리 그들은 전쟁 상태에 있었다. 그들은 기독교 국가를 복음 진보의 필연적 결과라고 생각했다.

그들의 표준은 말씀이었다. 그들은 오직 말씀으로 만족했다. 우리 역시 그래야 한다. 기독교인으로서 우리의 목표는 검이 아닌 말씀의 능력으로 그 땅을 정복하는 것이어야 한다. 구약성경처럼 유일한 정류지는 하나님의 원수에 대하여 완벽한 승리를 거두는 것이다.

이것은 한 나라를 그리스도께 인도하는 것을 뜻한다. 물론 이것은 하나님의 사역이며, 하나님은 그의 백성인 교회를 통하여 일하신다. 교회의 현재의 주안점이 성전을 세우는 것에만 맞추어져 있으니까 미래에 하나님께서 외벽을 세울 것을 허용하지 않으실 것이라는 말은 아니다.

교회와 국가의 관계에 대한 우리의 견해를 충분히 넓혀서 둘중에 어떤 일이 우연히 일어나더라도 충분히 대비할 수 있게 해야 한다. 그러나 교회를 연합하는 일에서 승리하지 않고는 국가를 연합하는 일에서 승리를 생각할 근거는 전혀 없다. 국가를 개혁하는 것은 교회를 개혁한 후에야 비로소 생겨날 수 있다.

국가가 그리스도의 권위와 진리를 실추시키고 자주 도덕법을 무시할 때, 교회는 어떻게 국가에게 그리스도를 존중하고 도덕법을 지지할 것을 요구할 수 있을까?

성경은 먼저 교회부터 심판이 시작될 것이라고 말한다. 먼저 교회를 재건하는 성경의 방침을 고려해 볼 때, 교회를 먼저 개혁하는 일에 주안점을 두는 초기 남장로교회의 전통은 추천할 만한 이유가 많다. 그러나 열방을 변화시키는 보다 광범위한 목표도 결코 간과해서는 안 된다. 그러는 동안 그리스도께서는 그의 **별들**(계 1:20) 사이를 다니시면서 그의 교회를 개혁하실 것이다.

2. 교회와 국가 – 공동 시민

기독교 사회는 신실한 기독교인 유권자와 위정자를 필요로 한다. 기독교인 개개인은 합법적이고 보다 높은 권력에 순복하여 그 나라를 기독교화하지 않으면 안 된다.

교회와 국가의 관계보다 한층 더 복잡한 질문은 기독교인과 국가의 적합한 관계에 관한 질문이다. 기독교인이 두 왕국의 구성원이라는 사실 때문에 이러한 질문은 중요성을 갖는다. 비록 이러한 주제에 관한 그리스도와 사도의 증언이 분명하다 하더라도, 모든 상황에 적용하는 것은 어려우며 특히 국가 지도자가 모든 규칙을 위반하는 경우에 그렇다. 공동체 사람들이 혁명 종식 후의 국가를 합법적인 것으로 인정하기를 거절한 것은 제임스 니스벳이 그들로부터 결별하게 하는 원인이 되었다.

1) 권위 인정하기

언약을 준수하는 남은 자들은 그들의 선언문(예를 들면, **변증적 선언**)에서 왕의 권위를 인정하지 않음으로써 실수했던 것일까?
다음 증거가 보여 주듯이, 어떤 통치자의 권위에 불복하거나 그것을 부정할 만한 합법적인 이유는 있다.

(1) 로마서 13장 같은 경우 기독교인에게 합법적인 권위에 복종하라고 요구하지만, 하나님의 법과 불일치하는 명령까지 복종하라고 요구하지는 않는다.

로마서 13장의 "다스리는 권세자들"이라는 말은 "한층 높은 권력자들"[97]을 뜻한다. 그러므로 교훈은 명백하다.

"모든 사람들로 높은 권세자들에게 복종하게 하라. 왜냐하면 모든 권세는 하나님께 속하였기 때문이다. 현재의 권세자들은 하나님께서 정하신 것이다."

이러한 지침도 있는 상황에서 기독교인이 시민 불복종의 문제를 결정하는 것은 어려운 일이 아니다. 칼빈은 비슷한 결론에 도달했다.

> 그러나 하늘의 사자 중 한 사람인 베드로는 "사람보다 하나님께 순종하는 것이 마땅하니라"(행 5:29)는 칙령을 공포하였으니, 우리가 하나님께 순종을 드린다는 생각으로 위안을 삼도록 하자. 주님께서는 우리가 신앙을 저버리지 않고, 어떤 것이든 견디어 낼 때 순종을 요구하신다. 그리고 바울은 그리스도께서 크게 희생하여 우리를 구속하셨다는 사실을 추가로 고려함으로써(고전 7:23) 우리를 격려한다. 그 결과 우리는 인간의 사악한 희망에 비굴하게 굴복하지 않으며, 더욱이 그들의 불경건함에 경의를 표하는 일은 결코 없을 것이다.[98]

(2) 권위를 부정하는 것이 꼭 잘못된 것은 아니다.

남은 자들이 권위를 거슬렀던 것은 1776년 미국 혁명의 애국자들이나 1688년 대영제국의 혁명가보다 부당한 것이었을까?

기독교 시민에게 폭군을 타도하도록 허용하는 논거의 기초는 뷰캐넌(Buchanan)과 낙스와 루더포드에 근거한다. 뷰캐넌은 자신의 저서 『스코틀랜드 왕의 권리』(*The Rights of the Crown of Scotland*)에서 폭군에 항의하여 일어날 국민의 권한을 지지하는 일련의 논리를 제시한다.

뷰캐넌에게 법은 국민의 소리요, 왕의 "열정과 행위"를 "지도하고 조절하는 역할을 한다." 만약 어떤 왕이 "왕과 백성 사이에 존속하는 상호 간의 계약"에서 벗어난다면 왕의 행위는 그 계약을 무효화하는 것이다. 그렇게 함으로써 왕은 폭군이 되고 국민의 원수가 된다.

---

97 James M. Wilson, *Civil Government: An Exposition of Romans xiii.1-7* (Philadelphia: William S. Young, 1853), pp. 15-18.

98 Calvin, *Institutes*, sec. iv.20.32, vo. 2, p. 676.

이러한 논리를 따른다면, 백성은 필요하다면 가령 폭군 같은 백성의 적에 대항하여 싸우고 파괴할 권리를 갖고 있다는 결론에 도달한다. 더욱이 뷰캐넌은 뉘우칠 줄 모르는 폭군은 파면되어야 한다고 주장했다.[99] 심지어 왕 찰스의 조부, 왕 제임스의 말도 뷰캐넌의 논거를 지지한다.

> 안정된 왕국을 통치하는 왕이 법에 의한 통치를 저버리고, 더군다나 그 백성의 인격, 권리, 자유 등을 침해하고, 전제적인 권력을 수립하여 불법적인 세금을 부과하며, 군사를 일으켜 그가 보호하고 평화롭게 통치해야 할 그의 백성을 공격하고, 그의 왕국을 약탈하고, 빼앗고, 낭비하고, 망쳐 놓으며, 그의 백성을 적대적인 태도로 투옥하고, 살해하고, 파멸시키고, 그들을 사로잡아 자신을 즐겁게 하는 순간, 그는 왕이 되기를 중단하고 폭군으로 전락한다.[100]

그럼에도 불구하고 낙스와 칼빈과 언약도[101]는 단지 자신의 사악함에 근거된 왕의 세속적 권위에 대항하는 어떤 반역도 성경과 부합하지 않는다고 믿었다.[102]

> 사랑하는 형제들이여! 소동이나 원한이나 선동을 교사하는 일 없이 위정자와 통치자와 왕에게 마땅한 복종이 이루어져야 한다는 것을 항상 기억하시오. 그들의 생활이 얼마나 악하든지, 혹은 그들의 훈계와 명령이 얼마나 불경건하든지 그대들은 양심을 위하여 그들에게 복종해야 하기 때문이오.
> (그대들은 백성들이므로) 폭력이나 칼로 하나님의 진리와 종교를 방어하려 하지 말

---

99 Buchanan, *Rights*, pp. 276-280, 282.

100 McCrie, *Vindication*, p. 152.

101 "공적인 복종에 관한 한" Calvin은 "가장 악한 성품을 가진 위정자라 하더라도 … 최고의 선한 왕만큼이나 영예롭게 하고 존경을 받아 마땅하다"고 주장한다. Alexander Nisbet(1623-1669)은 『베드로전후서 주석』(*An Exposition of 1 &2 Peter*)에서 "하나님의 섭리로 그리스도인이 어떤 식으로든 유대를 맺게 된 사람이 사악하다고 해서, 자신이 유대를 맺고 있는 그 관계에 따라 마땅히 감당해야 할 의무에서 면제되는 것은 아니다. 우리가 감당해야 할 의무의 근거는 우리가 빚지고 있는 사람에게 있지 않고, 그것을 감당하도록 하시는 하나님의 명령에 있기 때문이다"라고 말한다. Nisbet은 성경 주석전집을 저술하기 위해 Dickson과, Durham 등 스코틀랜드 목사들과 함께 작업했다.

102 Calvin, *Institutes*, sec. iv.20.25, vol. 2, pp. 670-671; Alexander Nisbet, *An Exposition of 1 &2 Peter* (1658; reprint, Edinburgh: The Banner of Truth Trust, 1982), p. 101.

고 참을성 있게 견디면서, 그대들의 변함 없는 신앙고백을 위하여 하나님께서 기뻐하시는 것을 감당하도록 하시오. -낙스[103]

비록 개인 스스로 폭군에 대항할 책임을 떠맡아서는 안 된다 하더라도 국민은 할 수 있다. 스코틀랜드에서 박해받던 사람들에게 요구되었던 것처럼, 성경은 개인에게 폭군의 권위를 합법적인 것으로 "인정"하라고 요구하지 않는다. 성경은 하나님과 가이사에게 각각 합당한 것을 주라고 요구한다. 그러나 알렉산더 쉴즈가 논증했듯이 "폭군은 하나님의 일과 가이사의 일 두 가지 모두를 왜곡한다." 로마서 13장이 폭군에 대한 복종을 요구한다는 주장이 얼마나 불합리한지를 생각하라.

모든 사람들로 폭군에게 복종하게 하라, 이는 그들이 정의의 집행자로 하나님께 명령을 받았기 때문이다.[104]

제기되는 질문은 위정자가 언제 폭군인가 하는 것이다. 쉴즈에 의하면 위정자가 폭군이 되는 경우는 위정자가 힘이나 기만으로 권력을 얻고, 국가의 이익보다는 자신의 욕망을 추구하고, 그의 백성을 노예처럼 대하며, 법에 의한 통치를 포기하고, 문외한을 시켜 국민을 억압하고, 그의 취임 선서를 위반하며, 국민에게서 참된 종교를 빼앗고, 젊은이를 타락시키거나 그의 백성을 보호하지 못하는 경우다.

이 목록 중 한두 가지 특징만으로 폭군이 되는 것은 아니고, 이 목록을 습관적으로 추구할 때 그렇게 된다. 예를 들어, 다윗은 포악한 행위를 보이긴 했어도 폭군은 아니었다.[105]

가이사는 정복을 통하여 지배권을 갖게 되었지만 그리스도와 사도에게 인정받았고 법으로 통치했다. 이와는 반대로 쉴즈는 이러한 특징 대부분을 지니

---

103 John Knox to the Congregation in Berwick, in Lorimer, *John Knox*, p. 259.

104 Shields, *Hind*, pp. 320-324, 378.

105 Shields, *Hind*, pp. 326-334.

고 있었던 찰스 2세와 제임스 2세를 폭군으로 간주한다. 쉴즈는 위정자의 종교는 복종의 의무를 훈계하지 않으나, 그 시대의 법에 따라 위정자는 천주교 신자, 특히 그 나라의 법을 뒤집는 데 여념이 없는 사람은 될 수 없었다는 데 동의한다. **대헌장**(The Magna Carta)은 "왕은 법률에 의하지 않고는 아무것도 할 수 없다"[106]고 명시하고 있다.

비록 주께서 그들을 회심시키고 권좌에서 폐위시키기 위한 수단을 제공하실 때까지, 세속의 문제에 있어서 폭군에게 굴복해야 한다 하더라도(미 7:9), 우리는 그를 압도할 수 있을 때까지 압살롬의 왕위 찬탈(삼하 15:26)을 인내심을 갖고 견디어 냈던 다윗의 모범을 따라야 한다.[107]

분별력 있는 지도 원리는 사람의 사악함이 아니라 언제나 하나님의 영광이어야 한다. 명예롭게도 공동체가 폭군 찰스 2세를 인정하지 않았던 곳에서, 그들은 이 권력을 자신들이 맡는 것에 대해 한계를 두었다.

> 게다가 그들은 폭군이 포기한 권한과, 민형사 법정에서 사법적으로 행사하던 권한을 사적으로 행사할 수 없었다. 다만 그들은 자신과 자유와 종교의 안전을 확보하는 데 필요한 것을 할 수 있을 뿐이었다.[108]

(3) 그들의 선언문은 자기 방어 행위였다.

그 선언문의 목적은 기독교인에게 무장하라고 요구하는 것이 아니라 성도들의 피를 흘리는 자에게 경고하는 것이었다. 맥크리(McCrie)는 양자 모두를 비난하고 언약도의 행동을 정당화한다.

> 우리는 그들이 자격이 있음에도 불구하고, 또 그들이 할 수 있는 모든 주의를 기울였음에도 불구하고, 예상했던 대로 고통받는 자들이 취한 조치를 비난하지 않을 수 없다. 그 조치는 불법적인 유혈 사태에 문을 열어 주었고 암살범을 고무시켰기 때문이었다.

---

106 Shields, *Hind*, pp. 340-410.

107 Shields, *Hind*, pp. 336-343.

108 Michael Shields to Friends in Ireland, in Shields, *Faithful Contendings*, p. 302.

동시에 법의 보호에서 쫓겨나고 사회로부터 추방되어, 피난처로 도피했던 숲과 산에서 들짐승처럼 추격을 받았음을 생각하면 그들을 심하게 비난할 수만은 없다.[109]

특히 자기의 신앙을 방어하기 위한 성경적 근거가 있다. 쉴즈는 그들의 입장을 지지하여, 우상 숭배를 강요하는 여로보암에 대항했던 립나 시(市)의 반역에 대한 성경의 사례를 인용했다(대하 21:10).

> 그러므로 국민의 일부가 폭군 왕을 반역하여 참된 종교에서 이탈하는 것이 합법적이라면, 폭군의 힘을 거슬러 자신을 보호하는 것은 당연한 일이다.[110]

존 처칠 경(Sir John Churchill, 1650-1722)이 1688년 혁명기간 동안 왕 윌리엄과 힘을 모음으로서, 잉글랜드를 천주교로 개종시키려 했던 왕 제임스의 시도를 좌절시켰을 때 그에 의해 인용되었던 근거는 바로 자기 신앙의 방어라는 것이었다.[111] 기독교인이 자기를 방어하는 일을 위해 무장하는 것을 허용하기를 거부하는 사람에 대하여 맥크리는 이렇게 대답한다.

> 그런 소심함을 버리라! 스코틀랜드는 언제나 충성된 국가였다. 스코틀랜드의 양심을 건드려보라. 그러면 스코틀랜드를 상징하는 엉겅퀴(스코틀랜드의 국화)처럼 건드릴 때마다 책잡을 것이 없음을 발견하게 될 것이다.
> 스코틀랜드는 세속적 권리보다 종교적 권리를 확보하는 일에 언제나 더 많은 관심을 기울였다. 지금까지 스코틀랜드의 자유에 대한 사랑은 종교에 대한 사랑과 얽혀져 왔다. 그리고 만일 이러한 쌍둥이 자매가 한 번이라도 해를 받는다면, 그들을 분열시키는 강풍은 둘 모두에게 치명적이라는 것이 드러날 것을 우리는 두려워한다.[112]

109　McCrie, *Vindication*, p. 162.
110　Shields, *Hind*, p. 700.
111　Webb, p. 125.
112　McCrie, *Scottish Church*, p. 175.

(4) 낙스는 서신을 통해 언약의 약속을 저버리고 그저 관념상으로만 언약을 간직하는 왕일 경우 그에 대한 저항을 승인했다.

> 이미 확립된 참된 종교를 파괴하려고 애쓰고 우상을 세우려는 제후든 왕이든 황제든 … 하나님의 명령에 따라 사형 판결이 나야 한다.[113]

찰스는 비록 그의 생애 초기이긴 했어도 언약을 지키겠노라 충성을 맹세한 언약에 참여한(covenanted) 왕이었다. 언약도 사람들이 언약에 참여한 나라에서 "하나님의 일을 거스르는" 왕의 권위를 인정하기를 거절하는 것은 예전 스코틀랜드 정부의 입장이었다. 그러므로 그들은 스스로를 "합법적인" 시민으로 간주했다. 서부 교회(WEST-KIRK, 교회위원회 중 하나)가 제출한 진정서를 **계급위원회**(the Committe of Estates)[114]가 승인한 것은 이러한 진술을 증명한다. 그 위원회는 1650년 왕 찰스가 "하나님께 복종하지 않고 하나님의 뜻과 언약도를 패배시키고 박해한다면" 교회와 그 왕국은 그를 인정하기를 거부하겠다고 선언했다.[115]

(5) 가장 중요한 것은 순교자 중 한 사람인 존 윌슨(John Wilson)이 표현한 "권위를 인정하지 않는다"는 말이 진정으로 무엇을 뜻하는가 하는 것이다.

교회의 머리로서 그리스도의 권위를 찬탈하여 자신의 것으로 삼은 왕의 권위를 "인정하는" 것은 윌슨에게 가능한 일이 아니었다. 그러한 권위를 인정한다는 것은 언약도에게 신성모독이었다.[116] 게다가 언약도는 가장 타락한 왕(예를 들면, 네로나 가이사)의 세속 권위를 인정하려고 하면서도 교회의 머리가 되려 했던 왕은 누구나 그 권위를 인정하려 하지 않았다.

113　Lorimer, *John Knox*, p. 219.

114　성직자 · 귀족 · 평민의 3계급—역자주.

115　"West Kirk to Committee of Estates," August 13, 1650 and a declaration of Committee of Estates, 1650, in *A True Narrative of the Proceedings of His Majesties Privy-Council in Scotland, for Securing the Peace of the Kingdom, in the year 1678* (London, 1678), pp. 4, 5.

116　Thomson, *Cloud*, p. 314.

진정으로 우리가 아니라 하나님이 그들의 심판자이시다. 반면에 **웨스트민스터 신앙고백**의 교훈은 명백하다.

> 신앙이 없거나 종교상의 차이가 있다 해도, 위정자의 정당하고 합법적인 권위가 쓸모없어지는 것은 아니며, 국민이 그들에게 마땅히 해야 할 복종이 면제되지도 않는다.[117]

개인이 검을 들 때는 큰 두려움과 떨림으로 그렇게 해야 한다. 하나님께서 그에 대한 책임을 물으실 것이기 때문이다. 반면에 그리스도를 "만물 위에 교회의 머리"(엡 1:22)로 영화롭게 하는 일을 게을리 하는 현대 기독교인의 죄는 참된 종교를 파괴하고자 하는 폭군의 권위를 드높이기를 거부했던 언약도의 그것보다 훨씬 더 크다고 말하고 싶다.

하나님의 권위를 인정하지 않는 정부보다 평화에 더 큰 유일한 위협은 하나님의 권위를 억지로 빼앗는 정부다. 결국, 기독교인은 하나님에 의해 제정된 세속 권위를 인정하고 국가를 변화시켜 그리스도와 그의 교회를 인정하고 영예롭게 하는 것을 자신의 의무로 삼아야 한다. 그 대안은 비성경적인 국가를 기독교 국가로 변화시키는 것이다. 그 중간 지대란 없다.

2) 기독교인의 세속적 의무

합법적인 명령에 복종하고 위정자를 존중하는 것만 기독교인의 의무인 것이 아니라, 위정자를 위해 기도하고, 국가의 재정을 지원하며, 위정자로 섬기며, 의로운 전쟁을 벌이며, 가장 중요하게는 기독교 유권자와 지도자로서 봉사를 하는 것도 그들의 의무다. 토크빌레는 국가가 그 의무를 수행할 수 있게 하는 데 있어 지도자의 역할이 중요함을 강조한다.

---

117 *WCOF*, chapter xxiii.4, p. 103.

제3부 / 제13장 시민을 위한 교훈   639

> 정부가 영혼 불멸성 교리를 훌륭한 것으로 만들기 위해 활용할 수 있는 유일한 효과적인 방법은 그들 스스로 날마다 이를 믿는 것처럼 행동하는 것이다. 내가 생각하기에는 정부가 스스로 만족할 수 있는 경우란 그들이 큰 일에서 주도면밀하게 종교적인 도덕성을 따름으로써 시민이 그것을 이해하고, 사랑하고, 작은 일에서도 그것을 존중하도록 가르칠 때뿐이다.[118]

토크빌레의 충고는 국가 지도자의 중요한 역할에 관한 위대한 개혁자들의 충고에 대한 반향이다.

마찬가지로 조지 뷰캐넌도 국가 지도자를 외과 의사와 동일시한다.

> 몸을 다루는 외과 의사가 우선 모든 해로운 체액을 방출시켜야 하듯이, 국가의 외과 의사는 그를 모방하여 모든 타락한 도덕을 예외 없이 근절시켜야 하지 않겠는가?[119]

뷰캐넌에 따르면 통치자는 모든 아버지가 자녀에게 하듯 자기 생활의 모범을 통해서 이 치료법을 가장 잘 적용할 수 있다. 지도자가 보여 주는 모범만큼 큰 영향도 없다.

> 그러므로 왕으로서 그가 공공 극장에 앉아 있는 것처럼, 그리고 모든 지켜보는 사람들에게 하나의 구경거리로 전람회를 연 것처럼, 그의 모든 말과 행동이 항상 주목을 받고 비평을 받도록 하겠노라고 마음으로 결심하게 하라.[120]

니베이는 사무엘하에서 **지도자의 조건에 관한 기본 원리**를 여러 가지 도출했다.

이스라엘의 하나님이 말씀하시며 이스라엘의 반석이 내게 이르시기를 사람을 공

---

118   Tocqueville, p. 546.
119   Buchanan, *Rights*, p. 257.
120   Buchanan, *Rights*, p. 257.

의로 다스리는 자, 하나님을 경외함으로 다스리는 자여 그는 돋는 해의 아침 빛 같고 구름 없는 아침 같고 비 내린 후의 광선으로 땅에서 움이 돋는 새 풀 같으니라 하시도다(삼하 23:3-4).[121]

① 다른 사람에게 지시하는 사람은 "위에 계신 주님에게서 지시를 받을 준비가 되어 있어야 한다."

② "성령은 평등하게 하시는 분이 아니며, 다른 사람을 지배하는 사람을 위해서 존재하시며, 사람을 지배하는 통치자를 위해서 존재하신다." 사람 사이에서 완전한 평등을 성취하려는 현대적 충동은 가정과 국가와 교회에 파괴적이다. 니베이에게 이러한 평등 충동은 재세례교도의 환상이다.

③ "통치자는 사람에게 유익을 주기" 위해 "하나님의 목사가 되기 위해 법의 지배를 받아야 한다."

④ "통치자의 본질적이고 절대적으로 필요한 특성은 정의로워야 한다는 것이다."

⑤ "위정자와 통치자는 하나님을 경외함으로 통치해야 한다."

하나님을 경외하는 것이 지혜와 정의의 근본이라는 사실을 고려해 볼 때, 만일 지도자나 재판관이 하나님을 경외하지 않는다면 그가 정의로울 수 있을까? 더욱이 "이런 사실은 통속적인 사람이 위정자가 되도록 허용하는 것에 반대한다." 왜냐하면 거룩함은 "목사뿐만 아니라 위정자의 필수 조건이기도 하기 때문이다." 니베이는 정의로운 통치자는 "밝게 비추는 빛과 같고," "의로움과 거룩함은 국가를 올바른 상황에 놓이게 함으로써 성장을 돕는다"고 결론을 내린다. 우리는 아사같이 주를 구하는 통치자를 위해 기도해야 한다.

주가 사면으로 너희에게 평온함을 주지 아니하셨느냐(대상 22:18; 대하 15:2).

그것은 "너희가 여호와와 함께 하면 여호와께서 너희와 함께 하실 것"(대하 15:2)이기 때문이다. 만약 이것이 우리의 소망이고 기도라면, 우리는 그 나라

---

[121] Nevay, p. 13.

에 "밝은 빛"을 가져오는 통치자를 구할 것이다. 그러나 "우리가 사람들의 정부에서 나오는 위로에 대하여 바라던 바를, 이제 믿음을 통해서 그리스도의 정부에서 만들어 보라."[122]

3) 목사의 세속적 의무

마지막 한 가지는 설명이 필요하다. 스코틀랜드 장로교회는 목사가 세속적인 문제에 과도하게 참여하는 것을 매우 강하게 제한했다. **제2 권징서**는 목사가 "세속 재판권을 행사하지 말아야 하며, 다만 그것이 어떻게 말씀을 따라 실행되어야 하는지를 위정자에게 가르쳐야 한다"고 명시하였다.

그러나 그것은 "목사가 자신의 모든 책무를 소홀히 하지 않는 한에서, 말씀에 부합되는 모든 일들에서 지배자를 돕는 것"[123]을 목사에게 허용했다. 그들의 첫째 의무는 그들의 양떼에 대한 것으로, 그들의 전적인 헌신을 요구하는 겸허한 의무다.[124]

목사가 아닌 사람에 대한 우리의 변명은 무엇인가?

---

122 Nevay, pp. 16-18.

123 *The Second Book of Discipline* (1578), chapter 1, sec. 22-23, p. xxii.

124 Stewart, *Naphtali*, 서문.

제14장

개혁

> 그들이 울면서 그 길을 가며 그의 하나님 여호와께 구할 것이며 그들이 그 얼굴을 시온으로 향하여 그 길을 물으며 말하기를 너희는 오라 잊을 수 없는 영원한 언약으로 여호와와 연합하라 하리라(렘 50:4-5).

■ **교훈 5**: 기독교인은 하나님과 언약을 맺고, 하나님의 말씀을 따라 그들의 삶과 교회와 사회를 개혁하기 위해 서로 언약을 맺어야 한다

스코틀랜드, 잉글랜드, 미국은 더 이상 기독교 국가가 아니다. 최근 조사에 따르면 미국인 응답자 중 4분의 1이 약간 넘는 정도가 매주 정기적으로 예배에 참석한다고 말했다.[1] 잉글랜드의 참석자는 이보다 더 낮다. 더욱이 오늘날 존재하는 수없이 다양한 종파는 단일의 연합 교회와는 거리가 한참 멀다. 교회, 국가, 가정의 주요한 기본 원칙이 시들어 사라져 가고 있다. 진리는 보호 받지 못한 채 사라지고 있다. 우리는 필사적으로 교회의 하강하는 소용돌이를 깨뜨릴 필요가 있다. 이러한 일은 이제 300년 이상 계속되고 있다.

---

1 "National Church Attendance Drops," *Equip for Ministry*, vol. 3, no. 4 (July-August 1997): p. 14.

1. 개혁은 언약에 따른 의무이다

우리는 절름거리는 교회를 실망의 눈으로 바라본다. 그러면서 뱀의 머리를 상하게 했음에도(창 3:15) 교회가 절름거린다는 것에 대해 거의 이해하지 못한다. 사실 절름거림은 "승리의 상징"[2]이다. 이렇게 계속되는 투쟁 속에서 하나님은 역경을 사용하여 교회를 강화시킨다. 로버트 레이턴(Robert Leighton)은 예전에 "역경은 하늘이 윤을 내는 다이아몬드 분말"[3]이라고 말한 적이 있다. 우리는 스코틀랜드 장로교회가 그랬듯이, 하나님께서 우리를 이기게 하시고 사냥꾼의 올무에서 구해내실 것(시 124:7)이라는 사실로 위안을 삼아야 한다. 시편 124편이 묘사하듯이 우리의 적은 우리를 집어삼키는 큰 홍수로 나타나고, 교묘한 속임수로 우리를 함정에 빠뜨리는 영리한 사람으로 나타난다. 그럼에도 불구하고 우리는 기쁨과 확신에 차서 주님께서 자기 백성을 구원하실 것이라고 외쳐야 한다. 그리스도께서는 매우 깊은 심연에서부터 스코틀랜드 장로교회를 만들어내셨다. 그것은 숨이 턱 막히는 곳까지 높이 올랐는데, 그것은 미래의 어떤 시대엔 작은 언덕에 지나지 않을 것이다.

우리는 언약도에게서 많은 것을 배울 수 있다. 예수 그리스도는 진정으로 언약도의 삶과 교회와 사회의 중심에 계셨다. 오늘날의 기독교인과 달리 언약도는 한결같이 교리적 순수성과 복음적인 봉사 활동 및 문화적 영향을 강조했다.

얼마나 많은 현대의 기독교인이 존 니스벳의 최후 증언에서 입증된 교리와 성경을 이해할 수 있을까?

얼마나 많은 현대의 목사가 런웍의 복음적 열정에 필적할 수 있을까?

얼마나 많은 현대의 교회가 사회와 문화를 변화시키기 위한 의무를 수행할 수 있을까?

과연 누가 그 완전한 믿음, 소망, 사랑의 균형을 갖춘 언약도의 참된 기독교를 부인할 수 있을까?

그들이 예수 그리스도의 주되심을 순교할 만큼 가치가 있는 중요한 일로 간

---

2 George Grant, "Against the Tide: Four Alternative Movement," PREMISE vol. II, no. 7, (August 27, 1997): p. 9.

3 Beka, pp. 336-339.

주했다는 사실에 의해 입증되었듯이, 그들의 최고의 강조점이 예수 그리스도였다는 점을 누가 부인할 수 있을까?

문제는 그들이 아니라 우리에게 있다. 우리가 언약도, 특히 그들의 신앙을 모방하는 이유는 **모든 기독교인이 언약도이기 때문이다**.

아래서 기술할 참된 기독교인은 그리스도를 그저 구세주로 보고 가까워지는 것에 만족하지 않으며, 그리스도를 성경이 그리스도의 모든 직무 가운데 계시한 모습으로 받아들이고 가까워지는 것에만 만족한다.

모든 위험한 이단은 그리스도의 직무 가운데 한 가지 혹은 그 이상의 직무에 대한 부적절한 이해에서 기인한다. 예를 들면, 율법주의의 근본 원인은 그리스도의 제사장직을 충분히 이해하지 못하는 것이다. 우리가 인간이므로 그리스도를 그 전체로 완전히 이해한다는 것은 불가능하다. 따라서 많은 기독교인이 그리스도에 대한 정형화된 인상에 안주한다. 비록 그리스도를 완전히 이해하는 것이 불가능하다 해도, 스펄전은 조언했다.

"나는 내 생애 동안 대양을 움켜잡을 수는 없으나, 즐겁고 만족스럽게 그 안에 몸을 담글 수는 있다."[4]

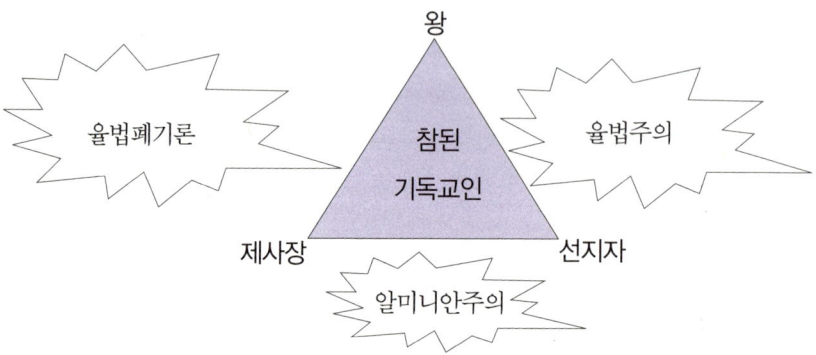

4　Charles Spurgeon, *Sermons of Rev. C. H. Spurgeon* (New York: Sheldon & Company, 1872), Series 9, p. 324.

우리가 "**참으로 그분은 모든 것이 사랑스럽구나**"[5]라고 깨달을 때까지는, 우리 영혼은 기껏해야 반복해서 그리스도의 각 칭호와 직무를 생각할 수 있을 뿐이다. 마지막으로 우리는 지혜의 영과 그리스도의 지식을 통하여, 그리스도의 부르심(선지자직)과 그의 기업(제사장직)과 그의 능력(왕직)을 깨닫도록 에베소인을 위한 사도 바울의 기도(엡 1:17-19)를 연구해야 한다.

개혁은 사람과 교회가 그리스도와의 균형 잡힌 친밀함을 얻기 위해 분투하는 과정이다. 만약 우리의 마무리가 균형을 잃는다면 기독교인의 증언은 균형을 잃게 된다.

예를 들어, 그리스도의 왕직을 방어하기 위한 투쟁으로 인해서, 그리고 설교와 성례 체험의 결핍으로 인해서, 언약을 준수하는 남은 자들은 중심을 벗어나 표류하였다. 그에 반해서 제사장직을 과도하게 강조하는 현대의 기독교는 우리에게 그리스도에 대한 정형화된 생각을 제시한다. 개혁은 다름 아닌 그리스도의 모든 것을 수용하고 선포하는 것으로 일단락된다.

우리는 언약도에게서 배울 수 있는 것이 무엇인지를 검토했고, 또 언약도에게 있는 모든 미덕이 도출된 참된 언약도 확증했다. 그래서 이제 우리는 적절한 문맥 속에서 **엄숙 동맹**과 같이 인간이 주도한 언약의 관행에 대해 논의할 수 있다.

언약도는 **엄숙 동맹**에 참여함으로써 잘못을 저지른 것일까?

간단히 답하자면 "아니오!"다.

하나님은 인간 주도의 언약을 교회를 개혁하는 데 사용하신다. 주님께서 기독교인의 마음을 움직여 그들의 삶과 교회와 사회에 대한 개혁을 맹세하도록 하실 때까지는 그의 교회의 진정한 개혁은 일어나지 않을 것이다. 그러한 언약은 실은 사람과 하나님 간의 상호 협정이라기보다는, 오히려 "**그의 계시된 뜻을 따라 주님께 충성하겠노라**"[6]는 "언약 당사자 편에서 하는 엄숙하고 보증적인 신앙의 표명 혹은 진실한 약속"이다. 언약도는 하나님과 언약으로 친밀

---

5 Ibid, 329. 아 5:16.

6 Murray, *Covenant of Grace*, p. 11.

해지는 것이 "온 세상에서 가장 중대한 문제이며, 그것은 우리 영혼의 생명"(신 32:47)[7]이라고 믿었다. 그들에게 구두로 태도 표명을 하지 않는 것은 맹세 교환이 없는 결혼과 같은 것이었다.[8]

하나님은 말씀 속에서 이러한 언약의 필요성과 모범을 확고히 하셨다. 하나님께 복종하는 데 있어 이스라엘 백성은 구약성경 전체를 통하여 여러 차례 하나님과의 언약을 새롭게 했다. 그것은 이 땅에서 나그네(신 24:10-13; 수 24:1, 25; 대하 15:9, 12, 15; 렘 11:10)[9]뿐만 아니라 가견적 교회와도 결속하는 것이었다.

구약성경의 성도에 의하여 이루어진 언약은 오늘날 우리를 위한 성경적 모범을 제공한다. 이사야는 신약성경 시대에도 언약이 계속 사용될 것을 예언한다(사 44:5). 바울은 고린도인이 어떻게 "자신을 주님께 드렸는지"를 묘사한다(고후 8:5).[10]

이러한 성경적인 방법을 따라 이루어지는 외적인 공동의 언약은 전형적으로 실제적인 영적 변화로 이끄는 내적인 언약 준수(covenanting)에 선행한다. 사무엘 루더포드는 마치 "믿음이 보내심을 받은 설교자에게 들음으로써 생겨나듯이," "외적인 언약 준수는 목적에 이르기 전의 수단으로서, 내적인 언약 준수에 앞서 이루어진다"[11]고 주장했다. 더욱이 시편은 기록된 언약으로서, 그 안에서 하나님과 신자와 교회는 셀 수 없이 많은 "내가 하리라"와 "우리가 할 것이옵니다"라는 약속을 한다.

엄숙 동맹이 완전한 복종을 요구하지 않는다는 점에 주목하자. 그것은 단지 개혁에 대한 신실하고 열성적인 헌신을 요구할 뿐이다. 그것은 단지 어휘와 구절에 대한 태도 표명이라기보다는 주님이 원하시는 바로서, 그러한 지식에 근거한 마음의 다짐이다. 우리는 제임스 니스벳이 시도했던 개인적인 언약에서 많은 것을 배울 수 있다.

---

7 William Guthrie, *The Christian's Great Interest* (London: Dorman Newman, 1667), p. 153 (이하 Guthrie, *The Christian's Great Interest*).

8 Guthrie, *The Christian's Great Interest*, pp. 154-157.

9 William Roberts, "On the Duty of Covenanting and the Permanent Obligations of Religious Covenants," sec. 11 of the *Reformed Presbyterian Catechism* (1853); online 1998 ⟨http://www.swrb.com/newslett/actualnls/PreCatCov.html⟩.

10 *Alexander and Rufus*, p. 357.

11 Rutherford, *Covenant of Grace*, pp. 107-108.

[1686년 초에] 나는 좀 더 신중하게, 그리고 나름대로 보다 적절하게, 나의 개인적인 언약을 다시 새롭게 했다. 나는 그것을 깨끗하게 베껴서 그 위에 내 이름을 기록했다. 그러나 나중에 이 약속에 부응하도록 온 마음과 영혼을 다해 살기에는 나의 기만적인 마음과 죄악된 본성이 전적으로 불충실하다는 것을 발견하게 되었다. 왜냐하면 나는 최고조로 기대가 되는 상태와 기분이 지나고 나면, 대개는 더 안 좋은 상태와 기분이 이어지고 잠시 지독한 고통에 빠져든다는 것을 알게 되었기 때문이었다.

이 점을 고려하여 나는 형식에 사로잡힌 언약을 제쳐두고, 내게 죄책감과 죄의 세력과 불결함을 매일 씻어내기 위해 그리스도 예수의 피와 그의 은혜의 영을 계속적으로 적용하는 것이 절대로 필요하다는 결론을 내리게 되었다.

이것은 나의 기분과 감정이 좋든 나쁘든 언제나 실천해야 하고, 성부 하나님과의 공동 계약자인 위대한 중보자와 언제나 가까이 해야 하는 하나의 훈련이었다. … 나는 결코 이렇게 크고 신성한 기분에 만족할 수 없고, 다만 주 예수 그리스도 안에 쌓아둔 값없이 주시는 은혜의 샘에 만족하는 것은 가능하다. 나는 언제나 겸손하게 믿음으로 그에게 청구하며, 은혜의 수단을 사용하는 데 있어 그를 견고히 의뢰하며, 나의 모든 원천이 들어 있는 그분께 성공을 맡겨드리는 훈련을 하려고 한다.

이 일을 하는 데 있어 나는 바다에서 일하는 현명한 선원처럼 행하고자 한다. 그는 계속 항해하는 동안 신선한 미풍을 이용한다. 폭풍과 역풍이 불 때 중단하지 않으며, 또한 끝장나서 죽은 것으로 여기지도 않고 가능한 한 최대한 좋은 경로로 나아간다.[12]

언약은 본질적으로 우리가 감당해야 할 성경의 의무를 승인한다. 그러한 언약에서 언약도는 하나님을 자기 하나님으로 시인하고 자기 죄를 고백하며 스스로 하나님의 백성과 관련된 의무에 전념한다.[13] 비록 이러한 언약이 구원에 필수적이지는 않더라도, 그리스도와 "친밀해지는 신실한 마음"이 동반될 때,

---

12 Nisbet, *Private Life*, pp. 154-155.

13 *Alexander and Rufus*, p. 382.

언약은 우리를 설득하여 그리스도와 계약하고 의지하도록 만든다.[14]

이 언약의 조건 중 일부는 더 이상 적용되지 않는데도, 언약을 준수하던 남은 자들이 혁명 종식 후에도 **엄숙 동맹**에 대하여 계속적으로 충실해야 한다고 주장한 것은 잘못이었을까?

엄숙 동맹은 언약도의 후예를 영구적으로 구속하는 것일까?

니베이는 "**지상의 어떤 권위도 이러한 유대를 해체할 수 없다**"고 주장한다. 그러나 인간의 언약은 언제까지나 그의 말씀 속에 포함된 하나님의 영원한 도덕적 진리에 매여 있을 뿐이다. 비록 우리가 하나님 말씀에 부합하는 주장을 한다 하더라도, 그는 다만 "**그가 할 수 있는 것과 수행하기로 결심한 것**"을 맹세할 수 있을 뿐이다. 언약에 대한 가장 강력한 지지자라 하더라도 "**이러한 언약은 우리가 앞서서 하나님의 법에 의해 구속되지 않은 어떤 것에 대해서도 우리를 구속하지 않는다**"[15]는 데 동의한다.

반면에 몇몇 예외 사항과 함께 모든 언약은 도덕적으로 구속력을 갖는다. 교회와 국가와 개인의 개혁이 언약에 대한 헌신(covenant commitment)을 필요로 한다는 점이 보다 중요하다. 혁명 종식 후 장로회주의 쇠퇴의 근본 원인은 언약에 대한 헌신을 개혁에 내준 것이다. 열심과 진지한 헌신이 없으면 진리는 몰락한다. **웨스트민스터 표준 문서**는 모든 교회 직원과 대부분의 구성원이 **엄숙 동맹**을 맹세했다고 여겼다. 그래서 표준 문서는 그러한 맹세에 대한 요구를 전혀 담지 않았다.

낙스의 교회도 이와 비슷한 언약 서약을 갖고 있었다. 두 경우에 이러한 **언약 맹세**(covenant vows)는 훨씬 더 구속적이며, 그것은 대체로 교리적 표준에 대한 단순한 충성 서약에 근거되어 있었다. 이러한 맹세에 관하여 표준 문서가 침묵함으로써

---

14 Guthrie, *The Christian's Great Interest*, pp. 150-151. Rutherford는 언약을 체결하는 두 가지 방식을 구별한다. "하나는 외적이고 고백적이며 가견적이고 조건적인 반면, 다른 하나는 내적이고 실제적이고 절대적이다." 택자들은 언약 체결 두 가지 유형 모두에 관여한다. 유아를 포함하는 가견적 교회는 전자의 유형에만 관여한다.

15 WCF (Ch. 22); *Alexander and Rufus*, p. 361.

표준 문서에 대한 **동의 맹세**(suscription vows)가 불필요하다고 주장하는 것은 지지할 수 없다. 그럼에도 불구하고 대부분의 현대 장로교파는 **선언령**(*Decalartory Acts*, 1776)이나 애매한 언어를 구실로 동의 맹세를 의미 없는 것으로 간주해 왔다.

언약에 따른 개혁과 다름없는데 그 외에 무엇이 필요한 것일까?

기독교인은 언약도로서 구약성경의 모범을 따를 의무를 가지며, 또한 자기 생활과 사회와 교회를 개혁할 언약을 갖고 있다. 이 책의 남은 부분에서 필자는 독자에게 **엄숙 동맹**에서 도출되는 세 가지 **언약의 약속**을 체결할 것을 깊이 고려하라고 촉구할 것이다. 이는 각 영역에서 우리의 의무에 관하여 앞선 장에서 제시된 논의와 비슷하다. 언약 관계에 참여하는 사람은 엄숙한 결정으로 그렇게 해야 하는데, 언약의 약속은 기독교의 심장부에 타격을 주기 때문이다.

2. 교회 개혁

우리는 하나님의 은혜로 진지하게, 실제로 끊임없이 우리가 처한 다양한 위치와 직업 속에서 하나님의 말씀과 최선의 개혁을 이루었던 교회의 모범을 따라 교리와 예배와 권징과 정치에서 개혁과 그 보존에 힘쓴다.[16]

교회를 개혁하라. 개인과 국가를 개혁하는 것은 다음과 같다. 앞서 보았던 것처럼 국가를 개혁하려면 개혁된 지도자와 유권자가 필요하다. 개혁된 국민은 개혁된 교회의 산물이다. 비록 주님께서 개인을 통하여 개혁을 시작하실지라도, 먼저 교회를 개혁하고 그 후에야 그의 교회를 사용하여 국민을 개혁하는 것이 주님의 행동 양식이다. 길레스피에 따르면 개혁은 교회에서 시작되어야 한다.

> 하나님의 선지자가 유대인을 고무하여 성전 건축에 임하도록 했던 유대인의 모범을 그대 앞에 두도록 하라(스 5:1-2). 그들은 "적을 물리치기 위하여 먼저 예루살렘 성벽을 쌓아야 한다"고 말하지 않았다. 성경 본문은 이렇게 말씀한다. "그들이

---

16 *Solemn League and Covenant*, sec. 1 and 2에서 끌어낸 것.

하나님의 집을 건축하기 시작했다"(스 5:2).[17]

기독교인은 정작 필요한 개혁을 하려면 교회 예배와 정치와 권징에서 잘못된 교리와 의식을 제거하는 데 진지하게 헌신해야 한다. 여기에는 존 딕슨(John Dixon)이 진술한 개혁의 세 가지 목표를 회복할 것이 요구된다.

> 초대 교회 순교자는 자신의 피로 그리스도의 선지자직을 인쳤고, 종교개혁기의 순교자는 자신의 피로 그리스도의 제사장직을 인쳤으며, 마지막으로 언약에 참여한 우리의 순교자는 그리스도의 왕직을 그렇게 인쳤다.[18]

개혁은 다름 아닌 바로 그리스도의 모든 것으로 만족한다. **교회가 오직 그리스도께 의지할 때에만 거친 들에서 올라올 수 있다**(아 8:5-7).[19]

(1) 교리 개혁은 말씀을 따라 이루어져야 한다.

그 기준은 이단에 대한 철저한 무관용이다. 언약도는 말씀의 탁월함을 강조한 존 칼빈에게 많은 것을 빚지고 있다. "현대 세계가 자신의 뿌리를 공격하는 것이 바로 칼빈주의 안에서 이루어지고 있다"라는 사실을 고려해 볼 때, 칼빈주의가 현대의 인간 중심적인 사고와 대립한다는 것은 역설적이다. 왜냐하면 "인간의 가치와 위엄을 처음으로 보여 주었던 것이 칼빈주의였기 때문이었다."[20] 사람이 아니라 하나님께 초점을 맞추고 있는 칼빈주의라 불리는 이런 탈세속적인 사고는 진정으로 산을 옮기고 세상을 변화시킬 수 있다.

> 바다가 보고 도망하며 요단은 물러갔으니 산들은 숫양들 같이 뛰놀며 작은 산들은 어린 양들 같이 뛰었도다(시 114:3-4).

---

17 George Gillespie, "A Sermon preached Before the Honourable House of Commons at Their Last Solemn Fast," March 27, 1644, in Gillespie, *Works*, vol. 2, p. 2.

18 John Dickson, Howie, *Worthies*, p. 594에서 인용.

19 M'Cheyne, p. 383.

20 Green, *History of the English People*, vol. 3, p. 114.

그러한 개혁은 말씀에 대한 모호한 동의 이상을 요구한다. 그것은 말씀에 대하여 널리 인정되는 해석을 제공하는 교리적 표준에 대한 충성을 요구한다. **웨스트민스터 표준 문서**는 개혁을 위해 요구되는 이러한 기준을 제공한다. 그럼에도 교회가 개혁되었다 하더라도, 스코틀랜드 장로교회의 경우처럼 언제든 다른 교회와 기꺼이 교류함으로써 말씀에 부합되는 일련의 공유된 표준을 갖고 있음을 보여 주어야 한다.

겸손한 태도로 개혁을 증진시키는 것은 가장 개혁된 교회의 본분이며, 그와 마찬가지로 하나님의 말씀을 무시하지 않고 높이는 것이 그들의 본분이다.

개혁의 핵심과 추진력은 하나님의 영광이어야 하며 그것은 성경에 따라야 한다. 칼빈이 "신앙의 참된 원천뿐만 아니라 불신앙의 원천"도 강조했던 것은 바른 것이었다.

> 불신앙의 원천은 사람이 하나님의 능력을 자신의 이해로 제한시키는 경우에서 비롯된다. 신앙의 원천은 사람이 하나님께 그 영원한 능력에 합당한 찬양을 돌릴 때이며 또한 안일함에 빠지지 않고 그의 말씀만으로 만족하여 하나님은 참되시다고 확신할 때, 그리고 그것을 성취하실 수 있기에 그가 약속하신 것은 확실하다고 확신할 때이다.[21]

(2) 칼빈에 따르면 예배 개혁은 "의로움의 시작이요, 원천"이다.

그것이 없다면 사람이나 사회가 하는 모든 것은 "하나님 보시기에 공허하고 경박하다."[22] 성경은 보다 명확하게 몇 가지 일을 명령하신다. 예를 들어, 시편에서 "내가 할 것이다"라는 약속은 거의 대부분 신앙과 관계있다. 비록 칼빈이 예배의 중요성을 강조하긴 했어도, 존 낙스가 예배의 원칙을 활발하게 적용하여 나라 전체를 변화시켰다. 비록 완전히 다 인정하는 것은 아니라 하더라도, 낙스는 "스코틀랜드뿐 아니라 잉글랜드 청교도의 아버지요, 창시자"

---

21 John Calvin, *Zechariah & Malachi*, vol. 5 of *A Commentary on the Twelve Minor Prophets*, John Owen 최초 번역 및 편집 (Edinburgh: The Banner of Truth Trust, 1986)에서 슥 8:6 해당 주석 부분, p. 198.

22 Calvin, *Institutes*, sec. ii.8.11, vol. 1, p. 324.

라는 칭호를 받을 충분한 자격이 있었다. 낙스는 북잉글랜드에서 목회하는 동안 청교도 원리를 발전시켰고, 그 후에 제네바와 프랑크푸르트(Frankfort)에 살던 스코틀랜드와 잉글랜드의 망명자에게 적용했다.

이렇게 소수의 회중은 신앙 문제에서 "완전히 한 마음, 한 뜻이 될 수"[23] 있었고, 그들은 잉글랜드와 스코틀랜드, 후에 미국 역사를 형성했던 청교도 운동과 언약도 운동의 중심을 형성했다. 이 회중은 로마 제국을 뒤집었던 오순절의 작은 공동체보다 크지 않았다. 만약 하나님께서 교회를 개혁하고자 하신다면 이러한 공동체를 사용하실 것이다. 우리 생애에 이러한 변화를 위해 기도하자.

(3) 적절한 교회 정치와 권징에 대한 헌신 없이 개혁은 가능하지 않다.

존 킹(John King) 같은 언약에 참여한 목사에게 교회가 주된 기쁨이 아니라면 하나님의 자녀일 수 없다.[24] 이러한 기쁨은 **제2차 종교개혁 기간 동안 이루어졌던 참된 교회의 특징과 상징을 재확립할 것을 교회에게 요구한다**. 우리는 종교적 다양성에 관한 스코틀랜드 행정관의 말에 주의를 기울여야 한다.

> 종교 분열만큼 국민의 마음을 분열시킬 힘이 있는 것은 아무것도 없다. 종교의 일치만큼 국민의 마음을 일치시킬 수 있는 힘이 있는 것도 없다. 서로 다른 종교에서 열심이 커지면 커질수록 분열이 증대된다. 그러나 한 종교에서 열심이 커지면 커질수록 일치는 더욱 견고해진다. 자연의 낙원에서는 다양한 꽃과 허브가 기쁘고 쓸모 있지만, 교회라는 낙원에서 상이하고 대립적인 종교는 불쾌하고 해롭다.[25]

현대 교회의 비극적인 실수는 교회 일치와 정치에 대한 무관심이며 그것은 그 빈 공간을 채우려는 초교파 조직의 발흥으로 귀결된다. 이러한 실수는 **엄숙**

---

23 Lorimer, *John Knox*, p. 224.
24 John King, *A Collection of Very Valuable Sermons*, ed. John Howie (Glasgow, 1780), p. 44에서 인용; King은 증거 본문으로 시 137:6을 인용했다. [ESTG 5187].
25 "스코틀랜드 행정관은 양국간 지속적인 평화의 주요 수단으로 교회 정치에 따르도록 협정 체결 중인 국왕을 설득했다." Hetherington, *History*, vol. 1, p. 356에서 인용.

동맹과 큰 대조를 이룬다. 이러한 실수에 대해 스가랴는 스가랴서 11:1-7에서 이스라엘에게 경고했다. 이 구절은 백성이 목자의 교훈에 주의하기를 거부함으로써, 어떻게 그 목자가 진리와 정치를 일치시키는 상징인 "아름다움"이라 불리는 그의 첫째 지팡이를 꺾으시는지, 그리고 그의 백성을 하나로 모으고 일치시키는 띠를 상징하여 "띠"로 불리는 그의 지팡이를 꺾으시는지를 묘사한다.

> 아름다움의 지팡이가 꺾이면 띠를 상징하는 띠의 지팡이는 오래가지 않을 것이다. 교인이 아닌 사람은 완전히 실패한 사람이 될 것 ⋯ [26] —매튜 헨리

교회에서 탈퇴하는 것에 대해서는 청교도 리처드 바이필드(Richard Byfield)의 충고를 따라야 한다. 그에 따르면 "우리는 모든 일 속에서 그리스도를 붙들지 않는 교회에서 떠나야 한다. 모든 일 속에서 그들은 그리스도를 붙들지 않기 때문에, **결코 그 이상 나아가는 법이 없다.**"[27] 제임스 니스벳의 충고도 비슷하다.

> 교회의 모든 세대를 통틀어 보면, 판단과 실천의 차이로 인해 형제와 분리를 표명한 경우는 전혀 없다. 오류, 변절, 주님과 주님의 길에서 돌아서는 범죄로서 명백한 진리와 계명을 거슬러 고의적으로 지속되는 경우가 예외적인 경우다.[28]

(4) 위의 사항을 유지하고자 한다면 언약에 대한 헌신이 필요하다.

(5) 교회 개혁은 기도를 필요로 한다.

기독교인이 자신과 그 가족을 위해서 기도하는 것으로는 충분하지 않다. 기독교인은 교회를 위해 특별히 교회의 일치와 개혁을 위해서도 기도해야 한다. 오직 그리스도만 그의 교회를 세우실 수 있으며, 우리에게 그의 나라가 임하도록 기도하라고 명령하신다. 존 낙스가 죽기 전에 한 번 더 듣기 원했던 것은 그

---

26 Matthew Henry, *Matthew Henry's Commentary on the Whole Bible* (Peabody, Mass.: Hendrickson Publishers, 1991), 슥 11:14 주석, p. 1588.

27 Byfield, *Temple Defilers*, p. 32. [강조 추가]

28 Nisbet, *Private Life*, p. 146.

의 교회에 대한 그리스도의 기도와 약속이었다. 그것은 우리가 매일 드리는 기도의 첫째 항목이어야 한다. 존 낙스와 동시대 잉글랜드인인 토머스 카트라이트(Thomas Cartwright, 1535-1603)는 기도를 개혁을 추진하는 힘이라고 강조했다.

> 선포된 말씀의 능력으로 개혁을 위해 기도하라.[29]

칼빈은 기도의 계속적인 필요성을 강조했다.

> 하나님의 나라가 끊임없이 성장하고 세계의 종말을 향해 전진하고 있듯이, 그렇게 될 수 있도록 매일 기도해야 한다. 왜냐하면 세상에 악이 얼마나 많든지 간에, 그만큼 하나님 나라와 함께 완전한 의로움이 나타날 것인데 아직 그 나라가 도래하지 않았기 때문이다."[30]

청교도와 언약도는 앞서 논의했던 것처럼 기도를 통하여 하나님의 은혜가 모든 열방에 부어지기를 소원했다.

> 내게 구하라 내가 이방 나라를 네 유업으로 주리니 네 소유가 땅 끝까지 이르리로다(시 2:8).

이런 소망은 기도를 통하여 **대요리문답** 191문에서 나타나는 당신의 나라가 임하소서 같은 말을 정의하는 데서 구체적으로 나타난다.

> … 죄와 사탄의 나라가 파멸되고, 복음이 세계를 통하여 전파되고, 유대인이 부르심을 받고, 이방인의 충만한 수가 들어오기를 기도하고, 교회는 모든 복음 사역자와 규례를 구비하고, 부패에서 정화되고, 위정자의 호의와 지지를 받도록 기도한다. …[31]

29　Benjamin Brook, *The Lives of Puritans* (1813 edition), vol. 1, p. 383.
30　Calvin, *Harmony*, 마 6:10 해당 부분, vol. 1, p. 320; Murray, *Puritan Hope*, p. 90.
31　*The Larger Catechism*, in *Westminster Standards*, Question 191, pp. 274-275.

조나단 에드워즈는 스가랴서 8:20-22과 12:10을 인용하면서, 천년왕국 시대는 하나님께서 "은혜와 탄식의 영"을 부으실 때 나타날 것이다. 그 속에서 "한 도시가 다른 도시로 변하여" 주님께 탄원하고 주님을 구할 것이며, "많은 사람과 힘 있는 나라"도 그와 같이 될 것이라고 주장했다.[32]

알렉산더 피던(Alexander Peden)에 따르면 교회와 기도하는 사람은 동일한 것이다.

> 오늘날 스코틀랜드 어디에 하나님의 교회가 있는가? 많은 성직자 가운데에도 없다. 나는 하나님의 교회가 어디에 있는지 말하려고 한다. 그것은 스코틀랜드의 제방 곁에서 기도하는 젊은 남녀가 있는 곳 바로 거기에 교회가 있다."[33]

아마도 항의자들과 결의자들(Resolutioners)이 주안점을 기도에 더 많이 두었었더라면, 그들은 글래스고우 회의에서 성취되었던 것과 동일한 수준으로 진리 안에서 일치를 얻었을 것이다. 글래스고우 회의에 나타난 일치는 베일리(Bailli)가 헨더슨(Henderson)에게 찬사를 보낸 데서 증명되었듯이, 기도로 뒷받침되는 통솔력이 없이는 가능하지 않았을 것이다.

> 그의 다른 좋은 자질 중 하나는 당면한 문제를 따라서 드리며 진지하고 선하며 열성적인 기도의 능력이었다. 그는 회의 마지막 날까지 지치지 않고 기도를 드렸다."[34]

---

32 Jonathan Edwards, "A Humble Attempt to Promote Explicit Agreement and Visible Union of God's People, in Extraordinary Prayer, for the Revival of Religion and Advancement of Christ's Kingdom on Earth," in Edwards, *Works*, vol. ii, pp. 281-282.

33 Alexander Peden, Kerr, *Sermons*, p. 565에 게재된 설교.

34 Baillie, *Letters*, Let. x. vol. 1, p. 101, James Reid, *Memoirs of the Westminster Divines* (Edinburgh: Banner of Truth Trust, 1982), p. 298에서 재인용.

3. 교회와 국가의 개혁

우리는 합법적인 세속 권위와 교회 권위에 복종하고 명예롭게 하며 그것을 위해 기도하기로 언약하며, 또한 교회와 국가의 지도자가 상호 간에 성경적 의무에 대해 책임질 수 있게 하는 모든 법적인 수단을 힘써 추구한다.[35]

스코틀랜드 장로교회의 몰락과 하나님을 두려워하는 국가 지도자의 필요성을 결의자들 대다수가 거부한 일이 동시에 발생한 것은 의미심장하다. 오늘날 점차적으로 성경적 지침에 대한 이러한 거부로 인해서 우리는 아무런 영적인 한계도 없는 현대 미국의 자유 개념에 이르게 되었다. 우리가 이런 유형의 자유를 추구하면 할수록 우리 안에 점점 더 자유가 사라지는데, 그 이유는 참된 자유란 죄의 속박에서 자유롭지 않다면 결코 가능하지 않기 때문이다(요 8:36; 갈 5:1).[36]

사람들은 언제쯤이나 중립적인 국가라는 개념이 위험한 신화라는 사실을 이해하게 될까?

언약도 목사 중에 존 딕슨(John Dixon)은 혁명 종식 후 교회와 국가의 상태를 "중립성의 무덤"으로 불렀다. 딕슨은 어떤 피할 길도 찾아볼 수 없었다고 경고한다.

> 우리의 원칙이 너무 불안정하고 하나님의 진리는 우리 안에 피상적으로 뿌리 내려 있어서 우리가 용광로 속으로 던져지면 우리 중 많은 사람이 녹아 찌꺼기가 될 것이다.[37]

하나님의 진노가 국가의 악한 지도자에게 떨어질 것이라고 생각하는 사람은 주님께서 교회를 깨끗하게(말 3:3) 하고 재판장이 먼저 교회 지도자를 방문할 것(겔 9:3)이라고 약속하신 사실을 생각해야 한다.

---

35 *Solemn League and Covenant*, sec. 3, 4, and 5.

36 John Ewing, Mss. Sermon, vol. 1, in "Presbyterians and the American Revolution," in Smylie, *Journal*, vol. 52, no. 4 (winter 1974): pp. 478-479.

37 John Dickson, Howie, *Worthies*, p. 595에서 인용.

간단히 말해, 국가의 어떠한 결함도 교회의 결함에서 기인한다. 교회는 문화에 영향을 미쳐야 한다. 우리의 소원과 기도는 주님께서 권력과 권위를 도출하는 하나님에 대한 성경적인 의무를 수행할 책임을 국가가 짊어지도록, 우리로 하여금 동료 그리스도인과 언약을 체결할 수 있게 해주시는 것이다. 이런 일이 한 나라에서 일어나려면 네 가지 근본적인 변화가 생겨나야 한다.

① 교회는 진리 안에서 일치를 이루어야 한다.
② 교회는 그 나라의 많은 사람을 제자 삼아야 한다.
③ 가족은 기초적인 시민 단위로 회복되어야 한다.
④ 국가는 하나님을 그 권위의 원천으로 인정해야 한다.

이러한 네 가지 인간적으로 불가능한 일을 이겨내려면 단 한 가지가 필요하다. 그것은 하나님께서 주시는 진리를 위한 열심이다. 이겨내지 못한다면 그것은 믿음이 결여되었기 때문이다(요일 5:5). 하나님께서 주시는 진리를 위한 열심은 이기는 자의 세 가지 무기를 사용함으로써 나타난다.

> 또 우리 형제들이 어린 양의 피와 자기들이 증언하는 말씀으로써 그를 이겼으니 그들은 죽기까지 자기들의 생명을 아끼지 아니하였도다(계 2:11).[38]

이들은 사탄의 세 가지 공격 목표가 아닌가?

진리를 통하여 이기려면 하나님께서 교회에 주신 별이 빛을 비춤으로써, 모든 강단에서 말씀을 선포하고 모든 활동에서 그것을 나타내야 한다. 이런 일은 다윗의 생애 마지막 말에서 나타난 것처럼 하나님께서 주신 지도자를 위한 기도를 필요로 한다.

그것은 또한 언약도가 그랬던 것처럼, 우리가 뻔뻔하게도 뉘우칠 줄 모르는 지도자를 공공연하게 왕당파(malignants)[39]로 간주하기를 요구한다. 이러한 지

---

38 Durham, *Revelation*, vol. 2, p. 348.
39 역자주―찰스 1세를 지지한 세력.

도자는 주님의 집과 그의 거룩한 말씀을 위한 열심을 가진 개혁하는 기독교인으로 가득한 개혁하는 교회를 필요로 한다. 만약 개혁이 진심어린 언약에 대한 헌신에서 비롯된 것이 아니라면 성공하지 못할 것이다. 보다 중요한 것은 오직 기도와 하나님의 오른팔을 통해서만 **기독교인과 교회가 세상의 빛과 소금이 되라는 성경적 의무를 성취할 수 있다**는 것이다.

나는 간혹 언약도가 기독교 국가라는 약속의 땅에 처음으로 과감히 나아갔던 정탐꾼이 아닌가 생각한다. 사람들은 거인이 무서워서, 오히려 정탐꾼을 따르지 않고 정탐꾼에게 돌을 던진 것이다.

요컨대 평범한 인간에 지나지 않는 그들이 어떻게 거인(예를 들면, 정부)과 함께 그 땅에 살 수 있었을까?

그래서 교회는 광야에서 배회하는 편을 택했다. 누가 그리스도의 천년 통치가 그의 부활, 곧 개신교 종교개혁과 함께 시작되었다고 주장하거나, 아니면 곧 다가온다고 주장하거나 하는 것이 문제가 되지 않는다. 우리의 복종은 변함없이 계속될 것이기 때문이다.

누가 알겠는가?

아마도 현대의 기독교인은 어중간한 약속과 함께 약속의 땅 강 건너편에 거주하는 것에 만족하면서, 현재의 미디안의 풍부한 초장에 거하는 것인지도 모르겠다. 기독교인은 이 땅을 소유하기 위해서 하나님의 원수를 이길 때까지 투쟁을 멈추어서는 안 된다. 기독교 국가에 대한 약속은 요청할 때 주어진다.

내게 구하라 내가 이방 나라를 네 유업으로 주리니 네 소유가 땅 끝까지 이르리로다(시 2:8).

약속의 땅 건너편, 미디안을 택하는 사람에 대한 모세의 경고는 오늘날 우리에게 적용된다.

너희가 만일 그같이 아니하면 여호와께 범죄함이니 너희 죄가 반드시 너희를 찾아낼 줄 알라(민 32:23).

아마도 한 번에 한 도시씩 승리하게 될 것이다. 비록 기독교인들이 여러 국가에 단일의 교회(one-church nations)라는 전제에 대해 논쟁하는 것은 정당할지라도, 한 도시 또는 한 지역에 여러 교회(one-city/one-province churches)라는 전제를 거부하는 것은 의심의 여지없이 비성경적이다.

신약성경에서 지배적인 기독교인 조직은 하나의 정부 아래에 여러 교파가 있는 형태가 아니라 하나의 정부 아래 각 도시마다 교회가 있었던 것이다. 이것은 진리 안에서의 일치를 요구한다. 어떠한 대체물도 없다. 그리스도를 위해 한 도시를 교화시키는 것이 그리스도를 위해 한 국가를 교화시키는 것에 선행되어야 한다.

교회와 국가의 개혁은 런윅이 처형당하기 전에 표명했던 대로, 철저히 한 가지 중요한 것에 대해 중점을 둘 것을 요구한다.

> 그대 하나님의 백성이여! 일터와 처한 곳에서 지치지 말고 그날의 증언을 계속하라. 무슨 일을 하든지 그리스도에 대한 관심을 확인하라. 그대의 기초를 시험할 폭풍이 다가오고 있기 때문이다. 구원이 이르기 전에 스코틀랜드에서 … 스코틀랜드를 제거해야 한다."[40]

그것은 또한 우리에게 **"세상과 그 교묘한 것들과 분리되지 않는다면 우리는 하나님의 교회에 속한 것이 아니다"**[41]라는 칼빈의 경고에 주의를 기울일 것을 요구한다. 우리의 목표는 국가를 세우는 것이 아니라 교회를 세우는 것이다. 그 교회는 언제나 말씀을 무기로 삼는 군대(계 18:4)다.

---

40 James Renwick, Howie, *Worthies*, p. 547에서 인용.

41 John Calvin, "The Sure Foundation," in *The Mystery of Godliness and Other Selected Sermons* (Grand Rapids: W.B. Eerdmans Pub. Co., 1950), p. 86.

4. 기독교인의 개혁

우리는 우리의 죄, 사회의 죄, 교회의 죄로 인해 겸손해지기를 소원한다. 또한 늘 기도로 겸손하게 하나님의 얼굴을 구하고, 하나님이 성령으로 힘 주시기를 구하며, 우리의 삶을 고쳐서 개인적인 성화와 종교개혁에 대한 헌신을 다짐하기를 원한다.[42]

누가 언약도인가?

제임스 니스벳은 언약도에 대하여 묘사하기를 말씀에 복종하고, 기도하며, 은혜의 능력으로 변화되고, 항상 진리를 증거하며, 진실하게 서로 사랑하고, 자신이 사랑하고 모든 면에서 사랑스러운 그리스도께 숨죽이고 사로잡힌 사람이라고 한다.[43]

그는 다음과 같은 묘비명으로 그들을 묘사한다.

> 우리는 복되고 정확한 당신의 말씀에 계시된 거룩한 뜻을 실제적이든 이론적이든 거스르는 모든 것을 꾸짖으며 죽어갑니다. 우리는 진정 자발적으로 아낌없이 즐겁게 죽음으로써 우리의 피로 당신의 모든 소중한 진리를 인치옵니다. 당신은 우리 신앙의 기초와 그 실천적인 문제를 위해서 당신의 말씀 속에서 그 진리를 약속하셨사옵니다.
> 오! 우리의 구세주여!
> 우리는 이렇게 위대한 당신의 법을 당신의 중보의 왕관에 달린 빛나는 진주와 화려한 보석으로 생각하나이다. 그것은 당신의 법의 위대한 것이요, 그 모든 것은 수많은 전리품보다, 그리고 쌓아올린 유향보다 영광스럽사옵니다. 그것은 당신 것이옵고, 당신께로부터 왔기 때문이옵니다.
> 그것은 당신의 선하시고 신성한 뜻을 모방한 것이오며, 당신의 뜻을 선포하는 것이옵니다!
> 당신께서 그들에 대한 소중하고 즐거운 소식을 우리 땅에서 들려 주시옵고, 우

---

42 *Solemn League and Covenant*, sec. 6.

43 Nisbet, *Private Life*, pp. 203.224.

리의 귀에 들려 주시오며, 우리 마음과 영혼에 들려 주셨음을 인하여, 영원히 언제까지나 고귀하시옵고, 우리 영혼이 경애하는 신랑이신 당신을 송축하나이다. 아멘.[44]

그들은 당연히 진지하고 열성적으로 하나님의 언약의 축복을 구하는 사람이었다. 제임스가 권고했던 것처럼 우리는 그들을 본받아야 한다.

> 저 박해받던 사람들의 경건하고 신앙심 깊은 습관과 거룩한 영혼의 흔적이 너무 많아서 그 모든 것을 기록한다면 그 내용으로 큰 책을 다 채울 것인데, 이것은 그 내용 중에 작은 일부분일 뿐이다. 이 일과 관련해서, 내용과 방법에 대하여는 가능한 한 그들이 직접 했던 말에 가깝게 하려고 한다. …
> 주여! 저에게 모든 구원의 은혜를 충만히 베풀어 주사, 주 예수 그리스도를 믿음으로 성실하게 이 고귀한 구름 같은 증인을 언제나 뒤따르게 하옵시고, 마침내 그들에 대하여 완전하고 있는 그대로를 깨닫게 하사, 저 영광스러운 나의 친지와 신앙심 깊은 벗과 끝없는 교제에 이르게 하옵소서. 아멘.[45]

언약도는 그들의 **하나님의 백성이 되리라는 언약적 책무와 의무를 이행**하고자 했다. 그들은 하나님과 언약을 맺은 사람은 자신보다 하나님을 위해 살아야 한다(고전 6:19-20)고 이해했다. 그들은 자신이 이러한 목적을 위하여 부름 받았음을 알고 있었다(마5:16).[46]

그러나 그들의 헌신은 경건한 사람이 되는 것 이상이었다. 그것은 경건한 백성이 되겠다는 하나의 헌신이었다(벧전 2:9-10). 하나님께서 그들의 영혼을 치유하시는 것을 맛보았으므로 그들은 삶의 모든 면에서 그의 치유를 구했다.

> 내 이름으로 일컫는 내 백성이 그들의 악한 길에서 떠나 스스로 낮추고 기도하여

---

44 Nisbet, *Private Life*, p. 222.

45 Nisbet, *Private Life*, pp. 223-224.

46 Donald K. McKim, *Encyclopedia of the Reformed Faith* (Louisville: Westminster/John Knox Press, 1992), p. 87.

> 내 얼굴을 찾으면 내가 하늘에서 듣고 그들의 죄를 사하고 그들의 땅을 고칠지라
> (대하 7:14).

(1) 성경적인 지침을 따르는 것은 우리 자신의 죄와 사회의 죄에 대하여 진정으로 겸손해지는 것이다.

비록 성경에서 언약을 따라 이루어진 개혁이 한 개인에 의한 죄와 의무에 대한 인식에서 시작되기는 하지만, 궁극적인 목표는 공동체의 개혁이었다. 현대 기독교인의 경우처럼 아무도 개인을 개혁하는 것으로 끝내지 않았다. 존 니스벳은 그의 임종 증언에서 신실한 사람은 자신의 죄와 사회의 죄를 슬퍼한다고 진술했다.

우리도 그와 똑같이 되기 위해서 하나님께서는 28년간의 박해로 우리를 겸손하게 하셔야 할까?

> 이제 잠시 동안의 죄악의 낙을 즐거워하기보다는 하나님의 백성과 함께 고난을 당하기로 한 모세의 선택을 하고, 시온의 의로운 뜻을 진정으로 사랑하는 모든 사람처럼, 그대가 많은 시간을 할애하여 그대의 죄와 마음의 역병과, 사람과 가족의 죄와, 왕과 왕국의 죄에 대해 슬퍼하고, 두려운 배교와 혐오스러운 맹종에 대해, 목사들과 사람들이 하나님의 원수 및 신앙의 원수 편에 죄악되게 가담하는 것에 대해, 그리고 그의 백성 중에서 하나님의 뜻을 위한 더 이상의 충성스러움과 열심이 없는 것에 대해, 슬퍼하고 그대의 영혼이 괴로워하는 것, 바로 그것이 나의 마지막 요청이고 내 영혼의 소원이다(시 51; 에 9; 느 9; 아 3; 겔 9 끝까지).[47]

(2) 우리는 하나님께서 그의 성령으로 우리를 강하게 해주시도록 늘 기도와 겸손함으로 하나님의 얼굴을 구해야 한다.

제임스 니스벳은 하나님의 얼굴을 구하는 것이 매일의 싸움이라는 사실을 알았고, 그는 매일 자신에 대한 시험과 기도를 통하여 그것을 추구했다. 표 14.1은 제임스가 추천하는 것으로, 우리가 매일 우리의 영적 상태를 조사할 때 자신에게 물어야 하는 질문을 요약한 것이다.

---

47 John Nisbet, "Dying Testimony," p. 21.

[표 14.1 제임스 니스벳의 영적 점검표]

점검 목록
내 삶의 모든 행위가 하나님의 영광을 지향하고 있는가? …
마음속에 있는 죄를 항상 물리치고, 죄를 물리친 것을 생활 속에서 증언하고 있는가? …
나의 상실된 상태와 사정에 대해서 확신하고 있는지 항상 자세히 살펴보고 있는가? …
예수 그리스도가 나의 유일한 … 구제책이라는 것을 충분히, 즐겁게 확신하고 있는가? …
그리스도를 … 따르기 위하여 … 모든 은혜의 수단을 사용하기를 항상 힘쓰고 있는가?
그를 주인과 구세주만 아니라, 기꺼이 나의 주인이요, 율법의 수여자로 모시기를 원하는가?
항상 은혜에 빚진 자가 되기를 구하는가? …
무신론과 무지를 근절시키고, 그리스도의 선지자 직에서 흘러나오는 구원의 빛이 내 마음과 영혼 속에 심겨지기를 항상 구하는가? 그리스도의 제사장 직에 의하여 죄의 저주하는 힘에서 구원을 항상 구하고 있는가? 그리스도의 왕 직에 의하여 죄의 힘과 지배에서 구원을 항상 구하고 있는가?
교사로서 율법의 영성을 항상 연구하여 그를 믿는 모든 자에게 율법의 목적이신 그리스도께 이르고 있는가?
항상 율법을 일상생활의 대화를 조절하는 규칙으로 받아들이고 있는가?
죄 … 의 용서와 그것에 대한 … 그리스도의 중보를 항상 갈망하고 있는가?
항상 모든 죄를 미워하고 있는가? 항상 거룩함을 소중히 여기고 있는가?
죄악이 나를 압도할 때 크게 슬퍼하는가? 그리고 매일 정결함을 위해 그리스도의 피로 달려가는가?
주님이 … 그의 얼굴을 숨기실 때 크게 슬퍼하는가?
항상 복음의 규례에서 나와 함께하시는 현존하시는 주님을 소유함으로 그가 영광을 받으시며, 나의 구원이 증진되기를 구하고 있는가?
항상 주님의 능력으로 하나님의 진리를 위한 순교자가 되도록 공부하고 있는가?
항상 하나님에 관하여 마땅히 믿어야 할 것과 참된 기독교인으로서 마땅히 실천해야 할 것을 위해 성경을 연구하고 있는가?
주님의 말씀의 빛과 주님의 영의 도움으로 믿음에서 강해지고 … 나의 모든 의심이 말끔히 일소되도록 … 항상 주님을 구하고 있는가?

나의 모든 두려움이 사라지도록 항상 주님의 도우심을 구하고 있는가?
두려워하는 사람이 복이 있음을 항상 기억하면서, 타락하지 않도록 주의하고 있는가?
잠시 그가 현존하실 때처럼, 그가 숨으실 때 은혜의 수단을 사용함으로써 … 항상 힘써서 주님을 영화롭게 하고 있는가?
다른 사람을 비난하기보다는 내 눈에서 들보를 뽑아내기 위해 힘쓰고 있는가?
악인의 악한 습관과 죄악된 길을 미워하고 그것과 거리를 두면서, 항상 악인의 인격을 불쌍히 여기고 사랑하고 있는가?
나의 모든 실책에 대해 항상 거룩함으로 분노하고, 다가올 나의 미래에 대해서 거룩함으로 질투하고 있는가?
나는 언제라도 행위 언약에서 끌려나와, 가장 무상적(無償的)이며 질서정연한 은혜 언약으로 옮겨져 확립되기를 구하고 있는가?
죽음과 심판과 영원을 항상 준비하고 … 나의 모든 생각과 말과 행위에 대하여 엄밀한 설명을 해야 한다는 사실을 기억하고 있는가?
내 마음이 성화되고 그것이 나의 운명이 되기를 항상 구하고 있는가?
그의 뜻에 순응하고 … 굴복하기 위해 주님의 도우심을 항상 구하고 있는가?
항상 모든 일에서 주님을 인정하고 있는가?
항상 내 앞에 주를 모시고, 그의 영향 … 아래 살아가고 있는가?
주의 백성의 유익과, 주의 일과 권리가 어떤 상태에 있는지가 마음에서 떠나지 않기를 항상 구하고 있는가?[48] …

제임스의 '영적 점검표'로 비교해 볼 때 그대의 영혼은 어떻게 유지되고 있는가? 나는 내 것이 부족하다는 것을 고백한다. 우리는 우리 자신을 변화시킬 수 없다. 하나님께서 그것을 하셔야 한다. 의로움은 전적으로 우리 능력 밖의 일이다. 그것은 그리스도 안에만 있다.

우리가 해야 할 일은 하나님의 변형하시는 사역에 대한 우리의 필요를 겸손히 검토하고, 그 필요를 신실한 믿음으로 고백하는 것이다. 우리에게 만일 의에 대한 주림과 갈망이 있다면 하나님은 우리를 채우실 것이다. 제임스 니스

---

48 Nisbet, *Private Life*, pp. 259-264.

벳의 회고록은 하나님의 얼굴을 구하기 위하여 모든 은혜의 수단을 사용하는 데 탁월한 모범을 제공한다(기도, 찬양, 말씀, 성례).

하나님께서는 제임스의 경우처럼 우리가 그 가치를 알도록 설교와 성례를 우리에게서 박탈하셔야 하는 것일까?

우리가 그의 회고록을 후대에게 남겨 주듯이, 나는 그대들에게 그의 최후 기도를 생각해 볼 것을 요청한다.

> 오! 주님, 저에게 은혜를 베푸사, 앞서 말했던 이 모든 주안점(대조표)에 대해서, 그리고 모든 다른 일에서 당신의 영광과 저의 참된 관심과 생각이 어디에 놓여 있는지에 대해서 나 자신이 공평무사한지 성실하게 조사할 수 있게 하여 주옵소서.
>
> 소중하고 친절한 당신의 영원한 사랑의 줄로 저를 이끄사 하나님의 어린 양의 공로의 피가 흐르는 따뜻한 시냇가에 이르게 하옵소서!
>
> 당신의 풍성하신 자비로 인하여, 나의 영혼을 붙드사 주홍빛 같은 죄를 완전하고 풍성하신 용서로 인치시오며, "내가 살아 있으니 그대도 살리라" 말씀해 주심으로, 그 안에서 평안을 말하게 하옵소서.
>
> 오! 모든 이해를 초월하는 큰 평안이여!
>
> 오! 은혜에서 흘러나오는 위로의 감화력으로 내 영혼을 품어 주시옵고, 격려하시오며, 새롭게 하여 주사, 내 영혼에게 "오! 친구여, 먹고 마시라, 내 사랑하는 그대여, 풍성히 마시라"고 말씀하여 주옵소서!
>
> 그리하여 내 영혼으로 "오! 주님, 나의 사랑하는 분은 나의 것이오며, 나는 그의 것이옵니다!" 하고 당신께 화답하게 하옵소서!
>
> 오! 성도들의 왕이여, 온 세상의 원근에 있는 당신의 백성들에게 언제나 선하고 은혜로 임하옵소서!
>
> 오! 주님, 영적인 것이든 세속적인 것이든 그 각각의 모든 환경에 따라 가장 합당하게 행하옵소서!
>
> 또한 오! 시온의 왕이시여, 당신의 일과 권리를 위하여 언제나 임하시오며, 그것을 모든 원수에게서 지키시고 보호하시며, 모든 오류와 극단적인 것과 죄와 모든 변절에서 지키시옵소서!
>
> 오! 이 모든 일을 허락하심으로, 당신의 지혜와 능력과 은혜와 선하심을 크게 하

옵소서!

오! 주님, 유일하시고 살아계신 참되신 하나님, 성부, 성자, 성령, 당신께 영광이 영원하옵소서! 아멘.[49]

(3) 우리는 우리의 사악함에서 돌아서고 우리의 생활을 고쳐야 하며, 개인적 성화와 종교개혁에 대한 헌신을 증언해야 한다.

우리의 모범은 그리스도시며, 그는 우리와 같은 육신을 가졌으되 "결코 죄의 즐거움을 하나도 맛보지 않으셨다."[50] 이 점과 관련하여 친구들이 "엄격한 안식일 신봉자, 위대한 성경 조사관, 위대한 기도 씨름꾼, 겸손한 (그가 보배롭다고 말한) 진리 주장자"[51]로 묘사했던 존 니스벳에게서 배우도록 하자. 니스벳의 마지막 증언은 우리에게 감당해야 할 의무를 환기시킨다.

> 그러므로 하나님과 그의 아들 주 예수 그리스도와 그의 왕국의 번영과 그들 자신의 영혼의 구원과 다음 세대를 사랑하는 모든 사람의 의심의 여지가 없는 필수불가결한 의무가 여기에 있다. 곧 그것은 빛과 조언과 지도와 힘과 안정을 위하여 주 여호와의 완전한 충족하심을, 친밀하고 변함없이 절실하게 의존하는 것이며, 이 땅에서 주님과 주님의 박해받는 진리와 사역과 권리를 그 양심으로 증언하게 하는 것이다.[52] …

요약하면, 언약도의 길은 하나님의 말씀에 대한 검토를 통하여 그의 얼굴을 구함으로써 증명된 믿음과, 그의 말씀을 즐거이 지킴으로 증명된 사랑과, 기도 가운데 하나님과의 씨름을 통해 증명된 소망과, 진리를 위한 겸손한 주장으로 증명된 성령의 임재를 요구한다. 이상은 참된 기독교인의 표지요, 따라서 그리스도가 없다면 이들은 단지 "하늘의 것들의 껍데기"[53]에 지나지 않을 것이다.

---

49 Nisbet, *Private Life*, pp. 263-264.
50 M'Cheyne, p. 154.
51 Tweedie, p. 407.
52 John Nisbet, "Dying Testimony," p. 17.
53 M'Cheyne, p. 19.

로버트 맥체인(Robert McCheyne, 1813-1843)의 말에 따르면, "**그대 스스로 여호와 앞에서 결코 의롭게 서지 못할 것이다.**" 누군가가 여호와 앞에 서고자 한다면, 그는 "그 자신의 의"와 "죄에 대한 사랑"으로 인해 상한 마음을 가져야 하며, 더욱이 죄인으로 하여금 "젖 뗀 아이같이", "하나님께서 그 얼굴을 보시면서 '진정 사랑스럽도다'라고 말씀하실 정도로 세상에서 유일한 한 분을 귀중하게 여길 수 있도록"[54] 해야 한다.

이렇게 하여 그리스도와 친밀해진 사람은 그리스도를 의지함으로 이 세상의 황무지를 떠날 수 있으며, 오직 은혜로 베풀어 주시는 울타리가 둘러 있고 샘물이 흐르며 과실이 열리는 그의 사랑의 정원 안으로 들어갈 수 있다(아 4:12; 8:5-7). 이렇게 하나님의 언약의 약속을 받아들이는 사람은 다윗의 모범을 따라서(삼하 23:5) 두 가지 신분을 갖게 되는 바, 곧 언약에 참여함으로써 그의 배우자가 되고, 변화를 입어 그의 형상 안으로 들어감으로써 그의 누이가 된다.[55] 그대가 이러한 정원을 안다면 나는 그대 역시 하나님의 약속을 받아들일 수 있도록 기도할 것이다.

> 너희는 귀를 기울이고 내게로 나아와 들으라 그리하면 너희의 영혼이 살리라 내가 너희를 위하여 영원한 언약을 맺으리니 곧 다윗에게 허락한 확실한 은혜이니라(사 53:3-4).[56]

그대가 이미 그리스도와 가까워졌다면, 사무엘 루더포드(Samuel Rutherford)가 알렉산더 헨더슨(Alexander Henderson)에게 건넸던 말로 위안을 삼으라.

> 하나님께서 그대를 부르셔서 그리스도의 편이 되게 하셨소, 그리고 바람은 지금 이 땅에서 그리스도의 얼굴 안에 있다오. 그래서 그대가 그와 함께하심을 알게 된다면, 그대는 바람 없는 쪽이나 태양빛이 내리쬐는 쪽을 바라지 않을 것이오.[57]

---

54 M'Cheyne, pp. 297, 298, 300, 436, 437.
55 M'Cheyne, pp. 378-382.
56 Murray, *Covenant of Grace*, pp. 23-24.
57 Samuel Rutherford to Alexander Henderson, March 9, 1637, Letters, p. 40.

5. 결론

이 책을 마치면서 하나님께 감사드린다. 내게 책은 하늘에서 내려오는 비처럼 주님께서 내 마음에 두셨던 질문에 답이 되었다. 가장 커다란 의심과 혼란의 순간에, 내가 보았던 모든 것이, 방금 전까지 장벽으로 남아 있던 문을 열어 제치셨다. 나의 생애와 교회의 투쟁은 모두 완벽하게 때에 맞춰 나를 새로운 통찰에 이르게 했던 것으로 보였다.

끝으로 영적인 것이든 현세적인 것이든 현대의 모든 질병은 제2차 종교개혁 원리에서 지속적으로 이탈하기 때문이다. 비록 내가 스코틀랜드 장로교회에 합류했던 제임스 니스벳에 대해 찬사를 보냈다 할지라도, 개혁주의 원리를 포기한 스코틀랜드 장로교회와 그 미국의 후예에 대하여 나는 비판하지 않을 수 없다. 특히, 나는 그 적과 화평한 관계 속에 있는 교회를 주님께서 축복하지 않으실 것이라고 확신한다. 진리에서 이탈한 결과 우리 교회는 영양실조 상태에 빠지고 말았다. 쏜웰이 주장했던 것처럼 진리는 영혼이 소화할 수 있는 유일한 음식이다.[58]

그리스도께서는 교회와 국가가 아니라 사람에게 책임을 물으실 것이기 때문에, 주님 앞에서 우리가 가진 결함에 대한 책임을 사회나 국가에 돌리는 것은 잘하는 일이 아니다.

> 그러나 아무리 그릇되고 혐오할 만하다 하더라도, 교회는 결코 심판의 법정으로 소환될 수는 없다. … 교회의 머리요, 왕이신 그리스도께 각 사람이 결산을 해야 한다.[59] —휴 밀러(Hugh Miller)

우리 시대의 커다란 이단은 모든 사람이 하나님의 자녀라는 것이다. 교회 내에 있는 사람은 영과 목적에서 연합된 하나님의 백성으로서 정체성을 상실했다. 유다가 반쪽 진리 때문에 형벌을 받을 수밖에 없었던 것처럼 우리는 선조의 반쪽 진리를 채택했다.

58　James Thornwell, *Discourses in Truth* (New York: Robert Carter & Brothers, 1855), p. 64.
59　Hugh Miller, p. 383.

그들이 여호와의 율법을 멸시하며 그 율례를 지키지 아니하고 그의 조상들이 따라가던 거짓 것에 미혹되었음이라(암 2:4b).

그럼에도 불구하고 그리스도는 그의 교회를 사랑하시고, 큰 잔치를 위하여 그의 신부를 반드시 준비시킬 것이다(엡 5:27). 하나님의 백성의 역사에 근거해서 볼 때, 기도를 통해서든 박해를 통해서든 필요한 교정이 될 것이고, 그것은 사람으로 자기의 언약의 약속을 갱신하게 할 것이다. 하나님의 왕국이 임하도록 기도하고, 그의 백성이 되기 위한 우리의 의무를 이행하도록 언약하자. 또 핍박이 일어날 때, 스코틀랜드의 언약도처럼 우리도 견고히 설 수 있도록 기도하자. 언약할 일이 생겨날 때 주님 안에서만 우리는 견고히 설 수 있으므로 주님을 찬양하자. 우리의 자녀가 제임스 니스벳의 찬송 하나를 부르는 것이 가능하도록 항상 힘쓰자.

> 오! 나의 영혼아!
> 영원한 복음의 기쁜 물결이 매우 순수하고 확실하게 공표되고 강조되는 나라에서 태어난 것으로 인해 주님을 송축하라.[60]

이것이 우리의 기도가 되어야 하리라.

> 하나님이여 우리를 돌이키시고 주의 얼굴빛을 비추사 우리가 구원을 얻게 하소서 아멘(시 80:3).

---

60   Nisbet, *Private Life*, p. 141.

색인

ㄱ

가톨릭 42, 46, 49, 52, 53, 54, 56, 57, 58, 60, 61, 63, 64, 65, 66, 67, 71, 77, 83, 102, 109, 116, 159, 166, 204, 209, 227, 241, 249, 259, 262, 266, 269, 289, 300, 383, 416, 533

개혁주의 92, 228, 301, 307, 308, 312, 313, 326, 346, 357, 422, 448, 622, 668

거룩 27, 28, 35, 37, 40, 48, 49, 50, 69, 70, 125, 126, 162, 168, 170, 185, 191, 194, 201, 214, 218, 228, 229, 246, 248, 251, 252, 256, 259, 260, 270, 276, 286, 294, 300, 308, 321, 334, 335, 339, 363, 367, 372, 373, 377, 383, 387, 389, 390, 391, 395, 396, 402, 403, 410, 411, 413, 418, 427, 430, 432, 434, 439, 440, 443, 445, 449, 478, 482, 492, 495, 500, 502, 506, 513, 515, 516, 518, 522, 535, 539, 540, 541, 542, 543, 544, 545, 549, 552, 554, 556, 558, 560, 561, 564, 570, 571, 576, 580, 581, 582, 587, 589, 591, 592, 600, 611, 620, 627, 628, 640, 658, 660, 661, 664

견인 74, 170, 376, 379, 392, 393, 394, 535, 543, 547

결의자 101, 102, 104, 105, 107, 109, 128, 129, 427, 655, 656

겸손 70, 76, 85, 133, 170, 215, 218, 233, 235, 238, 245, 247, 251, 257, 260, 273, 278, 281, 344, 359, 365, 375, 377, 380, 389, 409, 412, 430, 439, 466, 469, 477, 479, 500, 501, 508, 516, 522, 535, 539, 548, 558, 559, 560, 561, 562, 574, 580, 590, 608, 647, 651, 660, 662, 663, 666

경건주의 266, 312, 314, 315

경외 30, 69, 94, 211, 231, 244, 246, 342, 369, 371, 439, 456, 495, 523, 537, 541, 542, 544, 561, 640

계명 31, 32, 37, 75, 92, 276, 294, 335, 336, 354, 361, 372, 387, 405, 495, 496, 504, 518, 541, 557, 576, 653

고교회론 479, 481, 484, 485, 486, 487

교제 28, 55, 64, 67, 130, 132, 143, 165, 168, 188, 195, 226, 227, 243, 247, 251, 253, 260, 274, 276, 278, 337, 372, 379, 389, 391, 396, 401, 404, 410, 411, 413, 444, 459, 470, 471, 475, 476, 480, 492, 496, 503, 519, 535, 540, 543, 553, 555, 563, 568, 571, 574, 580, 581, 582, 583, 587, 589, 628, 661

교회 예식서 415

교회와 국가 31, 38, 41, 58, 59, 62, 90, 196, 242, 265, 271, 273, 285, 289, 319, 326, 594, 595, 597, 598, 599, 600, 601, 602, 604, 606, 610, 614, 616, 617, 621, 622, 625, 630, 631, 648, 656, 659, 668

교회 헌법 458, 474, 476

색인 **671**

국가 언약 76, 77, 100, 171
권리장전 603
규례 290, 336, 353, 417, 418, 436, 438,
445, 450, 458, 460, 471, 472, 485,
654, 664
규범과 헌법서 71
금욕 94, 215, 490, 492, 494, 506, 550,
560
긍휼 49, 74, 133, 163, 181, 194, 211,
213, 228, 236, 238, 239, 264, 278,
279, 298, 339, 350, 361, 368, 370,
371, 378, 398, 441, 452, 490, 497,
498, 507, 510, 516, 521, 523, 525
기쁨 183, 244, 280, 337, 339, 367, 369,
380, 386, 396, 400, 428, 436, 498,
511, 513, 519, 526, 528, 530, 554,
556, 568, 570, 574, 575, 580, 582,
584, 587, 593, 643, 652
기질 169, 247, 562, 565

ㄴ

남달리 119, 197, 204

ㄷ

대각성 306, 314, 315, 316

ㄹ

린리스고우 법령 64

ㅁ

목사 임명권 97, 304, 306, 307, 417
무효 법안 105

ㅂ

박해 26, 27, 29, 35, 37, 38, 39, 52, 53,
54, 64, 65, 67, 82, 95, 102, 147,
163, 164, 167, 173, 176, 187, 189,
192, 196, 198, 199, 200, 204, 206,
212, 213, 229, 234, 238, 239, 241,
244, 257, 260, 261, 262, 263, 264,
266, 269, 271, 272, 282, 283, 284,
304, 311, 313, 331, 436, 446, 447,
456, 465, 468, 471, 473, 474, 475,
477, 507, 514, 533, 536, 547, 563,
564, 578, 583, 608, 634, 637, 661,
662, 666, 669
변증적 선언 200, 201, 204, 206, 631
부르심 74, 87, 115, 296, 299, 355, 364,
372, 379, 412, 622, 645, 654
분노 26, 50, 56, 66, 110, 121, 130, 139,
147, 161, 168, 234, 238, 264, 269,
275, 525, 563, 564, 590, 664
비밀 약정 158, 159, 177

ㅅ

선택 33, 55, 73, 74, 105, 108, 293, 294,
295, 299, 309, 322, 323, 337, 340,
345, 347, 350, 364, 370, 465, 497,
610
성령 37, 76, 85, 126, 145, 168, 193, 195,
211, 215, 229, 244, 247, 248, 253,
278, 295, 298, 315, 322, 323, 324,
332, 337, 338, 339, 343, 364, 367,
368, 371, 378, 389, 391, 394, 396,
398, 411, 428, 430, 445, 450, 462,
465, 466, 481, 482, 491, 495, 497,
499, 501, 506, 508, 510, 511, 513,
527, 553, 555, 557, 562, 564, 567,

574, 575, 577, 581, 583, 585, 586, 587, 588, 589, 590, 660, 662, 666, 667
성례 276, 400, 414, 417, 419, 425, 444, 445, 446, 451, 481, 583, 598, 645, 663
성만찬 447
성부 229, 247, 253, 254, 278, 337, 339, 341, 342, 343, 345, 346, 364, 378, 384, 385, 387, 391, 395, 398, 403, 409, 462, 482, 491, 511, 555, 580, 581, 614, 647, 666
성자 229, 247, 253, 254, 278, 290, 337, 339, 342, 343, 378, 379, 383, 385, 391, 395, 491, 511, 581, 666
성화 33, 170, 195, 233, 281, 288, 347, 356, 362, 364, 372, 376, 379, 387, 388, 389, 390, 396, 400, 403, 409, 411, 425, 432, 440, 444, 451, 489, 490, 495, 496, 497, 500, 502, 525, 526, 530, 535, 536, 538, 568, 574, 583, 660, 665
성화의 열매 400, 574
세례 116, 165, 168, 257, 330, 379, 415, 425, 444, 450, 451, 452, 454, 455, 607
소망 287, 348, 350, 365, 376, 391, 393, 395, 397, 406, 410, 413, 426, 428, 429, 439, 453, 485, 488, 489, 495, 503, 504, 512, 526, 527, 528, 529, 530, 531, 533, 534, 545, 551, 565, 572, 574, 575, 577, 578, 582, 585, 589, 590, 596, 598, 622, 640, 654, 666
수장령 53, 105
순종 30, 33, 37, 75, 76, 149, 173, 216, 286, 335, 355, 358, 360, 373, 374, 395, 400, 406, 412, 419, 440, 460, 474, 479, 502, 503, 519, 539, 555, 561, 572, 628, 632
신교 자유령 304
신정 312

ㅇ

아리우스주의 462
안식일 31, 59, 70, 136, 160, 168, 189, 219, 220, 221, 323, 434, 460, 465, 487, 546, 549, 612, 666
알미니우스주의 73, 74, 286, 293, 314, 347, 462
양심 33, 52, 68, 79, 92, 98, 101, 126, 127, 143, 161, 168, 173, 182, 184, 192, 199, 202, 205, 233, 237, 244, 251, 275, 289, 297, 314, 324, 325, 331, 397, 403, 413, 428, 433, 447, 496, 519, 523, 557, 569, 571, 574, 600, 612, 622, 626, 633, 636, 666
양자 168, 301, 347, 364, 376, 379, 390, 391, 402, 409, 570, 597, 598, 621, 635
어번 선언문 322
엄숙 동맹 29, 83, 84, 85, 100, 101, 103, 104, 159, 171, 175, 266, 267, 284, 311, 332, 369, 420, 627, 629, 645, 646, 648, 649, 652
에드워드 6세 54
엘리자베스 1세 54
연합령 303
영생 61, 297, 334, 337, 362, 376, 379, 395, 396, 397, 400, 405, 439, 490, 498, 502, 504, 526, 536
영화 356
예배 29, 30, 38, 50, 51, 53, 66, 67, 71,

색인 **673**

73, 76, 79, 84, 86, 87, 88, 92, 104, 105, 112, 115, 118, 125, 136, 174, 176, 187, 189, 190, 192, 207, 209, 219, 220, 240, 241, 244, 247, 249, 266, 278, 304, 313, 409, 415, 417, 418, 420, 434, 436, 437, 440, 442, 444, 448, 456, 467, 469, 473, 477, 486, 501, 505, 541, 542, 543, 544, 545, 546, 553, 556, 559, 561, 574, 583, 587, 602, 613, 618, 627, 642, 649, 650, 651

예정 27, 33, 34, 37, 50, 54, 116, 191, 317, 346, 357, 393, 564

오래 참음 516, 576

오렌지 공 30, 262

온유 70, 235, 258, 380, 466, 473, 479, 516, 535, 537, 559, 562, 563, 564, 611, 622

용서 27, 206, 228, 229, 246, 248, 256, 274, 337, 368, 374, 376, 379, 380, 382, 383, 385, 386, 443, 457, 458, 466, 474, 498, 502, 505, 507, 511, 517, 526, 569, 581, 591, 608, 664, 665

우상 숭배 53, 56, 92, 209, 273, 421, 467, 475, 476, 516, 546, 609, 610, 619, 626, 636

위로 173, 178, 187, 190, 194, 199, 207, 210, 216, 217, 219, 221, 225, 245, 248, 253, 256, 264, 278, 279, 280, 282, 340, 348, 350, 351, 355, 361, 369, 371, 379, 380, 383, 386, 389, 394, 399, 400, 405, 407, 411, 436, 439, 441, 443, 447, 498, 510, 513, 514, 523, 527, 531, 566, 568, 571, 576, 577, 578, 579, 585, 590, 591, 622, 641, 665

위선 217, 430, 433, 452, 546, 555, 556

유아 세례 452, 454

율법 33, 78, 87, 88, 100, 235, 253, 288, 292, 305, 315, 333, 334, 335, 336, 347, 356, 357, 362, 373, 385, 402, 405, 491, 494, 508, 518, 520, 556, 573, 582, 609, 611, 613, 644, 663, 664, 669

은혜 언약 14, 35, 36, 247, 254, 292, 301, 303, 306, 315, 322, 328, 330, 331, 332, 333, 334, 335, 336, 350, 351, 353, 357, 358, 359, 362, 372, 423, 440, 444, 450, 481, 497, 531, 551, 565, 578, 664

의로움 49, 76, 85, 295, 336, 358, 403, 535, 552, 553, 570, 571, 572, 576, 640, 651, 654, 663

인내 77, 150, 193, 233, 239, 245, 276, 377, 392, 397, 406, 466, 469, 479, 507, 509, 527, 528, 530, 535, 564, 565, 566, 567, 579, 588, 635

ㅈ

자유 의지 38, 315

장로감독령 97

재세례파 91, 607

전천년주의 533, 534

전투 47, 93, 94, 95, 121, 122, 123, 136, 137, 140, 143, 145, 146, 148, 149, 150, 151, 152, 153, 154, 158, 159, 160, 163, 198, 200, 267, 268, 286, 491, 498

절제 69, 77, 192, 216, 251, 259, 445, 473, 520, 535, 550, 551, 564

정부 30, 38, 46, 73, 84, 86, 96, 97, 101, 104, 106, 111, 115, 120, 126, 128,

129, 130, 131, 148, 158, 159, 160, 161, 163, 164, 165, 167, 173, 176, 177, 178, 182, 184, 196, 203, 204, 205, 209, 241, 254, 256, 260, 264, 266, 267, 269, 271, 273, 274, 275, 284, 303, 310, 318, 476, 482, 484, 599, 602, 604, 605, 606, 609, 610, 615, 616, 620, 637, 638, 639, 641, 658, 659

제1권징서 57, 59, 62, 456, 458, 460, 611

제2권징서 598, 622, 641

제2차 종교개혁 29, 30, 41, 68, 75, 131, 266, 328, 414, 420, 468, 652, 668

제도 27, 79, 82, 83, 85, 88, 89, 98, 108, 143, 171, 201, 228, 259, 265, 266, 269, 275, 280, 306, 313, 371, 429, 461, 462, 521, 599, 600, 601, 604, 606, 612, 614, 616, 617, 624

제임스 1세 60, 65

제임스 2세 204, 206, 228, 262, 635

제임스 6세 65

주의 만찬 51, 67, 444, 446, 447, 448, 449, 454, 456, 459, 460

지식 59, 128, 168, 188, 271, 287, 299, 335, 337, 351, 370, 373, 374, 380, 389, 395, 396, 399, 406, 427, 428, 429, 456, 479, 505, 506, 508, 510, 535, 536, 537, 538, 539, 540, 541, 543, 548, 565, 568, 574, 576, 582, 609, 645, 646

ㅊ

찬양 36, 114, 123, 126, 131, 135, 162, 181, 185, 186, 193, 195, 213, 215, 219, 220, 221, 222, 227, 228, 229, 230, 231, 232, 244, 246, 247, 253, 270, 271, 276, 281, 355, 360, 362, 365, 400, 412, 438, 496, 511, 512, 514, 520, 526, 561, 574, 580, 583, 584, 585, 586, 651, 663, 669

찰스 1세 67, 71

찰스 2세 29, 95, 97, 104, 106, 108, 116, 121, 228, 635

채택 법안 313

청교도 53, 61, 64, 67, 71, 74, 78, 83, 87, 88, 90, 93, 104, 108, 204, 289, 290, 301, 303, 304, 306, 314, 316, 317, 319, 390, 428, 432, 434, 435, 438, 449, 450, 479, 483, 506, 509, 518, 520, 532, 533, 534, 536, 549, 574, 651, 652, 653, 654

칭의 170, 195, 331, 337, 356, 358, 362, 364, 386, 396, 430, 450, 453, 569

ㅋ

칼빈주의 33, 34, 35, 37, 38, 41, 50, 52, 73, 74, 94, 266, 292, 295, 303, 304, 305, 307, 308, 313, 315, 316, 317, 319, 320, 322, 324, 357, 427, 462, 603, 613, 650

퀘이커 249, 275

ㅌ

통일령 63

ㅍ

파면과 공개적 회개의 규례 458, 460

평화 31, 50, 53, 71, 85, 91, 92, 102, 124, 126, 158, 163, 178, 215, 226,

247, 275, 291, 307, 313, 339, 344,
374, 387, 403, 450, 457, 474, 514,
552, 564, 571, 595, 600, 601, 602,
612, 613, 619, 621, 630, 633, 638,
652
평화의 계약 158
포기 선언 맹세 201, 204

ㅎ

항의자 101, 102, 105, 109, 111, 112,
120, 129, 159, 427, 465, 626, 655
헌법 71, 86, 105, 205, 312, 322, 484,
601, 602, 603, 604, 607, 612, 615
헌법, 교회 476
화평 177, 334, 352, 386, 569, 668
회개 100, 101, 143, 147, 162, 229, 273,
276, 292, 298, 308, 353, 376, 380,
382, 383, 392, 394, 396, 398, 425,
431, 447, 454, 458, 460, 468, 474,
546, 559, 560, 619
회중 55, 88, 89, 90, 112, 113, 126, 312,
424, 448, 449, 459, 460, 464, 470,
481, 483, 652
회중교회 289, 313, 320, 416, 417, 461
후천년주의 532, 533

언약도의 역사와 유산
Our Covenant Heritage

2018년 8월 15일 초판 발행

지 은 이 | 에드윈 니스벳 무어
옮 긴 이 | 오수영

편   집 | 권대영
디 자 인 | 신봉규, 서민정
펴 낸 곳 | 사)기독교문서선교회
등   록 | 제16-25호(1980. 1. 18)
주   소 | 서울시 서초구 방배로 68
전   화 | 02) 586-8761~3(본사) 031) 942-8761(영업부)
팩   스 | 02) 523-0131(본사) 031) 942-8763(영업부)
홈페이지 | www.clcbook.com
이 메 일 | clckor@gmail.com
온 라 인 | 기업은행 073-000308-04-020, 국민은행 043-01-0379-646
          예금주: 사)기독교문서선교회

ISBN 978-89-341-1809-1 (93230)

* 낙장 · 파본은 교환해 드립니다.

이 도서의 국립중앙도서관 출판시 도서목록(CIP)은 서지정보유통지원시스템 홈페이지(http://seoji.nl.go.kr)와 국가자료공동목록시스템(http://www.nl.go.kr/kolisnet)에서 이용하실 수 있습니다.
(CIP제어번호: CIP2018010929)